Georg Büchner

GEORG BÜCHNER

Werke und Briefe

Nach der historisch-kritischen Ausgabe
von Werner R. Lehmann.
Kommentiert von Karl Pörnbacher, Gerhard
Schaub, Hans-Joachim Simm und Edda Ziegler.
Nachwort von Werner R. Lehmann.

ISBN 3-446-19816-4
Sonderausgabe 1999

Druck und Bindung: Clausen & Bosse, Leck
Printed in Germany

INHALT

DANTONS TOD

Ein Drama

PERSONEN

<table>
<tr><td>Georg Danton
Legendre
Camille Desmoulins
Hérault-Séchelles
Lacroix
Philippeau
Fabre d'Eglantine
Mercier
Thomas Payne</td><td>Deputierte</td></tr>
<tr><td>Robespierre
St. Just
Barrère
Collot d'Herbois
Billaud-Varennes</td><td>Mitglieder
des Wohlfahrtsausschusses</td></tr>
</table>

Chaumette, Prokurator des Gemeinderats
Dillon, ein General
Fouquier-Tinville, öffentlicher Ankläger

<table>
<tr><td>Herrmann
Dumas</td><td>Präsidenten
des Revolutionstribunals</td></tr>
</table>

Paris, ein Freund Dantons
Simon, Souffleur
Laflotte
Julie, Dantons Gattin
Lucile, Gattin des Camille Desmoulins

<table>
<tr><td>Rosalie
Adelaide
Marion</td><td>Grisetten</td></tr>
</table>

Männer und Weiber aus dem Volk, Grisetten,
Deputierte, Henker etc.

ERSTER AKT

[I, 1]

Hérault-Séchelles, einige Damen (am Spieltisch). Danton, Julie (etwas weiter weg, Danton auf einem Schemel zu den Füßen von Julie)

DANTON. Sieh die hübsche Dame, wie artig sie die Karten dreht! ja wahrhaftig sie versteht's, man sagt sie halte ihrem Manne immer das cœur und andern Leuten das carreau hin. Ihr könntet einen noch in die Lüge verliebt machen.

JULIE. Glaubst du an mich?

DANTON. Was weiß ich? Wir wissen wenig voneinander. Wir sind Dickhäuter, wir strecken die Hände nacheinander aus aber es ist vergebliche Mühe, wir reiben nur das grobe Leder aneinander ab, – wir sind sehr einsam.

JULIE. Du kennst mich Danton.

DANTON. Ja, was man so kennen heißt. Du hast dunkle Augen und lockiges Haar und einen feinen Teint und sagst immer zu mir: lieb Georg. Aber *er deutet ihr auf Stirn und Augen* da da, was liegt hinter dem? Geh, wir haben grobe Sinne. Einander kennen? Wir müßten uns die Schädeldecken aufbrechen und die Gedanken einander aus den Hirnfasern zerren.

EINE DAME *zu Hérault.* Was haben Sie nur mit Ihren Fingern vor?

HÉRAULT. Nichts!

DAME. Schlagen Sie den Daumen nicht so ein, es ist nicht zum Ansehn.

HÉRAULT. Sehn Sie nur, das Ding hat eine ganz eigne Physiognomie.

DANTON. Nein Julie, ich liebe dich wie das Grab.

JULIE *sich abwendend.* Oh!

DANTON. Nein, höre! Die Leute sagen im Grab sei Ruhe und Grab und Ruhe seien eins. Wenn das ist, lieg' ich in deinem Schoß schon unter der Erde. Du süßes Grab, deine Lippen sind Totenglocken, deine Stimme ist mein Grabgeläute, deine Brust mein Grabhügel und dein Herz mein Sarg.

DAME. Verloren!

HÉRAULT. Das war ein verliebtes Abenteuer, es kostet Geld wie alle andern.

DAME. Dann haben Sie Ihre Liebeserklärungen, wie ein Taubstummer, mit den Fingern gemacht.

HÉRAULT. Ei warum nicht? Man will sogar behaupten gerade die würden am Leichtesten verstanden. Ich zettelte eine Liebschaft mit einer Kartenkönigin an, meine Finger waren in Spinnen verwandelte Prinzen, Sie Madame waren die Fee; aber es ging schlecht, die Dame lag immer in den Wochen, jeden Augenblick bekam sie einen Buben. Ich würde meine Tochter dergleichen nicht spielen lassen, die Herren und Damen fallen so unanständig übereinander und die Buben kommen gleich hinten nach.

Camille Desmoulins und Philippeau treten ein.

HÉRAULT. Philippeau, welch trübe Augen! Hast du dir ein Loch in die rote Mütze gerissen, hat der heilige Jakob ein böses Gesicht gemacht, hat es während des Guillotinierens geregnet oder hast du einen schlechten Platz bekommen und nichts sehen können?

CAMILLE. Du parodierst den Socrates. Weißt du auch, was der Göttliche den Alcibiades fragte, als er ihn eines Tages finster und niedergeschlagen fand? »Hast du deinen Schild auf dem Schlachtfeld verloren, bist du im Wettlauf oder im Schwertkampf besiegt worden? Hat ein Andrer besser gesungen oder besser die Zither geschlagen?« Welche klassischen Republikaner! Nimm einmal unsere Guillotinenromantik dagegen!

PHILIPPEAU. Heute sind wieder zwanzig Opfer gefallen. Wir waren im Irrtum, man hat die Hébertisten nur auf's Schafott geschickt, weil sie nicht systematisch genug verfuhren, vielleicht auch weil die Dezemvirn sich verloren glaubten wenn es nur eine Woche Männer gegeben hätte, die man mehr fürchtete, als sie.

HÉRAULT. Sie möchten uns zu Antediluvianern machen. St. Just säh' es nicht ungern, wenn wir wieder auf allen Vieren kröchen, damit uns der Advokat von Arras nach der Mechanik des Genfer Uhrmachers Fallhütchen, Schulbänke und einen Herrgott erfände.

PHILIPPEAU. Sie würden sich nicht scheuen zu dem Behuf an Marats Rechnung noch einige Nulln zu hängen. Wie lange sollen wir noch schmutzig und blutig sein wie neugeborne Kinder, Särge zur Wiege haben und mit Köpfen spielen? Wir müssen vorwärts. Der Gnadenausschuß muß durchgesetzt, die ausgestoßnen Deputierten müssen wieder aufgenommen werden.

HÉRAULT. Die Revolution ist in das Stadium der Reorganisation gelangt.
Die Revolution muß aufhören und die Republik muß anfangen. In unsern Staatsgrundsätzen muß das Recht an die Stelle

der Pflicht, das Wohlbefinden an die der Tugend und die Notwehr an die der Strafe treten. Jeder muß sich geltend machen und seine Natur durchsetzen können. Er mag nun vernünftig oder unvernünftig, gebildet oder ungebildet, gut oder böse sein, das geht den Staat nichts an. Wir Alle sind Narren es hat Keiner das Recht einem Andern seine eigentümliche Narrheit aufzudringen.

Jeder muß in seiner Art genießen können, jedoch so, daß Keiner auf Unkosten eines Andern genießen oder ihn in seinem eigentümlichen Genuß stören darf.

CAMILLE. Die Staatsform muß ein durchsichtiges Gewand sein, das sich dicht an den Leib des Volkes schmiegt. Jedes Schwellen der Adern, jedes Spannen der Muskeln, jedes Zucken der Sehnen muß sich darin abdrücken. Die Gestalt mag nun schön oder häßlich sein, sie hat einmal das Recht zu sein wie sie ist, wir sind nicht berechtigt ihr ein Röcklein nach Belieben zuzuschneiden. Wir werden den Leuten, welche über die nackten Schultern der allerliebsten Sünderin Frankreich den Nonnenschleier werfen wollen, auf die Finger schlagen.

Wir wollen nackte Götter, Bacchantinnen, olympische Spiele und von melodischen Lippen: ach, die gliederlösende, böse Liebe!

Wir wollen den Römern nicht verwehren sich in die Ecke zu setzen und Rüben zu kochen aber sie sollen uns keine Gladiatorspiele mehr geben wollen.

Der göttliche Epicur und die Venus mit dem schönen Hintern müssen statt der Heiligen Marat und Chalier die Türsteher der Republik werden.

Danton du wirst den Angriff im Konvent machen.

DANTON. Ich werde, du wirst, er wird. Wenn wir bis dahin noch leben, sagen die alten Weiber. Nach einer Stunde werden sechzig Minuten verflossen sein. Nicht wahr mein Junge?

CAMILLE. Was soll das hier? das versteht sich von selbst.

DANTON. Oh, es versteht sich Alles von selbst. Wer soll denn all die schönen Dinge ins Werk setzen?

PHILIPPEAU. Wir und die ehrlichen Leute.

DANTON. Das und dazwischen ist ein langes Wort, es hält uns ein wenig weit auseinander, die Strecke ist lang, die Ehrlichkeit verliert den Atem eh wir zusammen kommen. Und wenn auch! – den ehrlichen Leuten kann man Geld leihen, man kann bei ihnen Gevatter stehn und seine Töchter an sie verheiraten, aber das ist Alles!

CAMILLE. Wenn du das weißt, warum hast du den Kampf begonnen?

DANTON. Die Leute waren mir zuwider. Ich konnte dergleichen gespreizte Catonen nie ansehn, ohne ihnen einen Tritt zu geben. Mein Naturell ist einmal so. *Er erhebt sich.*

JULIE. Du gehst?

DANTON *zu Julie.* Ich muß fort, sie reiben mich mit ihrer Politik noch auf.

Im Hinausgehn. Zwischen Tür und Angel will ich euch prophezeien: die Statue der Freiheit ist noch nicht gegossen, der Ofen glüht, wir Alle können uns noch die Finger dabei verbrennen. *Ab.*

CAMILLE. Laßt ihn, glaubt ihr er könne die Finger davon lassen, wenn es zum Handeln kömmt?

HÉRAULT. Ja, aber bloß zum Zeitvertreib, wie man Schach spielt.

[I, 2] EINE GASSE

Simon. Sein Weib.

SIMON *schlägt das Weib.* Du Kuppelpelz, du runzliche Sublimatpille, du wurmstichischer Sündenapfel!

WEIB. He Hülfe! Hülfe!

Es kommen LEUTE *gelaufen.* Reißt sie auseinander! reißt sie auseinander!

SIMON. Nein, laßt mich Römer, zerschellen will ich dies Geripp! Du Vestalin!

WEIB. Ich eine Vestalin? das will ich sehen, ich.

SIMON. So reiß ich von den Schultern dein Gewand,
Nackt in die Sonne schleudr' ich dann dein Aas.
Du Hurenbett, in jeder Runzel deines Leibes nistet Unzucht.
Sie werden getrennt.

ERSTER BÜRGER. Was gibt's?

SIMON. Wo ist die Jungfrau? sprich! Nein, so kann ich nicht sagen. Das Mädchen! nein auch das nicht; die Frau, das Weib! auch das, auch das nicht! Nur noch ein Name! oh der erstickt mich! Ich habe keinen Atem dafür.

ZWEITER BÜRGER. Das ist gut sonst würde der Name nach Schnaps riechen.

SIMON. Alter Virginius verhülle dein kahl Haupt. Der Rabe Schande sitzt darauf und hackt nach deinen Augen. Gebt mir ein Messer, Römer! *Er sinkt um.*

WEIB. Ach, er ist sonst ein braver Mann, er kann nur nicht viel vertragen, der Schnaps stellt ihm gleich ein Bein.

ZWEITER BÜRGER. Dann geht er mit dreien.

WEIB. Nein, er fällt.

ZWEITER BÜRGER. Richtig, erst geht er mit dreien und dann fällt er auf das dritte, bis das dritte selbst wieder fällt.

SIMON. Du bist die Vampyrzunge die mein wärmstes Herzblut trinkt.

WEIB. Laßt ihn nur, das ist so die Zeit, worin er immer gerührt wird, es wird sich schon geben.

ERSTER BÜRGER. Was gibts denn?

WEIB. Seht ihr, ich saß da so auf dem Stein in der Sonne und wärmte mich seht ihr, denn wir haben kein Holz, seht ihr ...

ZWEITER BÜRGER. So nimm deines Mannes Nase.

WEIB. ... und meine Tochter war da hinunter gegangen um die Ecke, sie ist ein braves Mädchen und ernährt ihre Eltern.

SIMON. Ha sie bekennt!

WEIB. Du Judas, hättest du nur ein Paar Hosen hinaufzuziehen, wenn die jungen Herren die Hosen nicht bei ihr hinunterließen? Du Branntweinfaß, willst du verdursten, wenn das Brünnlein zu laufen aufhört, he? Wir arbeiten mit allen Gliedern warum denn nicht auch damit; ihre Mutter hat damit geschafft wie sie zur Welt kam und es hat ihr weh getan, kann sie für ihre Mutter nicht auch damit schaffen, he? und tut's ihr auch weh dabei, he? Du Dummkopf!

SIMON. Ha Lucrecia! ein Messer, gebt mir ein Messer, Römer! Ha Appius Claudius!

ERSTER BÜRGER. Ja ein Messer, aber nicht für die arme Hure, was tat sie? Nichts! Ihr Hunger hurt und bettelt. Ein Messer für die Leute, die das Fleisch unserer Weiber und Töchter kaufen! Weh über die, so mit den Töchtern des Volkes huren! Ihr habt Kollern im Leib und sie haben Magendrücken, ihr habt Löcher in den Jacken und sie haben warme Röcke, ihr habt Schwielen in den Fäusten und sie haben Samthände. Ergo ihr arbeitet und sie tun nichts, ergo ihr habt's erworben und sie haben's gestohlen; ergo, wenn ihr von eurem gestohlnen Eigentum ein paar Heller wieder haben wollt, müßt ihr huren und bettlen; ergo sie sind Spitzbuben und man muß sie totschlagen.

DRITTER BÜRGER. Sie haben kein Blut in den Adern, als was sie uns ausgesaugt haben. Sie haben uns gesagt: schlagt die Aristokraten tot, das sind Wölfe! Wir haben die Aristokraten an die Laternen gehängt. Sie haben gesagt das Veto frißt euer Brot, wir haben das

Veto totgeschlagen. Sie haben gesagt die Girondisten hungern euch aus, wir haben die Girondisten guillotiniert. Aber sie haben die Toten ausgezogen und wir laufen wie zuvor auf nackten Beinen und frieren. Wir wollen ihnen die Haut von den Schenkeln ziehen und uns Hosen daraus machen, wir wollen ihnen das Fett auslassen und unsere Suppen mit schmelzen. Fort! Totgeschlagen, wer kein Loch im Rock hat!

ERSTER BÜRGER. Totgeschlagen, wer lesen und schreiben kann!

ZWEITER BÜRGER. Totgeschlagen, wer auswärts geht!

ALLE *schreien.* Totgeschlagen, totgeschlagen!

Einige schleppen einen jungen Menschen herbei.

EINIGE STIMMEN. Er hat ein Schnupftuch! ein Aristokrat! an die Laterne! an die Laterne!

ZWEITER BÜRGER. Was? er schneuzt sich die Nase nicht mit den Fingern? An die Laterne! *Eine Laterne wird herunter gelassen.*

JUNGER MENSCH. Ach meine Herren!

ZWEITER BÜRGER. Es gibt hier keine Herren! An die Laterne!

EINIGE *singen.*
Die da liegen in der Erden.
Von de Würm gefresse werden.
Besser hangen in der Luft,
Als verfaulen in der Gruft!

JUNGER MENSCH. Erbarmen!

DRITTER BÜRGER. Nur ein Spielen mit einer Hanflocke um den Hals! S'ist nur ein Augenblick, wir sind barmherziger als ihr. Unser Leben ist der Mord durch Arbeit, wir hängen sechzig Jahre lang am Strick und zapplen, aber wir werden uns losschneiden.
An die Laterne!

JUNGER MENSCH. Meinetwegen, ihr werdet deswegen nicht heller sehen!

DIE UMSTEHENDEN. Bravo, bravo!

EINIGE STIMMEN. Laßt ihn laufen! *Er entwischt.*

Robespierre tritt auf, begleitet von Weibern und Ohnehosen.

ROBESPIERRE. Was gibt's da Bürger?

DRITTER BÜRGER. Was wird's geben? Die paar Tropfen Bluts vom August und September haben dem Volk die Backen nicht rot gemacht. Die Guillotine ist zu langsam. Wir brauchen einen Platzregen.

ERSTER BÜRGER. Unsere Weiber und Kinder schreien nach Brot, wir wollen sie mit Aristokratenfleisch füttern. Heh! totgeschlagen wer kein Loch im Rock hat.

ALLE. Totgeschlagen! totgeschlagen!

ROBESPIERRE. Im Namen des Gesetzes!

ERSTER BÜRGER. Was ist das Gesetz?

ROBESPIERRE. Der Wille des Volks.

ERSTER BÜRGER. Wir sind das Volk und wir wollen, daß kein Gesetz sei; ergo ist dieser Wille das Gesetz, ergo im Namen des Gesetzes gibts kein Gesetz mehr, ergo totgeschlagen!

EINIGE STIMMEN. Hört den Aristides, hört den Unbestechlichen!

EIN WEIB. Hört den Messias, der gesandt ist zu wählen und zu richten; er wird die Bösen mit der Schärfe des Schwertes schlagen. Seine Augen sind die Augen der Wahl, seine Hände sind die Hände des Gerichts!

ROBESPIERRE. Armes, tugendhaftes Volk! Du tust deine Pflicht, du opferst deine Feinde. Volk du bist groß. Du offenbarst dich unter Blitzstrahlen und Donnerschlägen. Aber Volk deine Streiche dürfen deinen eignen Leib nicht verwunden, du mordest dich selbst in deinem Grimm. Du kannst nur durch deine eigne Kraft fallen. Das wissen deine Feinde. Deine Gesetzgeber wachen, sie werden deine Hände führen, ihre Augen sind untrügbar, deine Hände sind unentrinnbar. Kommt mit zu den Jakobinern. Eure Brüder werden euch ihre Arme öffnen, wir werden ein Blutgericht über unsere Feinde halten.

VIELE STIMMEN. Zu den Jakobinern! Es lebe Robespierre!

Alle ab.

SIMON. Weh mir, verlassen! *Er versucht sich aufzurichten.*

WEIB. Da! *Sie unterstützt ihn.*

SIMON. Ach meine Baucis, du sammelst Kohlen auf mein Haupt.

WEIB. Da steh!

SIMON. Du wendest dich ab? Ha, kannst du mir vergeben, Porcia? Schlug ich dich? Das war nicht meine Hand, war nicht mein Arm, mein Wahnsinn tat es.

Sein Wahnsinn ist des armen Hamlet Feind.
Hamlet tat's nicht, Hamlet verleugnet's.

Wo ist unsre Tochter, wo ist mein Sannchen?

WEIB. Dort um das Eck herum.

SIMON. Fort zu ihr, komm mein tugendreich Gemahl.

Beide ab.

[I, 3] DER JAKOBINERKLUB

EIN LYONER. Die Brüder von Lyon senden uns um in eure Brust ihren bittern Unmut auszuschütten. Wir wissen nicht ob der

Karren, auf dem Ronsin zur Guillotine fuhr, der Totenwagen der Freiheit war, aber wir wissen, daß seit jenem Tage die Mörder Chaliers wieder so fest auf den Boden treten, als ob es kein Grab für sie gäbe. Habt ihr vergessen, daß Lyon ein Flecken auf dem Boden Frankreichs ist, den man mit den Gebeinen der Verräter zudecken muß? Habt ihr vergessen, daß diese Hure der Könige ihren Aussatz nur in dem Wasser der Rhone abwaschen kann? Habt ihr vergessen, daß dieser revolutionäre Strom die Flotten Pitts im Mittelmeere auf den Leichen der Aristokraten muß stranden machen? Eure Barmherzigkeit mordet die Revolution. Der Atemzug eines Aristokraten ist das Röcheln der Freiheit. Nur ein Feigling stirbt für die Republik, ein Jakobiner tötet für sie. Wißt, finden wir in euch nicht mehr die Spannkraft der Männer des 10. August, des September und des 31. Mai, so bleibt uns, wie dem Patrioten Gaillard nur der Dolch des Cato. *Beifall und verwirrtes Geschrei.*

EIN JAKOBINER. Wir werden den Becher des Socrates mit euch trinken!

LEGENDRE *schwingt sich auf die Tribüne.* Wir haben nicht nötig unsere Blicke auf Lyon zu werfen. Die Leute, die seidne Kleider tragen, die in Kutschen fahren, die in den Logen im Theater sitzen und nach dem Diktionär der Akademie sprechen, tragen seit einigen Tagen die Köpfe fest auf den Schultern. Sie sind witzig und sagen man müsse Marat und Chalier zu einem doppelten Märtyrertum verhelfen und sie in effigie guillotinieren. *Heftige Bewegung in der Versammlung.*

EINIGE STIMMEN. Das sind tote Leute. Ihre Zunge guillotiniert sie.

LEGENDRE. Das Blut dieser Heiligen komme über sie. Ich frage die anwesenden Mitglieder des Wohlfahrtsausschusses, seit wann ihre Ohren so taub geworden sind …

COLLOT D'HERBOIS *unterbricht ihn.* Und ich frage dich Legendre, wessen Stimme solchen Gedanken Atem gibt, daß sie lebendig werden und zu sprechen wagen? Es ist die Zeit die Masken abzureißen. Hört! die Ursache verklagt ihre Wirkung, der Ruf sein Echo, der Grund seine Folge. Der Wohlfahrtsausschuß versteht mehr Logik, Legendre! Sei ruhig. Die Büsten der Heiligen werden unberührt bleiben, sie werden wie Medusenhäupter die Verräter in Stein verwandlen.

ROBESPIERRE. Ich verlange das Wort.

DIE JAKOBINER. Hört, hört den Unbestechlichen!

ROBESPIERRE. Wir warteten nur auf den Schrei des Unwillens, der von allen Seiten ertönt, um zu sprechen. Unsere Augen waren offen, wir sahen den Feind sich rüsten und sich erheben, aber wir haben das Lärmzeichen nicht gegeben, wir ließen das Volk sich selbst bewachen, es hat nicht geschlafen, es hat an die Waffen geschlagen. Wir ließen den Feind aus seinem Hinterhalt hervorbrechen, wir ließen ihn anrücken, jetzt steht er frei und ungedeckt in der Helle des Tages, jeder Streich wird ihn treffen, er ist tot, sobald ihr ihn erblickt habt.

Ich habe es euch schon einmal gesagt: in zwei Abteilungen, wie in zwei Heereshaufen sind die inneren Feinde der Republik zerfallen. Unter Bannern von verschiedener Farbe und auf den verschiedensten Wegen eilen sie alle dem nämlichen Ziele zu. Die eine dieser Faktionen ist nicht mehr. In ihrem affektierten Wahnsinn suchte sie die erprobtesten Patrioten als abgenutzte Schwächlinge bei Seite zu werfen um die Republik ihrer kräftigsten Arme zu berauben. Sie erklärte der Gottheit und dem Eigentum den Krieg um eine Diversion zu Gunsten der Könige zu machen. Sie parodierte das erhabne Drama der Revolution um dieselbe durch studierte Ausschweifungen bloß zu stellen. Héberts Triumph hätte die Republik in ein Chaos verwandelt und der Despotismus war befriedigt. Das Schwert des Gesetzes hat den Verräter getroffen. Aber was liegt den Fremden daran, wenn ihnen Verbrecher einer anderen Gattung zur Erreichung des nämlichen Zwecks bleiben? Wir haben nichts getan, wenn wir noch eine andere Faktion zu vernichten haben.

Sie ist das Gegenteil der vorhergehenden. Sie treibt uns zur Schwäche, ihr Feldgeschrei heißt: Erbarmen! Sie will dem Volk seine Waffen und die Kraft, welche die Waffen führt, entreißen um es nackt und entnervt den Königen zu überantworten.

Die Waffe der Republik ist der Schrecken, die Kraft der Republik ist die Tugend. Die Tugend, weil ohne sie der Schrecken verderblich, der Schrecken, weil ohne ihn die Tugend ohnmächtig ist. Der Schrecken ist ein Ausfluß der Tugend, er ist nichts anders als die schnelle, strenge und unbeugsame Gerechtigkeit. Sie sagen der Schrecken sei die Waffe einer despotischen Regierung, die unsrige gliche also dem Despotismus. Freilich, aber so wie das Schwert in den Händen eines Freiheitshelden dem Säbel gleicht, womit der Satellit der Tyrannen bewaffnet ist. Regiere der Despot seine tierähnlichen Untertanen durch den Schrecken, er hat Recht als Despot, zerschmettert durch den Schrecken die Feinde der Freiheit und ihr habt als Stifter der Republik nicht

minder Recht. Die Revolutionsregierung ist der Despotismus der Freiheit gegen die Tyrannei.
Erbarmen mit den Royalisten! rufen gewisse Leute. Erbarmen mit Bösewichtern? Nein! Erbarmen für die Unschuld, Erbarmen für die Schwäche, Erbarmen für die Unglücklichen, Erbarmen für die Menschheit. Nur dem friedlichen Bürger gebührt von Seiten der Gesellschaft Schutz. In einer Republik sind nur Republikaner Bürger, Royalisten und Fremde sind Feinde. Die Unterdrücker der Menschheit bestrafen ist Gnade, ihnen verzeihen ist Barbarei. Alle Zeichen einer falschen Empfindsamkeit, scheinen mir Seufzer, welche nach England oder nach Östreich fliegen.
Aber nicht zufrieden den Arm des Volks zu entwaffnen, sucht man noch die heiligsten Quellen seiner Kraft durch das Laster zu vergiften. Dies ist der feinste, gefährlichste und abscheulichste Angriff auf die Freiheit. Das Laster ist das Kainszeichen des Aristokratismus. In einer Republik ist es nicht nur ein moralisches sondern auch ein politisches Verbrechen; der Lasterhafte ist der politische Feind der Freiheit, er ist ihr um so gefährlicher je größer die Dienste sind, die er ihr scheinbar erwiesen. Der gefährlichste Bürger ist derjenige, welcher leichter ein Dutzend rote Mützen verbraucht, als eine gute Handlung vollbringt.
Ihr werdet mich leicht verstehen, wenn ihr an Leute denkt, welche sonst in Dachstuben lebten und jetzt in Karossen fahren und mit ehemaligen Marquisinnen und Baronessen Unzucht treiben. Wir dürfen wohl fragen, ist das Volk geplündert oder sind die Goldhände der Könige gedrückt worden, wenn wir Gesetzgeber des Volks mit allen Lastern und allem Luxus der ehemaligen Höflinge Parade machen, wenn wir diese Marquis und Grafen der Revolution reiche Weiber heiraten, üppige Gastmähler geben, spielen, Diener halten und kostbare Kleider tragen sehen? Wir dürfen wohl staunen, wenn wir sie Einfälle haben, schöngeistern und so etwas vom guten Ton bekommen hören. Man hat vor Kurzem auf eine unverschämte Weise den Tacitus parodiert, ich könnte mit dem Sallust antworten und den Catilina travestieren; doch ich denke, ich habe keine Striche mehr nötig, die Portraits sind fertig.
Keinen Vertrag, keinen Waffenstillstand mit den Menschen, welche nur auf Ausplündrung des Volkes bedacht waren, welche diese Ausplündrung ungestraft zu vollbringen hofften, für welche die Republik eine Spekulation und die Revolution ein Handwerk war. In Schrecken gesetzt durch den reißenden Strom der Beispiele suchen sie ganz leise die Gerechtigkeit abzukühlen.

Man sollte glauben, jeder sage zu sich selbst: »Wir sind nicht tugendhaft genug um so schrecklich zu sein. Philosophische Gesetzgeber erbarmt euch unsrer Schwäche, ich wage euch nicht zu sagen, daß ich lasterhaft bin, ich sage euch also lieber, seid nicht grausam!«
Beruhige dich tugendhaftes Volk, beruhigt euch ihr Patrioten, sagt euern Brüdern zu Lyon, das Schwert des Gesetzes roste nicht in den Händen, denen ihr es anvertraut habt. – Wir werden der Republik ein großes Beispiel geben. *Allgemeiner Beifall.*

VIELE STIMMEN. Es lebe die Republik, es lebe Robespierre!

PRÄSIDENT. Die Sitzung ist aufgehoben.

[I, 4] EINE GASSE

Lacroix. Legendre.

LACROIX. Was hast du gemacht Legendre, weißt du auch, wem du mit deinen Büsten den Kopf herunter wirfst?

LEGENDRE. Einigen Stutzern und eleganten Weibern, das ist Alles.

LACROIX. Du bist ein Selbstmörder, ein Schatten, der sein Original und somit sich selbst ermordet.

LEGENDRE. Ich begreife nicht.

LACROIX. Ich dächte Collot hätte deutlich gesprochen.

LEGENDRE. Was macht das? Er war wieder betrunken.

LACROIX. Narren, Kinder und – nun? – Betrunkne sagen die Wahrheit. Wen glaubst du denn, daß Robespierre mit dem Catilina gemeint habe?

LEGENDRE. Nun?

LACROIX. Die Sache ist einfach, man hat die Atheisten und Ultrarevolutionäre aufs Schafott geschickt; aber dem Volk ist nicht geholfen es läuft noch barfuß in den Gassen und will sich aus Aristokratenleder Schuhe machen. Der Guillotinenthermometer darf nicht fallen, noch einige Grade und der Wohlfahrtsausschuß kann sich sein Bett auf dem Revolutionsplatz suchen.

LEGENDRE. Was haben damit meine Büsten zu schaffen?

LACROIX. Siehst du's noch nicht? Du hast die Contrerevolution offiziell bekannt gemacht, du hast die Dezemvirn zur Energie gezwungen, du hast ihnen die Hand geführt. Das Volk ist ein Minotaurus, der wöchentlich seine Leichen haben muß, wenn er sie nicht auffressen soll.

LEGENDRE. Wo ist Danton?

LACROIX. Was weiß ich? Er sucht eben die mediceische Venus stückweise bei allen Grisetten des palais royal zusammen, er

macht Mosaik, wie er sagt; der Himmel weiß bei welchem Glied er gerade ist. Es ist ein Jammer, daß die Natur die Schönheit, wie Medea ihren Bruder, zerstückelt und sie so in Fragmenten in die Körper gesenkt hat.
Gehn wir ins palais royal. *Beide ab.*

[I, 5] EIN ZIMMER

Danton. Marion.

MARION. Nein, laß mich! So zu deinen Füßen. Ich will dir erzählen.

DANTON. Du könntest deine Lippen besser gebrauchen.

MARION. Nein laß mich einmal so. Meine Mutter war eine kluge Frau, sie sagte mir immer die Keuschheit sei eine schöne Tugend, wenn Leute in's Haus kamen und von manchen Dingen zu sprechen anfingen, hieß sie mich aus dem Zimmer gehn; frug ich was die Leute gewollt hätten so sagte sie mir ich solle mich schämen; gab sie mir ein Buch zu lesen so mußt ich fast immer einige Seiten überschlagen. Aber die Bibel las ich nach Belieben, da war Alles heilig, aber es war etwas darin, was ich nicht begriff, ich mochte auch niemand fragen; ich brütete über mir selbst. Da kam der Frühling, es ging überall etwas um mich vor, woran ich keinen Teil hatte. Ich geriet in eine eigne Atmosphäre, sie erstickte mich fast, ich betrachtete meine Glieder, es war mir manchmal, als wäre ich doppelt und verschmölze dann wieder in Eins. Ein junger Mensch kam zu der Zeit in's Haus, er war hübsch und sprach oft tolles Zeug, ich wußte nicht recht, was er wollte, aber ich mußte lachen. Meine Mutter hieß ihn öfters kommen, das war uns Beiden recht. Endlich sahen wir nicht ein, warum wir nicht eben so gut zwischen zwei Bettüchern bei einander liegen, als auf zwei Stühlen neben einander sitzen durften. Ich fand dabei mehr Vergnügen, als bei seiner Unterhaltung und sah nicht ab, warum man mir das geringere gewähren und das größere entziehen wollte. Wir taten's heimlich. Das ging so fort. Aber ich wurde wie ein Meer, was Alles verschlang und sich tiefer und tiefer wühlte. Es war für mich nur ein Gegensatz da, alle Männer verschmolzen in einen Leib. Meine Natur war einmal so, wer kann da drüber hinaus? Endlich merkt' er's. Er kam eines Morgens und küßte mich, als wollte er mich ersticken, seine Arme schnürten sich um meinen Hals, ich war in unsäglicher Angst. Da ließ er mich los und lachte und sagte: er hätte fast einen dummen Streich gemacht, ich solle mein Kleid nur behalten und es brauchen, es würde sich schon von selbst abtragen, er wolle mir den Spaß nicht vor der Zeit verderben, es wäre doch das Einzige, was ich hätte. Dann ging er, ich wußte wieder nicht was er wollte. Den Abend saß ich am Fenster, ich bin sehr reizbar und hänge mit Allem um mich nur durch eine Empfindung zusammen, ich versank in die Wellen der Abendröte. Da kam ein Haufe die Straße herab, die Kinder liefen voraus, die Weiber sahen aus den Fenstern. Ich sah hinunter, sie trugen ihn in einem Korb vorbei, der Mond schien auf seine bleiche Stirn, seine Locken waren feucht, er hatte sich ersäuft. Ich mußte weinen. Das war der einzige Bruch in meinem Wesen. Die andern Leute haben Sonn- und Werktage, sie arbeiten sechs Tage und beten am siebenten, sie sind jedes Jahr auf ihren Geburtstag einmal gerührt und denken jedes Jahr auf Neujahr einmal nach. Ich begreife nichts davon. Ich kenne keinen Absatz, keine Veränderung. Ich bin immer nur Eins. Ein ununterbrochnes Sehnen und Fassen, eine Glut, ein Strom. Meine Mutter ist vor Gram gestorben, die Leute weisen mit Fingern auf mich. Das ist dumm. Es läuft auf eins hinaus, an was man seine Freude hat, an Leibern, Christusbildern, Blumen oder Kinderspielsachen, es ist das nämliche Gefühl, wer am Meisten genießt, betet am Meisten.

DANTON. Warum kann ich deine Schönheit nicht ganz in mich fassen, sie nicht ganz umschließen?

MARION. Danton, deine Lippen haben Augen.

DANTON. Ich möchte ein Teil des Äthers sein, um dich in meiner Flut zu baden, um mich auf jeder Welle deines schönen Leibes zu brechen.

Lacroix, Adelaide, Rosalie treten ein.

LACROIX *bleibt in der Tür stehn.* Ich muß lachen, ich muß lachen.

DANTON *unwillig.* Nun?

LACROIX. Die Gasse fällt mir ein.

DANTON. Und?

LACROIX. Auf der Gasse waren Hunde, eine Dogge und ein Bologneser Schoßhündlein, die quälten sich.

DANTON. Was soll das?

LACROIX. Das fiel mir nun grade so ein und da mußt' ich lachen. Es sah erbaulich aus! Die Mädel guckten aus den Fenstern, man sollte vorsichtig sein und sie nicht einmal in der Sonne sitzen lassen, die Mücken treiben's ihnen sonst auf den Händen, das macht Gedanken.

Legendre und ich sind fast durch alle Zellen gelaufen, die Nönnlein von der Offenbarung durch das Fleisch hingen uns an den Rockschößen und wollten den Segen. Legendre gibt einer die Disziplin, aber er wird einen Monat dafür zu fasten bekommen. Da bringe ich zwei von den Priesterinnen mit dem Leib.

MARION. Guten Tag, demoiselle Adelaide, guten Tag, demoiselle Rosalie.

ROSALIE. Wir hatten schon lange nicht das Vergnügen.

MARION. Es war mir recht leid.

ADELAIDE. Ach Gott, wir sind Tag und Nacht beschäftigt.

DANTON *zu Rosalie.* Ei Kleine, du hast ja geschmeidige Hüften bekommen.

ROSALIE. Ach ja, man vervollkommnet sich täglich.

LACROIX. Was ist der Unterschied zwischen dem antiken und einem modernen Adonis?

DANTON. Und Adelaide ist sittsam interessant geworden! eine pikante Abwechslung. Ihr Gesicht sieht aus wie ein Feigenblatt, das sie sich vor den ganzen Leib hält. So ein Feigenbaum an einer so gangbaren Straße gibt einen erquicklichen Schatten.

ADELAIDE. Ich wäre ein Herdweg, wenn Monsieur ...

DANTON. Ich verstehe, nur nicht böse mein Fräulein.

LACROIX. So höre doch, ein moderner Adonis wird nicht von einem Eber, sondern von Säuen zerrissen, er bekommt seine Wunde nicht am Schenkel sondern in den Leisten und aus seinem Blut sprießen nicht Rosen hervor sondern schießen Quecksilberblüten an.

DANTON. Fräulein Rosalie ist ein restaurierter Torso, woran nur die Hüften und Füße antik sind. Sie ist eine Magnetnadel, was der Pol Kopf abstößt, zieht der Pol Fuß an, die Mitte ist ein Äquator, wo jeder eine Sublimattaufe bekömmt, der die Linie passiert.

LACROIX. Zwei barmherzige Schwestern, jede dient in einem Spital d.h. in ihrem eignen Körper.

ROSALIE. Schämen Sie sich, unsere Ohren rot zu machen!

ADELAIDE. Sie sollten mehr Lebensart haben.

Adelaide und Rosalie ab.

DANTON. Gute Nacht, ihr hübschen Kinder!

LACROIX. Gute Nacht, ihr Quecksilbergruben!

DANTON. Sie dauern mich, sie kommen um ihr Nachtessen.

LACROIX. Höre Danton, ich komme von den Jakobinern.

DANTON. Nichts weiter?

LACROIX. Die Lyoner verlasen eine Proklamation, sie meinten es bliebe ihnen nichts übrig, als sich in die Toga zu wickeln. Jeder machte ein Gesicht, als wollte er zu seinem Nachbar sagen: Paetus es schmerzt nicht! Legendre schrie man wolle Chaliers und Marats Büsten zerschlagen; ich glaube er will sich das Gesicht wieder rot machen, er ist ganz aus der terreur herausgekommen, die Kinder zupfen ihn auf der Gasse am Rock.

DANTON. Und Robespierre?

LACROIX. Fingerte auf der Tribüne und sagte: die Tugend muß durch den Schrecken herrschen. Die Phrase machte mir Halsweh.

DANTON. Sie hobelt Bretter für die Guillotine.

LACROIX. Und Collot schrie wie besessen, man müsse die Masken abreißen.

DANTON. Da werden die Gesichter mitgehen.

Paris tritt ein.

LACROIX. Was gibt's Fabricius?

PARIS. Von den Jakobinern weg ging ich zu Robespierre. Ich verlangte eine Erklärung. Er suchte eine Miene zu machen, wie Brutus, der seine Söhne opfert. Er sprach im Allgemeinen von den Pflichten, sagte der Freiheit gegenüber kenne er keine Rücksicht, er würde Alles opfern, sich, seinen Bruder, seine Freunde.

DANTON. Das war deutlich, man braucht nur die Skala herumzukehren, so steht er unten und hält seinen Freunden die Leiter. Wir sind Legendre Dank schuldig, er hat sie sprechen gemacht.

LACROIX. Die Hébertisten sind noch nicht tot, das Volk ist materiell elend, das ist ein furchtbarer Hebel. Die Schale des Blutes darf nicht steigen, wenn sie dem Wohlfahrtsausschuß nicht zur Laterne werden soll, er hat Ballast nötig, er braucht einen schweren Kopf.

DANTON. Ich weiß wohl, – die Revolution ist wie Saturn, sie frißt ihre eignen Kinder. *Nach einigem Besinnen.* Doch, sie werden's nicht wagen.

LACROIX. Danton, du bist ein toter Heiliger, aber die Revolution kennt keine Reliquien, sie hat die Gebeine aller Könige auf die Gasse und alle Bildsäulen von den Kirchen geworfen. Glaubst du man würde dich als Monument stehen lassen?

DANTON. Mein Name! das Volk!

LACROIX. Dein Name! du bist ein Gemäßigter, ich bin einer, Camille, Philippeau, Hérault. Für das Volk sind Schwäche und Mäßigung eins. Es schlägt die Nachzügler tot. Die Schneider von der Sektion der roten Mütze werden die ganze römische Geschichte in ihrer Nadel fühlen, wenn der Mann des September ihnen gegenüber ein Gemäßigter war.

DANTON. Sehr wahr, und außerdem – das Volk ist wie ein Kind, es muß Alles zerbrechen, um zu sehen was darin steckt.

LACROIX. Und außerdem Danton, sind wir lasterhaft, wie Robespierre sagt d.h. wir genießen, und das Volk ist tugendhaft d.h. es genießt nicht, weil ihm die Arbeit die Genußorgane stumpf macht, es besäuft sich nicht, weil es kein Geld hat und es geht nicht ins Bordell, weil es nach Käs und Hering aus dem Hals stinkt und die Mädel davor einen Ekel haben.

DANTON. Es haßt die Genießenden, wie ein Eunuch die Männer.

LACROIX. Man nennt uns Spitzbuben und *sich zu den Ohren Dantons neigend* es ist, unter uns gesagt, so halbwegs was Wahres dran. Robespierre und das Volk werden tugendhaft sein, St. Just wird einen Roman schreiben und Barrère wird eine Carmagnole schneidern und dem Konvent das Blutmäntelchen umhängen und – ich sehe Alles.

DANTON. Du träumst. Sie hatten nie Mut ohne mich, sie werden keinen gegen mich haben; die Revolution ist noch nicht fertig, sie könnten mich noch nötig haben, sie werden mich im Arsenal aufheben.

LACROIX. Wir müssen handeln.

DANTON. Das wird sich finden.

LACROIX. Es wird sich finden, wenn wir verloren sind.

MARION *zu Danton*. Deine Lippen sind kalt geworden, deine Worte haben deine Küsse erstickt.

DANTON *zu Marion*. So viel Zeit zu verlieren! Das war der Mühe wert! *Zu Lacroix*. Morgen geh' ich zu Robespierre, ich werde ihn ärgern, da kann er nicht schweigen. Morgen also! Gute Nacht meine Freunde, gute Nacht, ich danke euch.

LACROIX. Packt euch, meine guten Freunde. Packt euch! Gute Nacht Danton, die Schenkel der Demoiselle guillotinieren dich, der mons Veneris wird dein tarpejischer Fels.
Ab.

[I, 6] EIN ZIMMER

Robespierre. Danton. Paris.

ROBESPIERRE. Ich sage dir, wer mir in den Arm fällt, wenn ich das Schwert ziehe, ist mein Feind, seine Absicht tut nichts zur Sache; wer mich verhindert mich zu verteidigen, tötet mich so gut, als wenn er mich angriffe.

DANTON. Wo die Notwehr aufhört fängt der Mord an, ich sehe keinen Grund, der uns länger zum Töten zwänge.

ROBESPIERRE. Die soziale Revolution ist noch nicht fertig, wer eine Revolution zur Hälfte vollendet, gräbt sich selbst sein Grab. Die gute Gesellschaft ist noch nicht tot, die gesunde Volkskraft muß sich an die Stelle dieser nach allen Richtungen abgekitzelten Klasse setzen. Das Laster muß bestraft werden, die Tugend muß durch den Schrecken herrschen.

DANTON. Ich verstehe das Wort Strafe nicht.

Mit deiner Tugend Robespierre! Du hast kein Geld genommen, du hast keine Schulden gemacht, du hast bei keinem Weibe geschlafen, du hast immer einen anständigen Rock getragen und dich nie betrunken. Robespierre du bist empörend rechtschaffen. Ich würde mich schämen dreißig Jahre lang mit der nämlichen Moralphysiognomie zwischen Himmel und Erde herumzulaufen bloß um des elenden Vergnügens willen Andre schlechter zu finden, als mich.

Ist denn nichts in dir, was dir nicht manchmal ganz leise, heimlich sagte, du lügst, du lügst!

ROBESPIERRE. Mein Gewissen ist rein.

DANTON. Das Gewissen ist ein Spiegel vor dem ein Affe sich quält; jeder putzt sich wie er kann, und geht auf seine eigne Art auf seinen Spaß dabei aus. Das ist der Mühe wert sich darüber in den Haaren zu liegen. Jeder mag sich wehren, wenn ein Andrer ihm den Spaß verdirbt. Hast du das Recht aus der Guillotine einen Waschzuber für die unreine Wäsche anderer Leute und aus ihren abgeschlagnen Köpfen Fleckkugeln für ihre schmutzigen Kleider zu machen, weil du immer einen sauber gebürsteten Rock trägst? Ja, du kannst dich wehren, wenn sie dir drauf spucken oder Löcher hineinreißen, aber was geht es dich an, so lang sie dich in Ruhe lassen? Wenn sie sich nicht genieren so herum zu gehn, hast du deswegen das Recht sie in's Grabloch zu sperren? Bist du der Polizeisoldat des Himmels? Und kannst du es nicht eben so gut mit ansehn, als dein lieber Herrgott, so halte dir dein Schnupftuch vor die Augen.

ROBESPIERRE. Du leugnest die Tugend?

DANTON. Und das Laster. Es gibt nur Epikureer und zwar grobe und feine, Christus war der feinste; das ist der einzige Unterschied, den ich zwischen den Menschen herausbringen kann. Jeder handelt seiner Natur gemäß d.h. er tut, was ihm wohl tut.

Nicht wahr Unbestechlicher, es ist grausam dir die Absätze so von den Schuhen zu treten?

ROBESPIERRE. Danton, das Laster ist zu gewissen Zeiten Hochverrat.

DANTON. Du darfst es nicht proskribieren, um's Himmelswillen nicht, das wäre undankbar, du bist ihm zu viel schuldig, durch den Kontrast nämlich.
Übrigens, um bei deinen Begriffen zu bleiben, unsere Streiche müssen der Republik nützlich sein, man darf die Unschuldigen nicht mit den Schuldigen treffen.

ROBESPIERRE. Wer sagt dir denn, daß ein Unschuldiger getroffen worden sei?

DANTON. Hörst du Fabricius? Es starb kein Unschuldiger! *Er geht, im Hinausgehn zu Paris.* Wir dürfen keinen Augenblick verlieren, wir müssen uns zeigen! *Danton und Paris ab.*

ROBESPIERRE *allein.* Geh nur! Er will die Rosse der Revolution am Bordell halten machen, wie ein Kutscher seine dressierten Gäule; sie werden Kraft genug haben, ihn zum Revolutionsplatz zu schleifen.
Mir die Absätze von den Schuhen treten! Um bei deinen Begriffen zu bleiben! Halt! Halt! Ist's das eigentlich? Sie werden sagen seine gigantische Gestalt hätte zuviel Schatten auf mich geworfen, ich hätte ihn deswegen aus der Sonne gehen heißen.
Und wenn sie Recht hätten?
Ist's denn so notwendig? Ja, ja! die Republik! Er muß weg.
Es ist lächerlich wie meine Gedanken einander beaufsichtigen. Er muß weg. Wer in einer Masse, die vorwärts drängt, stehen bleibt, leistet so gut Widerstand als trät' er ihr entgegen; er wird zertreten.
Wir werden das Schiff der Revolution nicht auf den seichten Berechnungen und den Schlammbänken dieser Leute stranden lassen, wir müssen die Hand abhauen, die es zu halten wagt und wenn er es mit den Zähnen packte!
Weg mit einer Gesellschaft, die der toten Aristokratie die Kleider ausgezogen und ihren Aussatz geerbt hat.
Keine Tugend! Die Tugend ein Absatz meiner Schuhe! Bei meinen Begriffen!
Wie das immer wieder kommt.
Warum kann ich den Gedanken nicht los werden? Er deutet mit blutigem Finger immer da, da hin! Ich mag so viel Lappen darum wickeln als ich will, das Blut schlägt immer durch. – *Nach einer Pause.* Ich weiß nicht, was in mir das Andere belügt.
Er tritt ans Fenster. Die Nacht schnarcht über der Erde und wälzt sich im wüsten Traum. Gedanken, Wünsche kaum geahnt,

wirr und gestaltlos, die scheu sich vor des Tages Licht verkrochen, empfangen jetzt Form und Gewand und stehlen sich in das stille Haus des Traums. Sie öffnen die Türen, sie sehen aus den Fenstern, sie werden halbwegs Fleisch, die Glieder strecken sich im Schlaf, die Lippen murmeln. – Und ist nicht unser Wachen ein hellerer Traum, sind wir nicht Nachtwandler, ist nicht unser Handeln, wie das im Traum, nur deutlicher, bestimmter, durchgeführter? Wer will uns darum schelten? In einer Stunde verrichtet der Geist mehr Taten des Gedankens, als der träge Organismus unsres Leibes in Jahren nachzutun vermag. Die Sünde ist im Gedanken. Ob der Gedanke Tat wird, ob ihn der Körper nachspielt, das ist Zufall.

St. Just tritt ein.

ROBESPIERRE. He, werda im Finstern? He Licht, Licht!
ST. JUST. Kennst du meine Stimme?
ROBESPIERRE. Ah, du St. Just! *Eine Dienerin bringt Licht.*
ST. JUST. Warst du allein?
ROBESPIERRE. Eben ging Danton weg.
ST. JUST. Ich traf ihn unterwegs im palais royal. Er machte seine revolutionäre Stirn und sprach in Epigrammen; er duzte sich mit den Ohnehosen, die Grisetten liefen hinter seinen Waden drein und die Leute blieben stehn und zischelten sich in die Ohren, was er gesagt hatte.
Wir werden den Vorteil des Angriffs verlieren. Willst du noch länger zaudern? Wir werden ohne dich handeln. Wir sind entschlossen.
ROBESPIERRE. Was wollt ihr tun?
ST. JUST. Wir berufen den Gesetzgebungs-, den Sicherheits- und den Wohlfahrtsausschuß zu feierlicher Sitzung.
ROBESPIERRE. Viel Umstände.
ST. JUST. Wir müssen die große Leiche mit Anstand begraben, wie Priester, nicht wie Mörder. Wir dürfen sie nicht zerstücken, all ihre Glieder müssen mit hinunter.
ROBESPIERRE. Sprich deutlicher.
ST. JUST. Wir müssen ihn in seiner vollen Waffenrüstung beisetzen und seine Pferde und Sklaven auf seinem Grabhügel schlachten: Lacroix –
ROBESPIERRE. Ein ausgemachter Spitzbube, gewesner Advokatenschreiber, gegenwärtig Generallieutnant von Frankreich. Weiter.
ST. JUST. Hérault-Séchelles.

ROBESPIERRE. Ein schöner Kopf.

ST. JUST. Er war der schöngemalte Anfangsbuchstaben der Konstitutionsakte, wir haben dergleichen Zierat nicht mehr nötig, er wird ausgewischt. Philippeau, Camille –

ROBESPIERRE. Auch den?

ST. JUST *überreicht ihm ein Papier.* Das dacht' ich. Da lies!

ROBESPIERRE. Aha, ›Der alte Franziskaner‹, sonst nichts? Er ist ein Kind, er hat über euch gelacht.

ST. JUST. Lies, hier! hier! *Er zeigt ihm eine Stelle.*

ROBESPIERRE *liest.* »Dieser Blutmessias Robespierre auf seinem Kalvarienberge zwischen den beiden Schächern Couthon und Collot, auf dem er opfert und nicht geopfert wird. Die Guillotinenbetschwestern stehen wie Maria und Magdalena unten. St. Just liegt ihm wie Johannes am Herzen und macht den Konvent mit den apokalyptischen Offenbarungen des Meisters bekannt, er trägt seinen Kopf wie eine Monstranz.«

ST. JUST. Ich will ihn den seinigen wie St. Denis tragen machen.

ROBESPIERRE *liest weiter.* »Sollte man glauben, daß der saubere Frack des Messias das Leichenhemd Frankreichs ist und daß seine dünnen auf der Tribüne herumzuckenden Finger, Guillotinmesser sind?

Und du Barrère, der du gesagt hast, auf dem Revolutionsplatz werde Münze geschlagen. Doch – ich will den alten Sack nicht aufwühlen. Er ist eine Witwe, die schon ein halb Dutzend Männer hatte und sie alle begraben half. Wer kann was dafür? Das ist so seine Gabe, er sieht den Leuten ein halbes Jahr vor dem Tode das hippokratische Gesicht an. Wer mag sich auch zu Leichen setzen und den Gestank riechen?«

Also auch du Camille?

Weg mit ihnen! Rasch! nur die Toten kommen nicht wieder. Hast du die Anklage bereit?

ST. JUST. Es macht sich leicht. Du hast die Andeutungen bei den Jakobinern gemacht.

ROBESPIERRE. Ich wollte sie schrecken.

ST. JUST. Ich brauche nur durchzuführen, die Fälscher geben das Ei und die Fremden den Apfel ab. Sie sterben an der Mahlzeit, ich gebe dir mein Wort.

ROBESPIERRE. Dann rasch, morgen. Keinen langen Todeskampf! Ich bin empfindlich seit einigen Tagen. Nur rasch! *St. Just ab.*

ROBESPIERRE *allein.* Ja wohl, Blutmessias, der opfert und nicht geopfert wird. – Er hat sie mit seinem Blut erlöst und ich erlöse sie mit ihrem eignen. Er hat sie sündigen gemacht und ich nehme

die Sünde auf mich. Er hatte die Wollust des Schmerzes und ich habe die Qual des Henkers.
Wer hat sich mehr verleugnet, Ich oder er? –
Und doch ist was von Narrheit in dem Gedanken. –
Was sehen wir nur immer nach dem Einen? Wahrlich des Menschensohn wird in uns Allen gekreuzigt, wir ringen Alle im Gethsemanegarten im blutigen Schweiß, aber es erlöst Keiner den Andern mit seinen Wunden. – Mein Camille! – Sie gehen Alle von mir – es ist Alles wüst und leer – ich bin allein.

ZWEITER AKT

[II, 1] EIN ZIMMER

Danton, Lacroix, Philippeau, Paris, Camille Desmoulins.

CAMILLE. Rasch Danton wir haben keine Zeit zu verlieren.

DANTON *er kleidet sich an.* Aber die Zeit verliert uns.
Das ist sehr langweilig immer das Hemd zuerst und dann die Hosen drüber zu ziehen und des Abends in's Bett und Morgens wieder heraus zu kriechen und einen Fuß immer so vor den andern zu setzen, da ist gar kein Absehens wie es anders werden soll. Das ist sehr traurig und daß Millionen es schon so gemacht haben und daß Millionen es wieder so machen werden und, daß wir noch obendrein aus zwei Hälften bestehen, die beide das Nämliche tun, so daß Alles doppelt geschieht. Das ist sehr traurig.

CAMILLE. Du sprichst in einem ganz kindlichen Ton.

DANTON. Sterbende werden oft kindisch.

LACROIX. Du stürzest dich durch dein Zögern in's Verderben, du reißest alle deine Freunde mit dir. Benachrichtige die Feiglinge, daß es Zeit ist sich um dich zu versammlen, fordere sowohl die vom Tale als die vom Berge auf. Schreie über die Tyrannei der Dezemvirn, sprich von Dolchen, rufe Brutus an, dann wirst du die Tribunen erschrecken und selbst die um dich sammeln, die man als Mitschuldige Héberts bedroht. Du mußt dich deinem Zorn überlassen. Laßt uns wenigstens nicht entwaffnet und erniedrigt wie der schändliche Hébert sterben.

DANTON. Du hast ein schlechtes Gedächtnis, du nanntest mich einen toten Heiligen. Du hattest mehr Recht, als du selbst glaubtest. Ich war bei den Sektionen, sie waren ehrfurchtsvoll, aber wie Leichenbitter. Ich bin eine Reliquie und Reliquien wirft man auf die Gasse, du hattest Recht.

LACROIX. Warum hast du es dazu kommen lassen?

DANTON. Dazu? Ja wahrhaftig, es war mir zuletzt langweilig. Immer im nämlichen Rock herumzulaufen und die nämlichen Falten zu ziehen! Das ist erbärmlich. So ein armseliges Instrument zu sein, auf dem eine Saite immer nur einen Ton angibt!

S' ist nicht zum Aushalten. Ich wollte mir's bequem machen. Ich hab' es erreicht, die Revolution setzt mich in Ruhe, aber auf andere Weise, als ich dachte.

Übrigens, auf was sich stützen? Unsere Huren könnten es noch mit den Guillotinenbetschwestern aufnehmen, sonst weiß ich nichts. Es läßt sich an den Fingern herzählen: die Jakobiner haben erklärt, daß die Tugend an der Tagesordnung sei, die Cordeliers nennen mich Héberts Henker, der Gemeinderat tut Buße, der Konvent, – das wäre noch ein Mittel! aber es gäbe einen 31. Mai, sie würden nicht gutwillig weichen. Robespierre ist das Dogma der Revolution, es darf nicht ausgestrichen werden. Es ginge auch nicht. Wir haben nicht die Revolution, sondern die Revolution hat uns gemacht.

Und wenn es ginge – ich will lieber guillotiniert werden, als guillotinieren lassen. Ich hab es satt, wozu sollen wir Menschen miteinander kämpfen? Wir sollten uns nebeneinander setzen und Ruhe haben. Es wurde ein Fehler gemacht, wie wir geschaffen wurden, es fehlt uns etwas, ich habe keinen Namen dafür, wir werden es einander nicht aus den Eingeweiden herauswühlen, was sollen wir uns drum die Leiber aufbrechen? Geht, wir sind elende Alchymisten.

CAMILLE. Pathetischer gesagt würde es heißen: wie lange soll die Menschheit im ewigen Hunger ihre eignen Glieder fressen? oder, wie lange sollen wir Schiffbrüchige auf einem Wrack in unlöschbarem Durst einander das Blut aus den Adern saugen? oder, wie lange sollen wir Algebraisten im Fleisch beim Suchen nach dem unbekannten, ewig verweigerten X unsere Rechnungen mit zerfetzten Gliedern schreiben?

DANTON. Du bist ein starkes Echo.

CAMILLE. Nicht wahr, ein Pistolenschuß schallt gleich wie ein Donnerschlag. Desto besser für dich, du solltest mich immer bei dir haben.

PHILIPPEAU. Und Frankreich bleibt seinen Henkern?

DANTON. Was liegt daran? Die Leute befinden sich ganz wohl dabei. Sie haben Unglück, kann man mehr verlangen um gerührt, edel, tugendhaft oder witzig zu sein oder um überhaupt keine Langeweile zu haben?

Ob sie nun an der Guillotine oder am Fieber oder am Alter sterben? Es ist noch vorzuziehen, sie treten mit gelenken Gliedern hinter die Kulissen und können im Abgehen noch hübsch gestikulieren und die Zuschauer klatschen hören. Das ist ganz artig und paßt für uns, wir stehen immer auf dem Theater, wenn wir auch zuletzt im Ernst erstochen werden.

Es ist recht gut, daß die Lebenszeit ein wenig reduziert wird, der Rock war zu lang, unsere Glieder konnten ihn nicht ausfüllen. Das Leben wird ein Epigramm, das geht an, wer hat auch Atem und Geist genug für ein Epos in fünfzig oder sechzig Gesängen? S' ist Zeit, daß man das bißchen Essenz nicht mehr aus Zübern sondern aus Liqueurgläschen trinkt, so bekommt man doch das Maul voll, sonst konnte man kaum einige Tropfen in dem plumpen Gefäß zusammenrinnen machen.

Endlich – ich müßte schreien, das ist mir der Mühe zuviel, das Leben ist nicht die Arbeit wert, die man sich macht, es zu erhalten.

PARIS. So flieh Danton!

DANTON. Nimmt man das Vaterland an den Schuhsohlen mit? Und endlich – und das ist die Hauptsache: sie werdens's nicht wagen. *Zu Camille.* Komm mein Junge, ich sage dir sie werden's nicht wagen. Adieu. Adieu! *Danton und Camille ab.*

PHILIPPEAU. Da geht er hin.

LACROIX. Und glaubt kein Wort von dem was er gesagt hat. Nichts als Faulheit! Er will sich lieber guillotinieren lassen, als eine Rede halten.

PARIS. Was tun?

LACROIX. Heim gehn und als Lucrecia auf einen anständigen Fall studieren.

[II, 2] EINE PROMENADE

Spaziergänger.

EIN BÜRGER. Meine gute Jaqueline, ich wollte sagen Corn ..., wollt' ich Cor ...

SIMON. Cornelia, Bürger, Cornelia.

BÜRGER. Meine gute Cornelia hat mich mit einem Knäblein erfreut.

SIMON. Hat der Republik einen Sohn geboren.

BÜRGER. Der Republik, das lautet zu allgemein, man könnte sagen ...

SIMON. Das ist's gerade, das Einzelne muß sich dem Allgemeinen ...

BÜRGER. Ach ja, das sagt meine Frau auch.

BÄNKELSÄNGER. Was doch ist, was doch ist
Aller Männer Freud und Lüst?

BÜRGER. Ach mit den Namen, da komm ich gar nicht in's Reine.

SIMON. Tauf' ihn: Pike, Marat.

BÄNKELSÄNGER. Unter Kummer, unter Sorgen
Sich bemühn vom frühen Morgen
Bis der Tag vorüber ist.

BÜRGER. Ich hätte gern drei, es ist doch was mit der Zahl drei, und dann was Nützliches und was Rechtliches, jetzt hab' ich's: Pflug, Robespierre.
Und dann das dritte?

SIMON. Pike.

BÜRGER. Ich dank Euch, Nachbar. Pike, Pflug, Robespierre, das sind hübsche Namen, das macht sich schön.

SIMON. Ich sage dir, die Brust deiner Cornelia, wird wie das Euter der römischen Wölfin, nein, das geht nicht, Romulus war ein Tyrann; das geht nicht. *Gehn vorbei.*

EIN BETTLER *singt.*
Eine Handvoll Erde
Und ein wenig Moos ...
Liebe Herren, schöne Damen!

ERSTER HERR. Kerl arbeite, du siehst ganz wohlgenährt aus.

ZWEITER HERR. Da! *Er gibt ihm Geld.* Er hat eine Hand wie Samt. Das ist unverschämt.

BETTLER. Mein Herr wo habt Ihr Euren Rock her?

ZWEITER HERR. Arbeit, Arbeit! Du könntest den nämlichen haben, ich will dir Arbeit geben, komm zu mir, ich wohne ...

BETTLER. Herr, warum habt Ihr gearbeitet?

ZWEITER HERR. Narr, um den Rock zu haben.

BETTLER. Ihr habt Euch gequält um einen Genuß zu haben, denn so ein Rock ist ein Genuß, ein Lumpen tut's auch.

ZWEITER HERR. Freilich, sonst geht's nicht.

BETTLER. Daß ich ein Narr wäre. Das hebt einander.
Die Sonne scheint warm an das Eck und das geht ganz leicht.
Singt. Eine Handvoll Erde
Und ein wenig Moos ...

ROSALIE *zu Adelaiden.* Mach fort, da kommen Soldaten, wir haben seit gestern nichts Warmes in den Leib gekriegt.

BETTLER. Ist auf dieser Erde
Einst mein letztes Los!
Meine Herren, meine Damen!

SOLDAT. Halt! wo hinaus meine Kinder? *Zu Rosalie.* Wie alt bist du?

ROSALIE. So alt wie mein kleiner Finger.

SOLDAT. Du bist sehr spitz.

ROSALIE. Und du sehr stumpf.

SOLDAT. So will ich mich an dir wetzen.
Er singt. Christinlein, lieb Christinlein mein,
Tut dir der Schaden weh, Schaden weh,
Schaden weh, Schaden weh?

ROSALIE *singt.* Ach nein, ihr Herrn Soldaten,
Ich hätt' es gerne meh, gerne meh,
Gerne meh, gerne meh!

Danton und Camille treten auf.

DANTON. Geht das nicht lustig?
Ich wittre was in der Atmosphäre, es ist als brüte die Sonne Unzucht aus.
Möchte man nicht drunter springen, sich die Hosen vom Leibe reißen und sich über den Hintern begatten wie die Hunde auf der Gasse? *Gehen vorbei.*

JUNGER HERR. Ach Madame, der Ton einer Glocke, das Abendlicht an den Bäumen, das Blinken eines Sterns ...

MADAME. Der Duft einer Blume, diese natürlichen Freuden, dieser reine Genuß der Natur! *Zu ihrer Tochter.* Sieh, Eugenie, nur die Tugend hat Augen dafür.

EUGENIE *küßt ihrer Mutter die Hand.* Ach Mama, ich sehe nur Sie!

MADAME. Gutes Kind!

JUNGER HERR *zischelt Eugenien in's Ohr.* Sehen Sie dort die hübsche Dame mit dem alten Herrn?

EUGENIE. Ich kenne sie.

JUNGER HERR. Man sagt ihr Friseur habe sie à l'enfant frisiert.

EUGENIE *lacht.* Böse Zunge!

JUNGER HERR. Der alte Herr geht neben bei, er sieht das Knöspchen schwellen und führt es in die Sonne spazieren und meint er sei der Gewitterregen, der es habe wachsen machen.

EUGENIE. Wie unanständig, ich hätte Lust rot zu werden.

JUNGER HERR. Das könnte mich blaß machen. *Gehn ab.*

DANTON *zu Camille.* Mute mir nichts Ernsthaftes zu. Ich begreife nicht warum die Leute nicht auf der Gasse stehen bleiben und einander in's Gesicht lachen. Ich meine sie müßten zu den Fenstern und zu den Gräbern heraus lachen und der Himmel müsse bersten und die Erde müsse sich wälzen vor Lachen. *Gehn ab.*

ERSTER HERR. Ich versichre Sie, eine außerordentliche Entdekkung! Alle technischen Künste bekommen dadurch eine andere Physiognomie. Die Menschheit eilt mit Riesenschritten ihrer hohen Bestimmung entgegen.

ZWEITER HERR. Haben Sie das neue Stück gesehen? Ein babylonischer Turm! Ein Gewirr von Gewölben, Treppchen, Gängen und das Alles so leicht und kühn in die Luft gesprengt. Man schwindelt bei jedem Tritt. Ein bizarrer Kopf. *Er bleibt verlegen stehn.*

ERSTER HERR. Was haben Sie denn?

ZWEITER HERR. Ach nichts! Ihre Hand, Herr! die Pfütze, so! Ich danke Ihnen. Kaum kam ich vorbei, das konnte gefährlich werden!

ERSTER HERR. Sie fürchteten doch nicht?

ZWEITER HERR. Ja, die Erde ist eine dünne Kruste, ich meine immer ich könnte durchfallen, wo so ein Loch ist.
Man muß mit Vorsicht auftreten, man könnte durchbrechen. Aber gehn Sie in's Theater, ich rat' es Ihnen.

[II, 3] EIN ZIMMER

Danton. Camille. Lucile.

CAMILLE. Ich sage euch, wenn sie nicht Alles in hölzernen Kopien bekommen, verzettelt in Theatern, Konzerten und Kunstausstellungen, so haben sie weder Augen noch Ohren dafür. Schnitzt Einer eine Marionette, wo man den Strick hereinhängen sieht, an dem sie gezerrt wird und deren Gelenke bei jedem Schritt in fünffüßigen Jamben krachen, welch ein Charakter, welche Konsequenz! Nimmt Einer ein Gefühlchen, eine Sentenz, einen Begriff und zieht ihm Rock und Hosen an, macht ihm Hände und Füße, färbt ihm das Gesicht und läßt das Ding sich drei Akte hindurch herumquälen, bis es sich zuletzt verheiratet oder sich totschießt – ein Ideal! Fiedelt Einer eine Oper, welche das Schweben und Senken im menschlichen Gemüt wiedergibt wie eine Tonpfeife mit Wasser die Nachtigall – ach die Kunst!
Setzt die Leute aus dem Theater auf die Gasse: ach, die erbärmliche Wirklichkeit!
Sie vergessen ihren Herrgott über seinen schlechten Kopisten. Von der Schöpfung, die glühend, brausend und leuchtend, um

und in ihnen, sich jeden Augenblick neu gebiert, hören und sehen Sie nichts. Sie gehen in's Theater, lesen Gedichte und Romane, schneiden den Fratzen darin die Gesichter nach und sagen zu Gottes Geschöpfen: wie gewöhnlich!

Die Griechen wußten, was sie sagten, wenn sie erzählten Pygmalions Statue sei wohl lebendig geworden, habe aber keine Kinder bekommen.

DANTON. Und die Künstler gehn mit der Natur um wie David, der im September die Gemordeten, wie sie aus der Force auf die Gasse geworfen wurden, kaltblütig zeichnete und sagte: ich erhasche die letzten Zuckungen des Lebens in diesen Bösewichtern. *Danton wird hinausgerufen.*

CAMILLE. Was sagst du Lucile?

LUCILE. Nichts, ich seh dich so gern sprechen.

CAMILLE. Hörst mich auch?

LUCILE. Ei freilich.

CAMILLE. Hab ich Recht, weißt du auch, was ich gesagt habe?

LUCILE. Nein wahrhaftig nicht. *Danton kömmt zurück.*

CAMILLE. Was hast du?

DANTON. Der Wohlfahrtsausschuß hat meine Verhaftung beschlossen. Man hat mich gewarnt und mir einen Zufluchtsort angeboten.

Sie wollen meinen Kopf, meinetwegen. Ich bin der Hudeleien überdrüssig. Mögen sie ihn nehmen. Was liegt daran? Ich werde mit Mut zu sterben wissen; das ist leichter, als zu leben.

CAMILLE. Danton, noch ist's Zeit.

DANTON. Unmöglich, – aber ich hätte nicht gedacht ...

CAMILLE. Deine Trägheit!

DANTON. Ich bin nicht träg, aber müde. Meine Sohlen brennen mich.

CAMILLE. Wo gehst du hin?

DANTON. Ja, wer das wüßte!

CAMILLE. Im Ernst, wohin?

DANTON. Spazieren, mein Junge, spazieren! *Er geht.*

LUCILE. Ach Camille!

CAMILLE. Sei ruhig, lieb Kind.

LUCILE. Wenn ich denke, daß sie dies Haupt! – Mein Camille! das ist Unsinn, gelt, ich bin wahnsinnig?

CAMILLE. Sei ruhig, Danton und ich sind nicht Eins.

LUCILE. Die Erde ist weit und es sind viel Dinge drauf, warum denn gerade das eine? Wer sollte mir's nehmen? Das wäre arg. Was wollten sie auch damit anfangen?

CAMILLE. Ich wiederhole dir, du kannst ruhig sein. Gestern sprach ich mit Robespierre, er war freundlich. Wir sind ein wenig gespannt, das ist wahr, verschiedne Ansichten, sonst nichts!

LUCILE. Such' ihn auf.

CAMILLE. Wir saßen auf einer Schulbank. Er war immer finster und einsam. Ich allein suchte ihn auf und machte ihn zuweilen lachen. Er hat mir immer große Anhänglichkeit gezeigt. Ich gehe.

LUCILE. So schnell, mein Freund? Geh! Komm! Nur das *sie küßt ihn* und das! Geh! Geh! *Camille ab.*

Das ist eine böse Zeit. Es geht einmal so. Wer kann da drüber hinaus? Man muß sich fassen.

Singt. Ach Scheiden, ach Scheiden, ach Scheiden,
Wer hat sich das Scheiden erdacht?

Wie kommt mir gerad das in Kopf? Das ist nicht gut, daß es den Weg so von selbst findet.

Wie er hinaus ist, war mir's als könnte er nicht mehr umkehren und müsse immer weiter weg von mir, immer weiter.

Wie das Zimmer so leer ist, die Fenster stehn offen, als hätte ein Toter drin gelegen. Ich halt' es da oben nicht aus. *Sie geht.*

[II, 4] FREIES FELD

DANTON. Ich mag nicht weiter. Ich mag in dieser Stille mit dem Geplauder meiner Tritte und dem Keuchen meines Atems nicht Lärmen machen. *Er setzt sich nieder, nach einer Pause.*

Man hat mir von einer Krankheit erzählt, die einem das Gedächtnis verlieren mache. Der Tod soll etwas davon haben. Dann kommt mir manchmal die Hoffnung, daß er vielleicht noch kräftiger wirke und einem Alles verlieren mache. Wenn das wäre! Dann lief ich wie ein Christ um meinen Feind d.h. mein Gedächtnis zu retten.

Der Ort soll sicher sein, ja für mein Gedächtnis, aber nicht für mich, mir gibt das Grab mehr Sicherheit, es schafft mir wenigstens Vergessen! Es tötet mein Gedächtnis. Dort aber lebt mein Gedächtnis und tötet mich. Ich oder es? Die Antwort ist leicht. *Er erhebt sich und kehrt um.*

Ich kokettiere mit dem Tod, es ist ganz angenehm so aus der Entfernung mit dem Lorgnon mit ihm zu liebäugeln. Eigentlich muß ich über die ganze Geschichte lachen. Es ist ein Gefühl des Bleibens in mir, was mir sagt, es wird morgen sein, wie heute, und übermorgen und weiter hinaus ist Alles wie eben. Das ist leerer Lärm, man will mich schrecken, sie werden's nicht wagen. *Ab.*

[II, 5] EIN ZIMMER

Es ist Nacht.

DANTON *am Fenster.* Will denn das nie aufhören? Wird das Licht nie ausglühn und der Schall nie modern, will's denn nie still und dunkel werden, daß wir uns die garstigen Sünden einander nicht mehr anhören und ansehen? – September! –

JULIE *ruft von innen.* Danton! Danton!

DANTON. He?

JULIE *tritt ein.* Was rufst du?

DANTON. Rief ich?

JULIE. Du sprachst von garstigen Sünden und dann stöhntest du: September!

DANTON. Ich, ich? Nein, ich sprach nicht, das dacht ich kaum, das waren nur ganz leise heimliche Gedanken.

JULIE. Du zitterst Danton.

DANTON. Und soll ich nicht zittern, wenn so die Wände plaudern? Wenn mein Leib so zerschellt ist, daß meine Gedanken unstet, umirrend mit den Lippen der Steine reden? Das ist seltsam.

JULIE. Georg, mein Georg!

DANTON. Ja Julie, das ist sehr seltsam. Ich möchte nicht mehr denken, wenn das gleich so spricht. Es gibt Gedanken Julie, für die es keine Ohren geben sollte. Das ist nicht gut, daß sie bei der Geburt gleich schreien, wie Kinder. Das ist nicht gut.

JULIE. Gott erhalte dir deine Sinne, Georg, Georg, erkennst du mich?

DANTON. Ei warum nicht, du bist ein Mensch und dann eine Frau und endlich meine Frau, und die Erde hat fünf Weltteile, Europa, Asien, Afrika, Amerika, Australien und zwei mal zwei macht vier. Ich bin bei Sinnen, siehst du. Schrie's nicht September? Sagtest du nicht so was?

JULIE. Ja Danton, durch alle Zimmer hört' ich's.

DANTON. Wie ich an's Fenster kam – *er sieht hinaus* die Stadt ist ruhig, alle Lichter aus …

JULIE. Ein Kind schreit in der Nähe.

DANTON. Wie ich an's Fenster kam – durch alle Gassen schrie und zetert' es: September!

JULIE. Du träumtest Danton. Faß dich.

DANTON. Träumtest? ja ich träumte, doch das war anders, ich will dir es gleich sagen, mein armer Kopf ist schwach, gleich! so jetzt hab ich's! Unter mir keuchte die Erdkugel in ihrem Schwung, ich hatte sie wie ein wildes Roß gepackt, mit riesigen Gliedern

wühlt' ich in ihrer Mähne und preßt' ich ihre Rippen, das Haupt abwärts gebückt, die Haare flatternd über dem Abgrund. So ward ich geschleift. Da schrie ich in der Angst, und ich erwachte. Ich trat an's Fenster – und da hört' ich's Julie.
Was das Wort nur will? Warum gerade das, was hab' ich damit zu schaffen. Was streckt es nach mir die blutigen Hände? Ich hab' es nicht geschlagen.
O hilf mir Julie, mein Sinn ist stumpf. War's nicht im September Julie?

JULIE. Die Könige waren nur noch vierzig Stunden von Paris ...

DANTON. Die Festungen gefallen, die Aristokraten in der Stadt ...

JULIE. Die Republik war verloren.

DANTON. Ja verloren. Wir konnten den Feind nicht im Rücken lassen, wir wären Narren gewesen, zwei Feinde auf einem Brett, wir oder sie, der Stärkere stößt den Schwächeren hinunter, ist das nicht billig?

JULIE. Ja, ja.

DANTON. Wir schlugen sie, das war kein Mord, das war Krieg nach innen.

JULIE. Du hast das Vaterland gerettet.

DANTON. Ja das hab' ich. Das war Notwehr, wir mußten. Der Mann am Kreuze hat sich's bequem gemacht: es muß ja Ärgernis kommen, doch wehe dem, durch welchen Ärgernis kommt.
Es muß, das war dies Muß. Wer will der Hand fluchen, auf die der Fluch des Muß gefallen? Wer hat das Muß gesprochen, wer? Was ist das, was in uns hurt, lügt, stiehlt und mordet?
Puppen sind wir von unbekannten Gewalten am Draht gezogen; nichts, nichts wir selbst! Die Schwerter, mit denen Geister kämpfen, man sieht nur die Hände nicht, wie im Märchen.
Jetzt bin ich ruhig.

JULIE. Ganz ruhig, lieb Herz?

DANTON. Ja Julie, komm, zu Bette!

[II, 6] STRASSE VOR DANTONS HAUS

Simon. Bürgersoldaten.

SIMON. Wie weit ist's in der Nacht?

ERSTER BÜRGER. Was in der Nacht?

SIMON. Wie weit ist die Nacht?

ERSTER BÜRGER. So weit als zwischen Sonnenuntergang und Sonnenaufgang.

SIMON. Schuft, wieviel Uhr?

ERSTER BÜRGER. Sieh auf dein Zifferblatt; es ist die Zeit, wo die Perpendikel unter den Bettdecken ausschlagen.

SIMON. Wir müssen hinauf! Fort Bürger! Wir haften mit unseren Köpfen dafür. Tot oder lebendig! Er hat gewaltige Glieder. Ich werde vorangehn, Bürger. Der Freiheit eine Gasse!
Sorgt für mein Weib! Eine Eichenkrone werd' ich ihr hinterlassen.

ERSTER BÜRGER. Eine Eichelkron? Es sollen ihr ohnehin jeden Tag Eicheln genug in den Schoß fallen.

SIMON. Vorwärts Bürger, ihr werdet euch um das Vaterland verdient machen.

ZWEITER BÜRGER. Ich wollte das Vaterland machte sich um uns verdient; über all den Löchern, die wir in andrer Leute Körper machen, ist noch kein einziges in unsern Hosen zugegangen.

ERSTER BÜRGER. Willst du, daß dir dein Hosenlatz zuginge? Hä, hä, hä.

DIE ANDERN. Hä, hä, hä.

SIMON. Fort, fort! *Sie dringen in Dantons Haus.*

[II, 7] DER NATIONALKONVENT

Eine Gruppe von Deputierten.

LEGENDRE. Soll denn das Schlachten der Deputierten nicht aufhören?
Wer ist noch sicher, wenn Danton fällt?

EIN DEPUTIERTER. Was tun?

EIN ANDERER. Er muß vor den Schranken des Konvents gehört werden. Der Erfolg dieses Mittels ist sicher, was sollten sie seiner Stimme entgegensetzen?

EIN ANDERER. Unmöglich, ein Dekret verhindert uns.

LEGENDRE. Es muß zurückgenommen oder eine Ausnahme gestattet werden. Ich werde den Antrag machen. Ich rechne auf eure Unterstützung.

DER PRÄSIDENT. Die Sitzung ist eröffnet.

LEGENDRE *besteigt die Tribüne.* Vier Mitglieder des Nationalkonvents sind verflossene Nacht verhaftet worden. Ich weiß, daß Danton einer von ihnen ist, die Namen der Übrigen kenne ich nicht. Mögen sie übrigens sein, wer sie wollen, so verlange ich, daß sie vor den Schranken gehört werden. Bürger, ich erkläre es, ich halte Danton für eben so rein, wie mich selbst und ich glaube nicht, daß mir irgend ein Vorwurf gemacht werden kann. Ich will kein Mitglied des Wohlfahrts- oder des Sicherheitsausschusses angreifen, aber gegründete Ursachen lassen mich fürchten Privathaß und Privatleidenschaften könnten der Freiheit Männer entreißen, die ihr die größten Dienste erwiesen haben. Der Mann, welcher im Jahre 1792 Frankreich durch seine Energie rettete, verdient gehört zu werden, er muß sich erklären dürfen wenn man ihn des Hochverrats anklagt. *Heftige Bewegung.*

EINIGE STIMMEN. Wir unterstützen Legendres Vorschlag.

EIN DEPUTIERTER. Wir sind hier im Namen des Volkes, man kann uns ohne den Willen unserer Wähler nicht von unseren Plätzen reißen.

EIN ANDERER. Eure Worte riechen nach Leichen, ihr habt sie den Girondisten aus dem Mund genommen. Wollt ihr Privilegien? Das Beil des Gesetzes schwebt über allen Häuptern.

EIN ANDERER. Wir können unsern Ausschüssen nicht erlauben die Gesetzgeber aus dem Asyl des Gesetzes auf die Guillotine zu schicken.

EIN ANDERER. Das Verbrechen hat kein Asyl, nur gekrönte Verbrechen finden eins auf dem Thron.

EIN ANDERER. Nur Spitzbuben appellieren an das Asylrecht.

EIN ANDERER. Nur Mörder erkennen es nicht an.

ROBESPIERRE. Die seit langer Zeit in dieser Versammlung unbekannte Verwirrung, beweist, daß es sich um große Dinge handelt. Heute entscheidet sich's ob einige Männer den Sieg über das Vaterland davon tragen werden. Wie könnt ihr eure Grundsätze weit genug verleugnen, um heute einigen Individuen das zu bewilligen, was ihr gestern Chabot, Delaunay und Fabre verweigert habt? Was soll dieser Unterschied zu Gunsten einiger Männer? Was kümmern mich die Lobsprüche, die man sich selbst und seinen Freunden spendet? Nur zu viele Erfahrungen haben uns gezeigt, was davon zu halten sei. Wir fragen nicht ob ein Mann diese oder jene patriotische Handlung vollbracht habe, wir fragen nach seiner ganzen politischen Laufbahn.

Legendre scheint die Namen der Verhafteten nicht zu wissen, der ganze Konvent kennt sie. Sein Freund Lacroix ist darunter. Warum scheint Legendre das nicht zu wissen? Weil er wohl weiß, daß nur die Schamlosigkeit Lacroix verteidigen kann. Er nannte nur Danton, weil er glaubt an diesen Namen knüpfe sich ein Privilegium. Nein, wir wollen keine Privilegien, wir wollen keine Götzen! *Beifall.*

Was hat Danton vor Lafayette, vor Dumouriez, vor Brissot, Fabre, Chabot, Hébert voraus? Was sagt man von diesen, was man nicht auch von ihm sagen könnte? Habt ihr sie gleichwohl geschont? Wodurch verdient er einen Vorzug vor seinen Mitbürgern? Etwa, weil einige betrogne Individuen und Andere, die sich nicht betrügen ließen, sich um ihn reihten um in seinem Gefolge dem Glück und der Macht in die Arme zu laufen? Je mehr er die Patrioten betrogen hat, welche Vertrauen in ihn setzten, desto nachdrücklicher muß er die Strenge der Freiheitsfreunde empfinden.

Man will euch Furcht einflößen vor dem Mißbrauche einer Gewalt, die ihr selbst ausgeübt habt. Man schreit über den Despotismus der Ausschüsse, als ob das Vertrauen, welches das Volk euch geschenkt und das ihr diesen Ausschüssen übertragen habt, nicht eine sichre Garantie ihres Patriotismus wäre. Man stellt sich, als zittre man. Aber ich sage euch, wer in diesem Augenblicke zittert ist schuldig, denn nie zittert die Unschuld vor der öffentlichen Wachsamkeit. *Allgemeiner Beifall.*

Man hat auch mich schrecken wollen, man gab mir zu verstehen, daß die Gefahr, indem sie sich Danton nähere, auch bis zu mir dringen könne.

Man schrieb mir, Dantons Freunde hielten mich umlagert in der Meinung die Erinnerung an eine alte Verbindung, der blinde Glauben an erheuchelte Tugenden könnten mich bestimmen meinen Eifer und meine Leidenschaft für die Freiheit zu mäßigen.

So erkläre ich denn, nichts soll mich aufhalten, und sollte auch Dantons Gefahr die meinige werden. Wir Alle haben etwas Mut und etwas Seelengröße nötig. Nur Verbrecher und gemeine Seelen fürchten Ihresgleichen an ihrer Seite fallen zu sehen, weil sie, wenn keine Schar von Mitschuldigen sie mehr versteckt, sich dem Licht der Wahrheit ausgesetzt sehen. Aber wenn es dergleichen Seelen in dieser Versammlung gibt, so gibt es in ihr auch heroische. Die Zahl der Schurken ist nicht groß. Wir haben nur wenige Köpfe zu treffen und das Vaterland ist gerettet. *Beifall.*

Ich verlange, daß Legendres Vorschlag zurückgewiesen werde.

Die Deputierten erheben sich sämtlich zum Zeichen allgemeiner Bestimmung.

St. Just. Es scheint in dieser Versammlung einige empfindliche Ohren zu geben, die das Wort Blut nicht wohl vertragen können. Einige allgemeine Betrachtungen mögen sie überzeugen, daß wir nicht grausamer sind als die Natur und als die Zeit. Die Natur folgt ruhig und unwiderstehlich ihren Gesetzen, der Mensch wird vernichtet, wo er mit ihnen in Konflikt kommt. Eine Veränderung in den Bestandteilen der Luft, ein Auflodern

des tellurischen Feuers, ein Schwanken in dem Gleichgewicht einer Wassermasse und einer Seuche, ein vulkanischer Ausbruch, eine Überschwemmung begraben Tausende. Was ist das Resultat? Eine unbedeutende, im großen Ganzen kaum bemerkbare Veränderung der physischen Natur, die fast spurlos vorübergegangen sein würde, wenn nicht Leichen auf ihrem Wege lägen.
Ich frage nun: soll die moralische Natur in ihren Revolutionen mehr Rücksicht nehmen, als die physische? Soll eine Idee nicht eben so gut wie ein Gesetz der Physik vernichten dürfen, was sich ihr widersetzt? Soll überhaupt ein Ereignis, was die ganze Gestaltung der moralischen Natur d.h. der Menschheit umändert, nicht durch Blut gehen dürfen? Der Weltgeist bedient sich in der geistigen Sphäre unserer Arme eben so, wie er in der physischen Vulkane oder Wasserfluten gebraucht. Was liegt daran ob sie an einer Seuche oder an der Revolution sterben? –
Die Schritte der Menschheit sind langsam, man kann sie nur nach Jahrhunderten zählen, hinter jedem erheben sich die Gräber von Generationen. Das Gelangen zu den einfachsten Erfindungen und Grundsätzen hat Millionen das Leben gekostet, die auf dem Wege starben. Ist es denn nicht einfach, daß zu einer Zeit, wo der Gang der Geschichte rascher ist, auch mehr Menschen außer Atem kommen?
Wir schließen schnell und einfach: da Alle unter gleichen Verhältnissen geschaffen werden, so sind Alle gleich, die Unterschiede abgerechnet, welche die Natur selbst gemacht hat. Es darf daher jeder Vorzüge und darf daher keiner Vorrechte haben, weder ein Einzelner, noch eine geringere oder größere Klasse von Individuen. Jedes Glied dieses in der Wirklichkeit angewandten Satzes hat seine Menschen getötet. Der 14. Juli, der 10. August, der 31. Mai sind seine Interpunktionszeichen. Er hatte vier Jahre Zeit nötig um in der Körperwelt durchgeführt zu werden, und unter gewöhnlichen Umständen hätte er ein Jahrhundert dazu gebraucht und wäre mit Generationen interpunktiert worden. Ist es da so zu verwundern, daß der Strom der Revolution bei jedem Absatz, bei jeder neuen Krümmung seine Leichen ausstößt?
Wir werden unserm Satze noch einige Schlüsse hinzuzufügen haben, sollen einige Hundert Leichen uns verhindern sie zu machen?
Moses führte sein Volk durch das rote Meer und in die Wüste bis die alte verdorbne Generation sich aufgerieben hatte, eh' er den neuen Staat gründete. Gesetzgeber! Wir haben weder das rote

Meer noch die Wüste aber wir haben den Krieg und die Guillotine.
Die Revolution ist wie die Töchter des Pelias; sie zerstückt die Menschheit um sie zu verjüngen. Die Menschheit wird aus dem Blutkessel wie die Erde aus den Wellen der Sündflut mit urkräftigen Gliedern sich erheben, als wäre sie zum Erstenmale geschaffen. *Langer, anhaltender Beifall. Einige Mitglieder erheben sich im Enthusiasmus.*
Alle geheimen Feinde der Tyrannei, welche in Europa und auf dem ganzen Erdkreise den Dolch des Brutus unter ihren Gewändern tragen, fordern wir auf diesen erhabenen Augenblick mit uns zu teilen. *Die Zuhörer und die Deputierten stimmen die Marseillaise an.*

DRITTER AKT

[III, 1] DAS LUXEMBURG. EIN SAAL MIT GEFANGNEN

Chaumette, Payne, Mercier, Hérault de Séchelles und andre Gefangne.

CHAUMETTE *zupft Payne am Ärmel.* Hören Sie Payne es könnte doch so sein, vorhin überkam es mich so; ich habe heute Kopfweh, helfen Sie mir ein wenig mit Ihren Schlüssen, es ist mir ganz unheimlich zu Mut.

PAYNE. So komm Philosoph Anaxagoras ich will dich katechisieren. Es gibt keinen Gott, denn: entweder hat Gott die Welt geschaffen oder nicht. Hat er sie nicht geschaffen so hat die Welt ihren Grund in sich und es gibt keinen Gott, da Gott nur dadurch Gott wird, daß er den Grund alles Seins enthält. – Nun kann aber Gott die Welt nicht geschaffen haben, denn entweder ist die Schöpfung ewig wie Gott, oder sie hat einen Anfang. Ist Letzteres der Fall so muß Gott sie zu einem bestimmten Zeitpunkt geschaffen haben, Gott muß also nach dem er eine Ewigkeit geruht einmal tätig geworden sein, muß also einmal eine Veränderung in sich erlitten haben, die den Begriff Zeit auf ihn anwenden läßt, was Beides gegen das Wesen Gottes streitet. Gott kann also die Welt nicht geschaffen haben. Da wir nun aber sehr deutlich wissen, daß die Welt oder daß unser Ich wenigstens vorhanden ist und daß sie dem Vorhergehenden nach also auch ihren Grund in sich oder in etwas haben muß, das nicht Gott ist, so kann es keinen Gott geben. Quod erat demonstrandum.

CHAUMETTE. Ei wahrhaftig, das gibt mir wieder Licht, ich danke, danke.

MERCIER. Halten Sie, Payne, wenn aber die Schöpfung ewig ist?

PAYNE. Dann ist sie schon keine Schöpfung mehr, dann ist sie Eins mit Gott oder ein Attribut desselben, wie Spinoza sagt, dann ist Gott in Allem, in Ihnen Wertester, im Philosoph Anaxagoras und in mir; das wäre so übel nicht, aber Sie müssen mir zugestehen, daß es gerade nicht viel um die himmlische Majestät ist, wenn der liebe Herrgott in jedem von uns Zahnweh kriegen, den Tripper haben, lebendig begraben werden oder wenigstens die sehr unangenehmen Vorstellungen davon haben kann.

MERCIER. Aber eine Ursache muß doch da sein.

PAYNE. Wer leugnet dies; aber wer sagt Ihnen denn, daß diese Ursache das sei, was wir uns als Gott d.h. als das Vollkommne denken? Halten Sie die Welt für vollkommen?

MERCIER. Nein.

PAYNE. Wie wollen Sie denn aus einer unvollkommnen Wirkung auf eine vollkommne Ursache schließen?

Voltaire wagte es eben so wenig mit Gott, als mit den Königen zu verderben, deswegen tat er es. Wer einmal nichts hat als Verstand und ihn nicht einmal konsequent zu gebrauchen weiß oder wagt, ist ein Stümper.

MERCIER. Ich frage dagegen: kann eine vollkommne Ursache eine vollkommne Wirkung haben d.h. kann etwas Vollkommnes, was Vollkommnes schaffen? Ist das nicht unmöglich, weil das Geschaffne doch nie seinen Grund in sich haben kann, was doch wie Sie sagten zur Vollkommenheit gehört?

CHAUMETTE. Schweigen Sie! Schweigen Sie!

PAYNE. Beruhige dich Philosoph. Sie haben Recht; aber muß denn Gott einmal schaffen, kann er nur was Unvollkommnes schaffen, so läßt er es gescheuter ganz bleiben. Ist's nicht sehr menschlich, uns Gott nur als schaffend denken zu können? Weil wir uns immer regen und schütteln müssen um uns nur immer sagen zu können: wir sind! müssen wir Gott auch dies elende Bedürfnis andichten? Müssen wir, wenn sich unser Geist in das Wesen einer harmonisch in sich ruhenden, ewigen Seligkeit versenkt, gleich annehmen sie müsse die Finger ausstrecken und über Tisch Brotmännchen kneten? aus überschwenglichem Liebesbedürfnis, wie wir uns ganz geheimnisvoll in die Ohren sagen. Müssen wir das Alles, bloß um uns zu Göttersöhnen zu machen? Ich nehme mit einem geringern Vater vorlieb, wenigstens werd' ich ihm nicht nachsagen können, daß er mich unter seinem Stande in Schweinställen oder auf den Galeeren habe erziehen lassen. Schafft das Unvollkommne weg, dann allein könnt ihr Gott demonstrieren, Spinoza hat es versucht. Man kann das Böse leugnen, aber nicht den Schmerz; nur der Verstand kann Gott beweisen, das Gefühl empört sich dagegen. Merke dir es, Anaxagoras, warum leide ich? Das ist der Fels des Atheismus. Das leiseste Zucken des Schmerzes und rege es sich nur in einem Atom, macht einen Riß in der Schöpfung von oben bis unten.

MERCIER. Und die Moral?

PAYNE. Erst beweist ihr Gott aus der Moral und dann die Moral aus Gott. Was wollt ihr denn mit eurer Moral? Ich weiß nicht ob es an und für sich was Böses oder was Gutes gibt, und habe deswegen doch nicht nötig meine Handlungsweise zu ändern. Ich handle meiner Natur gemäß, was ihr angemessen, ist für mich gut und ich tue es und was ihr zuwider, ist für mich bös und ich tue es nicht und verteidige mich dagegen, wenn es mir in den Weg kommt. Sie können, wie man so sagt, tugendhaft bleiben und sich gegen das sogenannte Laster wehren, ohne deswegen ihre Gegner verachten zu müssen, was ein gar trauriges Gefühl ist.

CHAUMETTE. Wahr, sehr wahr!

HÉRAULT. O Philosoph Anaxagoras, man könnte aber auch sagen, damit Gott Alles sei, müsse er auch sein eignes Gegenteil sein, d.h. vollkommen und unvollkommen, bös und gut, selig und leidend, das Resultat freilich würde gleich Null sein, es würde sich gegenseitig heben, wir kämen zum Nichts. Freue dich, du kömmst glücklich durch, du kannst ganz ruhig in Madame Momoro das Meisterstück der Natur anbeten, wenigstens hat sie dir die Rosenkränze dazu in den Leisten gelassen.

CHAUMETTE. Ich danke Ihnen verbindlichst, meine Herren. *Ab.*

PAYNE. Er traut noch nicht, er wird sich zu guter Letzt noch die Ölung geben, die Füße nach Mecca zu legen, und sich beschneiden lassen um ja keinen Weg zu verfehlen.

Danton, Lacroix, Camille, Philippeau werden hereingeführt.

HÉRAULT *läuft auf Danton zu und umarmt ihn.* Guten Morgen, gute Nacht sollte ich sagen. Ich kann nicht fragen, wie hast du geschlafen. Wie wirst du schlafen?

DANTON. Nun gut, man muß lachend zu Bett gehn.

MERCIER *zu Payne.* Diese Dogge mit Taubenflügeln! Er ist der böse Genius der Revolution, er wagte sich an seine Mutter, aber sie war stärker als er.

PAYNE. Sein Leben und sein Tod sind ein gleich großes Unglück.

LACROIX *zu Danton.* Ich dachte nicht, daß sie so schnell kommen würden.

DANTON. Ich wußt' es, man hatte mich gewarnt.

LACROIX. Und du hast nichts gesagt?

DANTON. Zu was? Ein Schlagfluß ist der beste Tod, wolltest du zuvor krank sein? Und – ich dachte nicht, daß sie es wagen würden. *Zu Hérault.* Es ist besser sich in die Erde legen, als sich Leichdörner auf ihr laufen; ich habe sie lieber zum Kissen, als zum Schemel.

HÉRAULT. Wir werden wenigstens nicht mit Schwielen an den Fingern der hübschen Dame Verwesung die Wangen streicheln.

CAMILLE *zu Danton.* Gib dir nur keine Mühe. Du magst die Zunge noch so weit zum Hals heraushängen, du kannst dir damit doch nicht den Todesschweiß von der Stirne lecken. O Lucile! das ist ein großer Jammer.

Die Gefangnen drängen sich um die neu Angekommnen.

DANTON *zu Payne.* Was Sie für das Wohl Ihres Landes getan, habe ich für das meinige versucht. Ich war weniger glücklich, man schickt mich auf's Schafott, meinetwegen, ich werde nicht stolpern.

MERCIER *zu Danton.* Das Blut der zwei und zwanzig ersäuft dich.

EIN GEFANGENER *zu Hérault.* Die Macht des Volkes und die Macht der Vernunft sind eins.

EIN ANDRER *zu Camille.* Nun Generalprokurator der Laterne, deine Verbesserung der Straßenbeleuchtung hat in Frankreich nicht heller gemacht.

EIN ANDRER. Laßt ihn! Das sind die Lippen, welche das Wort Erbarmen gesprochen. *Er umarmt Camille, mehrere Gefangne folgen seinem Beispiel.*

PHILIPPEAU. Wir sind Priester, die mit Sterbenden gebetet haben, wir sind angesteckt worden und sterben an der nämlichen Seuche.

EINIGE STIMMEN. Der Streich, der euch trifft, tötet uns Alle.

CAMILLE. Meine Herren ich beklage sehr, daß unsere Anstrengungen so fruchtlos waren, ich gehe auf's Schafott, weil mir die Augen über das Los einiger Unglücklichen naß geworden.

[III, 2] EIN ZIMMER

Fouquier-Tinville. Herrmann.

FOUQUIER. Alles bereit?

HERRMANN. Es wird schwer halten; wäre Danton nicht darunter, so ginge es leicht.

FOUQUIER. Er muß vortanzen.

HERRMANN. Er wird die Geschwornen erschrecken; er ist die Vogelscheuche der Revolution.

FOUQUIER. Die Geschwornen müssen wollen.

HERRMANN. Ein Mittel wüßt' ich, aber es wird die gesetzliche Form verletzen.

FOUQUIER. Nur zu.

HERRMANN. Wir losen nicht, sondern suchen die Handfesten aus.

FOUQUIER. Das muß gehen. Das wird ein gutes Heckefeuer geben. Es sind ihrer neunzehn. Sie sind geschickt zusammengewörfelt. Die vier Fälscher, dann einige Bankiers und Fremde. Es ist ein pikantes Gericht. Das Volk braucht dergleichen. Also zuverlässige Leute! Wer zum Beispiel?

HERRMANN. Leroi, er ist taub und hört daher nichts von All dem, was die Angeklagten vorbringen, Danton mag sich den Hals bei ihm rauh schreien.

FOUQUIER. Sehr gut. Weiter!

HERRMANN. Vilatte und Lumière, der eine sitzt immer in der Trinkstube und der andere schläft immer, beide öffnen den Mund nur, um das Wort: schuldig! zu sagen.
Girard hat den Grundsatz, es dürfe Keiner entwischen, der einmal vor das Tribunal gestellt sei. Renaudin ...

FOUQUIER. Auch der? Er half einmal einigen Pfaffen durch.

HERRMANN. Sei ruhig, vor einigen Tagen kommt er zu mir und verlangt man solle allen Verurteilten vor der Hinrichtung zur Ader lassen um sie ein wenig matt zu machen, ihre meist trotzige Haltung ärgere ihn.

FOUQUIER. Ach sehr gut. Also ich verlasse mich.

HERRMANN. Laß mich nur machen.

[III, 3] DIE CONCIERGERIE. EIN KORRIDOR

Lacroix, Danton, Mercier und andre Gefangne auf und ab gehend.

LACROIX *zu einem Gefangnen.* Wie, so viel Unglückliche, und in einem so elenden Zustande?

DER GEFANGNE. Haben Ihnen die Guillotinenkarren nie gesagt, daß Paris eine Schlachtbank sei?

MERCIER. Nicht wahr, Lacroix? Die Gleichheit schwingt ihre Sichel über allen Häuptern, die Lava der Revolution fließt, die Guillotine republikanisiert! Da klatschen die Galerien und die Römer reiben sich die Hände, aber sie hören nicht, daß jedes dieser Worte das Röcheln eines Opfers ist. Geht einmal euren Phrasen nach, bis zu dem Punkt wo sie verkörpert werden.
Blickt um euch, das Alles habt ihr gesprochen, es ist eine mimische Übersetzung eurer Worte. Diese Elenden, ihre Henker und die Guillotine sind eure lebendig gewordnen Reden. Ihr bautet eure Systeme, wie Bajazet seine Pyramiden, aus Menschenköpfen.

DANTON. Du hast Recht. Man arbeitet heut zu Tag Alles in Menschenfleisch. Das ist der Fluch unserer Zeit. Mein Leib wird jetzt auch verbraucht.
Es ist jetzt ein Jahr, daß ich das Revolutionstribunal schuf. Ich bitte Gott und Menschen dafür um Verzeihung, ich wollte neuen Septembermorden zuvorkommen, ich hoffte die Unschuldigen zu retten, aber dies langsame Morden mit seinen Formalitäten ist gräßlicher und eben so unvermeidlich. Meine Herren ich hoffte Sie Alle diesen Ort verlassen zu machen.

MERCIER. Oh, herausgehen werden wir.

DANTON. Ich bin jetzt bei Ihnen, der Himmel weiß wie das enden soll.

[III, 4] DAS REVOLUTIONSTRIBUNAL

HERRMANN *zu Danton.* Ihr Name, Bürger.

DANTON. Die Revolution nennt meinen Namen. Meine Wohnung ist bald im Nichts und mein Namen im Pantheon der Geschichte.

HERRMANN. Danton, der Konvent beschuldigt Sie, mit Mirabeau, mit Dumouriez, mit Orléans, mit den Girondisten, den Fremden und der Faktion Ludwig des XVII. konspiriert zu haben.

DANTON. Meine Stimme, die ich so oft für die Sache des Volkes ertönen ließ, wird ohne Mühe die Verleumdung zurückweisen. Die Elenden, welche mich anklagen, mögen hier erscheinen und ich werde sie mit Schande bedecken. Die Ausschüsse mögen sich hierher begeben, ich werde nur vor ihnen antworten. Ich habe sie als Kläger und als Zeugen nötig.
Sie mögen sich zeigen.
Übrigens, was liegt mir an euch und eurem Urteil. Ich hab' es euch schon gesagt: das Nichts wird bald mein Asyl sein – das

Leben ist mir zur Last, man mag mir es entreißen, ich sehne mich danach es abzuschütteln.

HERRMANN. Danton, die Kühnheit ist dem Verbrechen, die Ruhe der Unschuld eigen.

DANTON. Privatkühnheit ist ohne Zweifel zu tadeln, aber jene Nationalkühnheit, die ich so oft gezeigt, mit welcher ich so oft für die Freiheit gekämpft habe, ist die verdienstvollste aller Tugenden. Sie ist meine Kühnheit, sie ist es, der ich mich hier zum Besten der Republik gegen meine erbärmlichen Ankläger bediene. Kann ich mich fassen, wenn ich mich auf eine so niedrige Weise verleumdet sehe? Von einem Revolutionär, wie ich darf man keine kalte Verteidigung erwarten. Männer meines Schlages sind in Revolutionen unschätzbar, auf ihrer Stirne schwebt das Genie der Freiheit. *Zeichen von Beifall unter den Zuhörern.*

Mich klagt man an, mit Mirabeau, mit Dumouriez, mit Orléans konspiriert, zu den Füßen elender Despoten gekrochen zu haben, mich fordert man auf vor der unentrinnbaren, unbeugsamen Gerechtigkeit zu antworten.

Du elender St. Just wirst der Nachwelt für diese Lästerung verantwortlich sein!

HERRMANN. Ich fordere Sie auf mit Ruhe zu antworten, gedenken Sie Marats, er trat mit Ehrfurcht vor seine Richter.

DANTON. Sie haben die Hände an mein ganzes Leben gelegt, so mag es sich denn aufrichten und ihnen entgegentreten, unter dem Gewichte jeder meiner Handlungen werde ich sie begraben.

Ich bin nicht stolz darauf. Das Schicksal führt uns den Arm, aber nur gewaltige Naturen sind seine Organe.

Ich habe auf dem Marsfelde dem Königtume den Krieg erklärt, ich habe es am 10. August geschlagen, ich habe es am 21. Januar getötet und den Königen einen Königskopf als Fehdehandschuh hingeworfen. *Wiederholte Zeichen von Beifall. Er nimmt die Anklageakte.* Wenn ich einen Blick auf diese Schandschrift werfe fühle ich mein ganzes Wesen beben. Wer sind denn die, welche Danton nötigen mußten sich an jenem denkwürdigen Tage (dem 10. August) zu zeigen? Wer sind denn die privilegierten Wesen, von denen er seine Energie borgte? Meine Ankläger mögen erscheinen! Ich bin ganz bei Sinnen, wenn ich es verlange. Ich werde die platten Schurken entlarven und sie in das Nichts zurückschleudern, aus dem sie nie hätten hervorkriechen sollen.

HERRMANN *schellt.* Hören Sie die Klingel nicht?

DANTON. Die Stimme eines Menschen, welcher seine Ehre und sein Leben verteidigt, muß deine Schelle überschreien.

Ich habe im September die junge Brut der Revolution mit den zerstückten Leibern der Aristokraten geätzt. Meine Stimme hat aus dem Golde der Aristokraten und Reichen dem Volke Waffen geschmiedet. Meine Stimme war der Orkan, welcher die Satelliten des Despotismus unter Wogen von Bajonetten begrub. *Lauter Beifall.*

HERRMANN. Danton, Ihre Stimme ist erschöpft, Sie sind zu heftig bewegt. Sie werden das Nächstemal Ihre Verteidigung beschließen. Sie haben Ruhe nötig.
Die Sitzung ist aufgehoben.

DANTON. Jetzt kennt Ihr Danton; noch wenige Stunden und er wird in den Armen des Ruhmes entschlummern.

[III, 5] DAS LUXEMBURG. EIN KERKER

Dillon, Laflotte, ein Gefangenwärter.

DILLON. Kerl leuchte mir mit deiner Nase nicht so in's Gesicht. Hä, hä, hä!

LAFLOTTE. Halte den Mund zu, deine Mondsichel hat einen Hof. Hä, hä, hä.

WÄRTER. Hä, hä, hä. Glaubt Ihr, Herr, daß Ihr bei ihrem Schein lesen könntet? *Zeigt auf einen Zettel, den er in der Hand hält.*

DILLON. Gib her!

WÄRTER. Herr, meine Mondsichel hat Ebbe bei mir gemacht.

LAFLOTTE. Deine Hosen sehen aus, als ob Flut wäre.

WÄRTER. Nein, sie zieht Wasser. *Zu Dillon.* Sie hat sich vor Eurer Sonne verkrochen, Herr, Ihr müßt mir was geben, das sie wieder feurig macht, wenn Ihr dabei lesen wollt.

DILLON. Da Kerl! Pack dich. *Er gibt ihm Geld. Wärter ab. Dillon liest.* Danton hat das Tribunal erschreckt, die Geschwornen schwanken, die Zuhörer murrten. Der Zudrang war außerordentlich. Das Volk drängte sich um den Justizpalast und stand bis zu den Brücken. Eine Hand voll Geld, ein Arm endlich, hm! hm! *Er geht auf und ab und schenkt sich von Zeit zu Zeit aus einer Flasche ein.* Hätt' ich nur den Fuß auf der Gasse. Ich werde mich nicht so schlachten lassen. Ja, nur den Fuß auf der Gasse!

LAFLOTTE. Und auf dem Karren, das ist eins.

DILLON. Meinst du? Da lägen noch ein Paar Schritte dazwischen, lang genug um sie mit den Leichen der Dezemvirn zu messen. – Es ist endlich Zeit, daß die rechtschaffnen Leute das Haupt erheben.

LAFLOTTE *für sich.* Desto besser, um so leichter ist es zu treffen. Nur zu Alter, noch einige Gläser und ich werde flott.

DILLON. Die Schurken, die Narren sie werden sich zuletzt noch selbst guillotinieren. *Er läuft auf und ab.*

LAFLOTTE *bei Seite.* Man könnte das Leben ordentlich wieder lieb haben, wie sein Kind, wenn man sich's selbst gegeben. Das kommt gerade nicht oft vor, daß man so mit dem Zufall Blutschande treiben und sein eigner Vater werden kann. Vater und Kind zugleich. Ein behaglicher Ödipus!

DILLON. Man füttert das Volk nicht mit Leichen, Dantons und Camilles Weiber mögen Assignaten unter das Volk werfen, das ist besser als Köpfe.

LAFLOTTE *bei Seite.* Ich würde mir hintennach die Augen nicht ausreißen, ich könnte sie nötig haben um den guten General zu beweinen.

DILLON. Die Hand an Danton! Wer ist noch sicher? Die Furcht wird sie vereinigen.

LAFLOTTE *bei Seite.* Er ist doch verloren. Was ist's denn, wenn ich auf eine Leiche trete um aus dem Grab zu klettern?

DILLON. Nur den Fuß auf der Gasse! Ich werde Leute genug finden, alte Soldaten, Girondisten, Exadlige, wir erbrechen die Gefängnisse, wir müssen uns mit den Gefangnen verständigen.

LAFLOTTE *bei Seite.* Nun freilich, es riecht ein wenig nach Schufterei. Was tut's? Ich hätte Lust auch das zu versuchen, ich war bisher zu einseitig. Man bekommt Gewissensbisse, das ist doch eine Abwechslung, es ist nicht so unangenehm seinen eignen Gestank zu riechen.
Die Aussicht auf die Guillotine ist mir langweilig geworden, so lang auf die Sache zu warten! Ich habe sie im Geist schon zwanzigmal durchprobiert. Es ist auch gar nichts Pikantes mehr dran; es ist ganz gemein geworden.

DILLON. Man muß Dantons Frau ein Billet zukommen lassen.

LAFLOTTE *bei Seite.* Und dann – ich fürchte den Tod nicht, aber den Schmerz. Es könnte wehe tun, wer steht mir dafür? Man sagt zwar es sei nur ein Augenblick, aber der Schmerz hat ein feineres Zeitmaß, er zerlegt eine Tertie. Nein! Der Schmerz ist die einzige Sünde und das Leiden ist das einzige Laster, ich werde tugendhaft bleiben.

DILLON. Höre Laflotte, wo ist der Kerl hingekommen? Ich habe Geld, das muß gehen, wir müssen das Eisen schmieden, mein Plan ist fertig.

LAFLOTTE. Gleich, gleich! Ich kenne den Schließer, ich werde mit ihm sprechen. Du kannst auf mich zählen General, wir werden aus dem Loch kommen, *für sich im Hinausgehn* um in ein anderes zu gehen, ich in das weiteste, die Welt, er in das engste, das Grab.

[III, 6] DER WOHLFAHRTSAUSSCHUSS

St. Just, Barrère, Collot d'Herbois, Billaud-Varennes.

BARRÈRE. Was schreibt Fouquier?

ST. JUST. Das zweite Verhör ist vorbei. Die Gefangnen verlangen das Erscheinen mehrerer Mitglieder des Konvents und des Wohlfahrtsausschusses, sie appellieren an das Volk, wegen Verweigerung der Zeugen. Die Bewegung der Gemüter soll unbeschreiblich sein. Danton parodierte den Jupiter und schüttelte die Locken.

COLLOT. Um so leichter wird ihn Samson daran packen.

BARRÈRE. Wir dürfen uns nicht zeigen, die Fischweiber und die Lumpensammler könnten uns weniger imposant finden.

BILLAUD. Das Volk hat einen Instinkt sich treten zu lassen und wäre es nur mit Blicken, dergleichen insolente Physiognomien gefallen ihm. Solche Stirnen sind ärger als ein adliges Wappen, die feine Aristokratie der Menschenverachtung sitzt auf ihnen. Es sollte sie jeder einschlagen helfen, den es verdrießt einen Blick von oben herunter zu erhalten.

BARRÈRE. Er ist wie der hörnerne Siegfried, das Blut der Septembrisierten hat ihn unverwundbar gemacht.
Was sagt Robespierre?

ST. JUST. Er tut als ob er etwas zu sagen hätte.
Die Geschwornen müssen sich für hinlänglich unterrichtet erklären und die Debatten schließen.

BARRÈRE. Unmöglich, das geht nicht.

ST. JUST. Sie müssen weg, um jeden Preis und sollten wir sie mit den eignen Händen erwürgen. Wagt! Danton soll uns das Wort nicht umsonst gelehrt haben. Die Revolution wird über ihre Leichen nicht stolpern, aber bleibt Danton am Leben, so wird er sie am Gewand fassen und er hat etwas in seiner Gestalt, als ob er die Freiheit notzüchtigen könnte. *St. Just wird hinausgerufen.*

Ein Schließer tritt ein.

SCHLIESSER. In St. Pelagie liegen Gefangne am Sterben, sie verlangen einen Arzt.

BILLAUD. Das ist unnötig, so viel Mühe weniger für den Scharfrichter.

SCHLIESSER. Es sind schwangere Weiber dabei.

BILLAUD. Desto besser, da brauchen ihre Kinder keinen Sarg.

BARRÈRE. Die Schwindsucht eines Aristokraten spart dem Revolutionstribunal eine Sitzung. Jede Arznei wäre kontrerevolutionär.

COLLOT *nimmt ein Papier.* Eine Bittschrift, ein Weibername!

BARRÈRE. Wohl eine von denen, die gezwungen sein möchten zwischen einem Guillotinenbrett und dem Bett eines Jakobiners zu wählen. Die wie Lucrecia nach dem Verlust ihrer Ehre sterben, aber etwas später als die Römerin, im Kindbett, oder am Krebs oder aus Altersschwäche. Es mag nicht so unangenehm sein einen Tarquinius aus der Tugendrepublik einer Jungfrau zu treiben.

COLLOT. Sie ist zu alt. Madame verlangt den Tod, sie weiß sich auszudrücken, das Gefängnis liege auf ihr wie ein Sargdeckel. Sie sitzt erst seit vier Wochen. Die Antwort ist leicht. *Er schreibt und liest.* »Bürgerin, es ist noch nicht lange genug, daß du den Tod wünschest.« *Schließer ab.*

BARRÈRE. Gut gesagt. Aber Collot es ist nicht gut, daß die Guillotine zu lachen anfängt, die Leute haben sonst keine Furcht mehr davor. Man muß sich nicht so familiär machen.

St. Just kommt zurück.

ST. JUST. Eben erhalte ich eine Denunziation. Man konspiriert in den Gefängnissen, ein junger Mensch Namens Laflotte hat Alles entdeckt. Er saß mit Dillon im nämlichen Zimmer, Dillon hat getrunken und geplaudert.

BARRÈRE. Er schneidet sich mit seiner Bouteille den Hals ab, das ist schon mehr vorgekommen.

ST. JUST. Dantons und Camilles Weiber sollen Geld unter das Volk werfen, Dillon soll ausbrechen, man will die Gefangnen befreien, der Konvent soll gesprengt werden.

BARRÈRE. Das sind Märchen.

ST. JUST. Wir werden sie aber mit dem Märchen in Schlaf erzählen. Die Anzeige habe ich in Händen, dazu die Keckheit der Angeklagten, das Murren des Volks, die Bestürzung der Geschwornen, ich werde einen Bericht machen.

BARRÈRE. Ja, geh St. Just und spinne deine Perioden, worin jedes Komma ein Säbelhieb und jeder Punkt ein abgeschlagner Kopf ist.

ST. JUST. Der Konvent muß dekretieren, das Tribunal solle ohne

Unterbrechung den Prozeß fortführen und dürfe jeden Angeklagten, welcher die dem Gerichte schuldige Achtung verletzte oder störende Auftritte veranlaßte von den Debatten ausschließen.

BARRÈRE. Du hast einen revolutionären Instinkt, das lautet ganz gemäßigt und wird doch seine Wirkung tun. Sie können nicht schweigen, Danton muß schreien.

ST. JUST. Ich zähle auf eure Unterstützung. Es gibt Leute im Konvent, die eben so krank sind wie Danton und welche die nämliche Kur fürchten. Sie haben wieder Mut bekommen, sie werden über Verletzung der Formen schreien ...

BARRÈRE *ihn unterbrechend.* Ich werde ihnen sagen: zu Rom wurde der Konsul, welcher die Verschwörung des Catilina entdeckte und die Verbrecher auf der Stelle mit dem Tod bestrafte, der verletzten Förmlichkeit angeklagt. Wer waren seine Ankläger?

COLLOT *mit Pathos.* Geh St. Just. Die Lava der Revolution fließt. Die Freiheit wird die Schwächlinge, welche ihren mächtigen Schoß befruchten wollten, in ihren Umarmungen ersticken, die Majestät des Volks wird ihnen wie Jupiter der Semele unter Donner und Blitz erscheinen und sie in Asche verwandeln. Geh St. Just wir werden dir helfen den Donnerkeil auf die Häupter der Feiglinge zu schleudern. *St. Just ab.*

BARRÈRE. Hast du das Wort Kur gehört? Sie werden noch aus der Guillotine ein Spezifikum gegen die Lustseuche machen. Sie kämpfen nicht mit den Moderierten, sie kämpfen mit dem Laster.

BILLAUD. Bis jetzt geht unser Weg zusammen.

BARRÈRE. Robespierre will aus der Revolution einen Hörsaal für Moral machen und die Guillotine als Katheder gebrauchen.

BILLAUD. Oder als Betschemel.

COLLOT. Auf dem er aber alsdann nicht stehen, sondern liegen soll.

BARRÈRE. Das wird leicht gehen. Die Welt müßte auf dem Kopf stehen, wenn die sogenannten Spitzbuben von den sogenannten rechtlichen Leuten gehängt werden sollten.

COLLOT *zu Barrère*. Wann kommst du wieder nach Clichy?

BARRÈRE. Wenn der Arzt nicht mehr zu mir kommt.

COLLOT. Nicht wahr, über dem Ort steht ein Haarstern, unter dessen versengenden Strahlen dein Rückenmark ganz ausgedörrt wird.

BILLAUD. Nächstens werden die niedlichen Finger der reizenden Demahy es ihm aus dem Futterale ziehen und es als Zöpfchen über den Rücken hinunter hängen machen.

BARRÈRE *zuckt die Achseln.* Pst! Davon darf der Tugendhafte nichts wissen.

BILLAUD. Er ist ein impotenter Mahomet. *Billaud und Collot ab.*

BARRÈRE *allein.* Die Ungeheuer! »Es ist noch nicht lange genug, daß du den Tod wünschest!« Diese Worte hätten die Zunge müssen verdorren machen, die sie gesprochen.

Und ich?

Als die Septembriseurs in die Gefängnisse drangen, faßt ein Gefangner sein Messer, er drängt sich unter die Mörder, er stößt es in die Brust eines Priesters, er ist gerettet! Wer kann was dawider haben? Ob ich mich nun unter die Mörder dränge, oder mich in den Wohlfahrtsausschuß setze, ob ich ein Guillotinen- oder ein Taschenmesser nehme? Es ist der nämliche Fall, nur mit etwas verwickelteren Umständen, die Grundverhältnisse sind sich gleich.

Und durft' er einen morden, durfte er auch zwei, auch drei, auch noch mehr? wo hört das auf? Da kommen die Gerstenkörner, machen zwei einen Haufen, drei, vier, wieviel dann? Komm mein Gewissen, komm mein Hühnchen, komm bi, bi, bi, da ist Futter.

Doch – war ich auch Gefangner? Verdächtig war ich, das läuft auf eins hinaus, der Tod war mir gewiß. *Ab.*

[III, 7] DIE CONCIERGERIE

Lacroix, Danton, Philippeau, Camille.

LACROIX. Du hast gut geschrien, Danton, hättest du dich etwas früher so um dein Leben gequält, es wäre jetzt anders. Nicht wahr, wenn der Tod einem so unverschämt nahe kommt und so aus dem Hals stinkt und immer zudringlicher wird?

CAMILLE. Wenn er einen noch notzüchtige und seinen Raub unter Ringen und Kampf aus den heißen Gliedern riß! aber so in allen Formalitäten, wie bei der Hochzeit mit einem alten Weibe, wie die Pakten aufgesetzt, wie die Zeugen gerufen, wie das Amen gesagt und wie dann die Bettdecke gehoben wird und es langsam hereinkriecht mit seinen kalten Gliedern!

DANTON. Wär' es ein Kampf, daß die Arme und Zähne einander packten! aber es ist mir, als wäre ich in ein Mühlwerk gefallen und die Glieder würden mir langsam systematisch von der kalten physischen Gewalt abgedreht. So mechanisch getötet zu werden!

CAMILLE. Da liegen allein, kalt, steif in dem feuchten Dunst der Fäulnis; vielleicht, daß einem der Tod das Leben langsam aus den Fibern martert, mit Bewußtsein vielleicht sich wegzufaulen!

PHILIPPEAU. Seid ruhig, meine Freunde. Wir sind wie die Herbstzeitlose, welche erst nach dem Winter Samen trägt. Von Blumen, die versetzt werden, unterscheiden wir uns nur dadurch, daß wir über dem Versuch ein wenig stinken. Ist das so arg?

DANTON. Eine erbauliche Aussicht! Von einem Misthaufen auf den andern! Nicht wahr, die göttliche Klassentheorie? Von prima nach sekunda, von sekunda nach tertia und so weiter? Ich habe die Schulbänke satt, ich habe mir Gesäßschwielen wie ein Affe darauf gesessen.

PHILIPPEAU. Was willst du denn?

DANTON. Ruhe.

PHILIPPEAU. Die ist in Gott.

DANTON. Im Nichts. Versenke dich in was Ruhigers, als das Nichts und wenn die höchste Ruhe Gott ist, ist nicht das Nichts Gott? Aber ich bin ein Atheist. Der verfluchte Satz: etwas kann nicht zu nichts werden! und ich bin etwas, das ist der Jammer!
Die Schöpfung hat sich so breit gemacht, da ist nichts leer, Alles voll Gewimmels.
Das Nichts hat sich ermordet, die Schöpfung ist seine Wunde, wir sind seine Blutstropfen, die Welt ist das Grab worin es fault.
Das lautet verrückt, es ist aber doch was Wahres daran.

CAMILLE. Die Welt ist der ewige Jude, das Nichts ist der Tod, aber er ist unmöglich. Oh nicht sterben können, nicht sterben können, wie es im Lied heißt.

DANTON. Wir sind Alle lebendig begraben und wie Könige in drei- oder vierfachen Särgen beigesetzt, unter dem Himmel, in unsern Häusern, in unsern Röcken und Hemden.
Wir kratzen fünfzig Jahre lang am Sargdeckel. Ja wer an Vernichtung glauben könnte! dem wäre geholfen.
Da ist keine Hoffnung im Tod, er ist nur eine einfachere, das Leben eine verwickeltere, organisiertere Fäulnis, das ist der ganze Unterschied!
Aber ich bin gerad' einmal an diese Art des Faulens gewöhnt, der Teufel weiß wie ich mit einer andern zu Recht komme.
O Julie! Wenn ich allein ginge! Wenn sie mich einsam ließe!
Und wenn ich ganz zerfiele, mich ganz auflöste – ich wäre eine Handvoll gemarterten Staubes, jedes meiner Atome könnte nur Ruhe finden bei ihr.
Ich kann nicht sterben, nein, ich kann nicht sterben. Wir müssen schreien, sie müssen mir jeden Lebenstropfen aus den Gliedern reißen.

[III, 8] EIN ZIMMER

Fouquier, Amar, Vouland.

FOUQUIER. Ich weiß nicht mehr, was ich antworten soll, sie fordern eine Kommission.

AMAR. Wir haben die Schurken, da hast du was du verlangst. *Er überreicht Fouquier ein Papier.*

VOULAND. Das wird Sie zufrieden stellen.

FOUQUIER. Wahrhaftig, das hatten wir nötig.

AMAR. Nun mache, daß wir und sie die Sache vom Hals bekommen.

[III, 9] DAS REVOLUTIONSTRIBUNAL

DANTON. Die Republik ist in Gefahr und er hat keine Instruktion! Wir appellieren an das Volk, meine Stimme ist noch stark genug um den Dezemvirn die Leichenrede zu halten. Ich wiederhole es, wir verlangen eine Kommission, wir haben wichtige Entdeckungen zu machen. Ich werde mich in die Zitadelle der Vernunft zurückziehen, ich werde mit der Kanone der Wahrheit hervorbrechen und meine Feinde zermalmen. *Zeichen des Beifalls.*

Fouquier, Amar, Vouland treten ein.

FOUQUIER. Ruhe im Namen der Republik, Achtung dem Gesetz. Der Konvent beschließt:

In Betracht daß in den Gefängnissen sich Spuren von Meutereien zeigen, in Betracht daß Dantons und Camilles Weiber Geld unter das Volk werfen und daß der General Dillon ausbrechen und sich an die Spitze der Empörer stellen soll um die Angeklagten zu befreien, in Betracht endlich, daß diese selbst unruhige Auftritte herbeizuführen sich bemüht und das Tribunal zu beleidigen versucht haben, wird das Tribunal ermächtigt die Untersuchung ohne Unterbrechung fortzusetzen und jeden Angeklagten, der die dem Gesetze schuldige Ehrfurcht außer Augen setzen sollte, von den Debatten auszuschließen.

DANTON. Ich frage die Anwesenden, ob wir dem Tribunal, dem Volke oder dem Nationalkonvent Hohn gesprochen haben?

VIELE STIMMEN. Nein! Nein!

CAMILLE. Die Elenden, sie wollen meine Lucile morden!

DANTON. Eines Tages wird man die Wahrheit erkennen. Ich sehe großes Unglück über Frankreich hereinbrechen. Das ist die Diktatur, sie hat ihren Schleier zerrissen, sie trägt die Stirne hoch, sie schreitet über unsere Leichen. *Auf Amar und Vouland deutend.* Seht da die feigen Mörder, seht da die Raben des Wohlfahrtsausschusses!

Ich klage Robespierre, St. Just und ihre Henker des Hochverrats an.

Sie wollen die Republik im Blut ersticken. Die Gleisen der Guillotinenkarren sind die Heerstraßen, auf welchen die Fremden in das Herz des Vaterlandes dringen sollen.

Wie lange sollen die Fußstapfen der Freiheit Gräber sein?

Ihr wollt Brot und sie werfen euch Köpfe hin. Ihr durstet und sie machen euch das Blut von den Stufen der Guillotine lecken. *Heftige Bewegung unter den Zuhörern, Geschrei des Beifalls.*

VIELE STIMMEN. Es lebe Danton, nieder mit den Dezemvirn! *Die Gefangnen werden mit Gewalt hinausgeführt.*

[III, 10] PLATZ VOR DEM JUSTIZPALAST

Ein Volkshaufe.

EINIGE STIMMEN. Nieder mit den Dezemvirn! es lebe Danton!

ERSTER BÜRGER. Ja das ist wahr, Köpfe statt Brot, Blut statt Wein.

EINIGE WEIBER. Die Guillotine ist eine schlechte Mühle und Samson ein schlechter Bäckerknecht, wir wollen Brot, Brot!

ZWEITER BÜRGER. Euer Brot, das hat Danton gefressen, sein Kopf wird euch Allen wieder Brot geben, er hatte Recht.

ERSTER BÜRGER. Danton war unter uns am 10. August, Danton war unter uns im September. Wo waren die Leute, welche ihn angeklagt haben?

ZWEITER BÜRGER. Und Lafayette war mit euch in Versailles und war doch ein Verräter.

ERSTER BÜRGER. Wer sagt, daß Danton ein Verräter sei?

ZWEITER BÜRGER. Robespierre.

ERSTER BÜRGER. Und Robespierre ist ein Verräter.

ZWEITER BÜRGER. Wer sagt das?

ERSTER BÜRGER. Danton.

ZWEITER BÜRGER. Danton hat schöne Kleider, Danton hat ein schönes Haus, Danton hat eine schöne Frau, er badet sich in Burgunder, ißt das Wildpret von silbernen Tellern und schläft bei euren Weibern und Töchtern, wenn er betrunken ist.

Danton war arm, wie ihr. Woher hat er das Alles?

Das Veto hat es ihm gekauft, damit er ihm die Krone rette.

Der Herzog von Orléans hat es ihm geschenkt, damit er ihm die Krone stehle.

Der Fremde hat es ihm gegeben, damit er euch Alle verrate. Was hat Robespierre? der tugendhafte Robespierre. Ihr kennt ihn Alle.

ALLE. Es lebe Robespierre! Nieder mit Danton! Nieder mit dem Verräter!

VIERTER AKT

[IV, 1] EIN ZIMMER

Julie, ein Knabe.

JULIE. Es ist aus. Sie zitterten vor ihm. Sie töten ihn aus Furcht. Geh! ich habe ihn zum Letztenmal gesehen, sag' ihm ich könne ihn nicht so sehen. *Sie gibt ihm eine Locke.* Da, bring ihm das und sag' ihm er würde nicht allein gehn. Er versteht mich schon und dann schnell zurück, ich will seine Blicke aus deinen Augen lesen.

[IV, 2] EINE STRASSE

Dumas, ein Bürger.

BÜRGER. Wie kann man nach einem solchen Verhör soviel Unglückliche zum Tod verurteilen?

DUMAS. Das ist in der Tat außerordentlich, aber die Revolutionsmänner haben einen Sinn, der andern Menschen fehlt, und dieser Sinn trügt sie nie.

BÜRGER. Das ist der Sinn des Tigers. – Du hast ein Weib.

DUMAS. Ich werde bald eins gehabt haben.

BÜRGER. So ist es denn wahr!

DUMAS. Das Revolutionstribunal wird unsere Ehescheidung aussprechen, die Guillotine wird uns von Tisch und Bett trennen.

BÜRGER. Du bist ein Ungeheuer!

DUMAS. Schwachkopf! du bewunderst Brutus?

BÜRGER. Von ganzer Seele.

DUMAS. Muß man denn gerade römischer Konsul sein und sein Haupt mit der Toga verhüllen können um sein Liebstes dem Vaterlande zu opfern? Ich werde mir die Augen mit dem Ärmel meines roten Fracks abwischen, das ist der ganze Unterschied.

BÜRGER. Das ist entsetzlich.

DUMAS. Geh, du begreifst mich nicht. *Sie gehen ab.*

[IV, 3] DIE CONCIERGERIE

Lacroix, Hérault (auf einem Bett), Danton, Camille (auf einem andern).

LACROIX. Die Haare wachsen einem so und die Nägel man muß sich wirklich schämen.

HÉRAULT. Nehmen Sie sich ein wenig in Acht, Sie niesen mir das ganze Gesicht voll Sand.

LACROIX. Und treten Sie mir nicht so auf die Füße, Bester, ich habe Hühneraugen.

HÉRAULT. Sie leiden noch an Ungeziefer.

LACROIX. Ach, wenn ich nur einmal die Würmer ganz los wäre.

HÉRAULT. Nun, schlafen Sie wohl, wir müssen sehen wie wir mit einander zu Recht kommen, wir haben wenig Raum.
Kratzen Sie mich nicht mit Ihren Nägeln im Schlaf. So! Zerren Sie nicht so am Leichtuch, es ist kalt da unten.

DANTON. Ja Camille, morgen sind wir durchgelaufne Schuhe, die man der Bettlerin Erde in den Schoß wirft.

CAMILLE. Das Rindsleder, woraus nach Platon die Engel sich Pantoffeln geschnitten und damit auf der Erde herumtappen. Es geht aber auch danach. Meine Lucile!

DANTON. Sei ruhig, mein Junge.

CAMILLE. Kann ich's? Glaubst du Danton? Kann ich's? Sie können die Hände nicht an sie legen. Das Licht der Schönheit, das von ihrem süßen Leib sich ausgießt, ist unlöschbar. Unmöglich! Sieh die Erde würde nicht wagen sie zu verschütten, sie würde sich um sie wölben, der Grabdunst würde wie Tau an ihren Wimpern funkeln, Kristalle würden wie Blumen um ihre Glieder sprießen und helle Quellen in Schlaf sie murmeln.

DANTON. Schlafe, mein Junge, schlafe.

CAMILLE. Höre Danton, unter uns gesagt, es ist so elend sterben müssen. Es hilft auch zu nichts. Ich will dem Leben noch die letzten Blicke aus seinen hübschen Augen stehlen, ich will die Augen offen haben.

DANTON. Du wirst sie ohnehin offen behalten, Samson drückt einem die Augen nicht zu. Der Schlaf ist barmherziger. Schlafe, mein Junge, schlafe.

CAMILLE. Lucile, deine Küsse phantasieren auf meinen Lippen, jeder Kuß wird ein Traum, meine Augen sinken und schließen ihn fest ein.

DANTON. Will denn die Uhr nicht ruhen? Mit jedem Picken schiebt sie die Wände enger um mich, bis sie so eng sind wie ein Sarg.

Ich las einmal als Kind so n'e Geschichte, die Haare standen mir zu Berg.
Ja als Kind! Das war der Mühe wert mich so groß zu füttern und mich warm zu halten. Bloß Arbeit für den Totengräber!
Es ist mir, als röch' ich schon. Mein lieber Leib, ich will mir die Nase zuhalten und mir einbilden du seist ein Frauenzimmer, was vom Tanzen schwitzt und stinkt und dir Artigkeiten sagen. Wir haben uns sonst schon mehr miteinander die Zeit vertrieben.
Morgen bist du eine zerbrochne Fiedel, die Melodie darauf ist ausgespielt. Morgen bist du eine leere Bouteille, der Wein ist ausgetrunken, aber ich habe keinen Rausch davon und gehe nüchtern zu Bett. Das sind glückliche Leute, die sich noch besaufen können. Morgen bist du eine durchgerutschte Hose, du wirst in die Garderobe geworfen und die Motten werden dich fressen, du magst stinken wie du willst.
Ach das hilft nichts. Ja wohl, s' ist so elend sterben müssen. Der Tod äfft die Geburt, beim Sterben sind wir so hülflos und nackt, wie neugeborne Kinder. Freilich, wir bekommen das Leichentuch zur Windel. Was wird es helfen? Wir können im Grab so gut wimmern, wie in der Wiege.
Camille! er schläft, *indem er sich über ihn bückt* ein Traum spielt zwischen seinen Wimpern. Ich will den goldnen Tau des Schlafes ihm nicht von den Augen streifen.
Er erhebt sich und tritt ans Fenster. Ich werde nicht allein gehn, ich danke dir Julie. Doch hätte ich anders sterben mögen, so ganz mühelos, so wie ein Stern fällt, wie ein Ton sich selbst aushaucht, sich mit den eignen Lippen totküßt, wie ein Lichtstrahl in klaren Fluten sich begräbt. –
Wie schimmernde Tränen sind die Sterne durch die Nacht gesprengt, es muß ein großer Jammer in dem Aug sein, von dem sie abträufelten.

CAMILLE. Oh! *Er hat sich aufgerichtet und tastet nach der Decke.*

DANTON. Was hast du Camille?

CAMILLE. Oh, oh!

DANTON *schüttelt ihn.* Willst du die Decke herunterkratzen?

CAMILLE. Ach du, du, o halt mich, sprich, du!

DANTON. Du bebst an allen Gliedern, der Schweiß steht dir auf der Stirne.

CAMILLE. Das bist du, das ich, so! Das ist meine Hand! ja jetzt besinn' ich mich. O Danton, das war entsetzlich.

DANTON. Was denn?

CAMILLE. Ich lag so zwischen Traum und Wachen. Da schwand die

Decke und der Mond sank herein, ganz nahe, ganz dicht, mein Arm erfaßt' ihn. Die Himmelsdecke mit ihren Lichtern hatte sich gesenkt, ich stieß daran, ich betastete die Sterne, ich taumelte wie ein Ertrinkender unter der Eisdecke. Das war entsetzlich Danton.

DANTON. Die Lampe wirft einen runden Schein an die Decke, das sahst du.

CAMILLE. Meinetwegen, es braucht grade nicht viel um einem das Bißchen Verstand verlieren zu machen. Der Wahnsinn faßte mich bei den Haaren, *er erhebt sich* ich mag nicht mehr schlafen, ich mag nicht verrückt werden. *Er greift nach einem Buch.*

DANTON. Was nimmst du?

CAMILLE. Die Nachtgedanken.

DANTON. Willst du zum Voraus sterben? Ich nehme die Pucelle. Ich will mich aus dem Leben nicht wie aus dem Betstuhl, sondern wie aus dem Bett einer barmherzigen Schwester wegschleichen. Es ist eine Hure, es treibt mit der ganzen Welt Unzucht.

[IV, 4] PLATZ VOR DER CONCIERGERIE

Ein Schließer, zwei Fuhrleute mit Karren, Weiber.

SCHLIESSER. Wer hat euch herfahren geheißen?

ERSTER FUHRMANN. Ich heiße nicht Herfahren, das ist ein kurioser Namen.

SCHLIESSER. Dummkopf, wer hat dir die Bestallung dazu gegeben?

ERSTER FUHRMANN. Ich habe keine Stallung dazu kriegt, nichts als zehn sous für den Kopf.

ZWEITER FUHRMANN. Der Schuft will mich um's Brot bringen.

ERSTER FUHRMANN. Was nennst du dein Brot? *Auf die Fenster der Gefangnen deutend.* Das ist Wurmfraß.

ZWEITER FUHRMANN. Meine Kinder sind auch Würmer und die wollen auch ihr Teil davon. Oh, es geht schlecht mit unsrem métier und doch sind wir die besten Fuhrleute.

ERSTER FUHRMANN. Wie das?

ZWEITER FUHRMANN. Wer ist der beste Fuhrmann?

ERSTER FUHRMANN. Der am Weitesten und am Schnellsten fährt.

ZWEITER FUHRMANN. Nun Esel, wer fährt weiter, als der aus der Welt fährt und wer fährt schneller, als der's in einer Viertelstunde tut? Genau gemessen ist's eine Viertelstund von da bis zum Revolutionsplatz.

SCHLIESSER. Rasch, ihr Schlingel! Näher an's Tor, Platz da ihr Mädel.

ERSTER FUHRMANN. Halt't euren Platz vor! um ein Mädel führt man nit herum, immer in die Mitt 'nein.

ZWEITER FUHRMANN. Ja das glaub' ich, du kannst mit Karren und Gäulen hinein, du findst gute Gleise, aber du mußt Quarantän halten, wenn du heraus kommst. *Sie fahren vor.*

ZWEITER FUHRMANN *zu den Weibern.* Was gafft ihr?

EIN WEIB. Wir warten auf alte Kunden.

ZWEITER FUHRMANN. Meint ihr, mein Karren wär' ein Bordell? Er ist ein anständiger Karren, er hat den König und alle vornehmen Herren aus Paris zur Tafel gefahren.

LUCILE *tritt auf. Sie setzt sich auf einen Stein unter die Fenster der Gefangnen.* Camille, Camille! *Camille erscheint am Fenster.* Höre Camille, du machst mich lachen mit dem langen Steinrock und der eisernen Maske vor dem Gesicht, kannst du dich nicht bücken? Wo sind deine Arme?
Ich will dich locken, lieber Vogel.

Singt. Es stehn zwei Sternlein an dem Himmel,
Scheinen heller als der Mond,
Der ein' scheint vor Feinsliebchens Fenster,
Der andre vor die Kammertür.

Komm, komm, mein Freund! Leise die Treppe herauf, sie schlafen Alle. Der Mond hilft mir schon lange warten. Aber du kannst ja nicht zum Tor herein, das ist eine unleidliche Tracht. Das ist zu arg für den Spaß, mach ein Ende. Du rührst dich auch gar nicht, warum sprichst du nicht? Du machst mir Angst.
Höre! die Leute sagen du müßtest sterben, und machen dazu so ernsthafte Gesichter. Sterben! ich muß lachen über die Gesichter. Sterben! Was ist das für ein Wort? Sag mir's Camille. Sterben! Ich will nachdenken. Da, da ist's. Ich will ihm nachlaufen, komm, süßer Freund, hilf mir fangen, komm! komm! *Sie läuft weg.*

CAMILLE *ruft.* Lucile! Lucile!

[IV, 5] DIE CONCIERGERIE

Danton an einem Fenster, was in das nächste Zimmer geht. Camille, Philippeau, Lacroix, Hérault.

DANTON. Du bist jetzt ruhig, Fabre.

EINE STIMME *von innen.* Am Sterben.

DANTON. Weißt du auch, was wir jetzt machen werden?

DIE STIMME. Nun?

DANTON. Was du dein ganzes Leben hindurch gemacht hast – des vers.

CAMILLE *für sich.* Der Wahnsinn saß hinter ihren Augen. Es sind schon mehr Leute wahnsinnig geworden, das ist der Lauf der Welt. Was können wir dazu? Wir waschen unsere Hände. Es ist auch besser so.

DANTON. Ich lasse Alles in einer schrecklichen Verwirrung. Keiner versteht das Regieren. Es könnte vielleicht noch gehn, wenn ich Robespierre meine Huren und Couthon meine Waden hinterließe.

LACROIX. Wir hätten die Freiheit zur Hure gemacht!

DANTON. Was wäre es auch! Die Freiheit und eine Hure sind die kosmopolitischsten Dinge unter der Sonne. Sie wird sich jetzt anständig im Ehebett des Advokaten von Arras prostituieren. Aber ich denke sie wird die Clytemnaestra gegen ihn spielen, ich lasse ihm keine sechs Monate Frist, ich ziehe ihn mit mir.

CAMILLE *für sich*. Der Himmel verhelf' ihr zu einer behaglichen fixen Idee. Die allgemeinen fixen Ideen, welche man die gesunde Vernunft tauft, sind unerträglich langweilig. Der glücklichste Mensch war der, welcher sich einbilden konnte, daß er Gott Vater, Sohn und heiliger Geist sei.

LACROIX. Die Esel werden schreien »Es lebe die Republik«, wenn wir vorbeigehen.

DANTON. Was liegt daran? Die Sündflut der Revolution mag unsere Leichen absetzen wo sie will, mit unsern fossilen Knochen wird man noch immer allen Königen die Schädel einschlagen können.

HÉRAULT. Ja, wenn sich gerade ein Simson für unsere Kinnbacken findet.

DANTON. Sie sind Kainsbrüder.

LACROIX. Nichts beweist mehr, daß Robespierre ein Nero ist, als der Umstand, daß er gegen Camille nie freundlicher war, als zwei Tage vor dessen Verhaftung. Ist es nicht so Camille?

CAMILLE. Meinetwegen, was geht das mich an?
Für sich. Was sie an dem Wahnsinn ein reizendes Kind geboren hat. Warum muß ich jetzt fort? Wir hätten zusammen mit ihm gelacht, es gewiegt und geküßt.

DANTON. Wenn einmal die Geschichte ihre Grüfte öffnet kann der Despotismus noch immer an dem Duft unsrer Leichen ersticken.

HÉRAULT. Wir stanken bei Lebzeiten schon hinlänglich.
Das sind Phrasen für die Nachwelt, nicht wahr Danton, uns gehn sie eigentlich nichts an.

CAMILLE. Er zieht ein Gesicht, als solle er versteinern und von der Nachwelt als Antike ausgegraben werden.
Das verlohnt sich auch der Mühe Mäulchen zu machen und Rot aufzulegen und mit einem guten Akzent zu sprechen; wir sollten

einmal die Masken abnehmen, wir sähen dann wie in einem Zimmer mit Spiegeln überall nur den einen uralten, zahllosen, unverwüstlichen Schafskopf, nichts mehr, nichts weniger. Die Unterschiede sind so groß nicht, wir Alle sind Schurken und Engel, Dummköpfe und Genies und zwar das Alles in Einem, die vier Dinge finden Platz genug in dem nämlichen Körper, sie sind nicht so breit, als man sich einbildet. Schlafen, Verdaun, Kinder machen das treiben Alle, die übrigen Dinge sind nur Variationen aus verschiedenen Tonarten über das nämliche Thema. Da braucht man sich auf die Zehen zu stellen und Gesichter zu schneiden, da braucht man sich voreinander zu genieren. Wir haben uns Alle am nämlichen Tische krank gegessen und haben Leibgrimmen, was haltet ihr euch die Servietten vor das Gesicht, schreit nur und greint wie es euch ankommt.
Schneidet nur keine so tugendhafte und so witzige und so heroische und so geniale Grimassen, wir kennen uns ja einander, spart euch die Mühe.

HÉRAULT. Ja Camille, wir wollen uns beieinandersetzen und schreien, nichts dummer als die Lippen zusammenzupressen, wenn einem was weh tut.
Griechen und Götter schrien, Römer und Stoiker machten die heroische Fratze.

DANTON. Die Einen waren so gut Epikureer wie die Andern. Sie machten sich ein ganz behagliches Selbstgefühl zurecht. Es ist nicht so übel seine Toga zu drapieren und sich umzusehen ob man einen langen Schatten wirft. Was sollen wir uns zerren? Ob wir uns nun Lorbeerblätter, Rosenkränze oder Weinlaub vor die Scham binden, oder das häßliche Ding offen tragen und es uns von den Hunden lecken lassen?

PHILIPPEAU. Meine Freunde man braucht gerade nicht hoch über der Erde zu stehen um von all dem wirren Schwanken und Flimmern nichts mehr zu sehen und die Augen von einigen großen, göttlichen Linien erfüllt zu haben. Es gibt ein Ohr für welches das Ineinanderschreien und der Zeter, die uns betäuben, ein Strom von Harmonien sind.

DANTON. Aber wir sind die armen Musikanten und unsere Körper die Instrumente. Sind die häßlichen Töne, welche auf ihnen herausgepfuscht werden nur da um höher und höher dringend und endlich leise verhallend wie ein wollüstiger Hauch in himmlischen Ohren zu sterben?

HÉRAULT. Sind wir wie Ferkel, die man für fürstliche Tafeln mit Ruten totpeitscht, damit ihr Fleisch schmackhafter werde?

DANTON. Sind wir Kinder, die in den glühenden Molochsarmen dieser Welt gebraten und mit Lichtstrahlen gekitzelt werden, damit die Götter sich über ihr Lachen freuen?

CAMILLE. Ist denn der Äther mit seinen Goldaugen eine Schüssel mit Goldkarpfen, die am Tisch der seligen Götter steht und die seligen Götter lachen ewig und die Fische sterben ewig und die Götter erfreuen sich ewig am Farbenspiel des Todeskampfes?

DANTON. Die Welt ist das Chaos. Das Nichts ist der zu gebärende Weltgott.

Der Schließer tritt ein.

SCHLIESSER. Meine Herren, Sie können abfahren, die Wagen halten vor der Tür.

PHILIPPEAU. Gute Nacht meine Freunde, ziehen wir ruhig die große Decke über uns, worunter alle Herzen ausschlagen und alle Augen zufallen. *Sie umarmen einander.*

HÉRAULT *nimmt Camilles Arm.* Freue dich Camille, wir bekommen eine schöne Nacht. Die Wolken hängen am stillen Abendhimmel wie ein ausglühender Olymp mit verbleichenden, versinkenden Göttergestalten. *Sie gehen ab.*

[IV, 6] EIN ZIMMER

JULIE. Das Volk lief in den Gassen, jetzt ist Alles still.
Keinen Augenblick möchte ich ihn warten lassen.
Sie zieht eine Phiole hervor. Komm liebster Priester, dessen Amen uns zu Bette gehn macht.
Sie tritt ans Fenster. Es ist so hübsch Abschied zu nehmen, ich habe die Türe nur noch hinter mir zuzuziehen. *Sie trinkt.*
Man möchte immer so stehn. Die Sonne ist hinunter. Der Erde Züge waren so scharf in ihrem Licht, doch jetzt ist ihr Gesicht so still und ernst wie einer Sterbenden. Wie schön das Abendlicht ihr um Stirn und Wangen spielt.
Stets bleicher und bleicher wird sie, wie eine Leiche treibt sie abwärts in der Flut des Äthers; will denn kein Arm sie bei den goldnen Locken fassen und aus dem Strom sie ziehen und sie begraben?
Ich gehe leise. Ich küsse sie nicht, daß kein Hauch, kein Seufzer sie aus dem Schlummer wecke.
Schlafe, schlafe. *Sie stirbt.*

[IV, 7] DER REVOLUTIONSPLATZ

Die Wagen kommen angefahren und halten vor der Guillotine. Männer und Weiber singen und tanzen die Carmagnole. Die Gefangnen stimmen die Marseillaise an.

EIN WEIB MIT KINDERN. Platz! Platz! Die Kinder schreien, sie haben Hunger. Ich muß sie zusehen machen, daß sie still sind. Platz!

EIN WEIB. He Danton, du kannst jetzt mit den Würmern Unzucht treiben.

EINE ANDERE. Hérault, aus deinen hübschen Haaren laß' ich mir eine Perücke machen.

HÉRAULT. Ich habe nicht Waldung genug für einen so abgeholzten Venusberg.

CAMILLE. Verfluchte Hexen! Ihr werdet noch schreien: »Ihr Berge fallet auf uns!«

EIN WEIB. Der Berg ist auf euch oder ihr seid ihn vielmehr hinunter gefallen.

DANTON *zu Camille*. Ruhig, mein Junge, du hast dich heiser geschrien.

CAMILLE *gibt dem Fuhrmann Geld*. Da alter Charon, dein Karren ist ein guter Präsentierteller.
Meine Herren, ich will mich zuerst servieren. Das ist ein klassisches Gastmahl, wir liegen auf unsern Plätzen und verschütten etwas Blut als Libation. Adieu Danton. *Er besteigt das Blutgerüst. Die Gefangnen folgen ihm einer nach dem andern. Danton steigt zuletzt hinauf.*

LACROIX *zu dem Volk*. Ihr tötet uns an dem Tage, wo ihr den Verstand verloren habt; ihr werdet sie an dem töten, wo ihr ihn wiederbekommt.

EINIGE STIMMEN. Das war schon einmal da, wie langweilig!

LACROIX. Die Tyrannen werden über unsern Gräbern den Hals brechen.

HÉRAULT *zu Danton*. Er hält seine Leiche für ein Mistbeet der Freiheit.

PHILIPPEAU *auf dem Schafott*. Ich vergebe euch, ich wünsche eure Todesstunde sei nicht bittrer als die meinige.

HÉRAULT. Dacht' ich's doch, er muß sich noch einmal in den Busen greifen und den Leuten da unten zeigen, daß er reine Wäsche hat.

FABRE. Lebewohl Danton. Ich sterbe doppelt.

DANTON. Adieu mein Freund. Die Guillotine ist der beste Arzt.

HÉRAULT *will Danton umarmen*. Ach Danton, ich bringe nicht

einmal einen Spaß mehr heraus. Da ist's Zeit. *Ein Henker stößt ihn zurück.*

DANTON *zum Henker.* Willst du grausamer sein als der Tod? Kannst du verhindern, daß unsere Köpfe sich auf dem Boden des Korbes küssen?

[IV, 8] EINE STRASSE

LUCILE. Es ist doch was wie Ernst darin. Ich will einmal nachdenken. Ich fange an so was zu begreifen.

Sterben – Sterben –

Es darf ja Alles leben, Alles, die kleine Mücke da, der Vogel. Warum denn er nicht? Der Strom des Lebens müßte stocken, wenn nur der eine Tropfen verschüttet würde. Die Erde müßte eine Wunde bekommen von dem Streich.

Es regt sich Alles, die Uhren gehen, die Glocken schlagen, die Leute laufen, das Wasser rinnt und so, so Alles weiter bis da, dahin – nein! es darf nicht geschehen, nein – ich will mich auf den Boden setzen und schreien, daß erschrocken Alles stehn bleibt, Alles stockt, sich nichts mehr regt. *Sie setzt sich nieder, verhüllt sich die Augen und stößt einen Schrei aus. Nach einer Pause erhebt sie sich.*

Das hilft nichts, da ist noch Alles wie sonst, die Häuser, die Gasse, der Wind geht, die Wolken ziehen. – Wir müssen's wohl leiden.

Einige Weiber kommen die Gasse herunter.

ERSTES WEIB. Ein hübscher Mann, der Hérault.

ZWEITES WEIB. Wie er beim Konstitutionsfest so am Triumphbogen stand da dacht' ich so, der muß sich gut auf der Guillotine ausnehmen, dacht' ich. Das war so ne Ahnung.

DRITTES WEIB. Ja man muß die Leute in allen Verhältnissen sehen, es ist recht gut, daß das Sterben so öffentlich wird. *Sie gehen vorbei.*

LUCILE. Mein Camille! Wo soll ich dich jetzt suchen?

[IV, 9] DER REVOLUTIONSPLATZ

Zwei Henker an der Guillotine beschäftigt.

ERSTER HENKER *steht auf der Guillotine und singt.*

Und wann ich hame geh
Scheint der Mond so scheeh …

ZWEITER HENKER. He! Holla! Bist bald fertig?

ERSTER HENKER. Gleich, gleich!

Singt. Scheint in meines Ellervaters Fenster
Kerl wo bleibst so lang bei de Menscher?

So! die Jacke her! *Sie gehn singend ab.*

Und wann ich hame geh
Scheint der Mond so scheeh.

LUCILE *tritt auf und setzt sich auf die Stufen der Guillotine.* Ich setze mich auf deinen Schoß, du stiller Todesengel.

Sie singt. Es ist ein Schnitter, der heißt Tod,
Hat Gewalt vom höchsten Gott.

Du liebe Wiege, die du meinen Camille in Schlaf gelullt, ihn unter deinen Rosen erstickt hast.

Du Totenglocke, die du ihn mit deiner süßen Zunge zu Grabe sangst.

Sie singt. Viel hunderttausend ungezählt,
Was nur unter die Sichel fällt.

Eine Patrouille tritt auf.

EIN BÜRGER. He werda?

LUCILE. Es lebe der König!

BÜRGER. Im Namen der Republik. *Sie wird von der Wache umringt und weggeführt.*

LENZ

Den ⟨20. Januar⟩ ging Lenz durch's Gebirg. Die Gipfel und hohen Bergflächen im Schnee, die Täler hinunter graues Gestein, grüne Flächen, Felsen und Tannen. Es war naßkalt, das Wasser rieselte die Felsen hinunter und sprang über den Weg. Die Äste der Tannen hingen schwer herab in die feuchte Luft. Am Himmel zogen graue Wolken, aber Alles so dicht, und dann dampfte der Nebel herauf und strich schwer und feucht durch das Gesträuch, so träg, so plump. Er ging gleichgültig weiter, es lag ihm nichts am Weg, bald auf- bald abwärts. Müdigkeit spürte er keine, nur war es ihm manchmal unangenehm, daß er nicht auf dem Kopf gehn konnte. Anfangs drängte es ihm in der Brust, wenn das Gestein so wegsprang, der graue Wald sich unter ihm schüttelte, und der Nebel die Formen bald verschlang, bald die gewaltigen Glieder halb enthüllte; es drängte in ihm, er suchte nach etwas, wie nach verlornen Träumen, aber er fand nichts. Es war ihm alles so klein, so nahe, so naß, er hätte die Erde hinter den Ofen setzen mögen, er begriff nicht, daß er so viel Zeit brauchte, um einen Abhang hinunter zu klimmen, einen fernen Punkt zu erreichen; er meinte, er müsse Alles mit ein Paar Schritten ausmessen können. Nur manchmal, wenn der Sturm das Gewölk in die Täler warf, und es den Wald herauf dampfte, und die Stimmen an den Felsen wach wurden, bald wie fern verhallende Donner, und dann gewaltig heran brausten, in Tönen, als wollten sie in ihrem wilden Jubel die Erde besingen, und die Wolken wie wilde wiehernde Rosse heransprengten, und der Sonnenschein dazwischen durchging und kam und sein blitzendes Schwert an den Schneeflächen zog, so daß ein helles, blendendes Licht über die Gipfel in die Täler schnitt; oder wenn der Sturm das Gewölk abwärts trieb und einen lichtblauen See hineinriß, und dann der Wind verhallte und tief unten aus den Schluchten, aus den Wipfeln der Tannen wie ein Wiegenlied und Glockengeläute heraufsummte, und am tiefen Blau ein leises Rot hinaufklomm, und kleine Wölkchen auf silbernen Flügeln durchzogen und alle Berggipfel scharf und fest, weit über das Land hin glänzten und blitzten, riß es ihm in der Brust, er stand, keuchend, den Leib vorwärts gebogen, Augen und Mund weit offen, er meinte, er müsse den Sturm in sich ziehen, Alles in sich fassen, er dehnte sich aus und lag über der Erde, er wühlte sich in das All hinein, es war eine Lust, die ihm wehe tat; oder er stand still und legte das Haupt in's Moos und schloß die Augen halb, und dann zog es weit von ihm, die Erde wich unter ihm, sie wurde klein wie ein wandelnder Stern und tauchte sich in einen brausenden Strom, der seine klare Flut unter ihm zog. Aber es waren nur Augenblicke, und dann erhob er sich nüchtern, fest, ruhig als wäre ein Schattenspiel vor ihm vorübergezogen, er wußte von nichts mehr. Gegen Abend kam er auf die Höhe des Gebirgs, auf das Schneefeld, von wo man wieder hinabstieg in die Ebene nach Westen, er setzte sich oben nieder. Es war gegen Abend ruhiger geworden; das Gewölk lag fest und unbeweglich am Himmel, so weit der Blick reichte, nichts als Gipfel, von denen sich breite Flächen hinabzogen, und alles so still, grau, dämmernd; es wurde ihm entsetzlich einsam, er war allein, ganz allein, er wollte mit sich sprechen, aber er konnte nicht, er wagte kaum zu atmen, das Biegen seines Fußes tönte wie Donner unter ihm, er mußte sich niedersetzen; es faßte ihn eine namenlose Angst in diesem Nichts, er war im Leeren, er riß sich auf und flog den Abhang hinunter. Es war finster geworden, Himmel und Erde verschmolzen in Eins. Es war als ginge ihm was nach, und als müsse ihn was Entsetzliches erreichen, etwas das Menschen nicht ertragen können, als jage der Wahnsinn auf Rossen hinter ihm. Endlich hörte er Stimmen, er sah Lichter, es wurde ihm leichter, man sagte ihm, er hätte noch eine halbe Stunde nach Waldbach. Er ging durch das Dorf, die Lichter schienen durch die Fenster, er sah hinein im Vorbeigehen, Kinder am Tische, alte Weiber, Mädchen, Alles ruhige, stille Gesichter, es war ihm als müsse das Licht von ihnen ausstrahlen, es ward ihm leicht, er war bald in Waldbach im Pfarrhause. Man saß am Tische, er hinein; die blonden Locken hingen ihm um das bleiche Gesicht, es zuckte ihm in den Augen und um den Mund, seine Kleider waren zerrissen. Oberlin hieß ihn willkommen, er hielt ihn für einen Handwerker. »Sein Sie mir willkommen, obschon Sie mir unbekannt.« – »Ich bin ein Freund von ⟨Kaufmann⟩ und bringe Ihnen Grüße von ihm.« – »Der Name, wenn's beliebt?« – »Lenz.« – »Ha, ha, ha, ist Er nicht gedruckt? Habe ich nicht einige Dramen gelesen, die einem Herrn dieses Namens zugeschrieben werden?« – »Ja, aber belieben Sie mich nicht darnach zu beurteilen.« Man sprach weiter, er suchte nach Worten und erzählte rasch, aber auf der Folter; nach und nach wurde er ruhig, das heimliche Zimmer und die stillen Gesichter, die aus dem Schatten hervortraten, das helle Kindergesicht, auf dem alles Licht zu ruhen schien und das neugierig, vertraulich aufschaute, bis zur Mutter, die hinten im Schatten engelgleich stille saß. Er fing an zu erzählen, von seiner Heimat; er zeichnete allerhand Trachten, man drängte sich teilnehmend um ihn, er war gleich zu Haus, sein blasses Kindergesicht, das jetzt lächelte, sein lebendiges Erzählen; er wurde ruhig, es war ihm als träten alte Gestalten, vergessene Gesichter wieder aus dem Dunkeln, alte Lieder wachten auf, er war weg, weit weg. Endlich war es Zeit zum Gehen, man führte ihn über die Straße, das Pfarrhaus war zu eng, man gab ihm ein Zimmer im Schulhause. Er ging hinauf, es war kalt oben, eine weite Stube, leer, ein hohes Bett im Hintergrund, er stellte das Licht auf den Tisch, und ging auf und ab, er besann sich wieder auf den Tag, wie er hergekommen, wo er war, das Zimmer im Pfarrhause mit seinen Lichtern und lieben Gesichtern, es war ihm wie ein Schatten, ein Traum, und es wurde ihm leer, wieder wie auf dem Berg, aber er konnte es mit nichts mehr ausfüllen, das Licht war erloschen, die Finsternis verschlang Alles; eine unnennbare Angst erfaßte ihn, er sprang auf, er lief durchs Zimmer, die Treppe hinunter, vor's Haus; aber umsonst, Alles finster, nichts, er war sich selbst ein Traum, einzelne Gedanken huschten auf, er hielt sie fest, es war ihm als müsse er immer »Vater unser« sagen; er konnte sich nicht mehr finden, ein dunkler Instinkt trieb ihn, sich zu retten, er stieß an die Steine, er riß sich mit den Nägeln, der Schmerz fing an, ihm das Bewußtsein wiederzugeben, er stürzte sich in den Brunnstein, aber das Wasser war nicht tief, er patschte darin. Da kamen Leute, man hatte es gehört, man rief ihm zu. Oberlin kam gelaufen; Lenz war wieder zu sich gekommen, das ganze Bewußtsein seiner Lage stand vor ihm, es war ihm wieder leicht, jetzt schämte er sich und war betrübt, daß er den guten Leuten Angst gemacht, er sagte ihnen, daß er gewohnt sei kalt zu baden, und ging wieder hinauf; die Erschöpfung ließ ihn endlich ruhen.

Den andern Tag ging es gut. Mit Oberlin zu Pferde durch das Tal; breite Bergflächen, die aus großer Höhe sich in ein schmales, gewundnes Tal zusammenzogen, das in mannigfachen Richtungen sich hoch an den Bergen hinaufzog, große Felsenmassen, die sich nach unten ausbreiteten, wenig Wald, aber alles im grauen ernsten Anflug, eine Aussicht nach Westen in das Land hinein und auf die Bergkette, die sich grad hinunter nach Süden und Norden zog, und deren Gipfel gewaltig, ernsthaft oder schweigend still, wie ein dämmernder Traum standen. Gewaltige Lichtmassen, die manchmal aus den Tälern, wie ein goldner Strom schwollen, dann wieder Gewölk, das an dem höchsten Gipfel lag, und dann langsam den Wald herab in das Tal klomm, oder in den Sonnenblitzen sich wie ein fliegendes silbernes Gespinst herabsenkte und hob; kein Lärm, keine Bewegung, kein Vogel, nichts als das bald nahe, bald ferne

Wehn des Windes. Auch erschienen Punkte, Gerippe von Hütten, Bretter mit Stroh gedeckt, von schwarzer ernster Farbe. Die Leute, schweigend und ernst, als wagten sie die Ruhe ihres Tales nicht zu stören, grüßten ruhig, wie sie vorbeiritten. In den Hütten war es lebendig, man drängte sich um Oberlin, er wies zurecht, gab Rat, tröstete; überall zutrauensvolle Blicke, Gebet. Die Leute erzählten Träume, Ahnungen. Dann rasch in's praktische Leben, Wege angelegt, Kanäle gegraben, die Schule besucht. Oberlin war unermüdlich, Lenz fortwährend sein Begleiter, bald in Gespräch, bald tätig am Geschäft, bald in die Natur versunken. Es wirkte alles wohltätig und beruhigend auf ihn, er mußte Oberlin oft in die Augen sehen, und die mächtige Ruhe, die uns über der ruhenden Natur, im tiefen Wald, in mondhellen schmelzenden Sommernächten überfällt, schien ihm noch näher, in diesem ruhigen Auge, diesem ehrwürdigen ernsten Gesicht. Er war schüchtern, aber er machte Bemerkungen, er sprach, Oberlin war sein Gespräch sehr angenehm, und das anmutige Kindergesicht Lenzens machte ihm große Freude. Aber nur so lange das Licht im Tale lag, war es ihm erträglich; gegen Abend befiel ihn eine sonderbare Angst, er hätte der Sonne nachlaufen mögen; wie die Gegenstände nach und nach schattiger wurden, kam ihm Alles so traumartig, so zuwider vor, es kam ihm die Angst an wie Kindern, die im Dunkeln schlafen; es war ihm als sei er blind; jetzt wuchs sie, der Alp des Wahnsinns setzte sich zu seinen Füßen, der rettungslose Gedanke, als sei Alles nur sein Traum, öffnete sich vor ihm, er klammerte sich an alle Gegenstände, Gestalten zogen rasch an ihm vorbei, er drängte sich an sie, es waren Schatten, das Leben wich aus ihm und seine Glieder waren ganz starr. Er sprach, er sang, er rezitierte Stellen aus Shakespeare, er griff nach Allem, was sein Blut sonst hatte rascher fließen machen, er versuchte Alles, aber kalt, kalt. Er mußte dann hinaus ins Freie, das wenige, durch die Nacht zerstreute Licht, wenn seine Augen an die Dunkelheit gewöhnt waren, machte ihm besser, er stürzte sich in den Brunnen, die grelle Wirkung des Wassers machte ihm besser, auch hatte er eine geheime Hoffnung auf eine Krankheit, er verrichtete sein ⟨Baden⟩ jetzt mit weniger Geräusch. Doch jemehr er sich in das Leben hineinlebte, ward er ruhiger, er unterstützte Oberlin, zeichnete, las die Bibel; alte vergangne Hoffnungen gingen in ihm auf; das neue Testament trat ihm hier so entgegen, und [Lücke oder Textverderbnis] Wie Oberlin ihm erzählte, wie ihn eine unsichtbare Hand auf der Brücke gehalten hätte, wie auf der Höhe ein Glanz seine Augen geblendet hätte, wie er eine Stimme gehört hätte, wie es in der Nacht mit ihm gesprochen, und wie Gott so ganz bei ihm eingekehrt, daß er kindlich seine Lose aus der Tasche holte, um zu wissen, was er tun sollte, – dieser Glaube, dieser ewige Himmel im Leben, dies Sein in Gott; jetzt erst ging ihm die heilige Schrift auf. Wie den Leuten die Natur so nah trat, alles in himmlischen Mysterien; aber nicht gewaltsam majestätisch, sondern noch vertraut! – Eines Morgens ging er hinaus, die Nacht war Schnee gefallen, im Tal lag heller Sonnenschein, aber weiterhin die Landschaft halb im Nebel. Er kam bald vom Weg ab, und eine sanfte Höhe hinauf, keine Spur von Fußtritten mehr, neben einem Tannenwald hin, die Sonne schnitt Kristalle, der Schnee war leicht und flockig, hie und da Spur von Wild leicht auf dem Schnee, die sich ins Gebirg hinzog. Keine Regung in der Luft als ein leises Wehen, als das Rauschen eines Vogels, der die Flocken leicht vom Schwanze stäubte. Alles so still, und die Bäume weithin mit schwankenden weißen Federn in der tiefblauen Luft. Es wurde ihm heimlich nach und nach, die einförmigen gewaltigen Flächen und Linien, vor denen es ihm manchmal war, als ob sie ihn mit gewaltigen Tönen anredeten, waren verhüllt, ein heimliches Weihnachtsgefühl beschlich ihn, er meinte manchmal seine Mutter müsse hinter einem Baume hervortreten, groß, und ihm sagen, sie hätte ihm dies Alles beschert; wie er hinunterging, sah er, daß um seinen Schatten sich ein Regenbogen von Strahlen legte, es wurde ihm, als hätte ihn was an der Stirn berührt, das Wesen sprach ihn an. Er kam hinunter. Oberlin war im Zimmer, Lenz kam heiter auf ihn zu, und sagte ihm, er möge wohl einmal predigen. – »Sind Sie Theologe?« – »Ja!« – »Gut, nächsten Sonntag.«

Lenz ging vergnügt auf sein Zimmer, er dachte auf einen Text zum Predigen und verfiel in Sinnen, und seine Nächte wurden ruhig. Der Sonntagmorgen kam, es war Tauwetter eingefallen. Vorüberstreifende Wolken, Blau dazwischen, die Kirche lag neben am Berg hinauf, auf einem Vorsprung, der Kirchhof drum herum. Lenz stand oben, wie die Glocke läutete und die Kirchengänger, die Weiber und Mädchen in ihrer ernsten schwarzen Tracht, das weiße gefaltete Schnupftuch auf dem Gesangbuche und den Rosmarinzweig von den verschiedenen Seiten die schmalen Pfade zwischen den Felsen herauf und herab kamen. Ein Sonnenblick lag manchmal über dem Tal, die laue Luft regte sich langsam, die Landschaft schwamm im Duft, fernes Geläute, es war als löste sich alles in eine harmonische Welle auf.

Auf dem kleinen Kirchhof war der Schnee weg, dunkles Moos unter den schwarzen Kreuzen, ein verspäteter Rosenstrauch lehnte an der Kirchhofmauer, verspätete Blumen dazu unter dem Moos hervor, manchmal Sonne, dann wieder dunkel. Die Kirche fing an, die Menschenstimmen begegneten sich im reinen hellen Klang; ein Eindruck, als schaue man in reines durchsichtiges Bergwasser. Der Gesang verhallte, Lenz sprach, er war schüchtern, unter den Tönen hatte sein Starrkrampf sich ganz gelegt, sein ganzer Schmerz wachte jetzt auf, und legte sich in sein Herz. Ein süßes Gefühl unendlichen Wohls beschlich ihn. Er sprach einfach mit den Leuten, sie litten alle mit ihm, und es war ihm ein Trost, wenn er über einige müdgeweinte Augen Schlaf, und gequälten Herzen Ruhe bringen, wenn er über dieses von materiellen Bedürfnissen gequälte Sein, diese dumpfen Leiden gen Himmel leiten konnte. Er war fester geworden, wie er schloß, da fingen die Stimmen wieder an:

Laß in mir die heil'gen Schmerzen,
Tiefe Bronnen ganz aufbrechen;
Leiden sei all mein Gewinst,
Leiden sei mein Gottesdienst.

Das Drängen in ihm, die Musik, der Schmerz, erschütterte ihn. Das All war für ihn in Wunden; er fühlte tiefen unnennbaren Schmerz davon. Jetzt, ein anderes Sein, göttliche, zuckende Lippen bückten sich über ihm nieder, und sogen sich an seine Lippen; er ging auf sein einsames Zimmer. Er war allein, allein! Da rauschte die Quelle, Ströme brachen aus seinen Augen, er krümmte sich in sich, es zuckten seine Glieder, es war ihm als müsse er sich auflösen, er konnte kein Ende finden der Wollust; endlich dämmerte es in ihm, er empfand ein leises tiefes Mitleid mit sich selbst, er weinte über sich, sein Haupt sank auf die Brust, er schlief ein, der Vollmond stand am Himmel, die Locken fielen ihm über die Schläfe und das Gesicht, die Tränen hingen ihm an den Wimpern und trockneten auf den Wangen, so lag er nun da allein, und Alles war ruhig und still und kalt, und der Mond schien die ganze Nacht und stand über den Bergen.

Am folgenden Morgen kam er herunter, er erzählte Oberlin ganz ruhig, wie ihm die Nacht seine Mutter erschienen sei; sie sei in einem weißen Kleide aus der dunkeln Kirchhofmauer hervorgetreten, und habe eine weiße und eine rote Rose an der Brust stecken gehabt; sie sei dann in eine Ecke gesunken, und die Rosen seien langsam über sie gewachsen, sie sei gewiß tot; er sei ganz ruhig darüber. Oberlin versetzte ihm nun, wie er bei dem Tod seines Vaters allein auf dem Felde gewesen sei, und er dann eine Stimme gehört habe, so daß er wußte, daß sein Vater tot sei, und wie er heimgekommen, sei es so gewesen. Das führte sie weiter, Oberlin sprach noch von den Leuten im Gebirge, von Mädchen, die das

Wasser und Metall unter der Erde fühlten, von Männern, die auf manchen Berghöhen angefaßt würden und mit einem Geiste rängen; er sagte ihm auch, wie er einmal im Gebirg durch das Schauen in ein leeres tiefes Bergwasser in eine Art von Somnambulismus versetzt worden sei. Lenz sagte, daß der Geist des Wassers über ihn gekommen sei, daß er dann etwas von seinem eigentümlichen Sein empfunden hätte. Er fuhr weiter fort: Die einfachste, reinste Natur hinge am nächsten mit der elementarischen zusammen, je feiner der Mensch geistig fühlt und lebt, um so abgestumpfter würde dieser elementarische Sinn; er halte ihn nicht für einen hohen Zustand, er sei nicht selbstständig genug, aber er meine, es müsse ein unendliches Wonnegefühl sein, so von dem eigentümlichen Leben jeder Form berührt zu werden; für Gesteine, Metalle, Wasser und Pflanzen eine Seele zu haben; so traumartig jedes Wesen in der Natur in sich aufzunehmen, wie die Blumen mit dem Zu- und Abnehmen des Mondes die Luft.

Er sprach sich selbst weiter aus, wie in Allem eine unaussprechliche Harmonie, ein Ton, eine Seligkeit sei, die in den höhern Formen mit mehr Organen aus sich herausgriffe, tönte, auffaßte und dafür aber auch um so tiefer affiziert würde, wie in den niedrigen Formen Alles zurückgedrängter, beschränkter, dafür aber auch die Ruhe in sich größer sei. Er verfolgte das noch weiter. Oberlin brach es ab, es führte ihn zu weit von seiner einfachen Art ab. Ein andermal zeigte ihm Oberlin Farbentäfelchen, er setzte ihm auseinander, in welcher Beziehung jede Farbe mit dem Menschen stände, er brachte zwölf Apostel heraus, deren jeder durch eine Farbe repräsentiert würde. Lenz faßte das auf, er spann die Sache weiter, kam in ängstliche Träume, und fing an wie Stilling die Apokalypse zu lesen, und las viel in der Bibel.

Um diese Zeit kam Kaufmann mit seiner Braut in's Steintal. Lenzen war Anfangs das Zusammentreffen unangenehm, er hatte sich so ein Plätzchen zurechtgemacht, das bißchen Ruhe war ihm so kostbar und jetzt kam ihm Jemand entgegen, der ihn an so vieles erinnerte, mit dem er sprechen, reden mußte, der seine Verhältnisse kannte. Oberlin wußte von Allem nichts; er hatte ihn aufgenommen, gepflegt; er sah es als eine Schickung Gottes, der den Unglücklichen ihm zugesandt hätte, er liebte ihn herzlich. Auch war es Allen notwendig, daß er da war, er gehörte zu ihnen, als wäre er schon längst da, und Niemand frug, woher er gekommen und wohin er gehen werde. Über Tisch war Lenz wieder in guter Stimmung, man sprach von Literatur, er war auf seinem Gebiete; die idealistische Periode fing damals an, Kaufmann war ein Anhänger davon, Lenz widersprach heftig. Er sagte: Die Dichter, von denen man sage, sie geben die Wirklichkeit, hätten auch keine Ahnung davon, doch seien sie immer noch erträglicher, als die, welche die Wirklichkeit verklären wollten. Er sagte: Der liebe Gott hat die Welt wohl gemacht wie sie sein soll, und wir können wohl nicht was Besseres klecksen, unser einziges Bestreben soll sein, ihm ein wenig nachzuschaffen. Ich verlange in Allem – Leben, Möglichkeit des Daseins, und dann ist's gut; wir haben dann nicht zu fragen, ob es schön, ob es häßlich ist, das Gefühl, daß Was geschaffen sei, Leben habe, stehe über diesen Beiden, und sei das einzige Kriterium in Kunstsachen. Übrigens begegne es uns nur selten, in Shakespeare finden wir es und in den Volksliedern tönt es einem ganz, in Göthe manchmal entgegen. Alles Übrige kann man ins Feuer werfen. Die Leute können auch keinen Hundsstall zeichnen. Da wolle man idealistische Gestalten, aber Alles, was ich davon gesehen, sind Holzpuppen. Dieser Idealismus ist die schmählichste Verachtung der menschlichen Natur. Man versuche es einmal und senke sich in das Leben des Geringsten und gebe es wieder, in den Zuckungen, den Andeutungen, dem ganzen feinen, kaum bemerkten Mienenspiel; er hätte dergleichen versucht im »Hofmeister« und den »Soldaten«. Es sind die prosaischsten Menschen unter der Sonne; aber die Gefühlsader ist in fast allen Menschen gleich, nur ist die Hülle mehr oder weniger dicht, durch die sie brechen muß. Man muß nur Aug und Ohren dafür haben. Wie ich gestern neben am Tal hinaufging, sah ich auf einem Steine zwei Mädchen sitzen, die eine band ihre Haare auf, die andre half ihr; und das goldne Haar hing herab, und ein ernstes bleiches Gesicht, und doch so jung, und die schwarze Tracht und die andre so sorgsam bemüht. Die schönsten, innigsten Bilder der altdeutschen Schule geben kaum eine Ahnung davon. Man möchte manchmal ein Medusenhaupt sein, um so eine Gruppe in Stein verwandeln zu können, und den Leuten zurufen. Sie standen auf, die schöne Gruppe war zerstört; aber wie sie so hinabstiegen, zwischen den Felsen war es wieder ein anderes Bild. Die schönsten Bilder, die schwellendsten Töne, gruppieren, lösen sich auf. Nur eins bleibt: eine unendliche Schönheit, die aus einer Form in die andre tritt, ewig aufgeblättert, verändert, man kann sie aber freilich nicht immer festhalten und in Museen stellen und auf Noten ziehen und dann Alt und Jung herbeirufen, und die Buben und Alten darüber radotieren und sich entzücken lassen. Man muß die Menschheit lieben, um in das eigentümliche Wesen jedes einzudringen, es darf einem keiner zu gering, keiner zu häßlich sein, erst dann kann man sie verstehen; das unbedeutendste Gesicht macht einen tiefern Eindruck als die bloße Empfindung des Schönen, und man kann die Gestalten aus sich heraustreten lassen, ohne etwas vom Äußern hinein zu kopieren, wo einem kein Leben, keine Muskeln, kein Puls entgegen schwillt und pocht. Kaufmann warf ihm vor, daß er in der Wirklichkeit doch keine Typen für einen Apoll von Belvedere oder eine Raphaelische Madonna finden würde. Was liegt daran, versetzte er, ich muß gestehen, ich fühle mich dabei sehr tot. Wenn ich in mir arbeite, kann ich auch wohl was dabei fühlen, aber ich tue das Beste daran. Der Dichter und Bildende ist mir der Liebste, der mir die Natur am Wirklichsten gibt, so daß ich über seinem Gebild fühle, Alles Übrige stört mich. Die Holländischen Maler sind mir lieber, als die Italienischen, sie sind auch die einzigen faßlichen; ich kenne nur zwei Bilder, und zwar von Niederländern, die mir einen Eindruck gemacht hätten, wie das neue Testament; das Eine ist, ich weiß nicht von wem, Christus und die Jünger von Emaus. Wenn man so liest, wie die Jünger hinausgingen, es liegt gleich die ganze Natur in den Paar Worten. Es ist ein trüber, dämmernder Abend, ein einförmiger roter Streifen am Horizont, halbfinster auf der Straße, da kommt ein Unbekannter zu ihnen, sie sprechen, er bricht das Brot, da erkennen sie ihn, in einfach-menschlicher Art, und die göttlich-leidenden Züge reden ihnen deutlich, und sie erschrecken, denn es ist finster geworden, und es tritt sie etwas Unbegreifliches an, aber es ist kein gespenstisches Grauen; es ist wie wenn einem ein geliebter Toter in der Dämmerung in der alten Art entgegenträte, so ist das Bild, mit dem einförmigen, bräunlichen Ton darüber, dem trüben stillen Abend. Dann ein anderes. Eine Frau sitzt in ihrer Kammer, das Gebetbuch in der Hand. Es ist sonntäglich aufgeputzt, der Sand gestreut, so heimlich rein und warm. Die Frau hat nicht zur Kirche gekonnt, und sie verrichtet die Andacht zu Haus, das Fenster ist offen, sie sitzt darnach hingewandt, und es ist als schwebten zu dem Fenster über die weite ebne Landschaft die Glockentöne von dem Dorfe herein und verhallet der Sang der nahen Gemeinde aus der Kirche her, und die Frau liest den Text nach. – In der Art sprach er weiter, man horchte auf, es traf Vieles, er war rot geworden über dem Reden, und bald lächelnd, bald ernst, schüttelte er die blonden Locken. Er hatte sich ganz vergessen. Nach dem Essen nahm ihn Kaufmann bei Seite. Er hatte Briefe von Lenzens Vater erhalten, sein Sohn sollte zurück, ihn unterstützen. Kaufmann sagte ihm, wie er sein Leben hier verschleudre, unnütz verliere, er solle sich ein Ziel stecken und dergleichen mehr. Lenz fuhr ihn an: »Hier weg, weg! nach Haus? Toll werden dort? Du weißt, ich kann es nirgends aushalten, als da herum, in der Gegend; wenn ich nicht manchmal auf einen Berg könnte und die Gegend sehen könnte, und dann wieder herunter in's Haus, durch den Garten gehn, und zum Fenster hineinsehen, – ich würde toll! toll! Laßt mich doch in Ruhe! Nur ein bißchen Ruhe, jetzt wo es mir ein wenig wohl wird! Hier weg? Ich verstehe das nicht, mit den zwei Worten ist die Welt verhunzt. Jeder hat was nötig; wenn er ruhen kann, was könnt' er mehr haben! Immer steigen, ringen und so in Ewigkeit Alles was der Augenblick gibt, wegwerfen und immer darben, um einmal zu genießen; dürsten, während einem helle Quellen über den Weg springen. Es ist mir jetzt erträglich, und da will ich bleiben; warum? warum? Eben weil es mir wohl ist; was will mein Vater? Kann er mehr geben? Unmöglich! Laßt mich in Ruhe.« Er wurde heftig, Kaufmann ging, Lenz war verstimmt.

Am folgenden Tag wollte Kaufmann weg, er beredete Oberlin mit ihm in die Schweiz zu gehen. Der Wunsch, Lavater, den er längst durch Briefe kannte, auch persönlich kennen zu lernen, bestimmte ihn. Er sagte es zu. Man mußte einen Tag länger wegen der Zurüstungen warten. Lenz fiel das auf's Herz, er hatte, um seiner unendlichen Qual los zu werden, sich ängstlich an Alles geklammert; er fühlte in einzelnen Augenblicken tief, wie er sich Alles nur zurecht mache; er ging mit sich um wie mit einem kranken Kinde, manche Gedanken, mächtige Gefühle wurde er nur mit der größten Angst los, da trieb es ihn wieder mit unendlicher Gewalt darauf, er zitterte, das Haar sträubte ihm fast, bis er es in der ungeheuersten Anspannung erschöpfte. Er rettete sich in eine Gestalt, die ihm immer vor Augen schwebte, und in Oberlin; seine Worte, sein Gesicht taten ihm unendlich wohl. So sah er mit Angst seiner Abreise entgegen.

Es war Lenzen unheimlich, jetzt allein im Hause zu bleiben. Das Wetter war milde geworden, er beschloß Oberlin zu begleiten, in's Gebirg. Auf der andern Seite, wo die Täler sich in die Ebne ausliefen, trennten sie sich. Er ging allein zurück. Er durchstrich das Gebirg in verschiedenen Richtungen, breite Flächen zogen sich in die Täler herab, wenig Wald, nichts als gewaltige Linien und weiter hinaus die weite rauchende Ebne, in der Luft ein gewaltiges Wehen, nirgends eine Spur von Menschen, als hie und da eine verlassene Hütte, wo die Hirten den Sommer zubrachten, an den Abhängen gelehnt. Er wurde still, vielleicht fast träumend, es verschmolz ihm Alles in eine Linie, wie eine steigende und sinkende Welle, zwischen Himmel und Erde, es war ihm als läge er an einem unendlichen Meer, das leise auf- und abwogte. Manchmal saß er, dann ging er wieder, aber langsam träumend. Er suchte keinen Weg. Es war finster Abend, als er an eine bewohnte Hütte kam, im Abhang nach dem Steintal. Die Türe war verschlossen, er ging an's Fenster, durch das ein Lichtschimmer fiel. Eine Lampe erhellte fast nur einen Punkt, ihr Licht fiel auf das bleiche Gesicht eines Mädchens, das mit halb geöffneten Augen, leise die Lippen bewegend, dahinter ruhte. Weiter weg im Dunkel saß ein altes Weib, das mit schnarrender Stimme aus einem Gesangbuch sang. Nach langem Klopfen öffnete sie; sie war halb taub, sie trug Lenz einiges Essen auf und wies ihm eine Schlafstelle an, wobei sie beständig ihr Lied fortsang. Das Mädchen hatte sich nicht gerührt. Einige Zeit darauf kam ein Mann herein, er war lang und hager, Spuren von grauen Haaren, mit unruhigem verwirrtem Gesicht. Er trat zum Mädchen, sie zuckte auf und wurde unruhig. Er nahm ein getrocknetes Kraut von der Wand, und legte ihr die Blätter auf die Hand, so daß sie ruhiger wurde und verständliche Worte in langsam ziehenden, durchschneidenden Tönen summte. Er erzählte, wie er eine Stimme im Gebirge gehört, und dann über den Tälern ein Wetterleuchten gesehen habe, auch habe es ihn angefaßt und er habe damit gerungen wie Jakob. Er warf sich nieder und betete leise mit Inbrunst, während die Kranke in einem langsam ziehenden, leise verhallenden Ton sang. Dann gab er sich zur Ruhe.

Lenz schlummerte träumend ein, und dann hörte er im Schlaf, wie die Uhr pickte. Durch das leise Singen des Mädchens und die Stimme der Alten zugleich tönte das Sausen des Windes bald näher, bald ferner, und der bald helle, bald verhüllte Mond warf sein wechselndes Licht traumartig in die Stube. Einmal wurden die Töne lauter, das Mädchen redete deutlich und bestimmt, sie sagte, wie auf der Klippe gegenüber eine Kirche stehe. Lenz sah auf und sie saß mit weitgeöffneten Augen aufrecht hinter dem Tisch, und der Mond warf sein stilles Licht auf ihre Züge, von denen ein unheimlicher Glanz zu strahlen schien, zugleich schnarrte die Alte und über diesem Wechseln und Sinken des Lichts, den Tönen und Stimmen schlief endlich Lenz tief ein.

Er erwachte früh, in der dämmernden Stube schlief Alles, auch das Mädchen war ruhig geworden, sie lag zurückgelehnt, die Hände gefaltet unter der linken Wange; das Geisterhafte aus ihren Zügen war verschwunden, sie hatte jetzt einen Ausdruck unbeschreiblichen Leidens. Er trat an's Fenster und öffnete es, die kalte Morgenluft schlug ihm entgegen. Das Haus lag am Ende eines schmalen, tiefen Tales, das sich nach Osten öffnete, rote Strahlen schossen durch den grauen Morgenhimmel in das dämmernde Tal, das im weißen Rauch lag, und funkelten am grauen Gestein und trafen in die Fenster der Hütten. Der Mann erwachte, seine Augen trafen auf ein erleuchtet Bild an der Wand, sie richteten sich fest und starr darauf, nun fing er an die Lippen zu bewegen und betete leise, dann laut und immer lauter. Indem kamen Leute zur Hütte herein, sie warfen sich schweigend nieder. Das Mädchen lag in Zuckungen, die Alte schnarrte ihr Lied und plauderte mit den Nachbarn. Die Leute erzählten Lenzen, der Mann sei vor langer Zeit in die Gegend gekommen, man wisse nicht woher; er stehe im Rufe eines Heiligen, er sehe das Wasser unter der Erde und könne Geister beschwören, und man wallfahre zu ihm. Lenz erfuhr zugleich, daß er weiter vom Steintal abgekommen, er ging weg mit einigen Holzhauern, die in die Gegend gingen. Es tat ihm wohl, Gesellschaft zu finden; es war ihm jetzt unheimlich mit dem gewaltigen Menschen, von dem es ihm manchmal war, als rede er in entsetzlichen Tönen. Auch fürchtete er sich vor sich selbst in der Einsamkeit.

Er kam heim. Doch hatte die verflossene Nacht einen gewaltigen Eindruck auf ihn gemacht. Die Welt war ihm helle gewesen, und er spürte an sich ein Regen und Wimmeln nach einem Abgrund, zu dem ihn eine unerbittliche Gewalt hinriß. Er wühlte jetzt in sich. Er aß wenig; halbe Nächte im Gebet und fieberhaften Träumen. Ein gewaltsames Drängen, und dann erschöpft zurückgeschlagen; er lag in den heißesten Tränen, und dann bekam er plötzlich eine Stärke, und erhob sich kalt und gleichgültig, seine Tränen waren ihm dann wie Eis, er mußte lachen. Je höher er sich aufriß, desto tiefer stürzte er hinunter. Alles strömte wieder zusammen. Ahnungen von seinem alten Zustande durchzuckten ihn, und warfen Streiflichter in das wüste Chaos seines Geistes. Des Tags saß er gewöhnlich unten im Zimmer, Madame Oberlin ging ab und zu, er zeichnete, malte, las, griff nach jeder Zerstreuung, Alles hastig von einem zum andern. Doch schloß er sich jetzt besonders an Madame Oberlin an, wenn sie so da saß, das schwarze Gesangbuch vor sich, neben eine Pflanze, im Zimmer gezogen, das jüngste Kind zwischen den Knien; auch machte er sich viel mit dem Kinde zu tun. So saß er einmal, da wurde ihm ängstlich, er sprang auf, ging auf und ab. Die Türe halb offen, da hörte er die Magd singen, erst unverständlich, dann kamen die Worte:

Auf dieser Welt hab' ich kein' Freud',
Ich hab' mein Schatz und der ist weit.

Das fiel auf ihn, er verging fast unter den Tönen. Madame Oberlin sah ihn an. Er faßte sich ein Herz, er konnte nicht mehr schweigen, er mußte davon sprechen. »Beste Madame Oberlin, können Sie mir nicht sagen, was das Frauenzimmer macht, dessen Schicksal mir so zentnerschwer auf dem Herzen liegt?« – »Aber Herr Lenz, ich weiß von nichts.«

Er schwieg dann wieder und ging hastig im Zimmer auf und ab; dann fing er wieder an: »Sehen Sie, ich will gehn; Gott, Sie sind noch die einzigen Menschen, wo ich's aushalten könnte, und doch – doch, ich muß weg, zu ihr – aber ich kann nicht, ich darf nicht. –« Er war heftig bewegt und ging hinaus.

Gegen Abend kam Lenz wieder, es dämmerte in der Stube; er setzte sich neben Madame Oberlin. »Sehn Sie«, fing er wieder an, »wenn sie so durch's Zimmer ging, und so halb für sich allein sang, und jeder Tritt war eine Musik, es war so eine Glückseligkeit in ihr, und das strömte in mich über, ich war immer ruhig, wenn ich sie ansah, oder sie so den Kopf an mich lehnte und Gott! Gott – Ich war schon lange nicht mehr ruhig [Lücke im Text] Ganz Kind; es war, als wär ihr die Welt zu weit, sie zog sich so in sich zurück, sie suchte das engste Plätzchen im ganzen Haus, und da saß sie, als wäre ihre ganze Seligkeit nur in einem kleinen Punkt, und dann war mir's auch so; wie ein Kind hätte ich dann spielen können. Jetzt ist es mir so eng, so eng, sehn Sie, es ist mir manchmal, als stieß' ich mit den Händen an den Himmel; o ich ersticke! Es ist mir dabei oft, als fühlt' ich physischen Schmerz, da in der linken Seite, im Arm, womit ich sie sonst faßte. Doch kann ich sie mir nicht mehr vorstellen, das Bild läuft mir fort, und dies martert mich, nur wenn es mir manchmal ganz hell wird, so ist mir wieder recht wohl.« – Er sprach später noch oft mit Madame Oberlin davon, aber meist nur in abgebrochenen Sätzen; sie wußte wenig zu antworten, doch tat es ihm wohl.

Unterdessen ging es fort mit seinen religiösen Quälereien. Je leerer, je kälter, je sterbender er sich innerlich fühlte, desto mehr drängte es ihn, eine Glut in sich zu wecken, es kamen ihm Erinnerungen an die Zeiten, wo Alles in ihm sich drängte, wo er unter all' seinen Empfindungen keuchte; und jetzt so tot. Er verzweifelte an sich selbst, dann warf er sich nieder, er rang die Hände, er rührte Alles in sich auf; aber tot! tot! Dann flehete er, Gott möge ein Zeichen an ihm tun, dann wühlte er in sich, fastete, lag träumend am Boden. Am dritten Hornung hörte er, ein Kind in Fouday sei gestorben, ⟨das Friederike hieß,⟩ er faßte es auf, wie eine fixe Idee. Er zog sich in sein Zimmer und fastete einen Tag. Am vierten trat er plötzlich in's Zimmer zu Madame Oberlin, er hatte sich das Gesicht mit Asche beschmiert, und forderte einen alten Sack; sie erschrak, man gab ihm, was er verlangte. Er wickelte den Sack um sich, wie ein Büßender, und schlug den Weg nach Fouday ein. Die Leute im Tale waren ihn schon gewohnt; man erzählte sich allerlei Seltsames von ihm. Er kam in's Haus, wo das Kind lag. Die Leute gingen gleichgültig ihrem Geschäfte nach; man wies ihm eine Kammer, das Kind lag im Hemde auf Stroh, auf einem Holztisch.

Lenz schauderte, wie er die kalten Glieder berührte und die halbgeöffneten gläsernen Augen sah. Das Kind kam ihm so verlassen vor, und er sich so allein und einsam; er warf sich über die Leiche nieder; der Tod erschreckte ihn, ein heftiger Schmerz faßte ihn an, diese Züge, dieses stille Gesicht sollte verwesen, er warf sich nieder, er betete mit allem Jammer der Verzweiflung, wie er schwach und unglücklich sei, daß Gott ein Zeichen an ihm tue, und das Kind beleben möge; dann sank er ganz in sich und wühlte all seinen Willen auf einen Punkt, so saß er lange starr. Dann erhob er sich und faßte die Hände des Kindes und sprach laut und fest: »Stehe auf und wandle!« Aber die Wände hallten ihm nüchtern den Ton nach, daß es zu spotten schien, und die Leiche blieb kalt. Da stürzte er halb wahnsinnig nieder, dann jagte es ihn auf, hinaus in's Gebirg. Wolken zogen rasch über den Mond; bald Alles im Finstern, bald zeigten sie die nebelhaft verschwindende Landschaft im Mondschein. Er rannte auf und ab. In seiner Brust war ein Triumph-Gesang der Hölle. Der Wind klang wie ein Titanenlied, es war ihm, als könnte er eine ungeheure Faust hinauf in den Himmel ballen und Gott herbei reißen und zwischen seinen Wolken schleifen; als könnte er die Welt mit den Zähnen zermalmen und sie dem Schöpfer in's Gesicht speien; er schwur, er lästerte. So kam er auf die Höhe des Gebirges, und das ungewisse Licht dehnte sich hinunter, wo die weißen Steinmassen lagen, und der Himmel war ein dummes blaues Aug, und der Mond stand ganz lächerlich drin, einfältig. Lenz mußte laut lachen, und mit dem Lachen griff der Atheismus in ihn und faßte ihn ganz sicher und ruhig und fest. Er wußte nicht mehr, was ihn vorhin so bewegt hatte, es fror ihn, er dachte, er wolle jetzt zu Bette gehn, und er ging kalt und unerschütterlich durch das unheimliche Dunkel – es war ihm Alles leer und hohl, er mußte laufen und ging zu Bette.

Am folgenden Tag befiel ihn ein großes Grauen vor seinem gestrigen Zustande, er stand nun am Abgrund, wo eine wahnsinnige Lust ihn trieb, immer wieder hineinzuschauen, und sich diese Qual zu wiederholen. Dann steigerte sich seine Angst, die Sünde wider den heiligen Geist stand vor ihm.

Einige Tage darauf kam Oberlin aus der Schweiz zurück, viel früher als man es erwartet hatte. Lenz war darüber betroffen. Doch wurde er heiter, als Oberlin ihm von seinen Freunden im Elsaß erzählte. Oberlin ging dabei im Zimmer hin und her, und packte aus, legte hin. Dabei erzählte er von Pfeffel, das Leben eines Landgeistlichen glücklich preisend. Dabei ermahnte er ihn, sich in den Wunsch seines Vaters zu fügen, seinem Berufe gemäß zu leben, heimzukehren. Er sagte ihm: »Ehre Vater und Mutter« und dergleichen mehr. Über dem Gespräch geriet Lenz in heftige Unruhe; er stieß tiefe Seufzer aus, Tränen drangen ihm aus den Augen, er sprach abgebrochen. »Ja, ich halt' es aber nicht aus; wollen Sie mich verstoßen? Nur in Ihnen ist der Weg zu Gott. Doch mit mir ist's aus! Ich bin abgefallen, verdammt in Ewigkeit, ich bin der ewige Jude.« Oberlin sagte ihm, dafür sei Jesus gestorben, er möge sich brünstig an ihn wenden, und er würde Teil haben an seiner Gnade.

Lenz erhob das Haupt, rang die Hände, und sagte: »Ach! ach! göttlicher Trost.« Dann frug er plötzlich freundlich, was das Frauenzimmer mache. Oberlin sagte, er wisse von nichts, er wolle ihm aber in Allem helfen und raten, er müsse ihm aber Ort, Umstände und Person angeben. Er antwortete nichts wie gebrochene Worte: »Ach sie ist tot! Lebt sie noch? du Engel, sie liebte mich – ich liebte sie, sie war's würdig, o du Engel. Verfluchte Eifersucht, ich habe sie aufgeopfert – sie liebte noch einen andern – ich liebte sie, sie war's würdig – o gute Mutter, auch die liebte mich. Ich bin ein Mörder.« Oberlin versetzte: vielleicht lebten alle diese Personen noch, vielleicht vergnügt; es möge sein, wie es wolle, so könne und werde Gott, wenn er sich zu ihm bekehrt haben würde, diesen Personen auf sein Gebet und Tränen soviel Gutes erweisen, daß der Nutzen, den sie alsdann von ihm hätten, den Schaden, den er ihnen zugefügt, vielleicht weit überwiegen würde. Er wurde darauf nach und nach ruhiger und ging wieder an sein Malen.

Den Nachmittag kam er wieder, auf der linken Schulter hatte er ein Stück Pelz und in der Hand ein Bündel Gerten, die man Oberlin nebst einem Briefe für Lenz mitgegeben hatte. Er reichte Oberlin die Gerten mit dem Begehren, er sollte ihn damit schlagen. Oberlin nahm die Gerten aus seiner Hand, drückte ihm einige Küsse auf den Mund und sagte: dies wären die Streiche, die er ihm zu geben hätte, er möchte ruhig sein, seine Sache mit Gott allein ausmachen, alle möglichen Schläge würden keine einzige seiner Sünden tilgen; dafür hätte Jesus gesorgt, zu dem möchte er sich wenden. Er ging.

Beim Nachtessen war er wie gewöhnlich etwas tiefsinnig. Doch sprach er von allerlei, aber mit ängstlicher Hast. Um Mitternacht wurde Oberlin durch ein Geräusch geweckt. Lenz rannte durch den Hof, rief mit hohler, harter Stimme den Namen Friederike, mit äußerster Schnelle, Verwirrung und Verzweiflung ausgesprochen, er stürzte sich dann in den Brunnentrog, patschte darin, wieder heraus und herauf in sein Zimmer, wieder herunter in den Trog, und so einigemal, endlich wurde er still. Die Mägde, die in der Kinderstube unter ihm schliefen, sagten, sie hätten oft, insonderheit aber in selbiger Nacht, ein Brummen gehört, das sie mit nichts als mit dem Tone einer ⟨Habergeise⟩ zu vergleichen wüßten. Vielleicht war es sein Winseln, mit hohler, fürchterlicher, verzweifelnder Stimme.

Am folgenden Morgen kam Lenz lange nicht. Endlich ging Oberlin hinauf in sein Zimmer, er lag im Bett ruhig und unbeweglich. Oberlin mußte lange fragen, ehe er Antwort bekam; endlich sagte er: »Ja Herr Pfarrer, sehen Sie, die Langeweile! die Langeweile! o! so langweilig, ich weiß gar nicht mehr, was ich sagen soll, ich habe schon alle Figuren an die Wand gezeichnet.« Oberlin sagte ihm, er möge sich zu Gott wenden; da lachte er und sagte: »Ja wenn ich so glücklich wäre, wie Sie, einen so behaglichen Zeitvertreib aufzufinden, ja man könnte sich die Zeit schon so ausfüllen. Alles aus Müßiggang. Denn die Meisten beten aus Langeweile; die Andern verlieben sich aus Langeweile, die Dritten sind tugendhaft, die Vierten lasterhaft und ich gar nichts, gar nichts, ich mag mich nicht einmal umbringen: es ist zu langweilig!

O Gott in Deines Lichtes Welle,
In Deines glüh'nden Mittags Helle
Sind meine Augen wund gewacht.
Wird es denn niemals wieder Nacht?«

Oberlin blickte ihn unwillig an und wollte gehen. Lenz huschte ihm nach und indem er ihn mit unheimlichen Augen ansah: »Sehn Sie, jetzt kommt mir doch was ein, wenn ich nur unterscheiden könnte, ob ich träume oder wache: sehn Sie, das ist sehr wichtig, wir wollen es untersuchen« – er huschte dann wieder ins Bett. Den Nachmittag wollte Oberlin in der Nähe einen Besuch machen; seine Frau war schon fort; er war im Begriff wegzugehen, als es an seine Tür klopfte und Lenz hereintrat mit vorwärts gebogenem Leib, niederwärts hängendem Haupt, das Gesicht über und über und das Kleid hie und da mit Asche bestreut, mit der rechten Hand den linken Arm haltend. Er bat Oberlin, ihm den Arm zu ziehen, er hätte ihn verrenkt, er hätte sich zum Fenster heruntergestürzt, weil es aber Niemand gesehen, wollte er es auch Niemand sagen. Oberlin erschrak heftig, doch sagte er nichts, er tat was Lenz begehrte, zugleich schrieb er an den Schulmeister ⟨Sebastian Scheidecker⟩ in Bellefosse, er möge herunterkommen und gab ihm Instruktionen. Dann ritt er weg. Der Mann kam. Lenz hatte ihn schon oft gesehen und hatte sich an ihn attachiert. Er tat als hätte er mit Oberlin etwas reden wollen, wollte dann wieder weg. Lenz bat ihn, zu bleiben, und so blieben sie beisammen. Lenz schlug noch einen Spaziergang nach Fouday vor. Er besuchte das Grab des Kindes, das er hatte erwecken wollen, kniete zu verschiedenen Malen nieder, küßte die Erde des Grabes, schien betend, doch mit großer Verwirrung, riß Etwas von der auf dem Grab stehenden Blume ab, als ein Andenken, ging wieder zurück nach Waldbach, kehrte wieder um und Sebastian mit. Bald ging er langsam und klagte über große Schwäche in den Gliedern, dann ging er mit verzweifelnder Schnelligkeit, die Landschaft beängstigte ihn, sie war so eng, daß er an Alles zu stoßen fürchtete. Ein unbeschreibliches Gefühl des Mißbehagens befiel ihn, sein Begleiter ward ihm endlich lästig, auch mochte er seine Absicht erraten und suchte Mittel ihn zu entfernen. Sebastian schien ihm nachzugeben, fand aber heimlich Mittel, seinen Bruder von der Gefahr zu benachrichtigen, und nun hatte Lenz zwei Aufseher statt einen. Er zog sie ⟨wacker⟩herum, endlich ging er nach Waldbach zurück und da sie nahe an dem Dorfe waren, kehrte er wie ein Blitz wieder um und sprang wie ein Hirsch gen Fouday zurück. Die Männer setzten ihm nach. Indem sie ihn in Fouday suchten, kamen zwei Krämer und erzählten ihnen, man hätte in einem Hause einen Fremden gebunden, der sich für einen Mörder ausgäbe, aber gewiß kein Mörder sein könne. Sie liefen in dies Haus und fanden es so. Ein junger Mensch hatte ihn auf sein ungestümes Dringen in der Angst gebunden. Sie banden ihn los und brachten ihn glücklich nach Waldbach, wohin Oberlin indessen mit seiner Frau zurückgekommen war. Er sah verwirrt aus, da er aber merkte, daß er liebreich und freundlich empfangen wurde, bekam er wieder Mut, sein Gesicht veränderte sich vorteilhaft, er dankte seinen beiden Begleitern freundlich und zärtlich und der Abend ging ruhig herum. Oberlin bat ihn inständig, nicht mehr zu baden, die Nacht ruhig im Bette zu bleiben und wenn er nicht schlafen könne, sich mit Gott zu unterhalten. Er versprachs und tat es so die folgende Nacht, die Mägde hörten ihn fast die ganze Nacht hindurch beten. – Den folgenden Morgen kam er mit vergnügter Miene auf Oberlins Zimmer. Nachdem sie Verschiedenes gesprochen hatten, sagte er mit ausnehmender Freundlichkeit: »Liebster Herr Pfarrer, das Frauenzimmer, wovon ich Ihnen sagte, ist gestorben, ja gestorben, der Engel.« – »Woher wissen Sie das?« – »Hieroglyphen, Hieroglyphen –« und dann zum Himmel geschaut und wieder: »ja gestorben – Hieroglyphen.« Es war dann nichts weiter aus ihm zu bringen. Er setzte sich und schrieb einige Briefe, gab sie sodann Oberlin mit der Bitte, einige Zeilen dazu zu setzen. Siehe die Briefe.

Sein Zustand war indessen immer trostloser geworden, alles was er an Ruhe aus der Nähe Oberlins und aus der Stille des Tals geschöpft hatte, war weg; die Welt, die er hatte nutzen wollen, hatte einen ungeheuern Riß, er hatte keinen Haß, keine Liebe, keine Hoffnung, eine schreckliche Leere und doch eine folternde Unruhe, sie auszufüllen. Er hatte Nichts. Was er tat, tat er mit Bewußtsein und doch zwang ihn ein innerlicher Instinkt. Wenn er allein war, war es ihm so entsetzlich einsam, daß er beständig laut mit sich redete, rief, und dann erschrak er wieder und es war ihm, als hätte eine fremde Stimme mit ihm gesprochen. Im Gespräch stockte er oft, eine unbeschreibliche Angst befiel ihn, er hatte das Ende seines Satzes verloren; dann meinte er, er müsse das zuletzt gesprochene Wort behalten und immer sprechen, nur mit großer Anstrengung unterdrückte er diese Gelüste. Es bekümmerte die guten Leute tief, wenn er manchmal in ruhigen Augenblicken bei ihnen saß und unbefangen sprach und er dann stockte und eine unaussprechliche Angst sich in seinen Zügen malte, er die Personen, die ihm zunächst saßen krampfhaft am Arm faßte und erst nach und nach wieder zu sich kam. War er allein, oder las er, war's noch ärger, all' seine geistige Tätigkeit blieb manchmal in einem Gedanken hängen; dachte er an eine fremde Person, oder stellte er sie sich lebhaft vor, so war es ihm, als würde er sie selbst, er verwirrte sich ganz und dabei hatte er einen unendlichen Trieb, mit Allem um ihn im Geist willkürlich umzugehen; die Natur, Menschen, nur Oberlin ausgenommen, Alles traumartig, kalt; er amüsierte sich, die Häuser auf die Dächer zu stellen, die Menschen an- und auszukleiden, die wahnwitzigsten Possen auszusinnen. Manchmal fühlte er einen unwiderstehlichen Drang, das Ding, das er gerade im Sinne hatte, auszuführen, und dann schnitt er entsetzliche Fratzen. Einst saß er neben Oberlin, die Katze lag gegenüber auf einem Stuhl, plötzlich wurden seine Augen starr, er hielt sie unverrückt auf das Tier gerichtet, dann glitt er langsam den Stuhl herunter, die Katze ebenfalls, sie war wie bezaubert von seinem Blick, sie geriet in ungeheure Angst, sie sträubte sich scheu, Lenz mit den nämlichen Tönen, mit fürchterlich entstelltem Gesicht, wie in Verzweiflung stürzten Beide auf einander los, da endlich erhob sich Madame Oberlin, um sie zu trennen. Dann war er wieder tief beschämt. Die Zufälle des Nachts steigerten sich auf's Schrecklichste. Nur mit der größten Mühe schlief er ein, während er zuvor noch die schreckliche Leere zu füllen versucht hatte. Dann geriet er zwischen Schlaf und Wachen in einen entsetzlichen Zustand; er stieß an etwas Grauenhaftes, Entsetzliches, der Wahnsinn packte ihn, er fuhr mit fürchterlichem Schreien, in Schweiß gebadet, auf, und erst nach und nach fand er sich wieder. Er mußte dann mit den einfachsten Dingen anfangen, um wieder zu sich zu kommen. Eigentlich nicht er selbst tat es, sondern ein mächtiger Erhaltungstrieb, es war als sei er doppelt und der eine Teil suchte den andern zu retten, und rief sich selbst zu; er erzählte, er sagte in der heftigsten Angst Gedichte her, bis er wieder zu sich kam.

Auch bei Tage bekam er diese Zufälle, sie waren dann noch schrecklicher; denn sonst hatte ihn die Helle davor bewahrt. Es war ihm dann, als existiere er allein, als bestünde die Welt nur in seiner Einbildung, als sei nichts, als er, er sei das ewig Verdammte, der Satan; allein mit seinen folternden Vorstellungen. Er jagte mit rasender Schnelligkeit sein Leben durch und dann sagte er: »konsequent, konsequent«; wenn Jemand was sprach: »inkonsequent, inkonsequent«; es war die Kluft unrettbaren Wahnsinns, eines Wahnsinns durch die Ewigkeit. Der Trieb der geistigen Erhaltung jagte ihn auf; er stürzte sich in Oberlins Arme, er klammerte sich an ihn, als wolle er sich in ihn drängen, er war das einzige Wesen, das für ihn lebte und durch den ihm wieder das Leben offenbart wurde. Allmählig brachten ihn Oberlins Worte dann zu sich, er lag auf den Knien vor Oberlin, seine Hände in den Händen Oberlins, sein mit kaltem Schweiß bedecktes Gesicht auf dessen Schoß, am ganzen Leibe bebend und zitternd. Oberlin empfand unendliches Mitleid, die Familie lag auf den Knien und betete für den Unglücklichen, die Mägde flohen und hielten ihn für einen Besessenen. Und wenn er ruhiger wurde, war es wie der Jammer eines Kindes, er schluchzte, er empfand ein tiefes, tiefes Mitleid mit sich selbst; das waren auch seine seligsten Augenblicke. Oberlin sprach ihm von Gott. Lenz wand sich ruhig los und sah ihn mit einem Ausdruck unendlichen Leidens an, und sagte endlich: »aber ich, wär' ich allmächtig, sehen Sie, wenn ich so wäre, ich könnte das Leiden nicht ertragen, ich würde retten, retten, ich will ja nichts als Ruhe, Ruhe, nur ein wenig Ruhe und schlafen können.« Oberlin sagte, dies sei eine Profanation. Lenz schüttelte trostlos mit dem Kopfe. Die halben Versuche zum Entleiben, die er indes fortwährend machte, waren nicht ganz Ernst, es war weniger der Wunsch des Todes, für ihn war ja keine Ruhe und Hoffnung im Tod; es war mehr in Augenblicken der fürchterlichsten Angst oder der dumpfen an's Nichtsein grenzenden Ruhe ein Versuch, sich zu sich selbst zu bringen durch physischen Schmerz. Augenblicke, wenn sein Geist sonst auf irgend einer wahnwitzigen Idee zu reiten schien, waren noch die glücklichsten. Es war doch ein wenig Ruhe und sein wirrer Blick war nicht so entsetzlich, als die nach Rettung dürstende Angst, die ewige Qual der Unruhe! Oft schlug er sich den Kopf an die Wand, oder versetzte sich sonst einen heftigen physischen Schmerz.

Den 8. Morgens blieb er im Bette, Oberlin ging hinauf; er lag fast nackt auf dem Bette und war heftig bewegt. Oberlin wollte ihn zudecken, er klagte aber sehr, wie schwer Alles sei, so schwer, er glaube gar nicht, daß er gehen könne, jetzt endlich empfände er die ungeheure Schwere der Luft. Oberlin sprach ihm Mut zu. Er blieb aber in seiner frühern Lage und blieb den größten Teil des Tages so, auch nahm er keine Nahrung zu sich. Gegen Abend wurde Oberlin zu einem Kranken nach Bellefosse gerufen. Es war gelindes Wetter und Mondschein. Auf dem Rückweg begegnete ihm Lenz. Er schien ganz vernünftig und sprach ruhig und freundlich mit Oberlin. Der bat ihn, nicht zu weit zu gehen, er versprachs; im Weggehen wandte er sich plötzlich um und trat wieder ganz nah zu Oberlin und sagte rasch: »Sehn Sie, Herr Pfarrer, wenn ich das nur nicht mehr hören müßte mir wäre geholfen.« – »Was denn, mein Lieber?« – »Hören Sie denn nichts, hören Sie denn nicht die entsetzliche Stimme, die um den ganzen Horizont schreit, und die man gewöhnlich die Stille heißt? seit ich in dem stillen Tal bin, hör' ich's immer, es läßt mich nicht schlafen, ja Herr Pfarrer, wenn ich wieder einmal schlafen könnte.« Er ging dann kopfschüttelnd weiter. Oberlin ging zurück nach Waldbach und wollte ihm Jemand nachschicken, als er ihn die Stiege herauf in sein Zimmer gehen hörte. Einen Augenblick darauf platzte etwas im Hof mit so starkem Schall, daß es Oberlin unmöglich von dem Falle eines Menschen herkommen zu können schien. Die Kindsmagd kam totblaß und ganz zitternd [große Lücke im Text]

Er saß mit kalter Resignation im Wagen, wie sie das Tal hervor nach Westen fuhren. Es war ihm einerlei, wohin man ihn führte; mehrmals wo der Wagen bei dem schlechten Wege in Gefahr geriet, blieb er ganz ruhig sitzen; er war vollkommen gleichgültig. In diesem Zustand legte er den Weg durch's Gebirg zurück. Gegen Abend waren sie im Rheintale. Sie entfernten sich allmählich vom

Gebirg, das nun wie eine tiefblaue Kristallwelle sich in das Abendrot hob, und auf deren warmer Flut die roten Strahlen des Abends spielten; über die Ebene hin am Fuße des Gebirges lag ein schimmerndes bläuliches Gespinst. Es wurde finster, je mehr sie sich Straßburg näherten; hoher Vollmond, alle fernen Gegenstände dunkel, nur der Berg neben bildete eine scharfe Linie, die Erde war wie ein goldner Pokal, über den schäumend die Goldwellen des Monds liefen. Lenz starrte ruhig hinaus, keine Ahnung, kein Drang; nur wuchs eine dumpfe Angst in ihm, je mehr die Gegenstände sich in der Finsternis verloren. Sie mußten einkehren; da machte er wieder mehre Versuche, Hand an sich zu legen, war aber zu scharf bewacht. Am folgenden Morgen bei trübem regnerischem Wetter traf er in Straßburg ein. Er schien ganz vernünftig, sprach mit den Leuten; er tat Alles wie es die Andern taten, es war aber eine entsetzliche Leere in ihm, er fühlte keine Angst mehr, kein Verlangen; sein Dasein war ihm eine notwendige Last. – So lebte er hin.

LEONCE UND LENA
Ein Lustspiel

Vorrede
Alfieri: ›E la fama?‹
Gozzi: ›E la fame?‹

PERSONEN

König Peter vom Reiche Popo
Prinz Leonce, sein Sohn, verlobt mit
Prinzessin Lena vom Reiche Pipi
Valerio
Die Gouvernante
Der Hofmeister
Der Zeremonienmeister
Der Präsident des Staatsrats
Der Hofprediger
Der Landrat
Der Schulmeister
Rosetta
Bediente, Staatsräte, Bauern etc.

ERSTER AKT

O wär' ich doch ein Narr!
Mein Ehrgeiz geht auf eine bunte Jacke.
Wie es Euch gefällt.

ERSTE SZENE · EIN GARTEN

Leonce halb ruhend auf einer Bank. Der Hofmeister.

LEONCE. Mein Herr, was wollen Sie von mir? Mich auf meinen Beruf vorbereiten? Ich habe alle Hände voll zu tun, ich weiß mir vor Arbeit nicht zu helfen. Sehen Sie, erst habe ich auf den Stein hier dreihundert fünf und sechzig Mal hintereinander zu spukken. Haben Sie das noch nicht probiert? Tun Sie es, es gewährt eine ganz eigne Unterhaltung. Dann – sehen Sie diese Hand voll Sand? – *er nimmt Sand auf, wirft ihn in die Höhe und fängt ihn mit dem Rücken der Hand wieder auf* – jetzt werf' ich sie in die Höhe. Wollen wir wetten? Wieviel Körnchen hab' ich jetzt auf dem Handrücken? Grad oder ungrad? – Wie? Sie wollen nicht wetten? Sind Sie ein Heide? Glauben Sie an Gott? Ich wette gewöhnlich mit mir selbst und kann es tagelang so treiben. Wenn Sie einen Menschen aufzutreiben wissen, der Lust hätte als mit mir zu wetten, so werden Sie mich sehr verbinden. Dann – habe ich nachzudenken, wie es wohl angehn mag, daß ich mir einmal auf den Kopf sehe. – O wer sich einmal auf den Kopf sehen könnte! Das ist eins von meinen Idealen. ⟨Mir wäre geholfen.⟩ Und dann – und dann noch unendlich Viel der Art. – Bin ich ein Müßiggänger? Habe ich keine Beschäftigung? – Ja es ist traurig …

HOFMEISTER. Sehr traurig, Eu⟨er⟩ Hoheit.

LEONCE. Daß die Wolken schon seit drei Wochen von Westen nach Osten ziehen. Es macht mich ganz melancholisch.

HOFMEISTER. Eine sehr gegründete Melancholie.

LEONCE. Mensch, warum widersprechen Sie mir nicht? Sie ⟨sind pressiert,⟩ nicht wahr? Es ist mir leid, daß ich Sie so lange aufgehalten habe. *Der Hofmeister entfernt sich mit einer tiefen Verbeugung.* Mein Herr, ich gratuliere Ihnen zu der schönen Parenthese, die Ihre Beine machen, wenn Sie sich verbeugen.

LEONCE *allein, streckt sich auf der Bank aus.* Die Bienen sitzen so träg an den Blumen, und der Sonnenschein liegt so faul auf dem Boden. Es krassiert ein entsetzlicher Müßiggang. – Müßiggang ist aller Laster Anfang. – Was die Leute nicht Alles aus Langeweile treiben! Sie studieren aus Langeweile, sie beten aus Langeweile, sie verlieben, verheiraten und vermehren sich aus Langeweile und sterben endlich ⟨an der⟩ Langeweile und – und das ist der Humor davon – Alles mit den wichtigsten Gesichtern, ohne zu merken warum, und meinen Gott weiß was ⟨dabei⟩. Alle diese Helden, diese Genies, diese Dummköpfe, diese Heiligen, diese Sünder, diese Familienväter sind im Grunde nichts als raffinierte Müßiggänger. – Warum muß ich es grade wissen? Warum kann ich mir nicht wichtig werden und der armen Puppe einen Frack anziehen und einen Regenschirm in die Hand geben, daß sie sehr rechtlich und sehr nützlich und sehr moralisch würde? – Der Mann, der eben von mir ging, ich beneidete ihn, ich hätte ihn aus Neid prügeln mögen. O wer einmal jemand Anders sein könnte! Nur 'ne Minute lang. –

Valerio, ⟨halb trunken, kommt gelaufen.⟩

LEONCE. Wie der Mensch läuft! Wenn ich nur etwas unter der Sonne wüßte, was mich noch könnte laufen machen.

VALERIO *stellt sich dicht vor den Prinzen, legt den Finger an die Nase und sieht ihn starr an.* Ja!

LEONCE *eben so.* Richtig!

VALERIO. Haben Sie mich begriffen?

LEONCE. Vollkommen.

VALERIO. Nun, so wollen wir von etwas Anderm reden. *Er legt sich ins Gras.* Ich werde mich indessen in das Gras legen und meine Nase oben zwischen den Halmen herausblühen lassen und romantische Empfindungen beziehen, wenn die Bienen und Schmetterlinge sich darauf wiegen, wie auf einer Rose.

LEONCE. Aber Bester, schnaufen Sie nicht so stark, oder die Bienen und Schmetterlinge müssen verhungern über den ungeheuren Prisen, die Sie aus den Blumen ziehen.

VALERIO. Ach Herr, was ich ein Gefühl für die Natur habe! Das Gras steht so schön, daß man ein Ochs sein möchte, um es fressen zu können, und dann wieder ein Mensch, um den Ochsen zu ⟨fressen⟩, der solches Gras gefressen.

LEONCE. Unglücklicher, Sie scheinen auch an Idealen zu laborieren.

VALERIO. Es ist ein Jammer. Man kann keinen Kirchturm herunterspringen, ohne den Hals zu brechen. Man kann keine vier Pfund Kirschen mit den Steinen essen, ohne Leibweh zu kriegen. Seht, Herr, ich könnte mich in eine Ecke setzen und singen vom

Abend bis zum Morgen: »Hei, da sitzt e Fleig an der Wand! Fleig an der Wand! Fleig an der Wand!« und so fort bis zum Ende meines Lebens.

LEONCE. Halt's Maul mit deinem Lied, man könnte darüber ein Narr werden.

VALERIO. So wäre man doch etwas. Ein Narr! Ein Narr! Wer will mir seine Narrheit gegen meine Vernunft verhandeln? Ha, ich bin Alexander der Große! Wie mir die Sonne eine goldne Krone in die Haare scheint, wie meine Uniform blitzt! Herr Generalissimus Heupferd, lassen Sie die Truppen anrücken! Herr Finanzminister Kreuzspinne, ich brauche Geld! Liebe Hofdame Libelle, was macht meine teure Gemahlin Bohnenstange? Ach bester Herr Leibmedicus Cantharide, ich bin um einen Erbprinzen verlegen. Und zu diesen köstlichen Phantasien bekommt man gute Suppe, gutes Fleisch, gutes Brot, ein gutes Bett und das Haar umsonst geschoren – im Narrenhaus nämlich –, während ich mit meiner gesunden Vernunft mich höchstens noch zur Beförderung der Reife auf einen Kirschbaum verdingen könnte, um –

LEONCE. Um die Kirschen durch die Löcher in deinen Hosen schamrot zu machen! Aber Edelster, dein Handwerk, deine Profession, dein Gewerbe, dein Stand, deine Kunst?

VALERIO *mit Würde.* Herr, ich habe die große Beschäftigung, müßig zu gehen, ich habe eine ungemeine Fertigkeit im Nichtstun, ich besitze eine ungeheure Ausdauer in der Faulheit. Keine Schwiele schändet meine Hände, der Boden hat noch keinen Tropfen von meiner Stirne getrunken, ich bin noch Jungfrau in der Arbeit, und wenn es mir nicht der Mühe zu viel wäre, würde ich mir die Mühe nehmen, Ihnen diese Verdienste weitläufiger auseinanderzusetzen.

LEONCE *mit komischem Enthusiasmus.* Komm an meine Brust! Bist du einer von den Göttlichen, welche mühelos mit reiner Stirne durch den Schweiß und Staub über die Heerstraße des Lebens wandeln, und mit glänzenden Sohlen und blühenden Leibern gleich seligen Göttern in den Olympus treten? Komm! Komm!

VALERIO *singt im Abgehen.* Hei! da sitzt e Fleig an der Wand! Fleig an der Wand! Fleig an der Wand! *Beide Arm in Arm ab.*

ZWEITE SZENE · EIN ZIMMER

König Peter wird von zwei Kammerdienern angekleidet.

PETER *während er angekleidet wird.* Der Mensch muß denken und ich muß für meine Untertanen denken, denn sie denken nicht, sie denken nicht. – Die Substanz ist das ›an sich‹, das bin ich. *Er läuft* ⟨*fast nackt*⟩ *im Zimmer herum.* Begriffen? An sich ist an sich, versteht ihr? Jetzt kommen meine Attribute, Modifikationen, Affektionen und Akzidenzien, wo ⟨ist mein Hemd, meine Hose?⟩ – Halt, ⟨pfui!⟩ der freie Wille steht ⟨davorn⟩ ganz offen. Wo ist die Moral, wo sind die Manschetten? Die Kategorien sind in der schändlichsten Verwirrung, es sind zwei Knöpfe zuviel zugeknöpft, die Dose steckt in der rechten Tasche. Mein ganzes System ist ruiniert. – ⟨Ha,⟩ was bedeutet der Knopf im Schnupftuch? Kerl, was bedeutet der Knopf, an was wollte ich mich erinnern?

ERSTER KAMMERDIENER. Als Eure Majestät diesen Knopf in Ihr Schnupftuch zu knüpfen geruhten, so wollten Sie …

⟨PETER.⟩ Nun?

ERSTER KAMMERDIENER. Sich an Etwas erinnern.

PETER. Eine verwickelte Antwort! – Ei! Nun ⟨an⟩ was meint Er?

ZWEITER KAMMERDIENER. Eure Majestät wollten sich an Etwas erinnern, als Sie diesen Knopf in Ihr Schnupftuch zu knüpfen geruhten.

PETER *läuft auf und ab.* Was? Was? Die Menschen machen mich konfus, ich bin in der größten Verwirrung. Ich weiß mir nicht mehr zu helfen.

Ein Diener tritt auf.

DIENER. Eure Majestät, der Staatsrat ist versammelt.

PETER *freudig.* Ja, das ist's, das ist's. ⟨– Ich wollte mich an mein Volk erinnern!⟩ Kommen Sie meine Herren! Gehn Sie symmetrisch. Ist es nicht sehr heiß? Nehmen Sie doch auch Ihre Schnupftücher und wischen Sie sich das Gesicht. Ich bin immer so in Verlegenheit, wenn ich öffentlich sprechen soll. *Alle ab.*

König Peter. Der Staatsrat.

PETER. Meine Lieben und Getreuen, ich wollte euch hiermit kund und zu wissen tun, kund und zu wissen tun – denn entweder verheiratet sich mein Sohn, oder nicht, *legt den Finger an die Nase* entweder, oder – ihr versteht mich doch? Ein Drittes gibt es nicht. Der Mensch muß denken. *Steht eine Zeit lang sinnend.* Wenn ich so laut rede, so weiß ich nicht wer es eigentlich ist, ich oder ein Anderer, das ängstigt mich. *Nach langem Besinnen.* Ich bin ich. – Was halten Sie davon, Präsident?

PRÄSIDENT *gravitätisch langsam.* Eure Majestät, vielleicht ist es so, vielleicht ist es aber auch nicht so.

DER GANZE STAATSRAT IM CHOR. Ja, vielleicht ist es so, vielleicht ist es aber auch nicht so.

PETER *mit Rührung.* O meine Weisen! – Also von was war eigentlich die Rede? Von was wollte ich sprechen? Präsident, was haben Sie ein so kurzes Gedächtnis bei einer so feierlichen Gelegenheit? Die Sitzung ist aufgehoben. *Er entfernt sich feierlich, der ganze Staatsrat folgt ihm.*

DRITTE SZENE · EIN REICHGESCHMÜCKTER SAAL, KERZEN BRENNEN

Leonce mit einigen Dienern.

LEONCE. Sind alle Läden geschlossen? Zündet die Kerzen an! Weg mit dem Tag! Ich will Nacht, tiefe ambrosische Nacht. Stellt die Lampen unter Kristallglocken zwischen die Oleander, daß sie wie Mädchenaugen unter den Wimpern der Blätter hervorträumen. Rückt die Rosen näher, daß der Wein wie Tautropfen auf die Kelche sprudle. Musik! Wo sind die Violinen? Wo ist die Rosetta? Fort! Alle hinaus!

Die Diener gehen ab. Leonce streckt sich auf ein Ruhebett. Rosetta, zierlich gekleidet, tritt ein. Man hört Musik aus der Ferne.

ROSETTA *nähert sich schmeichelnd.* Leonce!
LEONCE. Rosetta!
ROSETTA. Leonce!
LEONCE. Rosetta!
ROSETTA. Deine Lippen sind träg. Vom Küssen?
LEONCE. Vom Gähnen!
ROSETTA. Oh!
LEONCE. Ach Rosetta, ich habe die entsetzliche Arbeit …
ROSETTA. Nun?
LEONCE. Nichts zu tun …
ROSETTA. Als zu lieben?
LEONCE. Freilich Arbeit!
ROSETTA *beleidigt.* Leonce!
LEONCE. Oder Beschäftigung.
ROSETTA. Oder Müßiggang.
LEONCE. Du hast Recht wie immer. Du bist ein kluges Mädchen, und ich halte viel auf deinen Scharfsinn.
ROSETTA. So liebst du mich aus Langeweile?
LEONCE. Nein, ich habe Langeweile, weil ich dich liebe. Aber ich liebe meine Langeweile wie dich. Ihr seid eins. O dolce far

niente, ich träume über deinen Augen, wie an wunderheimlichen tiefen Quellen, das Kosen deiner Lippen schläfert mich ein, wie Wellenrauschen. *Er umfaßt sie.* Komm liebe Langeweile, deine Küsse sind ein wollüstiges Gähnen, und deine Schritte sind ein zierlicher Hiatus.

ROSETTA. Du liebst mich, Leonce?

LEONCE. Ei warum nicht?

ROSETTA. Und immer?

LEONCE. Das ist ein langes Wort: immer! Wenn ich dich nun noch fünftausend Jahre und sieben Monate liebe, ist's genug? Es ist zwar viel weniger, als immer, ist aber doch eine erkleckliche Zeit, und wir können uns Zeit nehmen, uns zu lieben.

ROSETTA. Oder die Zeit kann uns das Lieben nehmen.

LEONCE. Oder das Lieben uns die Zeit. Tanze, Rosetta, tanze, daß die Zeit mit dem Takt deiner niedlichen Füße geht!

ROSETTA. Meine Füße gingen lieber aus der Zeit. *Sie tanzt und singt.*

O meine müden Füße, ihr müßt tanzen
In bunten Schuhen,
Und möchtet lieber tief, ⟨tief⟩
Im Boden ruhen.

O meine heißen Wangen, ihr müßt glüh⟨e⟩n
Im ⟨wilden⟩ Kosen,
Und möchtet lieber blüh⟨e⟩n
Zwei weiße Rosen.

O meine armen Augen, ihr müßt blitzen
Im Strahl der Kerzen,
Und ⟨lieber schlieft ihr aus im Dunkeln⟩
Von euren Schmerzen.

LEONCE *indes träumend vor sich hin.* O, eine sterbende Liebe ist schöner, als eine werdende. Ich bin ein Römer; bei dem köstlichen Mahle spielen zum Dessert die goldnen Fische in ihren Todesfarben. Wie ihr das Rot von den Wangen stirbt, wie still das Auge ausglüht, wie leis das Wogen ihrer Glieder steigt und fällt! Adio, adio meine Liebe, ich will deine Leiche lieben. *Rosetta nähert sich ihm wieder.* Tränen, Rosetta? Ein feiner Epikureismus – weinen zu können. Stelle dich in die Sonne, ⟨daß⟩ die köstlichen Tropfen kristallisieren, es muß prächtige Diamanten geben. Du kannst dir ein Halsband ⟨daraus⟩ machen lassen.

ROSETTA. Wohl Diamanten, sie schneiden mir in die Augen. Ach Leonce! *Will ihn umfassen.*

LEONCE. Gib Acht! Mein Kopf! Ich habe unsere Liebe darin beigesetzt. Sieh zu den Fenstern meiner Augen hinein. Siehst du, wie schön tot das arme Ding ist? Siehst du die zwei weißen Rosen auf seinen Wangen und die zwei roten auf seiner Brust? Stoß mich nicht, daß ihm kein Ärmchen abbricht, es wäre Schade. Ich muß meinen Kopf gerade auf den Schultern tragen, wie die Totenfrau einen Kindersarg.

ROSETTA *scherzend.* Narr!

LEONCE. Rosetta! *Rosetta macht ihm eine Fratze.* Gott sei Dank! *Hält sich die Augen zu.*

ROSETTA *erschrocken.* Leonce, sieh mich an.

LEONCE. Um keinen Preis!

ROSETTA. Nur einen Blick!

LEONCE. Keinen! Weinst du? Um ein klein wenig, und meine liebe Liebe käme wieder auf die Welt. Ich bin froh, daß ich sie begraben habe. Ich behalte den Eindruck.

ROSETTA *entfernt sich traurig und langsam, sie singt im Abgehn.*

Ich bin eine arme Waise,
Ich fürchte mich ganz allein.
Ach lieber Gram –
Willst du nicht kommen mit mir heim?

LEONCE *allein.* Ein sonderbares Ding um die Liebe. Man liegt ein Jahr lang schlafwachend zu Bette, und an einem schönen Morgen wacht man auf, trinkt ein Glas Wasser, zieht seine Kleider an und fährt sich mit der Hand über die Stirn und besinnt sich – und besinnt sich. – Mein Gott, wieviel Weiber hat man nötig, um die Skala der Liebe auf und ab zu singen? Kaum daß Eine einen Ton ausfüllt. Warum ist der Dunst über unsrer Erde ein Prisma, das den weißen Glutstrahl der Liebe in einen Regenbogen bricht? – *Er trinkt.* In welcher Bouteille steckt denn der Wein, an dem ich mich heute betrinken soll? Bringe ich es nicht einmal mehr so weit? Ich sitze wie unter einer Luftpumpe. Die Luft so scharf und dünn, daß mich friert, als sollte ich in Nankinghosen Schlittschuh laufen. – Meine Herren, meine Herren, wißt ihr auch, was Caligula und Nero waren? Ich weiß es. – Komm Leonce, halte mir einen Monolog, ich will zuhören. Mein Leben gähnt mich an, wie ein großer weißer Bogen Papier, den ich vollschreiben soll, aber ich bringe keinen Buchstaben heraus. Mein Kopf ist ein leerer Tanzsaal, einige verwelkte Rosen und zerknitterte Bänder auf dem Boden, geborstene Violinen in der Ecke, die letzten Tänzer haben die Masken abgenommen und sehen mit todmüden Augen einander an. Ich stülpe mich jeden Tag vier und zwanzigmal herum, wie einen Handschuh. O ich kenne mich, ich weiß

was ich in einer Viertelstunde, was ich in acht Tagen, was ich in einem Jahre denken und träumen werde. Gott, was habe ich denn verbrochen, daß du mich, wie einen Schulbuben, meine Lektion so oft hersagen läßt? –
Bravo Leonce! Bravo! *Er klatscht.* Es tut mir ganz wohl, wenn ich mir so rufe. He! Leonce! Leonce!

VALERIO *unter einem Tisch hervor.* Eure Hoheit scheint mir wirklich auf dem besten Weg, ein wahrhaftiger Narr zu werden.

LEONCE. Ja, beim Licht besehen, kommt es mir eigentlich eben so vor.

VALERIO. Warten Sie, wir wollen uns darüber sogleich ausführlicher unterhalten. Ich habe nur noch ein Stück Braten zu verzehren, das ich aus der Küche, und etwas Wein, den ich von Ihrem Tische gestohlen. Ich bin gleich fertig.

LEONCE. Das schmatzt. Der Kerl verursacht mir ganz idyllische Empfindungen; ich könnte wieder mit dem Einfachsten anfangen, ich könnte Käs essen, Bier trinken, Tabak rauchen. Mach fort, grunze nicht so mit deinem Rüssel, und klappre mit deinen Hauern nicht so.

VALERIO. Wertester Adonis, sind Sie in Angst um Ihre Schenkel? Sein Sie unbesorgt, ich bin weder ein Besenbinder, noch ein Schulmeister. Ich brauche keine Gerten zu Ruten.

LEONCE. Du bleibst nichts schuldig.

VALERIO. Ich wollte, es ginge meinem Herrn eben so.

LEONCE. Meinst du, damit du zu deinen Prügeln kämst? Bist du so besorgt um deine Erziehung?

VALERIO. O Himmel, man kömmt leichter zu seiner Erzeugung, als zu seiner Erziehung. Es ist traurig, in welche Umstände Einen andere Umstände versetzen können! Was für Wochen hab' ich erlebt, seit meine Mutter in die Wochen kam! Wieviel Gutes hab' ich empfangen, das ich meiner Empfängnis zu danken hätte?

LEONCE. Was deine Empfänglichkeit betrifft, so könnte sie es nicht besser treffen, um getroffen zu werden. Drück dich besser aus, oder du sollst den unangenehmsten Eindruck von meinem Nachdruck haben.

VALERIO. Als meine Mutter um das Vorgebirg der guten Hoffnung schiffte ...

LEONCE. Und dein Vater an Cap Horn Schiffbruch litt ...

VALERIO. Richtig, denn er war Nachtwächter. Doch setzte er das Horn nicht so oft an die Lippen, als die Väter edler Söhne an die Stirn.

LEONCE. Mensch, du besitzest eine himmlische Unverschämtheit.

Ich fühle ein gewisses Bedürfnis, mich in nähere Berührung mit ihr zu setzen. Ich habe eine große Passion dich zu prügeln.

VALERIO. Das ist eine schlagende Antwort und ein triftiger Beweis.

LEONCE *geht auf ihn los.* Oder du bist eine geschlagene Antwort. Denn du bekommst Prügel für deine Antwort.

VALERIO *läuft weg, Leonce stolpert und fällt.* Und Sie sind ein Beweis, der noch geführt werden muß, denn er fällt über seine eigenen Beine, die im Grund genommen selbst noch zu beweisen sind. Es sind höchst unwahrscheinliche Waden und sehr problematische Schenkel.

Der Staatsrat tritt auf. Leonce bleibt auf dem Boden sitzen. Valerio.

PRÄSIDENT. Eure Hoheit verzeihen ...

LEONCE. Wie mir selbst! Wie mir selbst! Ich verzeihe mir die Gutmütigkeit Sie anzuhören. Meine Herren wollen Sie nicht Platz nehmen? – Was die Leute für Gesichter machen, wenn sie das Wort Platz hören! Setzen Sie sich nur auf den Boden und genieren Sie sich nicht. Es ist doch der letzte Platz, den Sie ⟨einmal⟩ erhalten, aber er trägt ⟨Niemand⟩ etwas ein, ⟨als⟩ dem Totengräber.

PRÄSIDENT *verlegen mit den Fingern schnipsend.* Geruhen Eure Hoheit ...

LEONCE. Aber schnipsen Sie nicht so mit den Fingern, wenn Sie mich nicht zum Mörder machen wollen.

PRÄSIDENT *immer stärker schnipsend.* Wollten gnädigst, in Betracht ...

LEONCE. Mein Gott, stecken Sie doch die Hände in die Hosen, oder setzen Sie sich darauf. Er ist ganz aus der Fassung. Sammeln Sie sich.

VALERIO. Man darf Kinder nicht während des Pissens unterbrechen, sie bekommen sonst eine Verhaltung.

LEONCE. Mann, fassen Sie sich. Bedenken Sie Ihre Familie und den Staat. Sie riskieren einen Schlagfluß, wenn Ihnen Ihre Rede zurücktritt.

PRÄSIDENT *zieht ein Papier aus der Tasche.* Erlauben Eure Hoheit ...

LEONCE. Was, Sie können schon lesen? Nun denn ...

PRÄSIDENT. Daß man der zu erwartenden Ankunft von Eurer Hoheit verlobter Braut, der durchlauchtigsten Prinzessin Lena von Pipi, auf morgen sich zu gewärtigen habe, davon läßt ⟨Ihro⟩ königliche Majestät Eure Hoheit benachrichtigen.

LEONCE. Wenn meine Braut mich erwartet, so werde ich ihr den Willen tun und sie auf mich warten lassen. Ich habe sie gestern Nacht im Traum gesehen, sie hatte ein Paar Augen so groß, daß die Tanzschuhe meiner Rosetta zu Augenbrau⟨n⟩en darüber gepaßt hätten, und auf den Wangen ⟨war kein⟩ Grübchen ⟨zu sehen,⟩ sondern ein Paar Abzugsgr⟨u⟩ben für das Lachen. Ich glaube an Träume. Träumen Sie auch zuweilen Herr Präsident? Haben Sie auch Ahnungen?

VALERIO. Versteht sich. Immer die Nacht vor dem Tag, an dem ein Braten ⟨an der königlichen Tafel⟩ verbrennt, ein Kapaun krepiert, oder Ihre königliche Majestät Leibweh bekommt.

LEONCE. A propos, hatten Sie nicht noch etwas auf der Zunge? Geben Sie nur Alles von sich.

PRÄSIDENT. An dem Tage der Vermählung ist ein höchster Wille gesonnen, seine allerhöchsten Willensäußerungen in die Hände Eurer Hoheit niederzulegen.

LEONCE. Sagen Sie einem höchsten Willen, daß ich Alles tun werde, das ausgenommen, was ich werde bleiben lassen, was aber jedenfalls nicht so viel sein wird, als wenn es noch einmal so viel wäre. – Meine Herren, Sie entschuldigen, daß ich Sie nicht begleite, ich habe gerade die Passion zu sitzen, aber meine Gnade ist so groß, daß ich ⟨sie ja⟩ mit den Beinen ⟨doch nicht⟩ ausmessen kann. *Er spreizt die Beine auseinander.* Herr Präsident, nehmen Sie doch das Maß, damit Sie mich später daran erinnern. Valerio gib den Herren das Geleite.

VALERIO. Das Geläute? Soll ich dem Herrn Präsidenten eine Schelle anhängen? Soll ich sie führen, als ob sie auf allen Vieren gingen?

LEONCE. Mensch, du bist nichts als ein schlechtes Wortspiel. Du hast weder Vater noch Mutter, sondern die fünf Vokale haben dich miteinander erzeugt.

VALERIO. Und Sie Prinz, sind ein Buch ohne Buchstaben, mit nichts als Gedankenstrichen. – Kommen Sie jetzt meine Herren! Es ist eine traurige Sache um das Wort kommen, will man ein Einkommen, so muß man stehlen, an ein Aufkommen ist nicht zu denken, als wenn man sich hängen läßt, ein Unterkommen findet man erst, wenn man begraben wird, und ein Auskommen hat man jeden Augenblick mit seinem Witz, wenn man nichts mehr zu sagen weiß, wie ich zum Beispiel eben, und Sie, ehe Sie noch etwas gesagt haben. Ihr Abkommen haben Sie gefunden und Ihr Fortkommen werden Sie jetzt zu suchen ersucht. *Staatsrat und Valerio ab.*

LEONCE *allein.* Wie gemein ich mich zum Ritter an den armen Teufeln gemacht habe! Es steckt nun aber doch einmal ein gewisser Genuß in einer gewissen Gemeinheit. – Hm! Heiraten! Das heißt einen Ziehbrunnen leer trinken. O Shandy, alter Shandy, wer mir deine Uhr schenkte! – *Valerio kommt zurück.* Ach Valerio, hast du es gehört?

VALERIO. Nun Sie sollen König werden, das ist eine lustige Sache. Man kann den ganzen Tag spazieren fahren und den Leuten die Hüte verderben durch's viele Abziehen, man kann aus ordentlichen Menschen ordentliche Soldaten ausschneiden, so daß Alles ganz natürlich wird, man kann schwarze Fräcke und weiße Halsbinden zu Staatsdienern machen, und wenn man stirbt, so laufen alle blanken Knöpfe blau an und die Glockenstricke reißen wie Zwirnsfäden vom vielen Läuten. Ist das nicht unterhaltend?

LEONCE. Valerio! Valerio! Wir müssen was Anderes treiben. Rate!

VALERIO. Ach die Wissenschaft, die Wissenschaft! Wir wollen Gelehrte werden! a priori? oder a posteriori?

LEONCE. a priori, das muß man bei meinem Herrn Vater lernen; und a posteriori fängt Alles an, wie ein altes Märchen: es war einmal!

VALERIO. So wollen wir Helden werden. *Er marschiert trompetend und trommelnd auf und ab.* Trom – trom – pläre – plem!

LEONCE. Aber der Heroismus fuselt abscheulich und bekommt das Lazarettfieber und kann ohne Lieutenants und Rekruten nicht bestehen. Pack dich mit deiner Alexanders- und Napoleonsromantik!

VALERIO. So wollen wir Genies werden.

LEONCE. Die Nachtigall der Poesie schlägt den ganzen Tag über unserm Haupt, aber das Feinste geht zum Teufel, bis wir ihr die Federn ausreißen und in die Tinte oder die Farbe tauchen.

VALERIO. So wollen wir nützliche Mitglieder der menschlichen Gesellschaft werden.

LEONCE. Lieber möchte ich meine Demission als Mensch geben.

VALERIO. So wollen wir zum Teufel gehen.

LEONCE. Ach der Teufel ist nur des Kontrastes wegen da, damit wir begreifen sollen, daß am Himmel doch eigentlich etwas sei. *Aufspringend.* Ah Valerio, Valerio, jetzt hab' ich's! Fühlst du nicht das Wehen aus Süden? Fühlst du nicht wie der tiefblaue glühende Äther auf und ab wogt, wie das Licht blitzt von dem goldnen, sonnigen Boden, von der heiligen Salzflut und von den Marmor-Säulen und Leibern? Der große Pan schläft und die ehernen Gestalten träumen im Schatten über den tiefrauschenden Wellen von dem alten Zaubrer Virgil, von Tarantella und Tambourin und tiefen tollen Nächten, voll Masken, Fackeln und Gitarren. Ein Lazzaroni! Valerio! ein Lazzaroni! Wir gehen nach Italien.

VIERTE SZENE · EIN GARTEN

Prinzessin Lena im Brautschmuck. Die Gouvernante.

LENA. Ja, jetzt! Da ist es. Ich dachte die Zeit an nichts. Es ging so hin, und auf einmal richtet sich der Tag vor mir auf. Ich habe den Kranz im Haar – und die Glocken, die Glocken! *Sie lehnt sich zurück und schließt die Augen.* Sieh, ich wollte, der Rasen wüchse so über mich und die Bienen summten über mir hin; sieh, jetzt bin ich eingekleidet und habe Rosmarin im Haar. Gibt es nicht ein altes Lied:

Auf dem Kirchhof will ich liegen
Wie ein Kindlein in der Wiegen …

GOUVERNANTE. Armes Kind, wie Sie bleich sind unter Ihren blitzenden Steinen.

LENA. O Gott, ich könnte lieben, warum nicht? Man geht ja so einsam und tastet nach einer Hand, die einen hielte, bis die Leichenfrau die Hände auseinandernähme und sie Jedem über der Brust faltete. Aber warum schlägt man einen Nagel durch zwei Hände, die sich nicht suchten? Was hat meine arme Hand getan? *Sie zieht einen Ring vom Finger.* Dieser Ring sticht mich wie eine Natter.

GOUVERNANTE. Aber – er soll ja ein wahrer Don Carlos sein.

LENA. Aber – ein Mann –

GOUVERNANTE. Nun?

LENA. Den man nicht liebt. *Sie erhebt sich.* Pfui! Siehst du, ich schäme mich. – Morgen ist aller Duft und Glanz von mir gestreift. Bin ich denn wie die arme, hülflose Quelle, die jedes Bild, das sich über sie bückt, in ihrem stillen Grund abspiegeln muß? Die Blumen öffnen und schließen, wie sie wollen, ihre Kelche der Morgensonne und dem Abendwind. Ist denn die Tochter eines Königs weniger, als eine Blume?

GOUVERNANTE *weinend.* Lieber Engel, du bist doch ein wahres Opferlamm.

LENA. Ja wohl – und der Priester hebt schon das Messer. – Mein Gott, mein Gott, ist es denn wahr, daß wir uns selbst erlösen müssen mit unserm Schmerz? Ist es denn wahr, die Welt sei ein gekreuzigter Heiland, die Sonne seine Dornenkrone und die Sterne die Nägel und Speere in seinen Füßen und Lenden?

Gouvernante. Mein Kind, mein Kind! ich kann dich nicht so sehen. – Es kann nicht so gehen, es tötet dich. Vielleicht, wer weiß! Ich habe so etwas im Kopf. Wir wollen sehen. Komm! *Sie führt die Prinzessin weg.*

ZWEITER AKT

Wie ist mir eine Stimme doch erklungen
Im tiefsten Innern,
Und hat mit Einemmale mir verschlungen
All mein Erinnern.
Adalbert von Chamisso

ERSTE SZENE · FREIES FELD. EIN WIRTSHAUS IM HINTERGRUND

Leonce und Valerio, der einen Pack trägt, treten auf.

Valerio *keuchend.* Auf Ehre, Prinz, die Welt ist doch ein ungeheur weitläuf⟨t⟩iges Gebäude.

Leonce. Nicht doch! Nicht doch! Ich wage kaum die Hände auszustrecken, wie in einem engen Spiegelzimmer, aus Furcht überall anzustoßen, daß die schönen Figuren in Scherben auf dem Boden lägen und ich vor der kahlen, nackten Wand st⟨ü⟩nde.

Valerio. Ich bin verloren.

Leonce. Da wird Niemand einen Verlust dabei haben als wer dich findet.

Valerio. Ich werde mich nächstens in den Schatten meines Schattens stellen.

Leonce. Du verflüchtigst dich ganz an der Sonne. Siehst du die schöne Wolke da oben? Sie ist wenigstens ein Viertel von dir. Sie sieht ganz wohlbehaglich auf deine ⟨gröbere materielle⟩ Stoffe herab.

Valerio. Die Wolke könnte Ihrem Kopf nichts schaden, wenn man ⟨Ihnen denselben scheren und⟩ sie Tropfen für Tropfen darauf fallen ließ. – Ein köstlicher Einfall. Wir sind schon durch ein Dutzend Fürstentümer, durch ein halbes Dutzend Großherzogtümer und durch ein paar Königreiche gelaufen und das in der größten Übereilung in einem halben Tag, und warum? Weil man König werden und eine schöne Prinzessin heiraten soll. Und Sie leben noch in einer solchen Lage? Ich begreife Ihre Resignation nicht. Ich begreife nicht, daß Sie nicht Arsenik genommen, sich auf das Geländer des Kirchturms gestellt und sich eine Kugel durch den Kopf gejagt haben, um es ja nicht zu verfehlen.

LEONCE. Aber Valerio, die Ideale! Ich habe das Ideal eines Frauenzimmers in mir und muß es suchen. Sie ist unendlich schön und unendlich geistlos. Die Schönheit ist da so h⟨ü⟩lflos, so rührend, wie ein neugebornes Kind. Es ist ein köstlicher Kontrast. Diese himmlisch stupiden Augen, dieser göttlich einfältige Mund, dieses schafnasige griechische Profil, dieser geistige Tod in diesem geistigen Leib.

VALERIO. Teufel! Da sind wir schon wieder auf der Grenze; das ist ein Land, wie eine Zwiebel, nichts als Schalen, oder wie ineinandergesteckte Schachteln, in der größten sind nichts als Schachteln und in der kleinsten ist gar nichts. *Er wirft seinen Pack zu Boden.* Soll denn dieser Pack mein Grabstein werden? Sehen Sie Prinz ich werde philosophisch, ein Bild des menschlichen Lebens. Ich schleppe diesen Pack mit wunden Füßen durch Frost und Sonnenbrand, weil ich Abends ein reines Hemd anziehen will und wenn endlich der Abend kommt, so ist meine Stirn gefurcht, meine Wange hohl, mein Auge dunkel und ich habe grade noch Zeit, mein Hemd anzuziehen, als Totenhemd. Hätte ich nun nicht gescheiter getan, ich hätte mein Bündel vom Stecken gehoben und es in der ersten besten Kneipe verkauft, und hätte mich dafür betrunken und im Schatten geschlafen, bis es Abend geworden wäre, und hätte nicht geschwitzt und mir keine Leichdörner gelaufen? Und Prinz, jetzt kommt die Anwendung und die Praxis. Aus lauter Schamhaftigkeit wollen wir jetzt auch den inneren Menschen bekleiden und Rock und Hosen inwendig anziehen. *Beide gehen auf das Wirtshaus los.* Ei du lieber Pack, welch ein köstlicher Duft, welche Weindüfte und Bratengerüche! Ei ihr lieben Hosen, wie wurzelt ihr im Boden und grünt und blüht und die langen schweren Trauben hängen mir ⟨ins Maul⟩ und der Most gärt unter der Kelter. *Sie gehen ab.*

Prinzessin Lena, die Gouvernante kommen.

GOUVERNANTE. Es muß ein bezauberter Tag sein, die Sonne geht nicht unter, und es ist so unendlich lang seit unsrer Flucht.

LENA. Nicht doch, meine Liebe, die Blumen sind ja kaum welk, die ich zum Abschied brach, als wir aus dem Garten gingen.

GOUVERNANTE. Und wo wollen wir ruhen? Wir sind noch auf gar nichts gestoßen. Ich sehe kein Kloster, keinen Eremiten, keinen Schäfer.

LENA. Wir haben Alles wohl anders geträumt mit unsern Büchern hinter der Mauer unsers Gartens, zwischen unsern Myrthen und Oleandern.

GOUVERNANTE. O die Welt ist abscheulich! An einen irrenden Königssohn ist gar nicht zu denken.

LENA. O sie ist schön und so weit, so unendlich weit. Ich möchte immer so fort gehen Tag und Nacht.
Es rührt sich nichts. ⟨Was ein roter Schein über den Wiesen spielt von den Kuckucksblumen⟩ und die fernen Berge liegen auf der Erde wie ruhende Wolken.

GOUVERNANTE. Du mein Jesus, was wird man sagen? Und doch ist es so zart und weiblich! Es ist eine Entsagung. Es ist wie die Flucht der heiligen O⟨d⟩ilia. Aber wir müssen ein Obdach suchen. Es wird Abend!

LENA. Ja die Pflanzen legen ihre Fiederblättchen zum Schlaf zusammen und die Sonnenstrahlen wiegen sich an den Grashalmen wie müde Libellen.

ZWEITE SZENE · DAS WIRTSHAUS AUF EINER ANHÖHE AN EINEM FLUSS, WEITE AUSSICHT. DER GARTEN VOR DEMSELBEN

Valerio. Leonce.

VALERIO. Nun Prinz, liefern Ihre Hosen nicht ein köstliches Getränk? Laufen Ihnen Ihre Stiefel nicht mit der größten Leichtigkeit die Kehle hinunter?

LEONCE. Siehst du die alten Bäume, die Hecken, die Blumen? das Alles hat seine Geschichten, seine lieblichen heimlichen Geschichten. Siehst du die ⟨greisen⟩ freundlichen Gesichter unter den Reben an der Haustür? Wie sie sitzen und sich bei den Händen halten und Angst haben, daß sie so alt sind und die Welt noch so jung ist. O Valerio, und ich bin so jung, und die Welt ist so alt. Ich bekomme manchmal eine Angst um mich und könnte mich in eine Ecke setzen und heiße Tränen weinen aus Mitleid mit mir.

VALERIO *gibt ihm ein Glas.* Nimm diese Glocke, diese Taucherglocke und senke dich in das Meer des Weines, daß es Perlen über dir schlägt. Sieh wie die Elfen über dem Kelch der Weinblume schweben, goldbeschuht, die Zimbeln schlagend.

LEONCE *aufspringend.* Komm Valerio, wir müssen was treiben, was treiben. Wir wollen uns mit tiefen Gedanken abgeben; wir wollen untersuchen wie es kommt, daß der Stuhl ⟨auf drei⟩ Beinen steht und nicht auf ⟨zwei, daß man sich die Nase mit Hülfe der Hände putzt und nicht wie die Fliegen mit den Füßen.⟩ Komm, wir wollen Ameisen zergliedern, Staubfäden zählen; ich werde es doch noch zu ⟨irgend⟩ einer ⟨fürstlichen⟩ Liebhaberei bringen. Ich werde doch noch eine Kinderrassel finden, die mir erst aus der Hand fällt, wenn ich Flocken lese und an der Decke zupfe. Ich habe noch eine gewisse Dosis Enthusiasmus zu verbrauchen; aber wenn ich Alles recht warm gekocht habe, so brauche ich eine unendliche Zeit um einen Löffel zu finden, mit dem ich das Gericht esse und darüber steht es ab.

VALERIO. Ergo bibamus. Diese Flasche ist keine Geliebte, keine Idee, sie macht keine Geburtsschmerzen, sie wird nicht langweilig, wird nicht treulos, sie bleibt eins vom ersten Tropfen bis zum letzten. Du brichst das Siegel und alle Träume, die in ihr schlummern, sprühen dir entgegen.

LEONCE. O Gott! Die Hälfte meines Lebens soll ein Gebet sein, wenn mir nur ein Strohhalm beschert wird, auf dem ich reite, wie auf einem prächtigen Roß, bis ich selbst auf dem Stroh liege. – Welch unheimlicher Abend. Da unten ist Alles still und da oben wechseln und ziehen die Wolken und der Sonnenschein geht und kommt wieder. Sieh, was seltsame Gestalten sich dort jagen, sieh die langen weißen Schatten mit den entsetzlich magern Beinen und Fledermausschwingen und Alles so rasch, so wirr und da unten rührt sich kein Blatt, kein Halm. Die Erde hat sich ängstlich zusammengeschmiegt, wie ein Kind und über ihre Wiege schreiten die Gespenster.

VALERIO. Ich weiß nicht, was Ihr wollt, mir ist ganz behaglich zu Mut. Die Sonne sieht aus wie ein Wirtshausschild und die feurigen Wolken darüber, wie die Aufschrift: ›Wirtshaus zur goldnen Sonne‹. Die Erde und das Wasser da unten sind wie ein Tisch auf dem Wein verschüttet ist und wir liegen darauf wie Spielkarten, mit denen Gott und der Teufel aus Lange⟨r⟩weile eine Partie machen und Ihr seid ⟨der⟩ Kartenkönig und ich bin ein Kartenbube, es fehlt nur noch eine Dame, eine schöne Dame, mit einem großen Lebkuchenherz auf der Brust und einer mächtigen Tulpe, worin die lange Nase sentimental versinkt, *die Gouvernante und die Prinzessin treten auf* und – bei Gott da ist sie! Es ist aber eigentlich keine Tulpe, sondern eine Prise Tabak und es ist eigentlich keine Nase, sondern ein Rüssel. *Zur Gouvernante.* Warum schreiten Sie, Werteste, so eilig, daß man Ihre weiland Waden bis zu Ihren respektabeln Strumpfbändern sieht?

GOUVERNANTE *heftig erzürnt, bleibt stehen.* Warum reißen Sie, Geehrtester, ⟨das Maul⟩ so weit auf, daß Sie einem ein Loch in die Aussicht machen?

VALERIO. Damit Sie, Geehrteste, sich die Nase am Horizont nicht blutig stoßen. ⟨Ihre⟩ Nase ist wie der Turm auf Libanon, der gen Damascum steht.

LENA *zur Gouvernante.* Meine Liebe, ist denn der Weg so lang?

LEONCE *träumend vor sich hin.* O, jeder Weg ist lang! Das Picken der Totenuhr in unserer Brust ist langsam und jeder Tropfen Blut mißt seine Zeit und unser Leben ist ein schleichend Fieber. Für müde Füße ist jeder Weg zu lang ...

LENA *die ihm ängstlich sinnend zuhört.* Und ⟨für müde⟩ Augen jedes Licht zu scharf und ⟨müde⟩ Lippen jeder Hauch zu schwer *lächelnd* und ⟨müde⟩ Ohren jedes Wort zu viel. *Sie tritt mit der Gouvernante ⟨ins⟩ Haus.*

LEONCE. O lieber Valerio! Könnte ich nicht auch sagen: »Sollte nicht dies und ein Wald von Federbüschen nebst ein Paar gepufften Rosen auf meinen Schuhen –?« Ich hab' es glaub' ich ganz melancholisch gesagt. Gott sei Dank, daß ich anfange mit der Melancholie niederzukommen. Die Luft ist nicht mehr so hell und kalt, der Himmel senkt sich glühend dicht um mich und schwere Tropfen fallen. – O diese Stimme: Ist denn der Weg so lang? Es reden viele Stimmen über die Erde und man meint sie sprächen von andern Dingen, aber ich hab' sie verstanden. Sie ruht auf mir wie der Geist, da er über den Wassern schwebte, eh' das Licht ward. Welch Gären in der Tiefe, welch Werden in mir, wie sich die Stimme durch den Raum gießt. – Ist denn der Weg so lang? *Geht ab.*

VALERIO. Nein. Der Weg zum Narrenhaus ist nicht so lang, er ist leicht zu finden, ich kenne alle Fußpfade, alle Vizinalwege und Chausseen ⟨dorthin⟩. Ich sehe ihn schon auf einer breiten Allee dahin, an einem eiskalten Wintertag den Hut unter dem Arm, wie er sich in die langen Schatten unter die kahlen Bäume stellt und mit dem Schnupftuch fächelt. – Er ist ein Narr! *Folgt ihm.*

DRITTE SZENE · EIN ZIMMER

Lena. Die Gouvernante.

GOUVERNANTE. Denken Sie nicht an den Menschen.

LENA. Er war so alt unter seinen blonden Locken. Den Frühling auf den Wangen, und den Winter im Herzen. Das ist traurig. Der müde Leib findet ⟨ein⟩ Schlafkissen überall, doch wenn der Geist müd' ist, wo soll er ruhen? Es kommt mir ein entsetzlicher Gedanke, ich glaube es gibt Menschen, die unglücklich sind, unheilbar, bloß weil sie sind. *Sie erhebt sich.*

GOUVERNANTE. Wohin mein Kind?

LENA. Ich will hinunter in den Garten.

GOUVERNANTE. Aber ...

LENA. Aber, liebe Mutter, du weißt man hätte mich eigentlich in eine Scherbe setzen sollen. Ich brauche Tau und Nachtluft wie die Blumen. Hörst du die Harmonien des Abends? Wie die Grillen den Tag einsingen und die Nachtviolen ihn mit ihrem Duft einschläfern! Ich kann nicht im Zimmer bleiben. Die Wände fallen auf mich.

VIERTE SZENE · DER GARTEN. NACHT UND MONDSCHEIN

Man sieht Lena auf dem Rasen sitzend.

VALERIO *in einiger Entfernung.* Es ist eine schöne Sache um die Natur, ⟨sie ist aber doch nicht so schön, als⟩ wenn es keine Schnaken gäbe, die Wirtsbetten etwas reinlicher wären und die Totenuhren nicht so in den Wänden pickten. Drin schnarchen die Menschen und ⟨draußen⟩ quaken die Frösche, drin pfeifen die Hausgrillen und ⟨draußen⟩ die Feldgrillen. Lieber Rasen, dies ist ein rasender Entschluß. ⟨*Er legt sich auf den Rasen nieder.*⟩

LEONCE *tritt auf.* ⟨O Nacht, balsamisch wie die erste, die auf das Paradies herabsank.⟩ *Er bemerkt die Prinzessin und nähert sich ihr leise.*

LENA *spricht vor sich hin.* Die Grasmücke hat im Traum gezwitschert, die Nacht schläft tiefer, ihre Wange wird bleicher und ihr Atem stiller. Der Mond ist wie ein schlafendes Kind, die goldnen Locken sind ihm im Schlaf über das liebe Gesicht heruntergefallen. – O sein Schlaf ist Tod. Wie der tote Engel auf seinem dunkeln Kissen ruht und die Sterne gleich Kerzen um ihn brennen. Armes Kind, ⟨kommen die schwarzen Männer bald dich holen? Wo ist deine Mutter? Will sie dich nicht noch einmal küssen? Ach⟩ es ist traurig, tot und so allein.

LEONCE. Steh auf in deinem weißen Kleide und wandle hinter der Leiche durch die Nacht und singe ihr das ⟨Totenlied.⟩

LENA. Wer spricht da?

LEONCE. Ein Traum.

LENA. Träume sind selig.

LEONCE. So träume dich selig und laß mich dein seliger Traum sein.

LENA. Der Tod ist der seligste Traum.

LEONCE. So laß mich dein Todesengel sein. Laß meine Lippen sich gleich seinen Schwingen auf deine Augen senken. *Er küßt sie.*

Schöne Leiche, du ruhst so lieblich auf dem schwarzen Bahrtuch der Nacht, daß die Natur das Leben haßt und sich in den Tod verliebt.

LENA. Nein, laß mich. *Sie springt auf und entfernt sich rasch.*

LEONCE. Zu viel! zu viel! Mein ganzes Sein ist in dem einen Augenblick. Jetzt stirb. Mehr ist unmöglich. Wie frischatmend, schönheitglänzend ringt die Schöpfung sich aus dem Chaos mir entgegen. Die Erde ist eine Schale von dunkelm Gold, wie schäumt das Licht in ihr und flutet über ihren Rand und hellauf perlen daraus die Sterne. ⟨Meine Lippen saugen sich daran:⟩ dieser eine Tropfen Seligkeit macht mich zu einem köstlichen Gefäß. Hinab heiliger Becher! *Er will sich in den Fluß stürzen.*

VALERIO *springt auf und umfaßt ihn.* Halt Serenissime!

LEONCE. Laß mich!

VALERIO. Ich werde Sie lassen, sobald Sie gelassen sind und das Wasser zu lassen versprechen.

LEONCE. Dummkopf!

VALERIO. Ist denn Eure Hoheit noch nicht über die Lieutenantsromantik hinaus, das Glas zum Fenster hinaus zu werfen, womit man die Gesundheit seiner Geliebten getrunken?

LEONCE. Ich glaube halbwegs du hast Recht.

VALERIO. Trösten Sie sich. Wenn Sie auch nicht heut Nacht unter dem Rasen schlafen, so schlafen Sie wenigstens darauf. Es wäre ein eben so selbstmörderischer Versuch in eins von den Betten ⟨zu gehn.⟩ Man liegt auf dem Stroh wie ein Toter und wird von ⟨den Flöhen⟩ gestochen wie ein Lebendiger.

LEONCE. Meinetwegen. *Er legt sich ins Gras.* Mensch, du hast mich um den schönsten Selbstmord gebracht. Ich werde in meinem Leben keinen so vorzüglichen Augenblick mehr dazu finden und das Wetter ist ⟨so⟩ vortrefflich. Jetzt bin ich schon aus der Stimmung. Der Kerl hat mir mit seiner gelben Weste und seinen himmelblauen Hosen Alles verdorben. – Der Himmel beschere mir einen recht gesunden, plumpen Schlaf.

VALERIO. Amen. – Und ich habe ein Menschenleben gerettet und werde mir mit meinem guten Gewissen heut Nacht den Leib warm halten. Wohl bekomm's Valerio!

DRITTER AKT

ERSTE SZENE

Leonce. Valerio.

VALERIO. Heiraten? Seit wann hat es Eure Hoheit zum ewigen Kalender gebracht?

LEONCE. Weißt du auch, Valerio, daß selbst der Geringste unter den Menschen so groß ist, daß das Leben noch viel zu kurz ist, um ihn lieben zu können? Und dann kann ich doch einer gewissen Art von Leuten, die sich einbilden, daß nichts so schön und heilig sei, daß sie es nicht noch schöner und heiliger machen müßten, die Freude lassen. Es liegt ein gewisser Genuß in dieser lieben Arroganz. Warum soll ich ihnen denselben nicht gönnen?

VALERIO. Sehr human und philobestialisch. Aber weiß sie auch, wer Sie sind?

LEONCE. Sie weiß nur daß sie mich liebt.

VALERIO. Und weiß Eure Hoheit auch, wer sie ist?

LEONCE. Dummkopf! Frag doch die Nelke und die Tauperle nach ihrem Namen.

VALERIO. Das heißt, sie ist überhaupt etwas, wenn das nicht schon zu unzart ist und nach dem Signalement schmeckt. – Aber, wie soll das gehn? Hm! – Prinz, bin ich Minister, wenn Sie heute vor Ihrem Vater mit der Unaussprechlichen, Namenlosen, mittelst des Ehesegens zusammengeschmiedet werden? Ihr Wort?

LEONCE. Mein Wort!

VALERIO. Der arme Teufel Valerio empfiehlt sich Seiner Exzellenz dem Herrn Staatsminister Valerio von Valeriental. – »Was will der Kerl? Ich kenne ihn nicht. Fort Schlingel!« *Er läuft weg, Leonce folgt ihm.*

ZWEITE SZENE · FREIER PLATZ VOR DEM SCHLOSSE DES KÖNIGS PETER

Der Landrat. Der Schulmeister. Bauern im Sonntagsputz, Tannenzweige haltend.

LANDRAT. Lieber Herr Schulmeister, wie halten sich Eure Leute?

SCHULMEISTER. Sie halten sich so gut in ihren Leiden, daß sie sich schon seit geraumer Zeit aneinander halten. Sie gießen brav Spiritus in sich, sonst könnten sie sich in der Hitze unmöglich so lange halten. Courage, ihr Leute! Streckt eure Tannenzweige grad vor euch hin, ⟨daß⟩ man meint ihr wärt ein Tannenwald und eure Nasen die Erdbeeren und eure Dreimaster die Hörner vom Wildpret und eure hirschledernen Hosen der Mondschein darin, und merkt's euch, der Hinterste läuft immer wieder vor den Vordersten, ⟨daß⟩ es aussieht als wärt ihr ins Quadrat erhoben.

LANDRAT. Und Schulmeister, Ihr stehet vor die Nüchternheit.

SCHULMEISTER. Versteht sich, denn ich kann vor Nüchternheit kaum ⟨mehr⟩ stehen.

LANDRAT. Gebt Acht, Leute, im Programm steht: »Sämtliche Untertanen werden von freien Stücken, reinlich gekleidet, wohlgenährt, und mit zufriedenen Gesichtern sich längs der Landstraße aufstellen.« Macht uns keine Schande!

SCHULMEISTER. Seid standhaft! Kratzt euch nicht hinter den Ohren und schneuzt euch die Nasen nicht ⟨mit den Fingern,⟩ so lang das hohe Paar vorbeifährt und zeigt die gehörige Rührung, oder es werden rührende Mittel gebraucht werden. Erkennt was man für euch tut, man hat euch grade so gestellt, daß der Wind von der Küche über euch geht und ihr auch einmal in eurem Leben einen Braten riecht. Könnt ihr noch eure Lektion? He! Vi!

DIE BAUERN. Vi!

SCHULMEISTER. Vat!

DIE BAUERN. Vat!

SCHULMEISTER. Vivat!

DIE BAUERN. Vivat!

SCHULMEISTER. So Herr Landrat. Sie sehen wie die Intelligenz im Steigen ist. Bedenken Sie, es ist Latein. Wir geben aber auch heut Abend einen transparenten Ball mittelst der Löcher in unseren Jacken und Hosen, und schlagen uns mit unseren Fäusten Kokarden an die Köpfe.

DRITTE SZENE · GROSSER SAAL. GEPUTZTE HERREN UND DAMEN SORGFÄLTIG GRUPPIERT

Der Zeremonienmeister mit einigen Bedienten auf dem Vordergrund.

ZEREMONIENMEISTER. Es ist ein Jammer! Alles geht zu Grund. Die Braten schnurren ein. Alle Glückwünsche stehen ab. Alle Vatermörder legen sich um, wie melancholische Schweinsohren. Den Bauern wachsen die Nägel und der Bart wieder. Den Soldaten gehn die Locken auf. Von den zwölf Unschuldigen ist Keine, die nicht das horizontale Verhalten dem senkrechten vorzöge. Sie sehen in ihren weißen Kleidchen aus wie erschöpfte Seidenhasen und der Hofpoet grunzt um sie herum wie ein bekümmertes Meerschweinchen. Die Herren Offiziere kommen um all ihre Haltung. ⟨*Zu einem Diener.* Sage doch dem Herrn Kandidaten, er möge seine Buben einmal das Wasser abschlagen lassen. – Der arme Herr Hofprediger! Sein Frack läßt den Schweif ganz melancholisch hängen. Ich glaube er hat Ideale und verwandelt alle Kammerherrn in Kammerstühle. Er ist müde vom Stehen.

ERSTER BEDIENTER. Alles Fleisch verdirbt vom Stehen. Auch der Hofprediger ist ganz abgestanden, seit er heut Morgen aufgestanden.

ZEREMONIENMEISTER⟩. Die Hofdamen stehen da, wie Gradierbäue, das Salz kristallisiert an ihren Halsketten.

ZWEITER BEDIENTER. Sie machens sich wenigstens bequem. Man kann ihnen nicht nachsagen, daß sie auf den Schultern trügen. Wenn sie auch nicht offenherzig sind, so sind sie doch offen bis zum Herzen.

ZEREMONIENMEISTER. Ja, sie sind gute Karten vom türkischen Reich, man sieht die Dardanellen und das Marmormeer. Fort, ihr Schlingel! An die Fenster! Da kömmt Ihro Majestät.

König Peter und der Staatsrat treten ein.

PETER. ⟨Also⟩ auch die Prinzessin ist verschwunden? Hat man noch keine Spur von unserm geliebten Erbprinzen? Sind meine Befehle befolgt? Werden die Grenzen beobachtet?

ZEREMONIENMEISTER. Ja, Majestät. Die Aussicht von diesem Saal gestattet uns die strengste Aufsicht. *Zu dem ersten Bedienten.* Was hast du gesehen?

ERSTER BEDIENTER. Ein Hund, der seinen Herrn sucht, ist durch das Reich gelaufen.

ZEREMONIENMEISTER *zu einem andern.* Und du?

ZWEITER BEDIENTER. Es geht Jemand auf der Nordgrenze spazieren, aber es ist nicht der Prinz, ich könnte ihn erkennen.

ZEREMONIENMEISTER. Und du?

DRITTER BEDIENTER. Sie verzeihen, Nichts.

ZEREMONIENMEISTER. Das ist sehr wenig. Und du?

VIERTER DIENER. Auch Nichts.

ZEREMONIENMEISTER. Das ist ⟨noch weniger.⟩

PETER. Aber, Staatsrat, habe ich nicht den Beschluß gefaßt, daß meine königliche Majestät sich an diesem Tag freuen und daß an ihm die Hochzeit gefeiert werden sollte? War das nicht unser festester Entschluß?

PRÄSIDENT. Ja, Eure Majestät, so ist es protokolliert und aufgezeichnet.

PETER. Und würde ich mich nicht kompromittieren, wenn ich meinen Beschluß nicht ausführte?

PRÄSIDENT. Wenn es anders für Eure Majestät möglich wäre sich zu kompromittieren, so wäre dies ein Fall, worin sie sich kompromittieren könnte.

PETER. Habe ich nicht mein königliches Wort gegeben? Ja, ich werde meinen Beschluß sogleich ins Werk setzen, ich werde mich freuen. *Er reibt sich die Hände.* O ich bin außerordentlich froh!

PRÄSIDENT. Wir teilen sämtlich die Gefühle Eurer Majestät, so weit es für Untertanen möglich und schicklich ist.

PETER. O ich weiß mir vor Freude nicht zu helfen. Ich werde meinen Kammerherrn rote Röcke machen lassen, ich werde einige Kadetten zu Lieutenants machen, ich werde meinen Untertanen erlauben – aber, aber, die Hochzeit? Lautet die andere Hälfte des Beschlusses nicht, daß die Hochzeit gefeiert werden sollte?

PRÄSIDENT. Ja, Eure Majestät.

PETER. Ja, wenn aber der Prinz nicht kommt und die Prinzessin auch nicht?

PRÄSIDENT. Ja, wenn der Prinz nicht kommt und die Prinzessin auch nicht, – dann – dann –

PETER. Dann, dann?

PRÄSIDENT. Dann können sie sich ⟨allerdings⟩ nicht heiraten.

PETER. Halt, ist der Schluß logisch? Wenn – dann. – Richtig! Aber mein Wort, mein königliches Wort!

PRÄSIDENT. Tröste Eure Majestät sich mit andern Majestäten. Ein königliches Wort ist ein Ding, – ein Ding, – ein Ding, – das nichts ist.

PETER *zu den Dienern.* Seht ihr noch nichts?

DIE DIENER. Eure Majestät, nichts, gar nichts.

PETER. Und ich hatte beschlossen mich so zu freuen, grade mit dem Glockenschlag ⟨zwölf⟩ wollte ich anfangen und wollte mich freuen volle zwölf Stunden – ich werde ganz melancholisch.

PRÄSIDENT. Alle Untertanen werden aufgefordert die Gefühle Ihrer Majestät zu teilen.

ZEREMONIENMEISTER. Denjenigen, welche kein Schnupftuch bei sich haben, ist das Weinen jedoch Anstands halber untersagt.

ERSTER BEDIENTER. Halt! Ich sehe ⟨was!⟩ Es ist etwas wie ein Vorsprung, wie eine Nase, das Übrige ist noch nicht über der

Grenze; und dann seh' ich noch einen Mann und dann ⟨noch⟩ zwei Personen entgegengesetzten Geschlechts.

ZEREMONIENMEISTER. In welcher Richtung?

ERSTER BEDIENTER. Sie kommen näher. Sie gehn auf das Schloß zu. Da sind sie.

Valerio, Leonce, die Gouvernante und die Prinzessin treten maskiert auf.

PETER. Wer seid Ihr?

VALERIO. Weiß ich's? *Er nimmt langsam hintereinander mehrere Masken ab.* Bin ich das? oder das? oder das? Wahrhaftig ich bekomme Angst, ich könnte mich so ganz auseinanderschälen und -blättern.

PETER *verlegen.* Aber – aber etwas müßt Ihr dann doch sein?

VALERIO. Wenn Eure Majestät es so befehlen. Aber meine Herren hängen Sie alsdann die Spiegel herum und verstecken Sie Ihre blanken Knöpfe etwas und sehen Sie mich nicht so an, daß ich mich in Ihren Augen spiegeln muß, oder ich weiß wahrhaftig nicht mehr, ⟨wer⟩ ich eigentlich bin.

PETER. Der Mensch bringt mich in Konfusion, zur Desperation. Ich bin in der größten Verwirrung.

VALERIO. Aber eigentlich wollte ich einer hohen und geehrten Gesellschaft verkündigen, daß hiemit die zwei weltberühmten Automaten angekommen sind und daß ich vielleicht der dritte und merkwürdigste von beiden bin, wenn ich eigentlich selbst recht wüßte, wer ich wäre, worüber man übrigens sich nicht wundern dürfte, da ich selbst gar nichts von dem weiß, was ich rede, ja auch nicht einmal weiß, daß ich es nicht weiß, so daß es höchst wahrscheinlich ist, daß man mich nur so reden läßt, und es eigentlich nichts als Walzen und Windschläuche sind, die das Alles sagen. *Mit schnarrendem Ton.* Sehen Sie hier meine Herren und Damen, zwei Personen beiderlei Geschlechts, ein Männchen und ein Weibchen, einen Herrn und eine Dame. Nichts als Kunst und Mechanismus, nichts als Pappendeckel und Uhrfedern. Jede hat eine feine, feine Feder von Rubin unter dem Nagel der kleinen Zehe am rechten Fuß, man drückt ein klein wenig und die Mechanik läuft volle fünfzig Jahre. Diese Personen sind so vollkommen gearbeitet, daß man sie von andern Menschen gar nicht unterscheiden könnte, wenn man nicht wüßte, daß sie ⟨bloße⟩ Pappdeckel sind; man könnte sie eigentlich zu Mitgliedern der menschlichen Gesellschaft machen. Sie sind sehr edel, denn sie sprechen hochdeutsch. Sie sind sehr moralisch, denn sie stehen auf den Glockenschlag auf, essen auf den Glockenschlag zu Mittag und gehen auf den Glockenschlag zu Bett, auch haben sie eine gute Verdauung, was beweist, daß sie ein gutes Gewissen haben. Sie haben ein feines sittliches Gefühl, denn die Dame hat gar kein Wort für den Begriff Beinkleider, und dem Herrn ist es rein unmöglich, hinter einem Frauenzimmer eine Treppe hinauf- oder vor ihm hinunterzugehen. Sie sind sehr gebildet, denn die Dame singt alle neuen Opern und der Herr trägt Manschetten. Geben Sie Acht, meine Herren und Damen, sie sind jetzt in einem interessanten Stadium, der Mechanismus der Liebe fängt an sich zu äußern, der Herr hat der Dame schon einige Mal den Shawl getragen, die Dame hat schon einige Mal die Augen verdreht und gen Himmel geblickt. Beide haben schon mehrmals geflüstert: Glaube, Liebe, Hoffnung! beide sehen bereits ganz akkordiert aus, es fehlt nur noch das winzige Wörtchen: Amen.

PETER *den Finger an die Nase legend.* In effigie? in effigie? Präsident, wenn man einen Menschen in effigie hängen läßt, ist das nicht eben so gut, als wenn er ordentlich gehängt würde?

PRÄSIDENT. Verzeihen, Eure Majestät, es ist noch viel besser, denn es geschieht ihm kein Leid dabei, und er wird dennoch gehängt.

PETER. Jetzt hab' ich's. Wir feiern die Hochzeit in effigie. ⟨*Auf Leonce und Lena deutend.* Das ist der Prinz, das ist die Prinzessin.⟩ Ich werde meinen Beschluß durchsetzen, ich werde mich freuen. Laßt die Glocken läuten, macht eure Glückwünsche zurecht, hurtig Herr Hofprediger!

Der Hofprediger tritt vor, räuspert sich, blickt einige Mal gen Himmel.

VALERIO. Fang' an! Laß deine vermaledeiten Gesichter und fang' an! Wohlauf!

HOFPREDIGER *in der größten Verwirrung.* Wenn wir – oder – aber –

VALERIO. Sintemal und alldieweil –

HOFPREDIGER. Denn –

VALERIO. Es war vor Erschaffung der Welt –

HOFPREDIGER. Daß –

VALERIO. Gott lange Weile hatte –

PETER. Machen Sie es nur kurz, Bester.

HOFPREDIGER *sich fassend.* Geruhen Eure Hoheit Prinz Leonce vom Reiche Popo und geruhen Eure Hoheit Prinzessin Lena vom Reiche Pipi, und geruhen Eure Hoheiten gegenseitig sich beiderseitig einander ⟨zu wollen,⟩ so ⟨sagen⟩ Sie ein lautes und vernehmliches Ja.

LENA *und* LEONCE. Ja.

HOFPREDIGER. So sage ich Amen.

VALERIO. Gut gemacht, kurz und bündig; so ⟨wäre denn⟩ das Männlein und ⟨das⟩ Fräulein erschaffen und alle Tiere ⟨des Paradieses⟩ stehen um sie. *Leonce nimmt die Maske ab.*

ALLE. Der Prinz!

PETER. Der Prinz! Mein Sohn! Ich bin verloren, ich bin betrogen! *Er geht auf die Prinzessin los.* Wer ist die Person? Ich lasse Alles für ungiltig erklären.

GOUVERNANTE *nimmt der Prinzessin die Maske ab, triumphierend.* Die Prinzessin!

LEONCE. Lena?

LENA. Leonce?

LEONCE. Ei Lena, ich glaube das war die Flucht in das Paradies. Ich bin betrogen.

LENA. Ich bin betrogen.

LEONCE. O Zufall!

LENA. O Vorsehung!

VALERIO. Ich muß lachen, ich muß lachen. Eure Hoheiten sind wahrhaftig durch den Zufall einander zugefallen; ich hoffe Sie werden, dem Zufall zu Gefallen, Gefallen aneinander finden.

GOUVERNANTE. Daß meine alten Augen ⟨das⟩ sehen konnten! Ein irrender Königssohn! Jetzt sterb' ich ruhig.

PETER. Meine Kinder ich bin gerührt, ich weiß ⟨mich⟩ vor Rührung kaum zu ⟨lassen.⟩ Ich bin der glücklichste Mann! Ich lege aber auch hiermit feierlichst die Regierung in deine Hände, mein Sohn, und werde sogleich ungestört ⟨jetzt bloß nur noch⟩ zu denken anfangen. Mein Sohn, du überlässest mir diese Weisen *er deutet auf den Staatsrat,* damit sie mich in meinen Bemühungen unterstützen. Kommen Sie meine Herren, wir müssen denken, ungestört denken. *Er entfernt sich mit dem Staatsrat.* Der Mensch hat mich vorhin konfus gemacht, ich muß mir wieder heraushelfen.

LEONCE *zu den Anwesenden.* Meine Herren, meine Gemahlin und ich bedauern unendlich, daß Sie uns heute so lange zu Diensten gestanden sind. Ihre Stellung ist so traurig, daß wir um keinen Preis Ihre Standhaftigkeit länger auf die Probe stellen möchten. Gehn Sie jetzt nach Hause, aber vergessen Sie Ihre Reden, Predigten und Verse nicht, denn morgen fangen wir in aller Ruhe und Gemütlichkeit den Spaß noch einmal von vorn an. Auf Wiedersehn!

Alle entfernen sich, Leonce, Lena, Valerio und die Gouvernante ausgenommen.

LEONCE. Nun Lena, siehst du jetzt, wie wir die Taschen voll haben, voll Puppen und Spielzeug? Was wollen wir damit anfangen? Wollen wir ihnen Schnurrbärte machen und ihnen Säbel anhängen? Oder wollen wir ihnen Fräcke anziehen, und sie infusorische Politik und Diplomatie treiben lassen und uns mit dem Mikroskop daneben setzen? Oder hast du Verlangen nach einer Drehorgel auf der ⟨milchweiße ästhetische⟩ Spitzmäuse herumhuschen? Wollen wir ein Theater bauen? *Lena lehnt sich an ihn und schüttelt den Kopf.* Aber ich weiß besser was du willst, wir lassen alle Uhren zerschlagen, alle Kalender verbieten und zählen Stunden und Monden nur nach der Blumenuhr, nur nach Blüte und Frucht. Und dann umstellen wir das Ländchen mit Brennspiegeln, daß es keinen Winter mehr gibt und wir uns im Sommer bis Ischia und Capri hinaufdestillieren, und ⟨wir⟩ das ganze Jahr zwischen Rosen und Veilchen, zwischen Orangen und Lorbeer⟨n⟩ stecken.

VALERIO. Und ich werde Staatsminister und es wird ein Dekret erlassen, daß wer sich Schwielen in die Hände schafft unter Kuratel gestellt wird, daß wer sich krank arbeitet kriminalistisch strafbar ist, daß Jeder der sich rühmt sein Brot im Schweiße seines Angesichts zu essen, für verrückt und der menschlichen Gesellschaft gefährlich erklärt wird und dann legen wir uns in den Schatten und bitten Gott um Makkaroni, Melonen und Feigen, um musikalische Kehlen, klassische Leiber und eine kommode Religion!

LEONCE UND LENA
Verstreute Bruchstücke

Vorrede.
ALFIERI: e la fama?
GOZZI: e la fame?

PERSONEN

[freier Raum]

I. AKT

O wär' ich doch ein Narr!
Mein Ehrgeiz geht auf eine bunte Jacke.
Wie es Euch gefällt.

I. SZENE · EIN GARTEN

Der Prinz halb ruhend auf einer Bank, der Hofmeister.

PRINZ. Mein Herr, was wollen Sie von mir? Mich auf meinen Beruf vorbereiten? Ich habe alle Hände voll zu tun, ich weiß mir vor Arbeit nicht zu helfen. – Sehen Sie, erst habe ich auf den Stein hier dreihundert fünf und sechzig mal hintereinander zu spukken. Haben Sie das noch nicht probiert? Tun Sie es, es gewährt eine ganz eigne Unterhaltung. Dann – sehen Sie diese Hand voll Sand? – *er nimmt Sand auf, wirft ihn in die Höhe und fängt ihn mit dem Rücken der Hand wieder auf* – jetzt werf' ich sie in die Höhe. Wollen wir wetten? Wieviel Körnchen hab' ich jetzt auf dem Handrücken? Grad oder ungrad? – Wie? Sie wollen nicht wetten? Sind Sie ein Heide? Glauben Sie an Gott? Ich wette gewöhnlich mit mir selbst und kann es tagelang so treiben. Wenn Sie einen Menschen aufzutreiben wissen, der Lust hätte als mit mir zu wetten, so werden Sie mich sehr verbinden. Dann – habe ich nachzudenken, wie es wohl angehn mag, daß ich mir auf den Kopf sehe. – O wer sich einmal auf den Kopf sehen könnte! Das ist eins von meinen Idealen. Mir wäre geholfen. Und dann – und dann noch unendlich Viel der Art. – Bin ich ein Müßiggänger? Habe ich jetzt keine Beschäftigung? – Ja es ist traurig ...

HOFMEISTER. Sehr traurig, Euer Hoheit.

PRINZ. Daß die Wolken schon seit 3 Wochen von Westen nach Osten ziehen. Es macht mich ganz melancholisch.

HOFMEISTER. Eine sehr gegründete Melancholie.

PRINZ. Mensch, warum widersprechen Sie mir nicht? Sie sind pressiert, nicht wahr? Es ist mir leid, daß ich Sie so lange aufgehalten habe. *Der Hofmeister entfernt sich mit einer tiefen Verbeugung.* Mein Herr, ich gratuliere Ihnen zu der schönen Parenthese, die Ihre Beine machen, wenn Sie sich verbeugen.

PRINZ *allein, streckt sich auf der Bank aus.* Die Bienen sitzen so träg an den Blumen und der Sonnenschein liegt so faul auf dem Boden. Es krassiert ein entsetzlicher Müßiggang. – Müßiggang ist aller Laster Anfang. – Was die Leute nicht Alles aus Langeweile treiben, sie studieren aus Langeweile, sie beten aus Langeweile, sie verlieben, verheuraten und vermehren sich aus Langeweile und sterben endlich an der Langeweile und – und das ist der Humor davon – Alles mit den ernsthaftesten Gesichtern, ohne zu merken warum und meinen Gott weiß was dabei. Alle diese Helden, diese Genies, diese Dummköpfe, diese Sünder, diese Heiligen, diese Familienväter sind im Grunde nichts als raffinierte Müßiggänger. – Warum muß ich es grade wissen? Ich bin ein elender Spaßmacher. Warum kann ich meinen Spaß nicht auch mit einem ernsthaften Gesicht vorbringen? – Der Mann, der eben von mir ging, ich beneidete ihn, ich hätte ihn aus Neid prügeln mögen. O, wer einmal jemand Anders sein könnte! Nur 'ne Minute lang.

Valerio, halb trunken, kommt gelaufen.

Prinz *faßt ihn am Arm.* Kerl, du kannst laufen? Mein Gott, wenn ich nur etwas unter der Sonne wüßte, was mich noch könnte laufen machen.

Valerio *legt den Finger an die Nase und sieht ihn starr an.* Ja!

Prinz *eben so.* Richtig!

Valerio. Haben Sie mich begriffen?

Prinz. Vollkommen.

Valerio. Nun so wollen wir von etwas Anderm reden. – Ich werde mich indessen in das Gras legen und meine Nase oben zwischen den Halmen herausblühen lassen und romantische Empfindungen beziehen, wenn die Bienen und Schmetterlinge sich darauf wiegen, wie auf einer Rose.

Prinz. Aber Bester, schnaufen Sie nicht so stark, oder die Bienen und Schmetterlinge müssen verhungern über den ungeheuren Prisen, die Sie aus den Blumen ziehen.

Valerio. Ach, Herr, was ich ein Gefühl für die Natur habe. Das Gras steht so schön, daß man ein Ochs sein möchte, um es fressen zu können, und dann wieder ein Mensch, um den Ochsen zu fressen, der solches Gras gefressen.

Prinz. Unglücklicher, Sie scheinen auch an Idealen zu laborieren.

Valerio. O Gott! ich laufe schon seit 8 Tagen einem Ideal von Rindfleisch nach, ohne es irgendwo in der Realität anzutreffen.

er singt: Frau Wirtin hat 'ne brave Magd,
Sie sitzt im Garten Tag und Nacht.
Sie sitzt in ihrem Garten
Bis daß das Glöcklein zwölfe schlägt
Und paßt auf die Solda-a-ten.

Er setzt sich auf den Boden. Seht diese Ameisen, liebe Kinder, es ist bewundernswürdig welcher Instinkt in diesen kleinen Geschöpfen, Ordnung, Fleiß – Herr, es gibt nur vier Arten, sein Geld auf eine menschliche Weise zu verdienen, es finden, in der Lotterie gewinnen, erben oder in Gottes Namen stehlen, wenn man die Geschicklichkeit hat keine Gewissensbisse zu bekommen.

PRINZ. Du bist mit diesen Prinzipien ziemlich alt geworden ohne vor Hunger oder am Galgen zu sterben.

VALERIO *ihn immer ansehend.* Ja Herr, und das behaupte ich, wer sein Geld auf eine andere Art erwirbt ist ein Schuft.

PRINZ. Denn wer arbeitet ist ein subtiler Selbstmörder, und ein Selbstmörder ist ein Verbrecher und ein Verbrecher ist ein Schuft, also, wer arbeitet ist ein Schuft.

VALERIO. Ja. – Aber dennoch sind die Ameisen ein sehr nützliches Ungeziefer und doch sind sie wieder nicht so nützlich, als wenn sie gar keinen Schaden täten. Nichts destoweniger, wertestes Ungeziefer, kann ich mir nicht das Vergnügen versagen einigen von Ihnen mit der Ferse auf den Hintern zu schlagen, die Nasen zu putzen und die Nägel zu schneiden.

Zwei Polizeidiener treten auf.

1. POLIZ. Halt, wo ist der Kerl?

2. POL. Da sind zwei.

1. P. Sieh einmal ob Keiner davon läuft?

2. P. Ich glaube es läuft Keiner.

1. P. So müssen wir sie Beide inquirieren. – Meine Herren, wir suchen Jemand, ein Subjekt, ein Individuum, eine Person, einen Delinquenten, einen Inquisiten, einen Kerl. *Zu dem andern Pol.* Sieh einmal, wird Keiner rot?

2. P. Es ist Keiner rot geworden.

1. P. So müssen wir es anders probieren. – Wo ist der Steckbrief, das Signalement, das Zertifikat? *2. Pol. zieht ein Papier aus der Tasche und überreicht es ihm.* Visiere die Subjekte, ich will lesen: ein Mensch –

2. P. Paßt nicht, es sind zwei.

1. P. Dummkopf! geht auf 2 Füßen, hat zwei Arme, ferner einen Mund, eine Nase, zwei Augen, zwei Ohren. Besondere Kennzeichen: ist ein höchst gefährliches Individuum.

2. P. Das paßt auf Beide. Soll ich sie Beide arretieren?

1. P. Zwei, das ist gefährlich wir sind auch nur zwei. Aber ich will einen Rapport machen. Es ist ein Fall von sehr kriminalischer

Verwicklung oder sehr verwickelter Kriminalität. Denn wenn ich mich betrinke und mich in mein Bett lege, so ist das meine Sache und geht Niemand was an, wenn ich aber mein Bett vertrinke, so ist das die Sache von wem, Schlingel?

2. P. Ja, ich weiß nicht.

1. P. Ja, ich auch nicht, aber das ist der Punkt. *Sie gehen ab.*

VALERIO. Da leugne Einer die Vorsehung. Seht, was man nicht mit einem Floh ausrichten kann. Denn wenn es mich nicht heute Nacht überlaufen hätte, so hätte ich nicht den Morgen mein Bett an die Sonne getragen und hätte ich es nicht an die Sonne getragen, so wäre ich nicht damit neben das Wirtshaus zum Mond geraten und wenn Sonne und Mond es nicht beschienen hätten, so hätte ich aus meinem Strohsack keinen Wein keltern und mich daran betrinken können und wenn das Alles nicht geschehen wäre, so wäre ich jetzt nicht in Ihrer Gesellschaft, werteste Ameisen, und würde von Ihnen skelettiert und von der Sonne ausgetrocknet, sondern würde ein Stück Fleisch tranchieren und eine Bouteille Wein austrocknen – im Spital nämlich.

PRINZ. Ein erbaulicher Lebenslauf.

VALERIO. Ich habe einen läufigen Lebenslauf. Denn nur mein Laufen hat im Lauf dieses Krieges mein Leben vor einem Lauf gerettet, der ein Loch in dasselbe machen wollte. Ich bekam in Folge dieser Rettung eines Menschenlebens einen trocknen Husten, welcher den Doktor annehmen ließ, daß mein Laufen ein Galoppieren geworden sei und ich die galoppierende Auszehrung hätte. Da ich nun zugleich fand, daß ich ohne Zehrung sei, so verfiel ich in oder vielmehr auf ein zehrendes Fieber, worin ich täglich, um dem Vaterland einen Verteidiger zu erhalten, gute Suppe, gutes Rindfleisch, gutes Brot essen und guten Wein trinken mußte.

PRINZ. Nun Edelster, dein Handwerk, dein métier, deine Profession, dein Gewerbe, dein Stand, deine Kunst?

VALERIO. Herr, ich habe die große Beschäftigung müßig zu gehen, ich habe eine ungemeine Fertigkeit im Nichtstun, ich besitze eine ungeheure Ausdauer in der Faulheit.

GOUVERNANTE *weint.* Lieber Engel, du bist ein wahres Opferlamm.

LENA. Ja wohl, und der Priester hebt schon das Messer. – O Gott, ist es denn wahr, daß wir uns selbst erlösen müssen mit unserm Schmerz? Ist es denn wahr die Welt sei ein gekreuzigter Heiland, die Sonne seine Dornenkrone und die Sterne die Nägel und Speere in seinen Füßen und Lenden?

GOUVERNANTE. Mein Kind, mein Kind! ich kann dich nicht so sehen. – Vielleicht, wer weiß. Ich habe so etwas im Kopf. Wir wollen sehen. Komm! *Sie führt die Prinzessin weg.*

II. AKT

Wie ist mir eine Stimme doch erklungen im tiefsten Innern Und hat [Satz bricht ab]

Steh auf in deinem weißen Kleid u. schwebe durch die Nacht u. sprich zur Leiche steh auf und wandle.

LENA. Die heiligen Lippen, die so sprachen, sind längst Staub.

LEONCE. O nein,

VAL. Heiraten?

PRINZ. Das heißt Leben u. Liebe eins sein lassen, daß die Liebe das Leben ist, und das Leben die Liebe. Weißt du auch Valerio, daß auch der Geringste so groß ist, daß das menschliche Leben viel zu kurz ist um ihn lieben zu können? Und dann kann ich doch den Leuten das Vergnügen gönnen, die meinen daß nichts so schön und heilig sei, daß sie es nicht noch schöner und heiliger machen müßten. Es liegt ein gewisser Genuß in d. Meinung, warum sollt' ich ihn ihnen nicht gönnen.

VAL. Ja, nur ich denke, daß der Wein noch lange kein Mensch ist und daß man ihn doch sein ganzes Leben lieben kann. Aber weiß sie auch wer Sie sind.

LEONCE. Sie weiß nur, daß sie mich liebt.

VALERIO. Und wissen Sie auch wer sie ist?

LEONCE. Dummkopf! Sie ist so Blume, daß sie kaum getauft sein kann, eine geschloßne Knospe, noch ganz geschlossen vom Morgentau u. d. Traum d. Nachtzeder.

VAL. Gut meinetwegen. Wie soll das gehn? Prinz, bin ich Minister, wenn Sie heute vor Ihrem Vater mit d. Unaussprechlichen, Namenlosen kopuliert werden?

LEONCE. Wie ist das möglich?

VAL. Das wird sich finden, bin ich's?

LEONCE. Mein Wort.

VAL. Danke. Kommen Sie.

WOYZECK
Entstehungsstufen

[1] BUDEN. VOLK

MARKTSCHREIER *vor einer Bude.* Meine Herren! Meine Herren! Sehn Sie die Kreatur, wie sie Gott gemacht, nix, gar nix. Sehen Sie jetzt die Kunst, geht aufrecht hat Rock und Hosen, hat ein Säbel! Ho! Mach Kompliment! So bist Baron! Gib Kuß! *Er trompetet.* Wicht ist musikalisch. Meine Herren hier ist zu sehen das astronomische Pferd und die kleine Kanaillevögele. Ist favori von alle gekrönte Häupter. Die rapräsentation anfangen! Man mackt Anfang von Anfang. Es wird sogleich sein das commencement von commencement.

WOYZECK. Willst du?

MARGRETH. Meinetwege. Das muß schön Dings sein. Was der Mensch Quasten hat und die Frau hat Hosen.

[2] DAS INNERE DER BUDE

MARKTSCHREIER. Zeig' dein Talent! zeig deine viehische Vernünftigkeit! Beschäm die menschlich Sozietät! Meine Herren, dies Tier, das Sie da sehn, Schwanz am Leib, auf sei 4 Hufe ist Mitglied von alle gelehrte Sozietät, ist Professor an unse Universität, wo die Studente bei ihm reiten und schlage lerne. Das war einfacher Verstand. Denk jetzt mit der doppelte raison. Was machst du wann du mit der doppelte Raison denkst? Ist unter der gelehrte Société da ein Esel? *Der Gaul schüttelt den Kopf.* Sehn Sie jetzt die doppelte Räson? Das ist Viehsionomik. Ja das ist kei viehdummes Individuum, das ist eine Person. Ei Mensch, ei tierisch Mensch und doch ei Vieh, ei bête. *Das Pferd führt sich ungebührlich auf.* So beschäm die société. Sehn Sie das Vieh ist noch Natur, unideale Natur! Lern Sie bei ihm. Fragen Sie den Arzt, es ist höchst schädlich. Das hat geheiße: Mensch sei natürlich. Du bist geschaffe Staub, Sand, Dreck. Willst du mehr sein, als Staub, Sand, Dreck? Sehn Sie was Vernunft, es kann rechnen und kann doch nit an de Finger herzählen, warum? Kann sich nur nit ausdrücke, nur nit expliziern, ist ein verwandelter Mensch! Sag den Herrn, wieviel Uhr es ist. Wer von den Herrn und Damen hat eine Uhr, eine Uhr?

UNTEROFFIZIER. Eine Uhr! *Zieht großartig und gemessen die Uhr aus der Tasche.* Da mein Herr. (Das ist ein Weibsbild guckt siebe Paar lederne Hose durch)

MARGRETH. Das muß ich sehn. *Sie klettert auf den 1. Platz. Unteroffizier hilft ihr.*

UNTEROFFIZIER. [Ein Viertel der Seite unbeschrieben]

[3] MARGRETH ALLEIN

Der andre hat ihm befohlen und er hat gehn müssen. Ha! Ein Mann vor einem Andern.

[4] DER KASERNENHOF

Andres. Louis.

ANDRES *singt.* Frau Wirtin hat n'e brave Magd,
Sie sitzt im Garten Tag und Nacht,
Sie sitzt in ihrem Garte,
Bis daß das Glöcklein zwölfe schlägt,
Und paßt auf die Soldate.

LOUIS. He Andres, ich hab kei Ruh!

ANDRES. Narre!

LOUIS. Was meinst du? So red doch!

ANDRES. Nu?

LOUIS. Was glaubst du wohl, daß ich hier bin?

ANDRES. Weils schön Wetter ist und sie heut tanzen.

LOUIS. Ich muß fort, muß sehn!

ANDRES. Was willst du?

LOUIS. Hinaus!

ANDRES. Du Unfried, wegen des Menschs.

LOUIS. Ich muß fort.

[5] WIRTSHAUS

Die Fenster sind offen. Man tanzt. Auf der Bank vor dem Haus.

LOUIS *lauscht am Fenster.* Er – Sie! Teufel! *Er setzt sich zitternd nieder. Er späht, tritt an's Fenster.* Wie das geht! Ja wälzt euch übernander! Und Sie: immer, zu – immer zu.

DER NARR. Puh! Das riecht.

LOUIS. Ja das riecht! Sie hat rote rote Backe und warum riecht sie schon? Carl, was witterst du so?

DER NARR. Ich riech, ich riech Blut.

LOUIS. Blut? Warum wird es mir so rot vor den Augen! Es ist mir als wälzten sie sich in einem Meer von Blut, all mitnander! Ha rotes Meer.

[6] FREIES FELD

LOUIS. Immer! zu! – Immer zu! – Hisch! hasch, so gehn die Geigen und die Pfeifen. – Immer zu! immer zu! Was spricht da? Da unten aus dem Boden hervor, ganz leise, was, was? *Er bückt sich nieder.* Stich! Stich! Stich die Woyzecke tot! Stich! stich die Woyzecke tot! Immer Woyzecke! das zischt und rumort und donnert.

[7] EIN ZIMMER

Louis und Andres.

ANDRES. He!
LOUIS. Andres!
ANDRES *murmelt im Schlaf.*
LOUIS. He Andres!
ANDRES. Na, was is?
LOUIS. Ich hab kei Ruh, ich hör's immer, wie's geigt und springt, immer zu! immer zu! Und dann wann ich die Augen zumach, da blitzt es mir immer, es ist ei groß breit Messer und das liegt auf eim Tisch am Fenster und ist in einer eng dunkel Gaß und ein alter Mann sitzt dahinter. Und das Messer ist mir immer zwischen den Augen.
ANDRES. Schlaf Narr!

[8] KASERNENHOF

LOUIS. Hast nix gehört?
ANDRES. Er ist da noch mit einem Kamraden.
LOUIS. Er hat was gesagt.
ANDRES. Woher weißt du's? Was soll ich's sagen. Nu, er lachte und dann sagt' er: ein köstlich Weibsbild! Die hat Schenkel und Alles so heiß!
LOUIS *ganz kalt.* So hat er das gesagt?
Von was hat mir doch heut Nacht geträumt? War's nicht von eim Messer? Was man doch närrische Träume hat.
ANDRES. Wohin Kamrad?
LOUIS. Meim Offizier Wein holen. – Aber Andres, sie war doch ein einzig Mädel.
ANDRES. Wer war?
LOUIS. Nix. Adies.

[9] DER OFFIZIER. LOUIS

LOUIS *allein.* Was hat er gesagt? So? – Ja es ist noch nicht aller Tag Abend.

[10] EIN WIRTSHAUS

Barbier. Unteroffizier.

BARBIER.
Ach Tochter, liebe Tochter,
Was hast du gedenkt,
Daß du dich an die Landkutscher
Und die Fuhrleut hast gehängt? –

Was kann der liebe Gott nicht, was? Das Geschehene ungeschehn machen. Hä hä hä! – Aber es ist einmal so, und es ist gut, daß es so ist. Aber besser ist besser.

Singt.
Branntewei das ist mein Leben,
Branntwei gibt Courage.

Und ein ordentlicher Mensch hat sein Leben lieb, und ein Mensch, der sein Leben lieb hat, hat keine Courage, ein tugendhafter Mensch hat keine Courage. Wer Courage hat ist ein Hundsfott.

UNTEROFFIZIER *mit Würde.* Sie vergessen sich, in Gegenwart eines Tapfern.

BARBIER. Ich spreche ohne Beziehungen, ich spreche nicht mit Rücksicht, wie die Franzose spreche, und es war schön von Euch. – Aber wer Courage hat ist ein Hundsfott!

UNTEROFFIZIER. Teufel! du zerbrochne Bartschüssel, du abgestanden Seifbrüh du sollst mir dei Urin trinke, du sollst mir dei Rasiermesser verschlucken!

BARBIER. Herr Er tut sich Unrecht, hab ich Ihn denn gemeint, hab ich gesagt Er hätt Courage? Herr laß Er mich in Ruh! Ich bin die Wissenschaft. Ich bekomm für mei Wissenschaftlichkeit alle Woche ein halbe Gulden, schlag Er mich nicht grad oder ich muß verhungern. Ich bin eine Spinosa pericyclyda; ich hab ein lateinischen Rücken. Ich bin ein lebendiges Skelett. Die ganze Menschheit studiert an mir. Was ist der Mensch? Knochen! Staub, Sand, Dreck. Was ist die Natur? Staub, Sand, Dreck. Aber die dummen Menschen, die dummen Menschen. Wir müssen Freunde sein. Wenn Ihr keine Courage hättet gäb es keine Wissenschaft. Nur Natur, keine Amputation, [unlesbar]. Was ist das? Bein, Arm, Fleisch, Knochen, Adern? Was ist das? Dreck? Was steckt's im Dreck? Laß ich den Arm so abschneide? nein. Der Mensch ist egoistisch, aber haut, schießt, sticht, hurt. *Er schluchzt.* Wir müssen. Freunde ich bin gerührt. Seht ich wollte unsre Nasen wärn zwei Bouteillen und wir könnten sie uns einander in den Hals gießen. Ach was die Welt schön ist! Freund! ein Freund! Die Welt! *Gerührt.* Seht die Sonn kommt zwischen de Wolke hervor, als würd e potchambre ausgeschütt. *Er weint.*

[11] DAS WIRTSHAUS

Louis sitzt vorm Wirtshaus. Leute gehn hinaus.

ANDRES. Was machst du da?
LOUIS. Wieviel Uhr ist's?
ANDRES. ——
LOUIS. Is noch nicht mehr? Ich meint' es müßt schneller gehn. Ich wollt es wär übermorgen Abend.
ANDRES. Warum?
LOUIS. Dann wär's vorbei.
ANDRES. Was?
LOUIS. Geh dei Wege.
ANDRES. Was sitzt du da vor der Tür?
LOUIS. Ich sitze gut da, und ich weiß – aber es sitze manche Leut vor der Tür und sie wissen es nicht: Es wird mancher mit den Füßen voran zur Tür n'aus getragen!
ANDRES. Komm mit!
LOUIS. Ich sitz gut so und läg noch besser gut so. Ja Andres grobe Hobelspän sind ja auch noch Polster. Wenn alle Leut wüßten wieviel Uhr es ist, sie würde sich ausziehn, und ei seidens Hemd antun und sich die Hobelspän schütteln lassen.
ANDRES. Er ist besoffen.
LOUIS. Was liegt denn da üben? Ebe glänzt es so. Es zieht mir immer so zwischen de Augen herum. Wie es glitzert. Ich muß das Ding haben.

[12] FREIES FELD

LOUIS. *Er legt das Messer in eine Höhle.* Du sollst nicht töten. Lieg da! Fort! *Er entfernt sich eilig.*

[13] NACHT. MONDSCHEIN

Andres und Louis in einem Bett.

LOUIS *leise.* Andres!
ANDRES *träumt.* Da – halt! – Ich

LOUIS. He Andres!
ANDRES. Wie?
LOUIS. Ich hab kei Ruhe! Andres.
ANDRES. Drückt dich der Alp?
LOUIS. Draußen liegt was. Im Boden. Sie deuten immer drauf hin und hörst du's jetzt, und jetzt, wie sie in den Wänden klopfen? eben hat einer zum Fenster hereingeguckt. Hörst du's nicht? Ich hör's den ganzen Tag. Immer zu. Stich! stich die Woyzecke tot.
ANDRES. Leg dich Louis. Du mußt ins Lazarett. Du mußt Schnaps trinke und Pulver drin, das schneidt das Fieber.

[14] MARGRETH MIT MÄDCHEN VOR DER HAUSTÜR

MÄDCHEN. Wie scheint die Sonn St. Lichtmeßtag
Und steht das Korn im Blühn.
Sie gingen wohl die Straße hin,
Sie gingen zu zwei und zwein.
Die Pfeifer gingen vorn,
Die Geiger hinte drein.
Sie hatte rote Sock ...

1. KIND. S' ist nit schön.
2. KIND. Was willst du auch immer!
Was hast zuerst anfangen
Warum?
Ich kann nit
Darum!
Es muß singen
Aber warum darum?
Magrethche sing du uns.
MARGRETH. Kommt ihr klei Krabben!
Ringle, ringel Rosenkranz. König Herodes.
Großmutter erzähl.
GROSSMUTTER. Es war eimal ein arm Kind und hat kei Vater und kei Mutter war Alles tot und war Niemand mehr auf der Welt. Alles tot, und es ist hingangen und hat greint Tag und Nacht. Und weil auf der Erd Niemand mehr war, wollt's in Himmel gehn, und der Mond guckt es so freundlich an und wie's endlich zum Mond kam, war's ein Stück faul Holz und da ist es zur Sonn gangen und wie's zur Sonn kam, war's ein verreckt Sonneblum und wie's zu den Sterne kam, warens klei golde Mück, die waren angesteckt wie der Neuntöter sie auf die Schlehe steckt und wie's wieder auf die Erd wollt, war die Erd ein umgestürzter Hafen

und war ganz allein und da hat sich's hingesetzt und geweint und da sitzt es noch und ist ganz allein.

LOUIS. Magreth!

MARGRETH *erschreckt.* Was ist?

LOUIS. Magreth wir wolln gehn. S' ist Zeit.

MARGRETH. Wohinaus?

LOUIS. Weiß ich's?

[15] MARGRETH UND LOUIS

MARGRETH. Also dort hinaus ist die Stadt. S' ist finster.

LOUIS. Du sollst noch bleiben. Komm setz dich.

MARGRETH. Aber ich muß fort.

LOUIS. Du wirst dir die Füß nicht wund laufen.

MARGRETH. Wie bist du nur auch!

LOUIS. Weißt du auch wie lang es just ist, Magreth?

MARGRETH. An Pfingsten 2 Jahr.

LOUIS. Weißt du auch wie lang es noch sein wird?

MARGRETH. Ich muß fort das Nachtessen richten.

LOUIS. Friert's dich Magreth, und doch bist du warm. Was du heiße Lippen hast! (heiß, heiß Hurenatem) und doch möcht' ich den Himmel geben sie noch einmal zu küssen)
[unlesbar] und wenn man kalt ist so friert man nicht mehr.
Du wirst vom Morgentau nicht frieren.

MARGRETH. Was sagst du?

LOUIS. Nix. *Schweigen.*

MARGRETH. Was der Mond rot auf geht.

LOUIS. Wie ein blutig Eisen.

MARGRETH. Was hast du vor? Louis, du bist so blaß. Louis halt! Um des Himmels willen, Hü – Hülfe!

LOUIS. Nimm das und das! Kannst du nicht sterben? So! so! Ha sie zuckt noch, noch nicht, noch nicht? Immer noch? *Stößt zu.* Bist du tot? Tot! Tot! *Es kommen Leute, läuft weg.*

[16] ES KOMMEN LEUTE

1. PERSON. Halt!

2. PERSON. Hörst du? Still! Da!

1. PERSON. Uu! Da! Was ein Ton.

2. PERSON. Es ist das Wasser, es ruft, schon lang ist Niemand ertrunken. Fort, s' ist nicht gut, es zu hören.

1. PERSON. Uu jetzt wieder. Wie ein Mensch der stirbt.

2. PERSON. Es ist unheimlich, so dunstig, allenthalb Nebel, grau und das Summen der Käfer wie gesprungne Glocken. Fort!
1. PERSON. Nein, zu deutlich, zu laut. Da hinauf. Komm mit.

[17] DAS WIRTSHAUS

LOUIS. Tanzt alle, immer zu, schwitzt und stinkt, er holt euch doch eimal Alle.
Singt.
Frau Wirtin hat 'ne brave Magd,
Sie sitzt im Garten Tag und Nacht,
Sie sitzt in ihrem Garten,
Bis daß das Glöcklein zwölfe schlägt,
Und paßt auf die Soldaten.

Er tanzt. So Käthe! setz dich! Ich hab heiß, heiß, *er zieht den Rock aus* es ist eimal so, der Teufel holt die eine und läßt die andre laufen. Käthe du bist heiß! Warum denn? Käthe du wirst auch noch kalt werden. Sei vernünftig. Kannst du nicht singen?

KÄTHE.
Ins Schwabeland das mag ich nicht,
Und lange Kleider trag ich nicht,
Denn lange Kleider spitze Schuh,
Die kommen keiner Dienstmagd zu.

LOUIS. Nein, keine Schuh, man kann auch ohne Schuh in die Höll gehn.

KÄTHE *tanzt.*
O pfui mein Schatz das war nicht fein.
Behalt dei Taler und schlaf allein.

LOUIS. Ja wahrhaftig! ich möchte mich nicht blutig machen.
KÄTHE. Aber was hast du an deiner Hand?
LOUIS. Ich? Ich?
KÄTHE. Rot, Blut! *Es stellen sich Leute um sie.*
LOUIS. Blut? Blut.
WIRT. Uu Blut.
LOUIS. Ich glaub ich hab' mich geschnitten, da an der rechten Hand.
WIRT. Wie kommt's aber an den Ellenbogen?
LOUIS. Ich hab's abgewischt.
WIRT. Was mit der rechten Hand an den rechten Ellenbogen? Ihr seid geschickt.
NARR. Und da hat der Ries gesagt: ich riech, ich riech, ich riech Menschefleisch. Puh! Das stinkt schon.
LOUIS. Teufel, was wollt ihr? Was geht's euch an? Platz! oder der erste – Teufel! Meint ihr ich hätt Jemand umgebracht? Bin ich Mörder? Was gafft ihr! Guckt euch selbst an! Platz da! *Er läuft hinaus.*

[18] KINDER

1. KIND. Fort! Magrethchen!
2. KIND. Was is?
1. KIND. Weißt du's nit? Sie sind schon alle hinaus. Drauß liegt eine!
2. KIND. Wo?
1. KIND. Links über die Lochschanz in dem Wäldche, am roten Kreuz.
2. KIND. Fort, daß wir noch was sehen. Sie tragen's sonst hinein.

[19] LOUIS ALLEIN

Das Messer? Wo ist das Messer? Ich hab' es da gelassen. Es verrät mich! Näher, noch näher! Was ist das für ein Platz? Was hör ich? Es rührt sich was. Still. Da in der Nähe. Magreth? Ha Magreth! Still. Alles still! (Was bist du so bleich, Magreth? Was hast du eine rote Schnur um den Hals? Bei wem hast du das Halsband verdient, mit deinen Sünden? Du warst schwarz davon, schwarz! Hab ich dich jetzt gebleicht. Was hänge die schwarze Haar, so wild? Hast du die Zöpfe heut nicht geflochten?) Da liegt was! kalt, naß, stille. Weg von dem Platz. Das Messer, das Messer, hab ich's? So! Leute. – Dort. *Er läuft weg.*

[20] LOUIS AN EINEM TEICH

So da hinunter! *Er wirft das Messer hinein.* Es taucht in das dunkle Wasser, wie ein Stein! Der Mond ist wie ein blutig Eisen! Will denn die ganze Welt es ausplaudern? Nein es liegt zu weit vorn, wenn sie sich baden, *er geht in den Teich und wirft weit* so jetzt – aber im Sommer, wenn sie tauchen nach Muscheln, bah es wird rostig. Wer kann's erkennen – hätt' ich es zerbrochen! Bin ich noch blutig? ich muß mich waschen. Da ein Fleck und da noch einer.

[21] GERICHTSDIENER. BARBIER. ARZT. RICHTER

GERICHTSDIENER. Ein guter Mord, ein echter Mord, ein schöner Mord, so schön als man ihn nur verlangen tun kann, wir haben schon lange so kein gehabt. ———

BARBIER. Dogmatischer Atheist. Lang, hager, feig, schlecht, Wissenschftl.

ERSTE FASSUNG: SZENENGRUPPE 2

[1] FREIES FELD. DIE STADT IN DER FERNE

Woyzeck. Andres. Andres und Woyzeck schneiden Stöcke im Gebüsch.

ANDRES *pfeift und singt.*

Da ist die schöne Jägerei,
Schießen steht Jedem frei;
Da möcht' ich Jäger sein,
Da möcht ich hin.

Läuft dort e Has vorbei,
Frägt mich ob ich Jäger sei.
Jäger bin ich auch schon gewesen,
Schießen kann ich aber nit.

WOYZECK. Ja Andres, das ist er – der Platz ist verflucht. Siehst du den leuchtenden Streif, da über das Gras hin, wo die Schwämme so nachwachsen? da rollt Abends der Kopf, es hob ihn einmal einer auf, er meint' es sei ein Igel, 3 Tage und 3 Nächte, er wurde zwerch, und er war tot. *Leise.* Das waren die Freimaurer, ich hab' es haus.

ANDRES. Es wird finster, fast macht Ihr mir Angst. *Er singt.*

WOYZECK *faßt ihn an.* Hörst du's Andres? Hörst du's es geht neben uns, unter uns. Fort, die Erde schwankt unter unsern Sohlen. Die Freimaurer! Wie sie wühlen! *Er reißt ihn mit sich.*

ANDRES. Laßt mich! Seid Ihr toll! Teufel.

WOYZECK. Bist du ein Maulwurf, sind dei Ohre voll Sand? Hörst du das fürchterliche Getös am Himmel? Über der Stadt. Alles Glut! Sieh nicht hinter dich. Wie es hervorschießt, und Alles donnert.

ANDRES. Du machst mir Angst.

WOYZECK. Sieh nicht hinter dich! *Sie verstecken sich im Gebüsch.*

ANDRES. Woyzeck ich hör nichts mehr.

WOYZECK. Still, ganz still, wie der Tod.

ANDRES. Sie trommeln drin. Wir müssen fort.

[2] DIE STADT

Louis. Margreth am Fenster. Der Zapfenstreich geht vorbei. Tambourmajor voraus.

LOUISE. He! Bub! Se kommen.

MARGRETH. Ein schöner Mann!

LOUISE. Wie e Baum.

Tambourmajor grüßt.

MARGRETH. Ei was freundliche Auge, Frau Nachbar, so was is man nit an Ihr gewohnt.

LOUISE. Soldaten, das sind schmucke Bursch ...

MARGRETH. Ihre Auge glänze ja noch.

LOUISE. Was geht Sie's an! Trag Sie Ihre Auge zum Jud und laß sie sich putze, vielleicht glänze sie auch noch, daß man sie als 2 Knöpf verkaufe könnt.

MARGRETH. Sie! Sie! Frau Jungfer, ich bin e honnette Person, aber Sie, es weiß jeder, Sie guckt siebe Paar lederne Hose durch.

LOUISE. Luder! *Schlägt das Fenster zu.* Komm mei Bu, soll ich dir singe? Was die Leut wolle! Bist du auch nur e Hurekind und machst dei Mutter Freud mit deim unehrliche Gesicht.

Hansel spann deine sechs Schimmel an,
Gib ihn zu fresse auf's neu.
Kein Haber fresse sie,
Kein Wasser saufe sie,
Lauter kühle Wein muß es sein. Juchhe!
Lauter kühle Wein muß es sein.

Mädel was fangst du jetzt an,
Hast ein klein Kind und kein Mann?
Ei was frag ich danach,
Sing ich den ganzen Tag,
Heio popeio mei Bu, juchhe!
Gibt mir kein Mensch nix dazu.

Es klopft am Fenster. Bist du's Franz? Komm herein.

WOYZECK. Ich kann nit. Muß zum Verles.

LOUISE. Hast du Stecken geschnitten für den Major?

WOYZECK. Ja Louisel.

LOUISE. Was hast du Franz, du siehst so verstört?

WOYZECK. Pst! still! Ich hab's aus! Die Freimaurer! Es war ein fürchterliches Getös am Himmel und Alles in Glut! Ich bin viel auf der Spur! sehr viel.

LOUISE. Mann!

WOYZECK. Meinst? Sieh um dich! Alles starr, fest, finster, was regt sich dahinter. Etwas, was wir nicht fasse. Geht still, was uns von Sinnen bringt, aber ich hab's aus. Ich muß fort!

LOUISE. Dei Kind?

WOYZECK. Ach, Junge! Heut Abend auf die Meß. Ich hab wieder was gespart. *Ab.*

LOUISE. Der Mann schnappt noch über, er hat mir Angst gemacht. Wie unheimlich, ich mag wenn es finster wird gar nicht bleiben, ich glaub' ich bin blind, er steckt ein an. Sonst scheint doch als die Latern herein. Ach wir armen Leut.

Sie singt: Und macht die Wiege knickknack,
Schlaf wohl mei lieber Dicksack.

Sie geht ab.

[3] ÖFFENTLICHER PLATZ. BUDEN. LICHTER

ALTER MANN. KIND *das tanzt:*

Auf der Welt ist kein Bestand,
Wir müssen alle sterben,
Das ist uns wohlbekannt!

Hei! Hopsa! Arm Mann, alter Mann! Arm Kind! Jung Kind! Sorgen und Fest! Hei Louisel, soll ich dich [Satz bricht ab]

Ein Mensch muß auch der Narr von Verstand sein, damit er sagen kann: Narrisch Welt! Schön Welt!

AUSRUFER *vor einer Bude.* Meine Herrn, meine Damen, hier sind zu sehn das astronomische Pferd und die kleine Kanaillevogel, sind Liebling von alle Potentate Europas und Mitglied von alle gelehrte Sozietät, verkündige de Leute Alles, wie alt, wie viel Kinder, was für Krankheit. Schießt Pistol los, stellt sich auf ein Bein. Alles Erziehung, habe nur eine viehische Vernunft, oder vielmehr eine ganz vernünftige Viehigkeit, ist kein viehdummes Individuum wie viel Person, das verehrliche Publikum abgerechnet. Herein. Es wird sein, die rapräsentation. Das commencement vom commencement wird sogleich nehm sein Anfang.

Sehn Sie die Fortschritte der Zivilisation. Alles schreitet fort, ein Pferd, ein Aff, ein Kanaillevogel! Der Aff ist schon ein Soldat, s'ist noch nit viel, unterst Stuf von menschliche Geschlecht!

HERR. Grotesk! Sehr grotesk!

STUDENT. Sind Sie auch ein Atheist! ich bin ein dogmatischer Atheist.

[unlesbar]. Ist's grotesk? Ich bin ein Freund vom grotesken. Sehen Sie dort? was ein grotesker Effekt.

[unlesbar]. Ich bin ein dogmatischer Atheist.

HERR. Grotesk!

[4] HANDWERKSBURSCHEN

EIN HANDWERKSBURSCH. Bruder! Vergißmeinicht! Freundschaft! Ich könnt ein Regenfaß voll greinen vor Wehmut! wann ich noch

Rum hätt! Es stinkt nur, es riecht nur. Warum ist diese Welt so schön? Wann ich's ein Aug zu mach und über mei Nas hinguck, so is Alles roserot. Brandewein, das ist mei Leben.

EIN ANDERER. Es sieht Alles rosenrot, wann ihm's Kreuz über sei Nas guckt.

[unlesbar]. S'is kei Ordnung! Was hat der Laternputzer vergesse mir die Auge zu fege, s'is Alles finster. Hol der Teufel de liebe Herrgott! Ich lieg mir selbst im Weg und muß über mich springe. Wo is mei Schatten hingekomm? Kei Sicherheit mehr im Stall. Leucht mir einmal einer mit dem Mond zwische die Bein ob ich mei Schatte noch hab.

Fraßen ab das grüne, grüne Gras,
Fraßen ab das grün, grün Gras
Bis auf den Ra-a-sen.

Sternschnuppe, ich muß den Stern' die Nas schneuzen.

Das ist mir ein Geselle, die Hantierung, ist dir recht, Schaum, ei Torheit, Tierisches Vergnügen meines seligen Mannes [unlesbar] und empfiehlt sich mit mehr ungezeugten Kindern.

Mach kei Loch in die Natur.

Warum hat Gott die Mensche geschaffe? Das hat auch sei Nutz. Was würde der Landmann, der Schuhmacher, der Schneider anfange, wenn er für die Mensche kei Schuh, kei Hose machte? Warum hat Gott den Mensche das Gefühl der Schamhaftigkeit eingeflößt? Damit der Schneider lebe kann. Ja! Ja! Also! – Darum! auf daß! damit! oder aber, wenn er es nicht getan hätte, aber darin sehen wir sei Weisheit, daß auch die viehische Schöpfung das menschliche Ansehen hätte, weil die Menschheit sonst das Viehische aufgefressen hätte. Dieser Säugling, dieses schwach, hülflos Geschöpf, jener Säugling, [Satz bricht ab] Laßt uns jetzt über das Kreuz pissen, damit ein Jud stirbt.

Branntwein das ist mein Leben,
Branntwein gibt Courage.

[5] UNTEROFFIZIER. TAMBOURMAJOR

UNTEROFFIZIER. Halt, jetzt. Siehst du sie! Was n' Weibsbild.

TAMBOURMAJOR. Teufel, zum Fortpflanzen von Kürassierregimenter und zur Zucht von Tambourmajors!

UNTEROFFIZIER. Wie sie den Kopf trägt, man meint das schwarz Haar müßt sie abwärts ziehn, wie ein Gewicht, und Auge, schwarz ...

TAMBOURMAJOR. Als ob man in ein Ziehbrunn oder zu eim Schornstein hinabguckt. Fort hinte drein.

LOUISEL. Was Lichter, mei Auge!

FRANZ. Ja de Branntwein, ein Faß schwarz Katze mit feurige Auge. Hei, was n' Abend.

[6] WOYZECK. DOKTOR

DOKTOR. Was erleb' ich, Woyzeck? Ein Mann von Wort? Er! Er! Er!

WOYZECK. Was denn Herr Doktor?

DOKTOR. Ich es gesehn hab', Er auf die Straß gepißt hat, wie ein Hund. Geb' ich Ihm dafür alle Tag 3 Groschen und Kost? Die Welt wird schlecht, sehr schlecht, schlecht, sag' ich. O! Woyzeck das ist schlecht.

WOYZECK. Aber Herr Doktor wenn man nit anders kann?

DOKTOR. Nit anders kann, nit anders kann. Aberglaube, abscheulicher Aberglaube! hab' ich nit nachgewiese, daß der musculus constrictor vesicae dem Willen unterworfen ist? Woyzeck der Mensch ist frei, im Menschen verklärt sich die Individualität zur Freiheit – seinen Harn nicht halten können! Es ist Betrug Woyzeck. Hat Er schon seine Erbsen gegessen? nichts als Erbsen, nichts als Hülsenfrüchte, cruciferae, merk' Er sich's. Die nächste Woche fangen wir dann mit Hammelfleisch an. Muß Er nicht aufs secret? Mach Er. Ich sag's Ihm. Es gibt eine Revolution in der Wissenschaft. Eine Revolution! Nach gestrigem Bericht, 0,10 Harnstoff, und salzsaures Ammonium, [unlesbar].

Aber ich hab's gesehn, daß Er an die Wand pißte, ich steckt gerad meinen Kopf hinaus, zwischen meiner Valnessia und Myan[unlesbar]. Hat Er mir Frösch gefange? Hat Er Laich? Kein Süßwasserpolyp? kein Hydra? Vestillen? Cristatellen? Stoß Er mir nicht an's Mikroskop, ich hab eben den linken Backzahn von einem Infusionstier darunter. Ich sprenge sie in die Luft, alle miteinander. Woyzeck, keine Spinneneier, keine Kröten? Aber an die Wand gepißt! Ich hab's gesehen. *Tritt auf ihn los.* Nein Woyzeck, ich ärgre mich nicht, ärgern ist ungesund, ist unwissenschaftlich. Ich bin ruhig, ganz ruhig und ich sag's Ihm mit der größten Kaltblütigkeit. Behüte wer wird sich über einen Menschen ärgern! einen Menschen. Wenn es noch ein Proteus wäre, der einem krepiert! Aber Er hätte doch nicht an die Wand pissen sollen.

WOYZECK. Ja die Natur, Herr Doktor wenn die Natur aus ist.

DOKTOR. Was ist das wenn die Natur aus ist?

WOYZECK. Wenn die Natur aus ist, das ist, wenn die Natur aus ist!

Wenn die Welt so finster wird, daß man mit den Händen an ihr herumtappen muß, daß man meint sie verrinnt zu Spinnweb! Das ist, so wenn etwas ist und doch nicht ist. Wenn alles dunkel ist und nur noch ein roter Schein im Westen, wie von einer Esse. Wenn – *schreitet im Zimmer auf und ab.*

DOKTOR. Kerl Er tastet mit seinen Füßen herum, wie mit Spinnfüßen.

WOYZECK *steht ganz starr.* Haben Sie schon die Ringe von den Schwämmen auf dem Boden gesehn? lange Linien, krumme Kreise, Figuren, da steckt's! da! Wer das lesen könnte.

Wenn die Sonn im hellen Mittag steht und es ist als müsse die Welt auflodern. Hören Sie Nichts? Ich meine dann als die Welt spricht, sehen Sie, die langen Linien, und ist als ob es einen mit fürchterlicher Stimme anredete.

DOKTOR. Woyzeck! Er kommt ins Narrenhaus, Er hat eine schöne fixe Idee, eine köstliche alienatio mentis, seh' Er mich an, was soll Er tun? Erbschen essen, dann Hammelfleisch essen, sein Gewehr putzen, das weiß Er Alles und da zwischen die fixen Ideen, die W[unlesbar], das ist brav Woyzeck, Er bekommt ein Groschen Zulage die Woche, meine Theorie, meine neue Theorie, kühn, ewig jugendlich. Woyzeck, ich werde unsterblich. Zeig' Er sein Puls, ich muß Ihm morgens und Abends den Puls fühlen.

[7] STRASSE

Hauptmann. Doktor.

Hauptmann keucht die Straße herunter, hält an, keucht, sieht sich um.

HAUPTMANN. Wohin so eilig geehrtester Herr Sargnagel?

DOKTOR. Wohin so langsam geehrtester Herr Exerziernagel?

HAUPTMANN. Nehmen Sie sich Zeit wertester Grabstein.

DOKTOR. Ich stehle meine Zeit nicht wie Sie wertester [Satz bricht ab]

HAUPTMANN. Laufen Sie nicht so Herr Doktor, ein guter Mensch geht nicht so schnell. Hahaha, ein guter Mensch, *schnauft* ein guter Mensch, Sie hetzen sich ja hinter dem Tod drein, Sie machen mir ganz Angst.

DOKTOR. Pressiert, Herr Hauptmann pressiert.

HAUPTMANN. Herr Sargnagel, Sie schleifen sich ja so Ihre kleinen Beine ganz auf dem Pflaster ab. Reiten Sie doch nicht auf Ihrem Stock in die Luft.

DOKTOR. Sie ist in 4 Wochen tot, via coronar congestionis, im siebenten Monat, ich hab' schon 20 solche Patienten gehabt, in 4 Wochen, richt Sie sich danach.

HAUPTMANN. Herr Doktor, erschrecken Sie mich nicht, es sind schon Leute am Schreck gestorben, am puren hellen Schreck.

DOKTOR. In 4 Wochen, dummes Tier, Sie gibt ein interessant's Präparat. Ich sag Ihr, 4 [Satz bricht ab]

HAUPTMANN. Daß dich das Wetter, ich halt Sie Herr Flegel, ich laß Sie nicht Teufel. 4 Wochen? Herr Doktor, Sargnagel, Totenhemd, ich leb so lang ich da bin, 4 Wochen, und die Leute Zitron in den Händen, aber sie werden sagen, er war ein guter Mensch, ein guter Mensch.

DOKTOR. Ei guten Morgen Herr Hauptmann. *Den Hut und Stock schwingend.* Kikeriki! Freut mich! Freut mich! *Hält ihm den Hut hin.* Was ist das Herr Hauptmann? Das ist Hohlkopf. Ha?

HAUPTMANN *macht eine Falte.* Was ist das Herr Doktor? Das ist n'e Einfalt! Hahaha! Aber nichts für ungut. Ich bin ein guter Mensch – aber ich kann auch wenn ich will Herr Doktor, hahaha, wenn ich will. He Woyzeck, was hetzt Er sich so an uns vorbei? Bleib Er doch Woyzeck, Er läuft ja wie ein offnes Rasiermesser durch die Welt, man schneidt sich an Ihm, Er läuft als hätt Er ein Regiment Kastrierte zu rasiern und würd gehenkt über dem letzten Haar noch vorm Verschwinden – aber, über die langen Bärte, was wollt ich doch sagen? Woyzeck – die langen Bärte ...

DOKTOR. Ein langer Bart unter dem Kinn, schon Plinius spricht davon, man muß es den Soldaten abgewöhnen, du, du ...

HAUPTMANN *fährt fort.* Hä? über die langen Bärte? Wie is Woyzeck, hat Er noch nicht ein Haar aus eim Bart in seiner Schüssel gefunden? He, Er versteht mich doch, ein Haar von einem Menschen, vom Bart eines sapeur, eines Unteroffizier, eines – eines Tambourmajor? He Woyzeck? Aber Er hat eine brave Frau. Geht Ihm nicht wie andern.

WOYZECK. Ja wohl! Was wollen Sie sagen Herr Hauptmann?

HAUPTMANN. Was der Kerl ein Gesicht macht! er steckt [unlesbar] in den Himmel nein, muß nun auch nicht in der Suppe sein, aber wenn Er sich eilt und um die Eck geht, so kann Er vielleicht noch auf Paar Lippen eins finden, ein Paar Lippen, Woyzeck, ich habe auch die Liebe gefühlt, Woyzeck.

Kerl Er ist ja kreideweiß.

WOYZECK. Herr, Hauptmann, ich bin ein arm Teufel, – und hab sonst nichts auf der Welt Herr Hauptmann, wenn Sie Spaß machen –

HAUPTMANN. Spaß ich, daß dich Spaß, Kerl!

DOKTOR. Den Puls Woyzeck, den Puls, klein, hart, hüpfend, unregelmäßig.

WOYZECK. Herr Hauptmann, die Erd ist höllenheiß, mir eiskalt! eiskalt, die Hölle ist kalt, wollen wir wetten. Unmöglich, Mensch! Mensch! unmöglich.

HAUPTMANN. Kerl, will Er erschossen werden, will Er ein Paar Kugeln vor den Kopf haben? Er ersticht mich mit seinen Augen, und ich mein's gut mit Ihm, weil Er ein guter Mensch ist Woyzeck, ein guter Mensch.

DOKTOR. Gesichtsmuskeln starr, gespannt, zuweilen hüpfend, Haltung aufgerichtet, gespannt.

WOYZECK. Ich geh! Es ist viel möglich. Der Mensch! es ist viel möglich. Wir habe schön Wetter Herr Hauptmann. Sehn Sie so ein schön, festen groben Himmel, man könnte Lust bekomm, ein Kloben hineinzuschlagen und sich daran zu hänge, nur wege des Gedankenstrichels zwischen Ja, und wieder ja – und nein, Herr, Herr Hauptmann ja und nein? Ist das Nein am Ja oder das Ja am Nein Schuld? Ich will drüber nachdenke. *Geht mit breiten Schritten ab, erst langsam dann immer schneller.*

DOKTOR *schießt ihm nach.* Phänomen, Woyzeck, Zulage.

HAUPTMANN. Mir wird ganz schwindlig vor den Menschen, wie schnell, der lange Schlingel greift aus, es läuft der Schatten von einem Spinnbein, und der Kurze, – das zuckelt. Der Lange ist der Blitz und der Kleine der Donner. Haha, hinterdrein. Das hab' ich nicht gern! ein guter Mensch ist [unlesbar] und hat sein Leben lieb, ein guter Mensch hat keine courage nicht! ein Hundsfott hat courage! Ich bin bloß in Krieg gegangen um mich in meiner Liebe zum Leben zu befestigen. Von d. [unlesbar] zu Fuß, von da zum [unlesbar], von da zur courage, wie man zu so Was kommt. Grotesk! grotesk!

[8] WOYZECK. LOUISEL

LOUISEL. Gute Tag Franz.

FRANZ *sie betrachtend.* Ach bist du's auch! Ei wahrhaftig! nein man sieht nichts, man müßt's doch sehen! Louisel du bist schön!

LOUISEL. Was siehst du so sonderbar Franz, ich fürcht mich.

FRANZ. Was eine schöne Straße, man läuft sich Leichdörn, es ist gut auf der Gasse stehn, und in Gesellschaft auch gut.

LOUISEL. Gesellschaft?

FRANZ. Es gehn viel Leut durch die Gaß, nicht wahr? und du

kannst reden mit wem du willst, was geht das mich an! Hat er da gestanden? da? da? grad so bei dir? so? Ich wollt ich wär er gewesen.

LOUISEL. Ei, er? Ich kann die Leut die Straße nicht verbieten und wehrn, daß sie ihr Maul mitnehm wenn sie durchgehn.

FRANZ. Und die Lippe nicht zu Haus lasse. Es wär Schade sie sind so schön! Aber die Wespen setzen sich gern drauf.

LOUISEL. Und was ne Wesp hat dich gestoche? du siehst so verrückt aus wie n'e Kuh, die die Hornisse jagt.

FRANZ. Mensch! *Geht auf sie los.*

LOUISEL. Rühr mich an Franz! Ich hätt lieber ein Messer in de Leib, als dei Hand auf meine. Mei Vater hat mich nicht angreifen gewagt, wie ich 10 Jahr alt war, wenn ich ihn ansah.

FRANZ. Weib! – Nein es müßte was an dir sein! Jeder Mensch ist ein Abgrund, es schwindelt einem, wenn man hinabsieht. Es wäre! Sie geht wie die Unschuld. Nun Unschuld du hast ein Zeichen an dir. Weiß ich's? Weiß ich's? Wer weiß es?

[9] LOUISEL ALLEIN. GEBET

Und ist kein Betrug in seinem Munde erfunden. Herr Gott!

[Zwei Drittel der Seite unbeschrieben]

VERSTREUTE BRUCHSTÜCKE

[1] DER HOF DES PROFESSORS

Studenten unten, der Professor am Dachfenster.

PROFESSOR. Meine Herrn, ich bin auf dem Dach, wie David, als er die Bathseba sah; aber ich sehe nichts als die culs de Paris der Mädchenpension im Garten trocknen. Meine Herrn wir sind an der wichtigen Frage über das Verhältnis des Subjekts zum Objekt. Wenn wir nur eins von den Dingen nehmen, worin sich die organische Selbstaffirmation des Göttlichen, auf einem so hohen Standpunkte manifestiert und ihr Verhältnis zum Raum, zur Erde, zum Planetarischen untersuchen, meine Herrn, wenn ich diese Katze zum Fenster hinauswerfe, wie wird diese Wesenheit sich zum centrum gravitationis und dem eigenen Instinkt verhalten? He Woyzeck, *brüllt* Woyzeck!

WOYZECK. Herr Professor sie beißt.

PROFESSOR. Kerl, er greift die Bestie so zärtlich an, als wär's seine Großmutter.

WOYZECK. Herr Doktor ich hab's Zittern.

DOKTOR *ganz erfreut.* Ei, ei, schön Woyzeck. *Reibt sich die Hände. Er nimmt die Katze.* Was seh' ich meine Herrn, die neue Spezies Hasenlaus, eine schöne Spezies, wesentlich verschieden, enfoncé, der Herr Doktor *er zieht eine Lupe heraus* Rizinus, meine Herren – *die Katze läuft fort.* Meine Herrn, das Tier hat keinen wissenschaftlichen Instinkt. Rizinus, herauf, die schönsten Exemplare, bringen Sie Ihre Pelzkragen. Meine Herrn, Sie können dafür was anders sehen, sehn Sie, der Mensch, seit einem Vierteljahr ißt er nichts als Erbsen, beachten Sie die Wirkung, fühlen sie einmal was ein ungleicher Puls, da und die Augen.

WOYZECK. Herr Doktor es wird mir dunkel. *Er setzt sich.*

DOKTOR. Courage! Woyzeck noch ein Paar Tage, und dann ist's fertig, fühlen Sie meine Herrn fühlen Sie. *Sie betasten ihm Schläfe, Puls und Busen.*
à propos, Woyzeck, beweg den Herrn doch einmal die Ohren, ich hab es Ihnen schon zeigen wollen. Zwei Muskeln sind bei ihm tätig. Allons frisch!

WOYZECK. Ach Herr Doktor!

DOKTOR. Bestie, soll ich dir die Ohren bewegen, willst du's machen wie die Katze! So meine Herrn, das sind so Übergänge zum Esel, häufig auch in Folge weiblicher Erziehung und die Muttersprache. Wieviel Haare hat dir die Mutter zum Andenken schon ausgerissen aus Zärtlichkeit? Sie sind dir ja ganz dünn geworden, seit ein Paar Tagen, ja die Erbsen, meine Herren.

[2] DER IDIOT. DAS KIND. WOYZECK

KARL *hält das Kind vor sich auf dem Schoß.* Der is in's Wasser gefallen, der is in's Wasser gefalln, wie, der is in's Wasser gefalln.

WOYZECK. Bub, Christian.

KARL *sieht ihn starr an.* Der is in's Wasser gefalln.

WOYZECK *will das Kind liebkosen, es wendet sich weg und schreit.* Herrgott!

KARL. Der is in's Wasser gefalln.

WOYZECK. Christianche, du bekommst en Reuter, sa, sa. *Das Kind wehrt sich. Zu Karl.* Da kauf dem Bub en Reuter.

KARL *sieht ihn starr an.*

WOYZECK. Hop! hop! Roß.
KARL *jauchzend.* Hop! hop! Roß! Roß! *Läuft mit dem Kind weg.*

VORLÄUFIGE REINSCHRIFT

[1] FREIES FELD. DIE STADT IN DER FERNE

Woyzeck und Andres schneiden Stöcke im Gebüsch.

WOYZECK. Ja Andres; den Streif da über das Gras hin, da rollt Abends der Kopf, es hob ihn einmal einer auf, er meint' es wär' ein Igel. Drei Tag und drei Nächt und er lag auf den Hobelspänen *leise* Andres, das waren die Freimaurer, ich hab's, die Freimaurer, still!

ANDRES *singt.*
Saßen dort zwei Hasen,
Fraßen ab das grüne, grüne Gras ...

WOYZECK. Still! Es geht was!

ANDRES.
Fraßen ab das grüne, grüne Gras
Bis auf den Rasen.

WOYZECK. Es geht hinter mir, unter mir *stampft auf den Boden* hohl, hörst du? Alles hohl da unten. Die Freimaurer!
ANDRES. Ich fürcht mich.
WOYZECK. S' ist so kurios still. Man möcht den Atem halten. Andres!
ANDRES. Was?
WOYZECK. Red was! *Starrt in die Gegend.* Andres! Wie hell! Ein Feuer fährt um den Himmel und ein Getös herunter wie Posaunen. Wie's heraufzieht! Fort. Sieh nicht hinter dich. *Reißt ihn in's Gebüsch.*
ANDRES *nach einer Pause.* Woyzeck! hörst du's noch?
WOYZECK. Still, Alles still, als wär die Welt tot.
ANDRES. Hörst du? Sie trommeln drin. Wir müssen fort.

[2] MARIE MIT IHREM KIND AM FENSTER. MARGRETH

Der Zapfenstreich geht vorbei, der Tambourmajor voran.

MARIE *das Kind wippend auf dem Arm.* He Bub! Sa ra ra ra! Hörst? Da komme sie.
MARGRETH. Was ein Mann, wie ein Baum.

MARIE. Er steht auf seinen Füßen wie ein Löw.
Tambourmajor grüßt.

MARGRETH. Ei, was freundliche Auge, Frau Nachbarin, so was is man an ihr nit gewöhnt.

MARIE *singt.* Soldaten das sind schöne Bursch ...

MARGRETH. Ihre Auge glänze ja noch.

MARIE. Und wenn! Trag Sie Ihre Auge zum Jud und laß Sie sie putze, vielleicht glänze sie noch, daß man sie für zwei Knöpf verkaufe könnt.

MARGRETH. Was Sie? Sie? Frau Jungfer, ich bin eine honette Person, aber Sie, Sie guckt 7 Paar lederne Hose durch.

MARIE. Luder! *Schlägt das Fenster zu.* Komm mein Bub. Was die Leut wollen. Bist doch nur en arm Hurenkind und machst deiner Mutter Freud mit deim unehrliche Gesicht. Sa! Sa!
Singt. Mädel, was fangst du jetzt an?
Hast ein klein Kind und kein Mann.
Ei was frag ich danach,
Sing ich die ganze Nacht
Heio popeio mein Bu. Juchhe!
Gibt mir kein Mensch nix dazu.

Hansel spann deine sechs Schimmel an,
Gib ihn zu fresse auf's neu.
Kein Haber fresse sie,
Kein Wasser saufe sie,
Lauter kühle Wein muß es sein. Juchhe!
Lauter kühle Wein muß es sein.

Es klopft am Fenster.

MARIE. Wer da? Bist du's Franz? Komm herein!

WOYZECK. Kann nit. Muß zum Verles.

MARIE. Was hast du Franz?

WOYZECK *geheimnisvoll.* Marie, es war wieder was, viel, steht nicht geschrieben: und sieh da ging ein Rauch vom Land, wie der Rauch vom Ofen?

MARIE. Mann!

WOYZECK. Es ist hinter mir gegangen bis vor die Stadt. Was soll das werden?

MARIE. Franz!

WOYZECK. Ich muß fort. *Er geht.*

MARIE. Der Mann! So vergeistert. Er hat sein Kind nicht angesehn. Er schnappt noch über mit den Gedanken. Was bist so still, Bub?

Furchst' dich? Es wird so dunkel, man meint, man wär blind. Sonst scheint doch als die Latern herein. Ich halt's nicht aus. Es schauert mich. *Geht ab.*

[3] BUDEN. LICHTER. VOLK

[Anderthalb Seiten unbeschrieben]

[4] MARIE SITZT, IHR KIND AUF DEM SCHOSS, EIN STÜCKCHEN SPIEGEL IN DER HAND

MARIE *bespiegelt sich.* Was die Steine glänze! Was sind's für? Was hat er gesagt? – Schlaf Bub! Drück die Auge zu, fest, *das Kind versteckt die Augen hinter den Händen* noch fester, bleib so, still oder er holt dich.

Singt. Mädel mach's Ladel zu,
S' kommt e Zigeunerbu,
Führt dich an deiner Hand
Fort in's Zigeunerland.

Spiegelt sich wieder. S' ist gewiß Gold! Unseins hat nur ein Eckchen in der Welt und ein Stückchen Spiegel und doch hab' ich einen so roten Mund als die großen Madamen mit ihren Spiegeln von oben bis unten und ihren schönen Herrn, die ihnen die Händ küssen, ich bin nur ein arm Weibsbild. – *Das Kind richtet sich auf.* Still Bub, die Auge zu, das Schlafengelchen! wie's an der Wand läuft, *sie blinkt mit dem Glas* die Auge zu, oder es sieht dir hinein, daß du blind wirst.

Woyzeck tritt herein, hinter sie.
Sie fährt auf mit den Händen nach den Ohren.

WOYZECK. Was hast du?
MARIE. Nix.
WOYZECK. Unter deinen Fingern glänzt's ja.
MARIE. Ein Ohrringlein; hab's gefunden.
WOYZECK. Ich hab so noch nix gefunden. Zwei auf einmal.
MARIE. Bin ich ein Mensch?
WOYZECK. S' ist gut, Marie. – Was der Bub schläft. Greif' ihm unter's Ärmchen der Stuhl drückt ihn. Die hellen Tropfen steh'n ihm auf der Stirn; Alles Arbeit unter der Sonn, sogar Schweiß im Schlaf. Wir arme Leut! Da is wieder Geld Marie, die Löhnung und was von mein'm Hauptmann.
MARIE. Gott vergelt's Franz.

WOYZECK. Ich muß fort. Heut Abend, Marie. Adies.

MARIE *allein, nach einer Pause.* Ich bin doch ein schlecht Mensch. Ich könnt' mich erstechen. – Ach! Was Welt? Geht doch Alles zum Teufel, Mann und Weib.

[5] DER HAUPTMANN. WOYZECK

Hauptmann auf einem Stuhl, Woyzeck rasiert ihn.

HAUPTMANN. Langsam, Woyzeck, langsam; ein's nach dem andern. Er macht mir ganz schwindlich. Was soll ich dann mit den zehn Minuten anfangen, die Er heut zu früh fertig wird? Woyzeck, bedenk' Er, Er hat noch seine schöne dreißig Jahr zu leben, dreißig Jahr! macht 360 Monate, und Tage, Stunden, Minuten! Was will Er denn mit der ungeheuren Zeit all anfangen? Teil Er sich ein, Woyzeck.

WOYZECK. Ja wohl, Herr Hauptmann.

HAUPTMANN. Es wird mir ganz angst um die Welt, wenn ich an die Ewigkeit denke. Beschäftigung, Woyzeck, Beschäftigung! ewig das ist ewig, das ist ewig, das siehst du ein; nun ist es aber wieder nicht ewig und das ist ein Augenblick, ja, ein Augenblick – Woyzeck, es schaudert mich, wenn ich denk, daß sich die Welt in einem Tag herumdreht, was n'e Zeitverschwendung, wo soll das hinaus? Woyzeck, ich kann kein Mühlrad mehr sehn, oder ich werd' melancholisch.

WOYZECK. Ja wohl, Herr Hauptmann.

HAUPTMANN. Woyzeck Er sieht immer so verhetzt aus. Ein guter Mensch tut das nicht, ein guter Mensch, der sein gutes Gewissen hat. – Red' Er doch was Woyzeck. Was ist heut für Wetter?

WOYZECK. Schlimm, Herr Hauptmann, schlimm; Wind.

HAUPTMANN. Ich spür's schon, s' ist so was Geschwindes draußen; so ein Wind macht mir den Effekt wie eine Maus. *Pfiffig.* Ich glaub' wir haben so was aus Süd-Nord.

WOYZECK. Ja wohl, Herr Hauptmann.

HAUPTMANN. Ha! ha! ha! Süd-Nord! Ha! Ha! Ha! O Er ist dumm, ganz abscheulich dumm. *Gerührt.* Woyzeck, Er ist ein guter Mensch, ein guter Mensch – aber *mit Würde* Woyzeck, Er hat keine Moral! Moral das ist wenn man moralisch ist, versteht Er. Es ist ein gutes Wort. Er hat ein Kind, ohne den Segen der Kirche, wie unser hochehrwürdiger Herr Garnisonsprediger sagt, ohne den Segen der Kirche, es ist nicht von mir.

WOYZECK. Herr Hauptmann, der liebe Gott wird den armen Wurm nicht drum ansehn, ob das Amen drüber gesagt ist, eh' er gemacht wurde. Der Herr sprach: Lasset die Kindlein zu mir kommen.

HAUPTMANN. Was sagt Er da? Was ist das für n'e kuriose Antwort? Er macht mich ganz konfus mit seiner Antwort. Wenn ich sag: Er, so mein ich Ihn, Ihn.

WOYZECK. Wir arme Leut. Sehn Sie, Herr Hauptmann, Geld, Geld. Wer kein Geld hat. Da setz eimal einer seinsgleichen auf die Moral in die Welt. Man hat auch sein Fleisch und Blut. Unseins ist doch einmal unselig in der und der andern Welt, ich glaub' wenn wir in Himmel kämen so müßten wir donnern helfen.

HAUPTMANN. Woyzeck Er hat keine Tugend, Er ist kein tugendhafter Mensch. Fleisch und Blut? Wenn ich am Fenster lieg, wenn's geregnet hat und den weißen Strümpfen so nachsehe wie sie über die Gassen springen, – verdammt Woyzeck, – da kommt mir die Liebe. Ich hab auch Fleisch und Blut. Aber Woyzeck, die Tugend, die Tugend! Wie sollte ich dann die Zeit herumbringen? ich sag' mir immer: Du bist ein tugendhafter Mensch, *gerührt* ein guter Mensch, ein guter Mensch.

WOYZECK. Ja Herr Hauptmann, die Tugend! ich hab's noch nicht so aus. Sehn Sie, wir gemeine Leut, das hat keine Tugend, es kommt einem nur so die Natur, aber wenn ich ein Herr wär und hätt ein Hut und eine Uhr und eine anglaise und könnt vornehm reden, ich wollt schon tugendhaft sein. Es muß was Schöns sein um die Tugend, Herr Hauptmann. Aber ich bin ein armer Kerl.

HAUPTMANN. Gut Woyzeck. Du bist ein guter Mensch, ein guter Mensch. Aber du denkst zuviel, das zehrt, du siehst immer so verhetzt aus. Der Diskurs hat mich ganz angegriffen. Geh' jetzt und renn nicht so; langsam hübsch langsam die Straße hinunter.

[Ein Drittel der Seite unbeschrieben]

[6] MARIE. TAMBOUR-MAJOR

TAMBOUR-MAJOR. Marie!

MARIE *ihn ansehend, mit Ausdruck.* Geh' einmal vor dich hin. – Über die Brust wie ein Rind und ein Bart wie ein Löw – So ist keiner – Ich bin stolz vor allen Weibern.

TAMBOUR-MAJOR. Wenn ich am Sonntag erst den großen Federbusch hab' und die weiße Handschuh, Donnerwetter, Marie, der Prinz sagt immer: Mensch, Er ist ein Kerl.

MARIE *spöttisch.* Ach was! *Tritt vor ihn hin.* Mann!

TAMBOUR-MAJOR. Und du bist auch ein Weibsbild. Sapperment,

wir wollen eine Zucht von Tambour-Majors anlegen. He? *Er umfaßt sie.*

MARIE *verstimmt.* Laß mich!

TAMBOUR-MAJOR. Wild Tier.

MARIE *heftig.* Rühr mich an!

TAMBOUR-MAJOR. Sieht dir der Teufel aus den Augen?

MARIE. Meintwegen. Es ist Alles eins.

[Ein Drittel der Seite unbeschrieben]

[7] MARIE. WOYZECK

FRANZ *sieht sie starr an, schüttelt den Kopf.* Hm! Ich seh nichts, ich seh nichts. O, man müßt's sehen, man müßt's greifen könne mit Fäusten.

MARIE *verschüchtert.* Was hast du Franz? Du bist hirnwütig Franz.

FRANZ. Eine Sünde so dick und so breit. Es stinkt daß man die Engelchen zum Himmel hinaus rauche könnt. Du hast ein rote Mund, Marie. Keine Blase drauf? Adieu, Marie, du bist schön wie die Sünde –. Kann die Todsünde so schön sein?

MARIE. Franz, du red'st im Fieber.

FRANZ. Teufel! – Hat er da gestande, so, so?

MARIE. Dieweil der Tag lang und die Welt alt ist, könn' viel Mensche an eim Platz stehn, einer nach dem andern.

WOYZECK. Ich hab ihn gesehn.

MARIE. Man kann viel sehn, wenn man 2 Auge hat und man nicht blind ist und die Sonn scheint.

WOYZECK. Mit diesen Augen!

MARIE *keck.* Und wenn auch.

[Ein Fünftel der Seite unbeschrieben]

[8] WOYZECK. DER DOKTOR

DOKTOR. Was erleb' ich Woyzeck? Ein Mann von Wort.

WOYZECK. Was denn Herr Doktor?

DOKTOR. Ich hab's gesehn Woyzeck; Er hat auf die Straß gepißt, an die Wand gepißt wie ein Hund. Und doch 2 Groschen täglich. Woyzeck das ist schlecht. Die Welt wird schlecht, sehr schlecht.

WOYZECK. Aber Herr Doktor, wenn einem die Natur kommt.

DOKTOR. Die Natur kommt, die Natur kommt! Die Natur! Hab' ich nicht nachgewiesen, daß der musculus constrictor vesicae dem Willen unterworfen ist? Die Natur! Woyzeck, der Mensch ist frei, in dem Menschen verklärt sich die Individualität zur Freiheit. Den Harn nicht halten können! *Schüttelt den Kopf, legt die Hände auf den Rücken und geht auf und ab.* Hat Er schon

seine Erbsen gegessen, Woyzeck? – Es gibt eine Revolution in der Wissenschaft, ich sprenge sie in die Luft. Harnstoff 0,10, salzsaures Ammonium, Hyperoxydul.
Woyzeck muß Er nicht wieder pissen? geh' Er eimal hinein und probier Er's.

WOYZECK. Ich kann nit Herr Doktor.

DOKTOR *mit Affekt*. Aber an die Wand pissen! Ich hab's schriftlich, den Akkord in der Hand. Ich hab's gesehn, mit diesen Augen gesehn, ich steckt grade die Nase zum Fenster hinaus und ließ die Sonnstrahlen hineinfallen, um das Niesen zu beobachten. *Tritt auf ihn los*. Nein Woyzeck, ich ärgre mich nicht, Ärger ist ungesund, ist unwissenschaftlich. Ich bin ruhig ganz ruhig, mein Puls hat seine gewöhnlichen 60 und ich sag's Ihm mit der größten Kaltblütigkeit. Behüte wer wird sich über einen Menschen ärgern, ein Menschen! Wenn es noch ein proteus wäre, der einem krepiert! Aber Er hätte doch nicht an die Wand pissen sollen –

WOYZECK. Sehn Sie Herr Doktor, manchmal hat einer so n'en Charakter, so n'e Struktur. – Aber mit der Natur ist's was anders, sehn Sie mit der Natur *er kracht mit den Fingern* das ist so was, wie soll ich doch sagen, zum Beispiel ...

DOKTOR. Woyzeck, Er philosophiert wieder.

WOYZECK *vertraulich*. Herr Doktor haben Sie schon was von der doppelten Natur gesehn? Wenn die Sonn in Mittag steht und es ist als ging die Welt in Feuer auf hat schon eine fürchterliche Stimme zu mir geredt!

DOKTOR. Woyzeck, Er hat eine aberratio.

WOYZECK *legt den Finger an die Nase*. Die Schwämme Herr Doktor. Da, da steckts. Haben Sie schon gesehn in was für Figuren die Schwämme auf dem Boden wachsen? Wer das lesen könnt.

DOKTOR. Woyzeck Er hat die schönste aberratio mentalis partialis, die zweite Spezies, sehr schön ausgeprägt. Woyzeck Er kriegt Zulage. Zweite Spezies, fixe Idee, mit allgemein vernünftigem Zustand, Er tut noch Alles wie sonst, rasiert sein Hauptmann?

WOYZECK. Ja, wohl.

DOKTOR. Ißt sei Erbse?

WOYZECK. Immer ordentlich Herr Doktor. Das Geld für die Menage kriegt mei Frau.

DOKTOR. Tut sei Dienst?

WOYZECK. Ja wohl.

DOKTOR. Er ist ein interessanter casus. Subjekt Woyzeck Er kriegt Zulag. Halt Er sich brav. Zeig Er sei Puls! Ja.

[Ein Drittel der Seite unbeschrieben]

[9] HAUPTMANN. DOKTOR

HAUPTMANN. Herr Doktor, die Pferde machen mir ganz Angst; wenn ich denke, daß die armen Bestien zu Fuß gehn müssen. Rennen Sie nicht so. Rudern Sie mit Ihrem Stock nicht so in der Luft. Sie hetzen sich ja hinter dem Tod drein. Ein guter Mensch, der sein gutes Gewissen hat, geht nicht so schnell. Ein guter Mensch. *Er erwischt den Doktor am Rock.* Herr Doktor erlauben Sie, daß ich ein Menschenleben rette, Sie schießen [Satz bricht ab]
Herr Doktor, ich bin so schwermütig, ich habe so was Schwärmerisches, ich muß immer weinen, wenn ich meinen Rock an der Wand hängen sehe, da hängt er.

DOKTOR. Hm! aufgedunsen, fett, dicker Hals, apoplektische Konstitution. Ja Herr Hauptmann Sie können eine apoplexia cerebralis kriegen, Sie können sie aber vielleicht auch nur auf der einen Seite bekommen, und dann auf der einen gelähmt sein, oder aber Sie können im besten Fall geistig gelähmt werden und nur fort vegetieren, das sind so ohngefähr Ihre Aussichten auf die nächsten 4 Wochen. Übrigens kann ich Sie versichern, daß Sie einen von den interessanten Fällen abgeben und wenn Gott will, daß Ihre Zunge zum Teil gelähmt wird, so machen wir die unsterblichsten Experimente.

HAUPTMANN. Herr Doktor erschrecken Sie mich nicht, es sind schon Leute am Schreck gestorben, am bloßen hellen Schreck. – Ich seh schon die Leute mit den Zitronen in den Händen, aber sie werden sagen, er war ein guter Mensch, ein guter Mensch – Teufel Sargnagel.

DOKTOR *hält ihm den Hut hin.* Was ist das Herr Hauptmann? Das ist Hohlkopf!

HAUPTMANN *macht eine Falte.* Was ist das Herr Doktor? Das ist Einfalt.

DOKTOR. Ich empfehle mich, geehrtester Herr Exerzierzagel.

HAUPTMANN. Gleichfalls, bester Herr Sargnagel.

[Drei Viertel der Seite unbeschrieben]

[10] DIE WACHTSTUBE

Woyzeck. Andres.

ANDRES *singt.*

Frau Wirtin hat n'e brave Magd,
Sie sitzt im Garten Tag und Nacht,
Sie sitzt in ihrem Garten …

WOYZECK. Andres!

ANDRES. Nu?

WOYZECK. Schön Wetter.

ANDRES. Sonntagsonnwetter. Musik vor der Stadt. Vorhin sind die Weibsbilder hinaus, die Mensche dampfe, das geht.

WOYZECK *unruhig*. Tanz, Andres, sie tanze.

ANDRES. Im Rössel und im Sternen.

WOYZECK. Tanz, Tanz.

ANDRES. Meintwege.

Sie sitzt in ihrem Garten,
Bis daß das Glöcklein zwölfe schlägt,
Und paßt auf die Solda-aten.

WOYZECK. Andres, ich hab kei Ruh.

ANDRES. Narr!

WOYZECK. Ich muß hinaus. Es dreht sich mir vor den Augen. Tanz. Tanz. Was sie heiße Händ habe. Verdammt Andres!

ANDRES. Was willst du?

WOYZECK. Ich muß fort.

ANDRES. Mit dem Mensch.

WOYZECK. Ich muß hinaus, s' ist so heiß da hie.

[11] WIRTSHAUS

Die Fenster offen, Tanz. Bänke vor dem Haus. Bursche.

1. HANDWERKSBURSCH.

Ich hab ein Hemdlein an das ist nicht mein,
Meine Seele stinkt nach Branndewein ...

2. HANDWERKSBURSCH. Bruder, soll ich dir aus Freundschaft ein Loch in die Natur machen? Vorwärts! Ich will ein Loch in die Natur machen. Ich bin auch ein Kerl, du weißt, ich will ihm alle Flöh am Leib tot schlagen.

1. HANDWERKSBURSCH. Meine Seele, mei Seele stinkt nach Branndewein. Selbst das Geld geht in Verwesung über. Vergißmeinich! Wie ist diese Welt so schön. Bruder, ich muß ein Regenfaß voll greinen. Ich wollt unse Nase wärn zwei Bouteille und wir könnte sie uns einander in de Hals gießen.

ANDRE *im Chor:*

Ein Jäger aus der Pfalz,
Ritt einst durch ein grünen Wald.
Halli, halloh, gar lustig ist die Jägerei
Allhier auf grüner Heid.
Das Jagen ist mei Freud.

Woyzeck stellt sich an's Fenster. Marie und der Tambourmajor tanzen vorbei, ohne ihn zu bemerken.

MARIE *im Vorbeitanzen.* Immer, zu, immer zu.

WOYZECK *erstickt.* Immer zu! – immer zu! *fährt heftig auf und sinkt zurück auf die Bank* immer zu immer zu, *schlägt die Hände in einander* dreht euch, wälzt euch. Warum bläst Gott nicht die Sonn aus, daß Alles in Unzucht sich übernanderwälzt, Mann und Weib, Mensch und Vieh. Tut's am hellen Tag, tut's einem auf den Händen, wie die Mücken. – Weib. – Das Weib ist heiß, heiß! – Immer zu, immer zu. *Fährt auf.* Der Kerl! Wie er an ihr herumtappt, an ihrem Leib, er, er hat sie wie ich zu Anfang!

1. HANDWERKSBURSCH *predigt auf dem Tisch.* Jedoch wenn ein Wandrer, der gelehnt steht an dem Strom der Zeit oder aber sich die göttliche Weisheit beantwortet und sich anredet: Warum ist der Mensch? Warum ist der Mensch? – Aber wahrlich ich sage euch, von was hätte der Landmann, der Weißbinder, der Schuster, der Arzt leben sollen, wenn Gott den Menschen nicht geschaffen hätte? Von was hätte der Schneider leben sollen, wenn er dem Menschen nicht die Empfindung der Scham eingepflanzt, von was der Soldat, wenn Er ihn nicht mit dem Bedürfnis sich totzuschlagen ausgerüstet hätte? Darum zweifelt nicht, ja ja, es ist lieblich und fein, aber Alles Irdische ist eitel, selbst das Geld geht in Verwesung über. – Zum Beschluß meine geliebten Zuhörer laßt uns noch über's Kreuz pissen, damit ein Jud stirbt.

[12] FREIES FELD

WOYZECK. Immer zu! immer zu! Still Musik! *Reckt sich gegen den Boden.* Ha was, was sagt ihr? Lauter, lauter, – stich, stich die Zickwolfin tot? stich, stich die Zickwolfin tot. Soll ich? Muß ich? Hör ich's da auch, sagt's der Wind auch? Hör ich's immer, immer zu, stich tot, tot.

[13] NACHT

Andres und Woyzeck in einem Bett.

WOYZECK *schüttelt Andres.* Andres! Andres! ich kann nit schlafe, wenn ich die Aug zumach, dreht sich's immer und ich hör die Geigen, immer zu, immer zu und dann spricht's aus der Wand, hörst du nix?

ANDRES. Ja, – laß sie tanze! Gott behüt uns, Amen. *Schläft wieder ein.*

WOYZECK. Es redt immer: stich! stich! und zieht mir zwischen den Augen wie ein Messer.

ANDRES. Du mußt Schnaps trinke und Pulver drin, das schneidt das Fieber.

[14] WIRTSHAUS

Tambour-Major. Woyzeck. Leute.

TAMBOUR-MAJOR. Ich bin ein Mann! *schlägt sich auf die Brust* ein Mann sag' ich.
Wer will was? Wer kein besoffen Herrgott ist der laß sich von mir. Ich will ihm die Nas ins Arschloch prügeln. Ich will – *zu Woyzeck* da Kerl, sauf, der Mann muß saufen, ich wollt die Welt wär Schnaps, Schnaps.

WOYZECK *pfeift.*

TAMBOUR-MAJOR. Kerl, soll ich dir die Zung aus dem Hals ziehe und sie um den Leib herumwickle? *Sie ringen, Woyzeck verliert.* Soll ich dir noch soviel Atem lassen als en Altweiberfurz, soll ich?

WOYZECK *setzt sich erschöpft zitternd auf die Bank.*

TAMBOUR-MAJOR. Der Kerl soll dunkelblau pfeifen.
Ha. Branndewein das ist mein Leben,
Branntwein gibt courage!

EINE. Der hat sei Fett.

ANDRE. Er blut.

WOYZECK. Eins nach dem andern.

[15] WOYZECK. DER JUDE

WOYZECK. Das Pistolche ist zu teuer.

JUD. Nu, kauft's oder kauft's nit, was is?

WOYZECK. Was kost das Messer?

JUD. S' ist ganz, grad. Wollt Ihr Euch den Hals mit abschneide? Nu, was is es? Ich geb's Euch so wohlfeil wie ein andrer, Ihr sollt Euern Tod wohlfeil haben, aber doch nit umsonst. Was is es? Er soll nen ökonomischen Tod habe.

WOYZECK. Das kann mehr als Brot schneide.

JUD. Zwee Grosche.

WOYZECK. Da! *Geht ab.*

JUD. Da! Als ob's nichts wär. Und s' is doch Geld. Der Hund.

[Ein Drittel der Seite unbeschrieben]

[16] MARIE. DER NARR

Marie *blättert in der Bibel.* »Und ist kein Betrug in seinem Munde erfunden« – Herrgott! Herrgott! Sieh mich nicht an. *Blättert weiter.* »Aber die Pharisäer brachten ein Weib zu ihm, im Ehebruch begriffen und stelleten sie in's Mittel dar. – Jesus aber sprach: So verdamme ich dich auch nicht. Geh hin und sündige hinfort nicht mehr.« *Schlägt die Hände zusammen.* Herrgott! Herrgott! Ich kann nicht. Herrgott gib mir nur soviel, daß ich beten kann. *Das Kind drängt sich an sie.* Das Kind gibt mir einen Stich in's Herz. Karl! Das brüst sich in der Sonne!

Narr *liegt und erzählt sich Märchen an den Fingern.* Der hat die golden Kron, der Herr König. Morgen hol' ich der Frau Königin ihr Kind. Blutwurst sagt: komm Leberwurst! *Er nimmt das Kind und wird still.*

Marie. Der Franz ist nit gekomm, gestern nit, heut nit, es wird heiß hier. *Sie macht das Fenster auf.*

»Und trat hinein zu seinen Füßen und weinete und fing an seine Füße zu netzen mit Tränen und mit den Haaren ihres Hauptes zu trocknen und küssete seine Füße und salbete sie mit Salben.« *Schlägt sich auf die Brust.* Alles tot! Heiland, Heiland ich möchte dir die Füße salben.

[17] KASERNE

Andres. Woyzeck kramt in seinen Sachen.

Woyzeck. Das Kamisolche Andres, ist nit zur Montur, du kannst's brauche Andres. Das Kreuz is meiner Schwester und das Ringlein, ich hab auch noch ein Heiligen, zwei Herze und schön Gold, es lag in meiner Mutter Bibel, und da steht:

Leiden sei all mein Gewinst,
Leiden sei mein Gottesdienst.

Herr wie dein Leib war rot und wund,
So laß mein Herz sein aller Stund.

Mei Mutter fühlt nur noch, wenn ihr die Sonn auf die Händ scheint. Das tut nix.

Andres *ganz starr, sagt zu Allem:* Ja wohl.

Woyzeck *zieht ein Papier hervor.* Friedrich Johann Franz Woyzeck, Wehrmann, Füsilier im 2. Regiment, 2. Bataillon, 4. Compagnie, geb.   d.   i.   ich bin heut alt 30 Jahr, 7 Monat und 12 Tage.

ANDRES. Franz, du kommst in's Lazarett. Armer du mußt Schnaps trinke und Pulver drin das tödt das Fieber.

WOYZECK. Ja Andres, wann der Schreiner die Hobelspän sammlet, es weiß niemand, wer sein Kopf drauf lege wird.

WOYZECK
Lese- und Bühnenfassung

PERSONEN

Franz Woyzeck
Marie
Hauptmann
Doktor
Tambourmajor
Unteroffizier
Andres
Margreth
Ausrufer vor einer Bude
Marktschreier im Inneren der Bude
Alter Mann, der zum Leierkasten singt
Kind, das tanzt
Der Jude
Wirt
Erster Handwerksbursch
Zweiter Handwerksbursch
Karl, ein Idiot
Käthe
Grossmutter
Erstes Kind
Zweites Kind
Drittes Kind
Erste Person
Zweite Person
Gerichtsdiener
Arzt
Richter
Soldaten, Studenten, Burschen, Mädchen und Kinder

[1] FREIES FELD. DIE STADT IN DER FERNE

Woyzeck und Andres schneiden Stöcke im Gebüsch.

WOYZECK. Ja Andres; den Streif da über das Gras hin, da rollt Abends der Kopf, es hob ihn einmal einer auf, er meint' es wär' ein Igel. Drei Tag und drei Nächt und er lag auf den Hobelspänen *leise* Andres, das waren die Freimaurer, ich hab's, die Freimaurer, still!

ANDRES *singt.* Saßen dort zwei Hasen,
Fraßen ab das grüne, grüne Gras ...

WOYZECK. Still! Es geht was!

ANDRES. Fraßen ab das grüne, grüne Gras
Bis auf den Rasen.

WOYZECK. Es geht hinter mir, unter mir *stampft auf den Boden* hohl, hörst du? Alles hohl da unten. Die Freimaurer!

ANDRES. Ich fürcht mich.

WOYZECK. S' ist so kurios still. Man möcht den Atem halten. Andres!

ANDRES. Was?

WOYZECK. Red was! *Starrt in die Gegend.* Andres! Wie hell! Ein Feuer fährt um den Himmel und ein Getös herunter wie Posaunen. Wie's heraufzieht! Fort. Sieh nicht hinter dich. *Reißt ihn in's Gebüsch.*

ANDRES *nach einer Pause.* Woyzeck! hörst du's noch?

WOYZECK. Still, Alles still, als wär die Welt tot.

ANDRES. Hörst du? Sie trommeln drin. Wir müssen fort.

[2] DIE STADT

Marie mit ihrem Kind am Fenster. Margreth. Der Zapfenstreich geht vorbei, der Tambourmajor voran.

MARIE *das Kind wippend auf dem Arm.* He Bub! Sa ra ra ra! Hörst? Da komme sie.

MARGRETH. Was ein Mann, wie ein Baum.

MARIE. Er steht auf seinen Füßen wie ein Löw.
Tambourmajor grüßt.

MARGRETH. Ei, was freundliche Auge, Frau Nachbarin, so was is man an ihr nit gewöhnt.

MARIE *singt.* Soldaten das sind schöne Bursch ...

MARGRETH. Ihre Auge glänze ja noch.

MARIE. Und wenn! Trag Sie Ihre Auge zum Jud und laß Sie sie

putze, vielleicht glänze sie noch, daß man sie für zwei Knöpf verkaufe könnt.

MARGRETH. Was Sie? Sie? Frau Jungfer, ich bin eine honette Person, aber Sie, Sie guckt siebe Paar lederne Hose durch.

MARIE. Luder! *Schlägt das Fenster zu.* Komm mein Bub. Was die Leut wollen. Bist doch nur en arm Hurenkind und machst deiner Mutter Freud mit deim unehrliche Gesicht. Sa! Sa!

Singt. Mädel, was fangst du jetzt an?
Hast ein klein Kind und kein Mann.
Ei was frag ich danach,
Sing ich die ganze Nacht
Heio popeio mein Bu. Juchhe!
Gibt mir kein Mensch nix dazu.

Hansel spann deine sechs Schimmel an,
Gib ihn zu fresse auf's neu.
Kein Haber fresse sie,
Kein Wasser saufe sie,
Lauter kühle Wein muß es sein. Juchhe!
Lauter kühle Wein muß es sein.

Es klopft am Fenster.

MARIE. Wer da? Bist du's Franz? Komm herein!

WOYZECK. Kann nit. Muß zum Verles.

MARIE. Was hast du Franz?

WOYZECK *geheimnisvoll.* Marie, es war wieder was, viel, steht nicht geschrieben: und sieh da ging ein Rauch vom Land, wie der Rauch vom Ofen?

MARIE. Mann!

WOYZECK. Es ist hinter mir gegangen bis vor die Stadt. Was soll das werden?

MARIE. Franz!

WOYZECK. Ich muß fort. *Er geht.*

MARIE. Der Mann! So vergeistert. Er hat sein Kind nicht angesehn. Er schnappt noch über mit den Gedanken. Was bist so still, Bub? Furchst' dich? Es wird so dunkel, man meint, man wär blind. Sonst scheint doch als die Latern herein. Ich halt's nicht aus. Es schauert mich. *Geht ab.*

[3] BUDEN. LICHTER. VOLK

ALTER MANN, *der zum Leierkasten singt,* KIND *das tanzt.*

Auf der Welt ist kein Bestand,

Wir müssen alle sterben,
Das ist uns wohlbekannt!

MARIE. Hei! Hopsa!

WOYZECK. Arm Mann, alter Mann! Arm Kind! Jung Kind! Sorgen und Fest! Hei Marie, soll ich dich ...?

MARIE. Ein Mensch muß auch der Narr von Verstand sein, damit er sagen kann: Narrisch Welt! Schön Welt!

AUSRUFER *vor einer Bude.* Meine Herren! Meine Herren! Sehn Sie die Kreatur, wie sie Gott gemacht, nix, gar nix. Sehen Sie jetzt die Kunst, geht aufrecht hat Rock und Hosen, hat ein Säbel! Ho! Mach Kompliment! So bist Baron. Gib Kuß! *Er trompetet.* Wicht ist musikalisch. Meine Herrn, meine Damen, hier sind zu sehn das astronomische Pferd und die kleine Kanaillevogel, sind Liebling von alle Potentate Europas und Mitglied von alle gelehrte Sozietät, verkündige de Leute Alles, wie alt, wie viel Kinder, was für Krankheit. Schießt Pistol los, stellt sich auf ein Bein. Alles Erziehung, habe nur eine viehische Vernunft, oder vielmehr eine ganz vernünftige Viehigkeit, ist kein viehdummes Individuum wie viel Person, das verehrliche Publikum abgerechnet. Herein. Es wird sein, die rapräsentation. Das commencement vom commencement wird sogleich nehm sein Anfang.
Sehn Sie die Fortschritte der Zivilisation. Alles schreitet fort, ein Pferd, ein Aff, ein Kanaillevogel! Der Aff ist schon ein Soldat, s' ist noch nit viel, unterst Stuf von menschliche Geschlecht!
Die rapräsentation anfangen! Man mackt Anfang von Anfang. Es wird sogleich sein das commencement von commencement.

WOYZECK. Willst du?

MARIE. Meinetwege. Das muß schön Dings sein. Was der Mensch Quasten hat und die Frau hat Hosen.

Unteroffizier. Tambourmajor.

UNTEROFFIZIER. Halt, jetzt. Siehst du sie! Was n' Weibsbild.

TAMBOURMAJOR. Teufel, zum Fortpflanzen von Kürassierregimenter und zur Zucht von Tambourmajors!

UNTEROFFIZIER. Wie sie den Kopf trägt, man meint das schwarz Haar müßt sie abwärts ziehn, wie ein Gewicht, und Auge, schwarz ...

TAMBOURMAJOR. Als ob man in ein Ziehbrunn oder zu eim Schornstein hinabguckt. Fort hinte drein.

MARIE. Was Lichter, mei Auge!

WOYZECK. Ja de Branntwein, ein Faß schwarz Katze mit feurige Auge. Hei, was n' Abend.

Das Innere der Bude.

MARKTSCHREIER. Zeig' dein Talent! zeig deine viehische Vernünftigkeit! Beschäm die menschlich Sozietät! Meine Herren, dies Tier, das Sie da sehn, Schwanz am Leib, auf sei vier Hufe ist Mitglied von alle gelehrte Sozietät, ist Professor an unse Universität, wo die Studente bei ihm reiten und schlage lerne. Das war einfacher Verstand. Denk jetzt mit der doppelte raison. Was machst du wann du mit der doppelte Raison denkst? Ist unter der gelehrte Société da ein Esel? *Der Gaul schüttelt den Kopf.* Sehn Sie jetzt die doppelte Räson? Das ist Viehsionomik. Ja das ist kei viehdummes Individuum, das ist eine Person. Ei Mensch, ei tierisch Mensch und doch ei Vieh, ei bête. *Das Pferd führt sich ungebührlich auf.* So beschäm die société. Sehn Sie das Vieh ist noch Natur, unideale Natur! Lern Sie bei ihm. Fragen Sie den Arzt, es ist höchst schädlich. Das hat geheiße: Mensch sei natürlich. Du bist geschaffe Staub, Sand, Dreck. Willst du mehr sein, als Staub, Sand, Dreck? Sehn Sie was Vernunft, es kann rechnen und kann doch nit an de Finger herzählen, warum? Kann sich nur nit ausdrücke, nur nit expliziern, ist ein verwandelter Mensch! Sag den Herrn, wieviel Uhr es ist. Wer von den Herrn und Damen hat eine Uhr, eine Uhr?

UNTEROFFIZIER. Eine Uhr! *Zieht großartig und gemessen die Uhr aus der Tasche.* Da mein Herr.

MARIE. Das muß ich sehn. *Sie klettert auf den 1. Platz. Unteroffizier hilft ihr.*

[4] KAMMER

Marie sitzt, ihr Kind auf dem Schoß, ein Stückchen Spiegel in der Hand.

MARIE *bespiegelt sich.* Was die Steine glänze! Was sind's für? Was hat er gesagt? – Schlaf Bub! Drück die Auge zu, fest, *das Kind versteckt die Augen hinter den Händen* noch fester, bleib so, still oder er holt dich.

Singt.

Mädel mach's Ladel zu,
S' kommt e Zigeunerbu,
Führt dich an deiner Hand
Fort in's Zigeunerland.

Spiegelt sich wieder. S' ist gewiß Gold! Unseins hat nur ein Eckchen in der Welt und ein Stückchen Spiegel und doch hab' ich einen so roten Mund als die großen Madamen mit ihren Spiegeln von oben bis unten und ihren schönen Herrn, die ihnen die Händ küssen, ich bin nur ein arm Weibsbild. – *Das Kind richtet sich auf.* Still Bub, die Auge zu, das Schlafengelchen! wie's an der Wand läuft, *sie blinkt mit dem Glas* die Auge zu, oder es sieht dir hinein, daß du blind wirst.

Woyzeck tritt herein, hinter sie.
Sie fährt auf mit den Händen nach den Ohren.

WOYZECK. Was hast du?
MARIE. Nix.
WOYZECK. Unter deinen Fingern glänzt's ja.
MARIE. Ein Ohrringlein; hab's gefunden.
WOYZECK. Ich hab so noch nix gefunden. Zwei auf einmal.
MARIE. Bin ich ein Mensch?
WOYZECK. S' ist gut, Marie. – Was der Bub schläft. Greif' ihm unter's Ärmchen der Stuhl drückt ihn. Die hellen Tropfen steh'n ihm auf der Stirn; Alles Arbeit unter der Sonn, sogar Schweiß im Schlaf. Wir arme Leut! Da is wieder Geld Marie, die Löhnung und was von mein'm Hauptmann.
MARIE. Gott vergelt's Franz.
WOYZECK. Ich muß fort. Heut Abend, Marie. Adies.
MARIE *allein, nach einer Pause.* Ich bin doch ein schlecht Mensch. Ich könnt' mich erstechen. – Ach! Was Welt? Geht doch Alles zum Teufel, Mann und Weib.

[5] DER HAUPTMANN. WOYZECK

Hauptmann auf einem Stuhl, Woyzeck rasiert ihn.

HAUPTMANN. Langsam, Woyzeck, langsam; ein's nach dem andern. Er macht mir ganz schwindlig. Was soll ich dann mit den zehn Minuten anfangen, die Er heut zu früh fertig wird? Woyzeck, bedenk' Er, Er hat noch seine schöne dreißig Jahr zu leben, dreißig Jahr! macht 360 Monate, und Tage, Stunden, Minuten! Was will Er denn mit der ungeheuren Zeit all anfangen? Teil Er sich ein, Woyzeck.
WOYZECK. Ja wohl, Herr Hauptmann.
HAUPTMANN. Es wird mir ganz angst um die Welt, wenn ich an die Ewigkeit denke. Beschäftigung, Woyzeck, Beschäftigung! ewig das ist ewig, das ist ewig, das siehst du ein; nun ist es aber wieder nicht ewig und das ist ein Augenblick, ja, ein Augenblick – Woyzeck, es schaudert mich, wenn ich denk, daß sich die Welt in einem Tag herumdreht, was n'e Zeitverschwendung, wo soll das

hinaus? Woyzeck, ich kann kein Mühlrad mehr sehn, oder ich werd' melancholisch.

WOYZECK. Ja wohl, Herr Hauptmann.

HAUPTMANN. Woyzeck Er sieht immer so verhetzt aus. Ein guter Mensch tut das nicht, ein guter Mensch, der sein gutes Gewissen hat. – Red' Er doch was Woyzeck. Was ist heut für Wetter?

WOYZECK. Schlimm, Herr Hauptmann, schlimm; Wind.

HAUPTMANN. Ich spür's schon, s' ist so was Geschwindes draußen; so ein Wind macht mir den Effekt wie eine Maus. *Pfiffig.* Ich glaub' wir haben so was aus Süd-Nord.

WOYZECK. Ja wohl, Herr Hauptmann.

HAUPTMANN. Ha! ha! ha! Süd-Nord! Ha! Ha! Ha! O Er ist dumm, ganz abscheulich dumm. *Gerührt.* Woyzeck, Er ist ein guter Mensch, ein guter Mensch – aber *mit Würde* Woyzeck, Er hat keine Moral! Moral das ist wenn man moralisch ist, versteht Er. Es ist ein gutes Wort. Er hat ein Kind, ohne den Segen der Kirche, wie unser hochehrwürdiger Herr Garnisonsprediger sagt, ohne den Segen der Kirche, es ist nicht von mir.

WOYZECK. Herr Hauptmann, der liebe Gott wird den armen Wurm nicht drum ansehn, ob das Amen drüber gesagt ist, eh' er gemacht wurde. Der Herr sprach: Lasset die Kindlein zu mir kommen.

HAUPTMANN. Was sagt Er da? Was ist das für n'e kuriose Antwort? Er macht mich ganz konfus mit seiner Antwort. Wenn ich sag: Er, so mein ich Ihn, Ihn.

WOYZECK. Wir arme Leut. Sehn Sie, Herr Hauptmann, Geld, Geld. Wer kein Geld hat. Da setz eimal einer seinsgleichen auf die Moral in die Welt. Man hat auch sein Fleisch und Blut. Unseins ist doch einmal unselig in der und der andern Welt, ich glaub' wenn wir in Himmel kämen so müßten wir donnern helfen.

HAUPTMANN. Woyzeck Er hat keine Tugend, Er ist kein tugendhafter Mensch. Fleisch und Blut? Wenn ich am Fenster lieg, wenn's geregnet hat und den weißen Strümpfen so nachsehe wie sie über die Gassen springen, – verdammt Woyzeck, – da kommt mir die Liebe. Ich hab auch Fleisch und Blut. Aber Woyzeck, die Tugend, die Tugend! Wie sollte ich dann die Zeit herumbringen? ich sag' mir immer: Du bist ein tugendhafter Mensch, *gerührt* ein guter Mensch, ein guter Mensch.

WOYZECK. Ja Herr Hauptmann, die Tugend! ich hab's noch nicht so aus. Sehn Sie, wir gemeine Leut, das hat keine Tugend, es kommt einem nur so die Natur, aber wenn ich ein Herr wär und hätt ein Hut und eine Uhr und eine anglaise und könnt vornehm reden, ich wollt schon tugendhaft sein. Es muß was Schöns sein um die Tugend, Herr Hauptmann. Aber ich bin ein armer Kerl.

HAUPTMANN. Gut Woyzeck. Du bist ein guter Mensch, ein guter Mensch. Aber du denkst zuviel, das zehrt, du siehst immer so verhetzt aus. Der Diskurs hat mich ganz angegriffen. Geh' jetzt und renn nicht so; langsam hübsch langsam die Straße hinunter.

[6] KAMMER

Marie. Tambour-Major.

TAMBOUR-MAJOR. Marie!

MARIE *ihn ansehend, mit Ausdruck.* Geh' einmal vor dich hin. – Über die Brust wie ein Rind und ein Bart wie ein Löw – So ist keiner – Ich bin stolz vor allen Weibern.

TAMBOUR-MAJOR. Wenn ich am Sonntag erst den großen Federbusch hab' und die weiße Handschuh, Donnerwetter, Marie, der Prinz sagt immer: Mensch, Er ist ein Kerl.

MARIE *spöttisch.* Ach was! *Tritt vor ihn hin.* Mann!

TAMBOUR-MAJOR. Und du bist auch ein Weibsbild. Sapperment, wir wollen eine Zucht von Tambour-Majors anlegen. He? *Er umfaßt sie.*

MARIE *verstimmt.* Laß mich!

TAMBOUR-MAJOR. Wild Tier.

MARIE *heftig.* Rühr mich an!

TAMBOUR-MAJOR. Sieht dir der Teufel aus den Augen?

MARIE. Meintwegen. Es ist Alles eins.

[7] AUF DER GASSE

Marie. Woyzeck.

WOYZECK *sieht sie starr an, schüttelt den Kopf.* Hm! Ich seh nichts, ich seh nichts. O, man müßt's sehen, man müßt's greifen könne mit Fäusten.

MARIE *verschüchtert.* Was hast du Franz? Du bist hirnwütig Franz.

WOYZECK. Eine Sünde so dick und so breit. Es stinkt daß man die Engelchen zum Himmel hinaus rauche könnt. Du hast ein rote Mund, Marie. Keine Blase drauf? Adieu, Marie, du bist schön wie die Sünde –. Kann die Todsünde so schön sein?

MARIE. Franz, du red'st im Fieber.

WOYZECK. Teufel! – Hat er da gestande, so, so?

MARIE. Dieweil der Tag lang und die Welt alt ist, könn' viel Mensche an eim Platz stehn, einer nach dem andern.

WOYZECK. Ich hab ihn gesehn.

MARIE. Man kann viel sehn, wenn man zwei Auge hat und man nicht blind ist und die Sonn scheint.

WOYZECK. Mit diesen Augen!

MARIE *keck*. Und wenn auch.

[8] BEIM DOKTOR

Woyzeck. Der Doktor.

DOKTOR. Was erleb' ich Woyzeck? Ein Mann von Wort.

WOYZECK. Was denn Herr Doktor?

DOKTOR. Ich hab's gesehn Woyzeck; Er hat auf die Straß gepißt, an die Wand gepißt wie ein Hund. Und doch zwei Groschen täglich. Woyzeck das ist schlecht. Die Welt wird schlecht, sehr schlecht.

WOYZECK. Aber Herr Doktor, wenn einem die Natur kommt.

DOKTOR. Die Natur kommt, die Natur kommt! Die Natur! Hab' ich nicht nachgewiesen, daß der musculus constrictor vesicae dem Willen unterworfen ist? Die Natur! Woyzeck, der Mensch ist frei, in dem Menschen verklärt sich die Individualität zur Freiheit. Den Harn nicht halten können! *Schüttelt den Kopf, legt die Hände auf den Rücken und geht auf und ab.* Hat Er schon seine Erbsen gegessen, Woyzeck? – Es gibt eine Revolution in der Wissenschaft, ich sprenge sie in die Luft. Harnstoff 0,10, salzsaures Ammonium, Hyperoxydul.
Woyzeck muß Er nicht wieder pissen? geh' Er einmal hinein und probier Er's.

WOYZECK. Ich kann nit Herr Doktor.

DOKTOR *mit Affekt.* Aber an die Wand pissen! Ich hab's schriftlich, den Akkord in der Hand. Ich hab's gesehn, mit diesen Augen gesehn, ich steckt grade die Nase zum Fenster hinaus und ließ die Sonnstrahlen hineinfallen, um das Niesen zu beobachten. *Tritt auf ihn los.* Nein Woyzeck, ich ärgre mich nicht, Ärger ist ungesund, ist unwissenschaftlich. Ich bin ruhig ganz ruhig, mein Puls hat seine gewöhnliche 60 und ich sag's Ihm mit der größten Kaltblütigkeit. Behüte wer wird sich über einen Menschen ärgern, ein Menschen! Wenn es noch ein proteus wäre, der einem krepiert! Aber Er hätte doch nicht an die Wand pissen sollen –

WOYZECK. Sehn Sie Herr Doktor, manchmal hat einer so n'en Charakter, so n'e Struktur. – Aber mit der Natur ist's was anders, sehn Sie mit der Natur *er kracht mit den Fingern* das ist so was, wie soll ich doch sagen, zum Beispiel …

DOKTOR. Woyzeck, Er philosophiert wieder.

WOYZECK *vertraulich.* Herr Doktor haben Sie schon was von der doppelten Natur gesehn? Wenn die Sonn in Mittag steht und es ist als ging die Welt in Feuer auf hat schon eine fürchterliche Stimme zu mir geredt!

DOKTOR. Woyzeck, Er hat eine aberratio.

WOYZECK *legt den Finger an die Nase.* Die Schwämme Herr Doktor. Da, da steckts. Haben Sie schon gesehn in was für Figuren die Schwämme auf dem Boden wachsen? Wer das lesen könnt.

DOKTOR. Woyzeck Er hat die schönste aberratio mentalis partialis, die zweite Spezies, sehr schön ausgeprägt. Woyzeck Er kriegt Zulage. Zweite Spezies, fixe Idee, mit allgemein vernünftigem Zustand, Er tut noch Alles wie sonst, rasiert sein Hauptmann?

WOYZECK. Ja, wohl.

DOKTOR. Ißt sei Erbse?

WOYZECK. Immer ordentlich Herr Doktor. Das Geld für die Menage kriegt mei Frau.

DOKTOR. Tut sei Dienst?

WOYZECK. Ja wohl.

DOKTOR. Er ist ein interessanter casus. Subjekt Woyzeck Er kriegt Zulag. Halt Er sich brav. Zeig Er sei Puls! Ja.

[9] STRASSE

Hauptmann. Doktor. Hauptmann keucht die Straße herunter, hält an, keucht, sieht sich um.

HAUPTMANN. Herr Doktor, die Pferde machen mir ganz Angst; wenn ich denke, daß die armen Bestien zu Fuß gehn müssen. Rennen Sie nicht so. Rudern Sie mit Ihrem Stock nicht so in der Luft. Sie hetzen sich ja hinter dem Tod drein. Ein guter Mensch, der sein gutes Gewissen hat, geht nicht so schnell. Ein guter Mensch. *Er erwischt den Doktor am Rock.* Herr Doktor erlauben Sie, daß ich ein Menschenleben rette, Sie schießen …
Herr Doktor, ich bin so schwermütig, ich habe so was Schwärmerisches, ich muß immer weinen, wenn ich meinen Rock an der Wand hängen sehe, da hängt er.

DOKTOR. Hm! aufgedunsen, fett, dicker Hals, apoplektische Konstitution. Ja Herr Hauptmann Sie können eine apoplexia cerebralis kriegen, Sie können sie aber vielleicht auch nur auf der einen Seite bekommen, und dann auf der einen gelähmt sein, oder aber

Sie können im besten Fall geistig gelähmt werden und nur fort vegetieren, das sind so ohngefähr Ihre Aussichten auf die nächsten vier Wochen. Übrigens kann ich Sie versichern, daß Sie einen von den interessanten Fällen abgeben und wenn Gott will, daß Ihre Zunge zum Teil gelähmt wird, so machen wir die unsterblichsten Experimente.

HAUPTMANN. Herr Doktor erschrecken Sie mich nicht, es sind schon Leute am Schreck gestorben, am bloßen hellen Schreck. – Ich seh schon die Leute mit den Zitronen in den Händen, aber sie werden sagen, er war ein guter Mensch, ein guter Mensch – Teufel Sargnagel.

DOKTOR *hält ihm den Hut hin.* Was ist das Herr Hauptmann? Das ist Hohlkopf!

HAUPTMANN *macht eine Falte.* Was ist das Herr Doktor? Das ist Einfalt.

DOKTOR. Ich empfehle mich, geehrtester Herr Exerzierzagel.

HAUPTMANN. Gleichfalls, bester Herr Sargnagel.

Woyzeck kommt die Straße heruntergerannt.

HAUPTMANN. He Woyzeck, was hetzt Er sich so an uns vorbei? Bleib Er doch Woyzeck, Er läuft ja wie ein offnes Rasiermesser durch die Welt, man schneidt sich an Ihm, Er läuft als hätt Er ein Regiment Kastrierte zu rasiern und würd gehenkt über dem letzten Haar noch vorm Verschwinden – aber, über die langen Bärte, was wollt ich doch sagen? Woyzeck – die langen Bärte ...

DOKTOR. Ein langer Bart unter dem Kinn, schon Plinius spricht davon, man muß es den Soldaten abgewöhnen, du, du ...

HAUPTMANN *fährt fort.* Hä? über die langen Bärte? Wie is Woyzeck, hat Er noch nicht ein Haar aus eim Bart in seiner Schüssel gefunden? He, Er versteht mich doch, ein Haar von einem Menschen, vom Bart eines sapeur, eines Unteroffizier, eines – eines Tambourmajor? He Woyzeck? Aber Er hat eine brave Frau. Geht Ihm nicht wie andern.

WOYZECK. Ja wohl! Was wollen Sie sagen Herr Hauptmann?

HAUPTMANN. Was der Kerl ein Gesicht macht! muß nun auch nicht in der Suppe sein, aber wenn Er sich eilt und um die Eck geht, so kann Er vielleicht noch auf Paar Lippen eins finden, ein Paar Lippen, Woyzeck, ich habe auch die Liebe gefühlt, Woyzeck. Kerl Er ist ja kreideweiß.

WOYZECK. Herr, Hauptmann, ich bin ein arm Teufel, – und hab sonst nichts auf der Welt Herr Hauptmann, wenn Sie Spaß machen –

HAUPTMANN. Spaß ich, daß dich Spaß, Kerl!

DOKTOR. Den Puls Woyzeck, den Puls, klein, hart, hüpfend, unregelmäßig.

WOYZECK. Herr Hauptmann, die Erd ist höllenheiß, mir eiskalt! eiskalt, die Hölle ist kalt, wollen wir wetten. Unmöglich, Mensch! Mensch! unmöglich.

HAUPTMANN. Kerl, will Er erschossen werden, will Er ein Paar Kugeln vor den Kopf haben? Er ersticht mich mit seinen Augen, und ich mein's gut mit Ihm, weil Er ein guter Mensch ist Woyzeck, ein guter Mensch.

DOKTOR. Gesichtsmuskeln starr, gespannt, zuweilen hüpfend, Haltung aufgerichtet, gespannt.

WOYZECK. Ich geh! Es ist viel möglich. Der Mensch! es ist viel möglich. Wir habe schön Wetter Herr Hauptmann. Sehn Sie so ein schön, festen groben Himmel, man könnte Lust bekomm, ein Kloben hineinzuschlagen und sich daran zu hänge, nur wege des Gedankenstrichels zwischen Ja, und wieder ja – und nein, Herr, Herr Hauptmann ja und nein? Ist das Nein am Ja oder das Ja am Nein Schuld? Ich will drüber nachdenke. *Geht mit breiten Schritten ab, erst langsam dann immer schneller.*

DOKTOR *schießt ihm nach.* Phänomen, Woyzeck, Zulage.

HAUPTMANN. Mir wird ganz schwindlig vor den Menschen, wie schnell, der lange Schlingel greift aus, es läuft der Schatten von einem Spinnbein, und der Kurze, – das zuckelt. Der Lange ist der Blitz und der Kleine der Donner. Haha, hinterdrein. Grotesk! grotesk!

[10] DIE WACHTSTUBE

Woyzeck. Andres.

ANDRES *singt.*

Frau Wirtin hat n'e brave Magd
Sie sitzt im Garten Tag und Nacht,
Sie sitzt in ihrem Garten ...

WOYZECK. Andres!

ANDRES. Nu?

WOYZECK. Schön Wetter.

ANDRES. Sonntagsonnwetter. Musik vor der Stadt. Vorhin sind die Weibsbilder hinaus, die Mensche dampfe, das geht.

WOYZECK *unruhig.* Tanz, Andres, sie tanze.

ANDRES. Im Rössel und im Sternen.

WOYZECK. Tanz, Tanz.

ANDRES. Meintwege.

Sie sitzt in ihrem Garten,
Bis daß das Glöcklein zwölfe schlägt,
Und paßt auf die Solda-aten.

WOYZECK. Andres, ich hab kei Ruh.

ANDRES. Narr!

WOYZECK. Ich muß hinaus. Es dreht sich mir vor den Augen. Tanz. Tanz. Was sie heiße Händ habe. Verdammt Andres!

ANDRES. Was willst du?

WOYZECK. Ich muß fort.

ANDRES. Mit dem Mensch.

WOYZECK. Ich muß hinaus, s' ist so heiß da hie.

[11] WIRTSHAUS

Die Fenster offen, Tanz. Bänke vor dem Haus. Bursche.

ERSTER HANDWERKSBURSCH.
Ich hab ein Hemdlein an das ist nicht mein,
Meine Seele stinkt nach Branndewein ...

ZWEITER HANDWERKSBURSCH. Bruder, soll ich dir aus Freundschaft ein Loch in die Natur machen? Vorwärts! Ich will ein Loch in die Natur machen. Ich bin auch ein Kerl, du weißt, ich will ihm alle Flöh am Leib tot schlagen.

ERSTER HANDWERKSBURSCH. Meine Seele, mei Seele stinkt nach Branndewein. Selbst das Geld geht in Verwesung über. Vergißmeinich! Wie ist diese Welt so schön. Bruder, ich muß ein Regenfaß voll greinen. Ich wollt unse Nase wärn zwei Bouteille und wir könnte sie uns einander in de Hals gießen.

ANDRE *im Chor:* Ein Jäger aus der Pfalz,
Ritt einst durch ein grünen Wald.
Halli, halloh, gar lustig ist die Jägerei
Allhier auf grüner Heid.
Das Jagen ist mei Freud.

Woyzeck stellt sich an's Fenster. Marie und der Tambourmajor tanzen vorbei, ohne ihn zu bemerken.

MARIE *im Vorbeitanzen.* Immer, zu, immer zu.

WOYZECK *erstickt.* Immer zu! – immer zu! *fährt heftig auf und sinkt zurück auf die Bank* immer zu immer zu, *schlägt die Hände in einander* dreht euch, wälzt euch. Warum bläst Gott nicht die Sonn aus, daß Alles in Unzucht sich übernanderwälzt, Mann und Weib, Mensch und Vieh. Tut's am hellen Tag, tut's einem auf den Händen, wie die Mücken. – Weib. – Das Weib ist heiß, heiß! –

Immer zu, immer zu. *Fährt auf.* Der Kerl! Wie er an ihr herumtappt, an ihrem Leib, er, er hat sie wie ich zu Anfang!

ERSTER HANDWERKSBURSCH *predigt auf dem Tisch.* Jedoch wenn ein Wandrer, der gelehnt steht an dem Strom der Zeit oder aber sich die göttliche Weisheit beantwortet und sich anredet. Warum ist der Mensch? Warum ist der Mensch? – Aber wahrlich ich sage euch, von was hätte der Landmann, der Weißbinder, der Schuster, der Arzt leben sollen, wenn Gott den Menschen nicht geschaffen hätte? Von was hätte der Schneider leben sollen, wenn er dem Menschen nicht die Empfindung der Scham eingepflanzt, von was der Soldat, wenn Er ihn nicht mit dem Bedürfnis sich totzuschlagen ausgerüstet hätte? Darum zweifelt nicht, ja ja, es ist lieblich und fein, aber Alles Irdische ist eitel, selbst das Geld geht in Verwesung über. – Zum Beschluß meine geliebten Zuhörer laßt uns noch über's Kreuz pissen, damit ein Jud stirbt.

[12] FREIES FELD

WOYZECK. Immer zu! immer zu! Still Musik! *Reckt sich gegen den Boden.* Ha was, was sagt ihr? Lauter, lauter, – stich, stich die Zickwolfin tot? stich, stich die Zickwolfin tot. Soll ich? Muß ich? Hör ich's da auch, sagt's der Wind auch? Hör ich's immer, immer zu, stich tot, tot.

[13] NACHT

Andres und Woyzeck in einem Bett.

WOYZECK *schüttelt Andres.* Andres! Andres! ich kann nit schlafe, wenn ich die Aug zumach, dreht sich's immer und ich hör die Geigen, immer zu, immer zu und dann spricht's aus der Wand, hörst du nix?

ANDRES. Ja, – laß sie tanze! Gott behüt uns, Amen. *Schläft wieder ein.*

WOYZECK. Es redt immer: stich! stich! und zieht mir zwischen den Augen wie ein Messer.

ANDRES. Du mußt Schnaps trinke und Pulver drin, das schneidt das Fieber.

[14] WIRTSHAUS

Tambour-Major. Woyzeck. Leute.

TAMBOUR-MAJOR. Ich bin ein Mann! *schlägt sich auf die Brust* ein Mann sag' ich.

Wer will was? Wer kein besoffen Herrgott ist der laß sich von mir. Ich will ihm die Nas ins Arschloch prügeln. Ich will – *zu Woyzeck* da Kerl, sauf, der Mann muß saufen, ich wollt die Welt wär Schnaps, Schnaps.

WOYZECK *pfeift.*

TAMBOUR-MAJOR. Kerl, soll ich dir die Zung aus dem Hals ziehe und sie um den Leib herumwickle? *Sie ringen, Woyzeck verliert.* Soll ich dir noch soviel Atem lassen als en Altweiberfurz, soll ich?

WOYZECK *setzt sich erschöpft zitternd auf die Bank.*

TAMBOUR-MAJOR. Der Kerl soll dunkelblau pfeifen.
Ha. Branndewein das ist mein Leben,
Branntwein gibt courage!

EINE. Der hat sei Fett.

ANDRE. Er blut.

WOYZECK. Eins nach dem andern.

[15] KRAMLADEN

Woyzeck. Der Jude.

WOYZECK. Das Pistolche ist zu teuer.

JUD. Nu, kauft's oder kauft's nit, was is?

WOYZECK. Was kost das Messer?

JUD. S' ist ganz, grad. Wollt Ihr Euch den Hals mit abschneide? Nu, was is es? Ich geb's Euch so wohlfeil wie ein andrer, Ihr sollt Euern Tod wohlfeil haben, aber doch nit umsonst. Was is es? Er soll nen ökonomischen Tod habe.

WOYZECK. Das kann mehr als Brot schneide.

JUD. Zwee Grosche.

WOYZECK. Da! *Geht ab.*

JUD. Da! Als ob's nichts wär. Und s' is doch Geld. Der Hund.

[16] KAMMER

Marie. Der Narr.

MARIE *blättert in der Bibel.* »Und ist kein Betrug in seinem Munde erfunden« – Herrgott! Herrgott! Sieh mich nicht an. *Blättert weiter.* »Aber die Pharisäer brachten ein Weib zu ihm, im Ehebruch begriffen und stelleten sie in's Mittel dar. – Jesus aber sprach: So verdamme ich dich auch nicht. Geh hin und sündige hinfort nicht mehr.« *Schlägt die Hände zusammen.* Herrgott! Herrgott! Ich kann nicht. Herrgott gib mir nur soviel, daß ich beten kann. *Das Kind drängt sich an sie.* Das Kind gibt mir einen Stich in's Herz. Karl! Das brüst sich in der Sonne.

NARR *liegt und erzählt sich Märchen an den Fingern.* Der hat die golden Kron, der Herr König. Morgen hol' ich der Frau Königin ihr Kind. Blutwurst sagt: komm Leberwurst! *Er nimmt das Kind und wird still.*

MARIE. Der Franz ist nit gekomm, gestern nit, heut nit, es wird heiß hier. *Sie macht das Fenster auf.*

»Und trat hinein zu seinen Füßen und weinete und fing an seine Füße zu netzen mit Tränen und mit den Haaren ihres Hauptes zu trocknen und küssete seine Füße und salbete sie mit Salben.« *Schlägt sich auf die Brust.* Alles tot! Heiland, Heiland ich möchte dir die Füße salben.

[17] KASERNE

Andres. Woyzeck kramt in seinen Sachen.

WOYZECK. Das Kamisolche Andres, ist nit zur Montur, du kannst's brauche Andres. Das Kreuz is meiner Schwester und das Ringlein, ich hab auch noch ein Heiligen, zwei Herze und schön Gold, es lag in meiner Mutter Bibel, und da steht:

Leiden sei all mein Gewinst,
Leiden sei mein Gottesdienst.

Herr wie dein Leib war rot und wund,
So laß mein Herz sein aller Stund.

Mei Mutter fühlt nur noch, wenn ihr die Sonn auf die Händ scheint. Das tut nix.

ANDRES *ganz starr, sagt zu Allem:* Ja wohl.

WOYZECK *zieht ein Papier hervor.* Friedrich Johann Franz Woyzeck, Wehrmann, Füsilier im 2. Regiment, 2. Bataillon, 4. Compagnie, geb. Mariä Verkündigung, ich bin heut alt 30 Jahr, 7 Monat und 12 Tage.

ANDRES. Franz, du kommst in's Lazarett. Armer du mußt Schnaps trinke und Pulver drin das tödt das Fieber.

WOYZECK. Ja Andres, wann der Schreiner die Hobelspän sammlet, es weiß niemand, wer sein Kopf drauf lege wird.

[18] DER HOF DES DOKTORS

Studenten unten, der Doktor am Dachfenster.

DOKTOR. Meine Herrn, ich bin auf dem Dach, wie David, als er die Bathseba sah; aber ich sehe nichts als die culs de Paris der

Mädchenpension im Garten trocknen. Meine Herrn wir sind an der wichtigen Frage über das Verhältnis des Subjekts zum Objekt. Wenn wir nur eins von den Dingen nehmen, worin sich die organische Selbstaffirmation des Göttlichen, auf einem so hohen Standpunkte manifestiert, und ihr Verhältnis zum Raum, zur Erde, zum Planetarischen untersuchen, meine Herrn, wenn ich diese Katze zum Fenster hinauswerfe, wie wird diese Wesenheit sich zum centrum gravitationis und dem eigenen Instinkt verhalten? He Woyzeck, *brüllt* Woyzeck!

WOYZECK. Herr Doktor sie beißt.

DOKTOR. Kerl, er greift die Bestie so zärtlich an, als wär's seine Großmutter.

WOYZECK. Herr Doktor ich hab's Zittern.

DOKTOR *ganz erfreut.* Ei, ei, schön Woyzeck. *Reibt sich die Hände. Er nimmt die Katze.* Was seh' ich meine Herrn, die neue Spezies Hasenlaus, eine schöne Spezies, *er zieht eine Lupe heraus* meine Herren – *die Katze läuft fort.* Meine Herrn, das Tier hat keinen wissenschaftlichen Instinkt. Meine Herrn, Sie können dafür was anders sehen, sehn Sie, der Mensch, seit einem Vierteljahr ißt er nichts als Erbsen, beachten Sie die Wirkung, fühlen Sie einmal was ein ungleicher Puls, da und die Augen.

WOYZECK. Herr Doktor es wird mir dunkel. *Er setzt sich.*

DOKTOR. Courage! Woyzeck noch ein Paar Tage, und dann ist's fertig, fühlen Sie meine Herrn fühlen Sie. *Sie betasten ihm Schläfe, Puls und Busen.*
à propos, Woyzeck, beweg den Herrn doch einmal die Ohren, ich hab es Ihnen schon zeigen wollen. Zwei Muskeln sind bei ihm tätig. Allons frisch!

WOYZECK. Ach Herr Doktor!

DOKTOR. Bestie, soll ich dir die Ohren bewegen, willst du's machen wie die Katze! So meine Herrn, das sind so Übergänge zum Esel, häufig auch in Folge weiblicher Erziehung und die Muttersprache. Wieviel Haare hat dir die Mutter zum Andenken schon ausgerissen aus Zärtlichkeit? Sie sind dir ja ganz dünn geworden, seit ein Paar Tagen, ja die Erbsen, meine Herren.

[19] MARIE MIT MÄDCHEN VOR DER HAUSTÜR

MÄDCHEN.
Wie scheint die Sonn St. Lichtmeßtag
Und steht das Korn im Blühn.
Sie gingen wohl die Straße hin,
Sie gingen zu zwei und zwein.

Die Pfeifer gingen vorn,
Die Geiger hinte drein.
Sie hatte rote Sock …

ERSTES KIND. S' ist nit schön.
ZWEITES KIND. Was willst du auch immer!
DRITTES KIND. Was hast zuerst anfangen?
ZWEITES KIND. Warum?
ERSTES KIND. Darum!
ZWEITES KIND. Aber warum darum?
DRITTES KIND. Es muß singen –? *Sieht sich fragend im Kreise um und zeigt auf das 1. Kind.*
ERSTES KIND. Ich kann nit.
ALLE KINDER. Marieche sing du uns.
MARIE. Kommt ihr klei Krabben!
Ringle, ringel Rosenkranz. König Herodes. Großmutter erzähl.
GROSSMUTTER. Es war eimal ein arm Kind und hat kei Vater und kei Mutter war Alles tot und war Niemand mehr auf der Welt. Alles tot, und es ist hingangen und hat greint Tag und Nacht. Und weil auf der Erd Niemand mehr war, wollt's in Himmel gehn, und der Mond guckt es so freundlich an und wie's endlich zum Mond kam, war's ein Stück faul Holz und da ist es zur Sonn gangen und wie's zur Sonn kam, war's ein verreckt Sonneblum und wie's zu den Sterne kam, warens klei golde Mück, die waren angesteckt wie der Neuntöter sie auf die Schlehe steckt und wie's wieder auf die Erd wollt, war die Erd ein umgestürzter Hafen und war ganz allein und da hat sich's hingesetzt und geweint und da sitzt es noch und ist ganz allein.
WOYZECK. Marie!
MARIE *erschreckt.* Was ist?
WOYZECK. Marie wir wolln gehn. S' ist Zeit.
MARIE. Wohinaus?
WOYZECK. Weiß ich's?

[20] ABEND. DIE STADT IN DER FERNE

Marie und Woyzeck.

MARIE. Also dort hinaus ist die Stadt. S' ist finster.
WOYZECK. Du sollst noch bleiben. Komm setz dich.
MARIE. Aber ich muß fort.
WOYZECK. Du wirst dir die Füß nicht wund laufen.
MARIE. Wie bist du nur auch!

WOYZECK. Weißt du auch wie lang es just ist, Marie?
MARIE. An Pfingsten zwei Jahr.
WOYZECK. Weißt du auch wie lang es noch sein wird?
MARIE. Ich muß fort das Nachtessen richten.
WOYZECK. Friert's dich Marie? und doch bist du warm. Was du heiße Lippen hast! (heiß, heiß Hurenatem und doch möcht' ich den Himmel geben sie noch eimal zu küssen) und wenn man kalt ist so friert man nicht mehr.
Du wirst vom Morgentau nicht frieren.
MARIE. Was sagst du?
WOYZECK. Nix. *Schweigen.*
MARIE. Was der Mond rot auf geht.
WOYZECK. Wie ein blutig Eisen.
MARIE. Was hast du vor? Franz, du bist so blaß. *Er zieht das Messer.* Franz halt! Um des Himmels willen, Hü- Hülfe!
WOYZECK. Nimm das und das! Kannst du nicht sterben? So! so! Ha sie zuckt noch, noch nicht, noch nicht? Immer noch? *Stößt zu.* Bist du tot? Tot! Tot! *Es kommen Leute, läuft weg.*

[21] ES KOMMEN LEUTE

ERSTE PERSON. Halt!
ZWEITE PERSON. Hörst du? Still! Da!
ERSTE PERSON. Uu! Da! Was ein Ton.
ZWEITE PERSON. Es ist das Wasser, es ruft, schon lang ist Niemand ertrunken. Fort, s' ist nicht gut, es zu hören.
ERSTE PERSON. Uu jetzt wieder. Wie ein Mensch der stirbt.
ZWEITE PERSON. Es ist unheimlich, so dunstig, allenthalb Nebel, grau und das Summen der Käfer wie gesprungne Glocken. Fort!
ERSTE PERSON. Nein, zu deutlich, zu laut. Da hinauf. Komm mit.

[22] DAS WIRTSHAUS

WOYZECK. Tanzt alle, ımmer zu, schwitzt und stinkt, er holt euch doch eimal Alle.
Singt.
Frau Wirtin hat 'ne brave Magd,
Sie sitzt im Garten Tag und Nacht,
Sie sitzt in ihrem Garten,
Bis daß das Glöcklein zwölfe schlägt,
Und paßt auf die Soldaten.
Er tanzt. So Käthe! setz dich! Ich hab heiß, heiß, *er zieht*

den Rock aus es ist eimal so, der Teufel holt die eine und läßt die andre laufen. Käthe du bist heiß! Warum denn? Käthe du wirst auch noch kalt werden. Sei vernünftig. Kannst du nicht singen?

KÄTHE.
Ins Schwabeland das mag ich nicht,
Und lange Kleider trag ich nicht,
Denn lange Kleider spitze Schuh,
Die kommen keiner Dienstmagd zu.

WOYZECK. Nein, keine Schuh, man kann auch ohne Schuh in die Höll gehn.

KÄTHE *tanzt:*
O pfui mein Schatz das war nicht fein.
Behalt dei Taler und schlaf allein.

WOYZECK. Ja wahrhaftig! ich möchte mich nicht blutig machen.

KÄTHE. Aber was hast du an deiner Hand?

WOYZECK. Ich? Ich?

KÄTHE. Rot, Blut! *Es stellen sich Leute um sie.*

WOYZECK. Blut? Blut.

WIRT. Uu Blut.

WOYZECK. Ich glaub ich hab' mich geschnitten, da an der rechten Hand.

WIRT. Wie kommt's aber an den Ellenbogen?

WOYZECK. Ich hab's abgewischt.

WIRT. Was mit der rechten Hand an den rechten Ellenbogen? Ihr seid geschickt.

NARR. Und da hat der Ries gesagt: ich riech, ich riech, ich riech Menschefleisch. Puh! Das stinkt schon.

WOYZECK. Teufel, was wollt ihr? Was geht's euch an? Platz! oder der erste – Teufel! Meint ihr ich hätt Jemand umgebracht? Bin ich Mörder? Was gafft ihr! Guckt euch selbst an! Platz da! *Er läuft hinaus.*

[23] ABEND. DIE STADT IN DER FERNE

Woyzeck allein.

Das Messer? Wo ist das Messer? Ich hab' es da gelassen. Es verrät mich! Näher, noch näher! Was ist das für ein Platz? Was hör ich? Es rührt sich was. Still. Da in der Nähe. Marie? Ha Marie! Still. Alles still! (Was bist du so bleich, Marie? Was hast du eine rote Schnur um den Hals? Bei wem hast du das Halsband verdient, mit deinen Sünden? Du warst schwarz davon, schwarz! Hab ich dich jetzt gebleicht. Was hänge die schwarze Haar, so wild? Hast du die Zöpfe heut nicht geflochten?) Da liegt was! kalt, naß, stille. Weg von dem Platz. Das Messer, das Messer, hab ich's? So! Leute. – Dort. *Er läuft weg.*

[24] WOYZECK AN EINEM TEICH

So da hinunter! *Er wirft das Messer hinein.* Es taucht in das dunkle Wasser, wie ein Stein! Der Mond ist wie ein blutig Eisen! Will denn die ganze Welt es ausplaudern? Nein es liegt zu weit vorn, wenn sie sich baden, *er geht in den Teich und wirft weit* so jetzt – aber im Sommer, wenn sie tauchen nach Muscheln, bah es wird rostig. Wer kann's erkennen – hätt' ich es zerbrochen! Bin ich noch blutig? ich muß mich waschen. Da ein Fleck und da noch einer.

[25] STRASSE

Kinder.

ERSTES KIND. Fort! Mariechen!

ZWEITES KIND. Was is?

ERSTES KIND. Weißt du's nit? Sie sind schon alle hinaus. Drauß liegt eine!

ZWEITES KIND. Wo?

ERSTES KIND. Links über die Lochschanz in dem Wäldche, am roten Kreuz.

ZWEITES KIND. Fort, daß wir noch was sehen. Sie tragen's sonst hinein.

[26] GERICHTSDIENER. ARZT. RICHTER

GERICHTSDIENER. Ein guter Mord, ein echter Mord, ein schöner Mord, so schön als man ihn nur verlangen tun kann, wir haben schon lange so kein gehabt.

[27] DER IDIOT. DAS KIND. WOYZECK

KARL *hält das Kind vor sich auf dem Schoß.* Der is in's Wasser gefallen, der is in's Wasser gefalln, wie, der is in's Wasser gefalln.

WOYZECK. Bub, Christian.

KARL *sieht ihn starr an.* Der is in's Wasser gefalln.

WOYZECK *will das Kind liebkosen, es wendet sich weg und schreit.* Herrgott!

KARL. Der is in's Wasser gefalln.

WOYZECK. Christianche, du bekommst en Reuter, sa, sa. *Das Kind wehrt sich. Zu Karl.* Da kauf dem Bub en Reuter.

KARL *sieht ihn starr an.*

WOYZECK. Hop! hop! Roß.

KARL *jauchzend.* Hop! hop! Roß! Roß! *Läuft mit dem Kind weg.*

POETISCHE MISZELLANEEN

FRAGMENT EINER ERZÄHLUNG
dem Vater zugedacht

Augen von der Brandung verschlungen. Der Kapitän ließ nun die Yölle aussetzen, welche er mit 3 Passagieren, 4 Offizieren, 6 Matrosen und mir bestieg. Trotz der furchtbaren Wogen und der Brandung gelang es uns vom Schiffe zu stoßen, welches, da wir uns kaum eine halbe Seemeile davon entfernt hatten von einer ungeheuren Welle zertrümmert wurde und unter einem gräßlichen Schrei, der mir jetzt noch in den Ohren gellt, versanken fast 400 Menschen in den furchtbaren Abgrund. Trotz des wütenden Sturmes erreichten wir glücklich das Ufer. Auf den Knien und mit Freudetränen in den Augen dankten wir Gott für unsre wunderbare Rettung und verfielen hierauf in einen sanften Schlaf aus dem wir erst spät am Tage erwachten. Beim Erwachen fanden wir uns von einem Trupp neugieriger Chinesen umgeben, welche gerührt über unser trauriges Schicksal, das wir ihnen erzählten, uns zu unterstützen und nach Kanton zu schaffen versprachen: Wir folgten ihnen hierauf in ein nahgelegnes Dorf, wo sie uns trefflich bewirteten, und traten am folgenden Tage mit zweien von ihnen unsre Reise nach Kanton an, wo wir auch nach einigen Tagen wohlbehalten ankamen. Wir wurden von den Faktoren der Handelscompagnie sehr gut aufgenommen und aufs beste unterstützt. Die Matrosen nahmen auf andern Schiffen Dienste, und der Kapitän; die Offiziere und ich mieteten uns auf einem andern Schiffe ein um nach England zurückzukehren und der Handelscompagnie Bericht über das traurige Schicksal des Schiffs abzustatten.

Nimm o bester der Väter mit willigem Geist dies Geschenk an,
Zwar ist es klein und gering; doch beweis' dir's die dankbare Liebe,
Welche mein Herz für Dich hegt geliebtester Vater.
Möge Gott noch lang Dein teures Leben erhalten
Und Dich mit schützender Hand vor allem Unglück behüten.
Mög' er noch lange Dich im Kreise der Kinder und Freunde
Feiern lassen den Tag, an dem die Welt Du erblicktest
Und durch die sorgende Hand der treuen Gattin und Kinder
Dir das Leben versüßen, für dessen Erhaltung ich flehe.

Georg Büchner.

GEBADET IN DES MEERES BLAUER FLUT …

Gebadet in des Meeres blauer Flut
Erhebt aus purpurrotem Osten sich
Das prächtig-strahlende Gestirn des Tags;
Erweckt, gleich einem mächt'gen Zauberwort,
Das Leben der entschlafenen Natur,
Von der, der Nebel wie ein Opferrauch
Empor zum unermeßnen Äther steigt.
Der Berge Zinnen brennen in dem ersten Strahl
Von welchem, wie vom flammenden Altar
Der Rauch des finstren Waldgebirges wallt –
Und fernhin in des Ozeans Fluten weicht
Die Nacht. So stieg auch uns ein schöner Tag
Zum Äther, der noch oft mit frohem Strahl
Im leichten Tanz der Horen grüßen mag
Den frohen Kreis, der den Allmächt'gen heut
Mit lautem Danke preist, da gnädig er,
Uns wieder feiern läßt den schönen Tag,
Der uns die beste aller Mütter gab.
Auch heute wieder in der üppigsten
Gesundheit, Jugend-Fülle steht sie froh
Im frohen Kreis der Kinder, denen sie
Voll zarter Mutterlieb ihr Leben weiht.
Oh! stieg noch oft ihr holder Genius
An diesem schönen Tag zu uns herab
Ihn schmückend mit dem holden Blumenpaar
Der Kindesliebe und Zufriedenheit! –

Ein kleines Weihnachtsgeschenk
von
G. Büchner
für
seine guten Eltern.
1828

DIE NACHT

Niedersinkt des Tages goldner Wagen,
Und die stille Nacht schwebt leis' herauf,
Stillt mit sanfter Hand des Herzens Klagen,
Bringt uns Ruh' im schweren Lebenslauf.

Ruhe gießt sie in das Herz des Müden,
Der ermattet auf der Pilgerbahn,
Bringt ihm wieder seinen stillen Frieden,
Den des Schicksals rauhe Hand ihm nahm.

Ruhig schlummernd liegen alle Wesen,
Feiernd schließet sich das Heiligtum,
Tiefe Stille herrscht im weiten Reiche,
Alles schweigt im öden Kreis herum.

Und der Mond schwebt hoch am klaren Äther
Geußt sein sanftes Silberlicht herab;
Und die Sternlein funkeln in der Ferne
Schau'nd herab auf Leben und auf Grab.

Willkommen Mond, willkommen sanfter Bote
Der Ruhe in dem rauhen Erdental,
Verkündiger von Gottes Lieb und Gnade,
Des Schirmers in Gefahr und Mühesal.

Willkommen Sterne, seid gegrüßt ihr Zeugen
Der Allmacht Gottes der die Welten lenkt,
Der unter allen Myriaden Wesen
Auch meiner voll von Lieb und Gnade denkt.

Ja heil'ger Gott du bist der Herr der Welten,
Du hast den Sonnenball emporgetürmt,
Hast den Planeten ihre Bahn bezeichnet,
Du bist es, der das All mit Allmacht schirmt.

Unendlicher, den keine Räume fassen,
Erhabener, den Keines Geist begreift,
Allgütiger, den alle Welten preisen,
Erbarmender, der Sündern Gnade beut!

Erlöse gnädig uns von allem Übel,
Vergib uns liebend jede Missetat,
Laß wandeln uns auf deines Sohnes Wege,
Und siegen über Tod und über Grab.

LEISE HINTER DÜSTREM NACHTGEWÖLKE ...

Leise hinter düstrem Nachtgewölke
Tritt des Mondes Silberbild hervor,
Aus des Wiesentales feuchtem Grunde
Steigt der Abendnebel leicht empor.

Ruhig schlummernd liegen alle Wesen,
Feiernd schweigt des Waldes Sängerchor,
Nur aus stillem Haine, einsam klagend,
Tönet Philomeles Lied hervor.

Schweigend steht des Waldes düstre Fichte,
Süß entströmt der Nachtviole Duft,
Um die Blumen spielt des West-Winds Flügel,
Leis hinstreichend durch die Abendluft.

Doch was dämmert durch der Tannen Dunkel
Blinkend in Selenens Silberschein?
Hoch auf hebt sich zwischen schroffen Felsen
Einsam ein verwittertes Gestein;

An der alten Mauer dunklen Zinnen
Rankt der Efeu üppig sich empor,
Aus des weiten Burghofs öder Mitte
Ragt ein rings bemooster Turm hervor.

Fest noch trotzen alte Strebepfeiler;
Aufgetürmet wie zur Ewigkeit
Stehen sie und schaun wie ernste Geister
Nieder auf der Welt Vergänglichkeit.

Still und ruhig ist's im öden Raume
Wie ein weites Grab streckt er sich hin;
Wo einst kräftige Geschlechter blühten
Nagt die Zeit jetzt, die Zerstörerin.

Durch der alten Säle düstre Hallen
Flattert jetzt die scheue Fledermaus,
Durch die rings zerfallnen Bogenfenster
Streicht der Nachtwind pfeifend ein und aus.

Auf dem hohen Söller wo die Laute
Schlagend einst die edle Jungfrau stand,
Krächzt der Uhu seine Totenlieder
Klebt sein Nest der Rabe an die Wand.

Alles alles hat die Zeit verändert
Überall nagt ihr gefräßger Zahn,
Über Alles schwingt sie ihre Sense,
Nichts ist was die schnelle hemmen kann.

NACHT

Wieder eine Nacht herabgestiegen
Auf das alte, ew'ge Erdenrund,
Wieder eine Finsternis geworden
In dem qualmerfüllten Kerkerschlund.

SCHRIFTEN AUS DER GYMNASIALZEIT

HELDEN-TOD DER VIERHUNDERT PFORZHEIMER

Für Tugend, Menschenrecht und Menschen-Freiheit sterben
Ist höchsterhabner Mut, ist Welterlöser-Tod,
Denn nur die göttlichsten der Helden-Menschen färben
Dafür den Panzer-Rock mit ihrem Herz-Blut rot.

Bürger

Erhaben ist es, den Menschen im Kampfe mit der Natur zu sehen, wenn er mit gewaltiger Kraft sich stemmt gegen die Wut der entfesselten Elemente und, vertrauend der Kraft seines Geistes nach seinem Willen die Kräfte der Natur zügelt.

Aber noch erhabner ist es den Menschen zu sehen im Kampfe mit seinem Schicksale, wenn er es wagt mit kühner Hand in die Speichen des Zeitrades zu greifen, wenn er an die Erreichung seines Zweckes sein Höchstes und sein Alles setzt. Wer nur einen Zweck und kein Ziel bei der Verfolgung desselben sich gesetzt hat, sondern das Höchste, das Leben daran wagt, gibt den Widerstand nie auf er siegt oder stirbt. Solche Männer waren es, die, wenn die ganze Welt feige ihren Nacken dem mächtig über sie hinrollenden Zeitrade beugte, kühn in die Speichen desselben griffen und es entweder in seinem Umschwunge mit gewaltiger Hand zurückschnellten oder von seinem Gewichte zermalmt einen rühmlichen Tod fanden, d.h. mit dem kleinen Reste des Lebens sich Unsterblichkeit erkauften. Solche Männer waren es, die ganze Nationen in ihrem Fluge mit sich fortrissen und aus ihrem Schlafe rüttelten, zu deren Füßen die Welt zitterte, vor welchen die Tyrannen bebten. Solche Männer, welche unter den Millionen, die gleich Würmern aus dem Schoß der Erde kriechen, ewig am Staube kleben und wie Staub vergehn und vergessen werden, sich zu erheben, sich Unvergänglichkeit zu erkämpfen wagten, solche Männer sind es, die wie Meteore in der Geschichte aus dem Dunkel des menschlichen Elends und Verderbens hervorstrahlen. Solche Männer zeugte Sparta, solche Rom. Doch wir haben nicht nötig die Vorwelt um sie zu beneiden, wir haben nicht nötig sie wie die Wunder einer längstvergangnen Helden-Zeit zu betrachten, nein, auch unsre Zeit kann mit der Vorwelt in die Schranken treten, auch sie zeugte Männer, die mit einem Leonidas, Cocles, Scävola und Brutus um den Lorbeer ringen können. Ich habe nicht nötig um solche Männer anzuführen, auf die Zeiten Karls des Großen, oder der Hohenstaufen, oder der Freiheits-Kämpfe der Schweizer zurückzugehen, ich brauche mein Augenmerk nur auf den Kampf zu richten, der noch vor wenig Jahren die Welt erschütterte, der die Menschheit in ihrer Entwickelung um mehr denn ein Jahrhundert in gewaltigem Schwunge vorwärtsbrachte, der in blutigem aber gerechtem Vertilgungs-Kampfe die Greuel rächte, die Jahrhunderte hindurch schändliche Despoten an der leidenden Menschheit verübten, der mit dem Sonnen-Blicke der Freiheit den Nebel erhellte, der schwer über Europas Völkern lag und ihnen zeigte, daß die Vorsehung sie nicht zum Spiel der Willkür von Despoten bestimmt habe. Ich meine den Freiheits-Kampf der Franken; Tugenden entwickelten sich in ihm, wie sie Rom und Sparta kaum aufzuweisen haben und Taten geschahen, die nach Jahrhunderten noch Tausende zur Nachahmung begeistern können. Tausende solcher Helden könnte ich nennen, doch es genügt allein der Name eines L'Atour d'Auvergne, der wie ein Riesenbild in unsrer Zeit dasteht, hunderte solcher Taten könnte ich anführen, doch nur eine und die Thermopylen hören auf die einzigen Zeugen einer großen Tat zu sein.

Als die Franken unter Dumouriez den größten Teil von Holland mit der Republik vereinigt hatten, lief die vereinigte Flotte der Holländer und Franzosen gegen die Engländer aus, die mit einer bedeutenden Seemacht die Küsten Hollands blockierten. An der Küste von Nordholland treffen die feindlichen Flotten aufeinander, ein verzweifelter Kampf beginnt, die Franken und Holländer kämpfen wie Helden, endlich unterliegen sie der Übermacht und der Geschicklichkeit ihrer Feinde. In diesem Augenblick wird der *Vainqueur*, eins der Holländischen Schiffe, von drei feindlichen zugleich angegriffen und zur Übergabe aufgefordert. Stolz weist die kühne Mannschaft, obgleich das Schiff schon sehr beschädigt ist, den Antrag ab und rüstet sich zum Kampf auf Leben und Tod. Mit erneuerter Wut beginnt das Gefecht, das Feuer der Engländer bringt bald das der Franken zum Schweigen. Noch einmal wird der *Vainqueur* zur Übergabe aufgefordert, doch den Franken ist ein freier Tod lieber als ein sklavisches Leben, sie wollen nicht Leben, sie wollen Unsterblichkeit. Mit letztem Ruck feuern sie auf die Feinde, schwenken noch einmal die Banner der Republik und versenken sich mit dem Ruf: es lebe die Freiheit! in den unermeßlichen Abgrund des Meeres. Kein Denkmal bezeichnet den Ort wo sie starben, ihre Gebeine modern auf dem Grunde des Meeres, sie hat kein Dichter besungen, kein Redner gefeiert, doch der Genius der Freiheit weint über ihrem Grabe und die Nachwelt staunt ob ihrer Größe.

Doch warum greife ich denn nach außen um solche Männer zu suchen, warum beachte ich denn nur das Entfernte, warum nicht das, was mir am nächsten liegt? Sollte denn mein Vaterland, sollte denn Teutschland allein nicht Helden zeugen können? Nein, mein Vaterland ich habe nicht nötig mich deiner zu schämen, mit Stolz kann ich rufen: ich bin Teutscher, ich kann mit dem Franken, dem Römer und Sparter in die Schranken treten, mit freudigem Selbstbewußtsein kann ich die Reihe meiner Ahnen überblicken und ihnen zujauchzen: seht, wer ist größer denn sie? Die Griechen kämpften ihren Heldenkampf gegen die Gesamtmacht Asiens, die Römer triumphierten über den Trümmern Karthagos, die Franken erkämpften Europas politische Freiheit, aber die Teutschen kämpften den schönsten Kampf, sie kämpften für Glaubens-Freiheit, sie kämpften für das Licht der Aufklärung, sie kämpften für das, was dem Menschen das Höchste und heiligste ist. Dieser Kampf war der erste Akt, des großen Kampfes, den die Menschheit gegen ihre Unterdrücker kämpft, so wie die Französische Revolution der zweite war; sowie einmal der Gedanke in keine Fesseln mehr geschlagen war, erkannte die Menschheit ihre Rechte und ihren Wert und alle Verbesserungen, die wir jetzt genießen sind die Folgen der Reformation, ohne welche die Welt eine ganz andre Gestalt würde erhalten haben, ohne welche, wo jetzt das Licht der Aufklärung strahlt, ewiges Dunkel herrschen würde, ohne welche das Menschen-Geschlecht, das sich jetzt zu immer freieren, zu immer erhabneren Gedanken erhebt, dem Tiere gleich, seiner Menschen-Würde verlustig sein würde.

Auf diesen Kampf kann ich mit Stolz blicken, von Teutschland ging durch ihn das Heil der Menschheit aus, er zeugte Helden, von deren Taten eine allein alle Taten des Altertums aufwiegt und der nur ein tausendjähriges Alter fehlt um von allen Zungen gepriesen zu werden. – In den ersten Jahren des dreißigjährigen Krieges, als nach der Schlacht am weißen Berge bei Prag, alle mächtigen Teutschen Fürsten, besorgt für ihre Existenz, treulos die Sache der Protestanten verließen, waren es nur noch die kleineren Fürsten Teutschlands, die von einem höheren Gefühle geleitet ihr Leben und ihre Länder opferten um für Glauben und Freiheit ihr Blut zu versprützen. Unter ihnen ragt als das Muster eines Fürsten, Markgraf Friedrich von Baden hervor, gehorsam dem Rufe der Ehre und Pflicht riß er sich aus den Armen der Ruhe, übergab die Regierung seines Landes seinem Sohne und vereinigte sich an der Spitze von 20000 Badensern mit dem Heerhaufen des Grafen von Mansfeld. Ohne zu zaudern rückte das vereinigte Heer den Liguistischen entgegen, die unter Tilly in der Ober-Pfalz standen. Bei Wimpfen treffen sich die feindlichen Heere, die Badenser werfen sich, obgleich sie in wiederholten Gefechten einige Tage zuvor schon bedeutenden Verlust erlitten haben, mutig auf den ihnen weit überlegnen Feind. Ein blutiges Treffen beginnt, hier kämpft Fanatismus, dort die geläuterte Begeistrung für die heiligsten Rechte der Menschheit, Wut ringt mit Tapferkeit, Taktik mit Helden-Mut. Doch was vermag die Übermacht, was Feldherrnkunst, was vermögen feile Söldner und wahnsinnige Fanatiker, gegen Männer, die mit ihren Leibern ihr Vaterland decken, die entschlossen sind zu siegen oder zu sterben? An einem solchen Bollwerk brechen sich Tillys mordgewohnte Banden, ihre Schlachtreihn wanken und sinken unter dem Schwerte ihrer erbitterten Gegner. Schon lächelt der Sieg den kühnen Helden des Glaubens und der Freiheit, schon wähnt sich Friedrich die Helden-Schläfe mit dem blutigen dem Sieger von mehr denn zwanzig Schlachten entrissenen Lorbeer schmücken zu können. Doch einem größeren war dieser Lorbeer aufbehalten, ein größerer sollte Teutschland befreien, sollte die Menschheit rächen, noch sollte die Furie des Fanatismus, Teutschlands blühende Gauen verwüsten, noch einmal sollte Tillys finstrer Dämon siegen. Ein furchtbarer Donnerschlag vernichtet mit einmal die schönsten Hoffnungen, verfinstert wieder den rosigen Schimmer von Freiheit, der über Teutschlands Gefilden aufzublühen schien und zersplittert in den Händen der Sieger das blutige Rachschwert. Wie vom Blitzstrahl getroffen entzünden sich Friedrichs Pulverwagen, der Himmel verfinstert sich, die Erde bebt und von der furchtbaren Kraft des entfesselten Elementes zerschmettert brechen sich die Schlachtreihn der Badenser. In die Lücken stürzt sich der ermutigte Feind, er glaubt der Himmel streite für ihn, er glaubt ein Strafgericht Gottes zu sehen und würgt in fanatischer Wut die zerstreuten und fliehenden Haufen der Feinde. Vergebens sucht Friedrich die Seinigen wieder zu sammeln, vergebens erfüllt er zu gleicher Zeit die Pflichten des Feldherren und des Soldaten, vergebens stürzt er sich selbst dem andringenden Feinde entgegen. Von der Übermacht gedrängt muß er endlich weichen und das blutige Schlacht-Feld seinem glücklichen Gegner überlassen. Doch wohin soll er sich wenden? Schon ist er von allen Seiten umringt, schon überwältigt der Feind den letzten schwachen Widerstand, den ihm die Überreste des fliehenden Heeres entgegenstellen, und sein Untergang scheint unvermeidlich. Da werfen sich vierhundert Pforzheimer, an der Spitze ihren Bürgermeister *Deimling* dem Feinde entgegen, mit ihren Leibern decken sie, ein unerschütterliches Bollwerk, ihren Fürsten und ihre Landsleute. Vergebens bietet ihnen Tilly, betroffen von solcher Kühnheit und Seelengröße eine ehrenvolle Kapitulation an. Tausende stürmt der erbitterte Feind gegen das heldenkühne Häuflein, doch tausende brechen sich an der ehernen Mauer. Unerschütterlich stehen die Pforzheimer, keine Wut, keine Verzweiflung nur hohe Begeistrung und Todesverachtung malt sich in ihren Zügen. Unablässig stürmt der Feind seine Schlachthaufen heran; doch das Vaterland steht auf dem Spiele, Freiheit oder Knechtschaft ist die große Wahl, keiner weicht, keiner wankt, wie Löwen streiten sie von ihren Leichenhügeln herab, Mauern sind ihre Reihen, ein Turm jeder Mann, ein Bollwerk von Leichen umgibt sie. Endlich von allen Seiten angegriffen, erdrückt von der Übermacht, sinken sie Mann an Mann unter Hügeln erschlagner Feinde nieder und winden sich sterbend die unvergängliche Lorbeer-Krone des Siegers und die unsterbliche Palme des Martyrers um die Heldenschläfe.

Wollen wir eine solche Tat beurteilen, wollen wir sie gehörig würdigen und auffassen, so dürfen wir nicht die Wirkung allein, nicht die bloße Tat berücksichtigen, sondern wir müssen hauptsächlich unser Augenmerk auf die Motiven und die Umstände richten, welche eine solche Tat bewirkten, begleiteten und bestimmten. Sie sind die einzige Richtschnur, nach der man die Handlungen der Menschen messen und wägen kann. Nach der Wirkung aber und nach den Folgen, kann man nichts beurteilen, denn jene ist oft die nämliche, diese sind oft zufällig. Wenn man nun von diesem Gesichtspunkte aus die Aufopferung der Pforzheimer betrachtet, so wird man finden, daß es sehr wenige, vielleicht auch gar keine Tat gibt, welche sich mit der der Pforzheimer messen könnte. Tausende bluteten freilich schon für ihr Vaterland, tausende opferten schon freudig das Leben für Rechte und Menschenfreiheit, aber keinen wird man unter diesen Tausenden finden, dessen Aufopferung an und für sich selbst so groß, so erhaben sei als die der Pforzheimer. Sie trieb nicht Wut nicht Verzweiflung zum Kampf auf Leben und Tod (dies sind zwei Motive die den Menschen statt ihn zu erheben zum Tiere erniedrigen); sie wußten, was sie taten, sie kannten das Los dem sie entgegengingen und sie nahmen es hin wie Männer und starben kalt und ruhig den Helden-Tod. Doch dies ist das Geringste, was ihre Tat so sehr von allen übrigen hervorhebt, die vierhundert Römer, die dreihundert Sparter opferten sich eben so kalt und ruhig. Aber die Römer, die Sparter waren von Helden gezeugt, waren zu Helden erzogen, kannten nur einen Zweck, nur ein Ziel – ihr Vaterland, ihre ganze Erziehung war nur die Vorbereitung zu einer solchen Tat. Doch wer waren die Pforzheimer?

Einfache ruhige Bürger eilten sie aus den Armen der Ruhe auf das blutige Schlachtfeld, nicht gewohnt, dem Tod in das Auge zu sehen, noch nicht vertraut mit dem hohen Gedanken der Aufopferung für das Vaterland. Ihre Tapferkeit war nicht Gewohnheit, ihre Aufopferung war nicht die Frucht des Gehorsams, sie war die Frucht der höchsten Begeisterung für das, was sie als wahr und heilig erkannt hatten. Ihnen drohte nicht Schmach nicht Schande, wenn sie sich dem Tode entzogen, ihnen traten nicht die strafenden Gesetze des Vaterlandes entgegen. Sie hatten freie Wahl, und sie wählten den Tod.

Dies ist das große, dies das erhabne an ihrer Tat; dies zeugt von einem Adel der Gesinnung, der weit erhaben ist über die niedrige Sphäre des Alltagsmenschen, dem sein Selbst das Höchste ist, sein Wohlsein der einzige Zweck, der jedes höheren Gefühls unfähig und verlustig der wahren Menschen-Würde, seine Vernunft nur gebraucht um tierischer als das Tier zu sein. Dieser schändliche Egoismus ist eins der charakteristischen Kennzeichen der damaligen Zeit. Um so vielmehr sind daher die Pforzheimer zu bewundern, denn sie erhoben sich, indem der Gedanke und die Idee einer solchen Tat ganz eigentümlich aus ihnen selbst entsprang, zugleich über ihre Nation und über ihr Zeitalter. Wie groß wie erhaben sind aber noch überdies die Zwecke für welche sie starben, sie allein könnten schon auch ohne die angeführten Umstände, dieser Tat das Siegel der Unsterblichkeit aufdrücken. Dem Vaterland gaben sie den Vater wieder, mit ihrem Blute erkauften sie sein Leben, diese Tat war groß, doch nicht ohne Beispiel; sie warfen sich gleich einer ehernen Mauer zwischen den Feind und ihre Lands-Leute und deckten mit ihren Leibern ihren Rückzug, diese Tat zeugt von hohem Seelen-Adel, aber schon Tausende taten dasselbe; sie opferten sich für Glaubens-Freiheit, das heiligste Recht der Menschheit. Der Himmel war es und nach ihrer Meinung, die ewige Glückseligkeit, für welche sie willig starben. Aber welche irdische Gewalt hätte denn auch in das innere Heiligtum ihres Gemütes eindringen und den Glauben, der ihnen ja einmal aufgegangen war und auf den allein sie ihrer Seligkeit Hoffnung gründeten, darin austilgen können? Also auch ihre Seligkeit war es nicht für die sie kämpften, dieser waren sie schon versichert. Die Seligkeit ihrer Kinder, ihrer noch ungebornen Enkel und Nachkommen war es; auch diese sollten auferzogen werden in derselben Lehre, die ihnen als allein heilbringend erschienen war, auch diese sollten teilhaftig werden des Heils, das für sie angebrochen war. Diese Hoffnung allein war es, welche durch den Feind bedroht wurde, für sie, für eine Ordnung der Dinge, die lange nach ihrem Tode über ihren Gräbern blühen sollte versprützten sie mit Freudigkeit ihr Blut. Bekennen wir auch gerne, daß ihr Glaubensbekenntnis nicht das einzige und ausschließliche Mittel war des Himmels jenseits des Grabes teilhaftig zu werden; so ist doch dies ewig wahr, daß mehr Himmel diesseits des Grabes, ein mutigeres und fröhlicheres Emporblicken von der Erde und eine freiere Regung des Geistes durch ihre Aufopferung in alles Leben der Folgezeit gekommen ist und die Nachkommen ihrer Gegner sowohl, als wir selbst ihre Nachkommen, die Früchte ihrer Mühen bis auf diesen Tag genießen. So also starben sie nicht einmal für ihren eignen Glauben, nicht für sich selbst, sondern sie bluteten für die Nachwelt. Dies ist der erhabenste Gedanke für den man sich opfern kann dies ist Welt-Erlöser-Tod. Ja ihr Deimling, ihr Mayer, ihr Schober, ihr Helden, ein unvergängliches Denkmal habt ihr euch im Herzen aller Edlen erbaut, ein Denkmal, das über Tod und Verwesung triumphiert, das unbewegt steht im flutenden Strome der Ewigkeit. Eure Gebeine deckt nicht Marmor, nicht Erz, kein Denkmal bezeichnet den Ort, wo ihr starbt, vergessen hat euch euer undankbares Vaterland, die Gegenwart kennt euch nicht, aber die Bewundrung der Nachwelt wird euch rächen. Zu eurem Grabe rufe ich alle Völker des Erdbodens, rufe ich Vorwelt und Gegenwart, herzutreten und zu zeigen eine Tat, die größer, die erhabner ist, und sie müssen verstummen, und Teutschland wird es allein sein, das solche Männer zeugte, und einzig unerreicht prangt eure Tat mit unauslöschlichen Zügen in den Büchern der Weltgeschichte. –

Doch nicht dieser freudige Stolz auf meinen Ahnen allein, bewegt mich an ihrem Grabe, auch ein tiefer Schmerz erfaßt mich bei ihrem Andenken. Nicht ihnen gilt dieser Schmerz, es wäre ja Torheit über solchen Tod zu klagen, nur glücklich sind die zu preisen, welchen ein solches Los zu Teil ward, denn sie haben sich das Höchste, haben sich Unsterblichkeit erkämpft. Ich kann nicht weinen an ihrem Grabe, ich kann sie nur beneiden. Nicht ihnen gilt mein Schmerz, mein Schmerz gilt meinem Vaterlande.

O über euch Teutsche! In euren Gauen geschah die schönste, die herrlichste Tat, eine Tat, welche die ganze Nation adelt, eine Tat, deren Früchte ihr noch genießt, und vergessen habt ihr die Helden, die solches ausführten, die sich für Euch dem Tode weihten. Das

Fremde staunt ihr an in kalter Bewundrung, während ihr aus dem Busen eures Vaterlandes glühende Begeistrung für alles Edle saugen könntet. Am toten Buchstaben der Fremden klebt ihr, doch ihr Geist ist ferne von euch, denn sonst würdet ihr wissen, was ihr eurem Vaterlande schuldig seid. Eine Nation seid ihr, an der sich noch Jahrhunderte die Völker bilden könnten und ihr werft eure Nationalbildung d.h. eure geistige Selbstständigkeit hin um kindisch zu werden. O Teutschland, Teutschland den Stab wirfst du von dir, der dich stützen und leiten könnte für fremden Tand, an den Brüsten der fremden Buhlerin nährst du dich und ziehst schleichendes Gift in deine Adern, während du frische, kräftige Lebens-Milch saugen könntest aus deinem Busen. Du hast nicht mehr gegen Außen zu streiten, deine Freiheit ist gegen alle Anforderungen gesichert. Keines von jenen reißenden Raubtieren, die brüllend in der Welt umherirren um die anerschaffnen Rechtsame eines freien Volkes zu verschlingen, droht dir. Aber Teutschland darum bist du doch nicht frei; dein Geist liegt in Fesseln, du verlierst deine Nationalität, und so wie du jetzt Sklavin des Fremden bist, so wirst du auch bald Sklavin der Fremden werden.

Doch ich höre schon antworten: wie? sieh doch hin, in einer schönen Ordnung stehen alle Staaten, gleichmäßig sind alle Rechte abgewogen, Friede und Wohlstand blüht in unsren Gefilden; sind wir nicht glücklich? O, ihr Toren trägen Herzens den Ruf von vierthalbtausend Jahren zu fassen! blickt doch in das große Buch der Weltgeschichte, das offen vor euch liegt, blickt doch hin und antwortet noch einmal, sind wir nicht glücklich? Was ist denn das, was die Staaten vom Gipfel ihrer Größe herabwirft? Der Verlust ihrer geistigen Selbstständigkeit ist es. Denn so wie ein Volk sich einmal über dem Fremden vergißt, so wie es seinen Nationalcharakter, das Band das es knüpft und zusammenhält, aufgibt, so wie es einmal in geistiger Bildung der Sklav eines andern wird, so geht auch leicht die politische Freiheit unter, auf die ihr stolz jetzt pocht, so trägt es den Keim des Verderbens in sich und wird, ein leeres Schatten-Bild die Beute jedes feindlichen Zufalls; versunken und vergessen geht es unter und steht mit Verachtung gebrandmarkt vor den Augen der strengrichtenden Nachwelt. Dies Teutsche, dies wird euer Los sein; wenn ihr euch jetzt nicht zu neuem, kräftigen Leben wieder erhebt, wenn ihr nicht bald wieder anfangt Teutsche zu werden, wenn ihr euch nicht eure Nationalität, rein und geläutert von allem Fremden wieder erwerbt, werden eure Nachkommen sich eures gebrandmarkten Namens schämen und untergehen werdet ihr ein Spott der Nachwelt und der Gegenwart. –

Denket, daß in meine Stimme sich mischen die Stimmen eurer Ahnen aus der grauen Vorwelt, die mit ihren Leibern sich entgegengestemmt haben der heranströmenden römischen Weltherrschaft, die mit ihrem Blute erkauft haben die Unabhängigkeit der Berge, Ebnen und Ströme. Sie rufen euch zu: vertretet und überliefert unser Andenken eben so ehrenvoll und unbescholten der Nachwelt, wie es auf euch gekommen und wie ihr euch dessen und der Abstammung von uns gerühmt habt. Auch mischen sich in ihre Stimmen die Geister eurer spätern Vorfahren, die da fielen im heiligen Kampfe für Religions- und Glaubens-Freiheit. Rettet auch unsre Ehre, rufen sie euch zu, laßt unsre Kämpfe nicht zum eitlen vorüberrauschenden Possenspiele werden, zeigt, daß das Blut, was wir für euch versprützten, in euren Adern wallt. Es mischen sich in diese Stimmen, die Stimmen eurer noch ungebornen Nachkommen. Wollt ihr die Ketten zerreißen lassen, rufen sie euch zu, die euch an eure Ahnen binden, wollt ihr das Andenken eurer Vorfahren, das ihr rein und makellos erhalten habt, besudelt und befleckt uns überliefern, wollt ihr uns die Nachkommen freier Männer zu Sklaven werden lassen? Teutsche! die Waage hängt, in jener Schale liegt, was eure Vorfahren an dem Römer verachtet und an seinen Cäsaren gehaßt, in dieser das ehrwürdige Kleinod eurer biedern Voreltern, die durch so mancher Helden Blut im Laufe achtzehn stürmischer Jahrhunderte gegründete, behauptete, befestigte Nationalität und Selbstständigkeit. Dort liegt Gold neben Fesseln, hier der seltne Ruhm zugleich die stärkste und beste Nation zu sein. Wählet. –

ÜBER DEN TRAUM EINES ARKADIERS

Durch die ganze Geschichte finden wir im Leben jedes Volkes die deutlichsten Spuren von einem Wunder-Glauben, der noch jetzt nicht erloschen den gebildeten Europäer und den rohen Wilden befängt. Wollten wir dieses innere Gefühl uns als Aberglauben darstellen, wollten wir es nur als ein leeres Spiel der Phantasie abschütteln, so würden wir frech ein geistiges Band zerreißen, das uns gemeinsam mit allen Erdbewohnern umschlingt, ein Gefühl, das uns alle an die Mutterbrust der Natur drückt.

Der rohe Mensch sieht Wunder in den ewigen Phänomenen der Natur, er sieht aber auch Wunder in außergewöhnlichen Fällen des

Alltaglebens, für beide schafft er sich seine Götter. Der Gebildete sieht in den Wundern erstrer Art nur die Wirkungen der unerforschten, unbegriffnen Naturkräfte; aber auch sie sind ihm Wunder, solange das blöde Auge der Sterblichen nicht hinter den Vorhang blicken kann, der das Geistige vom Körperlichen scheidet, auch sie weisen ihn zurück auf ein Urprinzip, einen Inbegriff alles Bestehenden, auf die Natur. Von diesem Standpunkte aus will ich jetzt so weit es in meinen Kräften steht eine Tatsache zu beurteilen suchen, die vom grauen Altertum an bis jetzt noch Niemand *ganz* erklärt, ganz aufgehellt hat und Niemand vielleicht ganz aufhellen wird.

Zwei durch wechselseitige Liebe aufs innigste verbundene Arkadier, so erzählt man, machten eine Reise; bei ihrer Ankunft in Megara kehrte der eine bei einer Herberge, der andre bei einem Gastfreunde ein. Im Traum nun erschien dem letzteren sein Freund, der ihn um Hülfe flehte, weil sein Wirt ihn ermorden wolle. Erschreckt sprang er auf, sammelte sich aber und da er das Ganze für eine Täuschung des Traumes hielt schlief er wieder ein. Da erschien ihm sein Freund zum zweitenmale, mit Blut bedeckt machte er ihm Vorwürfe und erzählte ihm, sein Wirt habe ihn ermordet, auf einen mit Mist beladenen Wagen geworfen um die Leiche auf diese Art aus der Stadt zu schaffen.

ÜBER DEN SELBSTMORD
Eine Rezension

Ohne gleich im Anfange ein entscheidendes Urteil über den Wert und den Inhalt vorliegender Arbeit fällen zu wollen, werde ich mich anfangs darauf einschränken einige von den in dieser Arbeit ausgesprochnen Gedanken und Meinungen in der von dem Verfasser befolgten Reihenfolge zu beleuchten und sie entweder zu verteidigen oder zu widerlegen versuchen. Diesen, vielleicht etwas sonderbar scheinenden, Weg einzuschlagen zwingt mich die eigentümliche Beschaffenheit des Themas selbst, bei welchem von einem *allgemein durchgreifenden Grundsatz* die Rede nicht sein kann, sondern nur von einer sachgemäßen Zusammenstellung einzelner Gedanken und Ansichten.

Dieser Verfahrungsart gemäß möchte ich behaupten, daß der gleich im Anfang *(pag. 1)* ausgesprochne *Grundsatz, daß von ei-*

nem durchgängig anwendbaren Urteil die Rede nicht sein könne, so richtig er auch an und für sich selbst ist, uns zuerst am *Schlusse,* als ein *Hauptresultat* dieser Arbeit hätte entgegenkommen dürfen.

Im Weitergehen bemerkte ich daß der Verfasser bei Anführung der Behauptung, der Selbstmörder handle *unklug (pag. 3),* den so oft angeführten Grund, weil derselbe einen *sichren* Zustand mit einem *unsichren* vertausche, ganz überging, ich werde deshalb hier einige Worte hierüber anführen. Es kommt mir immer sonderbar vor, wenn man dem Selbstmörder aus dem schon angeführten Grunde den Vorwurf der Unklugheit machen will. Es liegt ganz in der Natur des Menschen, daß er einen, ihm *unerträglich* gewordnen Zustand mit einem andern, wenn auch noch so unsichern zu vertauschen sucht, es ereignet sich dies täglich, und niemand nimmt einen Anstoß daran. Wer will nun den, welchem sein irdischer Zustand *unerträglich* geworden ist, *unklug* nennen, weil er eine *hoffnungslose Sicherheit* aufopfert um zu einem Zustand, von dem er noch *hoffen* darf und der auf keinen Fall schlechter sein *kann* als der verlaßne zu gelangen? Es wäre ja eher *Unklugheit* in einer *rettungslosen* Lage zu verharren, wenn man noch ein, wenn auch *unsichres,* Mittel übrig hat sich zu *retten.* Ich behaupte also, daß man in *dieser Hinsicht* keineswegs den Selbstmörder *unklug* nennen könne.

Bei der *(pag. 6)* aufgestellten *sehr richtigen* Behauptung, daß der Selbstmord gegen unsre *Bestimmung* handle, erlaube man mir eine kleine auf den *(pag. 2)* angeführten Einwurf, daß der *Selbstmord unnatürlich* sei, weil er einen *natürlichen* Trieb unterdrücke, bezügliche Bemerkung. Ich möchte nämlich eigentlich behaupten, der Selbstmord handle gegen unsre *Natur,* denn in ihr liegt unsre *Bestimmung.* Man könnte also in *dieser Hinsicht* den Selbstmord eine der *Natur* widerstrebende oder *unnatürliche* Handlung nennen, jedoch in einem von dem schon angeführten, sehr schwachen Einwurf ganz verschiednem Sinne.

Die Behauptung der Selbstmord sei in *allen Fällen irreligiös* klingt gar eigen. Das *irreligiös* bedeutet in unserm Sinn so viel als *unchristlich.* Dieses *unchristlich* wird aber als Einwurf gegen den Selbstmord *oft* gar sehr gemißbraucht, indem man gewöhnlich damit angezogen kommt, wenn man *keinen* andern mehr machen kann, wie bei *Cato* und *Lukretia.* Ich will mich um dies zu beweisen an vorliegendes Beispiel halten. *Cato* ist vom wahren Standpunkte aus betrachtet in jeder Hinsicht zu rechtfertigen; dies gibt man zu kommt aber mit dem schalen Anhängsel hinten nach, *subjektiv* ist dies wohl wahr, *objektiv* aber unrichtig. Dieses *subjek-*

tive ist aber das *einzig* richtige, widerspricht diesem das *objektive*, so ist dasselbe falsch. Nun ist, wie schon gesagt, *Cato* nach allen Gesetzen *menschlicher* Einsicht zu rechtfertigen; widerspricht diesem alsdann wirklich das *Christentum* so müssen die Lehren desselben in *dieser Hinsicht* unrichtig sein, denn unsre Religion kann uns nie verbieten irgend eine *Wahrheit*, *Größe*, *Güte* und *Schönheit* anzuerkennen und zu verehren außer ihr und uns *nie* erlauben eine *anerkannt sittliche* Handlung zu mißbilligen, weil sie mit einer ihrer Lehren nicht übereinstimmt. Was sittlich ist muß von *jedem* Standpunkte, von *jeder* Lehre aus betrachtet *sittlich* bleiben. Ob man aber *wirklich* beweisen könne, daß ein Selbstmord *wie* der des Cato dem Christentum widerstrebe ist eine *andre* Frage. Denn es wäre doch sonderbar, ja es wäre *unmöglich*, daß eine Religion, *welche ganz auf das Prinzip der Sittlichkeit gegründet ist*, einer *sittlichen* Handlung widerstreben sollte. Es trifft also dieser Vorwurf *keineswegs* das Christentum selbst, sondern nur diejenigen, welche den Sinn desselben falsch auffassen.

Mit dem *Seite 10* ausgesprochnen Gedanken kann ich nicht recht übereinstimmen; denn ich glaube daß der *echte* Sensualist nie in den beschriebnen Zustand geraten wird. Über *Roland (pag. 11)* ist zu hart geurteilt, ihn brachte nicht die Furcht vor dem Blutgerüst zu dem Entschluß sich selbst zu ermorden, sondern der Schmerz, welcher ihn bei der Nachricht von der Hinrichtung seiner Gattin übermannte. Überhaupt weiß ich nicht, was die letzte Phrase *hier* bedeuten soll, denn wer sich selbst ermordet wagt es doch wahrlich dem Tod in das Auge zu sehen.

Nicht mit Unrecht hat der Verfasser bei seinem Urteile über die Tat des *Cato (pag. 15) Osiandern* erwähnt. Aber wahrlich die Vergleichung mit dem Schwan und den Krähen ist noch zu erhaben für einen solchen Menschen, welcher den Cato einen Monolog halten läßt, worin derselbe ungefähr sagt, daß Cäsar doch bös mit ihm umgehen würde, es sei also geratner sich bei Zeit auf dem kürzesten Wege davon zu machen, zumal da die Narren der Nachwelt wahrscheinlich ein großes Mirakel aus dieser Tat machen würden. Es fehlt nur wenig, daß der Herr Professor in seinem heiligen Eifer über die blinden Heiden eine Sektion des Cato vornähme und bewiese, daß derselbe einige Lot Gehirn zu wenig gehabt hätte. Wahrhaftig wenn ich ein solches Buch in die Hände bekomme, möchte ich mit *Göthe* über unser tintenklecksendes Säkulum ausrufen: *Römerpatriotismus! Davor bewahre uns der Himmel, wie vor einer Riesengestalt. Wir würden keinen Stuhl finden darauf zu sitzen und kein Bett drinnen zu liegen.*

In der wahrhaft vortrefflichen Stelle, wo von dem letzten und erhabensten Motiv zum Selbstmord gesprochen wird *(pag. 16)* fand ich einen Ausdruck, dessen Erläuterung zwar nicht hierher zu gehören scheint, der aber doch bei näherer Betrachtung einigen Bezug auf dieses Thema hat. Die Erde wird nämlich hier ein *Prüfungsland* genannt; dieser Gedanke war mir immer sehr anstößig, denn ihm gemäß wird das Leben nur als *Mittel* betrachtet, ich glaube aber, daß das Leben *selbst Zweck* sei, denn: *Entwicklung* ist der Zweck des Lebens, das *Leben selbst* ist Entwicklung, also ist das Leben selbst *Zweck*. Von diesem Gesichtspunkte aus kann man auch den *einzigen fast allgemein gültigen* Vorwurf dem Selbstmord machen, weil derselbe unserm *Zwecke* und somit der *Natur* widerspricht, indem er die von der Natur aus gegebne, unserm Zweck angemeßne *Form* des Lebens vor der Zeit zerstört.

Bei der aus Göthes Faust entnommenen Stelle vermißte ich die Worte des verschwindenden Erdgeistes: *Du gleichst dem Geist, den du begreifst, nicht mir,* sie sind es, welche *Faust* von seiner Höhe in den Abgrund der Verzweiflung hinabstürzen.

Ich kann nicht umhin den am Schluß ausgesprochnen Gedanken über den Selbstmord aus *Patriotismus* oder aus *physischen* und *psychischen* Leiden einige Worte hinzuzufügen, ob ich gleich wohl sehe, daß dies eigentlich in die Form einer Rezension nicht paßt. Die Behauptung, daß der welcher dem Vorteile seines Vaterlandes das Leben aufopfert kein eigentlicher Selbstmörder sei ist klar und bestimmt ausgesprochen und deutlich bewiesen, das Übrige jedoch ist etwas dunkler ohne bestimmtes Resultat, ich will also das, was ich für das eigentliche Resultat halte hier zu fügen. *Der Selbstmörder aus physischen und psychischen Leiden ist kein Selbstmörder, er ist nur ein an Krankheit Gestorbner.*

Ich verstehe nämlich darunter einen solchen, welcher durch geistiges oder körperliches unheilbares Leiden allmählich in jene Seelenstimmung verfällt, die man mit dem Namen der *Melancholie* bezeichnet, und so zum Selbstmord getrieben wird, keineswegs aber den, welcher um einem Leiden zu *entgehen* sich bei *freiem Sinn* und *Verstand* selbst tötet. Der erstere ist *krank*, der andre *schwach*. Der erstere ist an seiner Krankheit gestorben, denn ob dieses Leiden ihm allmählich das Leben raubt oder ihn durch den störenden Einfluß auf sein Gemüt zum Selbstmord bringt ist gleichgültig. Die *Form* ist nur verschieden, die *Wirkung* ist die nämliche, sie ist der *Tod*, seine Ursache lag in einer Krankheit, die eine Neigung zum Selbstmorde zur Folge hatte, was ich aus Beispielen zur Gnüge beweisen könnte. So wenig man nun von einem an der Auszehrung Gestorbnen sagen kann, der Narr oder der Sünder, warum ist er gestorben? eben so wenig darf man einem Selbstmörder aus *dieser Ursache* wegen seiner Tat einen Vorwurf machen wollen, er ist, wie schon gesagt, nicht als Selbstmörder zu betrachten.

Dasselbe läßt sich nun, und zwar in noch viel höherem Grade auf den anwenden, welcher sich aus *psychischen* Leiden den Tod gibt. *Psychische* Leiden sind, so wie *physische* Krankheit des Körpers, Krankheit des Geistes, letztere kann, wenn sie einmal feste Wurzeln geschlagen hat, noch viel weniger gehoben werden, als erstere. Wen also eine solche *geistige* Krankheit zum Tode treibt, der ist eben so wenig ein Selbstmörder, er ist nur ein an *geistiger Krankheit* Gestorbner. Das geistige Leiden selbst vermag den Körper nicht *unmittelbar* zu töten, es tut dies also *mittelbar;* dies ist der ganze Unterschied zwischen dem, welcher am hitzigen Fieber oder in einem Anfall von Wahnsinn stirbt.

Fasse ich hier nun ein allgemeines und bestimmtes Urteil über die ganze Arbeit zusammen.

Die Frage ist trotz der schwierigen Aufgabe zur Gnüge gelöst.

Der Verfasser umfaßt in seiner Arbeit bis auf weniges alle Einwürfe und alle Motive, dargestellt in einer bestimmten und sachgemäßen Ordnung; ohne es jedoch bei einer bloßen Zusammenstellung bewenden zu lassen, gibt er uns über jeden Gegenstand eine Menge schätzenswerter, vorurteilsfreier Gedanken, die, wenn sie auch nicht alle gleich richtig sind, doch zeigen, daß der Verfasser sich fern gehalten von aller Einseitigkeit, daß er Alles nicht von einem fremden, sondern von einem eignen selbstständigen Standpunkte aus betrachtet und beurteilt und durch eignes Nachdenken schon einen tiefern Blick in die In und Außenwelt des Menschen getan habe. Noch anziehender werden diese Gedanken durch eine klare, schöne und kräftige Sprache. Überdies wird das Ganze durch ein schönes und edles Gefühl wie durch einen warmen Frühlingshauch, belebt und erwärmt, es erhebt uns über den gewöhnlichen Standpunkt durch eine reine, glühende Begeisterung für das Edle und Große, es gibt uns, nicht in abgedroschnen Redensarten von Bruderliebe u. dgl. m., den Begriff echter und wahrer Menschenliebe, indem es uns überall, dem schönen Gedanken gemäß, daß der Selbstmörder nur *Verirrter* nicht *Verbrecher* sei, die Gebrechen und Mängel des armen Sterblichen in der mildesten Form sehen läßt.

Einen würdigen Schluß zu der ganzen Arbeit bildet überdies der letzte erhabne Gedanke, er ist es, welcher dem Menschen allein im Schlamme des Lebens die wahre Würde bewahren kann.

REDE ZUR VERTEIDIGUNG DES CATO VON UTIKA
gehalten auf dem Gymnasial-Redeaktus in Darmstadt
Herbst 1830

Groß und erhaben ist es, den Menschen im Kampfe mit der Natur zu sehen, wenn er gewaltig sich stemmt gegen die Wut der entfesselten Elemente und, vertrauend der Kraft seines Geistes, nach seinem Willen die rohen Kräfte der Natur zügelt. Aber noch erhabner ist es, den Menschen zu sehen im Kampfe mit seinem Schicksale, wenn er es wagt einzugreifen in den Gang der Weltgeschichte, wenn er an die Erreichung seines Zwecks sein Höchstes, sein Alles setzt. Wer nur *einen* Zweck und kein Ziel bei der Verfolgung desselben sich vorgesteckt, gibt den Widerstand nie auf, er siegt oder – stirbt. Solche Männer waren es, welche, wenn die ganze Welt feige ihren Nacken dem mächtig über sie hinrollenden Zeitrade beugte, kühn in die Speichen desselben griffen, und es entweder in seinem Umschwunge mit gewaltiger Hand zurückschnellten, oder von seinem Gewichte zermalmt einen rühmlichen Tod fanden, d.h. sich mit dem Reste des Lebens *Unsterblichkeit* erkauften. Solche Männer, die unter den Millionen, welche aus dem Schoß der Erde steigen, ewig am Staube kleben und wie Staub vergehn und vergessen werden, sich zu erheben, sich Unvergänglichkeit zu erkämpfen wagten, solche Männer sind es, die gleich Meteoren aus dem Dunkel des menschlichen Elends und Verderbens hervorstrahlen. Sie durchkreuzen wie Kometen die Bahn der Jahrhunderte; so wenig die Sternkunde den Einfluß der einen, eben so wenig kann die Politik den der andern berechnen. In ihrem exzentrischen Laufe scheinen sie nur Irrbahnen zu beschreiben, bis die großen Wirkungen dieser Phänomene beweisen, daß ihre Erscheinung lange vorher durch jene Vorsehung angeordnet war, deren Gesetze eben so unerforschlich, als unabänderlich sind. –

Jedes Zeitalter kann uns Beispiele solcher Männer aufweisen, doch alle waren von jeher der verschiedenartigsten Beurteilung unterworfen. Die Ursache hiervon ist, daß jede Zeit *ihren* Maßstab an die Helden der Gegenwart oder Vergangenheit legt, daß sie nicht richtet nach dem eigentlichen Werte dieser Männer, sondern daß ihre Auffassung und Beurteilung derselben stets bestimmt und unterschieden ist durch die Stufe, auf der *sie selbst* steht. Wie fehlerhaft eine solche Beurteilung sei, wird Niemandem entgehen: für einen Riesen paßt nicht das Maß eines Zwergs; eine kleine Zeit darf nicht einen Mann nach sich beurteilen wollen, von dem sie nicht *einen* Gedanken fassen und ertragen könnte. Wer will dem Adler die Bahn vorschreiben, wenn er die Schwingen entfaltet und stürmischen Flug's sich zu den Sternen erhebt? Wer will die zerknickten Blumen zählen, wenn der Sturm über die Erde braust und die Nebel zerreißt, die dumpfbrütend über dem Leben liegen? Wer will nach den Meinungen und Motiven eines Kindes wägen und verdammen, wenn Ungeheures geschieht, wo es sich um Ungeheures handelt? Die Lehre davon ist: man darf die Ereignisse und ihre Wirkungen nicht beurteilen, wie sie *äußerlich* sich darstellen, sondern man muß ihren *inneren tiefen* Sinn zu ergründen suchen, und dann wird man das *Wahre* finden. –

Ich glaube erst dieses vorausschicken zu müssen, um bei der Behandlung eines so schwierigen Themas zu zeigen, von welchem Standpunkte man bei der Beurteilung eines Mannes, bei der Beurteilung eines alten Römers ausgehen müsse, um zu beweisen, daß man an einen *Kato* nicht den Maßstab unsrer Zeit anlegen, daß man seine Tat nicht nach neueren Grundsätzen und Ansichten beurteilen könne.

Man hört so oft behaupten: *subjektiv* ist *Kato* zu rechtfertigen, *objektiv* zu verdammen d.h. von unserm, vom *christlichen Standpunkte* aus ist *Kato* ein *Verbrecher*, von *seinem eigenen* aus ein *Held*. Wie man aber diesen christlichen Standpunkt hier anwenden könne, ist mir immer ein Rätsel geblieben. Es ist ja doch ein ganz eigner Gedanke, einen alten Römer nach dem Katechismus kritisieren zu wollen! Denn da man die Handlungen eines Mannes nur dann zu beurteilen vermag, wenn man sie mit seinem Charakter, seinen Grundsätzen und seiner Zeit zusammenstellt, so ist nur *ein* Standpunkt und zwar der *subjektive* zu billigen und jeder andre, zumal in diesem Falle der christliche, gänzlich zu verwerfen. So wenig als *Kato* Christ war, so wenig kann man die christlichen Grundsätze auf ihn anwenden wollen; er ist nur als *Römer* und *Stoiker* zu betrachten. Diesem Grundsatze gemäß werde ich alle Einwürfe, wie z.B. ›es ist nicht erlaubt sich das Leben zu nehmen, das man sich nicht selbst gegeben‹ oder ›der Selbstmord ist ein Eingriff in die Rechte Gottes‹ ganz und gar nicht berücksichtigen und nur die zu widerlegen suchen, welche man *Kato* vom Standpunkte des *Römers* aus machen könnte, wobei es notwendig ist, vorerst eine kurze, aber getreue Schilderung seines Charakters und seiner Grundsätze zu entwerfen. –

Kato war einer der untadelhaftesten Männer, den die Geschichte uns zeigt. Er war streng, aber nicht grausam; er war bereit, Andern viel größere Fehler zu verzeihen, als sich selbst. Sein Stolz und seine Härte waren mehr die Wirkung seiner Grundsätze, als seines Temperaments. Voll unerschütterlicher Tugend, wollte er lieber tugendhaft *sein*, als *scheinen*. Gerecht gegen Fremde, begeistert für sein Vaterland, nur das *Wohl* seiner Mitbürger, nicht ihre *Gunst* beachtend, erwarb er sich um so größeren Ruhm, je weniger er ihn begehrte. Seine große Seele faßte ganz die großen Gedanken: *Vaterland, Ehre* und *Freiheit*. Sein verzweifelter Kampf gegen *Cäsar* war die Folge seiner reinsten Überzeugung, sein Leben und sein Tod den Grundsätzen der Stoiker gemäß, die da behaupteten:

›Die Tugend sei die wahre, von Lohn und Strafe ganz unabhängige Harmonie des Menschen mit sich selbst, die durch die Herrschaft über die Leidenschaften erlangt werde; diese Tugend setze die höchste innre Ruhe und Erhabenheit über die Affektionen sinnlicher Lust und Unlust voraus; sie mache den Weisen nicht gefühllos, aber unverwundbar und gebe ihm eine Herrschaft über sein Leben, die auch den Selbstmord erlaube.‹

Solche Gefühle und Grundsätze in der Brust, stand *Kato* da, wie ein Gigant unter Pygmäen, wie der Heros einer untergegangenen Heldenzeit, wie ein Riesenbau, erhaben über seine Zeit, erhaben selbst über menschliche Größe. Nur *ein* Mann stand ihm gegenüber. Er war *Julius Cäsar*. Beide waren gleich an Geisteskräften, gleich an Macht und Ansehn, aber beide ganz verschiednen Charakters. *Kato* der *letzte Römer, Cäsar* nichts mehr als ein glücklicher *Katilina; Kato* groß durch sich selbst, *Cäsar* groß durch sein Glück, mit dem größten Verbrechen geadelt durch den Preis seines Verbrechens. Für zwei solcher Männer war der Erdkreis zu eng. Einer mußte fallen, und *Kato* fiel, nicht als ein Opfer der Überlegenheit *Cäsars*, sondern seiner verdorbenen Zeit. Anderthalbe hundert Jahre zuvor hätte kein *Cäsar* gesiegt. –

Nach Cäsars Siege bei *Thapsus* hatte *Kato* die Hoffnung seines Lebens verloren; nur von wenigen Freunden begleitet begab er sich nach Utika, wo er noch die letzten Anstrengungen machte, die Bürger für die Sache der Freiheit zu gewinnen. Doch als er sah, daß in ihnen nur Sklavenseelen wohnten, als Rom von seinem Herzen sich losriß, als er nirgends mehr ein Asyl fand für die Göttin seines Lebens, da hielt er es für das Einzigwürdige, durch einen besonnenen Tod seine freie Seele zu retten. Voll der zärtlichsten Liebe sorgte er für seine Freunde, kalt und ruhig überlegte er seinen Entschluß, und als alle Bande zerrissen, die ihn an das Leben fesselten, gab er sich mit sichrer Hand den Todesstoß und starb, durch seinen Tod einen würdigen Schlußstein auf den Riesenbau seines

Lebens setzend. Solch ein Ende konnte allein einer so großen Tugend in einer so heillosen Zeit geziemen!

So verschieden nun die Beurteilungen dieser Handlung sind, eben so verschieden sind auch die Motive, die man ihr zum Grunde legt. Doch ich denke, ich habe nicht nötig, hier die zurückzuweisen, welche von Eitelkeit, Ruhmsucht, Halsstarrigkeit und dergleichen kleinlichen Gründen mehr reden (solche Gefühle hatten keinen Raum in der Brust eines *Kato*!) oder gar die zurückzuweisen, welche mit dem Gemeinplatz der *Feigheit* angezogen kommen. Ihre Widerlegung liegt schon in der bloßen Schilderung seines Charakters, der nach dem einstimmigen Zeugnis aller alten Schriftsteller so groß war, daß selbst *Vellejus Paterculus* von ihm sagt: *homo virtuti simillimus et per omnia ingenio diis, quam hominibus propior.*

Andre, die der Wahrheit schon etwas näher kamen und auch bei den Meisten Anhänger fanden, behaupteten, der Beweggrund zum Selbstmord sei ein unbeugsamer Stolz gewesen, der nur vom Tode sich habe wollen besiegen lassen. Wahrlich, wäre dies das wahre Motiv, so liegt schon etwas Großes und Erhabnes in dem Gedanken, mit dem Tode die Gerechtigkeit der Sache, für die man streitet, besiegeln zu wollen. Es gehört ein großer Charakter dazu, sich zu einem solchen Entschluß erheben zu können. Aber auch nicht einmal dieser Beweggrund war es – es war ein höherer. *Katos* große Seele war ganz erfüllt von einem unendlichen Gefühle für *Vaterland* und *Freiheit*, das sein ganzes Leben durchglühte. Diese beiden Gedanken waren die Zentralsonne, um die sich alle seine Gedanken und Handlungen drehten. Den Fall seines Vaterlandes hätte *Kato* überleben können, wenn er ein Asyl für die andre Göttin seines Lebens, für die *Freiheit*, gefunden hätte. *Er fand es nicht.* Der Weltball lag in Roms Banden, alle Völker waren Sklaven, frei allein der Römer. Doch als auch dieser endlich seinem Geschicke erlag, als das Heiligtum der Gesetze zerrissen, als der Altar der Freiheit zerstört war, da war *Kato* der *einzige* unter Millionen, der *einzige* unter den Bewohnern einer Welt, der sich das Schwert in die Brust stieß, um unter Sklaven nicht leben zu müssen; denn Sklaven waren die Römer, sie mochten in goldnen oder ehernen Fesseln liegen – sie waren *gefesselt*. Der Römer kannte nur *eine* Freiheit, sie war das Gesetz, dem er sich aus *freier* Überzeugung als *notwendig* fügte; diese Freiheit hatte *Cäsar* zerstört, *Kato* war Sklave, wenn er sich dem Gesetz der Willkür beugte. *Und war auch Rom der Freiheit nicht wert, so war doch die Freiheit selbst wert, daß Kato für sie lebte und starb.* Nimmt man diesen Beweggrund an, so ist Kato gerechtfertigt; ich sehe nicht ein, warum man sich so sehr bemüht, einen niedrigern hervorzuheben; ich kann nicht begreifen, warum man einem Manne, dessen Leben und Charakter makellos sind, das Ende seines Lebens schänden will. Der Beweggrund, den ich seiner Handlung zu Grunde lege, stimmt mit seinem ganzen Charakter überein, ist seines ganzen Lebens würdig, und also der wahre. –

Diese Tat läßt sich jedoch noch von einem andern Standpunkte aus beurteilen, nämlich von dem der *Klugheit* und der *Pflicht*. Man kann nämlich sagen: handelte *Kato* auch *klug*? hätte er nicht versuchen können, die Freiheit, deren Verlust ihn tötete, seinem Volke wieder zu erkämpfen? Und hätte er, wenn auch dieses nicht der Fall gewesen wäre, sich nicht dennoch seinen Mitbürgern, seinen Freunden, seiner Familie erhalten *müssen*?

Der erste Einwurf läßt sich widerlegen durch die *Geschichte*. *Kato* mußte bei einigem Blick in *sie* wissen und wußte es, daß Rom sich nicht mehr erheben könne, daß es einen Tyrannen nötig habe, und daß für einen despotisch beherrschten Staat nur Rettung in dem *Untergang* sei. Wäre es ihm auch gelungen, selbst *Cäsarn* zu besiegen, Rom blieb dennoch Sklavin; aus dem Rumpfe der Hyder wären nur neue Rachen hervorgewachsen. Die Geschichte bestätigt diese Behauptung. Die Tat eines *Brutus* war nur ein leeres Schattenbild einer untergegangnen Zeit. Was hätte es also *Kato* genützt, wenn er noch länger die Flamme des Bürgerkrieges entzündet, wenn er auch *Roms* Schicksal noch um einige Jahre aufgehalten hätte? *Er sah, Rom und mit ihm die Freiheit war nicht mehr zu retten.* –

Noch leichter läßt sich der andre Einwurf, als hätte *Kato* sich seinem, wenn auch unterjochten Vaterlande, dennoch erhalten müssen, beseitigen. Es gibt Menschen, die ihrem größeren Charakter gemäß mehr zu allgemeinen großen Diensten für das Vaterland, als zu besondern Hülfsleistungen gegen einzelne Notleidende verpflichtet sind. Ein solcher war *Kato*. Sein großer Wirkungs-Kreis war ihm genommen, seinen Grundsätzen gemäß konnte er nicht mehr handlen. *Kato* war zu groß, als daß er die freie Stirne dem Sklavenjoche des Usurpators hätte beugen, als daß er, um seinen Mitbürgern eine Gnade zu erbetteln, vor einem *Cäsar* hätte kriechen können. Kleineren Seelen überließ er dies; doch wie wenig durch Nachgeben und Fügsamkeit erreicht wurde, kann *Ciceros* Beispiel lehren. *Kato* hatte einen andern Weg eingeschlagen, noch den letzten großen Dienst seinem Vaterlande zu erweisen; sein Selbstmord war eine Aufopferung für dasselbe! Wäre *Kato* leben geblieben, hätte er sich mit Verleugnung aller seiner Grundsätze dem Usurpator unterworfen, so hätte dieses Leben die Billigung *Cäsars* erhalten; hätte er dies nicht gewollt, so hätte er in offnem Kampf auftreten und unnützes Blut vergießen müssen. Hier gab es *nur einen* Ausweg, er war der *Selbstmord*. Er war die Apologie des *Kato*, war die furchtbarste Anklage des *Cäsar*. *Kato* hätte nichts größres für sein Vaterland tun können, denn diese Tat, dieses Beispiel hätte alle Lebensgeister der entschlafnen *Roma* wecken müssen. Daß sie ihren Zweck verfehlte, daran ist nur *Rom*, nicht *Kato* schuld. –

Dasselbe läßt sich auch auf den Einwurf erwidern, *Kato* hätte sich seiner Familie erhalten müssen. *Kato* war der Mann nicht, der sich im engen Kreise des Familienlebens hätte bewegen können, auch sehe ich nicht ein, warum er es hätte tun sollen; seinen Freunden nützte sein Tod mehr, als sein Leben; seine *Porcia* hatte einen *Brutus* gefunden, sein Sohn war erzogen; der Schluß dieser Erziehung war der Selbstmord des Vaters, er war die letzte große Lehre für den Sohn. Daß derselbe sie verstand, lehrte die Schlacht bei *Philippi*. –

Das Resultat dieser Untersuchung liegt in *Ludens* Worten: ›*wer fragen kann, ob Kato durch seine Tugend nicht Rom mehr geschadet habe, als genützt, der hat weder Roms Art erkannt noch Katos Seele, noch den Sinn des menschlichen Lebens.*‹

Nimmt man nun alle diese angeführten Gründe und Umstände zusammen, so wird man leicht einsehen, daß *Kato* seinem Charakter und seinen Grundsätzen gemäß so handlen *konnte* und *mußte*, daß nur *dieser eine* Ausweg der Würde seines Lebens geziemte und daß jede andre Handlungsart seinem ganzen Leben widersprochen haben würde. –

Obgleich hierdurch nun *Kato* nicht allein entschuldigt, sondern auch gerechtfertigt wird, so hat man doch noch einen andern, keineswegs leicht zu beseitigenden, Einwurf gemacht; er heißt nämlich: ›eine Handlung läßt sich nicht dadurch rechtfertigen, daß sie dem besondern Charakter eines Menschen gemäß gewesen ist. Wenn der *Charakter* selbst *fehlerhaft* war, so ist es die *Handlung* auch. Dies ist bei *Kato* der Fall. Er hatte nämlich nur eine sehr einseitige Entwicklung der Natur. Die Ursache, warum mit seinem Charakter die Handlung des Selbstmords übereinstimmte, lag nicht in seiner Vollkommenheit, sondern in seinen Fehlern. Es war nicht seine *Stärke* und sein *Mut*, sondern sein *Unvermögen*, sich in einer ungewohnten Lebensweise schicklich zu bewegen, welches ihm das Schwert in die Hand gab. –‹

So wahr auch diese Behauptung klingt, so hört sie bei näherer

Betrachtung doch ganz auf, einen Flecken auf *Katos* Handlung zu werfen. Diesem Einwurf gemäß wird gefordert, daß *Kato* sich nicht allein in die Rolle des *Republikaners*, sondern auch in die des *Dieners* hätte fügen sollen. Daß er dies nicht *konnte* und *wollte*, schreibt man der Unvollkommenheit seines Charakters zu. Daß aber dieses Schicken in alle Umstände eine Vollkommenheit sei, kann ich nicht einsehen, denn ich glaube, daß *das* das große Erbteil des Mannes sei, *nur eine* Rolle spielen, nur in *einer* Gestalt sich zeigen, nur in das, was er als wahr und recht erkannt hat, sich fügen zu können. Ich behaupte also im Gegenteil, daß grade dieses Unvermögen, sich in eine seinen heiligsten Rechten, seinen heiligsten Grundsätzen widersprechende Lage zu finden, von der *Größe*, nicht von der *Einseitigkeit* und *Unvollkommenheit* des *Kato* zeugt.

Wie groß aber seine Beharrlichkeit bei dem war, was er als wahr und recht erkannt hatte, kann uns sein *Tod selbst* lehren. Wenig Menschen werden je gefunden worden sein, die den Entschluß zu sterben mit soviel Ruhe haben fassen, mit soviel Beharrlichkeit haben ausführen können. Sagt auch *Herder* verächtlich: *›jener Römer, der im Zorne sich die Wunden aufriß!‹* so ist doch dies ewig und sicher wahr, daß grade der Umstand, daß *Kato* leben blieb und doch nicht zurückzog, daß *grade* der Umstand die Tat nur noch *großartiger* macht.

So handelte, *so* lebte, *so* starb *Kato*. Er selbst der Repräsentant Römischer Größe, der letzte eines untergesunknen Heldenstamms, der größte seiner Zeit! Sein Tod der Schlußstein für den ersten Gedanken seines Lebens, seine Tat ein Denkmal im Herzen aller Edlen, das über Tod und Verwesung triumphiert, das unbewegt steht im flutenden Strome der Ewigkeit! *Rom*, die Riesin, stürzte, Jahrhunderte gingen an seinem Grabe vorüber, die Weltgeschichte schüttelte über ihm ihre Lose, und noch steht *Katos* Namen neben der Tugend und *wird* neben ihr stehn, so lange das große Urgefühl für *Vaterland* und *Freiheit* in der Brust des Menschen glüht! –

Georg Büchner – Friedrich Ludwig Weidig

DER HESSISCHE LANDBOTE

Gegenüberstellung der Fassungen
vom Juli und November 1834

DER HESSISCHE LANDBOTE

Erste Botschaft

Darmstadt, im Juli 1834.

Vorbericht

Dieses Blatt soll dem hessischen Lande die Wahrheit melden, aber wer die Wahrheit sagt, wird gehenkt, ja sogar der, welcher die Wahrheit liest, wird durch meineidige Richter vielleicht gestraft. Darum haben die, welchen dies Blatt zukommt, folgendes zu beobachten:

1) Sie müssen das Blatt sorgfältig außerhalb ihres Hauses vor der Polizei verwahren;
2) sie dürfen es nur an treue Freunde mitteilen;
3) denen, welchen sie nicht trauen, wie sich selbst, dürfen sie es nur heimlich hinlegen;
4) würde das Blatt dennoch bei Einem gefunden, der es gelesen hat, so muß er gestehen, daß er es eben dem Kreisrat habe bringen wollen;
5) wer das Blatt nicht gelesen hat, wenn man es bei ihm findet, der ist natürlich ohne Schuld.

Friede den Hütten! Krieg den Palästen!

Im Jahr 1834 siehet es aus, als würde die Bibel Lügen gestraft. Es sieht aus, als hätte Gott die Bauern und Handwerker am 5ten Tage, und die Fürsten und Vornehmen am 6ten gemacht, und als hätte der Herr zu diesen gesagt: Herrschet über alles Getier, das auf Erden kriecht, und hätte die Bauern und Bürger zum Gewürm gezählt. Das Leben der Vornehmen ist ein langer Sonntag, sie wohnen in schönen Häusern, sie tragen zierliche Kleider, sie haben feiste Gesichter und reden eine eigne Sprache; das Volk aber liegt vor ihnen wie Dünger auf dem Acker. Der Bauer geht hinter dem Pflug, der Vornehme aber geht hinter ihm und dem Pflug und treibt ihn mit den Ochsen am Pflug, er nimmt das Korn und läßt ihm die Stoppeln. Das Leben des Bauern ist ein langer Werktag; Fremde verzehren seine Äcker vor seinen Augen, sein Leib ist eine Schwiele, sein Schweiß ist das Salz auf dem Tische des Vornehmen.

Im Großherzogtum Hessen sind 718,373 Einwohner, die geben an den Staat jährlich an 6,363,364 Gulden, als

DER HESSISCHE LANDBOTE

Erste Botschaft

Darmstadt, im Nov. 1834.

Friede den Hütten! Krieg den Palästen!

Im Jahr 1834 siehet es aus, als würde die Bibel Lügen gestraft. Es sieht aus, als hätte Gott die Bauern und Handwerker am 5ten Tage, und die Fürsten und Großen am 6ten gemacht, und als hätte der Herr zu diesen gesagt: Herrschet über alles Getier, das auf Erden kriecht, und hätte die Bauern und Bürger zum Gewürm gezählt. Das Leben der Fürsten ist ein langer Sonntag;

das Volk aber liegt vor ihnen wie Dünger auf dem Acker. Der Bauer geht hinter dem Pflug, der Beamte des Fürsten geht aber hinter dem Bauer und treibt ihn mit den Ochsen am Pflug; der Fürst nimmt das Korn und läßt dem Volke die Stoppeln. Das Leben des Bauern ist ein langer Werktag; Fremde verzehren seine Äcker vor seinen Augen, sein Leib ist eine Schwiele, sein Schweiß ist das Salz auf dem Tische des Zwingherrn.

Im Großherzogtum Hessen sind 718,373 Einwohner, die geben an den Staat jährlich an 6,363,364 Gulden, als

1) Direkte Steuern	2,128,131 fl.
2) Indirekte Steuern	2,478,264 „
3) Domänen	1,547,394 „
4) Regalien	46,938 „
5) Geldstrafen	98,511 „
6) Verschiedene Quellen	64,198 „
	6,363,363 fl.

Dies Geld ist der Blutzehnte, der von dem Leib des Volkes genommen wird. An 700,000 Menschen schwitzen, stöhnen und hungern dafür. Im Namen des Staates wird es erpreßt, die Presser berufen sich auf die Regierung und die Regierung sagt, das sei nötig die Ordnung im Staat zu erhalten. Was ist denn nun das für gewaltiges Ding: der Staat? Wohnt eine Anzahl Menschen in einem Land und es sind Verordnungen oder Gesetze vorhanden, nach denen jeder sich richten muß, so sagt man, sie bilden einen Staat. Der Staat also sind *Alle;* die Ordner im Staate sind die Gesetze, durch welche das Wohl *Aller* gesichert wird, und die aus dem Wohl *Aller* hervorgehen sollen. – Seht nun, was man in dem Großherzogtum aus dem Staat gemacht hat; seht was es heißt: die Ordnung im Staate erhalten! 700,000 Menschen bezahlen dafür 6 Millionen, d.h. sie werden zu Ackergäulen und Pflugstieren gemacht, damit sie in Ordnung leben. In Ordnung leben heißt hungern und geschunden werden.

Wer sind denn die, welche diese Ordnung gemacht haben, und die wachen, diese Ordnung zu erhalten? Das ist die Großherzogliche Regierung. Die Regierung wird gebildet von dem Großherzog und seinen obersten Beamten. Die andern Beamten sind Männer, die von der Regierung berufen werden, um jene Ordnung in Kraft zu erhalten. Ihre Anzahl ist Legion: Staatsräte und Regierungsräte, Landräte und Kreisräte, Geistliche Räte und Schulräte, Finanzräte und Forsträte u.s.w. mit allem ihrem Heer von Sekretären u.s.w. Das Volk ist ihre Herde, sie sind seine Hirten, Melker und Schinder; sie haben die Häute der Bauern an, der Raub der Armen ist in ihrem Hause; die Tränen der Witwen und Waisen sind das Schmalz auf ihren Gesichtern; sie herrschen frei und ermahnen das Volk zur Knechtschaft. Ihnen gebt ihr 6,000,000 fl. Abgaben; sie haben dafür die Mühe, euch zu regieren; d.h. sich von euch füttern zu lassen und euch eure Menschen- und Bürgerrechte zu rauben. Sehet ,
was die Ernte eures Schweißes ist.

Für das Ministerium des Innern und der Gerechtigkeitspflege werden bezahlt 1,110,607 Gulden. Dafür habt ihr einen Wust von Gesetzen, zusammengehäuft aus willkürlichen Verordnungen aller

1) Direkte Steuern	2,128,131 fl.
2) Indirekte Steuern	2,478,264 „
3) Domänen	1,547,394 „
4) Regalien	46,938 „
5) Geldstrafen	98,511 „
6) Verschiedene Quellen	64,198 „
	6,363,363 fl.

Dies Geld ist der Blutzehnte, der von dem Leib des Volkes genommen wird. An 700,000 Menschen schwitzen, stöhnen und hungern dafür. Im Namen des Staates wird es erpreßt, die Presser berufen sich auf die Regierung und die Regierung sagt, das sei nötig, die Ordnung im Staat zu erhalten. Was ist denn nun das für gewaltiges Ding: der Staat? Wohnt eine Anzahl Menschen in einem Land und es sind Verordnungen oder Gesetze vorhanden, nach denen jeder sich richten muß, so sagt man, sie bilden einen Staat. Der Staat also sind *Alle;* die Ordner im Staate sind die Gesetze, durch welche das Wohl *Aller* gesichert wird, und die aus dem Wohl *Aller* hervorgehen sollen. – Seht nun, was man in dem Großherzogtum aus dem Staat gemacht hat; seht was es heißt: die Ordnung im Staate erhalten! 700,000 Menschen bezahlen dafür 6 Millionen, d.h. sie werden zu Ackergäulen und Pflugstieren gemacht, damit sie in Ordnung leben. In Ordnung leben heißt hungern und geschunden werden.

Wer sind denn die, welche diese Ordnung gemacht haben, und die wachen, diese Ordnung zu erhalten? Das ist die Großherzogliche Regierung. Die Regierung wird gebildet von dem Großherzog und seinen obersten Beamten. Die andern Beamten sind Männer, die von der Regierung berufen werden, um jene Ordnung in Kraft zu erhalten. Ihre Anzahl ist Legion: Staatsräte und Regierungsräte, Landräte und Kreisräte, Geistliche Räte und Schulräte, Finanzräte und Forsträte u.s.w. mit allem ihrem Heer von Sekretären u.s.w. Das Volk ist ihre Herde, sie sind seine Hirten, Melker und Schinder.

Ihnen gebt ihr 6,000,000 fl. Abgaben; sie haben dafür die Mühe, euch zu regieren; d.h. sich von euch füttern zu lassen und euch eure Menschen- und Bürgerrechte zu rauben. Sehet nun, was die Ernte eures Schweißes ist.

Für das Ministerium des Inneren und der Gerechtigkeitspflege werden bezahlt 1,110,607 Gulden. Dafür habt ihr einen Wust von Gesetzen, zusammengehäuft aus willkürlichen Verordnungen aller

Jahrhunderte, meist geschrieben in einer fremden Sprache. Der Unsinn aller vorigen Geschlechter hat sich darin auf euch vererbt, der Druck, unter dem sie erlagen, sich auf euch fortgewälzt. Das Gesetz ist das Eigentum einer unbedeutenden Klasse von Vornehmen und Gelehrten, die sich durch ihr eignes Machwerk die Herrschaft zuspricht. Diese Gerechtigkeit ist nur ein Mittel, euch in Ordnung zu halten, damit man euch bequemer schinde; sie spricht nach Gesetzen, die ihr nicht versteht, nach Grundsätzen, von denen ihr nichts wißt, Urteile, von denen ihr nichts begreift. Unbestechlich ist sie, weil sie sich gerade teuer genug bezahlen läßt, um keine Bestechung zu brauchen. Aber die meisten ihrer Diener sind der Regierung mit Haut und Haar verkauft. Ihre Ruhestühle stehen auf einem Geldhaufen von 461,373 Gulden (so viel betragen die Ausgaben für die Gerichtshöfe und die Kriminalkosten). Die Fräcke, Stöcke und Säbel ihrer unverletzlichen Diener sind mit dem Silber von 197,502 Gulden beschlagen (so viel kostet die Polizei überhaupt, die Gendarmerie u. s. w.). Die Justiz ist in Deutschland seit Jahrhunderten die Hure der deutschen Fürsten. Jeden Schritt zu ihr müßt ihr mit Silber pflastern, und mit Armut und Erniedrigung erkauft ihr ihre Sprüche. Denkt an das Stempelpapier, denkt an euer Bücken in den Amtsstuben, und euer Wachestehen vor denselben. Denkt an die Sporteln für Schreiber und Gerichtsdiener. Ihr dürft euern Nachbar verklagen, der euch eine Kartoffel stiehlt; aber klagt einmal über den Diebstahl, der von Staatswegen unter dem Namen von Abgabe und Steuern jeden Tag an eurem Eigentum begangen wird, damit eine Legion unnützer Beamten sich von eurem Schweiße mästen: klagt einmal, daß ihr der Willkür einiger Fettwänste   überlassen seid und daß diese Willkür Gesetz heißt, klagt, daß ihr die Ackergäule des Staates seid, klagt über eure verlorne Menschenrechte: Wo sind die Gerichtshöfe, die eure Klage annehmen, wo die Richter, die rechtsprächen? – Die Ketten eurer Vogelsberger Mitbürger, die man nach Rokkenburg schleppte, werden euch Antwort geben.

Und will endlich ein Richter oder ein andrer Beamte von den Wenigen, welchen das Recht und das gemeine Wohl lieber ist, als ihr Bauch und der Mammon, ein Volksrat und kein Volksschinder sein, so wird er von den obersten Räten des Fürsten selber geschunden.

Für das Ministerium der Finanzen 1,551,502 fl.

Damit werden die Finanzräte, Obereinnehmer,
Steuerboten, die Untererheber besoldet. Dafür wird der Ertrag eurer Äcker berechnet und eure Köpfe gezählt. Der Boden unter

Jahrhunderte, meist geschrieben in einer fremden Sprache. Der Unsinn aller vorigen Geschlechter hat sich darin auf euch vererbt, der Druck, unter dem sie erlagen, sich auf euch fortgewälzt.

Diese Gerechtigkeit ist nur ein Mittel, euch in Ordnung zu halten, damit man euch bequemer schinde; sie spricht nach Gesetzen, die ihr nicht versteht, nach Grundsätzen, von denen ihr nichts wißt, Urteile, von denen ihr nichts begreift. Unbestechlich ist sie, weil sie sich gerade teuer genug bezahlen läßt, um keine Bestechung zu brauchen. Die meisten Richter sind der Regierung mit Haut und Haar verkauft. Ihre Ruhestühle stehen auf einem Geldhaufen von 461,473 Gulden (so viel betragen die Ausgaben für die Gerichtshöfe und die Kriminalkosten). Die Fräcke, Stöcke und Säbel ihrer unverletzlichen Diener sind mit dem Silber von 197,502 Gulden beschlagen (so viel kostet die Polizei überhaupt, die Gendarmerie u.s.w.). Die Justiz ist in Deutschland die Hure der Fürsten. Jeden Schritt zu ihr müßt ihr mit Silber pflastern, und mit Armut und Erniedrigung erkauft ihr ihre Sprüche. Denkt an das Stempelpapier, denkt an euer Bücken in den Amtsstuben, und euer Wachestehen vor denselben. Denkt an die Sporteln für Schreiber und Gerichtsdiener. Ihr dürft euern Nachbar verklagen, der euch eine Kartoffel stiehlt; aber klagt einmal über den Diebstahl, der von Staatswegen jeden Tag an eurem Eigentum begangen wird, damit eine Legion unnützer Beamte sich von eurem Schweiße mästen; klagt einmal, daß ihr der Willkür gewissenloser Subjekte überlassen seid und daß diese Willkür Gesetz heißt; klagt, daß ihr die Ackergäule des Staates seid; klagt über eure verlorne Menschenrechte: Wo sind die Gerichtshöfe, die eure Klage annehmen? wo die Richter, die recht sprächen? – Die Ketten eurer Vogelsberger Mitbürger, die man nach Rokkenburg schleppte, werden euch Antwort geben.

Und will endlich ein Richter oder ein anderer Beamte von den Wenigen, welchen das Recht und das gemeine Wohl lieber ist, als ihr Bauch und der Mammon, ein Volksrat und kein Volksschinder sein, so wird er von den obersten Räten des Fürsten selber geschunden.

Für das Ministerium der Finanzen 1,551,502 fl.

Damit werden die Finanzräte, Obereinnehmer, Rentbeamten, Steuerboten, die Untererheber besoldet. Dafür wird der Ertrag eurer Äcker berechnet und eure Köpfe gezählt. Der Boden unter euren Füßen, der Bissen zwischen euren Zähnen ist besteuert. Dafür sitzen die Herren in Fräcken beisammen und das Volk steht nackt und gebückt vor ihnen, sie legen die Hände an seine Lenden und Schultern und rechnen aus, wie viel es noch tragen kann, und wenn sie barmherzig sind, so geschieht es nur, wie man ein Vieh schont, das man nicht so sehr angreifen will.

Für das Militär wird bezahlt 914,820 Gulden.

Dafür kriegen eure Söhne einen bunten Rock auf den Leib, ein Gewehr oder eine Trommel auf die Schulter und dürfen jeden Herbst einmal blind schießen, und erzählen, wie die Herren vom Hof, und die ungeratenen Buben vom Adel allen Kindern ehrlicher Leute vorgehen, und mit ihnen in den breiten Straßen der Städte herumziehen mit Trommlen und Trompeten. Für jene 900,000 Gulden müssen eure Söhne den Tyrannen schwören und Wache halten an ihren Palästen. Mit ihren Trommeln übertäuben sie eure Seufzer, mit ihren Kolben zerschmettern sie euch den Schädel, wenn ihr zu denken wagt, daß ihr freie Menschen seid. Sie sind die gesetzlichen Mörder, welche die gesetzlichen Räuber schützen, denkt an Södel! Eure Brüder, eure Kinder waren dort Brüder- und Vatermörder.

Für die Pensionen 480,000 Gulden.

Dafür werden die Beamten aufs Polster gelegt, wenn sie eine gewisse Zeit dem Staate treu gedient haben, d.h. wenn sie eifrige Handlanger bei der regelmäßig eingerichteten Schinderei gewesen, die man Ordnung und Gesetz heißt.

Für das Staatsministerium und den Staatsrat 174,600 Gulden.

Die größten Schurken stehen wohl jetzt allerwärts in Deutschland den Fürsten am nächsten, wenigstens im Großherzogtum:

euren Füßen, der Bissen zwischen euren Zähnen ist besteuert. Dafür sitzen die Herren in Fräcken beisammen und das Volk steht nackt und gebückt vor ihnen; sie legen die Hände an seine Lenden und Schultern, und rechnen aus, wie viel es noch tragen kann, und wenn sie barmherzig sind, so geschieht es nur in dem Maße, wie man ein Vieh schont, das man noch ferner bei mäßigem Futter zu unmäßiger Arbeit gebrauchen will.

Für das Militär wird bezahlt 914,820 Gulden.

Dafür kriegen eure Söhne einen bunten Rock auf den Leib, ein Gewehr oder eine Trommel auf die Schulter und dürfen jeden Herbst einmal blind schießen, und erzählen, wie die Herren vom Hof, und die ungeratenen Buben vom Adel allen Kindern ehrlicher Leute vorgehen und mit ihnen in den breiten Straßen der Städte herumziehen mit Trommlen und Trompeten. Für jene 900,000 Gulden müssen eure Söhne den Tyrannen schwören und Wache halten an ihren Palästen. Mit ihren Trommeln übertäuben sie eure Seufzer, mit ihren Kolben zerschmettern sie euch den Schädel, wenn ihr zu denken wagt, daß ihr freie Menschen seid. Sie sind die gesetzlichen Mörder, welche die gesetzlichen Räuber schützen, – denkt an Södel! Eure Brüder, eure Kinder waren dort Brüder- und Vatermörder.

Für die Pensionen 480,000 Gulden.

Dafür werden die Beamten aufs Polster gelegt, wenn sie eine gewisse Zeit dem Staate treu gedient haben, d.h. wenn sie eifrige Handlanger bei der regelmäßig eingerichteten Schinderei gewesen, die man Ordnung und Gesetz heißt.

Für das Staatsministerium und den Staatsrat 174,600 Gulden.

Die größten Schurken stehen wohl jetzt allerwärts in Deutschland den Fürsten am nächsten, wenigstens im Großherzogtum. Da ist der *Staatsminister du Thil*, der jährlich mit 15,000 Gulden besoldet wird, – also wenn er 30 Jahre lang Minister bleibt, für sich allein fast *eine halbe Million* verschlingt; da ist der *Staatsrat Knapp*, den der junge *Gagern* mit Zustimmung der Landstände den Rädelsführer einer treu- und ehrlosen Partei nannte; da ist überhaupt kein Minister, der nicht zweifach meineidig wäre. Sie haben geschworen, keine Steuern ohne Bewilligung der Landstände zu erheben; aber wenn diese nicht blind verwilligen, so lösen sie dieselben auf – und abermals auf und erheben die unverwilligten Steuern fort. Sie haben geschworen, die Gerichte unangetastet und unabhängig zu lassen: aber Männer, wie den Präsidenten Minningerode, entfernen sie aus den Kanzleien und bringen Richter hinein, wie den Milliondieb Weller; oder man übergibt bürgerliche Sachen, wie die

Kommt ja ein ehrlicher Mann in einen Staatsrat, so wird er ausgestoßen. Könnte aber auch ein ehrlicher Mann jetzo Minister sein oder bleiben, so wäre er, wie die Sachen stehn in Deutschland, nur eine Drahtpuppe, an der die fürstliche Puppe zieht und an dem fürstlichen Popanz zieht wieder ein Kammerdiener oder ein Kutscher oder seine Frau und ihr Günstling, oder sein Halbbruder – oder alle zusammen. In Deutschland stehet es jetzt, wie der Prophet Micha schreibt, Kap. 7, V. 3 und 4: ›Die Gewaltigen raten nach ihrem Mutwillen, Schaden zu tun, und drehen es, wie sie es wollen. Der Beste unter ihnen ist wie ein Dorn, und der Redlichste wie eine Hecke.‹ Ihr müßt die Dörner und Hecken teuer bezahlen; denn ihr müßt ferner für das großherzogliche Haus und den Hofstaat 827,772 Gulden bezahlen.

Die Anstalten, die Leute, von denen ich bis jetzt gesprochen, sind nur Werkzeuge, sind nur Diener. Sie tun nichts in ihrem Namen, unter der Ernennung zu ihrem Amt, steht ein L. das bedeutet *Ludwig* von Gottes Gnaden und sie sprechen mit Ehrfurcht: ›im Namen des Großherzogs.‹ Dies ist ihr Feldgeschrei, wenn sie euer Gerät versteigern, euer Vieh wegtreiben, euch in den Kerker werfen. Im Namen des Großherzogs sagen sie, und der Mensch, den sie so nennen, heißt: unverletzlich, heilig, souverän, königliche Hoheit. Aber tretet zu dem Menschenkinde und blickt durch seinen Fürstenmantel. Es ißt, wenn es hungert, und schläft wenn sein Auge dunkel wird. Sehet, es kroch so nackt und weich in die Welt, wie ihr und wird so hart und steif hinausgetragen, wie ihr, und doch hat es seinen Fuß auf eurem Nacken, hat 700,000 Menschen an seinem Pflug, hat Minister die verantwortlich sind, für das, was es tut, hat Gewalt über euer Eigentum durch die Steuern, die es ausschreibt, über euer Leben, durch die Gesetze, die es macht, es hat adliche Herrn und Damen um sich, die man Hofstaat heißt, und seine göttliche Gewalt vererbt sich auf seine Kinder mit Weibern, welche aus eben so übermenschlichen Geschlechtern sind.

Wehe über euch Götzendiener! – Ihr seid wie die Heiden, die das Krokodil anbeten, von dem sie zerrissen werden. Ihr setzt ihm eine Krone auf, aber es ist eine Dornenkrone, die ihr euch selbst in den Kopf drückt; ihr gebt ihm ein Zepter in die Hand, aber es ist eine Rute, womit ihr gezüchtigt werdet; ihr setzt ihn auf euern Thron, aber es ist ein Marterstuhl für euch und eure Kinder. Der Fürst ist der Kopf des Blutigels, der über euch hinkriecht, die Minister sind seine Zähne und die Beamten sein Schwanz. Die hungrigen Mägen

Sache des Dr. Schulz, den Kriegsgerichten und läßt den sogenannten Prinzen Emil bestimmen, wie viele Jahre der Angeklagte auf die Festung verurteilt werden soll. – Kommt ja ein ehrlicher Mann in einen Staatsrat, so wird er ausgestoßen. Könnte aber auch ein ehrlicher Mann jetzo Minister sein oder bleiben, so wäre er, wie die Sachen stehn in Deutschland, nur eine Drahtpuppe, an der die fürstliche Puppe zieht, und an dem fürstlichen Popanz zieht wieder seine Frau und ihr Günstling, oder sein Halbbruder, oder ein Kammerdiener oder ein Kutscher – oder alle zusammen. In Deutschland stehet es jetzt, wie der Prophet Micha schreibt Kap. 7, V. 3 und 4: ›Die Gewaltigen raten nach ihrem Mutwillen, Schaden zu tun, und drehen es, wie sie es wollen. Der Beste unter ihnen ist wie ein Dorn, und der Redlichste wie eine Hecke.‹ Ihr müßt die Dörner und Hecken teuer bezahlen, denn ihr müßt ferner für das großherzogliche Haus und den Hofstaat 827,772 Gulden bezahlen.

Die Anstalten, die Leute, von denen ich bis jetzt gesprochen, sind nur Werkzeuge, sind nur Diener. Sie tun nichts in ihrem Namen, unter der Ernennung zu ihrem Amt steht ein L., das bedeutet *Ludwig* von Gottes Gnaden und sie sprechen mit Ehrfurcht: ›im Namen des Großherzogs.‹ Dies ist ihr Feldgeschrei, wenn sie euer Gerät versteigern, euer Vieh wegtreiben, euch in den Kerker werfen. Im Namen des Großherzogs sagen sie, und der Mensch, den sie so nennen, heißt: unverletzlich, heilig, souverän, königliche Hoheit. Aber tretet zu dem Menschenkinde und blickt durch seinen Fürstenmantel. Es ißt, wenn es hungert, und schläft wenn sein Auge dunkel wird. Sehet, es kroch so nackt und weich in die Welt wie ihr und wird so hart und steif hinausgetragen, wie ihr, und doch hat es seinen Fuß auf eurem Nacken, hat 700,000 Menschen an seinem Pflug,

hat Gewalt über euer Eigentum durch die Steuern, die es ausschreibt, über euer Leben durch die Gesetze, die es macht, es hat adliche Herren und Damen um sich, die man Hofstaat heißt, und seine göttliche Gewalt vererbt sich auf seine Kinder mit Weibern, welche aus eben so übermenschlichen Geschlechtern sind.

Wehe über euch Götzendiener! – Ihr seid wie die Heiden, die das Krokodil anbeten, von dem sie zerrissen werden. Ihr setzt ihm eine Krone auf, aber es ist eine Dornenkrone, die ihr euch selbst in den Kopf drückt; ihr gebt ihm ein Zepter in die Hand, aber es ist eine Rute, womit ihr gezüchtigt werdet; ihr setzt ihn auf den Thron, aber es ist ein Marterstuhl für euch und eure Kinder. Der Fürst ist der Kopf des Blutigels, der über euch hinkriecht, die Minister sind seine Zähne und die Beamten sein Schwanz. Die hungrigen Mägen aller vornehmen Herren, denen er die hohen Stellen verteilt, sind Schröpfköpfe, die er dem Lande setzt. Das L. was unter seinen Verordnungen steht, ist das Malzeichen des Tieres, das die Götzendiener unserer Zeit anbeten. Der Fürstenmantel ist der Teppich, auf dem sich die Herren und Damen vom Adel und Hofe in ihrer Geilheit übereinander wälzen – mit Orden und Bändern decken sie ihre Geschwüre und mit kostbaren Gewändern bekleiden sie ihre aussätzigen Leiber. Die Töchter des Volks sind ihre Mägde und Huren, die Söhne des Volks ihre Lakaien und Soldaten. Geht einmal nach Darmstadt und seht, wie die Herren sich für euer Geld dort lustig machen, und erzählt dann euern hungernden Weibern und Kindern, daß ihr Brot an fremden Bäuchen herrlich angeschlagen sei, erzählt ihnen von den schönen Kleidern, die in ihrem Schweiß gefärbt, und von den zierlichen Bändern, die aus den Schwielen ihrer Hände geschnitten sind, erzählt von den stattlichen Häusern, die aus den Knochen des Volks gebaut sind; und dann kriecht in eure rauchigen Hütten und bückt euch auf euren steinichten Äckern, damit eure Kinder auch einmal hingehen können, wenn ein Erbprinz mit einer Erbprinzessin für einen andern Erbprinzen Rat schaffen will, und durch die geöffneten Glastüren das Tischtuch sehen, wovon die Herren speisen und die Lampen riechen, aus denen man mit dem Fett der Bauern illuminiert. Das alles duldet ihr, weil euch Schurken sagen: ›diese Regierung sei von Gott.‹ Diese Regierung ist nicht von Gott, sondern vom Vater der Lügen. Diese deutschen Fürsten sind keine rechtmäßige Obrigkeit, sondern die rechtmäßige Obrigkeit, den deutschen Kaiser, der vormals vom Volke frei gewählt wurde, haben sie seit Jahrhunderten verachtet und endlich gar verraten. Aus Verrat und Meineid, und nicht aus der Wahl des Volkes ist die Gewalt der deutschen Fürsten hervorgegangen, und darum ist ihr Wesen und Tun von Gott verflucht; ihre Weisheit ist Trug, ihre Gerechtigkeit ist Schinderei. Sie zertreten das Land und zerschlagen die Person des Elenden. Ihr lästert Gott, wenn ihr einen dieser Fürsten einen Gesalbten des Herrn nennt, das heißt: Gott habe die Teufel gesalbt und zu Fürsten über die deutsche Erde gesetzt. Deutschland, unser liebes Vaterland, haben diese Fürsten zerrissen, den Kaiser, den unsere freien Voreltern wählten, haben diese Fürsten verraten und nun fordern diese Verräter und Menschenquäler Treue von euch! – Doch das Reich der Finsternis neiget sich zum Ende. Über ein Kleines und Deutschland, das jetzt die Fürsten schinden, wird als ein *Freistaat* mit einer vom Volk gewählten Obrigkeit wieder auferstehn. Die heilige Schrift sagt: Gebet dem Kaiser, was des aller vornehmen Herren, denen er die hohen Stellen verteilt, sind Schröpfköpfe, die er dem Lande setzt. Das L. was unter seinen Verordnungen steht, ist das Malzeichen des Tieres, das die Götzendiener unserer Zeit anbeten. Der Fürstenmantel ist der Teppich, auf dem sich die Herren und Damen vom Adel und Hofe in ihrer Geilheit übereinander wälzen – mit Orden und Bändern decken sie ihre Geschwüre und mit kostbaren Gewändern bekleiden sie ihre aussätzigen Leiber. Die Töchter des Volks sind ihre Mägde und Huren, die Söhne des Volks ihre Lakaien und Soldaten. Kommt einmal nach Darmstadt und seht, wie die Herren sich für euer Geld lustig machen, und erzählt dann euren hungernden Weibern und Kindern von den schönen Kleidern, die in ihrem Schweiß gefärbt, und von den zierlichen Bändern, die aus den Schwielen ihrer Hände geschnitten sind, erzählt von den stattlichen Häusern, die aus den Knochen des Volks gebaut sind; und dann kriecht in eure rauchigen Hütten und bückt euch auf euren steinigten Äckern, damit eure Kinder auch einmal hingehen können, wenn ein Erbprinz mit einer Erbprinzessin für einen andern Erbprinzen Rat schaffen will, und durch die geöffneten Glastüren das Tischtuch sehen, wovon die Herren speisen und die Lampen riechen, aus denen man mit dem Fett der Bauern illuminiert. Das alles duldet ihr, weil euch Schurken sagen: ›diese Regierung sei von Gott.‹ Diese Regierung ist nicht von Gott, sondern vom Vater der Lügen. Diese deutschen Fürsten sind keine rechtmäßige Obrigkeit, sondern die rechtmäßige Obrigkeit, den deutschen Kaiser, der vormals vom Volke frei gewählt wurde, haben sie seit Jahrhunderten verachtet und endlich gar verraten. Aus Verrat und Meineid, und nicht *aus der Wahl des Volkes* ist die Gewalt der deutschen Fürsten hervorgegangen, und darum ist ihr Wesen und Tun von Gott verflucht; ihre Weisheit ist Trug, ihre Gerechtigkeit ist Schinderei. Sie zertreten das Land und zerschlagen die Person des Elenden. Ihr lästert Gott, wenn ihr einen dieser Fürsten einen Gesalbten des Herrn nennt, das heißt: Gott habe die Teufel gesalbt und zu Fürsten über die deutsche Erde gesetzt. Deutschland, unser liebes Vaterland, haben diese Fürsten zerrissen, den Kaiser, den *unsre freien Voreltern wählten,* haben diese Fürsten verraten und nun fordern diese Verräter und Menschenquäler Treue von euch! – Doch das Reich der Finsternis neiget sich zum Ende. Über ein Kleines und Deutschland, das jetzt die Fürsten schinden, wird als ein *Freistaat* mit einer vom *Volk gewählten Obrigkeit* wieder auferstehn. Die heilige Schrift sagt: Gebet dem Kaiser, was des

Kaisers ist. Was ist aber dieser Fürsten, der Verräter? – *Das Teil von Judas!*

Für die Landstände 16,000 Gulden.

Im Jahr 1789 war das Volk in Frankreich müde, länger die Schindmähre seines Königs zu sein. Es erhob sich und berief Männer, denen es vertraute, und die Männer traten zusammen und sagten, ein König sei ein Mensch wie ein anderer auch, er sei nur der erste Diener im Staat, er müsse sich vor dem Volk verantworten und wenn er sein Amt schlecht verwalte, könne er zur Strafe gezogen werden. Dann erklärten sie die Rechte des Menschen: ›Keiner erbt vor dem andern mit der Geburt ein Recht oder einen Titel, keiner erwirbt mit dem Eigentum ein Recht vor dem andern. Die höchste Gewalt ist in dem Willen Aller oder der Mehrzahl. Dieser Wille ist das Gesetz, er tut sich kund durch die Landstände oder die Vertreter des Volks, sie werden von Allen gewählt und Jeder kann gewählt werden; diese Gewählten sprechen den Willen ihrer Wähler aus, und so entspricht der Wille der Mehrzahl unter ihnen dem Willen der Mehrzahl unter dem Volke; der König hat nur für die Ausübung der von ihnen erlassenen Gesetze zu sorgen.‹ Der König schwur dieser Verfassung treu zu sein, er wurde aber meineidig an dem Volke und das Volk richtete ihn, wie es einem Verräter geziemt. Dann schafften die Franzosen die erbliche Königswürde ab und wählten frei eine neue Obrigkeit, wozu jedes Volk nach der Vernunft und der heiligen Schrift das Recht hat. Die Männer, die über die Vollziehung der Gesetze wachen sollten, wurden von der Versammlung der Volksvertreter ernannt, sie bildeten die neue Obrigkeit. So waren Regierung und Gesetzgeber vom Volk gewählt und Frankreich war ein Freistaat.

Die übrigen Könige aber entsetzten sich vor der Gewalt des französischen Volkes, sie dachten, sie könnten alle über der ersten Königsleiche den Hals brechen und ihre mißhandelten Untertanen möchten bei dem Freiheitsruf der Franken erwachen. Mit gewaltigem Kriegsgerät und reisigem Zeug stürzten sie von allen Seiten auf Frankreich und ein großer Teil der Adligen und Vornehmen im Lande stand auf und schlug sich zu dem Feind. Da ergrimmte das Volk und erhob sich in seiner Kraft. Es erdrückte die Verräter und zerschmetterte die Söldner der Könige. Die junge Freiheit wuchs im Blut der Tyrannen und vor ihrer Stimme bebten die Throne und jauchzten die Völker. Aber die Franzosen verkauften selbst ihre junge Freiheit für den Ruhm, der ihnen Napoleon darbot, und erhoben ihn auf den Kaiserthron. – Da ließ der Allmächtige das Heer des Kaisers in Rußland erfrieren und züchtigte Frankreich

Kaisers ist. Was ist aber dieser Fürsten, der Verräter? – *Das Teil von Judas!*

Für die Landstände 16,000 Gulden.

Im Jahr 1789 war das Volk in Frankreich müde, länger die Schindmähre seines Königs zu sein. Es erhob sich und berief Männer, denen es vertraute, und die Männer traten zusammen und sagten, ein König sei ein Mensch wie ein anderer auch, er sei nur der erste Diener im Staat, er müsse sich vor dem Volk verantworten und wenn er sein Amt schlecht verwalte, könne er zur Strafe gezogen werden. Dann erklärten sie die Rechte des Menschen: ›Keiner erbt vor dem andern mit der Geburt ein Recht oder einen Titel, keiner erwirbt mit dem Eigentum ein Recht vor dem andern. Die höchste Gewalt ist in dem Willen Aller oder der Mehrzahl. Dieser Wille ist das Gesetz, er tut sich kund durch die Landstände oder die Vertreter des Volks, sie werden von Allen gewählt und Jeder kann gewählt werden; diese Gewählten sprechen den Willen ihrer Wähler aus, und so entspricht der Wille der Mehrzahl unter ihnen dem Willen der Mehrzahl unter dem Volke; der König hat nur für die Ausübung der von ihnen erlassenen Gesetze zu sorgen.‹ Der König schwur dieser Verfassung treu zu sein, er wurde aber meineidig an dem Volke und das Volk richtete ihn, wie es einem Verräter geziemt. Dann schafften die Franzosen die erbliche Königswürde ab und wählten frei eine neue Obrigkeit, wozu jedes Volk nach der Vernunft und der heiligen Schrift das Recht hat. Die Männer, die über die Vollziehung der Gesetze wachen sollten, wurden von der Versammlung der Volksvertreter ernannt, sie bildeten die neue Obrigkeit. So waren Regierung und Gesetzgeber vom Volk gewählt und Frankreich war ein Freistaat.

Die übrigen Könige aber entsetzten sich vor der Gewalt des französischen Volkes, sie dachten, sie könnten alle über der ersten Königsleiche den Hals brechen und ihre mißhandelten Untertanen möchten bei dem Freiheitsruf der Franken erwachen. Mit gewaltigem Kriegsgerät und reisigem Zeug stürzten sie von allen Seiten auf Frankreich und ein großer Teil der Adligen und Vornehmen im Lande schlug sich zu dem Feind. Da ergrimmte das Volk und erhob sich in seiner Kraft. Es erdrückte die Verräter und zerschmetterte die Söldner der Könige. Die junge Freiheit wuchs im Blut der Tyrannen und vor ihrer Stimme bebten die Throne und jauchzten die Völker. Aber die Franzosen verkauften selbst ihre junge Freiheit für den Ruhm, den ihnen Napoleon darbot, und erhoben ihn auf den Kaiserthron. – Da ließ der Allmächtige das Heer des Kaisers in Rußland erfrieren und züchtigte Frankreich durch die Knute der Kosacken und gab den Franzosen die dickwanstigen Bourbonen wieder zu Königen, damit Frankreich sich bekehre vom Götzendienst der erblichen Königsherrschaft und dem Gotte diene, der die Menschen frei und gleich geschaffen. Aber als die Zeit seiner Strafe verflossen war, und tapfere Männer im Julius 1830 den meineidigen König Karl den Zehnten aus dem Lande jagten, da wendete dennoch das befreite Frankreich sich abermals zur *halberblichen* Königsherrschaft und band sich in dem Heuchler Louis Philipp eine neue Zuchtrute auf. In Deutschland und ganz Europa aber war große Freude als der zehnte Karl vom Thron gestürzt ward, und die unterdrückten deutschen Länder richteten sich zum Kampf für die Freiheit. Da ratschlagten die Fürsten, wie sie dem Grimm des Volkes entgehen sollten und die listigen unter ihnen sagten: Laßt uns einen Teil unserer Gewalt abgeben, daß wir das Übrige behalten. Und sie traten vor das Volk und sprachen: Wir wollen euch die Freiheit schenken um die ihr kämpfen wollt. – Und zitternd vor Furcht warfen sie einige Brokken hin und sprachen von ihrer Gnade. Das Volk traute ihnen leider und legte sich zur Ruhe. – Und so ward Deutschland betrogen wie Frankreich.

Denn was sind diese Verfassungen in Deutschland? Nichts als leeres Stroh, woraus die Fürsten die Körner für sich herausgeklopft haben. Was sind unsere Landtage? Nichts als langsame Fuhrwerke, die man einmal oder zweimal wohl der Raubgier der Fürsten und ihrer Minister in den Weg schieben, woraus man aber nimmermehr eine feste Burg für deutsche Freiheit bauen kann. Was sind unsere Wahlgesetze? Nichts als Verletzungen der Bürger- und Menschenrechte der meisten Deutschen. Denkt an das Wahlgesetz im Großherzogtum, wornach keiner gewählt werden kann, der nicht hoch begütert ist, wie rechtschaffen und gutgesinnt er auch sei, wohl aber der *Grolmann*, der euch um die zwei Millionen bestehlen wollte. Denkt an die Verfassung des Großherzogtums. – Nach den Artikeln derselben ist der Großherzog unverletzlich, heilig und unverantwortlich. Seine Würde ist erblich in seiner Familie, er hat das Recht Krieg zu führen und ausschließliche Verfügung über das Militär. Er beruft die Landstände, vertagt sie oder löst sie auf. Die Stände dürfen keinen Gesetzes-Vorschlag machen, sondern sie müssen um das Gesetz bitten, und dem Gutdünken des Fürsten bleibt es unbedingt überlassen, es zu geben oder zu verweigern. Er bleibt im Besitz einer fast unumschränkten Gewalt, nur darf er keine neuen Gesetze machen und keine neuen Steuern ausschreiben ohne Zustimmung der Stände. Aber teils kehrt er sich nicht an diese durch die Knute der Kosacken und gab den Franzosen die dickwanstigen Bourbonen wieder zu Königen, damit Frankreich sich bekehre vom Götzendienst der erblichen Königsherrschaft und dem Gotte diene, der die Menschen frei und gleich geschaffen. Aber als die Zeit seiner Strafe verflossen war, und tapfere Männer im Julius 1830 den meineidigen König Karl den Zehnten aus dem Lande jagten, da wendete dennoch das befreite Frankreich sich abermals zur *halberblichen* Königsherrschaft und band sich in dem Heuchler Louis Philipp eine neue Zuchtrute auf. In Deutschland und ganz Europa aber war große Freude, als der zehnte Karl vom Thron gestürzt ward, und die unterdrückten deutschen Länder richteten sich zum Kampf für die Freiheit. Da ratschlagten die Fürsten, wie sie dem Grimm des Volkes entgehen sollten und die listigen unter ihnen sagten: Laßt uns einen Teil unserer Gewalt abgeben, daß wir das Übrige behalten. Und sie traten vor das Volk und sprachen: Wir wollen euch die Freiheit schenken, um die ihr kämpfen wollt. – Und zitternd vor Furcht warfen sie einige Brokken hin und sprachen von ihrer Gnade. Das Volk traute ihnen leider und legte sich zur Ruhe. – Und so ward Deutschland betrogen wie Frankreich.

Denn was sind diese Verfassungen in Deutschland? Nichts als leeres Stroh, woraus die Fürsten die Körner für sich herausgeklopft haben. Was sind unsere Landtage? Nichts als langsame Fuhrwerke, die man wohl der Raubgier der Fürsten und ihrer Minister in den Weg schieben, woraus man aber nimmermehr eine feste Burg für deutsche Freiheit bauen kann. Was sind unsere Wahlgesetze? Nichts als Verletzungen der Bürger- und Menschenrechte der meisten Deutschen. Denkt an das Wahlgesetz im Großherzogtum, wornach keiner gewählt werden kann, der nicht hochbegütert ist, wie rechtschaffen und gutgesinnt er auch sei, wohl aber der *Grolmann,* der euch um die zwei Millionen bestehlen wollte. Denkt an die Verfassung des Großherzogtums. Nach den Artikeln derselben ist der Großherzog unverletzlich, heilig und unverantwortlich. Seine Würde ist erblich in seiner Familie.

Er beruft die Landstände, vertagt sie oder löst sie auf. Die Stände dürfen keinen Gesetzes-Vorschlag machen, sondern sie müssen um das Gesetz bitten und nach Gutdünken kann der Fürst es geben oder verweigern. Er bleibt im Besitz einer fast unumschränkten Gewalt, nur darf er keine neuen Gesetze machen und keine neuen Steuern ausschreiben ohne Zustimmung der Stände. Aber teils kehrt er sich nicht an diese

Zustimmung, teils genügen ihm die alten Gesetze, die das Werk der Fürstengewalt sind, und er bedarf darum keiner neuen Gesetze. Eine solche Verfassung ist ein elend jämmerlich Ding. Was ist von Ständen zu erwarten, die an eine solche Verfassung gebunden sind? Wenn unter den Gewählten auch keine Volksverräter und feige Memmen wären, wenn sie aus lauter entschlossenen Volksfreunden bestünden?! Was ist von Ständen zu erwarten, die kaum die elenden Fetzen einer armseligen Verfassung zu verteidigen vermögen! – Der einzige Widerstand, den sie zu leisten vermochten, war die Verweigerung der zwei Millionen Gulden, die sich der Großherzog von dem überschuldeten Volke wollte schenken lassen zu Bezahlung seiner Schulden.

Hätten aber auch die Landstände des Großherzogtums genügende Rechte, und hätte das Großherzogtum, aber nur das Großherzogtum allein, eine wahrhafte Verfassung, so würde die Herrlichkeit doch bald zu Ende sein. Die Raubgeier in Wien und Berlin würden ihre Henkerskrallen ausstrecken und die kleine Freiheit mit Rumpf und Stumpf ausrotten. Das ganze deutsche Volk muß sich die Freiheit erringen. Und diese Zeit, geliebte Mitbürger, ist nicht ferne. – Der Herr hat das schöne deutsche Land, das viele Jahrhunderte das herrlichste Reich der Erde war, in die Hände der fremden und einheimischen Schinder gegeben, weil das Herz des deutschen Volkes von der Freiheit und Gleichheit seiner Voreltern und von der Furcht des Herrn abgefallen war, weil ihr dem Götzendienste der vielen Herrlein, Kleinherzoge und Däumlings-Könige euch ergeben hattet.

Der Herr, der den Stecken des fremden Treibers Napoleon zerbrochen hat, wird auch die Götzenbilder unserer einheimischen Tyrannen zerbrechen durch die Hände des Volks. Wohl glänzen diese Götzenbilder von Gold und Edelsteinen, von Orden und Ehrenzeichen, aber in ihrem Innern *stirbt der Wurm nicht und ihre Füße sind von Lehm.* – Gott wird euch Kraft geben ihre Füße zu

Zustimmung, teils genügen ihm die alten Gesetze, die das Werk der Fürstengewalt sind, und er bedarf darum keiner neuen Gesetze. Eine solche Verfassung ist ein elend jämmerlich Ding. Was ist von Ständen zu erwarten, die an eine solche Verfassung gebunden sind? Wenn unter den Gewählten auch keine Volksverräter und feige Memmen wären, wenn sie aus lauter entschlossenen Volksfreunden bestünden?! –

Der einzige Widerstand, den sie zu leisten vermochten, war die Verweigerung der 2 Millionen Gulden, die sich der Großherzog von dem überschuldeten Volke wollte schenken lassen zur Bezahlung seiner Schulden, und dann der 3ten Million zum Bau eines neuen Schlosses. – Aber eine Erleichterung des maßlosen Steuerdruckes, eine Änderung der heillosen Regierungsweise können solche Stände nicht bewirken. Ehe der fürstliche Gewalthaber einen Stadt- und Land-kundigen Ehebrecher, wie *du Thil* entläßt – eher entläßt er den Landtag. Er stößt die Wahl des Landes um und spricht öffentlich von seiner *›Langmut gegen die Landstände‹*, als wäre er, der weder seine Schulden bezahlen, noch seinen Sohn ausstatten kann, ohne sich als *Bettler* an die Landstände und an das Land zu wenden, ein *Gott*! – So muß ein redliches Volk in seinen Vertretern sich *verfassungsmäßig* verhöhnen lassen! – Hätten aber auch die Landstände des Großherzogtums genügende Rechte, und hätte das Großherzogtum, aber nur das Großherzogtum allein, eine wahrhafte Verfassung, so würde die Herrlichkeit doch bald zu Ende sein. Die Raubgeier in Wien und Berlin würden ihre Henkerskrallen ausstrecken und die kleine Freiheit mit Rumpf und Stumpf ausrotten. Das ganze deutsche Volk muß sich die Freiheit erringen. Und diese Zeit, geliebte Mitbürger, ist nicht ferne. – Der Herr hat das schöne deutsche Land, das viele Jahrhunderte das herrlichste Reich der Erde war, in die Hände der fremden und einheimischen Schinder gegeben, weil das Herz des deutschen Volkes von der Freiheit und Gleichheit seiner Voreltern und von der Furcht des Herrn abgefallen war, weil ihr dem Götzendienste der vielen Herrlein, Kleinherzoge und Däumlings-Könige euch ergeben hattet.

Der Herr, der den Stecken des fremden Treibers Napoleon zerbrochen hat, wird auch die Götzenbilder unserer einheimischen Tyrannen zerbrechen durch die Hände des Volks. Wohl glänzen diese Gewalthaber von Gold und Edelsteinen, von Orden und Ehrenzeichen, aber in ihrem Innern *stirbt der Wurm nicht und ihre Füße sind von Lehm.* – Gott wird euch Kraft geben, ihre Füße zu zerschmeißen, sobald ihr euch bekehret von dem Irrtum eures Wandels und die Wahrheit erkennet: ›daß nur Ein Gott ist und keine Götter neben ihm, die sich Hoheiten und Allerhöchste, heilig und unverantwortlich nennen lassen, daß Gott alle Menschen frei und gleich in ihren Rechten schuf und daß keine Obrigkeit von Gott zum Segen verordnet ist, als die, welche auf das Vertrauen des Volkes sich gründet und vom Volke ausdrücklich oder stillschweigend erwählt ist; daß dagegen die Obrigkeit, die Gewalt, aber kein Recht über ein Volk hat, nur *also* von Gott ist, wie der Teufel auch von Gott ist, und daß der Gehorsam gegen eine solche Teufels-Obrigkeit nur so lange gilt, bis ihre Teufelsgewalt gebrochen werden kann; – daß der Gott, der ein Volk durch Eine Sprache zu Einem Leibe vereinigte, die Gewaltigen die es zerfleischen und vierteilen, oder gar in dreißig Stücke zerreißen, als Volksmörder und Tyrannen hier zeitlich und dort ewiglich strafen wird, denn die Schrift sagt: was Gott vereinigt hat, soll der Mensch nicht trennen; und daß der Allmächtige, der aus der Einöde ein Paradies schaffen kann, auch ein Land des Jammers und des Elends wieder in ein Paradies umschaffen kann, wie unser teuerwertes Deutschland war, bis seine Fürsten es zerfleischten und schunden.‹

Weil das deutsche Reich morsch und faul war, und die Deutschen von Gott und von der Freiheit abgefallen waren, hat Gott das Reich zu Trümmern gehen lassen, um es zu einem Freistaat zu verjüngen. Er hat eine Zeitlang ›den Satans-Engeln‹ Gewalt gegeben, daß sie Deutschland mit Fäusten schlügen, er hat den ›Gewaltigen und Fürsten, die in der Finsternis herrschen, den bösen Geistern unter dem Himmel‹ (Ephes. 6), Gewalt gegeben, daß sie Bürger und Bauern peinigten und ihr Blut aussaugten und ihren Mutwillen trieben mit Allen, die Recht und Freiheit mehr lieben als Unrecht und Knechtschaft. – – Aber ihr Maß ist voll!

Sehet an das von Gott gezeichnete Scheusal, den König Ludwig von Baiern, den Gotteslästerer, der redliche Männer vor seinem Bilde niederzuknien zwingt, und die, welche die Wahrheit bezeugen, durch meineidige Richter zum Kerker verurteilen läßt; das Schwein, das sich in allen Lasterpfützen von Italien wälzte, den Wolf, der sich für seinen Baals-Hofstaat für immer jährlich fünf Millionen durch meineidige Landstände verwilligen läßt, und fragt dann: ›Ist das eine Obrigkeit von Gott zum Segen verordnet?‹

Ha! du wärst Obrigkeit von Gott?
Gott spendet Segen aus;
Du raubst du schindest, kerkerst ein,
Du nicht von Gott, Tyrann!

zerschmeißen, sobald ihr euch bekehret von dem Irrtum eures Wandels und die Wahrheit erkennet: ›daß nur Ein Gott ist und keine Götter neben ihm, die sich Hoheiten und Allerhöchste, heilig und unverantwortlich nennen lassen, daß Gott alle Menschen frei und gleich in ihren Rechten schuf, und daß keine Obrigkeit von Gott *zum Segen* verordnet ist, als die, welche auf das Vertrauen des Volkes sich gründet und vom Volke ausdrücklich oder stillschweigend erwählt ist; daß eine Obrigkeit, welche zwar Gewalt, aber kein Recht über ein Volk hat, nur *also* von Gott ist, wie der Teufel auch von Gott ist, und daß der Gehorsam gegen eine solche Teufelsobrigkeit nur so lange gilt, bis ihre Teufelsgewalt gebrochen werden kann; – daß der Gott, der ein Volk durch Eine Sprache zu Einem Leibe vereinigte, die Gewaltigen die es zerfleischen und vierteilen, oder gar in dreißig Stücke zerreißen, als Volksmörder und Tyrannen hier zeitlich und dort ewiglich strafen wird, denn die Schrift sagt, was Gott vereinigt hat, soll der Mensch nicht trennen; und daß der Allmächtige, der aus der Einöde ein Paradies schaffen kann, auch ein Land des Jammers und des Elends wieder in ein Paradies umschaffen kann, wie unser teuerwertes Deutschland war, bis seine Fürsten es zerfleischten und schunden.‹

Weil das deutsche Reich morsch und faul war, und die Deutschen von Gott und von der Freiheit abgefallen waren, hat Gott das Reich zu Trümmern gehen lassen, um es zu einem Freistaat zu verjüngen. Er hat eine Zeitlang ›den Satans-Engeln‹ Gewalt gegeben, daß sie Deutschland mit Fäusten schlügen, er hat den ›Gewaltigen und Fürsten, die in der Finsternis wohnen, den bösen Geistern unter dem Himmel‹ (Ephes. 6) Gewalt gegeben, daß sie Bürger und Bauern peinigten und ihr Blut aussaugten und ihren Mutwillen trieben mit Allen, die Recht und Freiheit mehr lieben als Unrecht und Knechtschaft. – – Aber ihr Maß ist voll!

Sehet an das von Gott gezeichnete Scheusal, den König Ludwig von Baiern, den Gotteslästerer, der redliche Männer vor seinem Bilde niederzuknien zwingt, und die, welche die Wahrheit bezeugen, durch meineidige Richter zum Kerker verurteilen läßt; das Schwein, das sich in allen Lasterpfützen von Italien wälzte, den Wolf, der sich für seinen Baals-Hofstaat für immer jährlich fünf Millionen durch meineidige Landstände verwilligen läßt, und fragt dann: ›Ist das eine Obrigkeit von Gott *zum Segen* verordnet?‹

Ha! du wärst Obrigkeit von Gott?
Gott spendet Segen aus;
Du raubst, du schindest, kerkerst ein,
Du nicht von Gott, Tyrann!

Ich sage euch: sein und seiner Mitfürsten Maß ist voll. Gott, der Deutschland um seiner Sünden willen geschlagen hat durch diese Fürsten, wird es wieder heilen. ›Er wird die Hecken und Dörner niederreißen und auf einem Haufen verbrennen.‹ (Jesaias 27,4)

So wenig der Höcker noch wächset, womit Gott diesen König Ludwig gezeichnet hat, so wenig werden die Schandtaten dieser Fürsten noch wachsen können. Ihr Maß ist voll. Der Herr wird ihre Zwingburgen zerschmeißen und in Deutschland wird dann Leben und Kraft, der Segen der Freiheit wieder erblühen. Zu einem großen Leichenfelde haben die Fürsten die deutsche Erde gemacht, wie Ezechiel im 37. Kapitel beschreibt: ›Der Herr führte mich auf ein weites Feld, das voller Gebeine lag, und siehe, sie waren sehr verdorrt.‹ Aber wie lautet des Herrn Wort zu den verdorrten Gebeinen: ›Siehe, ich will euch Adern geben und Fleisch lassen über euch wachsen, und euch mit Haut überziehen, und will euch Odem geben, daß ihr wieder lebendig werdet, und sollt erfahren, daß Ich der Herr bin.‹ Und des Herrn Wort wird auch an Deutschland sich wahrhaftig beweisen, wie der Prophet spricht: ›Siehe, es rauschte und regte sich und die Gebeine kamen wieder zusammen, ein jegliches zu seinem Gebein. – Da kam Odem in sie und sie wurden wieder lebendig und richteten sich wieder auf ihre Füße, und ihrer war ein sehr groß Heer.‹

Wie der Prophet schreibet, also stand es bisher in Deutschland: eure Gebeine sind verdorrt, denn die Ordnung, in der ihr lebt, ist eitel Schinderei. 6 Millionen bezahlt ihr im Großherzogtum einer Handvoll Leute, deren Willkür euer Leben und Eigentum überlassen ist, und die anderen in dem zerrissenen Deutschland gleich also. Ihr seid nichts, ihr habt nichts! Ihr seid rechtlos. Ihr müsset geben, was eure unersättlichen Presser fordern, und tragen, was sie euch aufbürden. So weit ein Tyrann blicket – und Deutschland hat deren wohl dreißig – verdorret Land und Volk. Aber wie der Prophet schreibet, so wird es bald stehen in Deutschland: der Tag der Auferstehung wird nicht säumen. In dem Leichenfelde wird sichs regen und wird rauschen und der Neubelebten wird ein großes Heer sein.

Ich sage euch: sein und seiner Mitfürsten Maß ist voll. Gott, der Deutschland um seiner Sünden willen geschlagen hat durch diese Fürsten, wird es wieder heilen. ›Er wird die Hecken und Dörner niederreißen und auf einem Haufen verbrennen.‹ (Jesaias 27,4)

So wenig der Höcker noch wächset, womit Gott diesen König Ludwig gezeichnet hat, so wenig werden die Schandtaten dieser Fürsten noch wachsen können. Ihr Maß ist voll. Der Herr wird ihre Zwingburgen zerschmeißen und in Deutschland wird dann Leben und Kraft, der Segen der Freiheit wieder erblühen. Zu einem großen Leichenfelde haben die Fürsten die deutsche Erde gemacht, wie Ezechiel im 37. Kapitel beschreibt: ›Der Herr führte mich auf ein weites Feld, das voller Gebeine lag, und siehe, sie waren sehr verdorrt.‹ Aber wie lautet des Herrn Wort zu den verdorrten Gebeinen: ›Siehe, ich will euch Adern geben und Fleisch lassen über euch wachsen und euch mit Haut überziehen, und will euch Odem geben, daß ihr wieder lebendig werdet, und sollt erfahren, daß ich der Herr bin.‹ Und des Herren Wort wird auch an Deutschland sich wahrhaftig beweisen! wie der Prophet spricht: ›Siehe, es rauschte und regte sich und die Gebeine kamen wieder zusammen, ein jegliches zu seinem Gebein. – Da kam Odem in sie und sie wurden wieder lebendig und richteten sich auf ihre Füße, und ihrer war ein sehr groß Heer.‹

Also stehet es in Deutschland; eure Gebeine sind verdorrt, denn die Ordnung, in der ihr lebt, ist eitel Schinderei. 6 Millionen bezahlt ihr im Großherzogtum einer Handvoll Leute, deren Willkür euer Leben und Eigentum überlassen ist, und die anderen in dem zerrissenen Deutschland gleich also. Ihr seid nichts, ihr habt nichts! Ihr seid rechtlos. Ihr müsset geben, was Eure unersättlichen Presser fordern, und tragen, was sie euch aufbürden. So weit ein Tyrann blicket – und Deutschland hat deren vierunddreißig – verdorret Land und Volk. Aber wie der Prophet schreibet, so wird es bald stehen in Deutschland: der Tag der Auferstehung wird nicht säumen. In dem Leichenfelde wird sichs regen und wird rauschen und der Neubelebten wird ein großes Heer sein. Dann wird der Hesse dem Thüringer, der Rheinländer dem Schwaben, der Westfale dem Sachsen, der Tiroler dem Baier die Bruderhand reichen. Die besten Männer aller Stämme des großen deutschen Vaterlandes werden, berufen durch die freie Wahl ihrer Mitbürger, im Herzen von Deutschland zu einem großen Reichs- und Volkstage sich versammeln, um da, wo *jetzt* die babylonische Hure, der Bundestag, nach dem Willen der 34 Götzen Recht und Wahrheit verhöhnet, christlich über Brüder zu regieren. Dann wird

Hebt die Augen auf und zählt das Häuflein eurer Presser, die nur stark sind durch das Blut, das sie euch aussaugen und durch eure Arme, die ihr ihnen willenlos leihet. Ihrer sind vielleicht 10,000 im Großherzogtum und Eurer sind es 700,000 und also verhält sich die Zahl des Volkes zu seinen Pressern auch im übrigen Deutschland. Wohl drohen sie mit dem Rüstzeug und den Reisigen der Könige, aber ich sage euch: Wer das Schwert erhebt gegen das Volk, der wird durch das Schwert des Volkes umkommen. Deutschland ist jetzt ein Leichenfeld, bald wird es ein Paradies sein. Das deutsche Volk ist Ein Leib ihr seid ein Glied dieses Leibes. Es ist einerlei, wo die Scheinleiche zu zucken anfängt. Wann der Herr euch seine Zeichen gibt durch die Männer, durch welche er die Völker aus der Dienstbarkeit zur Freiheit führt, dann erhebet euch und der ganze Leib wird mit euch aufstehen.

Ihr bücktet euch lange Jahre in den Dornäckern der Knechtschaft, dann schwitzt ihr einen Sommer im Weinberge der Freiheit, und werdet frei sein bis ins tausendste Glied.

Ihr wühltet ein langes Leben die Erde auf, dann wühlt ihr euren Tyrannen ein Grab. Ihr bautet die Zwingburgen, dann stürzt ihr sie, und bauet der Freiheit Haus. Dann könnt ihr eure Kinder frei taufen mit dem Wasser des Lebens. Und bis der Herr euch ruft durch seine Boten und Zeichen, wachet und rüstet euch im Geiste und betet ihr selbst und lehrt eure Kinder beten: ›Herr, zerbrich den Stecken unserer Treiber und laß dein Reich zu uns kommen, das Reich der Gerechtigkeit. Amen.‹

statt des Eigenwillens der 34 Götzen der allgemeine Wille, statt der Eigensucht einer Rotte von Götzendienern das allgemeine Wohl im deutschen Vaterlande walten. Dann wird das Joch vom Halse der Bürger und Bauern hinweggenommen und ein Volksgericht über die großen Diebe, die Deutschland *landesfürstlich* und *königlich* beraubten, wie über die kleinen Diebe gehalten werden, die bei solchem Umschwung der Dinge sich etwa bereichern wollten vom Eigentum ihrer Brüder. Dann kehren die schuldlos Verbannten in die freie Heimat zurück und der Kerker der schuldlos Gefangenen öffnet sich. Dann blühen Kunst und Wissenschaft im Dienste der Freiheit, dann blühen Kunst und Ackerbau und Gewerbe im Segen der Freiheit, dann bildet sich ein wahrhaft deutsches Bundesheer, in welchem Tapferkeit und nicht Geburt – der Gehorsam der Freiheit und nicht der blinde Gehorsam und hündische Treue die Stufen der Ehre hinanführt.

Hebt die Augen auf und zählt das Häuflein eurer Presser, die nur stark sind durch das Blut, das sie euch aussaugen und durch eure Arme, die ihr ihnen willenlos leihet. Ihrer sind vielleicht 10,000 im Großherzogtum und Eurer sind es 700,000 und so verhält sich die Zahl des Volkes zu seinen Pressern auch im übrigen Deutschland. Wohl drohen sie mit dem Rüstzeug und den Reisigen der Könige, aber ich sage euch: Wer das Schwert erhebt gegen das Volk, der wird durch das Schwert des Volkes umkommen. Deutschland ist jetzt ein Leichenfeld, bald wird es ein Paradies sein. Das deutsche Volk ist ein Leib, ihr seid ein Glied dieses Leibes. Es ist einerlei, wo die Scheinleiche zu zucken anfängt. Wann der Herr euch seine Zeichen gibt durch die Männer, durch welche er die Völker aus der Dienstbarkeit zur Freiheit führt, dann erhebt euch und der ganze Leib wird mit euch aufstehen.

Ihr bücktet euch lange Jahre in den Dornäckern der Knechtschaft, dann schwitzt ihr einen Sommer im Weinberge der Freiheit, und werdet frei sein bis ins tausendste Glied.

Ihr wühltet ein langes Leben die Erde auf, dann wühlt ihr euren Tyrannen ein Grab. Ihr bautet die Zwingburgen, dann stürzt ihr sie, und bauet der Freiheit Haus. Dann könnt ihr eure Kinder frei taufen mit dem Wasser des Lebens. Und bis der Herr euch ruft durch seine Boten und Zeichen, wachet und rüstet euch im Geiste und betet ihr selbst und lehrt eure Kinder beten: ›Herr, zerbrich den Stecken unserer Treiber und laß dein Reich zu uns kommen, das Reich der Gerechtigkeit. Amen.‹

ÜBER SCHÄDELNERVEN
Probevorlesung, gehalten in Zürich 1836

Hochgeachtete Zuhörer!

Es treten uns auf dem Gebiete der physiologischen und anatomischen Wissenschaften zwei sich gegenüberstehende Grundansichten entgegen, die sogar ein nationelles Gepräge tragen, indem die eine in England und Frankreich, die andere in Deutschland überwiegt. Die erste betrachtet alle Erscheinungen des organischen Lebens vom *teleologischen* Standpunkt aus; sie findet die Lösung des Rätsels in dem Zweck der Wirkung, in dem Nutzen der Verrichtung eines Organs. Sie kennt das Individuum nur als etwas, das einen Zweck außer sich erreichen soll, und nur in seiner Bestrebung, sich der Außenwelt gegenüber teils als Individuum, teils als Art zu behaupten. Jeder Organismus ist für sie eine verwickelte Maschine, mit den künstlichen Mitteln versehen, sich bis auf einen gewissen Punkt zu erhalten. Das Enthüllen der schönsten und reinsten Formen im Menschen, die Vollkommenheit der edelsten Organe, in denen die Psyche fast den Stoff zu durchbrechen und sich hinter den leichtesten Schleiern zu bewegen scheint, ist für sie nur das Maximum einer solchen Maschine. Sie macht den Schädel zu einem künstlichen Gewölbe mit Strebepfeilern, bestimmt, seinen Bewohner, das Gehirn, zu schützen, – Wangen und Lippen zu einem Kau- und Respirationsapparat, – das Auge zu einem komplizierten Glase, – die Augenlider und Wimpern zu dessen Vorhängen; – ja die Träne ist nur der Wassertropfen, welcher es feucht erhält. Man sieht, es ist ein weiter Sprung von da bis zu dem Enthusiasmus, mit dem *Lavater* sich glücklich preist, daß er von so was Göttlichem, wie den Lippen, reden dürfe.

Die teleologische Methode bewegt sich in einem ewigen Zirkel, indem sie die Wirkungen der Organe als Zwecke voraussetzt. Sie sagt zum Beispiel: soll das Auge seine Funktion versehen, so muß die Hornhaut feucht erhalten werden, und somit ist eine Tränendrüse nötig. Diese ist also vorhanden, damit das Auge feucht erhalten werde, und somit ist das Auftreten dieses Organs erklärt; es gibt nichts weiter zu fragen, – die entgegengesetzte Ansicht sagt dagegen: die Tränendrüse ist nicht da, damit das Auge feucht werde, sondern das Auge wird feucht, weil eine Tränendrüse da ist, oder, um ein anderes Beispiel zu geben, wir haben nicht Hände, damit wir greifen können, sondern wir greifen, weil wir Hände haben. Die *größtmöglichste Zweckmäßigkeit* ist das einzige Gesetz der teleologischen Methode; nun fragt man aber natürlich nach dem Zwecke dieses Zweckes, und so macht sie auch ebenso natürlich bei jeder Frage einen progressus in infinitum.

Die Natur handelt nicht nach Zwecken, sie reibt sich nicht in einer unendlichen Reihe von Zwecken auf, von denen der eine den anderen bedingt; sondern sie ist in allen ihren Äußerungen sich unmittelbar *selbst genug*. Alles, was ist, ist um seiner selbst willen da. Das Gesetz dieses Seins zu suchen, ist das Ziel der der teleologischen gegenüberstehenden Ansicht, die ich die *philosophische* nennen will. Alles, was für *jene* Zwecke ist, wird für *diese* Wirkung. Wo die teleologische Schule mit ihrer Antwort fertig ist, fängt die Frage für die philosophische an. Diese Frage, die uns auf allen Punkten anredet, kann ihre Antwort nur in einem Grundgesetze für die gesamte Organisation finden, und so wird für die philosophische Methode das ganze körperliche Dasein des Individuums nicht zu seiner eigenen Erhaltung aufgebracht, sondern es wird die Manifestation eines Urgesetzes, eines Gesetzes der Schönheit, das nach den einfachsten Rissen und Linien die höchsten und reinsten Formen hervorbringt. Alles, Form und Stoff, ist für sie an dies Gesetz gebunden. Alle Funktionen sind Wirkungen desselben; sie werden durch keine äußeren Zwecke bestimmt, und ihr sogenanntes zweckmäßiges Aufeinander- und Zusammenwirken ist nichts weiter, als die notwendige Harmonie in den Äußerungen eines und desselben Gesetzes, dessen Wirkungen sich natürlich nicht gegenseitig zerstören.

Die Frage nach einem solchen Gesetze führte von selbst zu den zwei Quellen der Erkenntnis, aus denen der Enthusiasmus des absoluten Wissens sich von je berauscht hat, der Anschauung des Mystikers und dem Dogmatismus der Vernunftphilosophen. Daß es bis jetzt gelungen sei, zwischen letzterem und dem Naturleben, das wir unmittelbar wahrnehmen, eine Brücke zu schlagen, muß die Kritik verneinen. Die Philosophie a priori sitzt noch in einer trostlosen Wüste; sie hat einen weiten Weg zwischen sich und dem frischen grünen Leben, und es ist eine große Frage, ob sie ihn je zurücklegen wird. Bei den geistreichen Versuchen, die sie gemacht hat, weiter zu kommen, muß sie sich mit der Resignation begnügen, bei dem Streben handle es sich nicht um die Erreichung des Ziels, sondern um das Streben selbst.

War nun auch nichts absolut Befriedigendes erreicht, so genügte doch der Sinn dieser Bestrebungen, dem Naturstudium eine andere Gestalt zu geben. Hatte man auch die Quelle nicht gefunden, so hörte man doch an vielen Stellen den Strom in der Tiefe rauschen und an manchen Orten sprang das Wasser frisch und hell auf. Namentlich erfreuten sich die Botanik und Zoologie, die Physiologie und vergleichende Anatomie eines bedeutenden Fortschritts. In einem ungeheuren, durch den Fleiß von Jahrhunderten zusammengeschleppten Material, das kaum unter die Ordnung eines Kataloges gebracht war, bildeten sich einfache, natürliche Gruppen; ein Gewirr seltsamer Formen unter den abenteuerlichsten Namen, löste sich im schönsten Ebenmaß auf; eine Masse Dinge, die sonst nur als getrennte, weit auseinander liegende facta das Gedächtnis beschwerten, rückten zusammen, entwickelten sich auseinander oder stellten sich in Gegensätzen gegenüber. Hat man auch nichts Ganzes erreicht, so kamen doch zusammenhängende Strecken zum Vorschein und das Auge, das an einer Unzahl von Tatsachen ermüdet, ruht mit Wohlgefallen auf so schönen Stellen, wie die Metamorphose der Pflanze aus dem Blatt, die Ableitung des Skeletts aus der Wirbelform; die Metamorphose, ja die Metempsychose des Fötus während des Fruchtlebens; die Repräsentationsidee Okens in der Klassifikation des Tierreichs u.d.gl.m. In der vergleichenden Anatomie strebte Alles nach einer gewissen Einheit, nach dem Zurückführen aller Formen auf den einfachsten primitiven Typus. ⟨Klar war man sich über die Be⟩deutung der Gebilde des vegetativen ⟨Nervensystems für die Ausbildung⟩ des Skeletts; nur für das ⟨Gehirn ließ sich bis⟩ jetzt kein so glückliches Resultat zeigen. ⟨Wenn Oken⟩ gesagt hatte: der Schädel ist eine Wirbelsäule, so mußte man auch sagen das Hirn ist ein metamorphosiertes Rückenmark und die Hirnnerven sind Spinalnerven. Wie aber dies im Einzelnen nachzuweisen sei, bleibt bis jetzt ein schweres Rätsel. Wir können die Massen des Gehirns auf die einfache Form des Rückenmarks zurückgeführt werden? Wie kann man die in ihrem Ursprung und Verlauf so verwickelten Nerven des Gehirns mit den so gleichmäßig mit ihrer doppelten Wurzelreihe längs des Rückenmarks entspringenden und im Ganzen so einfach und regelmäßig verlaufenden Spinalnerven vergleichen, und wie endlich ihr Verhältnis zu den Schädelwirbeln dartun? Mancherlei Antworten wurden auf diese Fragen versucht. Eine besondere Mühe verwendete Carus darauf. Hier die Art wie er die Hirnnerven in seinem Werke *Von den Urteilen des Knochen- und Schalengerüstes* ordnet. Das Gehirn hat nach ihm drei Hauptanschwellungen: die Hemisphären, die Vierhügel und das kleine Gehirn. Diesen entsprechen drei Paar Schädelnerven. Jeder Schädelnerv entspringt gleich den Spinalnerven mit zwei Wurzeln, einer hinteren und einer vorderen, die sich aber nicht zu einem gemeinschaftlichen Stamm vereinigen, sondern jede für sich einen eigentümlichen Nerven bilden. Die drei hinteren Wurzeln sind nun der Riech-, Seh- und Hörnerv, die vorderen dagegen das fünfte Paar entsprechend dem Sehnerven, und das zehnte Paar entsprechend dem Hörnerven, während die vordere Wurzel des ⟨Riechnerven durch das infundibulum⟩ nur rudimentär angedeutet ist. ⟨Die übrigen Hirnnerven erweisen⟩ sich als Unterabteilungen dieser Wurzeln. ⟨So zerfällt die hintere⟩ Wurzel des zweiten Schädelnerven ⟨in den opticus und patheticus⟩ und die vordere in den facialis, oculomotorius ⟨abducens und den⟩ eigentlichen trigeminus, und so zerfällt die vordere Wurzel des dritten Schädelnerven in den glossopharyngeus, hypoglossus, accessorius Willis und eigentlichen vagus. Man braucht nur aufmerksam zu machen, wie unpassend es sei zwei so deutliche Empfindungsnerven wie den vagus und trigeminus zu isolierten motorischen Wurzeln zu machen, um das Ungenügende dieser Anordnung nachzuweisen. Der bedeutendste Versuch ist wohl der, welchen Arnold machte. Er zählt zwei Schädelwirbel; daraus ergeben sich zwei Intervertebrallöcher und somit zwei Paar Schädelnerven. Die vordere oder die motorische Wurzel des ersten Schädelnerven bildet die drei Muskelnerven des Auges und die kleine Portion des trigeminus; die hintere dagegen die große Portion dieses Nerven. Was den zweiten Schädelnerven betrifft so geht seine vordere Wurzel in den hypoglossus und den Beinerven und seine hintere in den vagus über. Die Knoten des vagus und trigeminus entsprechen den Spinalknoten. Der facialis wird zum vorderen, der glossopharyngeus zum hinteren Schädelnerven gerechnet, ohne daß sie jedoch einer von beiden Wurzeln beigezählt würden, sondern sie werden als gemischte, aus Bewegungs- und Empfindungsfäden zusammengesetzte Nerven betrachtet. Die obere Augenhöhlenspalte und das zerrissene Loch bilden die zwei Intervertebrallöcher, das ovale und runde Loch werden als zu der ersteren, das Gelenkhügelloch als zu dem letzteren gehörig ⟨betrachtet. Die Nerven des Gesichts,⟩ Geruchs und Gehörs machen ⟨eine besondere Gruppe aus; sie⟩ werden nicht als eigentliche ⟨Hirnnerven, sondern als⟩ Ausstülpungen des Gehirns betrachtet, ⟨eine Anschauung, die⟩ auf ihre Entwicklung beim Fötus, ihren Mangel an Knoten, die den Spinalknoten entsprächen und auf ihr Unvermögen eine andere Empfindung, als die ihres eigentümlichen Sinnes, zur Erkenntnis zu bringen, basiert wird. Gegen diese Einteilung, welche sich, wie man auf den ersten Blick sieht, im höchsten Grade durch ihre Einfachheit empfiehlt, erheben sich jedoch mehrere bedeutende Gründe, namentlich macht das Absondern der drei höheren Sinnesnerven Schwierigkeiten. Die passive Seite des Nervenlebens erscheint unter der allgemeinen Form der Sensibilität; die sogenannten einzelnen Sinne sind nichts als Modifikationen dieses allgemeinen Sinnes, Sehen, Hören, Riechen, Schmecken sind nur die feineren Blüten desselben. So ergibt es sich aus der stufenweisen Betrachtung der Organismen. Man kann Schritt für Schritt verfolgen, wie von dem einfachsten Organismus an, wo alle Nerventätigkeit in einem dumpfen Gemeingefühl besteht, nach und nach besondere Sinnesorgane sich abgliedern und ausbilden. Ihre Sinne sind nichts neu Hinzugefügtes, sie sind nur Modifikationen in einer höheren Potenz. Das Nämliche gilt natürlich von den Nerven, welche ihre Funktionen vermitteln; sie erscheinen unter einer vollkommneren Form, als die übrigen Empfindungsnerven, ohne deswegen ihren ursprünglichen Typus zu verlieren. Jeder Empfindungsnerv charakterisiert sich aber bei den Wirbeltieren als ein aus den hinteren Marksträngen entspringendes Wurzelbündel, und somit sind die 3 höheren Sinnesnerven nichts weiter als isoliert gebliebne sensible Wurzeln. Bei den Fischen wird dies Verhalten ziemlich deutlich und bei den Cyprinen glaube ich ihren Ursprung von den hinteren Marksträngen oder den oberen Pyramiden gleich den übrigen Empfindungsnerven nachgewiesen zu haben. Übrigens würde mich die weitere Diskussion dieser Frage, über die noch Vieles zu sagen wäre, zu weit führen.

Es dürfte wohl immer vergeblich sein, die Lösung eines anatomischen Problems zu erhalten, wenn man sein Erscheinen in der verwickeltsten Form, nämlich bei dem Menschen in's Auge faßt. Die einfachsten Formen leiten immer am Sichersten, weil in ihnen sich nur das Ursprüngliche, absolut Notwendige zeigt. Diese einfache Form bietet uns nun die Natur für dieses Problem entweder vorübergehend im Fötus, oder stehen geblieben, selbstständig geworden in den niedern Wirbeltieren dar. Die Formen wechseln jedoch beim Fötus so rasch und sind oft nur so flüchtig angedeutet, daß man nur mit der größten Schwierigkeit zu einigermaßen genügenden Resultaten gelangen kann, während sie bei den niedrigen Wirbeltieren zu einer vollständigen Ausbildung gelangen und uns so die Zeit lassen sie in ihrem einfachsten und bestimmtesten Typus zu studieren. Es fragt sich also in unserem Falle, welche Schädelnerven treten bei den niedrigsten Wirbeltieren zuerst auf, wie verhalten sie sich zu den Hirnmassen und den Schädelwirbeln und nach welchen Gesetzen wird, die Reihe der Wirbeltiere durch bis zum Menschen, ihre Zahl vermehrt oder vermindert, ihr Verlauf einfacher oder verwickelter? Faßt man nun die Tatsachen, welche die Wissenschaft uns bis jetzt an die Hand gibt zusammen, so findet man 9 Paar Schädelnerven, nämlich den olfactivus, opticus, die 3 Muskelnerven des Auges, den trigeminus, acusticus, vagus und hypoglossus bei allen Klassen der Wirbeltiere, während die drei ⟨übrigen Schädelnerven, nämlich der facialis, glossopharyngeus⟩ und accessorius Willisii, bald ⟨als selbständige Nerven ausgebildet sind, bald⟩ nur als Äste des vagus ⟨oder des trigeminus auftret⟩en, oder gänzlich verschwinden. ⟨So tr⟩itt bei den Fischen der facialis, als der Deckelast des 5. Paares auf, verschwindet dann bei der Mehrzahl der Reptilien und Vögel, und zeigt sich wieder bei den Säugetieren in dem Maße als die Physiognomie mehr Ausdruck bekommt und die Nasenrespiration bedeutender wird. So tritt der glossopharyngeus bei den Fischen zwar als ein selbstständiger Stamm auf, verhält sich jedoch durch seine Verteilung an die erste Kieme ganz wie ein Ast des vagus, verschmilzt dann bei den Batrachiern und Ophidiern mit dem vagus, dessen ramus lingualis er bildet, isoliert sich wieder bei den Cheloniern und bleibt endlich bei den Vögeln und Säugetieren ein selbstständiger Nerv. So zeigt sich bei den Fischen und Batrachiern keine Spur von einem Beiner ven, indem der vagus selbst die motorischen Fäden abgibt; erst bei den Sauriern, Cheloniern und Vögeln fängt er an sich zu isolieren und selbst bei den Säugetieren ist er im Allgemeinen eigentlich nicht von dem vagus getrennt. Ich nenne diese drei Nervenpaare abgeleitete Nerven und betrachte sie, wo sie selbstständig auftreten als isolierte Zweige des vagus und trigeminus, deren Isolation von der mehr oder weniger gesteigerten Funktion ihres Primitivnervenstammes abhängt. Damit wird das Problem viel einfacher, und ⟨es erhebt sich nun die Frage: Wie lassen⟩ sich die übrigen Paare auf den ⟨Typus der Spinalnerven⟩ zurückführen? – Jeder Spinalnerv entspringt, ⟨wenn er den Rückenmarkkanal verläßt,⟩ 2 Wurzelbündeln, einem vorderen die Bewegung, ⟨und einem⟩ hinteren die Empfindung vermittelnden. Beide Wurzeln vereinigen sich in einer gewissen Distanz vom Mark zu einem gemeinschaftlichen Nervenstamm. Je zwei Spinalnerven bilden durch ihre Insertion einen Markabschnitt, dem ein Wirbel entspricht. Dies das einfachste Verhältnis. Auf welche Weise kann nun dasselbe modifiziert werden? 1.) Beide Wurzeln vereinigen sich nicht mehr zu einem gemeinschaftlichen Stamm, sondern jede bleibt isoliert und bildet einen eignen, rein motorischen oder rein sensibeln Nerven. 2.) Beide Wurzeln vereinigen sich zwar, doch tritt eine partielle Trennung in ihren Fäden ein, so daß in den Ästen, welche der von ihnen zusammengesetzte Nerv abgibt die motorischen und sensibeln Fäden nicht mehr gleichmäßig verteilt sind. Dies Verhalten bildet den Übergang zu dem vorhergehenden. 3.) Eine von den Wurzeln avortiert, so daß sich nur die andere entwickelt. 4.) So wie von den zwei Wurzeln jede einen besonderen Nerven bilden kann, so kann dieser Nerv selbst wieder in mehrere isolierte Stämme zerfallen.

Auf diese 4 Modifikationen nun lassen sich, wie ich sogleich nachweisen werde, die Unterschiede zwischen den Schädel- und ⟨Spinalnerven zurückführen. Mit ihr⟩er Hülfe lassen sich 6 ⟨Hirnnervenpaare unterscheiden⟩, denen entsprechend ich 6 Schädelwirbel ⟨annehme, wie ich sie speziell bei den Fischen⟩ gefunden zu haben glaube. ⟨Die sechs⟩ Paar Schädelnerven sind: der Zungenfleischnerv, der vagus, der Hörnerv, das 5. Paar, der Sehnerv mit dem Muskelnerv des Auges und der Riechnerv.

Nichts ist leichter, als nachzuweisen, daß der hypoglossus ursprünglich mit einer hintern Wurzel und einem Spinalknoten versehen sei, und somit so gut als jeder andre Spinalnerv als ein selbstständiger Nervenstamm betrachtet werden müsse. Bei den Fischen entspringt der letzte Schädelnerv mit einer vorderen breiten und einer hinteren feinen mit einem Knoten versehenen Wurzel. Er tritt durch ein eignes Loch aus der Schädelhöhle und teilt sich darauf in zwei Äste, einen vorderen und einen hinteren. Der vordere läuft indem er einen Bogen bildet nach vorn zu den Muskeln des Zungenbeins, der hintere vereinigt sich mit dem ersten Spinalnerven und geht zur vorderen Extremität. Die Bedeutung dieses Nerven als hypoglossus ergibt sich fast auf den ersten Blick, indem der vordere Ast dem Bogen, der hintere der ansa entspricht. Der Frosch liefert übrigens den direkten Beweis. Zwischen dem vagus und dem ersten Spinalnerven entspringt ein Nerv mit zwei Wurzeln gerade wie bei den Fischen; er teilt sich ebenfalls in zwei Äste, einen ⟨vorderen, der sich an die Muskulatur der⟩ Zunge verteilt und ⟨einen hinteren, der bei den Fischen und den höheren Wirbeltieren⟩ zur vorderen Extremität geht. ⟨Es ist ohne weiters klar, daß dieser⟩ Nerv dem hypoglossus der höheren Tiere entspricht und ⟨eben⟩ so evident, daß er mit dem fraglichen Nerven der Fische identisch ist. Bei den Fischen und Fröschen erscheint also der hypoglossus als ein selbstständiger Nerv ⟨und⟩ zeigt auf das deutlichste den Typus eines Spinalnerven. ⟨Ja,⟩ noch mehr, bei dem Frosch ist er eigentlich der ⟨erste⟩ Spinalnerv, indem der ihm entsprechende Schädelwirbel sich wieder in einen Rückenwirbel verwandelt hat und somit der vagus der letzte Gehirnnerv ist. Außerdem hat Maier selbst bei verschiednen Säugetieren und einmal sogar bei dem Menschen, eine feinere, hinten mit einem Knötchen versehene Wurzel des hypoglossus gefunden. – Bei dem hypoglossus des Menschen tritt also die dritte der erwähnten Modifikationen ein, die Empfindungswurzel ist avortiert und nur die motorische hat sich entwickelt, ein Verhältnis das übrigens schon bei dem Fisch und Frosch durch das Überwiegen der vorderen Wurzel über die hintere angedeutet ist.

Was den trigeminus anbelangt, so ist selbst bei dem Menschen, aus dem eigentümlichen Verhältnisse seiner portio major und minor, seine Analogie mit dem Spinalnerven unverkennbar und längst anerkannt.

⟨Ähnlich liegen die Verhältnisse bei den⟩ Fischen, wo außerdem ⟨eine enge Beziehung zwischen dem trigeminus und dem facialis besteht, und wo die eigen⟩artigen Gebilde des ⟨ramus opercularis vorhanden sind, der als hauptsächlich motorischer Ast der vorderen Wurzel der⟩ Spinalnerven entspricht.

⟨Mit dem⟩ vagus hat die Sache bei den höheren Tieren mehr Schwierigkeit, doch helfen auch hier die niederen Formen. So entspringt bei dem Hecht zum Beispiel der vagus auf's Deutlichste mit 2 Wurzeln, einer vorderen und hinteren, die sich erst nach ziemlich langem Verlauf bei ihrem Austritt aus der Schädelhöhle ⟨vereinigen⟩ und daselbst einen Knoten zeigen. Dieser Spinalknoten ⟨des⟩ vagus ist bei vielen Fischen von enormer Größe und ⟨findet⟩ sich, wie bekannt, noch bei dem Menschen. Vagus und trigeminus bieten die zweite Modifikation dar, nämlich die partielle Trennung der motorischen und sensibeln Fäden in den Stämmen, in welche diese Nerven sich teilen, nämlich den facialis, glossopharyngeus und accessorius Willisii, wie ich bereits gezeigt habe. Im vagus wird diese Trennung vollständiger als beim trigeminus, wenigstens scheint dies aus dem Verhältnis des Beinerven zum vagus hervorzugehen, indem letzterer wirklich ohne alle motorische Fäden zu sein scheint. – Das 10. und 5. Paar zeigen in der ganzen Reihe der Wirbeltiere eine auffallende Symmetrie. Der vagus verhält sich zur Brust- und Bauchhöhle wie der trigeminus zur Wiederholung dieser Höhlen am Kopf, nämlich der Mund- und Nasenhöhle. Kurz, der trigeminus ist ein vagus in einer höheren Potenz. Dies Verhältnis wird bei den Säugetieren besonders deutlich. Das 10. Paar teilt sich in 3 Nervenstämme, den accessorius Willisii, den eigentlichen vagus und den glossopharyngeus; das 5. Paar ebenfalls in drei, den facialis, den ⟨eigentlichen trigeminus und den Zungenast des trigeminus, den⟩ man eben so gut als ⟨vollständig selbstständigen Nerven auffassen kann.⟩ Wie der accessorius Willisii Atemnerv ⟨des

Halses und eines Teiles der Brusthöhle ist, so ist⟩ der facialis Respirationsnerv des Kopfes; wie der ⟨Vagusstamm der Empfindungsnerv des⟩ Darmkanals ist, so ist der Zungenast des trigeminus der ⟨sensible Nerv der Zunge,⟩ diesem vollkommensten Teile des Darmkanals, diesem Organe ⟨des Eingeweidesinnes,⟩ wie Oken so sinnreich den Geschmack nennt. Endlich wie der ⟨vagus den⟩ glossopharyngeus als ⟨Geschmacks⟩nerven zur Zunge, so schickt der trigeminus den ⟨getrennt verlaufenden ophthalmicus⟩ als Hülfsnerven ⟨zur Na⟩se und dem Auge.

Es bleibt mir jetzt noch die Analogie der drei höheren Sinnesnerven mit den Spinalnerven nachzuweisen. Der acusticus und olfactivus sind als hintere Wurzeln zu betrachten, deren vordere avoriert ist. Die Analogie, woraus ich dies schließe, liefert der hypoglossus, dessen hintere bei den Fischen, Fröschen und manchen Säugetieren vorkommende Wurzel bei dem Menschen avortiert, während nur die vordere sich entwickelte. Das Umgekehrte ist bei dem acusticus und olfactivus der Fall; nur die hintere Wurzel entwickelt sich und die vordere avortiert. Für beide wird die motorische Wurzel durch den facialis ersetzt. Für den acusticus erklärt sich dies leicht, wenn man bedenkt in welchem Verhältnis der, dem facialis entsprechende Deckelast der Fische zu der Kiemenhöhle steht. Oken hat nämlich nachgewiesen, das Ohr mit Ausnahme des Labyrinths sei nur eine metamorphosierte Kiemenhöhle und so sieht man leicht, daß die Fäden, welche der facialis bei Vögeln und Säugetieren dem äußeren und inneren Ohr gibt, das Verhältnis des Deckelastes zur Kiemenhöhle wiederholen.

In dem Sehnerven und den Muskelnerven des Auges treten endlich beide Wurzeln als isolierte Nerven auf, die hintere als zweites, die vordere als 3., 4. und 6. Paar, indem diese letzteren der vierten Modifikation, ⟨wo eine Wurzel wieder in besondere isolierte Nervenstämme zerfällt, entspricht.⟩ Das 3. und 6. Paar ⟨entspringen ganz nahe beieinander und ungefähr auf gleicher Höhe,⟩ das eine vor dem ⟨andern, und bilden so zwei Fäden einer gemeinsamen Wur⟩zel, von denen der eine ⟨etwas früher als der andere aus dem⟩ Mark tritt. Das vierte Paar macht dagegen ⟨größere Schwierigkeiten,⟩ doch sein Verhalten bei manchen Fischen hebt sie größtenteils. ⟨Es entspringt⟩ bei den Cyprinen und dem Hecht vom äußeren Rand der vorderen Pyrami⟨denstränge,⟩ folglich vom nämlichen Markstrang wie das dritte und sechste.

In dem ⟨Augen⟩muskelnerv erreicht der Nerv als solcher seine höchste Entfaltung; er ⟨verhält⟩ sich, um ein Beispiel zu geben, zu den übrigen Nerven wie der Huf ⟨des Pferdes, zu⟩ der Hand des

Menschen. Was in dem ersteren noch verbunden liegt, glie⟨dert⟩ sich in der letzteren im schönsten Verhältnis ab. Diese Entwicklung fällt mit der Bedeutung des Auges zusammen, von dem Oken wahrhaftig mit Recht ⟨sagt,⟩ es sei das höchste Organ, die Blüte oder vielmehr die Frucht aller organischen Reiche.

So wären denn 6 Paar Schädelnerven gefunden: 1. der Riechnerv, 2. der Sehnerv mit dem 3., 4. und 6. Paar, 3. der trigeminus, 4. der acusticus, 5. der vagus, 6. der hypoglossus.

Ihre rechte Begründung kann übrigens diese Einteilung der Schädelnerven erst durch ihre Vergleichung mit den Schädelknochen erhalten. Diese jedoch auszuführen und nachzuweisen, wie ich diesen 6 Paaren 6 Schädelwirbel entsprechend, gefunden zu haben glaube, erlaubt die Zeit nicht.

Vergleicht man endlich die Schädelnerven untereinander, so findet man, daß sie sich in zwei Gruppen teilen. Die eine, gebildet vom acusticus und opticus, diesen Nerven des Schalls und des Lichts, ist der reinste Ausdruck des animalen Lebens; die andere, bestehend aus dem hypoglossus, vagus, trigeminus und olfactivus, erhöht das vegetative zum animalen Leben. So werden wir uns des Aktes der Verdauung und der Respi⟨ration durch den vagus bewußt, so wird die Zunge als⟩ ein wesent⟨licher Bestandteil des Verdauungskanals durch den Einfluß⟩des hypoglossus dem Willen un⟨terworfen und dadurch ein⟩ wahres Glied des Kopfes; so entwickeln sich ⟨Geschmack und Ge⟩ruch als die Sinne des Darm- und des Atemsystems ⟨unter dem⟩ Einflusse des trigeminus und des olfac⟨tivus. Die Nerven⟩ dieser letzteren Gruppe unterscheiden sich jedoch dadurch ⟨nicht⟩ wesentlicher von den übrigen Spinalnerven, als die Lendennerven, welche zu den Organen der Zeugung gehn. Die ersteren verhalten sich zur Verdauung und Respiration, wie die letzteren zu den Geschlechtsverrichtungen. Außerdem sind ja alle Spinalnerven durch ihren Einfluß auf die Respirationsbewegungen ebenfalls an das vegetative Leben geknüpft.

BRIEFE VON BÜCHNER

STRASSBURG 1831–1833

1. An die Familie

Straßburg, [nach dem 4. Dezember] 1831.

[...] Als sich das Gerücht verbreitete, daß Ramorino durch Straßburg reisen würde, eröffneten die Studenten sogleich eine Subskription und beschlossen, ihm mit einer schwarzen Fahne entgegenzuziehen. Endlich traf die Nachricht hier ein, daß Ramorino den Nachmittag mit den Generälen Schneider und Langermann ankommen würde. Wir versammelten uns sogleich in der Akademie; als wir aber durch das Tor ziehen wollten, ließ der Offizier, der von der Regierung Befehl erhalten hatte, uns mit der Fahne nicht passieren zu lassen, die Wache unter das Gewehr treten, um uns den Durchgang zu wehren. Doch wir brachen mit Gewalt durch und stellten uns drei- bis vierhundert Mann stark an der großen Rheinbrücke auf. An uns schloß sich die Nationalgarde an. Endlich erschien Ramorino, begleitet von einer Menge Reiter; ein Student hält eine Anrede, die er beantwortet, ebenso ein Nationalgardist. Die Nationalgarden umgeben den Wagen und ziehen ihn; wir stellen uns mit der Fahne an die Spitze des Zugs, dem ein großes Musikchor vormarschiert. So ziehen wir in die Stadt, begleitet von einer ungeheuren Volksmenge unter Absingung der Marseillaise und der Carmagnole; überall erschallt der Ruf: Vive la liberté! vive Ramorino! à bas les ministres! à bas le juste milieu! Die Stadt selbst illuminiert, an den Fenstern schwenken die Damen ihre Tücher, und Ramorino wird im Triumph bis zum Gasthof gezogen, wo ihm unser Fahnenträger die Fahne mit dem Wunsch überreicht, daß diese Trauerfahne sich bald in Polens Freiheitsfahne verwandeln möge. Darauf erscheint Ramorino auf dem Balkon, dankt, man ruft Vivat! – und die Komödie ist fertig. [...]

2. An die Familie

Straßburg, im Dezember 1831.

[...] Es sieht verzweifelt kriegerisch aus; kommt es zum Kriege, dann gibt es in Deutschland vornehmlich eine babylonische Verwirrung, und der Himmel weiß, was das Ende vom Liede sein wird. Es kann *Alles* gewonnen und *Alles* verloren werden; wenn aber die Russen über die Oder gehn, dann nehme ich den Schießprügel, und sollte ich's in Frankreich tun. Gott mag den allerdurchlauchtigsten und gesalbten Schafsköpfen gnädig sein; auf der Erde werden sie hoffentlich keine Gnade mehr finden. [...]

3. An die Familie

Straßburg, [vor dem 16. Mai] 1832.

[...] Das einzige Interessante in politischer Beziehung ist, daß die hiesigen republikanischen Zierbengel mit roten Hüten herumlaufen, und daß Herr Périer die Cholera hatte, die Cholera aber leider nicht ihn. [...]

4. An August Stöber

Darmstadt d. 24ten August 1832

Liebes Brüderpaar!

Obgleich die Adresse nur an einen von Euch lautet, so gilt sie doch Euch beiden; doch seht vorerst nach der zweiten, denn mein Brief ist nur die Schale und figuriert nur als Käspapier. Habt Ihr das andre Papier gelesen, so werdet Ihr wissen, daß es sich um nichts geringeres handelt, als um die Muse der teutschen Dichtkunst; ob Ihr dabei als Accoucheurs oder als Totengräber auftreten sollt, wird der Erfolg lehren. Ihr seid gebeten mit Eurer poetischen Haus und Feld-Apotheke bei der Wiederbelebung des Kadavers tätige Hülfe zu leisten; am besten wäre es man suchte ihn in einem Backofen zu erwärmen, denn dies ist noch das einzige Kunstwerk, welches das liebe Teutsche Volk zu bauen und zu genießen versteht! Doch, Spaß bei Seite! ich lege Euch die Sache ernstlich an's Herz; wenn die Männer, welche Ihre Beihülfe versprochen haben, Wort halten, so kann etwas Tüchtiges geleistet werden, daß Ihr *viel* dazu beitragen könnt, weiß ich, ohne Euch schmeicheln zu wollen. Die Herausgeber kenne ich persönlich, *Künzel* ist Kandidat der Theologie, *Metz* steht einer Buchhandlung vor, beide sehr gebildete junge Leute; die *Zimmermänner* sind Zwillinge und studieren in Heidelberg, sie gehören zu meinen ältesten und besten Freunden, namentlich hat der eine von ihnen ausgezeichnete poetische Anlagen. Eure Antwort seid Ihr gebeten, an mich zu adressieren, ich hoffe dabei auch einige herzliche Worte an mich zu finden; heute sind es zuerst 3 Wochen, daß ich Euch verlassen, und doch könnte ich Euch schon manche epistolas ex ponto schreiben! Ach säße ich doch wieder einmal unt Euch im Drescher! Herzliche Grüße an die edlen *Eugeniden*, namentlich an Boekel und Baum.

Lebt wohl

Euer G Büchner

4a. An Adolph Stöber

Straßburg, den 3ten Novb. 1832

Lieber Adolph!

Nur wenige Zeilen bringen Dir diesmal meine Grüße. Ich komme eben aus dem Leichendunst und von der Schädelstätte, wo ich mich täglich wieder einige Stunden selbst kreuzige, und nach den kalten Brüsten und den toten Herzen, die ich da berührte, erquickte mich wieder das lebendige, warme an das Du mich drücktest über die Paar Meilen hinaus, die unsere Kadaver trennen. Wahrhaftig der Lindwurm, von dem Du sprichst ist nicht so gefährlich, man müßte ein armer Tropf sein, wenn unsre Arme nicht einmal über die dreißig Stunden hinübergreifen könnten. Wenn das Frühjahr kommt hoffe ich Dich zu sehen. Seit acht Tagen bin ich wieder hier, die teutsche naßkalte Holländeratmosphäre ist mir zuwider, die französische Gewitterluft ist mir lieber.

Lebe wohl, Dein G. Büchner.

5. An die Familie

Straßburg, im Dezember 1832.

[...] Ich hätte beinahe vergessen zu erzählen, daß der Platz in Belagerungsstand gesetzt wird (wegen der holländischen Wirren). Unter meinem Fenster rasseln beständig die Kanonen vorbei, auf den öffentlichen Plätzen exerzieren die Truppen, und das Geschütz wird auf den Wällen aufgefahren. Für eine politische Abhandlung habe ich keine Zeit mehr, es wäre auch nicht der Mühe wert, das Ganze ist doch nur eine Komödie. Der König und die Kammern regieren, und das Volk klatscht und bezahlt. [...]

6. An die Familie

Straßburg, im Januar 1833.

[...] Auf Weihnachten ging ich Morgens um vier Uhr in die Frühmette ins Münster. Das düstere Gewölbe mit seinen Säulen, die Rose und die farbigen Scheiben und die kniende Menge waren nur halb vom Lampenschein erleuchtet. Der Gesang des unsichtbaren Chores schien über dem Chor und dem Altare zu schweben und den vollen Tönen der gewaltigen Orgel zu antworten. Ich bin kein Katholik und kümmerte mich wenig um das Schellen und Knien der buntscheckigen Pfaffen, aber der Gesang allein machte mehr Eindruck auf mich, als die faden, ewig wiederkehrenden Phrasen unserer meisten Geistlichen, die Jahr aus Jahr ein an jedem Weihnachtstag meist nichts Gescheiteres zu sagen wissen, als, der liebe Herrgott sei doch ein gescheiter Mann gewesen, daß er Christus grade um diese Zeit auf die Welt habe kommen lassen. –

7. An die Familie

Straßburg, den 5. April 1833.

Heute erhielt ich Euren Brief mit den Erzählungen aus *Frankfurt*. Meine Meinung ist die: Wenn in unserer Zeit etwas helfen soll, so ist es *Gewalt*. Wir wissen, was wir von unseren Fürsten zu erwarten haben. Alles, was sie bewilligten, wurde ihnen durch die Notwendigkeit abgezwungen. Und selbst das Bewilligte wurde uns hingeworfen, wie eine erbettelte Gnade und ein elendes Kinderspielzeug, um dem ewigen Maulaffen *Volk* seine zu eng geschnürte Wickelschnur vergessen zu machen. Es ist eine blecherne Flinte und ein hölzerner Säbel, womit nur ein Deutscher die Abgeschmacktheit begehen konnte, Soldatchens zu spielen. Unsere Landstände sind eine Satire auf die gesunde Vernunft, wir können noch ein Säkulum damit herumziehen, und wenn wir die Resultate dann zusammennehmen, so hat das Volk die schönen Reden seiner Vertreter noch immer teurer bezahlt, als der römische Kaiser, der seinem Hofpoeten für zwei gebrochene Verse 20,000 Gulden geben ließ. Man wirft den jungen Leuten den Gebrauch der Gewalt vor. Sind wir denn aber nicht in einem ewigen Gewaltzustand? Weil wir im Kerker geboren und großgezogen sind, merken wir nicht mehr, daß wir im Loch stecken mit angeschmiedeten Händen und Füßen und einem Knebel im Munde. Was nennt Ihr denn *gesetzlichen Zustand? Ein Gesetz*, das die große Masse der Staatsbürger zum fronenden Vieh macht, um die unnatürlichen Bedürfnisse einer unbedeutenden und verdorbenen Minderzahl zu befriedigen? Und dies Gesetz, unterstützt durch eine rohe Militärgewalt und durch die dumme Pfiffigkeit seiner Agenten, dies Gesetz ist eine *ewige, rohe Gewalt*, angetan dem Recht und der gesunden Vernunft, und ich werde mit *Mund* und *Hand* dagegen kämpfen, wo ich kann. Wenn ich an dem, was geschehen, keinen Teil genommen und an dem, was vielleicht geschieht, *keinen Teil* nehmen werde, so geschieht es weder aus Mißbilligung, noch aus Furcht, sondern nur weil ich im gegenwärtigen Zeitpunkt jede revolutionäre Bewegung als eine vergebliche Unternehmung betrachte und nicht die Verblendung Derer teile, welche in den Deutschen ein zum Kampf für sein Recht bereites Volk sehen. Diese tolle Meinung führte die Frankfurter Vorfälle herbei, und der Irrtum büßte sich schwer. Irren ist übrigens keine Sünde, und die deutsche Indifferenz ist wirklich von der Art, daß sie alle Berechnung zu Schanden macht.

Ich bedaure die Unglücklichen von Herzen. Sollte keiner von meinen Freunden in die Sache verwickelt sein? [...]

8. An die Familie

[Straßburg, im Frühjahr 1833.]

[...] Wegen mir könnt Ihr ganz ruhig sein; ich werde nicht nach Freiburg gehen, und eben so wenig wie im vorigen Jahre an einer Versammlung Teil nehmen. [...]

9. An die Familie

Straßburg, [nach dem 27.] Mai 1833.

[...] So eben erhalten wir die Nachricht, daß in Neustadt die Soldateska über eine friedliche und unbewaffnete Versammlung hergefallen sei und ohne Unterschied mehrere Personen niedergemacht habe. Ähnliche Dinge sollen sich im übrigen Rheinbayern zugetragen haben. Die liberale Partei kann sich darüber grade nicht beklagen; man vergilt Gleiches mit Gleichem, Gewalt mit Gewalt. Es wird sich finden, wer der Stärkere ist. – Wenn Ihr neulich bei hellem Wetter bis auf das Münster hättet sehen können, so hättet Ihr mich bei einem langhaarigen, bärtigen, jungen Mann sitzend gefunden. Besagter hatte ein rotes Barett auf dem Kopf, um den Hals einen Cashmir-Shawl, um den Kadaver einen kurzen deutschen Rock, auf die Weste war der Name ›Rousseau‹ gestickt, an den Beinen enge Hosen mit Stegen, in der Hand ein modisches Stöckchen. Ihr seht, die Karikatur ist aus mehreren Jahrhunderten und Weltteilen zusammengesetzt: Asien um den Hals, Deutschland um den Leib, Frankreich an den Beinen, 1400 auf dem Kopf und 1833 in der Hand. Er ist ein Kosmopolit – nein, er ist mehr, er ist *St. Simonist*! Ihr denkt nun, ich hätte mit einem Narren gesprochen, und Ihr irrt. Es ist ein liebenswürdiger junger Mann, viel gereist. – Ohne sein fatales Kostüm hätte ich nie den St. Simonisten verspürt, wenn er nicht von der femme in Deutschland gesprochen hätte. Bei den Simonisten sind Mann und Frau gleich, sie haben gleiche *politische* Rechte. Sie haben nun ihren père, der ist *St. Simon*, ihr Stifter; aber billigerweise müßten sie auch eine mère haben. Die ist aber noch zu suchen, und da haben sie sich denn auf den Weg gemacht, wie Saul nach seines Vaters Eseln, mit dem Unterschied, daß – denn im neunzehnten Jahrhundert ist die Welt gar weit vorangeschritten – daß die Esel diesmal den Saul suchen. Rousseau mit noch einem Gefährten (beide verstehen kein Wort deutsch) wollten die femme ein Deutschland suchen, man beging aber die intolerante Dummheit, sie zurückzuweisen. Ich sagte ihm, er hätte nicht viel an den Weibern, die Weiber aber viel an ihm verloren; bei den Einen hätte er sich ennuyiert und über die Anderen gelacht. Er bleibt jetzt in Straßburg, steckt die Hände in die Taschen und predigt dem Volke die Arbeit, wird für seine Kapazität gut bezahlt und marche vers les femmes, wie er sich ausdrückt. Er ist übrigens beneidenswert, führt das bequemste Leben unter der Sonne, und ich möchte aus purer Faulheit St. Simonist werden, denn man müßte mir meine Kapazität gehörig honorieren. [...]

10. An die Familie

Straßburg, im Juni 1833.

[...] Ich werde zwar immer meinen Grundsätzen gemäß handeln, habe aber in *neuerer* Zeit gelernt, daß nur das notwendige Bedürfnis der großen Masse Umänderungen herbeiführen kann, daß alles Bewegen und Schreien der *Einzelnen* vergebliches Torenwerk ist. Sie schreiben, man liest sie nicht; sie schreien, man hört sie nicht; sie handeln, man hilft ihnen nicht. – Ihr könnt voraussehen, daß ich mich in die Gießener Winkelpolitik und revolutionären Kinderstreiche nicht einlassen werde.

11. An die Familie (Reise in die Vogesen)

Straßburg, den 8. Juli 1833.

Bald im Tal, bald auf den Höhen zogen wir durch das liebliche Land. Am zweiten Tage gelangten wir auf einer über 3000 Fuß hohen Fläche zum sogenannten weißen und schwarzen See. Es sind zwei finstere Lachen in tiefer Schlucht, unter etwa 500 Fuß hohen Felsenwänden. Der weiße See liegt auf dem Gipfel der Höhe. Zu unseren Füßen lag still das dunkle Wasser. Über die nächsten Höhen hinaus sahen wir im Osten die Rheinebene und den Schwarzwald, nach West und Nordwest das Lothringer Hochland; im Süden hingen düstere Wetterwolken, die Luft war still. Plötzlich trieb der Sturm das Gewölke die Rheinebene herauf, zu unserer Linken zuckten die Blitze, und unter dem zerrissenen Gewölk über dem dunklen Jura glänzten die *Alpengletscher* in der Abendsonne. Der dritte Tag gewährte uns den nämlichen herrlichen Anblick; wir bestiegen nämlich den höchsten Punkt der Vogesen, den an 5000 Fuß hohen *Bölgen*. Man übersieht den Rhein von Basel bis Straßburg, die Fläche hinter Lothringen bis zu den Bergen der Champagne, den Anfang der ehemaligen franche Comté, den Jura und die Schweizergebirge vom Rigi bis zu den entferntesten Savoyischen Alpen. Es war gegen Sonnenuntergang, die Alpen wie blasses Abendrot über der dunkel gewordenen Erde. Die Nacht brachten wir in einer geringen Entfernung vom Gipfel in einer Sennerhütte zu. Die Hirte haben hundert Kühe und bei neunzig Farren und Stiere auf der Höhe. Bei Sonnenaufgang war der Himmel etwas dunstig, die Sonne warf einen roten Schein über die Landschaft. Über den Schwarzwald und den Jura schien das Gewölk wie ein schäumender Wasserfall zu stürzen, nur die Alpen standen hell darüber, wie eine blitzende Milchstraße. Denkt Euch über der dunklen Kette des Jura und über dem Gewölk im Süden, soweit der Blick reicht, eine ungeheure, schimmernde Eiswand, nur noch oben durch die Zacken und Spitzen der einzelnen Berge unterbrochen. Vom Bölgen stiegen wir rechts herab in das sogenannte Amarinental, das letzte Haupttal der Vogesen. Wir gingen talaufwärts. Das Tal schließt sich mit einem schönen Wiesengrund im wilden Gebirg. Über die Berge führte uns eine gut erhaltene Bergstraße nach Lothringen zu den Quellen der Mosel. Wir folgten eine Zeitlang dem Laufe des Wassers, wandten uns dann nördlich und kehrten über mehrere interessante Punkte nach Straßburg zurück.

Hier ging es seit einigen Tagen etwas unruhig zu. Ein ministerieller Deputierter, Herr *Saglio,* kam vor einigen Tagen aus Paris zurück. Es kümmerte sich Niemand um ihn. Eine bankerotte Ehrlichkeit ist heutzutage etwas zu Gemeines, als daß ein Volksvertreter, der seinen Frack wie einen Schandpfahl auf dem Rücken trägt, noch Jemanden interessieren könnte. Die Polizei war aber entgegengesetzter Meinung und stellte deshalb eine bedeutende Anzahl Soldaten auf dem Paradeplatz und vor dem Hause des Herrn Saglio auf. Dies lockte denn endlich am zweiten oder dritten Tage die Menge herbei, gestern und vorgestern Abend wurde etwas vor dem Hause gelärmt. Präfekt und Maire hielten es für die beste Gelegenheit, einen Orden zu erwischen, sie ließen die Truppen ausrücken, die Straßen räumen, Bajonette und Kolbenstöße austeilen, Verhaftungen vornehmen, Proklamationen anschlagen u. s. w.

GIESSEN UND DARMSTADT 1833–1835

12. An die Familie

Gießen, den 1. November 1833.

[...] Gestern wurden wieder zwei Studenten verhaftet, der kleine *Stamm* und *Groß.* [...]

13. An die Familie

Gießen, den 19. November 1833.

[...] Gestern war ich bei dem Bankett zu Ehren der zurückgekehrten Deputierten. An zweihundert Personen, unter ihnen *Balser* und *Vogt*. Einige loyale Toaste, bis man sich Courage getrunken, und dann das Polenlied, die Marseillaise gesungen und den in Friedberg Verhafteten ein Vivat gebracht! Die Leute gehen ins Feuer, wenn's von einer brennenden Punschbowle kommt! [...]

14. An August Stöber

Darmstadt: d. 9 Dez. 33.

Lieber August!

Ich schreibe in Ungewißheit, wo Dich dieser Brief treffen wird. Ich müßte mich sehr irren, wenn mir nicht Lambossy geschrieben hätte, daß Du Dich gewöhnlich in Oberbrunn aufhieltest. Das nämliche sagte mir Künzel, der von Deinem Vater auf einen an Dich gerichteten Brief Antwort erhalten hatte. Du erhältst am spätesten einen Brief, weil ich Dich am letzten mit einem finstren Gesicht quälen wollte, denn wenigstens Eurer Teilnahme halte ich mich immer versichert. Ich schrieb mehrmals, vielleicht sahst Du meine Briefe; ich klagte über mich und spottete über andere; beides kann Dir zeigen, wie übel ich mich befand. Ich wollte Dich nicht auch in's Lazarett führen und so schwieg ich. Du magst entscheiden ob die Erinnerung an 2 glückliche Jahre, und die Sehnsucht nach All dem, was sie glücklich machte oder ob die widrigen Verhältnisse unter denen ich hier lebe, mich in die unglückselige Stimmung setzen. Ich glaube s'ist beides. Manchmal fühle ich ein wahres Heimweh nach Euren Bergen. Hier ist Alles so eng und klein. Natur und Menschen, die kleinlichsten Umgebungen, denen ich auch keinen Augenblick Interesse abgewinnen kann. Zu Ende Oktobers ging ich von hier nach Gießen. 5 Wochen brachte ich daselbst halb im Dreck und halb im Bett zu. Ich bekam einen Anfall von Hirnhautentzündung; die Krankheit wurde im Entstehen unterdrückt, ich wurde aber gleichwohl gezwungen nach Darmstadt zurückzukehren um mich daselbst völlig zu erholen. Ich denke noch bis Neujahr hier zu bleiben und d. 5 oder 6. Januar wieder nach Gießen abzureisen.

Ein Brief von Dir würde mir große Freude machen, und, nicht wahr Christ einem Rekonvaleszenten schlägt man nichts ab? Seit ich Euch am Mittwoch Abend vor 5 Monaten zum letzten mal die Hände zum Kutschenschlag hinausstreckte, ist's mir als wären sie mir abgebrochen und ich denke wir drücken uns die Hände um so fester, je seltner wir sie uns reichen. 3 treffliche Freunde habe ich in Gießen gelassen und bin jetzt ganz allein.

H. Dr. H. K. ... ist freilich noch da, aber das ästhetische Geschlapp steht mir am Hals, er hat schon alle möglichen poetischen

Accouchierstühle probiert, ich glaube er kann höchstens noch an eine kritische Nottaufe in der Abendzeitung appellieren.

Ich werfe mich mit aller Gewalt in die Philosophie, die Kunstsprache ist abscheulich, ich meine für menschliche Dinge müsse man auch menschliche Ausdrücke finden; doch das stört mich nicht, ich lache über meine Narrheit und meine es gäbe im Grund genommen doch nichts als taube Nüsse zu knacken. Man muß aber unter der Sonne doch auf irgend einem Esel reiten und so sattle ich in Gottes Namen den meinigen; für's Futter ist mir nicht bang, an Distelköpfen wird's nicht fehlen, so lang die Buchdruckerkunst nicht verloren geht. Lebe wohl, Bester. Grüße die Freunde, es geschieht dann doppelt, ich habe auch Boeckel drum gebeten.

Die politischen Verhältnisse könnten mich rasend machen. Das arme Volk schleppt geduldig den Karren, worauf die Fürsten und Liberalen ihre Affenkomödie spielen. Ich bete jeden Abend zum Hanf und zu d. Laternen.

Was schreiben Viktor und Scherb?

Und *Adolph* ist er wieder in Metz? ich schicke Dir nächstens einige Zeilen an ihn.

15. An die Familie

Gießen, im Februar 1834.

[...] *Ich verachte Niemanden*, am wenigsten wegen seines Verstandes oder seiner Bildung, weil es in Niemands Gewalt liegt, kein Dummkopf oder kein Verbrecher zu werden, – weil wir durch gleiche Umstände wohl Alle gleich würden, und weil die Umstände außer uns liegen. Der *Verstand* nun gar ist nur eine sehr geringe Seite unsers geistigen Wesens und die Bildung nur eine sehr zufällige Form desselben. Wer mir eine solche Verachtung vorwirft, behauptet, daß ich einen Menschen mit Füßen träte, weil er einen schlechten Rock anhätte. Es heißt dies, eine Roheit, die man Einem im Körperlichen nimmer zutrauen würde, ins Geistige übertragen, wo sie noch gemeiner ist. Ich kann Jemanden einen Dummkopf nennen, ohne ihn deshalb zu *verachten*; die Dummheit gehört zu den allgemeinen Eigenschaften der menschlichen Dinge; für ihre Existenz kann ich nichts, es kann mir aber Niemand wehren, Alles, was existiert, bei seinem Namen zu nennen und dem, was mir unangenehm ist, aus dem Wege zu gehn. Jemanden kränken, ist eine Grausamkeit, ihn aber zu suchen oder zu meiden, bleibt meinem Gutdünken überlassen. *Daher* erklärt sich mein Betragen gegen alte Bekannte; ich kränkte Keinen und sparte mir viel Langeweile; halten sie mich für hochmütig, wenn ich an ihren Vergnügungen oder Beschäftigungen keinen Geschmack finde, so ist es eine Ungerechtigkeit; mir würde es nie einfallen, einem Andern aus dem nämlichen Grunde einen ähnlichen Vorwurf zu machen. Man nennt mich einen *Spötter.* Es ist wahr, ich lache oft, aber ich lache nicht darüber, *wie* Jemand ein Mensch, sondern nur darüber, *daß* er ein Mensch ist, wofür er ohnehin nichts kann, und lache dabei über mich selbst, der ich sein Schicksal teile. Die Leute nennen das Spott, sie vertragen es nicht, daß man sich als Narr produziert und sie duzt; sie sind Verächter, Spötter und Hochmütige, weil sie die Narrheit nur *außer sich* suchen. Ich habe freilich noch eine Art von Spott, es ist aber nicht der der Verachtung, sondern der des Hasses. Der Haß ist so gut erlaubt als die Liebe, und ich hege ihn im vollsten Maße gegen die, *welche verachten.* Es ist deren eine große Zahl, die im Besitze einer lächerlichen Äußerlichkeit, die man Bildung, oder eines toten Krams, den man Gelehrsamkeit heißt, die große Masse ihrer Brüder ihrem verachtenden Egoismus opfern. Der Aristokratismus ist die schändlichste Verachtung des heiligen Geistes im Menschen; gegen ihn kehre ich seine eigenen Waffen; Hochmut gegen Hochmut, Spott gegen Spott. – Ihr würdet euch besser bei meinem Stiefelputzer nach mir umsehn; mein Hochmut und Verachtung Geistesarmer und Ungelehrter fände dort wohl ihr bestes Objekt. Ich bitte, fragt ihn einmal ... Die Lächerlichkeit des Herablassens werdet Ihr mir doch wohl nicht zutrauen. Ich hoffe noch immer, daß ich leidenden, gedrückten Gestalten mehr mitleidige Blicke zugeworfen, als kalten, vornehmen Herzen bittere Worte gesagt habe. – [...]

16. An die Braut

[Gießen, Februar 1834.]

[...] Ich dürste nach einem Briefe. Ich bin allein, wie im Grabe; wann erweckt mich deine Hand? Meine Freunde verlassen mich, wir schreien uns wie Taube einander in die Ohren; ich wollte, wir wären stumm, dann könnten wir uns doch nur ansehen, und in neuen Zeiten kann ich kaum Jemand starr anblicken, ohne daß mir die Tränen kämen. Es ist dies eine Augenwassersucht, die auch beim Starrsehen oft vorkommt. Sie sagen, ich sei verrückt, weil ich gesagt habe, in sechs Wochen würde ich auferstehen, zuerst aber Himmelfahrt halten, in der Diligence nämlich. Lebe wohl, liebe Seele, und verlaß mich nicht. Der Gram macht mich Dir streitig, ich lieg' ihm den ganzen Tag im Schoß; armes Herz, ich glaube, du vergiltst mit Gleichem. [...]

17. An die Braut

[Gießen, um den 10. März 1834.]

[...] Der erste helle Augenblick seit acht Tagen. Unaufhörliches Kopfweh und Fieber, die Nacht kaum einige Stunden dürftiger Ruhe. Vor zwei Uhr komme ich in kein Bett, und dann ein beständiges Auffahren aus dem Schlaf und ein Meer von Gedanken, in denen mir die Sinne vergehen. Mein Schweigen quält dich wie mich, doch vermochte ich nichts über mich. Liebe, liebe Seele, vergibst du? Eben komme ich von draußen herein. Ein einziger, forthallender Ton aus tausend Lerchenkehlen schlägt durch die brütende Sommerluft, ein schweres Gewölk wandelt über die Erde, der tiefbrausende Wind klingt wie sein melodischer Schritt. Die Frühlingsluft löste mich aus meinem Starrkrampf. Ich erschrak vor mir selbst. Das Gefühl des Gestorbenseins war immer über mir. Alle Menschen machten mir das hippokratische Gesicht, die Augen verglast, die Wangen wie von Wachs, und wenn dann die ganze Maschinerie zu leiern anfing, die Gelenke zuckten, die Stimme herausknarrte und ich das ewige Orgellied herumtrillern hörte und die Wälzchen und Stiftchen im Orgelkasten hüpfen und drehen sah, – ich verfluchte das Konzert, den Kasten, die Melodie und – ach, wir armen schreienden Musikanten, das Stöhnen auf unsrer Folter, wäre es nur da, damit es durch die Wolkenritzen dringend und weiter, weiter klingend, wie ein melodischer Hauch in himmlischen Ohren stirbt? Wären wir das Opfer im glühenden Bauch des Peryllusstiers, dessen Todesschrei wie das Aufjauchzen des in den Flammen sich aufzehrenden Gottstiers klingt? Ich lästre nicht. Aber die Menschen lästern. Und doch bin ich gestraft, ich fürchte mich vor meiner Stimme und – vor meinem Spiegel. Ich hätte Herrn Callot-Hoffmann sitzen können, nicht wahr, meine Liebe? Für das Modellieren hätte ich Reisegeld bekommen. Ich spüre, ich fange an, interessant zu werden. –

Die Ferien fangen morgen in vierzehn Tagen an; verweigert man die Erlaubnis, so gehe ich heimlich, ich bin mir selbst schuldig, einem unerträglichen Zustande ein Ende zu machen. Meine geistigen Kräfte sind gänzlich zerrüttet. Arbeiten ist mir unmöglich, ein dumpfes Brüten hat sich meiner bemeistert, in dem mir kaum ein Gedanke noch hell wird. Alles verzehrt sich in mir selbst; hätte ich einen Weg für mein Inneres, aber ich habe keinen Schrei für den Schmerz, kein Jauchzen für die Freude, keine Harmonie für die Seligkeit. Dies Stummsein ist meine Verdammnis. Ich habe dir's schon tausendmal gesagt: Lies meine Briefe nicht, – kalte, träge Worte! Könnte ich nur über dich einen vollen Ton ausgießen; – so schleppe ich dich in meine wüsten Irrgänge. Du sitzest jetzt im dunkeln Zimmer in deinen Tränen allein, bald trete ich zu dir. Seit vierzehn Tagen steht dein Bild beständig vor mir, ich sehe dich in jedem Traum. Dein Schatten schwebt immer vor mir, wie das Lichtzittern, wenn man in die Sonne gesehen. Ich lechze nach einer seligen Empfindung, die wird mir bald, bald, bei dir.

18. An die Braut

[Gießen, nach dem 10. März 1834.]

Hier ist kein Berg, wo die Aussicht frei sei. Hügel hinter Hügel und breite Täler, eine hohle Mittelmäßigkeit in Allem; ich kann mich nicht an diese Natur gewöhnen, und die Stadt ist abscheulich. Bei uns ist Frühling, ich kann deinen Veilchenstrauß immer ersetzen, er ist unsterblich wie der Lama. Lieb Kind, was macht denn die gute Stadt Straßburg? es geht dort allerlei vor, und du sagst kein Wort davon. Je baise les petites mains, en goûtant les souvenirs doux de Strasbourg. –

›Prouve-moi que tu m'aimes encore beaucoup en me donnant bientôt des nouvelles.‹ Und ich ließ dich warten! Schon seit einigen Tagen nehme ich jeden Augenblick die Feder in die Hand, aber es war mir unmöglich, nur ein Wort zu schreiben. Ich studierte die Geschichte der Revolution. Ich fühlte mich wie zernichtet unter dem gräßlichen Fatalismus der Geschichte. Ich finde in der Menschennatur eine entsetzliche Gleichheit, in den menschlichen Verhältnissen eine unabwendbare Gewalt, Allen und Keinem verliehen. Der Einzelne nur Schaum auf der Welle, die Größe ein bloßer Zufall, die Herrschaft des Genies ein Puppenspiel, ein lächerliches Ringen gegen ein ehernes Gesetz, es zu erkennen das Höchste, es zu beherrschen unmöglich. Es fällt mir nicht mehr ein, vor den Paradegäulen und Eckstehern der Geschichte mich zu bücken. Ich gewöhnte mein Auge ans Blut. Aber ich bin kein Guillotinenmesser. Das *muß* ist eins von den Verdammungsworten, womit der Mensch getauft worden. Der Ausspruch: es muß ja Ärgernis kommen, aber wehe dem, durch den es kommt, – ist schauderhaft. Was ist das, was in uns lügt, mordet, stiehlt? Ich mag dem Gedanken nicht weiter nachgehen. Könnte ich aber dies kalte und gemarterte Herz an deine Brust legen! B. wird dich über mein Befinden beruhigt haben, ich schrieb ihm. Ich verwünsche meine Gesundheit. Ich glühte, das Fieber bedeckte mich mit Küssen und umschlang mich wie der Arm der Geliebten. Die Finsternis wogte über mir, mein Herz schwoll in unendlicher Sehnsucht, es drangen Sterne durch das Dunkel, und Hände und Lippen bückten sich nieder. Und jetzt? Und sonst? Ich habe nicht einmal die Wollust des Schmerzes und des Sehnens. Seit ich über die Rheinbrücke ging, bin ich wie in mir vernichtet, ein einzelnes Gefühl taucht nicht in mir auf. Ich bin ein Automat; die Seele ist mir genommen. Ostern ist noch mein einziger Trost; ich habe Verwandte bei Landau, ihre Einladung und die Erlaubnis, sie zu besuchen. Ich habe die Reise schon tausendmal gemacht und werde nicht müde. – Du frägst mich: sehnst du dich nach mir? Nennst du's Sehnen, wenn man nur in einem Punkt leben kann und wenn man davon gerissen ist, und dann nur noch das Gefühl seines Elendes hat? Gib mir doch Antwort. Sind meine Lippen so kalt? [...] – Dieser Brief ist ein Charivari: ich tröste dich mit einem andern.

19. An die Familie

Gießen, den 19. März 1834.

[...] Wichtiger ist die Untersuchung wegen der Verbindungen; die Relegation steht wenigstens dreißig Studenten bevor. Ich wollte die Unschädlichkeit dieser Verschwörer eidlich bekräftigen. Die Regierung muß aber doch etwas zu tun haben! Sie dankt ihrem Himmel, wenn ein paar Kinder schleifen oder Ketten schaukeln! – Die in Friedberg Verhafteten sind frei, mit Ausnahme von Vieren. – [...]

20. An die Braut

[Gießen, März 1834.]

[...] Ich wäre untröstlich, mein armes Kind, wüßte ich nicht, was dich heilte. Ich schreibe jetzt täglich, schon gestern hatte ich einen Brief angefangen. Fast hätte ich Lust, statt nach Darmstadt, gleich nach Straßburg zu gehen. Nimmt dein Unwohlsein eine ernste Wendung, – ich bin dann im Augenblick da. Doch was sollen dergleichen Gedanken? Sie sind mir Unbegreiflichkeiten. – Mein Gesicht ist wie ein Osterei, über das die Freude rote Flecken laufen läßt. Doch ich schreibe abscheulich, es greift deine Augen an, das vermehrt das Fieber. Aber nein, ich glaube nichts, es sind nur die Nachwehen des alten nagenden Schmerzes; die linde Frühlingsluft küßt alte Leute und hektische tot; dein Schmerz ist alt und abgezehrt, er stirbt, das ist Alles, und du meinst, dein Leben ginge mit. Siehst du denn nicht den neuen lichten Tag? Hörst du meine Tritte nicht, die sich wieder rückwärts zu dir wenden? Sieh, ich schicke dir Küsse, Schneeglöckchen, Schlüsselblumen, Veilchen, der Erde erste schüchterne Blicke ins flammende Auge des Sonnenjünglings. Den halben Tag sitze ich eingeschlossen mit deinem Bild und spreche mit dir. Gestern Morgen versprach ich dir Blumen; da sind sie. Was gibst du mir dafür? Wie gefällt dir mein Bedlam! Will ich etwas Ernstes tun, so komme ich mir vor, wie Larifari in der Komödie; will er das Schwert ziehen: so ist's ein Hasenschwanz. [...]

Ich wollte, ich hätte geschwiegen. Es überfällt mich eine unsägliche Angst. Du schreibst gleich, doch um's Himmelswillen nicht, wenn es dich Anstrengung kostet. Du sprachst mir von einem Heilmittel; lieb Herz, schon lange schwebt es mir auf der Zunge. Ich liebte aber so unser stilles Geheimnis, – doch sage deinem Vater Alles, – doch zwei Bedingungen: *Schweigen,* selbst bei den nächsten Verwandten. Ich mag nicht hinter jedem Kusse die Kochtöpfe rasseln hören, und bei den verschiedenen Tanten das Familienvatersgesicht ziehen. Dann: nicht eher an meine Eltern zu schreiben, als bis ich selbst geschrieben. Ich überlasse dir Alles, tue, was dich beruhigen kann. Was kann ich sagen, als daß ich dich liebe; was versprechen, als was in dem Worte Liebe schon liegt, Treue? Aber die sogenannte Versorgung? Student noch zwei Jahre; die gewisse Aussicht auf ein stürmisches Leben, vielleicht bald auf fremdem Boden!

Zum Schlusse trete ich zu dir und singe dir einen alten Wiegengesang:

War nicht umsonst so still und schwach,
Verlass'ne Liebe trug sie nach.
In ihrer kleinen Kammer hoch
Sie stets an der Erinnrung sog;
An ihrem Brotschrank an der Wand
Er immer, immer vor ihr stand,
Und wenn ein Schlaf sie übernahm,
Er immer, immer wieder kam.

Und dann:

Denn immer, immer, immer doch
Schwebt ihr das Bild an Wänden noch
Von einem Menschen, welcher kam
Und ihr als Kind das Herze nahm.
Fast ausgelöscht ist sein Gesicht,
Doch seiner Worte Kraft noch nicht,
Und jener Stunden Seligkeit,
Ach jener Träume Wirklichkeit,
Die, angeboren jedermann,
Kein Mensch sich wirklich machen kann.

21. An die Braut

Gießen, März 1834.

[...] Ich werde gleich von hier nach Straßburg gehen, ohne Darmstadt zu berühren; ich hätte dort auf Schwierigkeiten gestoßen, und meine Reise wäre vielleicht bis zu Ende der Vakanzen verschoben worden. Ich schreibe dir jedoch vorher noch einmal, sonst ertrag' ich's nicht vor Ungeduld; dieser Brief ist ohnedies so langweilig, wie ein Anmelden in einem vornehmen Hause: Herr Studiosus Büchner. Das ist Alles! Wie ich hier zusammenschrumpfe, ich erliege fast unter diesem *Bewußtsein*; ja sonst wäre es ziemlich gleichgiltig; wie man nur einen Betäubten oder Blödsinnigen beklagen mag! Aber du, was sagst du zu dem Invaliden? Ich wenigstens kann die Leute auf halbem Sold nicht ausstehen. Nous ferons un peu de romantique, pour nous tenir à la hauteur du siècle; et puis me faudra-t-il du fer à cheval pour faire de l'impression à un cœur de femme? Aujourd'hui on a le système nerveux un peu robuste. Adieu.

22. An die Familie

[Straßburg, im April 1834.]

[...] Ich war [in Gießen] im Äußeren ruhig, doch war ich in tiefe Schwermut verfallen; dabei engten mich die politischen Verhältnisse ein, ich schämte mich, ein Knecht mit Knechten zu sein, einem vermoderten Fürstengeschlecht und einem kriechenden Staatsdiener-Aristokratismus zu Gefallen. Ich komme nach Gießen in die niedrigsten Verhältnisse, Kummer und Widerwillen machen mich krank. [...]

23. An die Familie

Gießen, den 25. Mai 1834.

[...] Das Treiben des ›Burschen‹ kümmert mich wenig, gestern Abend hat er von dem Philister Schläge bekommen. Man schrie *Bursch heraus!* Es kam aber Niemand, als die Mitglieder zweier Verbindungen, die aber den Universitätsrichter rufen mußten, um sich vor den Schuster- und Schneiderbuben zu retten. Der Universitätsrichter war betrunken und schimpfte die Bürger; es wundert mich, daß er keine Schläge bekam; das Possierlichste ist, daß die Buben liberal sind und sich daher an die loyal gesinnten Verbindungen machten. Die Sache soll sich heute Abend wiederholen, man munkelt sogar von einem Auszug; ich hoffe, daß der Bursche wieder Schläge bekommt; *wir* halten zu den Bürgern und bleiben in der Stadt. [...]

24. An die Familie

Gießen, den 2. Juli 1834.

[...] Was sagt man zu der Verurteilung von *Schulz*? – Mich wundert es nicht, es riecht nach Kommißbrot. – A propos, wißt Ihr die hübsche Geschichte vom Herrn Kommissär [...]? Der gute Columbus sollte in X ... bei einem Schreiner eine geheime Presse entdecken. Er besetzt das Haus, dringt ein. ›Guter Mann, es ist Alles aus, führ' Er mich nur an die Presse.‹ – Der Mann führt ihn an die Kelter. ›Nein, Mann! Die Presse! Die Presse!‹ – Der Mann versteht ihn nicht, und der Kommissär wagt sich in den Keller. Es ist dunkel. ›Ein Licht, Mann!‹ – ›Das müssen Sie kaufen, wenn Sie eins haben wollen.‹ – Aber der Herr Kommissär spart dem Lande überflüssige Ausgaben. Er rennt, wie Münchhausen, an einen Balken, er schlägt Feuer aus seinem Nasenbein, das Blut fließt, er achtet nichts und *findet nichts*. Unser lieber Großherzog wird ihm aus einem Zivilverdienstorden ein Nasenfutteral machen. – [...]

25. An die Familie

Frankfurt, den 3. August 1834.

[...] Ich benutze jeden Vorwand, um mich von meiner Kette loszumachen. *Freitag Abends* ging ich von Gießen weg; ich wählte die Nacht der gewaltigen Hitze wegen, und so wanderte ich in der lieblichsten Kühle unter hellem Sternenhimmel, an dessen fernstem Horizonte ein beständiges Blitzen leuchtete. Teils zu Fuß, teils fahrend mit Postillonen und sonstigem Gesindel, legte ich während der Nacht den größten Teil des Wegs zurück. Ich ruhte mehrmals unterwegs. Gegen Mittag war ich in Offenbach. Den kleinen Umweg machte ich, weil es von dieser Seite leichter ist, in die Stadt zu kommen, ohne angehalten zu werden. Die Zeit erlaubte mir nicht, mich mit den nötigen Papieren zu versehen. [...]

26. An die Familie

Gießen, den 5. August 1834.

[...] Ich meine, ich hätte Euch erzählt, daß *Minnigerode* eine halbe Stunde vor meiner Abreise arretiert wurde, man hat ihn nach Friedberg abgeführt. Ich begreife den Grund seiner Verhaftung nicht. Unserem scharfsinnigen Universitätsrichter fiel es ein, in meiner Reise, wie es scheint, einen Zusammenhang mit der Verhaftung Minnigerodes zu finden. Als ich hier ankam, fand ich meinen Schrank *versiegelt*, und man sagte mir, meine Papiere seien durchsucht worden. Auf mein Verlangen wurden die Siegel sogleich abgenommen, auch gab man mir meine Papiere (nichts als Briefe von

Euch und meinen Freunden) zurück, nur einige französische Briefe von W[ilhelmine], Muston, L[ambossy] und B[oeckel] wurden zurückbehalten, wahrscheinlich weil die Leute sich erst einen Sprachlehrer müssen kommen lassen, um sie zu lesen. Ich bin empört über ein solches Benehmen, es wird mir übel, wenn ich meine heiligsten Geheimnisse in den Händen dieser schmutzigen Menschen denke. Und das Alles – wißt Ihr auch warum? Weil ich an dem nämlichen Tag abgereist, an dem Minnigerode verhaftet wurde. Auf einen vagen Verdacht hin verletzte man die heiligsten Rechte und verlangte dann weiter Nichts, als daß ich mich über meine Reise ausweisen sollte!!! Das konnte ich natürlich mit der größten Leichtigkeit; ich habe Briefe von B., die jedes Wort bestätigen, das ich gesprochen, und unter meinen Papieren befindet sich *keine* Zeile, die mich kompromittieren könnte. Ihr könnt über die Sache ganz unbesorgt sein. Ich bin auf freiem Fuß und es ist unmöglich, daß man einen Grund zur Verhaftung finde. Nur im Tiefsten bin ich über das Verfahren der Gerichte empört, auf den Verdacht eines möglichen Verdachts in die heiligsten Familiengeheimnisse einzubrechen. Man hat mich auf dem Universitätsgericht *bloß gefragt,* wo ich mich während der drei letzten Tage aufgehalten, und um sich darüber Aufschluß zu verschaffen, *erbricht* man schon am zweiten Tag in meiner Abwesenheit meinen Pult und bemächtigt sich meiner Papiere! Ich werde mit einigen Rechtskundigen sprechen und sehen, ob die Gesetze für eine solche Verletzung Genugtuung schaffen! [...]

27. An die Familie

Gießen, den 8. August 1834.

[...] Ich gehe meinen Beschäftigungen wie gewöhnlich nach, vernommen bin ich nicht weiter geworden. Verdächtiges hat man nicht gefunden, nur die französischen Briefe scheinen noch nicht entziffert zu sein; der Herr Universitätsrichter muß sich wohl erst Unterricht im Französischen nehmen. Man hat mir sie noch nicht zurückgegeben. [...] Übrigens habe ich mich bereits an das Disziplinargericht gewendet und es um Schutz gegen die Willkür des Universitätsrichters gebeten. Ich bin auf die Antwort begierig. Ich kann mich nicht entschließen, auf die mir gebührende Genugtuung zu verzichten. Das Verletzen meiner heiligsten Rechte und das Einbrechen in alle meine Geheimnisse, das Berühren von Papieren, die mir Heiligtümer sind, empörten mich zu tief, als daß ich nicht jedes Mittel ergreifen sollte, um mich an dem Urheber dieser Gewalttat zu rächen. Den Universitätsrichter habe ich mittelst des höflichsten Spottes fast ums Leben gebracht. Wie ich zurückkam, mein Zimmer mir verboten und mein Pult versiegelt fand, lief ich zu ihm und sagte ihm ganz kaltblütig mit der größten Höflichkeit, in Gegenwart mehrerer Personen: wie ich vernommen, habe er in meiner Abwesenheit mein Zimmer mit seinem Besuche *beehrt,* ich komme, um ihn um den Grund seines gütigen Besuches zu fragen etc. – Es ist Schade, daß ich nicht nach dem Mittagessen gekommen, aber auch so barst er fast und mußte diese beißende Ironie mit der größten Höflichkeit beantworten. Das Gesetz sagt, nur in Fällen sehr *dringenden* Verdachts, ja nur eines Verdachtes, der statt *halben Beweises* gelten *könne,* dürfe eine Haussuchung vorgenommen werden. Ihr seht, wie man das Gesetz auslegt. Verdacht, am wenigsten ein dringender, kann nicht gegen mich vorliegen, sonst müßte ich verhaftet sein; in der Zeit, wo ich hier bin, könnte ich ja jede Untersuchung durch Verabreden gleichlautender Aussagen und dergleichen unmöglich machen. Es geht hieraus hervor, daß ich durch nichts kompromittiert bin und daß die Haussuchung nur vorgenommen worden, weil ich nicht liederlich und nicht sklavisch genug aussehe, um für keinen Demagogen gehalten zu werden. Eine solche Gewalttat stillschweigend ertragen, hieße die Regierung zur Mitschuldigen machen; hieße aussprechen, daß es keine gesetzliche Garantie mehr gäbe; hieße erklären, daß das verletzte Recht keine Genugtuung mehr erhalte. Ich will unserer Regierung diese grobe Beleidigung nicht antun.

Wir wissen nichts von Minnigerode; das Gerücht mit Offenbach ist jedenfalls reine Erfindung; daß ich auch schon da gewesen, kann mich nicht mehr kompromittieren, als jeden anderen Reisenden [...] – Sollte man, sowie man ohne die gesetzlich notwendige Ursache meine Papiere durchsuchte, mich auch ohne dieselbe festnehmen, in Gottes Namen! ich kann so wenig darüber hinaus, und es ist dies so wenig meine Schuld, als wenn eine Herde Banditen mich anhielte, plünderte oder mordete. Es ist Gewalt, der man sich fügen muß, wenn man nicht stark genug ist, ihr zu widerstehen; aus der Schwäche kann Einem kein Vorwurf gemacht werden. [...]

28. An die Familie

Gießen, Ende August 1834.

Es sind jetzt fast drei Wochen seit der Haussuchung verflossen, und man hat mir in Bezug darauf noch nicht die *mindeste* Eröffnung gemacht. Die Vernehmung bei dem Universitätsrichter am ersten Tage kann nicht in Anschlag gebracht werden, sie steht damit in keinem *gesetzlichen* Zusammenhang; der Herr *Georgi* verlangt nur als *Universitätsrichter* von mir als *Studenten*: ich solle mich wegen meiner Reise ausweisen, während er die Haussuchung als *Regierungskommissär* vornahm. Ihr sehet also, wie weit man es in der *gesetzlichen Anarchie* gebracht hat. Ich vergaß, wenn ich nicht irre, den wichtigen Umstand anzuführen, daß die Haussuchung sogar ohne die drei, durch das Gesetz vorgeschriebenen *Urkundspersonen* vorgenommen wurde, und so um so mehr den Charakter eines *Einbruchs* an sich trägt. Das Verletzen unserer Familiengeheimnisse ist ohnehin ein bedeutenderer Diebstahl, als das Wegnehmen einiger Geldstücke. Das Einbrechen in meiner *Abwesenheit* ist ebenfalls ungesetzlich; man war nur berechtigt, meine Türe zu versiegeln, und erst *dann* in meiner *Abwesenheit* zur Haussuchung zu schreiten, wenn ich mich auf *erfolgte Vorladung* nicht gestellt hätte. Es sind also *drei Verletzungen des Gesetzes* vorgefallen: Haussuchung *ohne dringenden Verdacht* (ich bin, wie gesagt, noch nicht vernommen worden, und es sind drei Wochen verflossen), Haussuchung *ohne Urkundspersonen*, und endlich Haussuchung am dritten Tage meiner Abwesenheit *ohne vorher erfolgte Vorladung*. –

Die Vorstellung an das Disziplinargericht war im Grund genommen überflüssig, weil der Universitätsrichter als *Regierungskommissär* nicht unter ihm steht. Ich tat diesen Schritt nur vorerst, um nicht mit der Türe ins Haus zu fallen; ich stellte mich unter seinen Schutz, ich überließ ihm meine Klage. Seiner Stellung gemäß *mußte* es meine Sache zu der *seinigen* machen, aber die Leute sind etwas furchtsamer Natur; ich bin überzeugt, daß sie mich an eine andere Behörde verweisen. Ich erwarte ihre Resolution ... Der Vorfall ist so einfach und liegt so klar am Tage, daß man mir entweder volle Genugtuung schaffen oder öffentlich erklären muß, das Gesetz sei aufgehoben und eine Gewalt an seine Stelle getreten, gegen die es keine Appellation als Sturmglocken und Pflastersteine gebe. [...]

29. An Sauerländer

Darmstadt, d. 21. Febr. 35.

Geehrtester Herr!

Ich gebe mir die Ehre Ihnen mit diesen Zeilen ein Manuskript zu überschicken. Es ist ein dramatischer Versuch und behandelt einen Stoff der neueren Geschichte. Sollten Sie geneigt sein das Verlag desselben zu übernehmen, so ersuche ich Sie mich so bald als möglich davon zu benachrichtigen, im entgegengesetzten Falle aber das Manuskript an die Heyerische Buchhandlung dahier zurückgehn zu lassen.

Sie würden mich sehr verbinden, wenn Sie dem Herrn Carl Gutzkow den beigeschlossenen Brief überschicken und ihm das Drama zur Einsicht mitteilen wollten.

Haben Sie die Güte eine etwaige Antwort in einer Couverte mit der Adresse: an Frau Regierungsrat Reuß zu Darmstadt, an mich gelangen zu lassen. Verschiedne Umstände lassen mich dringend wünschen, daß dies in möglichster Kürze der Fall sei.

Hochachtungsvoll verbleibe ich
Ihr
ergebenster Diener G. Büchner.

30. An Gutzkow

[Darmstadt, den 21. Februar 1835.]

Mein Herr!

Vielleicht hat es Ihnen die Beobachtung, vielleicht, im unglücklicheren Fall, die eigne Erfahrung schon gesagt, daß es einen Grad von Elend gibt, welcher jede Rücksicht vergessen und jedes Gefühl verstummen macht. Es gibt zwar Leute, welche behaupten, man solle sich in einem solchen Falle lieber zur Welt hinaushungern, aber ich könnte die Widerlegung in einem seit Kurzem erblindeten Hauptmann von der Gasse aufgreifen, welcher erklärt, er würde sich totschießen, wenn er nicht gezwungen sei, seiner Familie durch sein Leben seine Besoldung zu erhalten. Das ist entsetzlich. Sie werden wohl einsehen, daß es ähnliche Verhältnisse geben kann, die Einen verhindern, seinen Leib zum Notanker zu machen, um ihn von dem Wrack dieser Welt in das Wasser zu werfen, und werden sich also nicht wundern, wie ich Ihre Türe aufreiße, in Ihr Zimmer trete, Ihnen ein Manuskript auf die Brust setze und ein Almosen abfordere. Ich bitte Sie nämlich, das Manuskript so schnell wie möglich zu durchlesen, es, im Fall Ihnen Ihr *Gewissen als Kritiker dies erlauben sollte,* dem Herrn Sauerländer zu empfehlen und sogleich zu antworten.

Über das Werk selbst kann ich Ihnen nichts weiter sagen, als daß unglückliche Verhältnisse mich zwangen, es in höchstens fünf Wochen zu schreiben. Ich sage dies, um Ihr Urteil über den Verfasser, nicht über das Drama an und für sich, zu motivieren. Was ich daraus machen soll, weiß ich selbst nicht, nur das weiß ich, daß ich alle Ursache habe, der Geschichte gegenüber rot zu werden; doch tröste ich mich mit dem Gedanken, daß, Shakespeare ausgenommen, alle Dichter vor ihr und der Natur wie Schulknaben dastehen.

Ich wiederhole meine Bitte um schnelle Antwort; im Falle eines günstigen Erfolgs können einige Zeilen von Ihrer Hand, wenn sie noch vor nächstem Mittwoch hier eintreffen, einen Unglücklichen vor einer sehr traurigen Lage bewahren.

Sollte Sie vielleicht der Ton dieses Briefes befremden, so bedenken Sie, daß es mir leichter fällt, in Lumpen zu betteln, als im Frack eine Supplik zu überreichen und fast leichter, die Pistole in der Hand: la bourse ou la vie! zu sagen, als mit bebenden Lippen ein: Gott lohn' es! zu flüstern. G. Büchner.

STRASSBURG 1835–1836

31. An die Familie

Weißenburg, den 9. März 1835.

Eben lange ich wohlbehalten hier an. Die Reise ging schnell und bequem vor sich. Ihr könnt, was meine persönliche Sicherheit anlangt, völlig ruhig sein. Sicheren Nachrichten gemäß bezweifle ich auch nicht, daß mir der Aufenthalt in Straßburg gestattet werden wird. [...] Nur die dringendsten Gründe konnten mich zwingen, Vaterland und Vaterhaus in der Art zu verlassen... Ich konnte mich unserer politischen Inquisition stellen; von dem Resultat einer Untersuchung hatte ich nichts zu befürchten, aber Alles von der Untersuchung selbst. [...] Ich bin überzeugt, daß nach einem Verlaufe von zwei bis drei Jahren meiner Rückkehr nichts mehr im Wege stehen wird. Diese Zeit hätte ich im Falle des Bleibens in einem Kerker zu Friedberg versessen; körperlich und geistig zerrüttet wäre ich dann entlassen worden. Dies stand mir so deutlich vor Augen, dessen war ich so gewiß, daß ich das große Übel einer freiwilligen Verbannung wählte. Jetzt habe ich Hände und Kopf frei. [...] Es liegt jetzt Alles in meiner Hand. Ich werde das Studium der medizinisch-philosophischen Wissenschaften mit der größten Anstrengung betreiben, und auf *dem* Felde ist noch Raum genug, um etwas Tüchtiges zu leisten und unsere Zeit ist grade dazu gemacht, dergleichen anzuerkennen. Seit ich über der Grenze bin, habe ich frischen Lebensmut, ich stehe jetzt ganz allein, aber gerade das steigert meine Kräfte. Der beständigen geheimen Angst vor Verhaftung und sonstigen Verfolgungen, die mich in Darmstadt beständig peinigte, enthoben zu sein, ist eine große Wohltat. [...]

32. An Gutzkow

Straßburg, [März 1835.]

Verehrtester!

Vielleicht haben Sie durch einen Steckbrief im Frankfurter Journal meine Abreise von Darmstadt erfahren. Seit einigen Tagen bin ich hier; ob ich hier bleiben werde, weiß ich nicht, das hängt von verschiedenen Umständen ab. Mein Manuskript wird unter der Hand seinen Kurs durchgemacht haben.

Meine Zukunft ist so problematisch, daß sie mich selbst zu interessieren anfängt, was viel heißen will. Zu dem subtilen Selbstmord durch *Arbeit* kann ich mich nicht leicht entschließen; ich hoffe, meine Faulheit wenigstens ein Vierteljahr lang fristen zu können, und nehme dann Handgeld entweder von den Jesuiten für den Dienst der Maria oder von den St. Simonisten für die femme libre oder sterbe mit meiner Geliebten. Wir werden sehen. Vielleicht bin ich auch dabei, wenn noch einmal das Münster eine Jakobiner-Mütze aufsetzen sollte. Was sagen Sie dazu? Es ist nur mein Spaß. Aber Sie sollen noch erleben, zu was ein Deutscher nicht fähig ist, wenn er Hunger hat. Ich wollte, es ginge der ganzen Nation wie mir. Wenn es einmal ein Mißjahr gibt, worin nur der Hanf gerät! Das sollte lustig gehen, wir wollten schon eine Boa Constriktor zusammen flechten. Mein Danton ist vorläufig ein seidenes Schnürchen und meine Muse ein verkleideter Samson.

33. An die Familie

Straßburg, den 27. März 1835.

[...] Ich fürchte sehr, daß das Resultat der Untersuchung den Schritt, welchen ich getan, hinlänglich rechtfertigen wird; es sind wieder Verhaftungen erfolgt, und man erwartet nächstens deren noch mehr. Minnigerode ist in flagranti crimine ertappt worden; man betrachtet ihn als den Weg, der zur Entdeckung aller bisherigen revolutionären Umtriebe führen soll, man sucht ihm um jeden Preis sein Geheimnis zu entreißen; wie sollte seine schwache Konstitution der langsamen Folter, auf die man ihn spannt, widerstehen können? [...] Ist in den deutschen Zeitungen die Hinrichtung des Lieutenant Kosseritz auf dem Hohenasperg in Württemberg bekannt gemacht worden? Er war *Mitwisser* um das Frankfurter Komplott, und wurde vor einiger Zeit erschossen. Der Buchhändler *Frankh* aus Stuttgart ist mit noch mehreren Anderen aus der nämlichen Ursache zum Tode verurteilt worden, und man glaubt, daß das Urteil vollstreckt wird. [...]

34. An die Familie

Straßburg, den 20. April 1835.

[...] Heute Morgen erhielt ich eine traurige Nachricht; ein Flüchtling aus der Gegend von Gießen ist hier angekommen; er erzählte mir, in der Gegend von Marburg seien mehrere Personen verhaftet und bei einem von ihnen eine Presse gefunden worden, außerdem sind meine Freunde *A. Becker* und *Klemm* eingezogen worden, und Rektor *Weidig* von Butzbach wird verfolgt. Ich begreife unter solchen Umständen die Freilassung von P [...] nicht. Jetzt erst bin ich froh, daß ich weg bin, man würde mich auf keinen Fall verschont haben. [...] Ich sehe meiner Zukunft sehr ruhig entgegen. Jedenfalls könnte ich von meinen schriftstellerischen Arbeiten leben. [...] Man hat mich auch aufgefordert, Kritiken über die neu erscheinenden französischen Werke in das Literaturblatt zu schicken, sie werden gut bezahlt. Ich würde mir noch weit mehr verdienen können, wenn ich mehr Zeit darauf verwenden wollte, aber ich bin entschlossen, meinen *Studienplan nicht aufzugeben.* [...]

35. An die Familie

Straßburg, den 5. Mai 1835.

Schulz und seine Frau gefallen mir sehr gut, ich habe schon seit längerer Zeit Bekanntschaft mit ihnen gemacht und besuche sie öfters. Schulz namentlich ist nichts weniger, als die unruhige Kanzleibürste, die ich mir unter ihm vorstellte; er ist ein ziemlich ruhiger und sehr anspruchsloser Mann. Er beabsichtigt in aller Nähe mit seiner Frau nach Nancy und in Zeit von einem Jahr ungefähr nach Zürich zu gehen, um dort zu dozieren. [...] Die Verhältnisse der politischen Flüchtlinge sind in der Schweiz keineswegs so schlecht, als man sich einbildet; die strengen Maßregeln erstrecken sich nur auf diejenigen, welche durch ihre fortgesetzten Tollheiten die Schweiz in die unangenehmsten Verhältnisse mit dem Auslande gebracht und schon beinahe in einen Krieg mit demselben verwickelt haben. [...] Böckel und Baum sind fortwährend meine intimsten Freunde; Letzterer will seine Abhandlung über die Methodisten, wofür er einen Preis von 3000 Francs erhalten hat und öffentlich gekrönt worden ist, drucken lassen. Ich habe mich in seinem Namen an *Gutzkow* gewendet, mit dem ich fortwährend in Korrespondenz stehe. Er ist im Augenblick in Berlin, muß aber bald wieder zurückkommen. Er scheint viel auf mich zu halten, ich bin froh darüber, sein Literaturblatt steht in großem Ansehn. [...] Im Juni wird er hierherkommen, wie er mir schreibt. Daß Mehreres aus meinem Drama im Phönix erschienen ist, hatte ich durch ihn erfahren, er versicherte mich auch, daß das Blatt viel Ehre damit eingelegt habe. Das Ganze muß bald erscheinen. Im Fall es euch zu Gesicht kommt, bitte ich euch, bei eurer Beurteilung vorerst zu bedenken, daß ich der Geschichte treu bleiben und die Männer der

Revolution geben mußte, wie sie waren, blutig, liederlich, energisch und zynisch. Ich betrachte mein Drama wie ein geschichtliches Gemälde, das seinem Original gleichen muß. [...] Gutzkow hat mich um Kritiken, wie um eine besondere Gefälligkeit gebeten; ich konnte es nicht abschlagen, ich gebe mich ja doch in meinen freien Stunden mit Lektüre ab, und wenn ich dann manchmal die Feder in die Hand nehme und schreibe über das Gelesene etwas nieder, so ist dies keine so große Mühe und nimmt wenig Zeit weg. [...] Der Geburtstag des Königs ging sehr still vorüber, Niemand fragt nach dergleichen, selbst die Republikaner sind ruhig; sie wollen keine Emeuten mehr, aber ihre Grundsätze finden von Tag zu Tag, namentlich bei der jungen Generation mehr Anhang, und so wird wohl die Regierung nach und nach, ohne gewaltsame Umwälzung von selbst zusammenfallen. [...] *Sartorius* ist verhaftet, sowie auch *Becker*. Heute habe ich auch die Verhaftung des Herrn *Weidig* und des Pfarrers *Flick* zu Petterweil erfahren. [...]

36. An die Familie

Straßburg, Mittwoch nach Pfingsten 1835.

[...] Was ihr mir von dem in Darmstadt verbreiteten Gerüchte hinsichtlich einer in Straßburg bestehenden Verbindung sagt, beunruhigt mich sehr. Es sind höchstens acht bis neun deutsche Flüchtlinge hier, ich komme fast in keine Berührung mit ihnen, und an eine politische Verbindung ist nicht zu denken. Sie sehen so gut wie ich ein, daß unter den jetzigen Umständen dergleichen im Ganzen unnütz und dem, der daran Teil nimmt, höchst verderblich ist. Sie haben nur einen Zweck, nämlich durch Arbeiten, Fleiß und gute Sitten das sehr gesunkene Ansehn der deutschen Flüchtlinge wieder zu heben, und ich finde das sehr lobenswert. Straßburg schien übrigens unserer Regierung höchst verdächtig und sehr gefährlich, es wundern mich daher die umgehenden Gerüchte nicht im Geringsten, nur macht es mich besorgt, daß unsere Regierung die Ausweisung der Schuldigen verlangen will. Wir stehen hier unter keinem gesetzlichen Schutz, halten uns eigentlich gegen das Gesetz hier auf, sind nur *geduldet* und somit ganz der Willkür des Präfekten überlassen. Sollte ein derartiges Verlangen von unserer Regierung gestellt werden, so würde man nicht fragen: existiert eine solche Verbindung oder nicht? sondern man würde ausweisen, was da ist. Ich kann zwar auf Protektion genug zählen, um mich hier halten zu können, aber das geht nur so lange, als die hessische Regierung nicht *besonders* meine Ausweisung verlangt, denn in diesem Falle spricht das Gesetz *zu* deutlich, als daß die Behörde ihm nicht nachkommen müßte. Doch hoffe ich, das Alles ist übertrieben. Uns berührt auch folgende Tatsache: *Dr. Schulz hat nämlich vor einigen Tagen den Befehl erhalten,* Straßburg zu verlassen; er hatte hier ganz zurückgezogen gelebt, sich ganz ruhig verhalten und *dennoch!* Ich hoffe, daß unsere Regierung mich für zu unbedeutend hielt, um auch gegen mich ähnliche Maßregeln zu ergreifen und daß ich somit ungestört bleiben werde. Sagt, ich sei in die Schweiz gegangen. – *Heumann* sprach ich gestern. – Auch sind in der letzten Zeit wieder fünf Flüchtlinge aus Darmstadt und Gießen hier eingetroffen und bereits in die Schweiz weiter gereist. *Rosenstiel, Wiener* und *Stamm* sind unter ihnen. [...]

37. An Wilhelm Büchner

[Straßburg, 1835]

[...] Ich würde Dir das nicht sagen, wenn ich im Entferntesten jetzt an die Möglichkeit einer politischen Umwälzung glauben könnte. Ich habe mich seit einem halben Jahre vollkommen überzeugt, daß Nichts zu tun ist, und daß Jeder, der *im Augenblicke* sich aufopfert, seine Haut wie ein Narr zu Markte trägt. Ich kann Dir nichts Näheres sagen, aber ich kenne die Verhältnisse, ich weiß, wie schwach, wie unbedeutend, wie zerstückelt die liberale Partei ist, ich weiß, daß ein zweckmäßiges, übereinstimmendes Handeln unmöglich ist, und daß jeder Versuch auch nicht zum geringsten Resultate führt. [...]

38. An unbekannten Empfänger

[Straßburg, 1835]

[...] Eine genaue Bekanntschaft mit dem Treiben der deutschen Revolutionärs im Auslande hat mich überzeugt, daß auch von dieser Seite nicht das Geringste zu hoffen ist. Es herrscht unter ihnen eine babylonische Verwirrung, die nie gelöst werden wird. Hoffen wir auf die Zeit! [...]

39. An Gutzkow

[Straßburg]

[...] Die ganze Revolution hat sich schon in Liberale und Absolutisten geteilt und muß von der ungebildeten und armen Klasse aufgefressen werden; das Verhältnis zwischen Armen und Reichen ist das einzige revolutionäre Element in der Welt, der Hunger allein kann die Freiheitsgöttin und nur ein Moses, der uns die sieben ägyptischen Plagen auf den Hals schickte, könnte ein Messias werden. Mästen Sie die Bauern, und die Revolution bekommt die Apoplexie. Ein *Huhn* im Topf jedes Bauern macht den gallischen *Hahn* verenden. [...]

40. An die Familie

Straßburg, im Juli 1835.

[...] Ich habe hier noch mündlich viel Unangenehmes aus Darmstadt erfahren. *Koch, Walloth, Geilfuß* und einer meiner Gießener Freunde, mit Namen *Becker*, sind vor Kurzem hier angekommen, auch ist der junge *Stamm* hier. Es sind sonst noch Mehrere angekommen, sie gehen aber sämtlich weiter in die Schweiz oder in das Innere von Frankreich. Ich habe von Glück zu sagen und fühle mich manchmal recht frei und leicht, wenn ich den weiten, freien Raum um mich überblicke und mich dann in das Darmstädter Arresthaus zurückversetze. Die Unglücklichen! Minnigerode sitzt jetzt fast ein Jahr, er soll körperlich fast aufgerieben sein, aber zeigt er nicht eine heroische Standhaftigkeit? Es heißt, er sei schon mehrmals geschlagen worden, ich kann und mag es nicht glauben. *A. Becker* wird wohl von Gott und der Welt verlassen sein; seine Mutter starb, während er in Gießen im Gefängnis saß, *vierzehn Tage* darnach eröffnete man es ihm!!! Kl[emm] ist ein Verräter, das ist gewiß, aber es ist mir doch immer, als ob ich träumte, wenn ich daran denke. Wißt Ihr denn, daß seine Schwester und seine Schwägerin ebenfalls verhaftet und nach Darmstadt gebracht worden sind, und zwar höchst wahrscheinlich auf seine eigne Aussage hin? Übrigens gräbt er sich sein eignes Grab; seinen Zweck, die Heirat mit Fräulein v. [Grolmann] in Gießen, wird er doch nicht erreichen, und die öffentliche Verachtung, die ihn unfehlbar trifft, wird ihn töten. Ich fürchte nur sehr, daß die bisherigen Verhaftungen nur das Vorspiel sind; es wird noch bunt hergehen. Die Regierung weiß sich nicht zu mäßigen; die Vorteile, welche ihr die Zeitumstände in die Hand geben, wird sie auf's Äußerste mißbrauchen, und das ist sehr unklug und für uns sehr vorteilhaft. Auch der junge *v. Biegeleben, Weidenbusch, Floret* sind in eine Untersuchung verwickelt; das wird noch ins Unendliche gehen. Drei Pfarrer, *Flick, Weidig* und *Thudichum* sind unter den Verhafteten. Ich fürchte nur sehr, daß unsere Regierung uns hier nicht in Ruhe läßt, doch bin ich der Verwendung der Professoren Lauth, Duvernoy und des Doktor Boeckels gewiß, die sämtlich mit dem Präfekten gut stehen. – Mit meiner Übersetzung bin ich längst fertig; wie es mit meinem Drama geht, weiß ich nicht; es mögen wohl fünf bis sechs Wochen sein, daß mir Gutzkow schrieb, es werde daran gedruckt, seit der Zeit habe ich nichts mehr darüber gehört. Ich denke es muß erschienen sein, und man schickt es mir erst, wenn die Rezensionen erschienen sind, zugleich mit diesen zu. Anders weiß ich mir die Verzögerung nicht zu erklären. Nur fürchte ich zuweilen für *Gutzkow;* er ist ein Preuße und hat sich neuerdings durch eine Vorrede zu einem in Berlin erschienenen Werke das Mißfallen seiner Regierung zugezogen. Die Preußen machen kurzen Prozeß; er sitzt vielleicht jetzt auf einer preußischen Festung; doch wir wollen das Beste hoffen. [...]

41. An die Familie

Straßburg, 16. Juli 1835.

[...] Ich lebe hier ganz unangefochten; es ist zwar vor einiger Zeit ein Reskript von Gießen gekommen, die Polizei scheint aber keine Notiz davon genommen zu haben. [...] Es liegt schwer auf mir, wenn ich mir Darmstadt vorstelle; ich sehe unser Haus und den Garten und dann unwillkürlich das abscheuliche Arresthaus. Die Unglücklichen! Wie wird das enden? Wohl wie in Frankfurt, wo Einer nach dem Andern stirbt und in der Stille begraben wird. Ein Todesurteil, ein Schafott, was ist das? Man stirbt für seine Sache. Aber so im Gefängnis auf eine langsame Weise aufgerieben zu werden! Das ist entsetzlich! Könntet Ihr mir nicht sagen, wer in Darmstadt sitzt? Ich habe hier Vieles untereinander gehört, werde aber nicht klug daraus. *Kl[emm]* scheint eine schändliche Rolle zu spielen. Ich hatte den Jungen sehr gern, er war grenzenlos leidenschaftlich, aber offen, lebhaft, mutig und aufgeweckt. Hört man nichts von Minnigerode? Sollte er wirklich Schläge erhalten? Es ist mir undenkbar. Seine heroische Standhaftigkeit sollte auch den verstocktesten Aristokraten Ehrfurcht einflößen. [...]

42. An die Familie

Straßburg, 28. Juli 1835.

[...] Über mein Drama muß ich einige Worte sagen: erst muß ich bemerken, daß die Erlaubnis, einige Änderungen machen zu dürfen, allzusehr benutzt worden ist. Fast auf jeder Seite weggelassen, zugesetzt, und fast immer auf die dem Ganzen nachteiligste Weise. Manchmal ist der Sinn ganz entstellt oder ganz und gar weg, und fast platter Unsinn steht an der Stelle. Außerdem wimmelt das Buch von den abscheulichsten Druckfehlern. Man hatte mir keinen *Korrekturbogen* zugeschickt. Der Titel ist abgeschmackt, und mein Name steht darauf, was ich ausdrücklich verboten hatte; er steht außerdem nicht auf dem Titel meines Manuskripts. Außerdem hat mir der Korrektor einige Gemeinheiten in den Mund gelegt, die ich in meinem Leben nicht gesagt haben würde. Gutzkows glänzende Kritiken habe ich gelesen und zu meiner Freude dabei bemerkt, daß ich keine Anlagen zur Eitelkeit habe. Was übrigens die sogenannte Unsittlichkeit meines Buchs angeht, so habe ich Folgendes zu antworten: der dramatische Dichter ist in meinen Augen nichts, als ein Geschichtsschreiber, steht aber *über* Letzterem dadurch, daß er uns die Geschichte zum zweiten Mal erschafft und uns gleich unmittelbar, statt eine trockne Erzählung zu geben, in das Leben einer Zeit hinein versetzt, uns statt Charakteristiken Charaktere, und statt Beschreibungen Gestalten gibt. Seine höchste Aufgabe ist, der Geschichte, wie sie sich wirklich begeben, so nahe als möglich zu kommen. Sein Buch darf weder *sittlicher* noch *unsittlicher* sein, als die *Geschichte selbst*; aber die Geschichte ist vom lieben Herrgott nicht zu einer Lektüre für junge Frauenzimmer geschaffen worden, und da ist es mir auch nicht übel zu nehmen, wenn mein Drama ebensowenig dazu geeignet ist. Ich kann doch aus einem Danton und den Banditen der Revolution nicht Tugendhelden machen! Wenn ich ihre Liederlichkeit schildern wollte, so mußte ich sie eben liederlich sein, wenn ich ihre Gottlosigkeit zeigen wollte, so mußte ich sie eben wie Atheisten sprechen lassen. Wenn einige unanständige Ausdrücke vorkommen, so denke man an die weltbekannte, obszöne Sprache der damaligen Zeit, wovon das, was ich meine Leute sagen lasse, nur ein schwacher Abriß ist. Man könnte mir nur noch vorwerfen, daß ich einen solchen Stoff gewählt hätte. Aber der Einwurf ist längst widerlegt. Wollte man ihn gelten lassen, so müßten die größten Meisterwerke der Poesie verworfen werden. Der Dichter ist kein Lehrer der Moral, er erfindet und schafft Gestalten, er macht vergangene Zeiten wieder aufleben, und die Leute mögen dann daraus lernen, so gut, wie aus dem Studium der Geschichte und der Beobachtung dessen, was im menschlichen Leben um sie herum vorgeht. Wenn man *so* wollte, dürfte man keine Geschichte studieren, weil sehr viele unmoralische Dinge darin erzählt werden, müßte mit verbundenen Augen über die Gasse gehen, weil man sonst Unanständigkeiten sehen könnte, und müßte über einen Gott Zeter schreien, der eine Welt erschaffen, worauf so viele Liederlichkeiten vorfallen. Wenn man mir übrigens noch sagen wollte, der Dichter müsse die Welt nicht zeigen wie sie ist, sondern wie sie sein solle, so antworte ich, daß ich es nicht besser machen will, als der liebe Gott, der die Welt gewiß gemacht hat, wie sie sein soll. Was noch die sogenannten Idealdichter anbetrifft, so finde ich, daß sie fast nichts als Marionetten mit himmelblauen Nasen und affektiertem Pathos, aber nicht Menschen von

Fleisch und Blut gegeben haben, deren Leid und Freude mich mitempfinden macht, und deren Tun und Handeln mir Abscheu oder Bewunderung einflößt. Mit einem Wort, ich halte viel auf Goethe oder Shakspeare, aber sehr wenig auf Schiller. Daß übrigens noch die ungünstigsten Kritiken erscheinen werden, versteht sich von selbst; denn die Regierungen müssen doch durch ihre bezahlten Schreiber beweisen lassen, daß ihre Gegner Dummköpfe oder unsittliche Menschen sind. Ich halte übrigens mein Werk keineswegs für vollkommen, und werde jede wahrhaft ästhetische Kritik mit Dank annehmen. –

Habt ihr von dem gewaltigen Blitzstrahl gehört, der vor einigen Tagen das Münster getroffen hat? Nie habe ich einen solchen Feuerglanz gesehen und einen solchen Schlag gehört, ich war einige Augenblicke wie betäubt. Der Schade ist der größte seit Wächtersgedenken. Die Steine wurden mit ungeheurer Gewalt zerschmettert und weit weg geschleudert; auf hundert Schritt im Umkreis wurden die Dächer der benachbarten Häuser von den herabfallenden Steinen durchgeschlagen. –

Es sind wieder drei Flüchtlinge hier eingetroffen, *Nievergelder* ist darunter; es sind in Gießen neuerdings zwei Studenten verhaftet worden. Ich bin äußerst vorsichtig. Wir wissen hier von Niemand, der auf der Grenze verhaftet worden sei. Die Geschichte muß ein Märchen sein. [...]

43. An die Familie

Straßburg, Anfangs August 1835.

[...] Vor Allem muß ich Euch sagen, daß man mir auf besondere Verwendung eine Sicherheitskarte versprochen hat, im Fall ich einen *Geburts*-(nicht Heimats-)*Schein* vorweisen könnte. Es ist dies nur als eine vom Gesetze vorgeschriebene Förmlichkeit zu betrachten; ich muß ein Papier vorweisen können, so unbedeutend es auch sei. [...] Doch lebe ich ganz unangefochten, es ist nur eine prophylaktische Maßregel, die ich für die Zukunft nehme. Sprengt übrigens immerhin aus, ich sei nach Zürich gegangen; da ihr seit längerer Zeit keine Briefe von mir durch die Post erhalten habt, so kann die Polizei unmöglich mit Bestimmtheit wissen, wo ich mich aufhalte, zumal da ich meinen Freunden geschrieben, ich sei nach Zürich gegangen. Es sind wieder einige Flüchtlinge hier angekommen, ein Sohn des Professor *Vogt* ist darunter, sie bringen die Nachricht von neuen Verhaftungen dreier Familienväter! Der eine in Rödelheim, der andere in Frankfurt, der dritte in Offenbach. Auch ist eine Schwester des unglücklichen *Neuhof*, ein schönes und liebenswürdiges Mädchen, wie man sagt, verhaftet worden. Daß ein Frauenzimmer aus Gießen in das Darmstädter Arresthaus gebracht wurde, ist gewiß; man behauptet, sie sei die [...]. Die Regierung muß die Sachen sehr geheim halten, denn ihr scheint in Darmstadt sehr schlecht unterrichtet zu sein. Wir erfahren Alles durch die Flüchtlinge, welche es am besten wissen, da sie meistens zuvor in die Untersuchung verwickelt waren. Daß Minnigerode in Friedberg eine Zeit lang Ketten an den Händen hatte, weiß ich gewiß; ich weiß es von Einem, der mit ihm saß. Er soll tödlich krank sein; wolle der Himmel, daß seine Leiden ein Ende hätten! Daß die Gefangenen die Gefangenkost bekommen und weder Licht noch Bücher erhalten, ist ausgemacht. Ich danke dem Himmel, daß ich voraussah, was kommen würde, ich wäre in so einem Loch verrückt geworden. [...] In der Politik fängt es hier wieder an, lebendig zu werden. Die Höllenmaschine in Paris und die der Kammer vorgelegten Gesetz-Entwürfe über die Presse machen viel Aufsehn. Die Regierung zeigt sich sehr unmoralisch; denn, obgleich es gerichtlich erwiesen ist, daß der Täter ein verschmitzter Schurke ist, der schon allen Parteien gedient hat und wahrscheinlich durch Geld zu der Tat getrieben wurde, so sucht sie doch das Verbrechen den Republikanern und Karlisten auf den Hals zu laden und durch den momentanten Eindruck die unleidlichsten Beschränkungen der Presse zu erlangen. Man glaubt, daß das Gesetz in der Kammer durchgehen und vielleicht noch geschärft werden wird. Die Regierung ist sehr unklug; in sechs Wochen hat man die Höllenmaschine vergessen, und dann befindet sie sich mit ihrem Gesetz einem Volke gegenüber, das seit mehreren Jahren gewohnt ist, Alles, was ihm durch den Kopf kommt, öffentlich zu sagen. Die feinsten Politiker reimen die Höllenmaschine mit der Revue in Kalisch zusammen. Ich kann ihnen nicht ganz Unrecht geben; die Höllenmaschine unter Bonaparte! der Rastadter Gesandtenmord!! [...]

Wenn man sieht, wie die absoluten Mächte Alles wieder in die alte Unordnung zu bringen suchen, Polen, Italien, Deutschland wieder unter den Füßen! es fehlt nur noch Frankreich, es hängt ihnen immer, wie ein Schwert, über dem Kopf. So zum Zeitvertreib wirft man doch die Millionen in Kalisch nicht zum Fenster hinaus. Man hätte die auf den Tod des Königs folgende Verwirrung benutzt und hätte gerade nicht sehr viele Schritte gebraucht, um an den Rhein zu kommen. Ich kann mir das Attentat auf keine andere Weise erklären. Die Republikaner haben erstens kein Geld und sind zweitens in einer so elenden Lage, daß sie nichts hätten versuchen können, selbst wenn der König gefallen wäre. Höchstens könnten einige Legitimisten hinein verwickelt sein. Ich glaube nicht, daß die Justiz die Sache aufklären wird. [...]

44. *An die Familie*

Straßburg, den 17. August 1835.

Von Umtrieben weiß ich nichts. Ich und meine Freunde sind sämtlich der Meinung, daß man für jetzt Alles der Zeit überlassen muß; übrigens kann der Mißbrauch, welchen die Fürsten mit ihrer wieder erlangten Gewalt treiben, nur zu unserem Vorteil gereichen. Ihr müßt Euch durch die verschiedenen Gerüchte nicht irre machen lassen; so soll sogar ein Mensch Euch besucht haben, der sich für Einen meiner Freunde ausgab. Ich erinnere mich gar nicht, den Menschen je gesehen zu haben; wie mir die Anderen jedoch erzählten, ist er ein ausgemachter Schurke, der wahrscheinlich auch das Gerücht von einer hier bestehenden Verbindung ausgesprengt hat. Die Gegenwart des Prinzen *Emil,* der eben hier ist, könnte vielleicht nachteilige Folgen für uns haben, im Fall er von dem Präfekten unsere Ausweisung begehrte; doch halten wir uns für zu unbedeutend, als daß seine Hoheit sich mit uns beschäftigen sollte. Übrigens sind fast sämtliche Flüchtlinge in die Schweiz und in das Innere abgereist, und in wenigen Tagen gehen noch Mehrere, so daß höchstens fünf bis sechs hier bleiben werden. [...]

45. *An Gutzkow*

[Straßburg, September 1835.]

[...] Was Sie mir über die Zusendung aus der Schweiz sagen, macht mich lachen. Ich sehe schon, wo es herkommt. Ein Mensch, der mir einmal, es ist schon lange her, sehr lieb war, mir später zur unerträglichen Last geworden ist, den ich schon seit Jahren schleppe und der sich, ich weiß nicht aus welcher verdammten Notwendigkeit, ohne Zuneigung, ohne Liebe, ohne Zutrauen an mich anklammert und quält und den ich wie ein notwendiges Übel getragen habe! Es war mir wie einem Lahmen oder Krüppel zu Mut und ich hatte mich so ziemlich in mein Leiden gefunden. Aber jetzt bin ich froh, es ist mir, als wäre ich von einer Todsünde absolviert. Ich kann ihn endlich mit guter Manier vor die Türe werfen. Ich war bisher unvernünftig gutmütig, es wäre mir leichter gefallen ihn tot zu schlagen, als zu sagen: Pack dich! Aber jetzt bin ich ihn los! Gott sei Dank! Nichts kommt Einem doch in der Welt teurer zu stehen, als die Humanität. [...]

46. An die Familie

Straßburg, den 20. September 1835.

[...] Mir hat sich eine Quelle geöffnet; es handelt sich um ein großes Literaturblatt, *deutsche Revue* betitelt, das mit Anfang des neuen Jahres in Wochenheften erscheinen soll. *Gutzkow* und *Wienbarg* werden das Unternehmen leiten; man hat mich zu monatlichen Beiträgen aufgefordert. Ob das gleich eine Gelegenheit gewesen wäre, mir vielleicht ein regelmäßiges Einkommen zu sichern, so habe ich doch meiner Studien halber die Verpflichtung zu regelmäßigen Beiträgen abgelehnt. Vielleicht, daß Ende des Jahres noch etwas von mir erscheint. – *Kl[emm]* also frei? Er ist mehr ein Unglücklicher, als ein Verbrecher, ich bemitleide ihn eher, als ich ihn verachte; man muß doch gar pfiffig die tolle Leidenschaft des armen Teufels benützt haben. Er hatte sonst Ehrgefühl, ich glaube nicht, daß er seine Schande wird ertragen können. Seine *Familie verleugnet* ihn, seinen älteren Bruder ausgenommen, der eine Hauptrolle in der Sache gespielt zu haben scheint. Es sind viel Leute dadurch unglücklich geworden. Mit Minnigerode soll es besser gehen. Hat denn *Gladbach* noch kein Urteil? Das heiße ich einen doch lebendig begraben. Mich schaudert, wenn ich denke, was vielleicht mein Schicksal gewesen wäre! [...]

47. An die Familie

Straßburg im Oktober 1835.

[...] Ich habe mir hier allerhand interessante Notizen über einen Freund Goethes, einen unglücklichen Poeten Namens *Lenz* verschafft, der sich gleichzeitig mit Goethe hier aufhielt und halb verrückt wurde. Ich denke darüber einen Aufsatz in der deutschen Revue erscheinen zu lassen. Auch sehe ich mich eben nach Stoff zu einer Abhandlung über einen philosophischen oder naturhistorischen Gegenstand um. Jetzt noch eine Zeit lang anhaltendes Studium, und der Weg ist gebrochen. Es gibt hier Leute, die mir eine glänzende Zukunft prophezeien. Ich habe nichts dawider. [...]

48. An die Familie

Straßburg, den 2. November 1835.

[...] Ich weiß bestimmt, daß man mir in Darmstadt die abenteuerlichsten Dinge nachsagt; man hat mich bereits dreimal an der Grenze verhaften lassen. Ich finde es natürlich; die außerordentliche Anzahl von Verhaftungen und Steckbriefen muß Aufsehen machen, und da das Publikum jedenfalls nicht weiß, um was es sich eigentlich handelt, so macht es wunderliche Hypothesen. [...]

Aus der Schweiz habe ich die besten Nachrichten. *Es wäre möglich,* daß ich noch vor Neujahr von der Züricher Fakultät den Doktorhut erhielte, in welchem Fall ich alsdann nächste Ostern anfangen würde, dort zu dozieren. In einem Alter von zwei und zwanzig Jahren wäre das Alles, was man fordern kann. [...]

Neulich hat mein Name in der Allgemeinen Zeitung paradiert. Es handelte sich um eine große literärische Zeitschrift, *deutsche Revue,* für die ich Artikel zu liefern versprochen habe. Dies Blatt ist schon vor seinem Erscheinen angegriffen worden, worauf es denn hieß, daß man nur die Herren *Heine, Börne, Mundt, Schulz, Büchner* u.s.w. zu nennen brauche, um einen Begriff von dem Erfolge zu haben, den diese Zeitschrift haben würde. – Über die Art, wie Minnigerode mißhandelt wird, ist im ›Temps‹ ein Artikel erschienen. Er scheint mir von Darmstadt aus geschrieben; man muß wahrhaftig weit gehen, um einmal klagen zu dürfen. Meine unglücklichen Freunde! [...]

49. *An Gutzkow*

[Straßburg 1835.]

[...] Sie erhalten hierbei ein Bändchen Gedichte von meinen Freunden Stöber. Die Sagen sind schön, aber ich bin kein Verehrer der Manier à la Schwab und Uhland und der Partei, die immer rückwärts ins Mittelalter greift, weil sie in der Gegenwart keinen Platz ausfüllen kann. Doch ist mir das Büchlein lieb; sollten Sie nichts Günstiges darüber zu sagen wissen, so bitte ich Sie, lieber zu schweigen. Ich habe mich ganz hier in das Land hineingelebt; die Vogesen sind ein Gebirg, das ich liebe, wie eine Mutter, ich kenne jede Bergspitze und jedes Tal und die alten Sagen sind so originell und heimlich und die beiden Stöber sind alte Freunde, mit denen ich zum Erstenmal das Gebirg durchstrich. Adolph hat unstreitig Talent, auch wird Ihnen sein Name durch den Musenalmanach bekannt sein. August steht ihm nach, doch ist er gewandt in der Sprache.

Die Sache ist nicht ohne Bedeutung für das Elsaß, sie ist einer von den seltnen Versuchen, die noch manche Elsässer machen, um die deutsche Nationalität Frankreich gegenüber zu wahren und wenigstens das geistige Band zwischen ihnen und dem Vaterland nicht reißen zu lassen. Es wäre traurig, wenn das Münster einmal ganz auf fremdem Boden stände. Die Absicht, welche zum Teil das Büchlein erstehen ließ, würde sehr gefördert werden, wenn das Unternehmen in Deutschland Anerkennung fände und von der Seite empfehle ich es Ihnen besonders.

Ich werde ganz dumm in dem Studium der Philosophie; ich lerne die Armseligkeit des menschlichen Geistes wieder von einer neuen Seite kennen. Meinetwegen! Wenn man sich nur einbilden könnte, die Löcher in unsern Hosen seien Palastfenster, so könnte man schon wie ein König leben; so aber friert man erbärmlich. [...]

50. *An Ludwig Büchner*

[Straßburg, Ende Dezember 1835]

Prost Neujahr Hammelmaus!

Ich höre, daß du ein braver Junge bist, die Eltern haben ihre Freude an dir. Mache, daß es immer so sei! Es ist mir ein schönes Weihnachtsgeschenk, dies von dir zu hören. Du zeichnest nett, fahre so fort, Louis Jaeglé hatte große Freude daran und am Büchsenlecker und da läßt er dir durch mich ein Buch mit Zeichnungen schicken. Da hast du etwas um dich zu üben. – Ist Lottchen Cellarius mit dir zufrieden und ist es mit dem Stück am Weihnachtabend gut gegangen? Wenn du in die Klavierstunde gehst, so sage der Fräulein Lottchen einen schönen Gruß von mir, aber sage um des Himmelswillen Niemand ein Wort davon.

Nächstes Frühjahr gehe ich in die Schweiz. Wenn du brav bist und etwas größer, als jetzt, so mußt du Stock und Ranzen nehmen und mich besuchen. Erst gehst du auf das Straßburger Münster und dann gehn wir an den Rheinfall nach Schaffhausen und an den Vierwaldstätter-See nach der Tellenplatte und der Tellskapelle. Adieu Mäuschen, ich denke du bist jetzt eine Maus und wenn du so fort machst, kannst du es noch weit bringen; ich hoffe, daß du für den grauen Biberrock jetzt zu groß bist.

Lebewohl

dein Bruder Georg.

51. *An die Familie*

Straßburg, den 1. Januar 1836.

[...] Das Verbot der *deutschen Revue* schadet mir nichts. Einige Artikel, die für sie bereit lagen, kann ich an den Phönix schicken. Ich muß lachen, wie fromm und moralisch plötzlich unsere Regierungen werden; der König von Bayern läßt unsittliche Bücher verbieten! da darf er seine Biographie nicht erscheinen lassen, denn die wäre das Schmutzigste, was je geschrieben worden! Der Großherzog von Baden, erster Ritter vom doppelten Mopsorden, macht sich zum Ritter vom heiligen Geist und läßt *Gutzkow* arretieren, und der liebe deutsche Michel glaubt, es geschähe Alles aus Religion und Christentum und klatscht in die Hände. Ich kenne die Bücher nicht, von denen überall die Rede ist; sie sind nicht in den

Leihbibliotheken und zu teuer, als daß ich Geld daran wenden sollte. Sollte auch Alles sein, wie man sagt, so könnte ich darin nur die Verirrungen eines durch philosophische Sophismen falsch geleiteten Geistes sehen. Es ist der gewöhnlichste Kunstgriff, den großen Haufen auf seine Seite zu bekommen, wenn man mit recht vollen Backen: »unmoralisch!« schreit. Übrigens gehört sehr viel Mut dazu, einen Schriftsteller anzugreifen, der von einem deutschen Gefängnis aus antworten soll. *Gutzkow* hat bisher einen edlen, kräftigen Charakter gezeigt, er hat Proben von großem Talent abgelegt; woher denn plötzlich das Geschrei? Es kommt mir vor, als stritte man sehr um das Reich von dieser Welt, während man sich stellt, als müsse man der heiligen Dreifaltigkeit das Leben retten. Gutzkow hat in seiner Sphäre mutig für die Freiheit gekämpft; man muß doch die Wenigen, welche noch aufrecht stehn und zu sprechen wagen, verstummen machen! Übrigens gehöre ich *für meine Person* keineswegs zu dem sogenannten *Jungen Deutschland*, der literarischen Partei Gutzkows und Heines. Nur ein völliges Mißkennen unserer gesellschaftlichen Verhältnisse konnte die Leute glauben machen, daß durch die Tagesliteratur eine völlige Umgestaltung unserer religiösen und gesellschaftlichen Ideen möglich sei. Auch teile ich *keineswegs ihre Meinung über die Ehe und das Christentum*, aber ich ärgere mich doch, wenn Leute, die in der Praxis tausendfältig mehr gesündigt, als diese in der *Theorie*, gleich moralische Gesichter ziehn und den Stein auf ein jugendliches, tüchtiges Talent werfen. Ich gehe meinen Weg für mich und bleibe auf dem Felde des Dramas, das mit all diesen Streitfragen nichts zu tun hat; ich zeichne meine Charaktere, wie ich sie der Natur und der Geschichte angemessen halte, und lache über die Leute, welche mich für die Moralität oder Immoralität derselben verantwortlich machen wollen. Ich habe darüber meine eignen Gedanken. [...]

Ich komme vom Christkindelsmarkt, überall Haufen zerlumpter, frierender Kinder, die mit aufgerissenen Augen und traurigen Gesichtern vor den Herrlichkeiten aus Wasser und Mehl, Dreck und Goldpapier standen. Der Gedanke, daß für die meisten Menschen auch die armseligsten Genüsse und Freuden unerreichbare Kostbarkeiten sind, machte mich sehr bitter. [...]

52. *An Gutzkow*

[Straßburg, Januar 1836.]

Mein Lieber!

Ich weiß nicht ob bei der verdächtigen Adresse diese Zeilen in ihre Hände gelangen werden.

Haben Sie den Brief von Boulet erhalten? Ich habe ihn nach Mannheim geschickt. Ich wagte damals nicht einige Zeilen an Sie beizulegen. Ich hielt die Sache für ernsthafter. Nach den Zeitungen müssen Sie bald frei sein. 4 Wochen. Das ist bald herum. Dann habe ich noch besondere Nachrichten über Sie aus Mannheim. Ihre Haft ist leicht. Sie dürfen Besuche annehmen, sogar ausgehen. Verhält es sich so?

Haben Sie nichts *weiter zu fürchten*? Geben Sie mir Auskunft so *bald, als möglich*! Die Frage ist nicht müßig. Glauben Sie, daß man Sie frei läßt, nach Verlauf der *bestimmten Frist*? Sie sitzen im Amthaus, nicht wahr?

Sobald Sie frei sind, verlassen Sie Teutschland so schnell als möglich. Sie haben von Glück zu sagen, daß es so abzulaufen *scheint*. Es sollte mich wundern.

Im Fall Sie den Weg über Straßburg nehmen, so fragen Sie nach mir bei Herrn *Schroot* Gastwirt zum Rebstock. Ich erwarte Sie mit Ungeduld.

Ihr G.

53. An die Familie

Straßburg, den 15. März 1836.

[...] Ich begreife nicht, daß man gegen *Küchler* etwas in Händen haben soll; ich dachte, er sei mit nichts beschäftigt, als seine Praxis und Kenntnisse zu erweitern. Wenn er auch nur kurze Zeit sitzt, so ist doch wohl seine ganze Zukunft zerstört: man setzt ihn vorläufig in Freiheit, spricht ihn von der Instanz los, läßt ihn versprechen, das Land nicht zu verlassen, und verbietet ihm seine Praxis, was man nach den neusten Verfügungen kann. – Als sicher und gewiß kann ich Euch sagen, daß man vor Kurzem in Bayern zwei junge Leute, nachdem sie seit fast *vier Jahren* in strenger Haft gesessen, als *unschuldig* in Freiheit gesetzt hat! Außer *Küchler* und *Groß* sind noch drei Bürger aus Gießen verhaftet worden. Zwei von ihnen haben ihr Geschäft, und der eine ist obendrein Familienvater. Auch hörten wir, *Max v. Biegeleben* sei verhaftet, aber gleich darauf wieder gegen Kaution in Freiheit gesetzt worden. *Gladbach* soll vor einiger Zeit zu acht Jahren Zuchthaus verurteilt worden sein; das Urteil sei aber wieder umgestoßen, und die Untersuchung fange von Neuem an. Ihr würdet mir einen Gefallen tun, wenn ihr mir über Beides Auskunft gäbet.

Ich will euch dafür sogleich eine sonderbare Geschichte erzählen, die Herr J. in den englischen Blättern gelesen, und die, wie dazu bemerkt, in den deutschen Blättern nicht mitgeteilt werden durfte. Der Direktor des Theaters zu Braunschweig ist der bekannte Komponist *Methfessel.* Er hat eine hübsche Frau, die dem Herzog gefällt, und ein Paar Augen, die er gern zudrückt, und ein Paar Hände, die er gern aufmacht. Der Herzog hat die sonderbare Manie, Madame Methfessel im Kostüm zu bewundern. Er befindet sich daher gewöhnlich vor Anfang des Schauspiels mit ihr allein auf der Bühne. Nun intrigiert Methfessel gegen einen bekannten Schauspieler, dessen Name mir entfallen ist. Der Schauspieler will sich rächen, er gewinnt den Maschinisten, der Maschinist zieht an einem schönen Abend den Vorhang ein Viertelstündchen früher auf, und der Herzog spielt mit Madame Methfessel die erste Szene. Er gerät außer sich, zieht den Degen und ersticht den Maschinisten; der Schauspieler hat sich geflüchtet. –

Ich kann euch versichern, daß nicht das geringste politische Treiben unter den Flüchtlingen hier herrscht; die vielen und guten Examina, die hier gemacht werden, beweisen hinlänglich das Gegenteil. Übrigens sind wir Flüchtigen und Verhafteten gerade nicht die Unwissendsten, Einfältigsten oder Liederlichsten! Ich sage nicht zuviel, daß bis jetzt die besten Schüler des Gymnasiums und die fleißigsten und unterrichtetsten Studenten dies Schicksal getroffen hat, die mitgerechnet, welche von Examen und Staatsdienst zurückgewiesen sind. Es ist doch im Ganzen ein armseliges, junges Geschlecht, was eben in Darmstadt herumläuft und sich ein Ämtchen zu erkriechen sucht!

54. *An Gutzkow*

Straßburg. [1836]

Lieber Freund!

War ich lange genug stumm? Was soll ich Ihnen sagen? Ich saß *auch* im Gefängnis und im langweiligsten unter der Sonne, ich habe eine Abhandlung geschrieben in die Länge, Breite und Tiefe. Tag und Nacht über der ekelhaften Geschichte, ich begreife nicht, wo ich die Geduld hergenommen. Ich habe nämlich die fixe Idee, im nächsten Semester zu Zürich einen Kurs über die Entwickelung der deutschen Philosophie seit Cartesius zu lesen; dazu muß ich mein Diplom haben und die Leute scheinen gar nicht geneigt, meinem lieben Sohn Danton den Doktorhut aufzusetzen.

Was war da zu machen?

Sie sind in Frankfurt und unangefochten?

Es ist mir leid und doch wieder lieb, daß Sie noch nicht im Rebstöckel angeklopft haben. Über den Stand der modernen Literatur in Deutschland weiß ich so gut als nichts; nur einige versprengte Broschüren, die, ich weiß nicht wie, über den Rhein gekommen, fielen mir in die Hände.

Es zeigt sich in dem Kampfe gegen Sie eine *gründliche* Niederträchtigkeit, eine recht *gesunde* Niederträchtigkeit, ich begreife gar nicht, wie wir noch so natürlich sein können! Und Menzels Hohn über die politischen Narren in den deutschen Festungen – und das von Leuten! mein Gott, ich könnte Ihnen übrigens erbauliche Geschichten erzählen.

Es hat mich im Tiefsten empört; meine armen Freunde! Glauben Sie nicht, daß Menzel nächstens eine Professur in München erhält?

Übrigens, um aufrichtig zu sein, Sie und Ihre Freunde scheinen mir nicht gerade den klügsten Weg gegangen zu sein. Die Gesellschaft mittelst der *Idee*, von der *gebildeten* Klasse aus reformieren? Unmöglich! Unsere Zeit ist rein *materiell*, wären Sie je direkter politisch zu Werk gegangen, so wären Sie bald auf den Punkt gekommen, wo die Reform von selbst aufgehört hätte. Sie werden nie über den Riß zwischen der gebildeten und ungebildeten Gesellschaft hinauskommen.

Ich habe mich überzeugt, die gebildete und wohlhabende Minorität, so viel Konzessionen sie auch von der Gewalt für sich begehrt, wird nie ihr spitzes Verhältnis zur großen Klasse aufgeben wollen. Und die große Klasse selbst? Für die gibt es nur zwei Hebel, materielles Elend und *religiöser Fanatismus.* Jede Partei, welche diese Hebel anzusetzen versteht, wird siegen. Unsre Zeit braucht Eisen und Brot – und dann ein *Kreuz* oder sonst so was. Ich glaube, man muß in sozialen Dingen von einem absoluten *Rechts*grundsatz ausgehen, die Bildung eines neuen geistigen Lebens im *Volk* suchen und die abgelebte moderne Gesellschaft zum Teufel gehen lassen. Zu was soll ein Ding, wie diese, zwischen Himmel und Erde herumlaufen? Das ganze Leben derselben besteht nur in Versuchen, sich die entsetzlichste Langeweile zu vertreiben. Sie mag aussterben, das ist das einzig Neue, was sie noch erleben kann. [...]

55. An die Familie

Straßburg, im Mai 1836.

[...] Ich bin fest entschlossen, bis zum nächsten Herbste hier zu bleiben. Die letzten Vorfälle in Zürich geben mir einen Hauptgrund dazu. Ihr wißt vielleicht, daß man unter dem Vorwande, die deutschen Flüchtlinge beabsichtigten einen Einfall in Deutschland, Verhaftungen unter denselben vorgenommen hat. Das Nämliche geschah an anderen Punkten der Schweiz. Selbst hier äußerte die einfältige Geschichte ihre Wirkung, und es war ziemlich ungewiß, ob wir hier bleiben dürften, weil man wissen wollte, daß wir (höchstens noch sieben bis acht an der Zahl) mit bewaffneter Hand über den Rhein gehen sollten! Doch hat sich Alles in Güte gemacht, und wir haben keine weiteren Schwierigkeiten zu besorgen. Unsere hessische Regierung scheint unserer zuweilen mit Liebe zu gedenken. [...]

Was an der ganzen Sache eigentlich ist, weiß ich nicht; da ich jedoch weiß, daß die Mehrzahl der Flüchtlinge jeden direkten revolutionären Versuch unter den jetzigen Verhältnissen für Unsinn hält, so konnte höchstens eine ganz unbedeutende, durch keine Erfahrung belehrte Minderzahl an dergleichen gedacht haben. Die Hauptrolle unter den Verschworenen soll ein gewisser Herr *v. Eib* gespielt haben. Daß dieses Individuum ein Agent des Bundestags sei, ist mehr als wahrscheinlich; die Pässe, welche die Züricher Polizei bei ihm fand, und der Umstand, daß er starke Summen von einem Frankfurter Handelshause bezog, sprechen auf das direkteste dafür. Der Kerl soll ein ehemaliger Schuster sein, und dabei zieht er mit einer liederlichen Person aus Mannheim herum, die er für eine ungarische Gräfin ausgibt. Er scheint wirklich einige Esel unter den Flüchtlingen übertölpelt zu haben. Die ganze Geschichte hatte keinen andern Zweck, als, im Falle die Flüchtlinge sich zu einem öffentlichen Schritt hätten verleiten lassen, dem Bundestag einen gegründeten Vorwand zu geben, um auf die Ausweisung aller Refugiés aus der Schweiz zu dringen. Übrigens war dieser *v. Eib* schon früher verdächtig, und man war schon mehrmals vor ihm gewarnt worden. Jedenfalls ist der Plan vereitelt und die Sache wird für die Mehrzahl der Flüchtlinge ohne Folgen bleiben. Nichtsdestoweniger fände ich es nicht rätlich, im Augenblick nach Zürich zu gehen; unter solchen Umständen hält man sich besser fern. Die Züricher Regierung ist natürlich eben etwas ängstlich und mißtrauisch, und so könnte man wohl unter den jetzigen Verhältnissen meinem Aufenthalte Schwierigkeiten machen. In Zeit von zwei bis drei Monaten ist dagegen die ganze Geschichte vergessen. [...]

56. An Eugen Boeckel

D. 1. Juni [1836]. Straßburg.

Mein lieber Eugen!

Ich sitze noch hier, wie Du aus dem Datum siehst. »Sehr unvernünftig!« wirst Du sagen, und ich sage: meinetwegen! Erst gestern ist meine Abhandlung vollständig fertig geworden. Sie hat sich viel weiter ausgedehnt, als ich Anfangs dachte und ich habe viel gute

Zeit mit verloren; doch bilde ich mir dafür ein sie sei gut ausgefallen – und die société d'histoire naturelle scheint der nämlichen Meinung zu sein. Ich habe in 3 verschiednen Sitzungen 3 Vorträge darüber gehalten, worauf die Gesellschaft sogleich beschloß sie unter ihren Memoiren abdrucken zu lassen; obendrein machte sie mich zu ihrem korrespondierenden Mitglied. Du siehst, der Zufall hat mir wieder aus der Klemme geholfen, ich bin ihm überhaupt großen Dank schuldig und mein Leichtsinn, der im Grund genommen das unbegrenzteste Gottvertrauen ist, hat dadurch wieder großen Zuwachs erhalten. Ich brauche ihn aber auch; wenn ich meinen Doktor bezahlt habe, so bleibt mir kein Heller mehr und schreiben habe ich die Zeit nichts können. Ich muß eine Zeitlang vom lieben Kredit leben und sehen, wie ich mir in den nächsten 6–8 Wochen Rock und Hosen aus meinen großen weißen Papierbogen, die ich vollschmieren soll, schneiden werde. Ich denke: »befiehl du deine Wege« und lasse mich nicht stören.

Habe ich lange geschwiegen? Doch du weißt warum und verzeihst mir. Ich war wie ein Kranker der eine ekelhafte Arznei so schnell als möglich mit einem Schluck nimmt, ich konnte nichts weiter, als mir die fatale Arbeit vom Hals schaffen. Es ist mir unendlich wohl, seit ich das Ding aus dem Haus habe. – Ich denke den Sommer noch hier zu bleiben. Meine Mutter kommt im Herbst. Jetzt nach Zürich, im Herbst wieder zurück, Zeit und Geld verlieren, das wäre Unsinn. Jedenfalls fange ich aber nächsten Wintersemester meinen Kurs an, auf den ich mich jetzt in aller Gemächlichkeit fertig präpariere.

Du hast frohe Tage auf Deiner Reise, wie es scheint. Ich freue mich darüber. Das Leben ist überhaupt etwas recht Schönes und jedenfalls ist es nicht so langweilig, als wenn es noch einmal so langweilig wäre. Spute dich etwas im nächsten Herbst, komme zeitig, dann sehe ich Dich noch hier. Hast du viel gelernt, unterwegs? Ist dir die Kranken und Leichenschau noch nicht zur Last geworden? Ich meine eine Tour durch die Spitäler von halb Europa müßte einem sehr melancholisch und die Tour durch die Hörsäle unserer Professoren müßte einem halb verrückt und die Tour durch unsere teutschen Staaten müßte einem ganz wütend machen. 3 Dinge, die man übrigens auch ohne die drei Touren sehr leicht werden kann z. B. wenn es regnet und kalt ist, wie eben; wenn man Zahnweh hat, wie ich vor 8 Tagen, u. wenn man einen vollen Winter und ein halbes Frühjahr nicht aus seinen 4 Wänden gekommen, wie ich dies Jahr.

Du siehst ich stehe viel aus und ehe ich mir neulich meinen

hohlen Zahn ausziehen lassen, habe ich im vollständigsten Ernst überlegt, ob ich mich nicht lieber totschießen sollte, was jedenfalls weniger schmerzhaft ist.

Baum seufzt jeden Tag, bekommt dabei einen ungeheuren Bauch und macht ein so selbstmörderisches Gesicht, daß ich fürchte, er will sich auf subtile Weise durch einen Schlagfluß aus der Welt schaffen. Er ärgert sich dabei regelmäßig jeden Tag, seit ich ihn versichert habe, daß Ärger der Gesundheit sehr zuträglich sei. Das Fechten hat er eingestellt und ist dabei so entsetzlich faul, daß er zum großen Verdruß deines Bruders noch keinen von Deinen Aufträgen ausgerichtet hat. Was ist mit dem Menschen anzufangen? Er muß Pfarrer werden, er zeigt die schönsten Dispositionen.

Die beiden Stöber sitzen noch in Oberbrunn. Leider bestätigt sich das Gerücht hinsichtlich der Frau Pfarrerin. Das arme Mädel hier ist ganz verlassen und unten sollen die Leute über die poetische Bedeutung des Ehebruchs philosophieren. Letztes glaube ich nicht, – aber zweideutig ist die Geschichte.

Was macht unser Freund und Vetter, Zipfel? Ist ihm die Zeit nirgends weiter gezündet worden? Siehst Du meinen Vetter aus Holland zuweilen? Grüße Beide vielmals von mir.

Wilhelmine war lange Zeit unwohl, sie litt an einem chronischen Friesel, ohne jedoch je bedenklich krank gewesen zu sein.

à propos, sie hat mir Deine beiden Briefe, unerbrochen gegeben, dennoch hätte ich es passender gefunden Du hättest schicklichkeitshalber eine Couverte um deinen Brief gemacht; konnte ein Frauenzimmer ihn nicht lesen, so war es unpassend ihn auch an ein Frauenzimmer zu adressieren; mit einer Couverte ist es etwas anders. Ich hoffe Du verdenkst mir diese kleine Zurechtweisung nicht.

Jedenfalls bin ich die nächsten 4 Wochen noch hier, während des Drucks meiner Abhandlung. Wirst Du mich noch mit einem Brief erfreuen, ehe du aus Wien abreisest? à propos, du machst ja ganz ästhetische Studien, Dem. Peche ist eine alte Bekanntin von mir.

Lebwohl Dein G. B.

57. An die Familie

Straßburg im Juni 1836.

[...] Es ist nicht im Entferntesten daran zu denken, daß im Augenblick ein Staat das Asylrecht aufgibt, weil ein solches Aufgeben ihn den Staaten gegenüber, auf deren Verlangen es geschieht, politisch annullieren würde. Die Schweiz würde durch einen solchen Schritt sich von den liberalen Staaten, zu denen sie ihrer Verfassung nach natürlich gehört, lossagen und sich an die absoluten anschließen, ein Verhältnis, woran unter den jetzigen politischen Konstellationen nicht zu denken ist. Daß man aber Flüchtlinge, welche die Sicherheit des Staates, der sie aufgenommen, und das Verhältnis desselben zu den Nachbarstaaten kompromittieren, ausweist, ist ganz natürlich und hebt das Asylrecht nicht auf. Auch hat die Tagsatzung bereits ihren Beschluß erlassen. Es werden *nur* diejenigen Flüchtlinge ausgewiesen, welche als Teilnehmer an dem *Savoyer Zuge schon früher waren ausgewiesen worden*, und diejenigen, welche *an den letzten Vorfällen Teil genommen haben.* Dies ist *authentisch.* Die Mehrzahl der Flüchtlinge bleibt also ungefährdet, und es bleibt Jedem unbenommen, sich in die Schweiz zu begeben. Nur ist man in vielen Kantonen gezwungen, eine Kaution zu stellen, was sich aber schon seit längerer Zeit so verhält. Meiner Reise nach Zürich steht also kein Hindernis im Weg. – Ihr wißt, daß unsere Regierung uns hier schikaniert, und daß die Rede davon war, uns auszuweisen, weil wir mit den Narren in der Schweiz in Verbindung ständen. Der Präfekt wollte genaue Auskunft, wie wir uns hier beschäftigten. Ich gab dem Polizeikommissär mein Diplom als Mitglied der Société d'histoire naturelle nebst einem von den Professoren mir ausgestellten Zeugnisse. Der Präfekt war damit *außerordentlich* zufrieden, und man sagte mir, daß *ich namentlich* ganz ruhig sein könne. [...]

58. An Wilhelm Büchner

Straßburg, den 2. September 1836.

[...] Ich bin ganz vergnügt in mir selbst, ausgenommen, wenn wir Landregen oder Nordwestwind haben, wo ich freilich einer von denjenigen werde, die Abends vor dem Bettgehn, wenn sie den einen Strumpf vom Fuß haben, im Stande sind, sich an ihre Stubentür zu hängen, weil es ihnen der Mühe zuviel ist, den andern ebenfalls auszuziehen. [...] Ich habe mich jetzt ganz auf das Studium der Naturwissenschaften und der Philosophie gelegt, und werde in Kurzem nach *Zürich* gehen, um in meiner Eigenschaft als überflüssiges Mitglied der Gesellschaft meinen Mitmenschen Vorlesungen über etwas ebenfalls höchst Überflüssiges, nämlich über die philosophischen Systeme der Deutschen seit Cartesius und Spinoza, zu halten. – Dabei bin ich gerade daran, sich einige Menschen auf dem Papier totschlagen oder verheiraten zu lassen, und bitte den lieben Gott um einen einfältigen Buchhändler und ein groß Publikum mit so wenig Geschmack, als möglich. Man braucht einmal zu vielerlei Dingen unter der Sonne Mut, sogar, um Privatdozent der Philosophie zu sein. [...]

59. An die Familie

Straßburg, im September 1836.

[...] Ich habe meine zwei Dramen noch nicht aus den Händen gegeben, ich bin noch mit Manchem unzufrieden und will nicht, daß es mir geht, wie das erste Mal. Das sind Arbeiten, mit denen man nicht zu einer bestimmten Zeit fertig werden kann, wie der Schneider mit seinem Kleid. [...]

60. An Bürgermeister Hess

Straßburg, d. 22. September 1836

Euer Wohlgeboren

werden, wie ich hoffe, einen Fremden entschuldigen, der sich die Freiheit nimmt in einer für ihn höchst wichtigen Angelegenheit Ihre Güte in Anspruch zu nehmen. Die politischen Verhältnisse Teutschlands zwangen mich, mein Vaterland vor ungefähr anderthalb Jahren zu verlassen. Ich hatte mich der akademischen Laufbahn bestimmt. Ein Ziel aufzugeben, auf dessen Erreichung bisher all meine Kräfte gerichtet waren, konnte ich mich nicht entschließen und so setzte ich in Straßburg meine Studien fort, in der Hoffnung in der Schweiz meine Wünsche realisieren zu können. Wirklich hatte ich vor Kurzem die Ehre von der philosophischen Fakultät zu Zürich einmütig zum Doktor kreiert zu werden. Nach einem so günstigen Urteile über meine wissenschaftliche Befähigung konnte ich wohl hoffen auch als Privatdozent von der Züricher Universität angenommen zu werden und im günstigen Fall, im nächsten Semester meine Vorlesungen beginnen zu können. Ich suchte daher bei den hiesigen Behörden um einen Paß nach. Diese erklärten mir jedoch, es sei ihnen durch das Ministerium des Innern auf Ansuchen der Schweiz, untersagt einem Flüchtling einen Paß auszustellen, der nicht von einer Schweizerbehörde die schriftliche Autorisation zum Aufenthalt in ihrem Bezirk vorweisen könne. In dieser Verlegenheit nun wende ich mich an Sie, hochgeehrter Herr, als die oberste Magistratsperson Zürichs, mit der Bitte um die von den hiesigen Behörden verlangte Autorisation. Das beiliegende Zeugnis kann beweisen, daß ich seit der Entfernung aus meinem Vaterlande allen politischen Umtrieben fremd geblieben bin und somit nicht unter die Kategorie derjenigen Flüchtlinge gehöre, gegen welche die Schweiz und Frankreich neuerdings die bekannten Maßregeln ergriffen haben. Ich glaube daher auf die Erfüllung einer Bitte zählen zu dürfen, deren Verweigerung die Vernichtung meines ganzen Lebensplanes zur Folge haben würde.

Sollten Euer Wohlgeboren gesonnen sein, mich mit einer Antwort auf dies Gesuch zu beehren, so bitte ich dieselbe unter der Adresse: Dr. Büchner bei Herrn Weinhändler Siegfried an der Douane zu Straßburg, an mich gelangen zu lassen.

Mit der größten Hochachtung

Ihr

ergebenster

Dr. Büchner.

[Beilage: Zeugnis der Straßburger Polizei]

Il est certifié que

Monsieur George Büchner, Docteur en Philosophie, agé de 23 ans, natif de Darmstadt, est inscrit sur nos registres rue de la Douane No 18, comme demeurant en cette ville depuis dixhuit mois jusqu'à ce jour sans interruption; et que pendant ce laps de tems, sa conduite, tant sous le rapport politique que moral, n'a donné lieu à aucune plainte.

En foi de quoi le présent

Strasbourg 21. Sept. 1836

Pfister.

60a. An das Präsidium des Erziehungsrats von Zürich

Herr Präsident, hochgeachtete Herren!

Nach Einreichung einer Abhandlung über einen naturhistorischen Gegenstand, hatte ich die Ehre von der philosophischen Fakultät zu Zürich in ihrer Sitzung vom 3ten dieses Monats einmütig zum Doctor philosophiae ernannt zu werden. Gestützt auf dieses Urteil über meine wissenschaftliche Befähigung wünsche ich mich als Privatdozent für Vorlesungen an der philosophischen Fakultät zu Zürich zu habilitieren. Ich habe daher die Ehre mich an Sie mit der Bitte um Zulassung zu der für diesen Fall nach § 157 des Organisationsgesetzes über das Unterrichtswesen erforderlichen öffentlichen Probevorlesung zu wenden.

Mit der größten Hochachtung und Ergebenheit

Straßburg d 26. Sep. 1836. G. Büchner Dr. phil.

ZÜRICH 1836–1837

61. An die Familie

Zürich, den 26. Oktober 1836.

[...] Wie es mit dem Streite der Schweiz mit Frankreich gehen wird, weiß der Himmel. Doch hörte ich neulich Jemand sagen: »die Schweiz wird einen kleinen Knicks machen, und Frankreich wird sagen, es sei ein großer gewesen.« Ich glaube, daß er Recht hat. [...]

62. An die Familie

Zürich, den 20. November 1836.

[...] Was das politische Treiben anlangt, so könnt Ihr ganz ruhig sein. Laßt euch nur nicht durch die Ammenmärchen in unseren Zeitungen stören. Die Schweiz ist eine Republik, und weil die Leute sich gewöhnlich nicht anders zu helfen wissen, als daß sie sagen, jede Republik sei unmöglich, so erzählen sie den guten Deutschen jeden Tag von Anarchie, Mord und Totschlag. Ihr werdet überrascht sein, wenn ihr mich besucht; schon unterwegs überall freundliche Dörfer mit schönen Häusern, und dann, je mehr Ihr Euch Zürich nähert und gar am See hin, ein durchgreifender Wohlstand; Dörfer und Städtchen haben ein Aussehen, wovon man bei uns keinen Begriff hat. Die Straßen laufen hier nicht voll Soldaten, Akzessisten und faulen Staatsdienern, man riskiert nicht von einer adligen Kutsche überfahren zu werden; dafür überall ein gesundes, kräftiges Volk, und um wenig Geld eine einfache, gute, rein *republikanische* Regierung, die sich durch eine *Vermögenssteuer* erhält, eine Art Steuer, die man bei uns überall als den Gipfel der Anarchie ausschreien würde. [...]

Minnigerode ist tot, wie man mir schreibt, das heißt, er ist drei Jahre lang tot gequält worden. Drei Jahre! Die französischen Blutmänner brachten einen doch in ein paar Stunden um, das Urteil und dann die Guillotine! Aber drei Jahre! Wir haben eine gar menschliche Regierung, sie kann kein Blut sehen. Und so sitzen noch an vierzig Menschen, und das ist keine Anarchie, das ist Ordnung und Recht, und die Herren fühlen sich empört, wenn sie an die anarchische Schweiz denken! Bei Gott, die Leute nehmen ein großes Kapital auf, das ihnen einmal mit schweren Zinsen kann abgetragen werden, mit sehr schweren. – [...]

63. An Wilhelm Büchner

Zürich, Ende November 1836.

[...] Ich sitze am Tage mit dem Skalpell und die Nacht mit den Büchern. [...]

64. An die Braut

[Zürich] 13. Januar 1837.

Mein lieb Kind! [...] Ich zähle die Wochen bis zu Ostern an den Fingern. Es wird immer öder. So im Anfange ging's: neue Umgebungen, Menschen, Verhältnisse, Beschäftigungen – aber jetzt, da ich an Alles gewöhnt bin, Alles mit Regelmäßigkeit vor sich geht, man vergißt sich nicht mehr. Das Beste ist, meine Phantasie ist tätig, und die mechanische Beschäftigung des Präparierens läßt ihr Raum. Ich sehe dich immer so halb durch zwischen Fischschwänzen, Froschzehen u.s.w. Ist das nicht rührender, als die Geschichte von Abälard, wie sich ihm Heloise immer zwischen die Lippen und das Gebet drängt? O, ich werde jeden Tag poetischer, alle meine Gedanken schwimmen in Spiritus. Gott sei Dank, ich träume wieder viel Nachts, mein Schlaf ist nicht mehr so schwer. [...]

65. An die Braut

[Zürich] 20. Januar [1837.]

[...] Ich habe mich verkältet und im Bett gelegen. Aber jetzt ist's besser. Wenn man so ein wenig unwohl ist, hat man ein so groß Gelüsten nach Faulheit; aber das Mühlrad dreht sich als fort ohne Rast und Ruh. [...] Heute und gestern gönne ich mir jedoch ein wenig Ruhe und lese nicht; morgen geht's wieder im alten Trab, du glaubst nicht, wie regelmäßig und ordentlich. Ich gehe fast so richtig, wie eine Schwarzwälder Uhr. Doch ist's gut: auf all das aufgeregte, geistige Leben Ruhe, und dabei die Freude am Schaffen meiner poetischen Produkte. Der arme Shakspeare war Schreiber den Tag über und mußte Nachts dichten, und ich, der ich nicht wert bin, ihm die Schuhriemen zu lösen, hab's weit besser. – [...] Lernst Du bis Ostern die *Volkslieder* singen, wenn's Dich nicht angreift? Man hört hier keine Stimme; das *Volk* singt nicht, und Du weißt, wie ich die Frauenzimmer lieb habe, die in einer Soiree oder einem Konzerte einige Töne totschreien oder winseln. Ich komme dem Volk und dem Mittelalter immer näher, jeden Tag wird mir's heller – und gelt, du singst die Lieder? Ich bekomme halb das Heimweh, wenn ich mir eine Melodie summe. [...] Jeden Abend sitz' ich eine oder zwei Stunden im Kasino; Du kennst meine Vorliebe für schöne Säle, Lichter und Menschen um mich. [...]

66. An die Braut

[Zürich] 27. Januar [1837.]

Mein lieb Kind, Du bist voll zärtlicher Besorgnis und willst krank werden vor Angst; ich glaube gar, Du stirbst – aber *ich* habe keine Lust zum Sterben und bin gesund wie je. Ich glaube, die Furcht vor der Pflege hier hat mich gesund gemacht; in Straßburg wäre es ganz angenehm gewesen, und ich hätte mich mit dem größten Behagen in's Bett gelegt, vierzehn Tage lang, rue St. Guillaume

Nro. 66, links eine Treppe hoch, in einem etwas überzwergen Zimmer, mit grüner Tapete! Hätt' ich dort umsonst geklingelt? Es ist mir heut einigermaßen innerlich wohl, ich zehre noch von gestern, die Sonne war groß und warm im reinsten Himmel – und dazu hab' ich meine Laterne gelöscht und einen edlen Menschen an die Brust gedrückt, nämlich einen kleinen Wirt, der aussieht, wie ein betrunkenes Kaninchen, und mir in seinem prächtigen Hause vor der Stadt ein großes elegantes Zimmer vermietet hat. Edler Mensch! Das Haus steht nicht weit vom See, vor meinen Fenstern die Wasserfläche und von allen Seiten die Alpen, wie sonnenglänzendes Gewölk. – Du kommst bald? mit dem Jugendmut ist's fort, ich bekomme sonst graue Haare, ich muß mich bald wieder an Deiner inneren Glückseligkeit stärken und Deiner göttlichen Unbefangenheit und Deinem lieben Leichtsinn und all Deinen bösen Eigenschaften, böses Mädchen. Adio piccola mia! –

67. An die Braut

[Zürich, 1837.]

[... Ich werde] in längstens acht Tagen Leonce und Lena mit noch zwei anderen Dramen erscheinen lassen. [...]

BRIEFE AN BÜCHNER

1. Von Wilhelm Büchner nach Straßburg

Lieber Georg!

vulgo Hempes I.

Die Gelegenheit, welche sich mir darbietet, Dir zu schreiben, kann ich nicht unbenutzt lassen, indem ich Dir sehr viel mitzuteilen habe. Das erste ist, Dir zu sagen, daß sich hier mehrere tüchtige Männer miteinander verbunden haben, wie Herr Ökonomierat Papst, Herr Doktor Moldenhauer, Herr Doktor Külp, Herr Doktor Schnittspan u. noch mehrere, welche Vorlesungen über Mineralogie, Chemie, Physik, Mathematik, Ökonomie, Tierarzneikunde u. noch einige andere, in der Meierei halten, von welchen ich den 4 ersten beiwohne u. welche mir sehr viel Unterhaltung u. Vergnügen gewähren. Morgens gehe ich noch in die Apotheke u. Mittags zum Herrn Kaup, bei welchem ich unlängst einen Fuchs, den ich vom Onkel Louis geschickt bekommen habe u. das Ausstopfen ist mir auch so ziemlich gelungen. Dann habe ich Dir noch zu sagen, daß wir Montag den 7ten Große-Tanzstunde hatten u. Montag den 14ten abermals haben werden. Ich möchte doch wissen wie es mit Deinen Tanzbelustigungen steht. Ich hoffe, daß Du jetzo ein sehr eleganter Herr bist; eine Lorniet anhängen, den Hut unter dem Arm, eine Krawatte bis über die Ohren, Sporen an den Stiefeln, sehe ich Dich zum Abmalen auf den Lustplätzen u. den Bällen herumstolzieren. Auch hoffe ich daß Du Schmetterlinge einsammlen wirst. Die Schmetterlinge von Rosenberg sind wahrscheinlicher Weise von ihm seinem Onkel hinweggeluchst worden; doch hierüber nichts weiteres, weil ich nichts gewisses davon weiß. Der Mutter war es sehr leid, daß Du ihr gar nicht für die Vorhängen an den Schmetterlingskästen gedankt hast, welche sich sehr schön ausnehmen.

Wilhelm Fehr ist kein Kaufmann mehr, sondern hier u. ein eleganter Herr u. hört die Vorlesungen mit an, da er Ökonom werden will u. geht daher nächsten Sommer nach Reinheim, zum Ökonom Willig. Seine Schwester wird vielleicht mit Herrn Doktor Schnittspan versprochen werden.

Eine Geschichte, welche hier passiert ist, will ich Dir doch erzählen: Der älteste Möllinger I, lag nämlich, während sein Vetter verreist war, eines Abends, allein, im Bette, konnte aber nicht einschlafen. Gegen 10 Uhr des Nachts hörte er leise seine Türe aufmachen u. sah einen Menschen mit einer Blendlaterne hereintreten: Er verhielt sich aus Angst ruhig u. wollte sich lieber bestehlen, als sich umbringen lassen. Dieser, nachdem er die Stube durchsucht hatte, blendete ihm einige Male in das Gesicht u. ging plötzlich auf ihn los. Er in seiner Todesangst warf die Boutellie nach ihm, u. aufspringend riß er den Stuhl in die Höhe u. machte einen fürchterlichen Lärmen, worauf der Dieb für gut fand, sich so schnell als möglich zu entfernen; obgleich man ihm zuredet u. ihm sagt, daß es wahrscheinlicher Weise ein Traum gewesen wäre, so behauptet er doch, daß es wirklich geschehen wäre.

Es setzte uns alle sehr in Erstaunen, daß Du gar nichts von Trapp in Deinen Briefen bemerkt hast, doch ich hoffe, daß dieses in Deiner Reisebeschreibung aufgezeichnet ist. Gegen die Geschichte, welche ich Dir oben mitgeteilt habe, kannst Du mir in einem abaten Brief einige sich dort zugetragenen Wolfsgeschichten erzählen; auch läßt Dich die Mutter warnen, nicht allein zu weit von Strasburg fortzugehen, weil sie Angst hat, es möchte Dir ein Unglück mit einem Wolfe zustoßen.

Minigerode, Dörr, Kaup, Frisch u. Schnittspan, welcher Doktor geworden ist, lassen Dich vielmals grüßen. Dein Pflänzchen ist besorgt. Jedoch ich muß schließen, weil ich keine Zeit mehr habe u. auch nichts mehr wichtiges weiß. Doch habe ich Dir noch zu sagen, daß Du, wenn Du mir schreibst, Dich nicht des Namens Schnittspan bedienest (bei dem Verspruch) denn sie sind hier sehr darauf versessen, es zu wissen, aber ich darf es nicht sagen, weil es ein Geheimnis ist, sondern schreibe statt des Namens: NN.

Indem ich auf einen Brief von Dir an *mich* warte,

verbleibe ich

Dein Dich herzlich liebender Bruder

Darmstadt den 13ten Nov 1831. Wilhelm Büchner

2. Von Eugen Boeckel nach Darmstadt

Niederbronn den 7ten September [1832]

Nur Geduld mein lieber, ich will Dir gleich erklären warum ich Dir erst jetzt schreibe, obgleich Dein Brief vom 20 August ist. Aber um eine chronologische Ordnung beizubehalten, will ich mit einer kurzen Selbstbiographie beginnen, die v. der Zeit anfängt wo Du Straßburg verlassen, ich weiß Dir wahrhaftig nichts interessanteres zu schreiben als von mir selbst. Siehe mein lieber diese kurze Einleitung wird verzweifelt lang ergo finis introduct. prolegom. exaudii.

Soviel ich mich erinnere reistest Du von Straßburg fort in den ersten Tagen des August's, ich blieb in Straßburg bis den 27 August während welcher Zeit ich Deinen lieben lang erwarteten Brief erhielt. In dieser Zeit besuchte ich meistens den Hospital, u. dann noch einige Kranke mit mein. Bruder, hauptsächlich habe ich viele Rubeolas u Nervenfieber gesehn, erstere nahmen in der letzten Zeit einen sehr bösartigen Charakter an, so daß sehr viele daran starben, denn als konsekutive Krankheit folgte oft Skorbut, Brustkrankheiten zuweilen hydrocephalus. Mein Bruder u. ich machten die Autopsie v. mehrern Kindern welche an diesen Krankheiten starben. Einen interessanten Kranken sahe ich welcher als Folge eines zu reichlichen Genusses v. geistigen Getränken das delirium tremens bekam, durch 20–40 gr. tartarus stibiatus geheilt wurde, einige Wochen nachher an Brust- u. Leber-Krankheit starb u. von uns autopsiert wurde, der untere Teil der Leber war in Fäulnis übergegangen u. so weich wie ein altes Hirn, Lungen u. Pleura an den Thorax ganz angewachsen etc. requiescat in pace.

Eine Frau die hydrothorax u. überh. hydropisie hatte u. mehrere Rückfälle erlitt wurde hauptsächlich durch digitalis u. nitrum glücklich behandelt. Von den 2 od. 3 Dutzend Schwindsüchtigen die ich sahe, spreche ich Dir nicht – ohne Übertreibg.

Zu Hause studierte ich für mich Chommel, pathologie générale u. Armusière, materia medica u. ein. Teil v. Barbier, matière médicale. Zuweilen oder vielmehr öfters tat ich nichts, Du kennst ja meine Natur. – Lambossy sah ich ziemlich oft, doch weniger als ich es wünschte, weil ich sehr oft in Ittenheim war. Scherb ist nach Genf nicht nach Ungarn abgereist, Roth nach Berlin, Ad. Stöber kommt wahrscheinlich nach Colmar. Baum ist vor einigen Tagen auf's Land. – Der Concurs im Spital hatte statt, wie Du weißt konkurrierte ich nicht, Hirtz wurde gleich angenommen, Lintzler zuerst zurückgeschickt später angenommen weil sich nur zwei präsentierten u. man doch zwei surnuméraires haben mußte. Lintzler wollte nämlich nach Öffnung d. Arterie aus Versehn bei dem Aderlassen, die Wunde kauterisieren, u. den triceps zu den Muskeln des Vorder-Arms zählen, nämlich sein. Antworten nach, nicht daß Du Dir einbildest er habe wirklich eine Arteriam getroffen. – Duvernoy, der etc. gibt sich alle Mühe ohne Konkurs Physiologie Professor zu werden constat. Ich hoffe er wird mit seinem breiten Maul abfahren wie zu Paris, das Vieh bleibe doch bei seiner Zoologie, ich wollte lieber den Kerl dissezieren od. totschlagen als ihn in der Physiologie hören oder sehn; Du weißt es ist meine Antipathie; seit 3 Wochen ist er re infecta aus Paris zurückgekehrt u. lauft od. tanzt in schwarzibus in den Gassen v. Straßburg herum, glücklicher Weise treff ich den Intriganten noch nicht an, denn es hätte mir wahrhaftig wieder die Gelbsucht zuziehen können. Ich will auf seine Gesundheit trinken, wenn ihm sein Vorhaben mißlingt –

Melle jolis pieds et jolies mains machte ich erst einen Besuch, ehe ich Deinen Brief erhielt, seither nicht mehr, sie seufzt noch zwei Monate lang, lang!

Nun komme ich wieder auf die Hauptperson das heißt auf mich zurück. Ende August's reiste ich mit Ad. u. Aug. Stöber nach Weißenburg, Amsler u. Held erwarteten uns an der Diligence bis um Mitternacht wo wir ankamen, ich mußte bei Held logieren u. wurde v. der ganzen Familie sehr zuvorkommend u. wohl empfangen. Held, Amsler, 2 Stöber u. ich gingen die folgenden Tage nach Landau in das Rheinbairische v. dort besuchten wir einige alte Burgen, Dryfels, Madenburg etc. kehrten Dienstags Abend wieder nach Weißenburg zurück. – Mittwoch ging ich mit 2 Stöber nach Woerth v. dort ins Jägertal, wo wir einige alte Burgen besuchten u. langten gestern glücklich hier an, heute ist abscheulich Regenwetter, ich bin allein, denn die beiden Stöber sind in Oberbronn bei ihrer Schwester, u. ich hier bei mein. Cousin welcher aber den ganzen Tag auf d. Bureau ist. Ich sitze also hier in Niederbronn in ein. hübschen Kaffeehaus u. schreibe an meinen lieben Büchner. Die Zeit würde mir zu fürchterlich lang werden, wenn sich nicht ein artiges, hübsches Mädchen sich meiner erbarmte, welche auf einige Zeit hier im Kaffeehaus ist. – Sie ist aus Straßburg klein gut gebaut etc., doch ein wenig viel Kokette, gestern schrieb ich an mein. Bruder, heute an Dich. Du siehst also daß ich über dem Mädchen durchaus Dich nicht vergesse, vielmehr wäre es mir zehnmal lieber Dich als die Kokette hier zu haben. –

Morgen wenn es das Wetter erlaubt ziehen wir nach Bitsch die famose Festung dann nach Lützelstein zu Follen, dann zu Baum, endlich nach Barr, heut über acht Tagen bin ich bestimmt wieder in Straßburg, vielleicht auch früher, ich werde dann hauptsächlich Anatomie u. Physiologie studieren od. ochsen, dazu noch die Therapie v. Hecker.

Lebe wohl, ich erwarte gleich nach mein. Ankunft in Straßburg Briefe von Dir, ich denke Du kannst wohl dieses Opfer mir bringen; denn Du weißt, wie mich Deine Briefe erfreuen.

Vale u. komme je eher je lieber
nach Straßbg zurück. Dein Eug. Boeckel.

3. Von Eugen Boeckel nach Darmstadt

Straßburg d. 3ten Sept. 33.

Endlich mein Lieber ergreife ich die Feder um Dir zu schreiben, entschuldigen will ich mich nicht Du kennst meine Schwachheiten zu gut; ich denke: il vaut mieux tard que jamais.

Deine beiden Briefe erhielt ich richtig u. ersehe daraus daß Du mehr arbeitest als ich. Du weißt wie viel Zeit mir das Balbieren wegnimmt, so daß ich beinah verzweifeln muß zu einer ordentlich. wissenschaftlichen Bildg zu gelangen; indessen denke ich auch in dieser Hinsicht il vaut mieux tard que jamais, u. gründliche Studien suche ich soviel als möglich bei meiner Lage u. meinem unruhigen Charakter.

Botanique hab ich während dieser Zeit ziemlich betrieben, Du wirst freilich es mir nicht glauben, wenn ich Dir sage daß ich viele Pflanzen analysiert habe nach den descriptions de Decandolle u. nach seinem clavis, freilich hab ich hauptsächlich den Unterschied der Familien studieren müssen, weil ich diesen noch nicht hinlänglich kannte.

In Conradi hab ich die Blut u. Bauchflüsse studiert u. die Frakturen von Astley Cooper, Übersetzung von Froriep. Endlich den Thiers, hist. d. la révolution geendigt. Du weißt daß ich durch Aufzählg dieser Bücher Dir keineswegs beweisen will, daß ich viel studiert habe.

Stöber Auguste, ist seit 3 Tagen in Oberbronn, nichtsdesto weniger ist seine Adresse, Aug. Stöb. rue d. jeu des enfans N° 35. Ich denke, ihn in 8 od. 14 Tagen zu besuchen. Ad. Stöber ist seit 8 Tagen hier in Straßburg u. wird hier bleiben bis zu Ende des Oktobers. Er ist auf dem Landgute v. Hr. Reybel in der Ruprechtsau.

Baum arbeitet an seiner Schrift üb. die Methodisten, eine Preisfrage; die Arbeit muß bis Ende Oktobers abgeliefert werden. Der Preis beträgt 3000 fr. Außer ihm konkurrieren noch Ernst u. Bekker. Reuß teilte ich Deinen Brief mit so wie auch Lambossy, welcher wirklich in Baden ist. Louis u. Melle sah ich mehrere male während dies. Zeit.

Wie sehr alle u. hauptsächlich wir Eugeniten bedauern daß Du nicht hier bist, brauche ich Dir nicht zu sagen, besonders da jetzt Adolphe hier sich befindet.

Die These v. Lauth wirst Du durch die Buchhandlung erhalten haben. Die v. Goupil habe ich selbst nicht u. Lambossy konnte sie mir auch nicht verschaffen. Sein sujet ist: La contraction musculaire, étant donné à considérer les muscles en action, particulièrement dans la station, la progression, le saut etc.

Lauth wurde oft kolliert hauptsächlich über Fragen, welche auf mécanique u. physique Bezug hatten. Goupil wurde v. d. Jury zum Professor proklamiert. Lauth soll die Anatomie chaire erhalten u. Ehrenmann die Accouchement chaire nehmen; wenigstens wurde v. d. Doyen Cailliot dieses Begehren an das Ministerium gemacht. Was geschehn wird, zeigt sich mit d. Zeit. Lauth ist seit 14 Tagen in Paris. Wie sehr es ihn kränkt den Sieg nicht davon getragen zu haben kannst Du Dir vorstellen. Alle Einzelheiten des Concurs kann ich Dir unmöglich schreiben, es würde zu lange dauern, die Fragen waren über folgende Gegenstände: sur la vue, schriftlich in acht Stunden (séance tenante) eingeliefert. 2. fonctions du foie et d. l. rate frei darüb. gesprochen noch 3 Stunden, etc.

Volpes ist noch bei Reuß, er läßt Dich vielmal grüßen. Apostel Petrus hat seit seiner Abreise noch nicht geschrieben.

Dein Eug. Boeckel.

Grüß Gott, lieber Büchner! Ich bin wieder in der Heimat u. atme Elsässerluft. Wie sehr hätte michs gefreut, auch Deine Hand wieder zu drücken! Doch gebe ich die Hoffnung nicht auf, Dich auf diesem Erdenrund wiederzusehen: ich hoffe nach einigen Jahren, von meinem ägyptischen Dienst erlöst, ins gelobte Land der Freiheit heimzukehren; dann will ich Deutschland durchwandern u. auch an Deiner Türe anpochen. Doch vielleicht kommst Du selbst noch früher zu mir. Einstweilen bleiben wir uns jedenfalls treu – mit warmem Bruderhandschlug – Gottbefohlen!

Dein Ad. Stöber.

4. *Von Wilhelm Georg Reuß nach Gießen*

Darmstadt den 24ten März 1834.

Lieber Georg!

Ich war wirklich nicht wenig erstaunt heute Morgen, einen Brief von Dir zu erhalten, worin Du noch um Geld bittest, im größten Regen ging ich sogleich in die Heyrische Buchhandlung, und ließ mir eine Anweisung von 17 fl. 30 kr. an die dortige Buchhandlung geben; diese nebst einem Briefe folgt anbei, wogegen Du sogleich das Geld in Empfang nehmen kannst. Wenn Du Dich nun beeilst, so mußt Du bis den Mittwoch Abend mit dem Gieser Briefkurier hier eintreffen; dies verlang ich vor allem von Dir: denn der Zustand, worin sich Dein Vater, ins besondere Deine leidende Mutter befindet, über Dein Ausbleiben, ist der Raum zu kurz es hier zu beschreiben, ich weiß nicht wie Du Dich hierüber genügend verantworten willst. Dein Vater ist so aufgeregt so wie auch Deine

Mutter, daß ich Ihnen von Deinem Verlangen nach Geld ohnmöglich etwas sagen konnte, sinne nun auf Deiner Reise darnach, wie wir es dem Vater beibringen wollen, und wie Du Dein Ausbleiben entschuldigen kannst. Wärest Du wie andere Menschen, das heißt gäbst Du Dir Mühe etwas Lebensklugheit Dir anzueignen, so hättest Du in Deinem ersten Brief an mich nur geschrieben, ich habe den Vater um 22 fl. gebeten, ich brauche aber außerdem noch 20 fl., so wärest Du nun schon hier, es ist recht schlimm, wenn man mit viel Kenntnissen, als ein Schussel auf der Welt herumgehet. Mündlich ein mehreres. Dein Onkel

George Reuß.

5. Von Gutzkow nach Darmstadt

Verehrtester Herr!

In aller Eile einige Worte! Ihr Drama gefällt mir sehr, u ich werde es Sauerländer empfehlen: nur sind theatralische Sachen für Verleger keine lockende Artikel. Deshalb müßten Sie bescheidene Honorarforderungen machen.

Wenn diese vorläufige Anzeige dazu dienen könnte, Ihren Mut wieder etwas aufzurichten, so würd' es mich freuen. In einigen Tagen mehr!

Ihr

Frankf. ergebenster
d. 25. Febr. 35 K. Gutzkow

6. Von Gutzkow nach Darmstadt

Frankf. 28 Febr. 35

Verehrtester;

Sie hätten mir schreiben sollen, was Ihre Forderung in betreff Danton's ist. Viel (am wenigsten aber das, was Ihre Dichtung wert ist,) kann Sauerländer nicht geben. Es ist für ihn ein harter Entschluß, das Mskr zu drucken; denn wie günstig die Kritik urteilen mag, so ist doch mit dem Absatz dramatischer Sachen bei dem gegenwärtigen Publikum die größte Not. Kaum, daß sich das Papier herausschlägt. Ich weiß das. Das sind keine Redensarten.

Rechnen Sie das Notdürftigste, was Sie im Augenblick brauchen, zusammen, resignieren Sie auf jede glänzende Erwartung u. suchen Sie sich durch weitre Arbeiten etwa für den Phönix, zu dem ich Sie einlade, sich einige wiederkehrende Einkünfte zu verschaffen.

Ihrer Angabe seh' ich also demnächst entgegen. Ihr ergebenster

K. Gutzkow

7. Von Gutzkow nach Darmstadt

Fr. 3 März 35

Verehrtester!

10 Friedrichsd'or will Ihnen Sauerländer geben unter der Bedingung, daß er mehres aus dem Drama für den Phönix benutzen darf, u daß Sie sich bereitwillig finden lassen, die Quecksilberblumen Ihrer Phantasie, u alles, was zu offenbar in die Frankfurter Brunnengasse u die Berlinische Königsmauer ablenkt, halb u halb zu kassieren. Mir freilich ist das so ganz recht, wie Sie es gegeben haben; aber Sauerländer ist ein Familienvater, der 7 rechtmäßige Kinder im Ehebett gezeugt hat, u dem ich schon mit meinen Zweideutigkeiten ein Alp bin: wieviel mehr Sie mit Ihren ganz grellen und nur auf Eines bezüglichen Eindeutigkeiten! Also dies ist sehr notwendig.

Nun scheint es aber, als hätten Sie große Eile. Wo wollen Sie hin? brennt es Ihnen wirklich an den Sohlen? Ich kann Alles hören, nur nicht, daß Sie nach Amerika gehen. Sie müssen sich in der Nähe halten (Schweiz, Frankr.), wo Sie Ihre herrlichen Gaben in die deutsche Literatur hineinflechten können; denn Ihr Danton verrät einen tiefen Fond, in den viel hineingeht, u viel heraus, u das sollten Sie ernstlich bedenken. Solche versteckte Genies, wie Sie, kommen mir grade recht; denn ich möchte, daß meine Prophezeiung für die Zukunft nicht ohne Belege bliebe, u Sie haben ganz das Zeug dazu, mitzumachen. Ich hoffe, daß Sie mir hierauf keine Antwort schuldig bleiben.

Wollen Sie Folgendes: Ich komme zu Ihnen hinüber nach Darmstadt, bring' Ihnen das Geld u fange mit Ihnen gemeinschaftlich an, aus Ihrem Danton die Veneria herauszutreiben, nicht durch Metall, sondern linde, durch Vegetabilien u etwas sentimentale Tisane. Es ist verflucht, aber es geht nicht anders, u ich vergebe Ihnen nicht, daß Sie mich bei dieser Dolmetscherei u Vermittlerschaft zwingen, die Partie der Prüderie zu führen. Können Sie sich aber noch halten in Darmstadt, so bekommen Sie das Geld und Mskrpt durch Heyer, worauf Sie aber letzteres unfehlbar einen Tag später wieder abliefern müssen.

Ihr Gutzkow

8. Von Gutzkow nach Darmstadt

Fr. 5ten März 35

Liebster!

Sauerländer widerrät mir, nach Darmst. zu gehen, weil ihm freilich daran gelegen sein muß, daß ich mich so kauscher, als möglich verhalte. Doch möcht' ich Sie gern sprechen; u. ich erwarte deshalb bestimmt von Ihnen (Sie können direkt an mich adressieren *Wolfseck*) genauere Angabe Ihrer Lage, ob Sie nicht ausgehen dürfen u es dann nicht möglich wäre, daß wir uns in irgend einem Gasthofe ein Rendezvous gäben. Um 10 Uhr Morgens geht hier ein Postwagen ab: da wär' ich zu Mittag drüben, spräche einige Stunden mit Ihnen u wäre Abends wieder in meiner Behausung. Was dabei so Gefährliches ist, seh' ich nicht: es sei denn, daß Sie als Pech in Darmstadt herum wandeln, u jeden wieder in's Pech brächten, der einige Worte mit Ihnen spricht. Oder gehen Sie gar nicht aus; dann such' ich Sie in Ihrem Versteck. Vor allen Dingen vertilgen Sie meine Briefe!

Daß Sie nach Frankreich gehen: ist gut. So bleiben Sie doch in der Nähe u können für Deutschl. etwas tun. Arbeiten Sie ja für den Phönix: wenn Sie keine Quellen in Frankreich haben, müssen Sie solche Verbindungen nicht abweisen. – Wenn Sie mir über Ihre Lage einige Aufklärungen geben, komm' ich sogleich: ich bin so einer Erholung bedürftig, da ich in einigen Tagen meine Tragödie *Nero* fertig habe. Ihr Gutzkow

P.S. Überschicken Sie mit Ihrem Briefe auch die Quittung

9. Von Gutzkow nach Straßburg

Frankfurt aM. 17 März 35

Lieber, ich habe vor länger als 8 Tagen, beinahe 14 Tagen schon 10 fr. an die Darmstädter Adresse gesandt u von Ihrem *Vater* darauf die Anzeige erhalten, Sie wären nach Friedberg u das Geld würde Ihnen eingehändigt werden. Ihr Vater schien von der Herkunft dieses Geldes nichts zu wissen.

Werden Sie in Straßburg bleiben? Ich halte es für ratsam, da Sie wie Enghien wohl keine Aushebung durch Dragoner zu fürchten haben. Sie sollten meine Ermunterung, in der Teilnahme an deutscher Literatur fortzufahren, nicht in den französischen Wind schlagen. Was Sie leisten können, zeigt Ihr Danton, den ich heute zu säubern angefangen habe, u der des Vortrefflichsten soviel enthält. Glauben Sie denn, daß sich irgend Etwas Positives für Deutschlands Politik tun läßt? Ich glaube, Sie taugen zu mehr, als zu einer Erbse, welche die offne Wunde der deutschen Revolution in der Eiterung hält. Treiben Sie wie ich den Schmuggelhandel der Freiheit: Wein verhüllt in Novellenstroh, nichts in seinem natürlichen Gewande: ich glaube, man nützt so mehr, als wenn man blind in Gewehre läuft, die keineswegs blindgeladen sind. Wär' es nicht, so hätt' ich mich in der Rechnung meines Lebens betrogen u müßte dann selbst meinen Untergang beschleunigen.

Noch drückt Sie Mangel. Hoffentlich haben Sie jetzt das, was Sie zehnmal verdient haben. Das beste Mittel der Existenz bleibt die Autorschaft, d.h. nicht die geächtete, sondern die noch etwas geachtete, wenigstens honorierte bei den Philistern, welche das Geld haben. Spekulieren Sie auf Ideen, Poesie, was Ihnen der Genius bringt. Ich will Kanal sein, oder Trödler, der Ihnen klingend antwortet. Bessern Rat weiß ich nicht, u ich möchte Ihnen doch welchen geben, u recht altklug Ihnen zurufen: Gehen Sie in sich, werden Sie praktisch, u regeln Sie Ihr Leben. Aber ich tu es zagend; denn unsre Zeit hat eine ganz besondre Art Scham erfunden, nämlich die, *nicht unglücklich zu sein*.

Vergessen Sie nicht, von sich hören zu lassen.

Ihr G.

10. Von Gutzkow nach Straßburg

Frankfurt d 7. April 35

Mein nach Darmstadt geschickter Brief enthält nichts Wesentliches. Ich freue mich, daß Sie sich zu arrondieren anfangen u sich wohl fühlen. Vom Danton hat der Phönix sein Teil schon abgedruckt, u damit viel Ehre eingelegt. Was ich Ihnen über Ihre Fähigkeit schon sagte, muß ich wiederholen. Es ist mir, als hätten Sie eine literarische Prädestination. Ich warte nur den Druck u die Ausgabe Ihres Buches ab, um Sie beim Publikum einzuführen. Aber warten Sie das nicht ab (denn Sauerländers Pressen schwitzen Tag u Nacht und für Danton könnte sich der Termin noch etwas hinausschieben) reißen Sie selbst die Flügeltüren auf, u stürzen Sie auf's Parkett. Man wird erst spröde sein, dann horchen u zuletzt sich hingeben. Das Selbstgefühl wird schon kommen. Meine Muse bäumte sich auch erst wie ein scheues Pferd vor der Autorschaft; ich hatte sogar schon ein Buch geschrieben, als ich noch immer daran zweifelte, ob ich's könnte: als ich aber Hunger bekam u mir in meiner Heimat, in Preußen, der Brotkorb hochgehangen wurde, da schrieb ich aus Desperation u freue mich nun, daß das Ding flott geht.

Die Übersetzung lassen Sie unterwegs, an Originale machen Sie sich. Sie haben selbst viel Ähnlichkeit mit Ihrem Danton: genial u träge. Mich feuerte vor 4 Jahren ein Brief Menzels zur Schriftstellerei an; wenn ich auch nicht soviel auf Sie vermag, wie *der* auf mich, so ist doch meine Aufforderung gewiß aus reiner Freude über Sie entstanden. Ich wiege mich in dem Gedanken, Sie entdeckt zu haben u Sie recht als ein schlagendes Beispiel, als Armidaschild der Menge, mit der ich mich zu balgen habe, gegenüberhalten zu können. Soll ich noch mehr loben? Nein, Sie sollen sich Ihren eignen Stolz machen.

Ich weiß nicht, ob Sie den Phönix gelesen haben d.h. mein Lit. Blatt, u noch lesen. Bei Levrault, der ihn für die Revue Germanique bezieht, können Sie ihn einsehen. Mir wär' es willkommen, wenn Sie einige Aufmerksamkeit auf das, was an mir ist u was ich will, verwendeten. Sind Sie überhaupt wegen unsrer laufenden liter. Verhältnisse au fait? Sie brauchen es nicht zu sein: Sie scheinen ganz positiver Natur. Schreiben Sie mir, was Sie arbeiten wollen. Ich bringe Alles unter; aber bald; denn in 14 Tagen reis' ich auf kurze Zeit nach Berlin; daß ich Sie sehe, könnte sich im Juni ereignen. Ich freue mich sehr darauf: ich stelle mir in Ihnen einen nicht über 5 Fuß hohen Kerl oder Menschen oder Mann, wie Sie wollen, vor, und zwar fröhlicher Laune; doch haben Sie dunkles Haar.

Jen. theologischen Antrag kann zwar Sauerl., der viel Verlag für das Jahr schon auf den Schultern hat, nicht annehmen; doch hab' ich schon andre Verbindungen deshalb eingeleitet, u erwart' ich nun Angabe des *Umfangs* der Schrift in ungefährem Druck, nebst der Erklärung, ob bei der Sache auch verdient werden soll?

Ihr G.

Apropos! Wollen Sie mir Kritiken über *neueste* franz. Literatur schicken für mein Blatt, so sind mir die willkommen; aber schneller Entschluß! Eine Zusage, um mir Freude zu machen!

11. Von Gutzkow nach Straßburg

Mannheim 12 Mai 35

Mein Lieber,

Statt daß Sie mich um tausend Parasangen weiter von sich denken, bin ich Ihnen um hundert näher gerückt. Meine Paßverhältnisse sind etwas in Unordnung, sonst käm' ich schon zu Ihnen. Ich spare das auf. Die Berliner Reise ist mit Gefahren verknüpft. Durch eine Vorrede zu Schleiermachers Briefen über Schlegels Luzinde hab' ich die Geistlichkeit u den Hof gegen mich empört: ich fürchte ein Autodafé u halte mich am Rheingeländer, das bald übersprungen ist. Adressieren Sie recht bald eine Nachricht hieher an *mich*, wohnhaft bei HE Reitz. Ihre Äußerungen über neure Lit. vermag ich nicht aufzunehmen, weil mir jetzt die Muße fehlt. Nur glauben Sie nicht, daß ich z.B. durch meine Besorgung einer Übersetzung V. Hugos eine große Verehrung vor der romantischen Konfusion in Paris an den Tag legen will: dies ist nur eine Gefälligkeit für einen Buchhändler, der auf mein Anraten auch Sie ins Interesse gezogen hat. Danton wird nun gedruckt.

Ihre Novelle Lenz soll jedenfalls, weil Straßburg dazu anregt, den gestrandeten Poeten zum Vorwurf haben? Ich freue mich, wenn Sie schaffen. Einen Verleger geb' ich Ihnen sogleich. Auch sagen Sie Ihrem theologischen Freunde, daß er für seine Schrift einen Abnehmer hat, falls Matter in Straßburg sich dazu entschließen könnte, sie zu bevorworten.

Wer war der Freund, der mich in Frankf. treffen wollte?

Vergelten Sie mir diese Abbreviatur von einem Briefe nicht, sondern seien Sie mitteilsam u vollständig!

Ihr Gutzkow

12. Von Gutzkow nach Straßburg

Wiesbaden 23 Juli 35.

Mein lieber Freund; ich habe länger geschwiegen, als verziehen werden kann. Heidelberg u Mannheim nahmen mich sehr in Anspruch, dann eine Rheinreise, Frankfurt mit all seinen Verbindungen, die wieder aufgefrischt werden mußten, nun gar Wiesbaden, wohin ich gegangen bin um zu schwitzen – das Alles hat mich in ewige Unruhe gebracht. Zuletzt noch hab' ich in der Hast von 3 Wochen (schnelle Arbeiten sind die besten) einen Roman geschrieben: *Wally, die Zweiflerin.* Auch jetzt bin ich nur erst in der Stimmung, ein Billett statt eines Briefes zu schreiben, u Ihnen in der Eile zu sagen, daß ich viel u herzlich an Sie denke. Sie haben mehr Zeit als ich. Regen Sie mich durch einen langen Brief zu einem längern auf! – Sauerländer trödelte lange mit dem Druck Ihres Danton. Für den Schreckenstitel kann ich nicht: das ist eine der buchhändlerischen Dreistigkeiten, die man sich bei seinem zweiten Buche nicht mehr gefallen läßt. Sie werden jetzt Exemplare haben, u meine von der Zensur verstümmelte Anzeige. Ich trug Sauerländer auf, Ihnen den Korrekturabzug zu schicken; denn ich habe ein böses Gewissen. Ich fühle, daß ich mich nicht erschöpfend genug über Sie ausgedrückt habe, wenigstens viel zu allgemein; u. da ist mir jeder verlorne Buchstabe wichtig, wenn Sie ihn nicht sehen sollten. Geben Sie bald ein zweites Buch: Ihren *Lenz,* (für den ich schon einen bessern Verleger habe) dann will ich das Versäumte nachholen.

Auf die theol. Schrift Ihres Freundes kann man nur eingehen, wenn *Matter* auf dem Titel steht. Matter hat Renommee in Deutschland, der von Ihnen genannte Name nicht.

Schreiben Sie nach Frankfurt: der Brief trifft mich sichrer.

Mit bestem Gruß Ihr Gutzkow

13. Von Gutzkow nach Straßburg

Stuttgart 28 Aug 35

Jetzt werd' ich klagen, mein lieber Freund, daß Sie sich in ein nebelhaftes Schweigen hüllen. Wie leben Sie? Ich bin in Ihrer Nähe; aber leider werd' ich die Muße nicht haben, Straßburg besuchen zu können. Zwar bin ich jetzt ungebundener, als je, weil ich mein Literaturblatt am Phönix preisgegeben habe, aber es drücken mich doch mancherlei Geschäfte, weil ich gesonnen bin, noch vor dem neuen Jahre selbst ein Journal mit meinem Freunde L. Wienbarg zu edieren. Der Titel wird sein: *Deutsche Revue;* die Form, wöchentlich ein Heft. Ich gestehe aufrichtig, daß ich mich bei diesem Unternehmen ernstlich auf Sie verlassen möchte. Schreiben Sie mir so bald Sie können *nach Frkft im Wolfseck,* ob ich, monatlich wenigstens 1 Artikel (spekulativ, poetisch, kritisch, quidquid fert animus) von Ihnen erwarten darf? Mit den buchhändlerischen Bedingungen werden Sie zufrieden sein.

Mein Frankfter Lit. Bl. ennuyierte mich, der Dullerschen Sozietät wegen. Die Deutschen, welche sehr viel auf Hörensagen, wenig auf Autopsie geben, pflegen gern nach dem Grundsatz zu urteilen: Nenne mir, mit wem du umgehst, u ich will dir sagen, wer du bist! Diesen Dullerschen Maßstab somit an mich legen zu lassen, bin ich zu hoffärtig. Eine Sauerländersche Plumpheit (Sauerl. ist kein Buchhändler sondern ein Frankforter Borjär) gab mir Rechtsvorwand, abzubrechen.

Über Ihren Danton hör' ich sonst noch nichts. Wienbarg hat ihn mit Vergnügen gelesen. Von Grabbe sind 2 Dramen erschienen. Wenn man diese aufgesteifte, forcierte, knöcherne Manier betrachtet, so muß man Ihrer frischen, sprudelnden Naturkraft das günstigste Horoskop stellen.

Haben Sie Freunde in der Schweiz? nämlich Freunde, die Sie dafür halten? Man hat mir von dort anonyme Zusendungen gemacht, um Ihr Talent zu verdächtigen u namentlich mich von der Hingebung, die ich öffentlich gegen Sie gezeigt habe, zurückzubringen. Mehr mag ich nicht sagen. Es scheinen Knaben zu sein, die mit Ihnen auf der Schulbank saßen, u sich ärgerten, wenn Sie [unlesbar] Antworten gaben.

Schreiben Sie nach Frkft. Ihr Gutzkow

14. Von Gutzkow nach Straßburg

[Poststempel: Frankfurt 28 Sept 35]

Mein lieber Freund,

Sie erbauen weder mich, noch meinen Plan durch Ihren jüngsten, doch so willkommnen Brief. Ich hatte sicher auf Sie gerechnet, ich spekulierte auf lauter Jungfernerzeugnisse, Gedankenblitze aus erster Hand, Lenziana, subjektiv & objektiv: Sie können auch Ihre abschlägige Antwort nicht so rund gemeint haben u werden schon darauf eingehen, folgenden Kalkül, mit sich anzustellen: Du hast ein Buch mit deinem Namen geschrieben. Ein Enthusiast hat es unbedingt gelobt. Ja, du hast dich sogar herabgelassen, 2 wahrscheinlich sehr elende Dramen von V. Hugo zu übersetzen; du stehst nun mitten drinnen und mußt dich entweder behaupten, oder avancieren. Die Deutsche Revue wird großartig verbreitet, sie zahlt für den 8°bogen 2 Fried.d'ors. Sie hat einige glänzende Aushängeschilde von Namen, welche sogar das alte u besorgliche Publikum locken. In der Tat, lieber Büchner, häuten Sie sich zum 2ten Male: geben Sie uns, wenn weiter nichts im Anfang, *Erinnerungen an Lenz:* da scheinen Sie Tatsachen zu haben, die leicht aufgezeichnet sind. Ihr Name ist einmal heraus, jetzt fangen Sie an, geniale Beweise für denselben zu führen.

Das Brockhaussche Repertorium kanzelt Sie mit 2 Worten ab. Die Abend-Zeitung, wie ich aus einem Briefe von Th. Hell an einen Dritten sehe, wird desgleichen tun. Basenhaft genug schreibt dieser Hofrat Hell genannt Winckler: Wer ist dieser Büchner? Antworten Sie ihm darauf!

W. Schulz hat an mich geschrieben. Er scheint recht gedrückt zu sein; was ich für ihn ausrichten kann, will ich sehen. Er solle sich noch einige Tage gedulden.

Von Menzels elendem Angriffe auf meine Person werden Sie gehört haben. Ich mußte ihn für seine Schamlosigkeit fordern; er schlug diesen Weg aus u zwingt mich nun ihm öffentlich zu dienen. Menzeln wär' es eine Freude gewesen, wenn ich bei ihm noch immer die zweite Violine gespielt hätte u einmal executor seines Testaments geworden wäre. Prinzipien hat er für keine größere Fehde mehr, seine letzten Patronen hat er gegen Göthe verschossen: Nun muß die Religion, die Moral u mein Leben herhalten, um mich zu stürzen. In einigen Tagen erscheinen von mir u Wienbarg Broschüren. Ich kann nichts Besseres tun, als aus seiner Infamie eine literarische Streitfrage machen. Zeit ist's, endlich einmal die Menzelsche Stellung zu revidieren u die kritischen Annalen zu kontrollieren, welche er seit beinahe 10 Jahren geschrieben hat.

Am 1 Dez. erscheint das 1ste Heft der Revue. Benimmt sich Menzel nicht, als woll' er sagen: »O Herr Zebaoth, siehe, sie wollen herausgeben ein Blatt, das da heißet: Deutsche Revue u soll es erscheinen wöchentlich einmal! spricht der Herr: Sela.«

Ihr Gutzkow

Adressieren Sie nicht an Sauerl., sondern kurzweg an meinen Namen.

15. Von Gutzkow nach Straßburg

Mein Lieber!

Ich sitz' im Gefängnis – wie u wodurch das kam, ein Andermal – wenn ich mich in mein Schicksal zu finden weiß. Zunächst dies, daß ich des Angriffes auf die Religion beschuldigt bin.

Erst wollt' ich fliehen u schrieb an Mr. Boulet in Paris, für mich zu sorgen. Wahrscheinlich ist unter Ihrer Adresse von da ein Brief an mich gekommen. Schicken Sie ihn mir hieher mit besonderm Couvert an den Dr. Löwenthal.

Wie glücklich sind Sie in der Freiheit! Ich sehe voraus, daß ich lange werde geplagt werden. Menzel hat mich so weit gebracht. Ich bin zusammenhängender Ideen nicht fähig. Ein andermal mehr, wenn es sich aus den Eisenstäben schmuggeln läßt.

Mannheim Ihr G.
d. 4 Dez. 35

16. Von Eugen Boeckel nach Straßburg

Mademoiselle Wilhelmine Jägle

Entschuldigen Sie gütigst die Freiheit die ich mir nehme den Brief an Sie zu adressieren, ich tue es um mir das Vergnügen zu machen, mich meiner Freundin ins Gedächtnis zurückzurufen, u. um unserm George Unannehmlichkeiten zu ersparen.

Ihr Freund Eugène.

N.B. Da in dem Brief medizinische Gegenstände zur Sprache kommen muß ich Sie bitten zu tun was Ihnen gefällt.

Mein lieber George, wahrscheinlich wirst Du schon einiges von meiner Reise erfahren haben durch meinen Bruder u. Deine Eltern, bei denen ich gerne länger verweilt hätte wenn es die Jahreszeit u. die übrigen Umstände gelitten hätten. Es war mir auf jeden Fall angenehm u. interßant die Familie meines lieben Freundes kennen zu lernen. Deine Mutter ist übrigens eine der angenehmsten u. unterhaltensten Personen welche ich jemalen gesehn habe, ich würde mich sehr freuen Deine Mutter u. Deine Schwester in Straßburg nächsten Ostern zu sehn wenn es möglich wäre – Dein Vater ist billig aber mit Recht etwas ungehalten über Dich – Deine Großmutter ist besonders gut konserviert – Dein kleiner Bruder Louis gleicht Dir außerordentlich. Du kannst leicht denken daß wir sehr viel von Dir u. d[elle] Wilhelmine sprachen –

In Heidelberg wurden wir sehr gut von Nägele empfangen, ich logierte daselbst auf Kosten des Großherzogs in der Geburtshülflichen Anstalt mit 36 andern schwangern Weibern, ich konnte ohne Übertreibung kaum einen Schritt im Hausgang machen ohne an eine wohlbeleibte Person zu stoßen. Übrigens bewohnte ich ein großes hübsches Zimmer wo gewöhnlich die vornehmen Sünderinnen sich ihrer Last u. Sünde zu entledigen pflegen. Von Heidelberg bis Frankfurt hatten wir einige aventuren, deren Erzählung Du mir ersparen wirst da ich von Cassel aus schon einen ziemlich detaillierten Brief hierüber an meine Familie geschrieben habe. In Cassel hielten wir uns einen Tag auf u. bestiegen daselbst die Wilhelm's Höhe. Die Gegend um Cassel herum ist eine der schönsten u. anziehendsten in der schönen Jahreszeit, aber wir treffen leider überall Schnee, Regen, Nässe u. Kälte an, so daß wir eigentlich die Schönheiten einer Gegend nicht beurteilen können, dies sah ich namentlich bei Heidelberg das ein sehr tristes Aussehn hatte in dieser Winterzeit. Durch Giesen fuhren wir Nachts so daß ich Deine liebe Musen-Stadt nicht recht genießen konnte. In Marburg hielten wir uns eine halbe Stunde auf, ich sah doch soviel davon um mich zu überzeugen daß es viel hübscher gelegen ist als Giesen. Wirklich sitze ich in Göttingen wo ich den 15ten ankam, den 20sten dieses Monats reisen wir nach Berlin den 22sten werde ich in Berlin ankommen si diis placet. Wir hatten zuerst beschlossen über Braunschweig u. Magdeburg durch den Harz zu reisen. Allein das geht nicht bei dieser Jahreszeit. Zu Fuß können wir nicht gehn wegen des Kotes u. der kurzen Tage u. zu Wagen geht es langsam u. unbequem u. teuer. Reisen wir mit Eilwagen über Braunschweig u. Magdeburg so müssen wir entweder bloß durch diese Städte fahren ohne etwas zu sehn oder an jedem Ort mehrere Tage liegen bleiben. Also sind wir entschlossen den kürzesten Weg über Halle zu nehmen. Dafür bleiben wir fünf Tage in Göttingen denn ich denke es ist besser wenig Universitäten recht zu sehn als bloß sich einen Tag aufhalten damit man sagen kann ich bin dort gewesen.

Studiert habe ich nicht viel während meiner Reise, ich glaube auch es wäre sehr deplaziert gewesen – Bloß in Heidelberg habe ich während acht Tagen einen Teil von Siebold, Frauenzimmerkrankheiten, u. Cooper über Blasen-Krht. studiert, ich hatte daselbst beinahe Hausarrest wegen meines podagra's. In Heidelberg habe ich das Klinikum von Chelius u. Nägele besucht, u. hauptsächlich mich im touchieren geübt weil die Gelegenheit dazu vortrefflich war bei meinen 36 Hausgenossen – In Göttingen besuchte ich diesen Morgen Langenbeck, Siebold u. Conradi, von beiden letzteren wurden wir besonders gut empfangen u. hauptsächlich von Dr. Conradi, Sohn des Professors, welcher den ganzen Tag mit uns herumlief, u. uns alle möglichen renseignemens über die hiesige Universität gab. Morgen werden wir bei Konradi den Café trinken. Auf der ganzen Reise mußten wir unsere Pässe bloß in Kehl u. Frankfurt vorweisen, an keinem andern Ort kümmerte sich irgend ein Polizei-Diener um uns.

Wie geht es Dir mein Lieber? ist die Dissertation geschrieben, werden wir Dich in Zürich treffen, kommst Du oft zu Baum – Deine Mutter läßt Dir sagen Du sollst nicht oft Nachts arbeiten, u. ich füge meine Bitte u. meinen wohlmeinenden ärztlichen Rat bei, allein ich fürchte vergebens, ferner sollst Du die Fechtstunde fortsetzen u. dies tue mir, Deiner Mutter, u. Deiner Gesundheit zu gefallen –

Frage meinen Bruder ob der Doktor den Brief erhielt den ich ihm von Heidelberg aus schrieb, ferner ob Dr. Schützenberger meinen Brief erhielt, u. endlich ob die Epistel angelangt die ich von Cassel aus an Me. Marie Boeckel schrieb, diese Aufträge vergiß nicht. Sage auch meinem Bruder daß ich den 22 Januar in Berlin anlange meiner Berechnung nach u. man soll mir dorthin schreiben, poste restante, was tante Schneegans macht. Sobald ich am Ziel meiner Reise bin schreibe ich an Baum meine Adresse, wenn ich ihm nicht noch diese Tage von Göttingen aus schreibe, es ist meine Lieblings-Beschäftigung mich Abends mit meinen Freunden u. Freundinnen schriftlich zu unterhalten weil es mir unmöglich ist mich mündlich zu unterhalten mit ihnen – Mit meinem Reise-Kompagnon Dr. Schwebel bin ich komplett zufrieden, er läßt Dir einen freundlichen Gruß entbieten, er sitzt in diesem Augenblick bei mir u. schreibt an seine Eltern. Die Aufträge an Hoffmann habe ich ausgerichtet darüber ausführlicher an Baum – Ich habe die chronologische Ordnung in meinem Briefe nicht befolgt weil ich meine Reise in dieser Ordnung an meine Familie beschrieb u. weil ich mich nicht entschließen kann zweimal dasselbe zu schreiben. Grüße mir Baum, Deinen Schwager u. Gust. Schneegans, wenn Du mit ihm Schach spielst so denke an mich.

Dein Freund Eugène.

Sage meiner Familie ich sei immer lustig u. immer bei Gelde, depensiert habe ich in den 14 Tagen 160 fr. circiter immer economisiert, freilich auf der Reise muß man an table d'hôte essen, Wein u. Café trinken, sich nichts abgehn lassen.
Göttingen den 16 Januar 1836.

17. Von Gutzkow nach Straßburg

Mein lieber Freund!

In kurzer Zeit 3 Briefe von Ihnen: 2 die ziemlich gleich lauten u einen, der den Alsabildern beilag. Ihre Ratschläge sind entschieden; aber ich möchte sie noch nicht befolgen. Eine Entfernung aus Deutschland brächte mich um die Voraussetzung eines guten Gewissens, auf das ich mich dreist berufe. Wenn auch von Menzel als strikter Republikaner denunziert, so tritt doch die politische Seite meiner Anschuldigungen ziemlich in den Hintergrund, u. sogar in Preußen scheint man ein andres u milderes Benehmen einleiten zu wollen. Meine Taktik muß die sein, Preußen (ich bin aus Berlin gebürtig) so lange zu vermeiden, bis ich das entschiedene Wort des Ministeriums hab, daß meiner Freiheit nichts in den Weg tritt. Da Laube u Mundt frei passieren, würde man vielleicht auch Anstand nehmen, gegen mich persönlich einzuschreiten. Solange ich kann, halt' ich mich um Frkft herum; denn ich bin daselbst verlobt; aber die elenden Krämer werden mich unsanft empfangen, u. das *binnen 24 Stunden* hör' ich schon, wie natürlich. Diese Menschen wissen nun Alle, daß mich nichts nach Frkft zieht, als meine Braut; und doch sind sie spitzbübisch genug, mir andre Zwecke unterzuschieben. Kurz, ich sehe Not u Plage voraus u werde soviel gehänselt werden, daß ich zuletzt doch im ›Rebstöckel‹ nachfragen könnte. Aber die Freude, Sie zu sehen, müßt' ich dann teuer erkaufen, da mir schwerlich der Rückweg dann offen bliebe.

Die gegen mich bereits erhobene Appellation ist zurückgenommen durch die Minister in Karlsruhe. Ich danke Gott, von dieser Ungewißheit befreit zu sein. Am 10 Februar bin ich nun frei: mit der Weisung, Baden zu verlassen. Ich saß dann 2 1/2 Monate u zwar wie Sie richtig annahmen im Amthause oder Kaufhause, wie der ganze Arkadenwürfel heißt. Behandlung war erst massiv; dann milderte sie sich u endete zuletzt in entschied. Höflichkeit. Erst wollte man mich steinigen, u jetzt bin ich ziemlich populär. Die Deutschen sind wenigstens gutmütig u können Niemanden lange leiden sehen.

Können Sie denn in Straßburg vollkommen die deutschen Affären seit einem halb. Jahre übersehen? Eine Kette von Nichtswürdigkeiten u Dummheiten: die gänzliche innre Auflösung Deutschlands charakterisierend. Ich will mich nicht in Schutz nehmen, ich weiß, daß ich outriert habe; aber was erlaubte man sich nicht dagegen! Vieles ist sehr versteckt u Sie erfahren es noch einmal mündlich.

Ich höre gern von Ihren Beschäftigungen. Eine Novelle Lenz war einmal beabsichtigt. Schrieben Sie mir nicht, daß Lenz Göthes Stelle bei Friederiken vertrat. Was Göthe von ihm in Straßburg erzählt, die Art, wie er eine ihm in Kommission gegebene Geliebte zu schützen suchte, ist an sich schon ein sehr geeigneter Stoff.

Sie studieren Medizin u sind, wie ich höre, an eine junge Dame in Straßburg gefesselt, von früher her, wo Ihnen die Flucht dorthin sehr willkommen war. So sagte man mir wenigstens in Rödelheim.

Wenn Sie mir schreiben, so adressieren Sie: Generalkonsul Freinsheim in Frankfurt a/M. Wolfseck. Freundlich grüßend

Mannheim d. 6 Febr. 36 Ihr Gutzkow

18. Von Eugen Boeckel nach Straßburg

Sonntag. d. 15ten Mai 1836.
Wien, an d. Ufern d. Donau

Ma Damoiselle

Erlauben Sie daß ich noch einmal meine Zuflucht zu Ihnen nehme um einen Brief an Büchner gelangen zu lassen, ich weiß durchaus nicht ob er noch in Strasbourg od. Zürich ist. Seit vier Monaten erhielt ich gestern die erste Kunde von ihm – Ich ersuche Sie auch die Gefälligkeit zu haben meinem Bruder d. Doktor melden zu lassen daß ich seinen Brief vom ersten Mai empfangen habe – Verzeihen Sie George zu Gefallen, die Freiheit die ich mir nehme an Sie zu schreiben, u. seien Sie versichert daß ich die aufrichtigsten Wünsche hege zum Glücke von Ihnen beiden – Ich danke Ihnen wegen des Grußes den Sie durch Büchner an mich sandten, u. verbleibe Ihr Freund

Eug. Boeckel

P.S. Ich erneuere meine Bemerkung daß in d. Brief zuweilen medizinische Gegenstände verhandelt werden – Sie werden tun was Ihnen beliebt.

Mein lieber Freund. Gestern erhielt ich durch Deinen Vetter einen Brief von Dir, adressiert v. d. 18 März, dazumalen konntest Du natürlich meine adresse nicht wissen, denn ich wußte sie selbst nicht. Von meinem Aufenthalt in Berlin wirst Du Nachricht erhalten haben durch Baum, welchem ich von Dresden u. zuletzt von hier aus schrieb – Freund Baum hat sich wie immer sehr nachlässig gezeigt u. mir ein einzigesmal geschrieben – Von Dir, mein Lieber erwartete ich auch nichts besseres u. habe mich in meiner Prognose auch nicht getäuscht.

Ende des Monats März zogen wir von Berlin weg über Leipzig

nach Dresden. In beiden Städten hielten wir uns mehrere Tage auf um die medizinischen Anstalten u. die übrigen Merkwürdigkeiten der Stadt zu sehn – An Abenteuer aller Art u. beinahe noch ärger als Dir hat es uns durchaus nicht gefehlt, wenn Du noch in Straßburg bist so kann Dir Baum etwas davon erzählen – Dresden ist überaus hübsch gelegen an den Ufern d. Elbe – Von Dresden gingen wir nach Töplitz u. Prag durch die böhmischen Wälder in tiefem Schnee – In Prag wo wir während vier Tagen das abscheulichste Wetter hatten mußten wir größtenteils auf die Besuchung d. Umgegend Verzicht leisten. Den ersten Tag gleich besuchten wir Charles X. et sa chère famille auf d. Hradschin. Das Theater in Prag ist vortrefflich.

Von Prag nach Wien hatten wir wieder eine abenteuerliche winterliche Reise in den böhmischen u. mährischen Wäldern u. d. schlechten böhmischen Kneipen. In Wien befinde ich mich seit dem 17ten April – In medizinischer Rücksicht gewährt diese Stadt einem jungen Arzt sehr viele Vorteile; aber Berlin für ein Winter-Semester noch mehr – Die Maternité hier ist sehr groß. Täglich sind 6–8 accouchemens aber Fremde haben Mühe zum touchieren zugelassen zu werden, doch geht es wenn man sich recht darum bewirbt – Was hier vorzüglich gut ist das ist die Augenheilkunde bei Rosas u. Jäger, bei d. letztern nehme ich hierüber ein Privatissim. u. ebenfalls eines bei Koletschka üb. Anat. patholgq. welche man hier sehr gut studieren kann wegen der großen Anzahl v. Autopsien in einem Hospital wo mehrere tausend Kranke sich befinden. Was mich hier speziell interessierte, ist die Cholera welche sich wieder hier gezeigt hat, wir hatten einen Bestand von 20 Cholera Kranken, täglich 2 Tote, jetzt hat die Cholera wied. abgenommen, die Anzahl d. Kranken im Hospital ist auf zehne heruntergekommen. An Intensität hat die Krankheit nicht abgenommen und ich sah mehrere in 6–8 Stunden sterben – Ich habe hierüber ausführlicher an meinen Bruder geschrieben. 30–40 typhus Kranke – 10–15 meta peritonite, Kindbettfieb. oft mit tödlichem Ausgang – Was Annehmlichkeiten anbelangt so bietet Wien Alles dar was sich ein Fremder nur wünschen kann. Die Gegend um Wien ist herrlich. Zwei drei Stunden von d. Stadt befindet man sich mitten in d. Gebirge, in den herrlichsten Tälern, gewöhnlich machen wir Sonntags unsere Exkursion, heute hindert uns das schlechte Wetter daran – Die boulevards u. glacis um Wien selbst herum bieten schon die angenehmsten Spaziergänge mit einer herrlichen Aussicht – Die Bekanntschaften mit den vielen jungen Ärzten aus allen Ländern, Holland, Schweden, Rußland, Preußen etc. etc. ist sehr interessant angenehm

u. instruktiv wenn man es zu benutzen weiß – Der Aufenthalt hier ist angenehmer als man es sich in Frankreich denkt. Es herrschen viele Vorurteile wieder Oestreich welche man ablegt wenn man in das Land selbst kommt. Die Weine hier sind sehr wohlfeil u. gut hauptsächlich d. ungarischen – Theater haben wir fünfe, drei sind ziemlich schlecht. Zwei sind vorzüglich gut – Die italienische Oper am Kärntner-Tor u. das Burgtheater, dieses letzte ist wohl das beste für Schauspiel. Seit ich in Teutschland bin, bin ich ein Liebhaber vom Theater, ich gehe wöchentlich 2–4mal hinein. Löwe, D. l. Roche, Costenoble, Anschütz, d. anmutige Me Rettich, Melle Peche, u. Melle Müller sind ausgezeichnet.

Wirklich gastiert auch hier Devrient aus Dresden, welcher gestern die Rolle Ferdinand in Kabale u. Liebe hatte – Hamlet, d. Ring u. mehrere andern pièces wurden ausgezeichnet gut gegeben – In Dresden ist das Lustspiel sehr gut, in Prag die Opern, Ballnacht, Zampa etc. in Berlin die Oper u. das ballett. In Prag hat mir D^{elle} Lutzer am besten gefallen, ich weiß nicht ob sie am besten singt, aber sie ist hübsch, anmutig u. hat eine liebliche Stimme, viel angenehmes in ihrem Betragen –

Dein Cousin lief hier 12 Tage herum ohne mich zu finden, er scheint ein solider junger Mann zu sein – Du wirst praeceps d.h. über Hals u. Kopf an Deiner These arbeiten, ich zweifle nicht daran daß sie gut ausfallen wird. Sie auf diese Art drucken zu lassen ist sehr bequem – Du wirst durch Baum wahrscheinlich erfahren haben, daß ich nicht durch die Schweitz nach Paris gehe sondern über Würzburg, wo ich mich bei professor D'Outrepont, Sept. u. Okt. noch speziell mit accouchieren beschäftigen werde – Also werden wir uns sobald nicht sehn, deswegen müssen wir uns durch schriftliche Unterhaltung trösten wenn es Dir möglich ist. Wo Du auch sein magst kannst Du bis zum ersten Juli inklus. Briefe an mich nach Wien adressieren, Du wirst wissen daß alle Briefe bis an die östreicher Grenze frankiert sein müssen, u. ebenso muß ich alle Briefe bis an die Grenze frankieren, denn die östreicher Regierung steht in dieser Beziehung in Rechnung mit keinem andern gouvernement – Ich finde nichts angenehmeres und Interessanter's als Reisen, auch bin ich ganz zufrieden u. glücklich, ich empfinde es als die glücklichste Zeit meines Lebens, übrigens ist es bei mir [unlesbar] Augenblick zu genießen u. nicht sein Glück in einer verborgenen Zukunft zu suchen. Wenn Dich dieser Brief noch in Straßburg trifft so frage Baum ob er meinen Brief erhielt von hier aus adressiert den 4ten Mai. Schreibe mir auch von Lambossy u. Held, diese beiden werden wahrscheinlich in Paris sein wo ich sie nächsten Winter zu treffen gedenke. Ich bin jetzt bald fünf Monate in Teutschland u. denke noch fünfe zu bleiben, Ende Juli's gehe ich über Lintz, Salzburg Innspruck nach München. Grüße d. Schwager Louis u. meine übrigen Freunde. Dein Dich liebd. Freund Eugène.

Meine adresse: E. B. Alser-Vorstadt, Wikburg-gasse N° 18, Wien –

19. Von Gutzkow nach Straßburg

Mein lieber Freund!

Sie geben mir ein Lebenszeichen u wollen eines haben. Allmählich kehr' ich auch wieder unter die Menschen zurück, u lerne vor erträglicher Gegenwart die Vergangenheit vergessen. Es geht mir gut, u es würde noch besser gehen, wenn mir in meiner Resignation nicht die Zeit lang würde.

Sie scheinen die Arzeneikunst verlassen zu wollen, womit Sie, wie ich höre, Ihrem Vater keine Freude machen. Seien Sie nicht ungerecht gegen dies Studium; denn diesem scheinen Sie mir Ihre hauptsächliche force zu verdanken, ich meine, Ihre seltene Unbefangenheit, fast möcht' ich sagen, Ihre Autopsie, die aus allem spricht, was Sie schreiben. Wenn Sie mit dieser Ungeniertheit unter die deutschen Philosophen treten, muß es einen neuen Effekt geben. Wann werden Sie nach Zürich abgehen?

Die Flüchtigen in der Schweiz spielen nun auch mit dem jungen Deutschl. Komödie. Dadurch wird der Name, hoff ich, von mir u meinen Freunden mit der Zeit abgewälzt, wie fatal es mir auch im Augenblick ist, daß der wunderliche Titel auf diese neue Weise adoptiert wurde. Mit der Zeit wird es ein pappener Begriff werden u sich abnutzen, was immer gut ist unter Umständen, wie die heutigen, wo die Massen schwach sind u das Tüchtige nur aus runden u vollkommenen Individualitäten geboren werden kann. So werden auch Sie gewiß die Berührungen vermeiden, welche sich in der Schweiz genug darbieten u meinem Ihnen schon früher oft genug gegebenen Zurufe folgen, daß Sie Ihre ungeschwächte Kraft der Literatur opfern.

Von Ihren ›Ferkeldramen‹ erwarte ich mehr als Ferkelhaftes. Ihr Danton zog nicht: vielleicht wissen Sie den Grund nicht? Weil Sie die Geschichte nicht betrogen haben: weil einige der bekannten heroice Dicta in Ihre Komödie hineinliefen u von den Leuten drin gesprochen wurden als käme der Witz von Ihnen. Darüber vergaß man, daß in der Tat doch mehr von Ihnen gekommen ist, als von der Geschichte u machte aus dem Ganzen ein dramatisiertes Kapitel des Thiers. *Schicken Sie mir, was Sie haben;* ich will sehen, was sich tun läßt.

Von mir ist soeben eine Schrift erschienen: Über Göthe im Wendepkte zweier Jahrhunderte. Hätt' ich schon meine Freiexempl., würd' ich Ihnen eines schicken. Also künftig!

Frkft a/M 10/6 36 Ihr Gutzkow

20. Von Eugen Boeckel nach Straßburg

Wien den 18ten Juni 36.

Wie sehr mich Dein lang erwartetes liebes Schreiben freute kannst Du aus meiner schnellen Antwort sehn. Ich rechne es Dir doppelt hoch an wenn Du einmal Dich hinsetzest u. mir einen ordentlichen Brief schreibst, denn Du weißt wie wenig ich mir in dieser Hinsicht von Dir verspreche. Mit dem wohlbeleibten, lustig, fidelgrämlichen Pädagogen ist also gar nichts zu machen wie ich aus Deinem Brief ersehe. Sage ihm doch daß ich seinen Brief vom 2ten Juni empfangen, ich werde ihm nächstens antworten – Was Du von d. couverte u. der adresse meines Briefes sagtest, darin hast Du vollkommen recht peccavi; ich wollte Dir übrigens das Brief-Porto nicht verteuern. Was das Lesen des Briefes anbetrifft traue ich es nicht jedem Frauenzimmer zu der Neugierde zu widerstehn, aber in diesem speziellen Fall hat mich doch nicht meine Menschen-Kenntnis verlassen. Es soll Dir Freude machen durch meinen Fehler, diese Eigenschaft erkannt zu haben – Was Du von Deiner These mir schreibst freut mich, ich hoffe Du läßt mir ein exemplar davon in Straßburg. Zu Deinem Beitritt zur société d'hist. nat. gratuliere ich, Du hast also die Ehre der Kollege d. prof. Duvernoy zu sein. Ist Lauth bald profess. d. Physiolog. wie steht es im übrigen mit unserer medizinischen Fakultät in Straßburg.

Was Du mir v. Stöber schreibst, ist sehr betrübend u. für mich bis jetzt unglaublich, ich traue Christ. mehr Gefühl zu – Wenn übrigens eine Erkältung eingetreten so frägt es sich ob nicht die Erkältung durch gegenseitige Entfernung u. Entfremdung kam – Was macht Apostel Petrus? Er wird mit 1100 fr. in Weißenburg heiraten, u. er hat recht wenn es ihm Vergnügen macht.

Dein cousin ist ein liebenswürdiger, artiger, vernünftiger naiver Holländer. Er hat Anatomie u. Physiolog. gut los, u. dabei hat er die praktische Medizin nicht vernachlässigt. Er macht uns vielen Spaß u. es tut mir leid daß ich mich auf ewig von ihm trennen muß. Er spricht originell, naiv holländisch Teutsch.

Die tournée durch die teutschen Hospitäler u. Hörsäle ist für mich nicht so unangenehm wie Du glaubst. Was die Hörsäle betrifft, d.h. die theoretischen Colleg. so gehe ich nicht od. äußerst selten hinein, also fällt dieses weg. Zwei privatissima habe ich. Das eine bei Jäger: ophthalmolog. Operat. mit Übung. einer phakectomie, das andere bei Koletschka: Anatom. patholog. – Hier ist nur ein Hospital, Du kannst also denken welche unzählig. Leichen sich da vorfinden, so daß man in zwei Monaten alle möglich. Fälle der Anat. patholog. u. viele Fälle med. forens. sehn kann – Diese Privatiss. dauern v. 3–6–7 Uhr. Morgens besuche ich den Hospital, da gibt es viele Variationen u. interessante Gegenstände. Abends gehe ich öfters in das treffliche Burgtheater, od. auf die superben promenaden rings um die Stadt herum – Sonntags mache ich in Gesellschaft excursionen in die Gebirge in den schönsten Gegenden, Baden, Schönbrunn, Laxenburg, Dornbach etc. etc. Dabei habe ich hier eine angenehme interessante Gesellschaft – die ungarischen Weine sind sehr gut, die Cotelettes, Boeuf d'été, Schnitzel etc. etc. ebenfalls, es wird einem hier so behaglich zu Mute daß es selbst Dir u. sogar d. pädagogen recht gefallen würde. Freilich würde dieser letztere mit ein. bedeutenden Bauch so groß wie der eines schwangeren Frauenzimmers zurückkehren – Nennst Du dies ein unangenehm Leben?

Was die politischen Verhältnisse anbelangt so kümmere ich mich wenig darum, od. vielmehr sie genieren mich nicht, denn Fremde können sich in dieser Rücksicht nicht beklagen, sie sind in sehr vieler Hinsicht hier so frei wie in Frankreich – Wenn Du übrigens Dich einige Zeit in Östreich aufhalten würdest, so könntest Du Dich überzeugen daß die hiesige Regierung unter ihrer jetzigen Form notwendig u. wohltätig für das Land ist, gänzlich den Bedürfnissen u. Begriffen der Untertanen angemessen, denn sie ist durch die öffentliche Meinung sanktioniert. Es wäre lächerlich u. unsinnig einem Volk das sich glücklich fühlt u. zufrieden ist eine Form aufzuzwingen die ihm zuwider ist u. nicht für dasselbe paßt.

sed absint politica – Mit d. Cholera hier geht es schlecht sie macht progresse, noch niemalen seit mein. hiesigen Aufenthalt war sie so heftig wie jetzt, u. hauptsächlich in der Vorstadt wo ich wohne, u. den zwei zunächst gelegenen. Es ist aber nicht nötig mein Lieber daß Du dieses meiner Familie mitteilst, da man in Straßburg noch nicht an die Cholera gewohnt ist so ist es noch daselbst ein rechtes Schreckbild, hier sind die Leute vernünftiger in dieser Beziehung. Heute beläuft sich die Anzahl der Cholera-Kranken im Hospital auf 60–70. 30 darunter sind übrigens mehr od. minder leichte Fälle. Nur Cholerine, die nicht charakteristischen exemplare sind in geringerer Anzahl – Ich bleibe hier bis Mitte

Juli's. Wo ich Juli u. August zubringe weiß ich noch nicht bestimmt, wahrscheinlich in Triest, Venedig u. Mailand, Sept. u Okt. in Würzburg. Wenn Du v. Straßburg weg bist so schicke Deine adresse an meinen Bruder – Schreibe ich Dir unterdessen, so schreibe ich Dir über Straßburg mit ein. Couverte.

Bis jetzt bin ich keineswegs gesonnen sobald définitivement in's Elsaß zurückzukehren, ich werde später wo möglich v. Paris aus suchen weiter zu kommen. Ich bin des Reisens noch keineswegs müde, auch wäre es noch zu frühe, denn es sind kaum 6 Monate, daß ich von zu Haus weg bin.

Lambossy hat souteniert wie ich von Baum erfahren, er wird hoffentlich nächsten Winter in Paris sein wo ich ihn zu treffen hoffe. Von meinen hiesigen Bekannten werde ich 6–8 wieder in Paris sehn, einige gehn nach Berlin, mehrere davon siehst Du vielleicht in Zürich. Dieses Jahr gehe ich bestimmt nicht nach d. Schweiz, vielleicht später v. Paris aus si diis placet. Vor dem November dieses Jahres komme ich auch nicht nach Straßburg wenn ich überhaupt hinkomme also muß ich darauf Verzicht leisten Dich dieses Jahr zu sehn – Ist Baum nicht zu bewegen nächsten Winter nach Paris zu kommen, er hat freilich eine Kette am Fuß u. dies ist verflucht unangenehm.

Was Du mir über den Leichtsinn schreibst, darin hast Du vollkommen recht; wer nicht leichtsinnig ist soll sich Mühe geben es zu werden, es trägt viel zu den Annehmlichkeiten dieses Lebens bei; ich habe mir ziemlich Mühe gegeben diesen Grundsätzen gemäß zu denken u. es ist mir auch so ziemlich gelungen. Was die Identität des Leichtsinnes u. des Gottes-Vertrauen betrifft so ist es bloß wahr für einige Menschen, die größere Anzahl sind eben bloß leichtsinnig, wenigstens kommt es mir so vor, u. ich glaube der Pädagog wird hierin meiner Meinung sein. Die Anspielung des letztern in Beziehung d. Geschichte Lambossy auf Wien ist sehr verzeihlich aber vielleicht nicht gegründet – Meinen Bruder Charles kannst Du gelegentlich fragen ob er den Brief erhielt den ich ihm den 17ten Juni schrieb – Grüße Freund Lambossy u. Heidenreich – Ich muß enden um in's josephinum zu gehn, die superben italienischen Wachspräparaten (Anatomia) zu sehn. Sonntags ist das Kabinett offen u. ich habe bis jetzt noch keinen versäumt hin zu gehn. Lebe wohl. Wenn Du Deine Mutter früher od. später siehst so grüße Sie vielmal von mir so wie die übrigen Mitglieder Deiner Familie, D^{elle} Wilhelmine nicht zu vergessen.

Dein Eugène

21. Von Eugen Boeckel nach Straßburg

Würzburg den 4ten Sept. 1836.

Mein lieber Büchner, wo Du bist weiß ich nicht gewiß, u. darum muß ich auf's neue mich an Deine Geliebte wenden (sous enveloppe) um Dir den Brief zukommen zu lassen – Ich ließ zwar Deine adresse bei Melle Jägle begehren, allein ich erhielt sie nicht, wie mein Bruder versichert durch die Nachlässigkeit v. Melle – 18ten Juni v. Wien aus schrieb, mit d. adresse bei Hr. Siegfried etc. Meine jetzige adresse ist bis Ende Oktobers – Würzburg, E. B. bei Hr. Broili, erstes Distrikt No. 262 – Bist Du noch in Straßburg so gebe meine adresse unserm vielgeliebten dickbauchigen Pädagog. – Vielleicht hat er wieder einmal Lust zu schreiben. Was freilich äußerst selten vorkommt. Zweimal seit meiner Abreise v. Straßburg. Ich habe ihm 4mal geschrieben. Jetzt mache ich es aber wie d. Pädagog, u. schreibe nicht mehr – Mit Dir mein Lieber bin ich um so mehr zufrieden, da ich aus der Kenntnis Deines Charakters kaum einen Brief zu hoffen wagte. Ich habe mich gänzlich geirrt, dies ist mir sehr lieb u. angenehm – Ich denke Du weißt daß ich den zehnten Juli v. Wien wegreisete über Graz nach Triest, eine angenehme gebirgige interessante Gegend. V. Triest nach Venedig dann Verona, Mantua, Mayland u. über d. Garda-See, Roveredo, Trient u. Botzen nach Inspruck, v. Inspruck nach Salzburg, dann München u. endlich Würzburg – Diese Reise wenigstens wirst Du nicht für langweilig u. trocken halten, wie die tournée durch die Hörsaale der teutschen Professoren. Ich würde Dir eine detallierte Reise-Beschreibung machen, allein ich habe schon soviel davon geschrieben daß ich mich nicht dazu entschließen kann. An Baum schrieb ich v. Triest, an meinen Schwager v. Trient, an mein. Bruder v. München, u. an meine Schwester v. hier aus – In Teutschland befinde ich mich sehr wohl, es ist nicht halb so schlimm wie Du glaubst. Ich glaube es gibt keinen besser organisierten Staat in Europa wie Preußen beinahe in aller Beziehung – Die Regierung herrscht nach den bestehenden Gesetzen kraftvoll u. energisch, u. von eigentlichem Despotismus habe ich wenig od. nichts gesehn – Über Politik darf man sich, und hauptsächlich Fremde, ziemlich freimütig äußern, nur nicht gegen die bestehende Regierungs-Verfassung. Was ich hauptsächlich in Preußen bewundere dies sind die militärischen Institutionen, es ist nicht zu leugnen daß Preußen der erste und best organisierte Militär-Staat der Erde ist, u. d. h. viel. Ich wünschte daß das preußische Militär-System nach Frankreich verpflanzt würde. Man unterscheidet in Preußen die National-Garde nicht von den Linien-Truppen. Die garde nationale bei uns wählt ihre Offiziere selbst ich wollte gern auf dieses privilegium Verzicht leisten u. von der Regierung tüchtige Offiziere ernannt sehn – Denn mit unsern Wahlen werden wir nie tüchtige Offiziere bekommen. Nikolaus d. russische Fürst wird wohl einer der trefflichsten u. besten Fürsten sein. Er hat viel gegen den hohen Adel zu kämpfen u. sucht einen eigentlichen Bürgerstand zu gründen – Wirklich arbeitet er an der Aufhebung der Leibeigenschaft. Was Polen betrifft so weißt Du wie sehr ich wünsche in aller Beziehung u. hauptsächlich als Franzose, daß die Polen den Sieg davon getragen hätten. Aber an Nikolaus Stelle als Kaiser von Rußland hätte ich mir wahrhaftig auch nicht Polen entreißen lassen. Was er tat war er dem Ruhme Rußlands u. seinem Throne schuldig.

Die Östreicher sind zufrieden u. glücklich sie verehren ihren Kaiser als ein von Gott eingesetztes Oberhaupt was brauchen sie mehr. Zudem wäre eine andere Verfassung als die absolute der Ruin der östreichischen Monarchie; bei diesen heterogenen Massen ist es eine Unmöglichkeit eine konstitutionelle Verfassung zu bilden – Die Italiener verdienen in aller Beziehung ihr Los, jetzt wünschen sie, daß die Franzosen sie von der östreichischen Herrschaft befreien. Wenn die Franzosen ein Jahr daselbst wären würden sie die Östreicher wieder zurückrufen – Denn die Italiener taten niemalen selbst etwas, sie schauten zu wie sich die Teutschen u. Franzosen um Italien schlugen – Meiner Ansicht nach ist die östreichische Regierung eine wahre Wohltat für Italien, wo Östreich herrscht kann man wenigstens mit Sicherheit reisen – Du siehst daß ich meine politischen Ansichten in mancher Rücksicht erweitert u. geläutert habe.

Ich wünschte die adresse Deines cousin's zu haben also sobald Du dieselbe erfährst schreibe mir. Bis Ende Oktobers hieher, wenn Du später meine adresse nicht kennst so kannst Du die Briefe immer Eug. Boeckel, librairie Treuttel et Würz à Strasbg. adressieren. Ich reise von hier aus nach Paris über Straßburg. Vielleicht komme ich auch nach Darmstadt, ich wünsche also zu wissen ob ich Anfangs November Deine Familie in Darmstadt antreffe. Dich werde ich leider in keinem Fall weder in Darmstadt noch in Strasburg treffen, aber im August u. September 37 werden wir uns aller Wahrscheinlichkeit nach sehn – In München hat es mir sehr gut gefallen, ich finde diese Stadt verdient in aller Beziehung den Namen des neuen Athens, auch ist der Zudrang der Fremden so groß daß man viele Mühe hat in einem ordentlichen Gasthof unterzukommen. Ich wäre sehr gerne 8 Tage in München geblieben u. hätte auch noch hinlänglich Zeit und Geld dazu gehabt, aber v. Salzburg aus reisete ich mit einer [unlesbar] interessanten, schönen, liebenswürdigen Dame, diese blieb nur drei Tage in München u. reisete dann über Würzburg nach Frankfurt. Sie redete mir zu mitzureisen, u. schönen jungen Damen kann ich nichts abschlagen also blieb ich auch nur drei Tage in München. Hier mußte ich mich leider von meiner angenehmen Reisegefährtin trennen – Das privatissimum bei D'Outrepont hat seit sechs Tagen angefangen ich bin ganz damit zufrieden, an Gelegenheiten aller Art etwas zu lernen fehlt es nicht. Ich habe hier eigentlich nur einen Bekannten u. lebe viel zurückgezogener u. regelmäßiger als in Wien, auch hat man durchaus diese vielen Zerstreuungen nicht wie in Wien, ich studiere hier Me Lachapelle, einzelne Abhandlungen v. D'Outrepont über Geburtshülfe, Wigand etc. dann einige Schriften über Cholera – In Strasburg hoffe ich Deine dissertatio vorzufinden. Held war einige Tage hier, ich wurde allenthalben gefragt ob ich diesen jungen Windbeutel kenne. Er soll sich oft geäußert haben die hiesigen Institutionen mögen gut sein für die Studierenden, aber er docteur en médecine wisse hier nichts zu lernen. Lambossy ist in Paris. Schwebel wird nächstens auch dort eintreffen – In Hoffnung bald einen Brief von Dir zu erhalten schließe ich den meinigen.

Dein Freund Eugène

22. Von der Mutter nach Zürich

Darmstadt den 30ten Oktober [1836]

Lieber Georg!

Welche Freude als Dein Brief vom 25ten Oktober das Postzeichen Zürich darauf ankam. Ich jubelte laut; denn obgleich wir uns gegenseitig nichts sagten; so hatten wir alle große Angst, und wir glaubten kaum daß Du glücklich über die Grenze kommen würdest. Die Sache hat mir vielen heimlichen Kummer gemacht, nun Gott lob auch dies ging glücklich vorüber. –

Wir waren die Zeit sehr beschäftiget, Mittwochs legte ich große Wäsche ein, und Montags zuvor kamen Beckers aus Frankfurt und blieben bis Donnerstag, sie erkundigten sich sehr nach Dir, und freuten sich recht über Deine guten Aussichten, wir hatten einige sehr vergnügte Tage. Auf Deinen Geburtstag tranken wir alle zusammen Deine Gesundheit. –

Wie Dein Brief ankam den 27ten biegelte ich gerade das letzte Stück, Vater war im Theater, ich kann Dir gar nicht sagen wie sehr er sich freute als er nach Hause kam. Er stimmt ganz mit Becker überein und ermahnt Dich dringend ja über vergleichende Anatomie Vorlesungen zu halten, er glaubt sicher, daß Du darin am ersten einen festen Fuß fassen und Dich am ehrenvollsten emporhelfen könntest. –

Wilhelm war ohngefähr 14 Tage hier, und nun ist er seit Mittwoch nach Heidelberg mit Schenk abgereist. Mit Giesen war es für diesen Winter nichts. Ich kann Dir gar nicht sagen wie ich mich über diesen Jungen beunruhige, es ist noch ein gar zu großer Kindskopf, hat gar keinen Begrief vom Schaden, hat einen falschen Ehrgeiz, und ist hinter seinem Rezeptiertisch gar zu schro geworden. Wie wir Briefe von ihm erhalten, werde ich ihm schreiben, ihm Deine Adresse schicken, damit er auch an Dich schreiben kann. Antworte ihm nur gleich und ermahne ihn recht. Mathilde wird selbsten an Dich schreiben, sonsten ist alles bei uns beim Alten. Den 25ten Okt. war Alexanders Geburtstag er wurde 9 Jahre alt, heute wird er solenn gefeiert, er hat sich 10 Jungens gebeten, der Schokolade ist bereits gekocht könnte ich Dir doch auch eine Tasse einschenken. Onkel Georg ist bei seinem Leutnant auch noch so ein Stück Stallmeister geworden. Der bekannte Stall-Schenk, zeither Stallmeister bei Prinz Louis ist am Nervenfieber gestorben, und nun reitet Onkel die Pferde vom Prinzen, er hofft auch die vom Prinzen Karl zu bekommen, und dann trägt es ihm rund 200 fl. ein. Das Reiten ist seine Liebhaberei, er ist sehr vergnügt darüber. –

Wenn Du hörst, daß hier das Nervenfieber grassierte, so ängstige Dich nicht, es ist nicht so arg, als es die Leute machen, es sind zwar schon viele Menschen daran gestorben. Kürzlich starben aus einer Familie drei jungen Leute. Zwei Söhne und eine Tochter, sie wurden an einem Tage begraben, und gestern soll auch die Mutter gestorben sein. – Der Vater ist Hoboist. Leider wurde kürzlich ein Mörder hingerichtet. Die Kinder sahen ihm auf dem Markt den Stab brechen, und Louis ging mit Vater auf die Richtstätte; er hatte vor 2 Jahren einen Förster erschlagen. –

Wie es hier mit den Gefangenen geht weiß Gott, es ist alles still. –

Der Junge Baron von Bechtold ist Leutnant geworden, und wurde nach Butzbach versetzt, und heute hörten wir daß Herr Regierungsr. von Bechtold Ministerialrat geworden sei. Dies unsere Neuigkeiten. – Ich kann nun gar nicht erwarten bis Dein nächster Brief kommt, lasse uns nur nicht lange warten, gehe nur recht unter Menschen und suche Dich zu zerstreuen. Doch hoffe ich, daß ich Dich nicht mehr zu ermahnen brauche, Dich von allem politischen Treiben entfernt zu halten, Du bist nun mitten darin. Du wirst Dich denke ich nicht anstecken lassen, es wird mir doch manchmal himmel Angst. – Morgen schreibe ich und Mathilde an Mina, sie dauert mich gar zu sehr, ich kann das Frühjahr kaum erwarten, dann hoffe ich fest, sie bei uns zu sehen. Mathilde läßt Dich tausendmal grüßen; wie sie *endlich* anfing zu schreiben bekam sie Besuch sie will es also aufsparen bis ich wieder schreibe. –

Vater schickt Dir hier ein Rezept für Deine Nase, er bittet Dich sehr es einmal recht ernstlich und anhaltend zu gebrauchen, und ihm über den Erfolg zu berichten. Wie hast Du die Straßburger nacheinander verlassen? hast Du die Tante Reuß noch gesprochen, warst Du beis Himmlies? Wenn Du wieder schreibst so gib mir Nachricht. Deine Kost und Logis finden wir sehr billig, freilich eine Kost wie bei Fräulein Jäkele wirst Du nicht leicht wieder finden, nun man muß sich an alles gewöhnen. Schreibe uns nur immer recht ausführlich, ich meine seit Du von Straßburg weg bist nun seist Du erst in der Fremde, in Straßburg glaubte ich Dich immer in meiner Nähe. Wirst Du denn mein Geschmier lesen können? Ich schreibe aber in einem solchen Tumult daß ich gar nicht weiß wo mir der Kopf steht. Großmutter grüßt Dich vielmals schreibe ihr bald, weil es ihr Freude macht, sie ist immer sehr niedergeschlagen, denn sie sieht fast gar nichts mehr. Es ist sehr betrübt, und für uns alle traurige Aussichten. Alles grüßt Dich jung und alt, auch Ema die eben da ist auch die träge Mathilde. Nun lebe wohl und schreibe bald wieder Deiner treuen Mutter L. Büchner

23. Vom Vater nach Zürich

Darmstadt den 18ten Dezemb. 1836

Lieber Georg!

Es ist schon lange her daß ich nicht persönlich an Dich geschrieben habe. Um Dich einigermaßen dafür zu entschädigen, soll Dir das Christkindlein diese Zeilen bescheren und ich zweifele nicht daran, daß sie Dir eine angenehme Erscheinung sein werden. Meine Besorgnis um Dein künftiges Wohl war bisher noch zu groß und mein Gemüt war noch zu tief erschüttert, durch die Unannehmlichkeiten alle, welche Du uns durch Dein unvorsichtiges Verhalten bereitet und gar viele trübe Stunden verursacht hast, als daß ich mich hätte entschließen können, in herzliche Relation mit Dir zu treten; wobei ich jedoch nicht ermangelt habe, Dir pünktlich die nötigen Geldmitteln, bis zu der Dir bekannten Summe, welche ich zu Deiner Ausbildung für hinreichend erachtete, zufließen zu lassen. –

Nachdem Du nun aber mir den Beweis geliefert, daß Du diese Mittel nicht mutwillig oder leichtsinnig vergeudet, sondern wirklich zu Deinem wahren Besten angewendet und ein gewisses Ziel erreicht hast, von welchem Standpunkte aus Du weiter vorwärts schreiten wirst, und ich mit Dir über Dein ferneres Gedeihen der Zukunft beruhigt entgegen sehen darf, sollst Du auch sogleich wieder den gütigen und besorgten Vater um das Glück seiner Kinder in mir erkennen.

Um Dir hiervon sogleich einen Beweis zu geben, habe ich Deinem Wunsche, ›v. Froriep's Notizen‹ von mir zu erhalten, alsbald entsprochen, welche längstens bis zum 21ten d.M. per Kiste und ganz *franco* bei Dir eintreffen werden. Dieselben sind als eine kleine Bibliothek zu betrachten und werden Dir vielen Nutzen gewähren. Bis jetzt ist der 50ste Band im Erscheinen. Ich besaß nur 26 Bände, welche mich, ohne Einband, 93 fl. 36 kr. kosteten u diese mache ich Dir zum Weihnachtsgeschenk. Die Bände 29–46, welche Du ebenfalls jetzt erhältst, habe ich für Deine dereinstige Rechnung mit Deinen Geschwistern um 20 fl. 52 kr. erkauft und um diesen 3teil Preis sollst Du durch mich die Fortsetzung u eben so die fehlenden Bände 27 u 28 erhalten. Sollten Dir meine anatomischen Tafeln von Weber, welche Dir schon genau bekannt sind und die ich jetzt vollständig habe nötig sein, so will ich Dir auch diese schicken, oder wenn Du sonst Bücher nötig hast, so mache mir solche namhaft und bemerke mir genau den Ladenpreis, um welchen Du solche in Zürich würdest erhalten können. Auch findest Du in der Kiste unter anderem 2 Exemplare meiner Nadelgeschichte, die mir beim Packen als altes Papier in die Hände fielen. Vielleicht kannst Du Deinen Schülern gelegentlich eine Erzählung davon machen. Sodann legte ich auch eine Beilage zu unsrer Zeitung in die Kiste, worin eine Konkurrenzeröffnung von Zürich aus bekannt gemacht wird. Hättest Du früher meinen so wohlgemeinten Rat befolgt und Dich mehr mit Mathematik beschäftigt, so könntest Du vielleicht jetzt mit konkurrieren. Doch dies sei bloß nebenher bemerkt. Deine Abhandlung hat mir recht viel Freude gemacht, und nicht weniger war ich erfreut über Deine Kreierung zum Doktor der Philosophie, so wie überhaupt über Deine gute Aufnahme in Zürich. Sei nur recht vorsichtig in Deinem Benehmen und in Deinen Äußerungen gegen u über jedermann. Bedenke stets daß man Freunde nötig hat u daß auch der geringste Feind schaden kann. Ich bin recht begierig zu hören, wie es Dir bisher mit Deinen Vorlesungen ergangen und worauf besonders Dein weiterer Plan gerichtet ist. Zoologie u vergleichende Anatomie sind Felder worin noch viel zu lernen ist und wer Fleiß darauf verwendet dem kann es nirgends fehlen *merks tibi.* Auch Kaups systematische Beschreibung des Tierreichs, wovon das 10 Heft erschienen ist, könnte ich Dir schicken.

Bei uns ist alles wohl u es werden die nötigen Vorbereitungen zu Weihnachten gemacht. Deine weitere Bescherung findest Du ebenfalls in der Kiste. In Reinheim ist kürzlich Oheim's jüngstes Kind, ein schöner Knabe von 1 $^1/_2$ J. gestorben. Deine Mutter wollte meinem Brief noch einige Zeilen beilegen, bei dem teuren Porto aber, wollen wir es unterlassen, zumal Du per Kiste Briefe erhältst. Mutter u Tante Helene sitzen oben bei der Großmutter, welche jetzt beinahe völlig blind ist. Im Frühling soll das eine Auge operiert werden. Mathilde u Louise sind in der Oper ›Die Stumme‹. Louis ist wahrscheinlich mit Anfertigung von Weihnachtsgeschenken beschäftigt u Alexander liest wie gewöhnlich sehr emsig die Geschichte. Dieser wird ein *ruhiger* Gelehrter werden in allem Ernste. Endlich ich sitze am Schreibtische u schreibe in diesem Augenblicke am Ende meines Briefes meinen Namen. E. Büchner

24. Von Eugen Boeckel nach Zürich

Paris den 11 Januar 1837.

Mein Lieber, il vaut mieux tard que jamais, allein es ist zu bemerken daß ich Deine adresse erst vor 14 Tagen erhielt, diejenige welche mir Melle Jägle gab verlor ich auf d. Reise hieher. Seit meinem Aufenthalt in Strasburg hab ich nichts mehr von Dir erfahren Du kannst Dir also denken wie begierig ich bin von Dir Nachricht zu erhalten. Ich hoffe Du wirst mit gutem Erfolg in Zürich aufgetreten sein u. so Deinem Ziele nähergekommen. Schreibe mir doch wenn Du dieses Jahr nach Strasburg kommst, weil ich meine Reise darnach einrichten will, wenn Deine Vakanzen wie ich glaube im Mai statt haben so kann ich Dich auf jeden Fall sehn, aber früher werde ich wahrscheinlich nicht von hier fortgehn können. Ob ich durch die Schweiz nach Strasburg gehe ist noch ungewiß. Mit meinem Aufenthalt hier bin ich zufrieden, Du weißt übrigens daß ich ungefähr überall zufrieden bin. Im ganzen genommen hat es mir weit besser in Teutschland als in Frankreich gefallen. Ich gebe mich hier mit Syphilis, Auskultation u. Chirurgie ab, dies wären anziehende Studien für Dich. Die Auskultation seh ich als eine sehr wichtige Entdeckung an. Übrigens ist es hier ziemlich leicht viele Übung im Auskultieren zu erlangen. Die syphilitischen Krht. werden besonders gut von Ricord behandelt. Für médecine opératoire sind gute privatissima u. viele Kadaver's vorhanden. Von der übrigen medizinischen Fakultät schreibe ich Dir nichts, weil Dich die praktische Medizin nicht interessiert u. ich mich hier ausschließlich mit abgebe.

Paris ist in Vergleich d. andern Städte welche ich gesehn, immens, grandios, u. reich. Es wundert mich nicht mehr daß man von Paris d. hyperbolischen Ausdruck braucht la capitale du monde, denn es ist hier auch so außerordentlich vieles vereinigt. Für Naturgeschichte, Physiolog. u. Anatomie simple et comparée wäre ein Aufenthalt hier sehr interessant für Dich. Die Gemälde Galerie würde Dich auch größtenteils interessieren; übrigens weißt Du wie wenig ich davon verstehe – Unterdessen bin ich jedoch ein außerordentlicher Liebhaber d. italienischen Oper. Laplache, Tamburini u. D^{elle} Guri sind unübertrefflich u. müssen durch ihren Gesang selbst einen Laien und Unkundigen ergreifen. Du würdest hier gewiß öfters in die Oper gehn I Puritani, Il matrimonio secreto, Othello etc. Die französische Oper ist ziemlich gut – Im theatre français tritt die D^{elle} Mars zuweilen auf. Die große Masse der übrigen Theater ist mittelmäßig oder schlecht u. gemein, zuweilen unerträglich. Die berühmte D^{elle} Ferrand, jetzt Me Roy sah ich in d. opera-comique. Du wirst die tragische Geschichte dieser edlen Dame kennen; ich denke que les poils auront repoussé. Seit meinem Aufenthalt in Wien bin ich wider meine früheren Gewohnheiten ein ziemlich fleißiger Theater-Besucher worden. Aber freilich ein Theater wie das Burgtheater in Wien hab ich nicht wieder gefunden. Nirgends ist es angenehmer sich ohne Zweck in den Straßen herumtreiben flaner als hier, von der Pracht u. dem Reichtum der superben Buden, Bazar's hauptsächlich derjenigen im palais-royal hat man in andern Städten kaum eine Idee – An Spaziergängen hier fehlt es auch nicht hauptsächlich die boulevards, d. jardin des tuileries, Luxembourg, jardin du roi u. dann noch einige breite schöne Straßen, wie z. B. rue de Rivoli, Castiglione, place Vendôme etc.

Viele excursionen habe ich noch nicht gemacht, teils weil ich viel zu tun habe, teils wegen des schlechten Wetters, ich verspare die weiten Ausflüge auf das Frühjahr. In Paris selbsten kann man für 6 sols überall in dem omnibus, hirondelles, Orléanaises etc. herumfahren, ein wohlfeiles u. zuweilen angenehmes Vergnügen. Den arc d. triomphe, d. Obelisken, d. colonne Vendôme, den Platz d. Bastille u. mehrere andere Merkwürdigkeiten habe ich öfters besucht. In den salon's des palais-royal haben mich die historischen Gemälde aus der revolution am meisten interessiert. Lese-Cabinet's sind hier unzählige, in einigen hat man auch die Allgemeine Zeitung. In d. Café's wird nicht geraucht. Dies ist etwas für Dich. Dagegen gibt es viele estaminets in welchen geraucht wird.

Lambossy ist schon lang von hier weg. Es hat ihm hier nicht

gefallen, wahrschlch. weil er sich in der ungeheuren Masse verlor. Held u. Schwebel sind noch hier, letzterer wird in einigen Wochen von hier absegeln um sich in Barr als Arzt zu etablieren. Sonstige Bekannte habe ich hier viele getroffen. Der dickbauchige pädagog liegt im [unlesbar] in Strasburg, sauft café, streicht sich den Bauch u. schneidet Gesichter, ich habe zweimal an ihn geschrieben; natürlich ohne jemalen eine Zeile von ihm zu erhalten. Von einem Theologen muß man nicht zu viel begehren. Müntz welcher einige Zeit hier war ist leider [unlesbar] abgereiset. Er hat eine Stelle als professeur du collège Schlettstadt. Delectat. Ich denke mich nächsten Sommer irgendwo zu etablieren, ich weiß nicht ob ich in Strasburg bleibe oder ob ich in den Oberrhein gehe, geschieht letzteres so sind wir ganz nahe bei einander. Sehr teuer ist d. Aufenthalt in Paris nicht, wenn man keine besondern Auslagen für Bücher od. Collegien od. sonstige Dinge hat so kann man mit 200 fr. monatlich leben. Die Zimmer sind etwas teuer. Das Mittagessen nicht so sehr wie man glaubt für 20 sols ißt man erträglich für 30 ziemlich gut.

Die Kleider sind hier sehr teuer, für ein. schwarzen Frack zahlte ich 100 fr. u. es gibt auch zu 150–200 fr. Im ganzen habe ich im Laufe des vorigen Jahres 4000 fr. gebraucht. Dies ist auch ein Beweggrund weswegen ich dieses Jahr dem Reisen ein Ende machen will, denn mein kleines Kapital geht zu Grunde, und einige Tausend Franken will ich für mein établissement reservieren. Lange wird sich nächstens verheuraten. Stöber hat seine fiancée, definitiv aufgegeben wie man mir sagte; das arme Mädchen dauert mich. Sie wird schwer eine andere Partie machen können. Ich bin Dieu merci noch frei, teils weil ich es aus Grundsatz bleiben will, teils weil ich nicht weiß ob mich andere Leute wollen. Dein Eugène.

ANHANG

DANTONS TOD

Historischer Hintergrund

Die Ursachen der Französischen Revolution

Durch die maßlose Übersteigerung höfisch-absolutistischer Lebensformen unter Ludwig XIV. und Ludwig XV. war Frankreich an den Rand des wirtschaftlichen Bankrotts gekommen. Nach dem Tod Ludwigs XIV. (1715) hatten die Staatsschulden bereits eine Höhe von drei Milliarden Livres erreicht; die Jahreseinnahmen des Staates betrugen etwa 150 Millionen Livres. 1780 wurden 50% der Staatseinnahmen für den Schuldendienst benötigt, weitere 6% verbrauchte der Hof. Eine wirksame Finanzreform mußte die unterschiedliche Belastung der drei Stände abschaffen.

Der *erste Stand*, der *Adel*, umfaßte etwa 1,5% der Bevölkerung mit rund 3/400000 Personen. Er war völlig von der Steuer befreit. Spannungen gab es jedoch zwischen dem reichen Hofadel mit Jahreseinnahmen bis zu einer halben Million Livres und dem armen Landadel, dessen Einkommen oft unter 600 Livres lag. – Vor allem der wohlhabende Geldadel, der aus dem Bürgertum aufgestiegen war, legte großen Wert auf die Erhaltung der neu erworbenen Privilegien, die als unantastbares Eigentum galten.

Zum *zweiten Stand* der *Geistlichen*, etwa 0,5%, gehörten rund 130000 Personen. Die hohe Geistlichkeit, die überwiegend dem Adel entstammte, leistete zwar regelmäßig freie Spenden, bezahlte aber keine Steuern. Die einfachen Pfarrer dagegen hatten vielfach nur ein geringes Einkommen (etwa 300–400 Livres); sie standen auf der Seite des dritten Standes und trugen 1789 wesentlich zu dessen Durchsetzung bei.

Dem *dritten Stand*, bestehend aus *Bürgern* und *Bauern*, gehörten etwa 98% der Bevölkerung an. Maßgebend war eine kleine, einflußreiche Oberschicht (Manufaktur- und Bergwerksbesitzer, Grundherren, Akademiker). Die Förderung von Handel, Handwerk und Gewerbe durch den Merkantilismus hatte eine wirtschaftliche Blüte (der Export hatte sich von 1715–89 vervierfacht) und auch erheblichen Reichtum für den dritten Stand mit sich gebracht. Politisch und gesellschaftlich aber blieb dieser Stand bedeutungslos und ohne Rechte. Anlaß für die Unzufriedenheit war deshalb trotz der Steigerung der Lebenshaltungskosten und der wirtschaftlichen Stagnation in den achtziger Jahren nicht in erster Linie ein mangelnder materieller Fortschritt, sondern das fehlende politische Mitspracherecht im Staat, dazu eine gesellschaftliche Geringschätzung, die dem gestiegenen Selbstgefühl entgegenstand. Dazu kam allerdings auch die Tatsache, daß der dritte Stand die finanziellen Hauptlasten zu tragen hatte, durch Abgaben an den Staat (Steuern), an die Kirche (Zehnte) und an die Grund- und Gerichtsherren.

Die gebildeten Teile des Bürgertums kamen immer stärker mit aufklärerischen Ideen in Verbindung. Die Schriften Diderots (1713–84) etwa oder vor allem Jean-Jacques Rousseaus (1712–78) Abhandlung »Le Contrat Social« mit der Betonung der Volkssouveränität wurden gelesen und in Salons, Freimaurerlogen und politischen Klubs diskutiert. Auch der Adel zeigte sich an manchen Ideen der Aufklärung interessiert, widersetzte sich dem Absolutismus des Königtums und trug zur Verbreitung aufklärerischer Gedanken bei. – Von nachhaltigem Eindruck war schließlich die Verfassung der USA mit der Erklärung der Menschenrechte im Jahre 1776.

1774 wurde Ludwig XVI. (1774–92), Enkel Ludwigs XV., im Alter von 20 Jahren König. Bestimmt von Ideen des aufgeklärten Absolutismus, erkannte er die Notwendigkeit von Reformen. So gewährte er weitgehende Meinungs- und Publikationsfreiheit (die Aufführungserlaubnis für Beaumarchais' »Le mariage de Figaro« ging auf seine Intervention zurück), auch wenn sie sich gegen ihn selbst richtete, und sorgte für Abschaffung der Folter. In entscheidenden Fragen jedoch konnte er sich gegen den Hofadel nicht durchsetzen.

Noch 1774 berief der König den Physiokraten Anne Robert Jacques Turgot (1727–81) zum Finanzminister. Dieser verlangte in seinen Reformplänen: Dezentralisation und Selbstverwaltung, Handels- und Gewerbefreiheit mit Beseitigung des Zunftzwanges, Verstaatlichung des Armen- und Unterrichtswesens. Grundlage seiner Ideen war eine allmähliche Verwirklichung der Steuergerechtigkeit mit Besteuerung sämtlicher Einkommen und Abschaffung der Feudalrechte. Jedoch wurde Turgot eine Teuerung im Jahre 1775, nach der Mißernte des Vorjahres, angelastet. Mehrere Aufstände, die von den privilegierten, um ihre Rechte bangenden Ständen unterstützt wurden, führten zur überraschenden Entlassung des Ministers im Mai 1776.

Im Juni 1777 ernannte der König den Genfer Bankier Jacques Necker (1732–1804) zum Finanzminister. Nach vergeblichen Sanierungsversuchen verlangte auch er die Durchführung der Turgotschen Reformen. Er enthüllte in einem gedruckten Bericht (»Compte rendu«) die Verschwendung des Hofes und erhielt im Mai 1781 plötzlich seine Entlassung. Seine unfähigen Nachfolger, darunter der skrupellose Charles Alexandre de Calonne (1734–1802), richteten die Staatsfinanzen völlig zugrunde. Das jährliche Defizit stieg auf annähernd 200 Millionen Livres. Wegen des drohenden Bankrotts berief Calonne im Februar 1787 die Notabeln ein und verlangte die Besteuerung des Adels und der Geistlichkeit. Jene nahmen jedoch seine schlechte Verwaltung zum Vorwand, jede Reform abzulehnen.

1788, der Staat war vorübergehend zahlungsunfähig, wurde Necker wiederum in den Staatsdienst berufen. Er verlangte die Einberufung der Generalstände und erregte dadurch eine ungeheure Begeisterung. 2000–3000 Flugschriften erschienen, darunter so bedeutende wie die von Abbé Sieyès (1748–1836) mit dem Titel »Qu'est ce que le Tiers État?«, die dem Bürgerstand die hervorragendste Rolle im politischen

Leben der nächsten Zukunft zusprach und damit eine gewaltige Wirkung auf große Bevölkerungsteile ausübte.

Der Verlauf der Revolution

Necker eröffnete am 5. 5. 1789 in Versailles die Generalstände. Den dritten Stand vertraten 578 Abgeordnete aus dem gebildeten Bürgerstand; Bauern oder Arbeiter waren nicht vertreten; den ersten Stand vertraten 291, den zweiten Stand 270 Abgeordnete. Der dritte Stand forderte eine Abstimmung nach Köpfen, die ihm Aussicht auf die Mehrheit gab, und nicht nach Ständen. Adel und Geistlichkeit lehnten diese Forderung ab. Der dritte Stand konstituierte sich daraufhin als Nationalversammlung, die zur Beratung einer Verfassung berufen sei. Als die Regierung den Versuch machte, die Versammlung aufzulösen, begaben sich die Abgeordneten zum Ballhaus und leisteten dort auf Veranlassung von Sieyès am 20. 6. den sogenannten »Ballhausschwur«, sich nicht eher zu trennen, bis die neue Verfassung beschlossen sei. Damit hatte sich der dritte Stand über den Willen des Königs sowie der ersten beiden Stände hinweggesetzt.

Der König entließ am 11. Juli Necker und zog gleichzeitig Truppen nach Paris und Versailles. Das Volk fürchtete ein gewaltsames Vorgehen der Regierung, und am 14. Juli kam es zum Sturm auf die Bastille, das alte Pariser Staatsgefängnis, als Symbol absolutistischer Macht. Dabei zeigten sich die Ohnmacht der Behörden und die Unzuverlässigkeit der Truppen. Ludwig XVI. rief Necker zurück und zog seine Truppen ab. Lafayette wurde Befehlshaber der aus Bürgern gebildeten Nationalgarde. In den Provinzen kam es zum Aufstand der Bauern gegen Adel und bürgerliche Grundbesitzer. Die Nationalversammlung befürchtete einen allgemeinen Umsturz und stellte sich deshalb an die Spitze aller Revolutionsbewegungen, um die Kontrolle zu behalten.

Unter dem Eindruck der Geschehnisse brachte der Adel am 4. August in der Nationalversammlung seine Vorrechte freiwillig zum Opfer. Die Abschaffung der Feudalordnung, die Bauernbefreiung, Ämter- und Gewerbefreiheit signalisierten den Übergang vom ständisch orientierten Staat zum Klassenstaat. Allgemeine (Rechts-)Gleichheit, persönliche Freiheit und Volkssouveränität wurden – nach amerikanischem Vorbild – zu unentbehrlichen Menschenrechten erklärt (26. August). Am 6. 10. stürmte das Pariser Volk unter Anführung der Marktfrauen Versailles und zwang den König, seinen Sitz sowie die Nationalversammlung nach Paris zu verlegen. Im November beschloß die Nationalversammlung eine Reihe von Neuerungen: Anstelle der bisherigen 15 Provinzen wurde das Land in 83 Departements als Verwaltungsbezirke eingeteilt. Mit der Forderung nach Gleichheit, Freiheit und Brüderlichkeit sollten auch die Juden bürgerliche Gleichberechtigung erhalten. Der Adel und seine Vorrechte wurden abgeschafft. Der König erhielt nur ein beschränktes Veto gegenüber der Nationalversammlung. Allgemeine Religionsfreiheit wurde eingeführt. Die Kirchengüter fielen an den Staat; bis zu ihrem Verkauf wurde auf ihnen ein Papiergeld, die Assignaten, fundiert. Allzu viele Assignaten und das große Angebot an Land und Gebäuden führten jedoch bald zu einer Inflation von 50% sowie zu einer neuen Klasse von Besitzbürgern.

Vor allem die Verstaatlichung kirchlichen Eigentums, die Aufhebung der Orden und Klöster, die Zivilverfassung des Klerus hielten den König von der Zustimmung zu einem konstitutionellen System zurück. Dadurch gelang es den Klubs der Radikalen, die weite Teile der Pariser Bevölkerung beherrschten, immer größeren Einfluß zu gewinnen. Maßgebend waren vor allem die *Jakobiner,* ein Klub, der 1789 von den Abgeordneten der Bretagne gegründet und nach dem Saal des aufgelösten Dominikanerklosters St. Jakob benannt wurde, in dem sich die Mitglieder versammelten. Nach dem allmählichen Rückzug der *Girondisten* (einer gemäßigten Fraktion des kleinen und mittleren Bürgertums, geführt von den Abgeordneten des Girondedepartements) errang 1791 eine radikale Richtung unter Robespierre das Übergewicht. Damit wurde ein radikales System eingeleitet, das alle widerstrebenden Elemente zu vernichten suchte. In jeder Stadt hatte der Klub eine Filiale, die alle Befehle aus der Hauptstadt ausführte. Eine Sektion der Jakobiner bildeten die *Cordeliers* (= Strickträger, so genannt nach ihrem Versammlungsort in einem Franziskanerkloster) mit Danton, Desmoulins, Marat, Hébert und Chaumette als Anführern. Die Cordeliers nahmen jeweils an den Sitzungen der Jakobiner teil. In der neugewählten gesetzgebenden Nationalversammlung übernahmen zunächst die Republikaner (von den Girondisten geleitet) die Macht. Um royalistische Reaktionen zu verhindern und die Revolutionsbegeisterung neu zu entfachen, beschloß die Nationalversammlung am 20. 4. 1792 Krieg gegen Österreich und Preußen. Unter dem Eindruck der anfänglichen Niederlagen wandte sich das Volk gegen den König, der mit den Gegnern in Verbindung stand. Am 10. 8. 1792 kam es zum Sturm gegen die Tuilerien. Justizminister Danton bildete einen revolutionären Gemeinderat in Paris. Dessen etwa 140 Anhänger trennten sich als »Berg« (weil sie die oberen Sitze im Versammlungsraum einnahmen) von den rund 160 Abgeordneten der Girondisten. Die etwa 450 Abgeordneten im »Tal« wurden aus Angst oder Opportunismus immer mehr zu gefügigen Werkzeugen der Jakobiner.

Auf Betreiben Marats und mit Duldung Dantons wurden vom 2.–6. 9. etwa 1400 politische Gefangene (in der Mehrheit Royalisten und Geistliche) ermordet (die sogenannten »Septembermorde«). Die Anhänger der Revolution sollten dadurch enger zusammenstehen. Allerdings wandte sich die öffentliche Meinung gegen diese Morde, die Sympathie des Auslands für die Revolution ging erheblich zurück, und in den Wahlen zum Nationalkonvent erhielten die gemäßigten Girondisten doppelt so viele Stimmen wie die Jakobiner.

Am 22. 9. kam es zur Proklamation der Republik. Unter Führung von Marat, Robespierre und Danton begann die Schreckensherrschaft des Konvents. Am 25. 9. forderte Robespierre den Tod des Königs (jetzt als Bürger Louis Capet bezeichnet) wegen Landesverrats. Am 17. 1. 1793 wurde Ludwig XVI. mit geringer Mehrheit zum Tod ohne Aufschub verurteilt und am 21. 1. enthauptet.

Aufstände der Royalisten und Girondisten gegen die Jakobiner im Februar 1793 wurden grausam niedergeschlagen. Unter Führung von Danton und Robespierre bildete sich eine revolutionäre Regierung mit der Bezeichnung »Wohlfahrtsausschuß«. Ein Revolutionstribunal bestrafte alle politischen Vergehen; es erkannte nur auf Tod oder Freispruch. Allein in Paris wurden täglich 60–70 Menschen hingerichtet. Am 15. 4. wurden 22 Girondisten aus dem Konvent ausgeschlossen und verhaftet. Am 31. 5. erfolgten die Verhaftung von weiteren 29 Girondisten, am 2. 6. die Verhaftung und Hinrichtung von 32 Führern der Gironde. Die Königin wurde am 16. 10. hingerichtet.

Am 24. 3. 1794 ließ Robespierre Jacques René Hébert (geb. 1757) hinrichten. Dieser gehörte zu den radikalsten Jakobinern, stand mit Chaumette (s. Anm. zu S. 7) an der Spitze der nach ihm benannten Hébertisten, die alle Gewalt auf die Pariser Kommune übertragen wollten, die Abschaffung des Gottesdienstes und die Einführung des Kultus der Vernunft betrieben und Danton sowie Robespierre der Verletzung der Freiheit und der Menschenrechte anklagten. Danach bildeten die (gemäßigteren) Dantonisten die einzige Gefahr für Robespierres Macht. Am 19. 3. kam es zu einer letzten Unterredung zwischen Robespierre und Danton. Sie trennten sich ohne Versöhnung, und Robespierre erlangte am 30. 3. 1794 die Zustimmung des Konvents zur Verhaftung Dantons.

Robespierre wurde am 27. 7. 1794 auf Befehl des Konvents verhaftet und am 28. 7. mit etwa 100 Anhängern aus dem Konvent und der Kommune guillotiniert. 1795 richtete der Konvent als Reaktion auf Terror und »Volksdiktatur« ein Direktorium von fünf Männern ein, die den Gemäßigten angehörten. Die Girondisten (das Besitzbürgertum) hatten damit ihre Ziele durchgesetzt.

Georges Jacques *Danton* (28. 10. 1759 – 5. 4. 1794) gehörte zu den führenden Männern der Französischen Revolution. Bei ihrem Ausbruch lebte er als Advokat in Paris. Er war groß und kräftig. Sein von Pockennarben zerrissenes Gesicht ließ ihn häßlich und grob erscheinen. Er besaß eine kräftige Stimme und war ein hinreißender Redner. Mit rücksichtsloser Energie verwirklichte er seine Pläne. Am 14. 7. 1789 begeisterte er das Volk zum Sturm auf die Bastille. Am 10. 11. 1790 klagte er die Minister vor der Nationalversammlung an und gründete mit Camille Desmoulins (s. Anm. zu S. 7), Fabre d'Eglantine (s. Anm. zu S. 7) und Jean Paul Marat (s. Anm. zu S. 9) den Klub der Cordeliers, den er führte und der die Jakobiner bald an politischem Fanatismus übertraf.

Danton war maßgeblich am Sturz des Königtums (10. 8. 1792) beteiligt und setzte nach dem Sieg der Pariser Bürger seine Ernennung zum Justizminister durch (1792). Das Vorrücken der feindlichen Heere in der Champagne gab ihm einen Vorwand zur Duldung der »Septembermorde« (s.o.). Er wollte dadurch die royalistische Partei in Furcht versetzen. Nach dem Zusammentreten des Konvents legte Danton sein Ministeramt nieder. Am 30. 11. 1792 ging er mit Lacroix (s. Anm. zu S. 7) nach Belgien, um dort die Revolution zu verbreiten. Am 10. 3. 1793 schuf er das Revolutionstribunal, und Robespierre gründete am 6. 4. auf seine Initiative den Wohlfahrtsausschuß.

Nachdem die Girondisten Dantons Angebot für eine engere Zusammenarbeit zur Bekämpfung der Volksherrschaft zurückwiesen, trug er zu ihrem Sturz bei, wünschte aber nicht deren Hinrichtung. Diese Mäßigung machte ihn im Konvent verdächtig. – 1793 heiratete Danton seine zweite Frau Louise (bei Büchner: Julie) geb. Gély (1777–1856) in kirchlicher Trauung. (Louise heiratete 1797 einen Baron Dupin.) Im November wandte sich Danton gegen die Hébertisten (s.o.), um die Radikalisierung der Revolution einzudämmen; Desmoulins unterstützte ihn und kritisierte in seiner Zeitung »Le vieux Cordelier« am 15. 12. Hébert und am 24. 12. das gesamte Terrorregime. Am 25. 12. verteidigte Robespierre im Konvent die radikale Revolutionspolitik. Die Spannungen zwischen Danton und Robespierre wuchsen. Dieser ließ Danton in der Nacht vom 31. 3. zum 1. 4. 1794 verhaften und mit seinen engsten Freunden (u.a. Desmoulins, Lacroix, Philippeau) vor das Revolutionstribunal bringen. Die Anklage lautete auf Verbindung mit dem Ausland. Danton behandelte seine Richter mit Verachtung. Bei der Verkündung des Todesurteils am 4. 4. rief er aus: »Man opfert uns einigen feigen Räubern, aber sie werden ihren Sieg nicht lange genießen; ich ziehe Robespierre nach. Der Feige! ich allein besaß die Macht, ihn zu retten.« Am 5. 4. Hinrichtung. Dem applaudierenden Volk rief er zu: »Schweig still, undankbares Volk.«

Büchner zeichnet Danton als Mann, der die Schreckensherrschaft möglichst rasch beenden will, nachdem keine Notwendigkeit mehr dafür besteht. Die Errungenschaften der Revolution sollen in einen geordneten republikanischen Staat eingebracht werden.

Entstehung

Nach dem 10. März 1834 schrieb Büchner an seine Braut: »Ich studierte die Geschichte der Revolution. Ich fühlte mich wie zernichtet unter dem gräßlichen Fatalismus der Geschichte ...« (s. Brief Nr. 18). Bereits Ende Februar beschäftigte er sich intensiv mit historischen Arbeiten zur Französischen Revolution (u.a. Thiers, Mignet, Mercier), dann nochmals im Herbst des Jahres. Niederschrift seiner ersten dramatischen Arbeit im Januar bis vor dem 21. Februar 1835. Das abgeschlossene Manuskript wird am 21. 2. an Karl Gutzkow (1811–78), damals Redakteur im Verlag J. D. Sauerländer in Frankfurt, geschickt (s. Brief Nr. 30 an Gutzkow und Nr. 29 an Sauerländer sowie die Antworten Gutzkows Nr. 5–7).

Erstdruck und Überlieferung

Vorabdruck in:

Phoenix, Frühlingszeitung für Deutschland, vom 26. 3.–7. 4. 1835, mit erklärenden Zwischentexten von Gutzkow.

Vollständiger Abdruck mit redaktionellen Änderungen durch Gutzkow und Sauerländers Verlagsdirektor Eduard Duller (s. Büchners Brief an die Familie vom 28. 7. 1835, Nr. 42):

Dantons Tod. Dramatische Bilder aus Frankreichs Schreckensherrschaft. Frankfurt/Main (J. D. Sauerländer) 1835.

Erhalten sind neben dem Vorabdruck und dem Erstdruck eine vollständige Handschrift, dazu zwei Dedikationsexemplare des Erstdrucks mit zahlreichen Bleistiftkorrekturen und Verärgerung anzeigenden Marginalien von Büchner (u. a. stellt er die von Duller abgemilderten obszönen Ausdrücke wieder her).

Quellen

Etwa »ein Sechstel« (Viëtor, Quellen) des Textes besteht aus wörtlich oder leicht abgeändert übernommenen Zitaten, die Büchner in einer Art Montagetechnik in den Text eingefügt hat, um ihm so größere Authentizität und Unmittelbarkeit zu geben.

Die wichtigsten Quellenwerke sind:

Louis Adolphe Thiers, Histoire de la Révolution Française ..., 10 Bde., Paris 1823–24 (vor allem Bd. VI). Zit. als: Thiers.

Die Geschichte Unserer Zeit, bearbeitet von Carl Strahlheim (= Johann Konrad Friederich) ..., 30 Bde., Stuttgart 1826–30. (Nach Mayer, Quellen, vor allem Bd. I–XII sowie die Außerordentlichen Hefte XI–XIII und die Supplement-Hefte I–V; letzteres enthält eine Übersetzung der Memoiren Honoré Riouffes.) Zit. als: U. Z.

Daneben verwendete Büchner u. a.:

Louis Sébastien Mercier, Le nouveau Paris, 6 Bde., Paris 1799. Zit. als: Mercier.

M. de Prousinalle (= Pierre-Joseph-Alexis Roussel), Histoire secrète du Tribunal révolutionnaire ..., 2 Bde., Paris 1815.

Galerie historique des Contemporains, ou nouvelle Biographie ..., 8 Bde., Brüssel 1817ff.

Honoré Riouffe, Mémoires d'un Deténu, pour servir à l'Histoire de la Tyrannie de Robespierre, Paris 1794/5 und 1823. Zit. als: Riouffe.

Mémoires sur les Prisons I, II, contenat ceux qui concernent les Prisons de Port-Libre, du Luxembourg, de la Rue des Sèrres, etc., etc., Paris 1823 (auch in: Collection des Mémoires).

François Auguste Marie Mignet, Histoire de la Révolution Française, depuis 1789 jusqu'en 1814, 2 Bde., Paris 1824 (vor allem Bd. II; vgl. aber Mayer, Quellen, S. 230). Zit. als: Mignet.

Collection des Mémoires relatifs à la Révolution Française, Paris 1825 (darin: Le Vieux Cordelier. Journal Politique, rédigé en l'an II par

Camille Desmoulins; Causes secrètes de la journée du 9 au 10 thermidor an II, Suivies des Mystères de la mère de Dieu dèvoilés par Vilate, ex-joré au tribunal révolutionnaire; dazu vgl. Beck, Quellen, S. 354f., aber auch die Bedenken von Mayer, Quellen).

Als literarische Vorbilder ohne unmittelbaren Quellencharakter werden in der Forschung genannt:

B. Pascal, »Pensées«.

W. Shakespeare, »König Heinrich VI.«, II. Teil, IV, 2; »Coriolan« I, 1; »Hamlet«, »Macbeth«, »Julius Caesar«.

J. W. Goethe, »Egmont«, »Faust« (»Eine Promenade« in II, 2 parodiert den Osterspaziergang).

C. Brentano, »Godwi« mit der Gestalt der Violette.

Des Knaben Wunderhorn (»Es ist ein Schnitter«).

Ch. D. Grabbe, »Napoleon oder die hundert Tage« I, 1.

Büchner folgt in allen Details genau den geschichtlichen Vorgängen. Eine Gegenüberstellung von Dramentext und Quelle soll durch eine Reihe von Belegen Büchners Arbeitsweise deutlich machen (nach Viëtor, Th. M. Mayer sowie nach W. R. Lehmann, dessen Manuskript der Quellensynopse, die in Bd. 3 der Hist.-krit. Ausgabe erscheinen soll, eingesehen werden konnte):

S. 9: Camille. Du parodierst den Socrates. Weißt du auch, was der Göttliche den Alcibiades fragte, als er ihn eines Tages finster und niedergeschlagen fand? »Hast du deinen Schild auf dem Schlachtfeld verloren, bist du im Wettlauf oder im Schwertkampf besiegt worden? Hat ein Andrer besser gesungen oder besser die Zither geschlagen?« Welche klassischen Republikaner!	Thiers VI, S. 168: Et ce Socrate, un jourrencontrant Alcibiade sombre et rêveur, apparemment parce qu'il était piqué d'une lettre d'Aspasie: qu'avez-vous? lui dit le plus grave des Mentors; auriez-vous perdu votre bouclier à la bataille? avez-vous été vaincu dans le camp à la course, ou à la salle d'armes? quelqu'un a-t-il mieux chanté ou mieux joué de la lyre que vous à la table du général? – Ce trait peint les mœurs. Quels républicains aimables!
S. 9: Philippeau. [...] vielleicht auch weil die Dezemvirn sich verloren glaubten wenn es nur eine Woche Männer gegeben hätte, die man mehr fürchtete, als sie.	U. Z. XII, S. 60: Ihr seid verloren, wenn nur zwei Tage lang Männer existieren, die man mehr als euch fürchtet.

Vermutlich fügte Büchner Mitte Januar 1835 nachträglich aus Heines »Salon II« (»Zur Geschichte der Religion und Philosophie in Deutschland«) einzelne Passagen in das bereits abgeschlossene Dramenmanuskript ein (nach Mayer III, S. 390f.):

S. 9: Hérault. Sie möchten uns zu Antediluvianern machen. St. Just säh' es nicht ungern, wenn wir wieder auf allen Vieren kröchen, damit uns der Advokat von Arras nach der Mechanik des Genfer Uhrmachers Fallhütchen, Schulbänke und einen Herrgott erfände.	Wir sind mündig und bedürfen keiner väterlichen Vorsorge. Auch sind wir keine Machwerke eines großen Mechanikus. Der Deismus ist eine Religion für Knechte, für Genfer, für Uhrmacher.

Philippeau. [...] Wie lange sollen wir noch schmutzig und blutig sein wie neugeborne Kinder [...]?
S. 10: Camille. [...] Wir wollen nackte Götter, Bacchantinnen ⟨und⟩ olympische Spiele⟨, Rosen in den Locken, funkelnden Wein u wallende Busen⟩ und von melodischen Lippen: ach die gliederlösende, böse Liebe! Wir wollen den Römern nicht verwehren sich in die Ecke zu setzen und Rüben zu kochen aber sie sollen uns keine Gladiatorspiele mehr geben wollen.
Der göttliche Epicur und die Venus mit dem schönen Hintern müssen statt der Heiligen Marat und Chalier die Türsteher der Republik werden.

Wir wollen keine Sanskülotten sein, keine frugale Bürger, keine wohlfeile Präsidenten: wir stiften eine Demokrazie gleichherrlicher, gleichheiliger, gleichbeseligter Götter. Ihr verlangt einfache Trachten, enthaltsame Sitten und ungewürzte Genüsse; wir hingegen verlangen Nektar und Ambrosia, Purpurmäntel, kostbare Wohlgerüche, Wollust und Pracht, lachenden Nymphentanz, Musik und Komödien – Seid deshalb nicht ungehalten, Ihr tugendhaften Republikaner! Auf Eure zensorische Vorwürfe entgegnen wir Euch, was schon ein Narr des Shakespeare sagte: meinst du, weil du tugendhaft bist, solle es auf dieser Erde keine angenehmen Torten und keinen süßen Sekt mehr geben?

S. 9: Hérault. [...] Die Revolution muß aufhören und die Republik muß anfangen.

U. Z. XII, S. 120: die Revolution durch eine republikanische Regierung beendigen.

S. 16f.: Robespierre. Die Waffe der Republik ist der Schrecken, die Kraft der Republik ist die Tugend. Die Tugend, weil ohne sie der Schrecken verderblich, der Schrecken, weil ohne ihn die Tugend ohnmächtig ist. Der Schrecken ist ein Ausfluß der Tugend, er ist nichts anders als die schnelle, strenge und unbeugsame Gerechtigkeit. Sie sagen der Schrecken sei die Waffe einer despotischen Regierung, die unsrige gliche also dem Despotismus. Freilich, aber so wie das Schwert in den Händen eines Freiheitshelden dem Säbel gleicht, womit der Satellit der Tyrannen bewaffnet ist. Regiere der Despot seine tierähnlichen Untertanen durch den Schrecken, er hat Recht als Despot, zerschmettert durch den Schrecken die Feinde der Freiheit und ihr habt als Stifter der Republik nicht minder Recht. Die Revolutionsregierung ist der Despotismus der Freiheit gegen die Tyrannei.

U. Z. XII, S. 34: Ist die Triebfeder der Volksregierung im Frieden die Tugend, so ist die Triebfeder der Volksregierung in einer Revolution zugleich die Tugend und der Schrecken: die Tugend, weil ohne sie der Schrecken verderblich, der Schrecken, weil ohne denselben die Tugend ohnmächtig ist. Der Schrecken ist nichts anders, als die schnelle, strenge und unbeugsame Gerechtigkeit. [...] Man sagt, der Schrecken sei eine Triebfeder der despotischen Regierung. Die unsrige gliche also dem Despotismus? Freilich, aber so wie das Schwert in den Händen eines Freiheitshelden einem Säbel gleicht, womit der Satellit der Tyrannei bewaffnet ist. Regiere der Despot seine tierähnlichen Untertanen durch den Schrecken, er hat recht als Despot. Beherrscht durch den Schrecken die Feinde der Freiheit, und ihr habt als Stifter der Republik nicht minder recht. Die Revolutionsregierung ist der Despotismus der Freiheit gegen die Tyrannei.

S. 17: Die Unterdrücker der Menschheit bestrafen ist Gnade, ihnen verzeihen ist Barbarei.

U. Z. XII, S. 39: Die Unterdrücker der Menschheit bestrafen, ist Gnade; ihnen verzeihen ist Barbarei.

Alle Zeichen einer falschen Empfindsamkeit, scheinen mir Seufzer, welche

U. Z. XII, S. 37: Alle Äußerungen einer falschen Empfindsamkeit scheinen

nach England oder nach Ostreich fliegen.	mir Seufzer, welche nach England oder nach Österreich fliegen.
Man hat vor Kurzem auf eine unverschämte Weise den Tacitus parodiert [...]	Camille Desmoulins in seinem »Vieux Cordelier«; Mignet, S. 383: »Il emprunta ses exemples à Tacite« usw.
S. 18: Man sollte glauben, jeder sage zu sich selbst: »Wir sind nicht tugendhaft genug um so schrecklich zu sein. Philosophische Gesetzgeber erbarmt euch unsrer Schwäche, ich wage euch nicht zu sagen, daß ich lasterhaft bin, ich sage euch also lieber, seid nicht grausam!«	U. Z. XII, S. 73: [...] man sollte glauben, ein jeder sage zu sich selbst: »Wir sind nicht tugendhaft genug, um so schrecklich zu sein; philosophische Gesetzgeber, erbarmt euch unsrer Schwäche; ich wage euch nicht zu sagen, daß ich lasterhaft bin, ich sage also lieber: seid nicht grausam!«
S. 22: Paris. [...] Brutus, der seine Söhne opfert. Er sprach im Allgemeinen von den Pflichten, sagte der Freiheit gegenüber kenne er keine Rücksicht, er würde Alles opfern, sich, seinen Bruder, seine Freunde.	Thiers VI, S. 200: [...] il répondit hypocritement qu'il ne pouvait rien, ni pour ni contre son collègue, que la justice était là pour défendre l'innocence; que pour lui, sa vie entière avait été un sacrifice continuel de ses affections à la patrie; et que si son ami était coupable, il le sacrifierait à regret, mais il le sacrifierait comme tous les autres à la république.
S. 22: Danton. Ich weiß wohl, – die Revolution ist wie Saturn, sie frißt ihre eignen Kinder. *Nach einigem Besinnen.* Doch, sie werden's nicht wagen.	Mignet, S. 321: Citoyens, il est à craindre que la révolution, comme Saturne, ne dévore successivement tous ses enfants. Thiers VI, S. 201: [...] Mais non, ajoutait-il, ils n'oseront pas.
S. 24: Robespierre. [...] wer eine Revolution zur Hälfte vollendet, gräbt sich selbst sein Grab.	U. Z. XII, S. 73: Wer eine Revolution nur zur Hälfte vollendet, gräbt sich selbst sein Grab.
S. 30: Paris. So flieh Danton! Danton. Nimmt man das Vaterland an den Schuhsohlen mit?	Mignet, S. 393: Mais en ce cas il faut partir! (Tournant alors sa bouche et relevant sa lèvre avec dédain et colère): Partir! ... Est-ce qu'on emporte sa patrie à la semelle de son soulier!

Aus Heines »Zur Geschichte der neueren schönen Literatur in Deutschland« stammt wohl die Anregung zur folgenden Textstelle (zit. nach Mayer III):

S. 34: Camille. [...] Sie gehen in's Theater, lesen Gedichte und Romane, schneiden den Fratzen darin die Gesichter nach und sagen zu Gottes Geschöpfen: wie gewöhnlich! Die Griechen wußten, was sie sagten, wenn sie erzählten Pygmalions Statue sei wohl lebendig geworden, habe aber keine Kinder bekommen.	Die Tat ist das Kind des Wortes, und die Goetheschen schönen Worte sind kinderlos. Das ist der Fluch alles dessen, was bloß durch die Kunst entstanden ist. Die Statue, die der Pygmalion verfertigt, war ein schönes Weib, sogar der Meister verliebte sich darin, sie wurde lebendig unter seinen Küssen, aber soviel wir wissen, hat sie nie Kinder bekommen.
S. 34: Danton. Und die Künstler gehn mit der Natur um wie David, der im September die Gemordeten, wie sie aus der Force auf die Gasse geworfen	U. Z. XII, S. 121: David, sein ehemaliger Amtsgenosse und Freund, sah ihn [Danton] hinrichten, mit eben der Ruhe, womit er am 3. September die in

wurden, kaltblütig zeichnete und sagte: ich erhasche die letzten Zuckungen des Lebens in diesen Bösewichtern.

die Mordhöhle la Force geworfenen Sterbenden zeichnete, und dem Deputierten Reboul, welcher ihm darüber Vorwürfe machte, zur Antwort gab: »Ich erhasche die letzten Bewegungen der Natur in diesen Bösewichtern.«

S. 34: Danton. [...] Sie wollen meinen Kopf, meinetwegen. Ich bin der Hudeleien überdrüssig. Mögen sie ihn nehmen. Was liegt daran? Ich werde mit Mut zu sterben wissen [...] .

U. Z. XIII, S. 123: »Sie wollen meinen Kopf«, sagte er, »nun gut, ich bin der Hudeleien überdrüssig. Mögen sie ihn nehmen. Was liegt daran? Ich werde mit Mut zu sterben wissen.«

S. 37: Danton. [...] Puppen sind wir von unbekannten Gewalten am Draht gezogen; nichts, nichts wir selbst! Die Schwerter, mit denen Geister kämpfen, man sieht nur die Hände nicht, wie im Märchen.

Mercier I, S. 6: Il viendra, l'historien qui avec de nouveaux documents, ayant pleine connaissance des actes hostiles et perfides des Cabinets étrangers, dira jusqu'à quel point tous les scélérats et mêmes les hommes de bien, ont été des marionettes.

S. 39: Robespierre. Die seit langer Zeit in dieser Versammlung unbekannte Verwirrung, beweist, daß es sich um große Dinge handelt. Heute entscheidet sich's ob einige Männer den Sieg über das Vaterland davon tragen werden. Wie könnt ihr eure Grundsätze weit genug verleugnen, um heute einigen Individuen das zu bewilligen, was ihr gestern Chabot, Delaunay und Fabre verweigert habt? Was soll dieser Unterschied zu Gunsten einiger Männer? Was kümmern mich die Lobsprüche, die man sich selbst und seinen Freunden spendet? Nur zu viele Erfahrungen haben uns gezeigt, was davon zu halten sei. Wir fragen nicht ob ein Mann diese oder jene patriotische Handlung vollbracht habe, wir fragen nach seiner ganzen politischen Laufbahn.
Legendre scheint die Namen der Verhafteten nicht zu wissen, der ganze Konvent kennt sie. Sein Freund Lacroix ist darunter. Warum scheint Legendre das nicht zu wissen? Weil er wohl weiß, daß nur die Schamlosigkeit Lacroix verteidigen kann. Er nannte nur Danton, weil er glaubt an diesen Namen knüpfe sich ein Privilegium. Nein, wir wollen keine Privilegien, wir wollen keine Götzen!

Thiers VI, S. 205: Au trouble depuis longtemps inconnu qui règne dans cette assemblée, à l'agitation qu'a produite le préopinant, on voit bien qu'il est question ici d'un grand intérêt, qu'il s'agit de savoir si quelques hommes l'emporteront aujourd'hui sur la patrie. Mais comment pouvez-vous oublier vos principes, jusqu'à vouloir accorder aujourd'hui à certains individus ce que vous avez naguère refusé à Chabot, Delaunay et Fabre-d'Eglantine? Pourquoi cette différence en faveur de quelques hommes? Que m'importent à moi les éloges qu'on se donne à soi et à ses amis? ... Une trop grande expérience nous a appris à nous défier de ces éloges. Il ne s'agit plus de savoir si un homme a commis tel ou tel acte patriotique, mais quelle a été toute sa carrière ... – Legendre paraît ignorer le nom de ceux qui sont arrêtés. Toute la Convention les sait. Son ami Lacroix est du nombre des détenus; pourquoi Legendre feint-il de l'ignorer? Parce qu'il sait bien qu'on ne peut sans impudeur défendre Lacroix. Il a parlé de Danton, parce qu'il croit qu'à ce nom sans doute est attaché un privilège ... Non, nous ne voulons pas de privilèges; nous ne voulons point d'idoles!
U. Z. S. 95–99: Robespierre nahm noch lebhafter das Wort. »Aus allen

Bewegungen«, sagte er, »die Legendres Verwendung für Danton hervorgebracht hat, sieht man sehr deutlich, daß es hier auf nichts Geringeres ankommt, als auf die Entscheidung der Frage, ob einige Männer den Sieg über das Vaterland davon tragen sollen? Welche Veränderung in den Grundsätzen der Mitglieder dieser Versammlung, vorzüglich derjenigen, welche auf einer Seite sitzen, die bisher den Vorzug hatte, das Asyl der unerschrockensten Verteidiger des Vaterlandes zu sein! Warum wird eine Lehre, welche noch vor Kurzem verbrecherisch und verächtlich schien, von Neuem zum Vorscheine gebracht? Warum? Weil es heute entschieden werden muß, ob das Interesse einiger ehrgeizigen Heuchler den Sieg über das Interesse des französischen Volkes davon tragen muß. – Wie? haben wir so viele heroische Opfer, zu welchen vorzüglich diese Akte einer schmerzlichen Strenge gehören, bloß dargebracht, um unter das Joch einiger Ränkemacher zurückzukehren, die gerne herrschen möchten? – Was gehen mich alle Lobreden an, die man sich selbst und seinen Freunden hält? Eine nur allzu lange und allzu bittere Erfahrung hat uns den Wert kennen gelehrt, den wir auf dergleichen rednerische Formeln legen dürfen. Es ist nicht mehr die Rede davon, was ein Mann und seine Freunde in einer bestimmten Epoche und unter besondern Umständen für die Revolution getan haben; man fragt, was haben sie in dem ganzen Laufe ihres politischen Lebens getan? Wir werden an diesem Tage sehen, ob der Konvent im Stande ist, ein seit langer Zeit verfaultes Idol zu zerschlagen, oder ob dieses Idol in seinem Falle den Konvent und das französische Volk zerschmettern wird. [...]«

S. 39f.: Was hat Danton vor Lafayette, vor Dumouriez, vor Brissot, Fabre, Chabot, Hébert voraus? Was sagt man von diesen, was man nicht auch von ihm sagen könnte? Habt ihr sie gleichwohl geschont? Wodurch

Thiers VI, S. 206: En quoi Danton est-il supérieur à Lafayette, à Dumouriez, à Brissot, à Fabre, à Chabot, à Hébert? Que ne dit-on de lui qu'on ne puisse dire d'eux? Cependant les avez-vous ménagés?

verdient er einen Vorzug vor seinen Mitbürgern? Etwa, weil einige betrogne Individuen und Andere, die sich nicht betrügen ließen, sich um ihn reihten um in seinem Gefolge dem Glück und der Macht in die Arme zu laufen? Je mehr er die Patrioten betrogen hat, welche Vertrauen in ihn setzten, desto nachdrücklicher muß er die Strenge der Freiheitsfreunde empfinden.

U. Z. XII, S. 96: Konnte, was von Danton gesagt wird, nicht auch auf Brissot, Pethion, Chabot und Hébert angewendet werden? Was hat er für ein Vorrecht? Wodurch hat er den Vorzug vor seinen Kollegen, vor Chabot, vor Fabre d'Eglantine, seinem Freund und Vertrauten, dessen eifriger Verteidiger er gewesen ist? Wodurch hat er endlich den Vorzug vor seinen Mitbürgern? Etwa weil einige betrogene Individuen und andere, die sich nicht betrügen ließen, sich um ihn her stellten, um in seinem Gefolge dem Glück und der Macht in die Arme zu laufen? Je mehr er die Patrioten betrogen hat, welche Vertrauen in ihn setzen, desto nachdrücklicher muß er die Strenge der Freiheitsfreunde erfahren.

S. 40: Man will euch Furcht einflößen vor dem Mißbrauche einer Gewalt, die ihr selbst ausgeübt habt. Man schreit über den Despotismus der Ausschüsse, als ob das Vertrauen, welches das Volk euch geschenkt und das ihr diesen Ausschüssen übertragen habt, nicht eine sichre Garantie ihres Patriotismus wäre. Man stellt sich, als zittre man. Aber ich sage euch, wer in diesem Augenblicke zittert ist schuldig, denn nie zittert die Unschuld vor der öffentlichen Wachsamkeit.

Thiers VI, S. 207: On vous parle du despotisme des comités, comme si la confiance que le peuple vous a donnée, et que vous avez transmise à ces comités, n'était pas un sûr garant de leur patriotisme. On affecte des craintes; mais je le dis, quiconque tremble en ce moment est coupable, car jamais l'innocence ne redoute la surveillance publique.

U. Z. XII, S. 97: Man will euch gegen die Mißbräuche einer Gewalt Furcht einjagen, welche ihr selbst ausgeübt habt, und die nicht der Anteil einiger Menschen ist. Was habt ihr denn getan, was ihr nicht mit Freiheit getan hättet, und was, indem es die Republik rettete, nicht von dem ganzen Frankreich gebilligt worden wäre? Man will euch mit der Besorgnis erfüllen, das Volk werde ein Schlachtopfer der Ausschüsse, welche das öffentliche Vertrauen erhalten haben, und von dem Konvente ausgegangen sind. Man fürchtet, daß die Verhafteten unterdrückt werden; man traut der Nationalgerechtigkeit nicht. Ich behaupte, wer in diesem Augenblicke zittert, ist für schuldig zu halten; denn nie fürchtet die Unschuld die öffentliche Aufsicht.

S. 40: Man hat auch mich schrecken wollen, man gab mir zu verstehen, daß

Thiers VI, S. 207: Et moi aussi, ... on a voulu m'inspirer des terreurs. On a

die Gefahr, indem sie sich Danton nähere, auch bis zu mir dringen könne. Man schrieb mir, Dantons Freunde hielten mich umlagert in der Meinung die Erinnerung an eine alte Verbindung, der blinde Glauben an erheuchelte Tugenden könnten mich bestimmen meinen Eifer und meine Leidenschaft für die Freiheit zu mäßigen. So erkläre ich denn, nichts soll mich aufhalten, und sollte auch Dantons Gefahr die meinige werden. Wir Alle haben etwas Mut und etwas Seelengröße nötig. Nur Verbrecher und gemeine Seelen fürchten Ihresgleichen an ihrer Seite fallen zu sehen, weil sie, wenn keine Schar von Mitschuldigen sie mehr versteckt, sich dem Licht der Wahrheit ausgesetzt sehen. Aber wenn es dergleichen Seelen in dieser Versammlung gibt, so gibt es in ihr auch heroische. Die Zahl der Schurken ist nicht groß. Wir haben nur wenige Köpfe zu treffen und das Vaterland ist gerettet.
Ich verlange, daß Legendres Vorschlag zurückgewiesen werde.

voulu me faire croire qu'en approchant de Danton, le danger pouvait arriver jusqu'à moi. On m'a écrit, les amis de Danton m'ont fait parvenir des lettres, m'ont obsédé de leur discours; ils ont cru que le souvenir d'une ancienne liaison, qu'une foi antique dans de fausses vertus, me détermineraient à ralentir mon zèle et ma passion pour la liberté. Eh bien! je déclare que si les dangers de Danton devaient devenir les miens, cette considération ne m'arrêterait pas un instant. C'est ici qu'il nous faut à tous quelque courage et quelque grandeur d'âme. Les âmes vulgaires ou les hommes coupables craignent toujours de voir tomber leurs semblables, parce que, n'ayant plus devant eux une barrière de coupables, ils restent exposés au jour de la vérité; mais s'il existe des âmes vulgaires, il en est d'héroïques dans cette assemblée, et elles sauront braver toutes les fausses terreurs. D'ailleurs le nombre des coupables n'est pas grand; le crime n'a trouvé que peu de partisans parmi nous, et en frappant quelques têtes, la patrie sera délivrée.
U. Z. XII, S. 97: Man hat auch mir Schrecken einflößen wollen. Man gab mir zu verstehen, daß, indem ich mich an Danton wagte, die Gefahr auch mich ergreifen könnte; man stellte ihn mir als einen Schild vor, den ich zu meiner Verteidigung gebrauchen müßte. Seine Freunde hielten mich umlagert, indem sie glaubten, daß die Zurückerinnerung an eine alte Verbindung meinen Eifer und meine Leidenschaft für die Freiheit mäßigen würde. Ich beteuere euch aber, daß dies alles nicht den leisesten Eindruck auf mich gemacht hat. Und wenn auch Dantons Gefahren die meinigen werden sollten, so bin ich noch immer weit entfernt, hierin ein öffentliches Unglück zu sehen. Was bekümmern mich Gefahren? Mein Leben gehört dem Vaterlande; frei ist mein Herz von aller Furcht; sterbe ich, so wird es ohne Vorwurf und Schande geschehen. Ich selbst bin Pethions Freund gewesen;

aber habe ich ihn nicht verlassen, sobald er die Larve abzog? Ich stand mit Roland in Verbindung; aber sobald ich den Verräter in ihm entdeckte, gab ich ihn an. Danton will ihre Stelle einnehmen; er ist in meinen Augen nur ein Feind des Vaterlandes. Unter solchen Umständen bedarf es allerdings des Mutes und der Seelengröße. Nur gemeine Seelen und Schuldige fürchten ihresgleichen an ihrer Seite fallen zu sehen; aber wenn es dergleichen in dieser Versammlung gibt, so gibt es in ihr auch heroische. Wie? man will die Meinung verbreiten, daß die Ausschüsse der Wohlfahrt und Sicherheit den Konvent vernichten? Beschützen wir ihn nicht mit unsern Körpern? Ersticken wir nicht seine gefährlichen Feinde? Man sucht nur dann Verschwörer der Gerechtigkeit zu entreißen, wenn man ein gemeinschaftliches Interesse mit ihnen hat. Ich fordere eine genaue Untersuchung des Vorschlages von Legendre.

S. 42: St. Just. […] Alle geheimen Feinde der Tyrannei, welche in Europa und auf dem ganzen Erdkreise den Dolch des Brutus unter ihren Gewändern tragen, fordern wir auf diesen erhabenen Augenblick mit uns zu teilen.

U. Z. XII, S. 79: Alle geheimen Feinde der Tyrannei, welche in Europa und auf dem ganzen Erdkreise den Dolch des Brutus unter ihren Gewändern tragen, forden wir auf, diesen erhabenen Augenblick mit uns zu teilen.

S. 47: Mercier. […] die Guillotine republikanisiert!

U. Z. XII, S. 19: […] die Guillotine republikanisiert ohne Unterlaß.

S. 47: Danton. […] Meine Wohnung ist bald im Nichts und mein Name im Pantheon der Geschichte.

U. Z. XII, S. 107: Meine Wohnung ist bald im Nichts und mein Name im Pantheon der Geschichte.

S. 47f.: Danton. Meine Stimme, die ich so oft für die Sache des Volkes ertönen ließ, wird ohne Mühe die Verleumdung zurückweisen. Die Elenden, welche mich anklagen, mögen hier erscheinen und ich werde sie mit Schande bedecken. Die Ausschüsse mögen sich hierher begeben, ich werde nur vor ihnen antworten. Ich habe sie als Kläger und als Zeugen nötig. Sie mögen sich zeigen.
Übrigens, was liegt mir an euch und eurem Urteil. Ich hab' es euch schon gesagt: das Nichts wird bald mein Asyl sein – das Leben ist mir zur Last, man mag mir es entreißen, ich sehne mich danach es abzuschütteln.

Thiers VI, S. 217: Danton, lui dit le président, la Convention vous accuse d'avoir conspiré avec Mirabeau, avec Dumouriez, avec d'Orléans, avec les Girondins, avec l'étranger, et avec la faction qui veut rétablir Louis XVII. – Ma voix, répondit Danton avec son organe puissant, ma voix qui tant de fois s'est fait entendre pour la cause du peuple, n'aura pas de peine à repousser la calomnie. Que les lâches qui m'accusent paraissent, et je les couvrirai d'ignominie … Que les comités se rendent ici, je ne répondrai que devant eux; il me les faut pour accusateurs et pour témoins … Qu'ils paraissent … Au reste peu m'importe, vous et votre jugement ... je vous l'ai dit: le néant sera bientôt mon asyle. Le vie m'est à charge, qu'on me l'arrache. Il me tarde d'en être délivré.

S. 48: Herrmann. Danton, die Kühnheit ist dem Verbrechen, die Ruhe der Unschuld eigen.
Danton. Privatkühnheit ist ohne Zweifel zu tadeln, aber jene Nationalkühnheit, die ich so oft gezeigt, mit welcher ich so oft für die Freiheit gekämpft habe, ist die verdienstvollste aller Tugenden. Sie ist meine Kühnheit, sie ist es, der ich mich hier zum Besten der Republik gegen meine erbärmlichen Ankläger bediene. Kann ich mich fassen, wenn ich mich auf eine so niedrige Weise verleumdet sehe? Von einem Revolutionär, wie ich darf man keine kalte Verteidigung erwarten. Männer meines Schlages sind in Revolutionen unschätzbar, auf ihrer Stirne schwebt das Genie der Freiheit.
Zeichen von Beifall unter den Zuhörern.
Mich klagt man an, mit Mirabeau, mit Dumouriez, mit Orléans konspiriert, zu den Füßen elender Despoten gekrochen zu haben, mich fordert man auf vor der unentrinnbaren, unbeugsamen Gerechtigkeit zu antworten.
Du elender St. Just wirst der Nachwelt für diese Lästerung verantwortlich sein!
Herrmann. Ich fordere Sie auf mit Ruhe zu antworten, gedenken Sie Marats, er trat mit Ehrfurcht vor seine Richter.

Thiers VI, S. 218: Danton, dit le président, l'audace est le propre du crime; le calme est celui de l'innocence. – A ce mot Danton s'écrie. L'audace individuelle est réprimable sans doute; mais cette audace nationale dont j'ai tant de fois donné l'exemple, dont j'ai tant de fois servi la liberté, est la plus méritoire de toutes les vertus. Cette audace est la mienne; c'est celle dont je fais ici usage pour la république contre les lâches qui m'accusent. Lorsque je me vois si bassement calomnié, puis-je me contenir? Ce n'est pas d'un révolutionnaire comme moi qu'il faut attendre une défense froide ... les hommes de ma trempe sont inappréciables dans les révolutions ... c'est sur leur front qu'est empreint le génie de la liberté. – En disant ces mots, Danton agitait sa tête et bravait le tribunal. Ses traits si redoutés produisaient une impression profonde. Le peuple, que la force touche, laissait échapper un murmure approbateur. Moi, continuait Danton, moi accusé d'avoir conspiré avec Mirabeau, avec Dumouriez, avec Orléans, d'avoir rampé aux pieds des vils despotes! c'est moi que l'on somme de répondre à la justice inévitable, inflexible ... Et toi, lâche Saint-Just, tu répondras à la postérité de ton accusation contre le meilleur soutien de la liberté ... – Le président lui recommande de nouveau d'être calme, et lui cite l'exemple de Marat, qui répondit avec respect au tribunal.

S. 49: Danton. Jetzt kennt Ihr Danton; noch wenige Stunden und er wird in den Armen des Ruhmes entschlummern.

U. Z. XII, S. 111: Seit zwei Tagen kennt das Tribunal Danton; morgen hofft er im Schoße des Ruhmes zu entschlummern.

Zu der Szene III, 4 (S. 47ff.) vgl. auch U. Z., S. 106–111:

Als die Reihe der Rechtfertigung an *Danton* kam, verschmähete er anfangs, sich vor einem Tribunal zu verteidigen, das er selbst gestiftet hatte, und dessen sklavische Verworfenheit er unstreitig nach dem Wohlfahrtsausschuß am besten kannte. Gleich beim Eingange des Verhörs hatte er auf die Frage: wie er heiße und wo er wohne, zur Antwort gegeben: »*Meine Wohnung ist bald im Nichts, und mein Name im Pantheon.*« Dies wiederholte er jetzt, indem er hinzufügte:

»Sollten die Niederträchtigen, die mich verleumden, es wagen, sich mir selbst entgegenzustellen? Sie mögen sich zeigen, und bald werde ich sie selber mit Schande und Schmach bedecken. Mein Kopf ist hier; er bürgt für alles. Das Leben ist mir zur Last; ich sehne mich nach dem Augenblicke, wo ich davon befreit sein werde.« – Der Präsident erinnerte ihn hierauf, daß Kühnheit dem Verbrechen, und Ruhe der Tugend eigen wäre, und daß er sich gegenwärtig vor dem Tribunal mit Präzision rechtfertigen müßte. – »Privatkühnheit«, antwortete Danton, »ist ohne Zweifel zu tadeln, und konnte mir nie zum Vorwurf gemacht werden; aber Nationalkühnheit, wovon ich so oft das Beispiel gegeben habe, und wodurch ich so oft der gemeinen Sache nützlich geworden bin, ist erlaubt, ist in Revolutionszeiten sogar notwendig; und aus dieser Kühnheit mache ich mir eine Ehre. Wenn ich mich so schwer und so ungerechterweise angeklagt sehe, wie kann ich da meinen Unwillen gegen meine Verleumder zurückhalten? Ist von einem Revolutionsfreunde, wie ich bin, eine kaltblütige Verteidigung zu erwarten? Männer meines Schlages sind nicht zu bezahlen; in unauslöschlichen Charakteren tragen sie das Siegel der Freiheit an der Stirn. Und doch beschuldigt man mich, zu den Füßen niedriger Despoten gekrochen, mich der Partei der Freiheit widersetzt, mich mit Mirabeau und Dumouriez verschworen zu haben! Und ich soll vor der unvermeidlichen, der unerbittlichen Gerechtigkeit antworten! Und du, St. Just, du wirst der Nachwelt für die Verunehrung des besten Volksfreundes, des besten Volksverteidigers verantwortlich sein!« – Noch einmal von dem Präsidenten erinnert, sich nicht an der Nationalrepräsentation, an dem Tribunal und dem souveränen Volk zu vergehen, welche unbezweifelt berechtigt wären, ihn über seine Handlungen zur Rechenschaft zu ziehen, fuhr Danton ruhiger fort, indem er sagte: Er wundere sich, wie man ihn beschuldigen könnte, an Mirabeau, Orléans, Dumouriez verkauft gewesen zu sein, da er notorisch gegen den Willen aller Revolutionsfeinde zum Administrator ernannt worden wäre, da er sich Mirabeaus gegenrevolutionären Entwürfen immer widersetzt, Marat verteidigt, und die Reise des Königs nach St. Cloud verhindert hätte. Dabei berief er sich auf einen von ihm bekannt gemachten Anschlagezettel über die Notwendigkeit einer Insurrektion, und forderte seine Ankläger auf, ihm ins Gesicht zu widersprechen. »Elende Betrüger«, rief er aus, »zeigt euch hier! Ich will euch die Maske abreißen, unter welcher ihr euch der öffentlichen Rache entzieht. Tadelt diese Sprache«, fuhr er zu seinen Richtern fort; »aber ein Angeklagter, wie ich, der die Ausdrücke und die Sachen kennt, verantwortet sich vor den Geschwornen, aber redet nicht zu ihnen; ich verteidige mich und verleumde nicht.« Er versicherte hierauf, Ehrgeiz und Habsucht hätten nie seine Schritte geleitet; er hätte immer ganz der Republik angehört, und von solchen Gesinnungen belebt, hätte er wider den ehrlosen *Pastoret*, wider *Lafayette*, *Bailli* und alle übrigen Verschwörer gekämpft, welche sich der vornehmsten Posten der Republik hätten bemächtigen wollen, um desto sicherer die Freiheit zu töten. »Man wirft mir vor«, setzte er hinzu, »ich habe mich in dem Augenblicke nach Arcis-sur-Aube begeben, wo die Ereignisse des 10. Augusts vorbereitet waren, und der Kampf zwischen den freien Menschen und den Sklaven beginnen sollte. Ich antworte auf diese Beschuldigung: Ich habe damals erklärt, daß das französische Volk siegen oder daß ich sterben müßte; und der Bürger *Payan* ist mein Zeuge über diese Erklärung. Wo sind denn die, welche Danton nötigen mußten, sich an diesem merkwürdigen Tage zu zeigen? Wo sind die privilegierten Wesen, von denen er seine Energie erborgte? Ich konnte den Gedanken an eine liebende Mutter nicht entfernen. Um sie noch einmal wiederzusehen, flog ich nach Arcis-sur-Aube in ihre Arme, umarmte sie, und kehrte darauf auf meinen Posten wieder zurück. Zwölf Stunden hintereinander bin ich bei meiner Sektion geblieben, und den andern Morgen um 9 Uhr dahin zurückgekehrt. Dies war die schimpfliche Ruhe, der ich mich überließ. – Es heißt, ich habe Fabre dem Nationalkonvent als einen geschickten Mann vorgestellt. Ja, das habe ich getan. Ich soll gesagt haben, ein Prinz vom Geblüte, wie Orléans, würde, wenn er seinen Platz unter den Volksrepräsentanten erhielte, ihnen in Europas Augen mehr Gewicht geben. Das ist falsch. – Es sind 50 Millionen bei mir niedergelegt worden. Das gestehe ich, aber ich will treue Rechenschaft davon ablegen. Die Absicht war, der Revolution eine stärkere Bewegung zu geben. – Ich soll mit Guadet, Brissot, Barbaroux und mit der ganzen geächteten Faktion im Einverständnisse gewesen sein; und doch verlangte Barbaroux Dantons, Robespierres und Marats Köpfe. – Was meine Verbindung mit Dumouriez betrifft, so habe ich ihn ein einziges Mal wegen eines Privatmanns gesprochen, mit welchem er zerfallen war, und wegen der 17 Millionen, über welche ich Rechenschaft von ihm verlangte. Zwar hat er mich für sich zu gewinnen gesucht, dies ist wahr; es ist ihm aber auf keine Weise gelungen. – Auch Westermanns wegen werden mir Vorwürfe gemacht; aber ich habe nie mit ihm Gemeinschaft gehabt. Ich weiß nur, daß Westermann am 10. August, ganz mit dem Blute der Royalisten besprützt, aus den Tuillerien kam, und in der nächsten Sitzung der Jakobiner von den Patrioten inbrünstig umarmt wurde.«

Die Lebhaftigkeit, mit welcher sich Danton verteidigt hatte, bewog seine Richter zu dem Vorschlag: Er möchte, was er noch zu seiner Rechtfertigung zu sagen hätte, auf einen Zeitpunkt verschieben, wo er gelassener sein würde. Danton nahm diesen Vorschlag mit den Worten an: »Seit zwei Tagen kennt das Tribunal Danton; morgen hofft er im Schoße des Ruhms zu entschlummern; nie hat er um Gnade gebeten, und mit aller Heiterkeit, welche dem ruhigen Gewissen eigen ist, wird er aufs Blutgerüst eilen.«

S. 63: Danton. Ich lasse Alles in einer schrecklichen Verwirrung. Keiner versteht das Regieren.	Riouffe I, S. 67: Je laisse tout dans un gâchis épouvantable: il n' y en a pas un qui s'entende en gouvernement.
	U. Z. XII, S. 124: Jetzt verlasse ich alles im größten Wirrwar, und kein Einziger versteht das Regieren.
S. 63: Lacroix. Die Esel werden schreien »Es lebe die Republik«, wenn wir vorbeigehen.	Riouffe I, S. 68: Les f... bêtes, ils crieront: Vive la république! en me voyant passer.
S. 63: Danton. Sie sind Kainsbrüder.	U. Z. XII, S. 124: Sie sind Kains Brüder [...]
S. 63: Lacroix. Nichts beweist mehr, daß Robespierre ein Nero ist, als der Umstand, daß er gegen Camille nie freundlicher war, als zwei Tage vor dessen Verhaftung.	Riouffe I, S. 75: Ce qui prouve que Robespierre est un Néron, c'est qu'il n'avait jamais parlé à Camille-Desmoulins avec tant d'amitié que la veille de son arrestation.
	U. Z. XII, S. 113: Dieser Nero war niemals freundlich gegen mich, als an dem Tage vor meiner Verhaftung.
S. 67: Danton *zum Henker.* Willst du grausamer sein als der Tod? Kannst du verhindern, daß unsere Köpfe sich auf dem Boden des Korbes küssen?	Thiers VI, S. 230: Arrivé au pied de l'échafaud, Danton allait embrasser Hérault Séchelles, qui lui tendait les bras: l'exécuteur s'y opposant, il lui adressa avec un sourire ces expressions terribles: Tu veux donc être plus cruel que la mort! Va, tu n'empêcheras pas que dans un moment nos têtes s'embrassent dans le fond du panier.

Anmerkungen

7 *Deputierte:* Abgeordnete im Konvent. – *Legendre:* Louis (1752–97), ehemaliger Metzger; gehörte gleichzeitig den Jakobinern und den Cordeliers an. Durch seine zwiespältige Haltung überlebte er den Sturz Dantons, später beteiligte er sich am Aufstand gegen Robespierre. – *Camille Desmoulins:* (1760–94), Mitschüler und Freund Robespierres. 1785 Advokat in Paris. Am 12. 7. 1789 fanatisierte er durch feurige Reden im Palais Royal das Volk und verlangte die Volkssouveränität. Initiator des Sturms auf die Bastille. Damals Heirat mit der schönen und geistreichen Lucile Duplessis, die er leidenschaftlich liebte. Mit Danton gründete er den Klub der Cordeliers und leitete mit ihm den Tuileriensturm vom 10. 8. 1792 sowie die Septembermorde. Obwohl er der Bergpartei angehörte, suchte er mit Danton den Ausgleich der Parteien und die Rettung der Girondisten. In dieser Absicht gab er im Januar 1794 die Zeitung »Le vieux Cordelier« heraus, in der er sich durch Witz und Satire gegen den Terror Robespierres wandte und dagegen zur wahren Freiheit, zur Mäßigung und zur vernünftigen Anwendung der Gesetze aufrief. Robespierre ließ ihn am 31. 3. 1794 mit Danton verhaften und am 5. 4. hinrichten. Seine Frau, die alles unternahm, um ihn vor dem Tod zu retten, wurde 14 Tage nach ihm im Alter von 23 Jahren hingerichtet. – *Hérault-Séchelles:* Marie-Jean (1759–94), entstammte einer alten Pariser Adelsfamilie, wurde 1781 königl. Anwalt. 1791 Mitglied der Gesetzgebenden Versammlung. Im Konvent suchte er Anschluß an Danton, leitete mit diesem als Mitglied des Wohlfahrtsausschusses die äußere Politik und wurde Präsident. Mitglied des zweiten Wohlfahrtsausschusses, in dem er die neue Konstitution entwarf. Wegen seines Versuches, einen milderen Weg einzuschlagen, wurde er am 17. 3. 1794 verhaftet, am 2. 4. vor das Revolutionstribunal gestellt und trotz geschickter Verteidigung guillotiniert. Er galt als einer der schönsten Männer Frankreichs. – *Lacroix:* Jean-François Delacroix (1754–94), Generalleutnant; stand auf der Seite Dantons, mit dem er 1792 im Auftrag des Konvents zur Armee in den Niederlanden reiste. Die Girondisten hatten ihm Veruntreuung von Geldern vorgeworfen. Mit Danton hingerichtet. – *Philippeau:* Pierre Philippeaux (1754–94), ehemaliger Rechtsanwalt, der auf der Seite Dantons stand. – *Fabre d'Eglantine:* Philippe-François-Nazaire (1755–94), erfolgreicher Lustspieldichter; verfertigte den neuen republikanischen Kalender. Als Mitglied des Konvents suchte er sich auf jede Weise zu bereichern; am Betrug der »Fälscher« (s. zu S. 27) beteiligt. Seit Dezember 1793 einer der Hauptankläger der Hébertisten. Auf Betreiben Robespierres am 12. 1. 1794 verhaftet und mit Danton guillotiniert. – *Mercier:* Louis-Sébastien (1740–1814), Dramatiker und Schriftsteller. Als Konventsdeputierter stimmte er für eine lebenslängliche Gefangenschaft König Ludwigs XVI., wurde darauf eingesperrt und erst durch den 9. Thermidor befreit und in

den Rat der Fünfhundert gewählt. Seine Schilderung der Revolutionszeit in »Le nouveau Paris« (1800 in 6 Bänden in Braunschweig in dt. Übersetzung) wurde von B. als Quelle benützt. – *Thomas Payne:* (1737–1809), engl. Publizist und Philosoph; kämpfte 1776–83 in Amerika für die Unabhängigkeit. Veröffentlichte 1790 in London in zwei Bänden sein Werk über die Menschenrechte (»Rights of Man«), in dem er gegen Burke die Ideen der Franz. Revolution verteidigte. 1791 Übersiedlung nach Paris, 1792 Wahl in den Konvent, Mitglied der Girondisten. Er stimmte gegen die Hinrichtung König Ludwigs XVI. und wurde deshalb von Robespierre aus dem Konvent gestoßen und verhaftet. Nach Intervention der nordamerikan. Regierung im Dezember 1794 Freilassung und wieder Mitglied des Nationalkonvents. Im Gefängnis Niederschrift des Buches »The Age of Reason« (»Das Zeitalter der Vernunft«), eine Abhandlung gegen den Atheismus, mit der Ablehnung von Bibel und Kirche, aber der Anerkennung Gottes. 1802 Rückkehr nach Nordamerika. – *Robespierre:* Maximilien François-Isidore de (1758–94); als Advokat in Arras Verfasser von Arbeiten über politisch-theologische Themen. Fleiß, Ausdauer, ein strenger Lebenswandel und der Ruf der Unbestechlichkeit verschafften ihm Achtung und Einfluß. 1790 Präsident des Jakobinerklubs. Nach der Flucht König Ludwigs XVI., den er daraufhin als Verräter bezeichnete, erbitterter Feind des Königtums. Seit Ende 1791 einer der populärsten Revolutionsmänner. Er zog in die einfache Wohnung des Schreibers Duplay, dessen Tochter Lenore seine Geliebte wurde. Bis Mai 1792 Ankläger beim Tribunal von Paris, Stimmführer des Jakobinerklubs, der eine radikale Durchführung der Revolution anstrebte. Haupturheber der Verurteilung und Hinrichtung des Königs. Anfang Juni 1793 stürzte er die Gironde und wurde als Leiter des Wohlfahrtsausschusses zum Diktator über Frankreich. Um die Herrschaft der Tugend zu verwirklichen, wollte er das alte verderbte Geschlecht der Verräter und Verschwörer austilgen. Mit dem Ziel der Alleinherrschaft brachte er Hébert (24. 3. 1794), Danton und die Cordeliers (5. 4. 1794) sowie Chaumette (13. 4. 1794) auf das Schafott. Als er im Juni 1794 auch die Immunität der Abgeordneten bedrohte, regte sich Widerstand. Am 26. 7. 1794 verlangte er eine Säuberung des Wohlfahrtsausschusses. Am 27. 7. ließen ihn seine Gegner nicht zu Wort kommen, Tallien hielt eine feurige Anklagerede gegen ihn, und ein Antrag auf seine Verhaftung wurde sofort dekretiert. Zusammen mit Saint-Just wurde er am 27. 7. verhaftet und am 28. 7. hingerichtet. – *St. Just:* Louis Antoine Léon de Saint-Just (1767–94), Schriftsteller und Journalist. Durch antike Klassiker und Rousseau für die republikanische Staatsform begeistert. Ehrlicher, aber einseitiger und unerbittlicher Fanatiker. Wurde enger Vertrauter Robespierres und erhielt den Beinamen »Messiasjünger«. Kämpfte für die Hinrichtung des Königs und gegen die Girondisten. Bestärkte Robespierre bei seinem Vorgehen gegen Danton und dessen Anhänger. – *Barrère:* Bertrand Barrère de Vieuxsac (1750–1841), zunächst gemäßigter Girondist, dann radikales Mitglied des Wohlfahrtsausschusses. – *Collot d'Herbois:* Jean-Marie (1750–96), Schauspieler und Theaterdichter. Nach den Septembermorden Mitglied des Konvents und radikaler Verfolger der Girondisten. Er war auf Robespierre eifersüchtig und arbeitete auf dessen Sturz hin. 1795 wurde er zur Deportation nach Cayenne verurteilt, wo er an Trunksucht starb. – *Billaud-Varennes:* Jacques-Nicolas (1756–1819), 1785 Advokat in Paris, 1791 Leiter des Jakobinerklubs; Anstifter des Aufstands vom 10. 8. 1792; ordnete mit Danton die Septembermorde an. Mitglied des Wohlfahrtsausschusses und Präsident des Konvents; auf seinen Antrag wurden die Königin und der Herzog von Orléans guillotiniert. Wandelte sich vom fanatischen Anhänger Robespierres zu dessen erbittertem Gegner. – *Chaumette:* Pierre-Gaspard (1763–94), 1792 Prokurator der Pariser Gemeinde; erklärter Atheist, nannte sich nach dem griech. Philosophen Anaxagoras (um 500–428 v.Chr.). Schwärmte für den Kult der Göttin der Vernunft, der er auch Notre-Dame einräumen ließ. Schloß sich den Hébertisten an und wurde mit diesen guillotiniert. – *Dillon:* Arthur (1750–94), engl. General; als Mitglied der Gironde hingerichtet. – *Fouquier-Tinville:* Antoine-Quentin (1746–95), Justizbeamter (Schreiber), seit 1793 öffentlicher Ankläger des Revolutionstribunals. Führte unter der Maske der Unbestechlichkeit die Blutbefehle des Wohlfahrtsausschusses mit unverhüllter Grausamkeit aus. Auf seinen Antrag wurden Danton und später Robespierre guillotiniert. Im Juli 1794 verhaftet und im Jahr darauf hingerichtet. – *Herrmann:* Martial-Joseph-Armand (1749–95), unter Robespierre Präsident des Revolutionstribunals und Innenminister. Nach dessen Sturz vom Tribunal zum Tod verurteilt. – *Dumas:* René-François (1758–94), zunächst Mönch; lenkte den Widerstand der Anhänger Robespierres außerhalb des Konvents. Wurde mit Robespierre hingerichtet. – *Paris:* auch Fabricius genannt; Geschworener des Revolutionstribunals, bemühte sich um die Aussöhnung zwischen Robespierre und Danton; warnte letzteren frühzeitig vor der Verhaftung. – *Laflotte:* Mitgefangener von Dillon; verriet den Plan zur Befreiung Dantons. – *Grisetten:* Dirnen.

8 *cœur:* Herz im Kartenspiel. – *carreau:* Karo; hier mit dem obszönen Nebensinn: weiblicher Schoß. – Zu den zahlreichen obszönen Wendungen vgl. Brief an die Eltern vom 28. 7. 1835 (s. Nr. 42).

9 *bekam sie einen Buben:* obszöne Anspielung. – *rote Mütze:* Mütze der Jakobiner und deren äußeres Erkennungszeichen; nach dem Vorbild der phrygischen Mütze. – *Guillotinierens:* Hinrichten durch das Fallbeil; so benannt nach dem franz. Arzt Joseph Ignace Guillotin (1738–1814), der 1789 für Gleichheit der Strafen ohne Rücksicht auf den Stand und für eine humane Hinrichtung mittels eines »einfachen Mechanismus« eintrat. Der politisch tendenziöse Witz verknüpfte seinen Namen mit der von anderen erfundenen Köpfma-

schine. – *Socrates:* griech. Philosoph (469–399 v. Chr.), der durch gezieltes Fragen zu lehren suchte. – *Alcibiades:* (452–404 v. Chr.), athen. Feldherr und Politiker; Schüler des Sokrates. – *Dezemvirn:* Mitglieder des Wohlfahrtsausschusses; benannt nach dem antiken Vorbild: um 450 v. Chr. Ausschuß von 10 Männern, die das Zwölftafelgesetz aufstellen ließen. – *Antediluvianern:* vorsintflutliche Menschen. – *Advokat:* Robespierre. – *Uhrmachers:* Jean-Jacques Rousseau (1712–78), Philosoph und Aufklärer. – *Fallhütchen:* ausgestopfter Hut, um den Kopf des Kindes beim Fallen zu schützen. – *Marats Rechnung:* Jean Paul Marat (1744–93), radikaler Präsident des Jakobinerklubs, Gegner der Girondisten; mitverantwortlich für die Septembermorde; am 13. 7. 1793 von Charlotte Corday im Bad erstochen. Hier Anspielung auf seine Äußerung: »Fünf- oder sechshundert abgeschlagene Köpfe der Royalisten hätten euch Ruhe, Freiheit und Glück gesichert.« – *ausgestoßnen Deputierten:* Girondisten.

10 *gliederlösende, böse Liebe:* Anspielung auf ein Gedicht der Sappho. – *Epicur:* griech. Philosoph (342–271 v. Chr.), der maßvollen Lebensgenuß erstrebte. Seine Anhänger wurden oft als Genußmenschen angesehen. – *Venus:* Liebesgöttin; der hier genannte Beiname war weit verbreitet. – *Chalier:* Joseph (1747–93), in Lyon von Royalisten hingerichtet; er galt ebenso wie Marat als Märtyrer der Revolution.

11 *Catonen:* Anspielung auf den sittenstrengen Marcus Porcius Cato d. Ä. (234–149 v. Chr.), der ein Vorbild Robespierres war. – *Kuppelpelz:* Lohn für die Kuppelei; hier auf die Kupplerin übertragen. – *Sublimatpille:* Quecksilberchlorid, im 18. Jh. zur Behandlung der Geschlechtskrankheiten benützt. – *Vestalin:* röm. Priesterin des Herdfeuers, die zur Keuschheit verpflichtet war. – *Virginius:* sagenhafter Römer, der seine Tochter Virginia erstach, um sie vor den Nachstellungen des Appius Claudius zu retten.

12 *Lucrecia:* sagenhafte Römerin, die sich erstach, weil sie vom Prinzen Sextus Tarquinius entehrt worden war. – *Kollern:* Magendrücken. – *Veto:* aufschiebendes Einspruchsrecht des Königs nach der Verfassung von 1791; steht hier für die Person des Königs.

13 *schmelzen:* schmalzen. – *auswärts:* im Ausland. – *Die da liegen ...:* Schlußverse des Liedes vom Schinderhannes (Johann Bückler, 1783–1803, Räuberhauptmann). – *Ohnehosen:* wörtliche Übersetzung von »sansculottes«; gemeint ist: ohne die vom Adel getragenen Kniehosen. Die Revolutionäre trugen »pantalons« = lange Hosen. – *August und September:* Morde am 10. 8. 1792 im Zusammenhang mit dem Sturm auf die Tuilerien und die vom 2.–6. 9. 1792; s. auch »Historischer Hintergrund« S. 332.

14 *Aristides:* (um 530–467 v. Chr.), athen. Staatsmann mit dem Beinamen »Der Gerechte«, den auch Robespierre vom Volk erhielt. – *Baucis:* nach dem vorbildlichen Ehepaar Philemon und Baucis in der griech. Sage. – *sammelst Kohlen ...:* s. Röm. 12,20 u. Spr. 25, 22. –

Porcia: (gest. 43 v. Chr.), Tochter des Cato Uticensis, Gemahlin des Cäsarmörders Brutus, die nach dem Tod ihres Mannes Selbstmord beging. – *Sein Wahnsinn:* Zitat aus Shakespeares »Hamlet« V, 2. – *Lyon:* Anspielung auf die Gegenrevolution in Lyon, die von den Jakobinern niedergeschlagen wurde.

15 *Ronsin:* Charles Philippe Henri (1751–94), Oberbefehlshaber der Revolutionsarmee, die 1793 Lyon nach den dortigen gegenrevolutionären Bestrebungen zurückeroberte; er wurde von den Hébertisten hingerichtet. – *Pitts:* William der Jüngere (1759–1806), engl. Premierminister, der Krieg gegen das revolutionäre Frankreich führte. – *10. August ...:* s. »Historischer Hintergrund« S. 332. – *31. Mai:* Erhebung der Girondisten und deren Niederlage gegen die Radikalen. – *Gaillard:* Hébertist, der Selbstmord beging wie Marcus Porcius Cato (95–46 v. Chr.), Gegner Cäsars, nach dessen endgültigem Sieg in Utica; Urenkel des Cato maior (s. zu S. 11). – *Becher des Socrates:* Sokrates war dazu verurteilt worden, einen Becher mit dem giftigen Schierlingssaft zu trinken. – *Diktionär ...:* Wörterbuch der Akademie, maßgebend für die franz. Schriftsprache. – *in effigie:* Nach altem Rechtsbrauch wurde die Strafe an nicht gefaßten Verbrechern symbolisch an deren Bild vollzogen. – *Medusenhäupter:* Ungeheuer der griechischen Mythologie, deren Anblick versteinerte.

16 *Die eine:* Hébertisten. – *Faktionen:* polit. (meist radikale) Gruppierung. – *affektierten:* unnatürlichen. – *Diversion:* Abweichung. – *andere Faktion:* Dantonisten. – *Satellit:* Anhänger.

17 *England oder nach Östreich:* führende Mitglieder der europäischen Koalition gegen Frankreich. – *Kainszeichen:* hier: Brandmarkung mit dem Zeichen des Bösen. – *Parade machen:* zur Schau stellen. – *Tacitus parodiert:* Anspielung auf Desmoulins, der Robespierre in seiner Zeitung mit Zitaten des römischen Historikers Tacitus (um 55– nach 116) gegen Kaiser Tiberius angegriffen hatte. – *Sallust ...:* Der röm. Historiker Sallust (86–35 v. Chr.) hatte in seinem Werk »Über die Verschwörung des Catilina« von dem röm. Patrizier Catilina (108–62 v. Chr.) geschrieben, der 63 v. Chr. erfolglos versuchte, die Macht in Rom an sich zu reißen.

18 *Minotaurus:* in der griech. Sage ein Ungeheuer mit Stierkopf und Menschenkörper (im Labyrinth des kretischen Königs Minos), dem Menschenopfer gebracht werden mußten. – *mediceische Venus:* Marmorkopie einer griech. Aphroditestatue, die sich im Besitz der Medici in Florenz befand. – *palais royal:* Pariser Vergnügungsstätte mit Spielsälen, Restaurants und Bordellen.

19 *Medea:* Gestalt der griech. Sage, die auf der Flucht mit Jason, der das goldene Vlies geraubt hatte, ihren Bruder zerstückelte und ins Meer warf, um ihre Verfolger aufzuhalten.

20 *Absatz:* Pause. – *Nönnlein von der Offenbarung:* Dirnen.

21 *gibt ... die Disziplin:* Züchtigung durch Geißeln im Kloster; hier wird der Klosterausdruck auf das Bordell übertragen. – *zu fasten*

bekommen: Anspielung auf die Ansteckung mit der Syphilis. – *Priesterinnen mit dem Leib:* Dirnen. – *Adonis:* in der griech. Sage ein schöner Jüngling, der von Aphrodite geliebt wurde. Auf der Jagd tötete ihn ein Eber; aus seinem Blut ließ Aphrodite Rose und Anemone wachsen. – *Herdweg:* Herdenweg. – *Quecksilberblüten* und *Sublimattaufe:* s. zu S. 11. – *barmherzige Schwestern:* Dirnen. – *in die Toga zu wickeln:* wie Cäsar nach der Ermordung.

22 *Paetus:* Der Römer Caecina Paetus wurde 42 n. Chr. der Verschwörung gegen Kaiser Claudius verdächtigt und zum Tod verurteilt. Als er zögerte, die Selbsttötung zu vollziehen, stieß sich seine Gattin Arria den Dolch in die Brust, zog ihn wieder heraus und reichte ihn mit dem Ruf »Paete, non dolet!« (Paetus, es schmerzt nicht!) ihrem Mann weiter. – *terreur:* Schrecken(sherrschaft), die politische Parole Robespierres. – *Brutus:* Lucius Junius, sagenhafter altröm. Konsul, der seine beiden Söhne zum Tod verurteilte, weil sie die Königsherrschaft wiederherstellen wollten. – *Laterne:* hier: Galgen. – *Saturn:* der zur Sicherung seiner Herrschaft die eigenen Kinder verschlang. – *Sektion der roten Mütze:* eine der 48 revolutionären Vertretungen der Pariser Stadtbezirke.

23 *Mann des September:* Tätigkeit Dantons als Justizminister; s. zu S. 13. – *Carmagnole:* kurze Jacke der piemontesischen Arbeiter aus der Stadt Carmagnola; sie wurde in Paris von den Jakobinern getragen; s. auch zu S. 66; mit dem Schneidern einer Carmagnole ist hier ein lügenhafter Triumphbericht gemeint, mit dem Roman die Verfälschung der Wirklichkeit. – *mons Veneris:* Venushügel, Schamhügel. – *tarpejischer Fels:* Fels am röm. Kapitol, von dem die Staatsverbrecher hinabgestürzt wurden.

24 *abgekitzelten:* verbrauchten, kraftlosen. – *Fleckkugeln:* Kugeln zum Entfernen von Flecken. – *Epikureer:* Anhänger des Epikur; s. zu S. 10.

25 *proskribieren:* den politischen Gegner ächten. – *Streiche:* Schläge. – *aus der Sonne gehen:* Der griech. Philosoph Diogenes (um 412–323 v. Chr.) soll Alexander dem Großen geantwortet haben, als ihm dieser einen Wunsch freistellte: »Geh mir aus der Sonne.«

26 *Epigrammen:* hier: Spottgedichten. – *Sitzung:* in der Nacht vom 30. auf den 31. 3. 1794.

27 *›Der alte Franziskaner‹:* Übersetzung des Titels der Zeitung, die Desmoulins herausgab. – *Blutmessias:* Anspielung auf Christus und seine Erlösungstat auf dem Kalvarienberg (Kreuzigungsstätte Christi). – *Schächern:* die beiden Verbrecher, zwischen denen Christus gekreuzigt wurde. – *Couthon:* Georges Auguste (1755–94), Mitglied des Wohlfahrtsausschusses, fanatischer Anhänger Robespierres, mit dem er auch hingerichtet wurde. Er war halbseitig gelähmt. – *Maria und Magdalena:* Maria, Mutter Jesu, und Magdalena standen mit Johannes, dem Lieblingsjünger Jesu, unter dem Kreuz Christi. – *Offenbarungen:* des hl. Johannes über das Weltende und die Schreckensherrschaft des Antichrist. – *Monstranz:* Kultgerät zum

Zeigen der Hostie. – *St. Denis:* Dionysius, erster Bischof von Paris, der 273 auf dem Montmartre enthauptet wurde und nach der Legende mit dem Kopf unterm Arm noch bis zum Vorort St. Denis ging. – *alten Sack:* Anspielung auf Barrères zweiten Namen: Vieuxsac. – *Witwe:* Anspielung auf Joh. 4, 5–42 und Hinweis auf Barrères Wankelmütigkeit. – *hippokratische Gesicht:* Gesicht mit den Merkmalen des Todes, wie es der griech. Arzt Hippokrates (um 460–377 v. Chr.) beschrieben hat; vgl. Brief vom 10. 3. 1834 an die Braut (s. Nr. 17). – *Fälscher:* Chabot, Delaunay, Basire, Fabre d'Eglantine, dazu der Spanier Gusman, die Österreicher J. und I. Frey und der Däne Diederichs hatten ein Dokument über die Auflösung der Indischen Kompanie gefälscht, um sich dadurch zu bereichern. Sie sollten zusammen mit Danton vor Gericht gestellt werden. – *Ei ...:* Anspielung auf röm. Mahlzeiten, die mit Eiern begannen und mit Obst abschlossen.

28 *Menschensohn:* Christus. – *Gethsemanegarten:* Ölgarten, in dem Christus vor seiner Gefangennahme betete und Blut schwitzte. – *vom Tale ...:* Auf den obersten Bänken im Nationalkonvent saßen die Radikalen, unten die Gemäßigten. – *Dezemvirn:* s. zu S. 9. – *Brutus:* Marcus Junius (85–42 v. Chr.), gehörte zu den Verschwörern gegen Cäsar. – *Tribunen:* Volkstribune in Rom; Vertreter des Volkes, die durch ihr Veto Beschlüsse des Senats gegen das Volk verhindern konnten; in Paris Abgeordnete, Mitglieder des Konvents; hier: Demagogen.

29 *Cordeliers:* s. zu S. 7 (»Camille Desmoulins«). – *31. Mai:* s. zu S. 15. – *Algebraisten:* nüchterne Rechner (nach der Algebra als der Lehre von den Gleichungen mit einer oder mehreren Unbekannten).

30 *Lucrecia:* s. zu S. 12. – *Corn ...:* Im Gefolge der Römer-Nachahmerei der Revolution wurden die franz. Vornamen gegen röm. Vornamen getauscht.

31 *sagt meine Frau:* als Rechtfertigung ihres Seitensprungs. – *Was doch ist ...:* Volkslied. – *Pike ... Pflug:* Langspieß und Pflugschar als Sinnbilder des neuen Revolutionsgeistes. – *Romulus:* sagenhafter Gründer Roms, der mit seinem Zwillingsbruder Remus von einer Wölfin gesäugt wurde.

32 *Christinlein ...:* hess. Soldatenlied. – *à l'enfant:* wie ein Kind, hier: er hat ihr ein Kind gemacht.

33 *Turm:* vgl. Genesis 11.

34 *Pygmalions Statue:* In der griech. Sage schuf Pygmalion, Bildhauer und König von Kypras, die Statue einer Jungfrau. Als er sich in sie verliebte, wurde sie von Aphrodite zum Leben erweckt. – *David:* Jacques-Louis (1748–1825), franz. Maler (berühmt wurde sein Bild »Der ermordete Marat«, 1793), radikales Mitglied des Konvents, malte Szenen der Revolution; später Hofmaler Napoleons. – *Force:* Pariser Gefängnis.

35 *Ach scheiden ...:* Schlußstrophe des hess. Liedes »Dort droben auf dem Berge«. – *Lorgnon:* Einglas mit Stielgriff.

36 *September:* Anspielung auf die Septembermorde von 1792; s. zu S. 13.

37 *Die Könige:* die Armeen der von Königen regierten Staaten: England, Österreich, Preußen, Spanien etc. – *Mann am Kreuze:* Christus. – *Ärgernis:* s. Matth. 18, 7.

38 *Perpendikel:* Pendel der Uhr; hier obszöne Anspielung. – *Der Freiheit eine Gasse:* Satz, der bei deutschen Freiheitsdichtern (Max von Schenkendorf, Theodor Körner, Georg Herwegh) nachweisbar ist. – *Eichenkrone:* Auszeichnung, die der röm. Senat an verdiente Bürger gab. – *Eichel:* obszöne Anspielung auf den vorderen Teil des männlichen Gliedes. – *Schranken des Konvents:* vor dem Gericht.

39 *1792 Frankreich ... rettete:* s. o. S. 333 zu Danton. – *Chabot ...:* s. zu S. 27 (»Fälscher«). – *Lafayette:* Marie Joseph, Marquis de (1757–1834), franz. Staatsmann, General und Schriftsteller; legte 1789 der Nationalversammlung einen Entwurf für die Erklärung der Menschenrechte vor; 1792 Flucht ins Ausland, weil er wegen seines Eintretens für eine konstitutionelle Monarchie verfolgt wurde. – *Dumouriez:* Charles François (1739–1823), General der Revolutionstruppen, 1792 Außen- und Kriegsminister. Verbindung mit den Jakobinern. Nach Lafayettes Flucht übernahm er das Kommando über die Armee. Niederlage durch die Willkür und Unfähigkeit der Jakobiner in Paris. Am 4. 4. 1793 Flucht zu den Österreichern. Der Konvent in Paris setzte einen Preis von 300000 Livres auf seinen Kopf. – *Brissot:* Jacques Pierre (1754–93), ehemaliger Schreiber, wurde Führer der Girondisten. Er protestierte gegen die Absetzung des Königs und geriet in Gegensatz zu Robespierre, der ihn guillotinieren ließ.

41 *tellurischen:* von der Erde herrührend. – *14. Juli:* Der Sturm auf die Bastille am 14. 7. 1789 löste die Revolution aus. – *10. August:* Am 10. 8. 1792 wurde der revolutionäre Gemeinderat von Paris gegründet und der König gefangengenommen. – *31. Mai:* Entmachtung der Girondisten. – *Interpunktionszeichen:* hier Zäsuren. – *Moses:* s. Exodus 14.

42 *Pelias:* in der griech. Sage König von Jolkos, der von seinen Töchtern auf den heimtückischen Rat Medeas (s. zu S. 19) zerstückelt und gekocht wurde, weil sie ihn durch Zauber zu verjüngen hofften. – *Brutus:* s. zu S. 28. – *Das Luxemburg:* 1615–21 unter Maria von Medici erbaut; es kam dann in den Besitz Gaston d'Orléans' und wurde von der Revolutionsregierung als Staatsgefängnis benützt. – *katechisieren:* Religionsunterricht erteilen.

43 *Quod erat demonstrandum:* was zu beweisen war. – *Spinoza:* Baruch de (1632–77), holländ. Philosoph; s. auch S. 479. – *Tripper:* Geschlechtskrankheit. – *Voltaire:* François-Marie Arouet (1694–1778), franz. Schriftsteller und Philosoph; wichtigster Vertreter der franz. Aufklärung, der Kirche, Religion und Aberglaube bekämpfte, aber die Existenz Gottes nicht leugnete. – *gescheuter:* hier: besser.

44 *Madame Momoro:* wegen ihrer Schönheit berühmte Schauspielerin, Gattin eines mit Hébert hingerichteten Buchhändlers; hatte bei Chaumettes »Fest der Vernunft« die Göttin der Vernunft dargestellt. – *Rosenkränze:* Vergleich der wegen Syphilis geschwollenen Lymphknoten in den Leisten mit den Perlen des Rosenkranzes. – *Ölung geben:* Sakrament im Katholizismus. – *Füße nach Mecca:* Brauch im Islam. – *sich beschneiden lassen:* rituelle Vorschrift bei den Juden.

45 *Leichdörner:* Hühneraugen. – *das Wohl Ihres Landes:* in Nordamerika. – *Blut der zwei und zwanzig:* Am 25. 4. 1793 wurden 22 Girondisten aus dem Konvent ausgeschlossen, und am 30. 10. wurden 21 Girondisten hingerichtet. – *Straßenbeleuchtung:* Desmoulins hatte die städtische Beleuchtung eingeführt und sich deshalb scherzhaft als Generalprokurator (= Hauptverwalter) bezeichnet.

46 *losen:* Es war üblich, die Geschworenen auszulosen. – *Handfesten:* die Robusten, Kräftigen. – *Heckefeuer:* Schuldspruch für mehrere Gefangene auf einmal. – *Leroi:* schwerhöriges Mitglied des Revolutionstribunals. – *Vilatte:* Mitglied des Revolutionstribunals (s. auch »Quellen« S. 335 f.). – *Conciergerie:* Pariser Untersuchungsgefängnis (genannt »Vorhalle der Guillotine«) zur Zeit der Revolution. Liegt in der Nähe des Justizpalastes.

47 *Guillotinekarren:* Wagen, auf denen die Verurteilten zum Richtplatz gebracht wurden. – *Römer:* Die Pariser bezeichneten sich gerne als röm. Republikaner. – *Bajazet:* Bajasid I. (1389–1403), türkischer Sultan, der sich den Thron durch Hinrichtung seines Bruders Jakub sicherte und in einer Reihe von Feldzügen den Balkan eroberte. – *Septembermorden:* s. zu S. 13. – *Pantheon:* ursprünglich röm. Tempel, der allen Göttern geweiht war; hier im Sinn von Ehrentempel, Ruhmeshalle. – *Mirabeau:* Honoré Gabriel de Riqueti Graf von (1749–91), ursprünglich Führer (Theoretiker) des 3. Standes. 1790 Präsident der Jakobiner. 1791 versuchte er zwischen Revolution und König auszugleichen und eine monarchistische Verfassung einzuführen. Er wurde im Pantheon beigesetzt. Als 1793 seine Verbindung zum König bekannt wurde, riß das Volk seine Gebeine aus der Grabstätte und verstreute sie. – *Orléans:* Louis-Philippe Herzog von (1747–93), Verwandter des Königs. Als Philippe Égalité war er Mitglied des Konvents und stimmte für den Tod Ludwigs XVI. 1793 wurde er wegen des Verdachts monarchistischer Bestrebungen hingerichtet. – *Fremden:* ausländische Feinde der Revolution. – *Ludwig des XVII.:* (1785–95) wurde am 21. 1. 1793 von der royalistischen Partei zum König ausgerufen; starb Anfang Juni 1795 in Gefangenschaft.

48 *elender St. Just:* Er hatte die Anklage gegen Danton vorgebracht. – *gedenken Sie Marats:* Er war 1793 angeklagt und freigesprochen worden. – *auf dem Marsfelde:* Danton hatte Brissot geraten, am 17. 7. 1791 auf dem Exerzierplatz Marsfeld eine Unterschriftenaktion für die Absetzung des Königs und die Einführung der Republik

zu veranstalten. Dabei kam es zu blutigen Zusammenstößen. – *10. August:* 1792; s. zu S. 13. – *21. Januar:* 1793; s. »Historischer Hintergrund« S. 333.

49 *geätzt:* gefüttert (Hs. zeigt eindeutig *ä*). – *Satelliten des Despotismus:* Adel. – *Brücken:* Der Justizpalast befand sich auf der Ile de la Cité. – *Dezemvirn:* s. zu S. 9.

50 *Ödipus:* der seinen Vater erschlug und die Mutter heiratete. – *Assignaten:* Papiergeld, das auf die Kirchengüter und den Königsbesitz ausgegeben wurde. – *Tertie:* 60. Teil einer Sekunde.

51 *Samson:* Henri Sanson (1767–1840), seit 1793 als Nachfolger seines Vaters Charles-Henri (1740–93) Scharfrichter von Paris. – *insolente:* unverschämte. – *hörnerne Siegfried:* der durch das Bad in Drachenblut bis auf eine kleine Stelle am Rücken unverwundbar geworden war. – *Septembrisierten:* der im September 1792 Hingerichteten. – *St. Pelagie:* ehemaliges Frauenkloster, das in der Revolution als Gefängnis benützt wurde.

52 *Lucrecia:* s. zu S. 12. – *konspiriert:* macht eine Verschwörung. – *dekretieren:* eine Verfügung erlassen.

53 *Catilina:* s. zu S. 17 (»Sallust«). – *Konsul:* Marcus Tullius Cicero (106–43 v. Chr.). – *Semele:* Geliebte des Jupiter; er erschien ihr in Gestalt von Blitz und Donner. Sie wurde vom Feuer verzehrt und gebar sterbend den Dionysos. – *Spezifikum:* Medizin. – *Lustseuche:* Syphilis. – *Moderierten:* Gemäßigten. – *Clichy:* Stadt nordwestlich von Paris, in der die Führer der Revolution Orgien feierten. – *Haarstern:* Komet. – *Rückenmark:* Anspielung auf die Folgen der Syphilis. – *Demahy:* Mätresse von Barrère.

54 *Mahomet:* hier in der Bedeutung von Schwärmer, Fanatiker, Visionär. Vgl. Lehmann, Robespierre. – *Pakten:* Verträge.

55 *der ewige Jude:* nach der Legende der Schuster Ahasverus von Jerusalem, der Christus auf dem Weg nach Golgatha von seiner Schwelle vertrieb, als er ausruhen wollte, worauf Christus zu ihm sprach: »Ich werde ruhen, du aber sollst gehen!« Seitdem wandert er, ohne sterben zu können, ruhelos durch die Welt. – *wie es im Lied heißt:* In Christian Friedrich Daniel Schubarts (1739–91) Gedicht »Der ewige Jude« heißt es: »Ha! nicht sterben können! nicht sterben können.«

56 *Amar:* Jean-Baptiste-André (1755–1816), anfangs begeisterter Anhänger Robespierres; später betrieb er als dessen Gegner seinen Sturz. – *Vouland:* Mitglied des Sicherheitsausschusses. – *Zitadelle:* Stadtfestung.

57 *die Fremden:* die feindlichen Heere. – *Samson:* s. zu S. 51. – *10. August* und *September:* 1792; s. zu S. 13. – *Lafayette:* s. zu S. 39. – *Veto:* s. zu S. 12. – *Herzog von Orléans:* s. zu S. 47.

58 *Brutus:* s. zu S. 22. – *Platon:* Anspielung auf die mittelalterlichen Neuplatoniker und ihre Dämonenlehre.

59 *Samson:* s. zu S. 51.

61 *Nachtgedanken:* »The Complaint, or Night Thoughts on Life,

Death, and Immortality«, ein Lehrgedicht mit rund 10000 Blankversen von Edward Young (1683–1765), erschienen 1742–45. – *Pucelle:* Voltaires (s. zu S. 43) iron.-satir. Versepos »La pucelle d'Orléans«, das die Geschichte der Jungfrau von Orléans ironisiert; hier auch Anspielung auf die erotischen Freizügigkeiten Voltaires. – *barmherzigen Schwester:* Dirne; s. zu S. 21. – *Bestallung:* Auftrag. – *sous:* kleine franz. Münzen. – *métier:* Geschäft. – *Revolutionsplatz:* wo die Hinrichtungen stattfanden.

62 *Halt't euren Platz ...:* obszöne Anspielung. – *Quarantän:* 40tägige Beobachtungszeit, während der ein Kranker isoliert gehalten wird, um eine etwaige Ansteckung feststellen zu können. Hier Anspielung auf die Ansteckung durch die Syphilis. – *Steinrock:* Gefängniswand. – *eisernen Maske:* die eisernen Gitter; hier: vieldeutige Anspielung, die sich auf Ludwig XIV. bezieht. Vgl. Marcel Pagnol: Die eiserne Maske. Der Sonnenkönig und das Geheimnis des großen Unbekannten, sowie: Der Mann mit der eisernen Maske. Eine historische Vorlesung. Von K. G. Jacob. In: Literarischer Zodiakus 1835, S. 138ff. – *des vers:* Wortspiel durch die zwei Bedeutungen: Verse, Würmer.

63 *unsere Hände:* in Unschuld: wie Pilatus nach der Verurteilung Jesu; s. Matth. 27, 24. – *Couthon:* s. zu S. 27; hier Anspielung auf seine Gebrechlichkeit und seine Lähmung. – *Advokaten von Arras:* Robespierre. – *Clytemnaestra:* die zusammen mit ihrem Liebhaber Ägisth ihren Gemahl Agamemnon nach dessen Rückkehr aus Troja erschlug. – *fossilen:* vorweltlichen, versteinerten. – *Simson:* vgl. Richter 15, 15. Simson erschlug mit dem Kinnbacken seines Esels 1000 Feinde; hier auch Anspielung auf den Pariser Scharfrichter (s. zu S. 51). Die Bezeichnung Kainsbrüder bedeutet, daß beide Menschen töteten. – *Nero:* (54–68), blutrünstig-despotischer römischer Kaiser. – *Antike:* Fund aus der Antike. – *Rot:* rote Schminke.

64 *zahllosen:* Hs. hat eindeutig *ll.* – *Stoiker:* Anhänger der Stoa, die sich bemühten, alle Gemütserregungen und Begierden zu beherrschen und ihr Schicksal gelassen zu ertragen. – *Epikureer:* s. zu S. 10. – *Toga:* Obergewand der Römer; hier Anspielung auf die Römernachahmung der Revolution. – *Zeter:* Wehgeschrei.

65 *Molochsarmen:* Moloch war ein babylonischer Gott, dem Menschenopfer (vielfach auch Kinder) dargebracht wurden. – *Äther mit seinen Goldaugen:* Firmament mit den Sternen. – *Phiole:* bauchiges Glasgefäß mit langem Hals.

66 *Carmagnole:* Tanzlied der Revolutionszeit; s. auch zu S. 23. – *Marseillaise:* berühmtestes Revolutionslied, von Leutnant Rouget de Lisle als Marschlied geschrieben und am 30. 7. 1792 von den Revolutionstruppen aus Marseille beim Einzug in Paris zuerst gesungen. – *Venusberg:* s. zu S. 23. – *Berg ...:* s. Lukas 23, 30; hier auch Anspielung auf die Bergpartei (s. zu S. 28). – *Charon:* in der griech. Sage der Fährmann, der die Seelen der Toten in der Unterwelt über den Styx ruderte. – *Libation:* Trankopfer, das in der Antike zu Beginn eines

Gastmahls für die Götter verschüttet wurde. – *schon einmal:* Der Girondist Lasource hatte seinen Richtern am 30. 10. 1793 zugerufen: »Ich sterbe an dem Tage, an welchem das Volk den Verstand verloren hat. Ihr werdet sterben müssen, wenn es ihn wieder bekommt.« – *doppelt:* durch die Guillotine und wegen seiner Krankheit.

67 *Korbes:* in den die Köpfe von der Guillotine fallen. – *Konstitutionsfest:* Fest zur Annahme der neuen Verfassung am 10. 8. 1793. – *Und wann ich ...:* Volkslied von Mosel und Saar.

68 *Ellervaters:* Großvaters. – *Es ist ein Schnitter ...:* Volkslied.

LENZ

Literarhistorischer Hintergrund

Jakob Michael Reinhold Lenz (12. 1. 1751–23. oder 24. 5. 1792) wurde als Sohn des Pastors und späteren Generalsuperintendenten Christian David Lenz (1720–98) zu Seßwegen (150 km östlich von Riga) in Livland geboren. In Dorpat und Königsberg studierte er von 1768–71 evangelische Theologie. Durch Kant wurde er auf Rousseau aufmerksam. Erste literarische Veröffentlichungen, u. a. 1770 Gedicht auf Kant. 1771 ging er als Hofmeister der zwei kurländischen Edelleute von Kleist nach Straßburg, wo er u. a. Goethe, Herder, Jung-Stilling und Salzmann begegnete. Erste Komödien entstanden: »Der Hofmeister« (1774), »Der neue Menoza« (1774), »Die Soldaten« (1776). Nach Goethes Abreise (1771) warb Lenz vergeblich um dessen Geliebte Friederike Brion in Sesenheim (vgl. sein Gedicht »Die Liebe auf dem Lande«); dann unerwiderte Neigung zu Cornelia Schlosser (1750–77), der Schwester Goethes, und zu Henriette von Waldner, der späteren Baronin Oberkirch. In dieser Zeit entstanden »Die Freunde machen den Philosophen« (1776) und »Der Engländer« (1777). Im März 1776 zog Lenz ungerufen zu Goethe nach Weimar, wo er jedoch schon im November wegen einer »Eselei« (Ursache waren vermutlich sein unbeherrschtes Wesen sowie ein Pasquill auf die Herzogin) weggewiesen wurde. Reise über das Rheinland in die Schweiz, wo er Gast Lavaters war, dann Rückkehr ins Elsaß.

1777 erste Anzeichen einer geistigen Erkrankung, die sich 1779 während eines Aufenthaltes bei Goethes Schwager, dem Schriftsteller und Oberamtmann Johann Georg Schlosser (1739–99), in Emmendingen und bei dem Pfarrer und Philanthropen Johann Friedrich Oberlin (1740–1826) erheblich verschlimmerte. Oberlin hatte in Straßburg Theologie studiert und war 1763 Magister der Philosophie geworden. 1766 erhielt er eine Anstellung als protestantischer Pfarrer in Waldersbach/Steintal und wurde bald zum großen Wohltäter dieses unwirtlichen und wilden Vogesentals. Er verbesserte den Obstanbau, die Wiesen und die Landwirtschaft, legte Straßen und Brücken an, meist als Gemeinschaftsarbeit mit den Bauern, und suchte Industrie ins Steintal zu bringen. In Waldersbach gründete er die erste Kleinkinderschule. Als er ins Steintal kam, fanden dort nur etwa 90 Familien ihr Auskommen, zu Beginn des 19. Jh.s waren es an die 3000 Einwohner. – Um Lenz kümmerte er sich, unterstützt von seiner Frau, mit fürsorglicher, behutsamer Geduld und versuchte, ihm durch zahlreiche Gespräche zu helfen. Über den Aufenthalt des kranken Dichters schrieb er einen tagebuchartigen Bericht, den Büchner seiner Erzählung zugrunde legte (s. »Entstehung« und Quellenauszug S. 360, 361 ff.).

Lenz wurde im Juni 1779 von seinem Bruder auf Ansuchen Schlossers in die Heimat zurückgeholt; von dort ging er nach Riga, Petersburg und Moskau, wo er am 23. (24.) Mai 1792 tot auf der Straße gefunden wurde.

Lenz gilt als typischer Vertreter der *Geniezeit,* wie die Jahre zwischen etwa 1765 und 1780 von den Zeitgenossen genannt wurden, oder der *Sturm-und-Drang-Periode,* wie sie seit Beginn des 19. Jh.s nach Friedrich Maximilian Klingers (1752–1831) Drama »Sturm und Drang« (1776) hießen. Unter dem Einfluß von J.-J. Rousseau (1712–78) setzte sich im Zusammenhang mit der Aufklärung eine aus dem Bürgertum erwachsene revolutionäre Jugendbewegung durch, deren wesentliche Eigenschaft ein ausgeprägter Emotionalismus gegenüber den rationalistischen Tendenzen der Aufklärung (Betonung von Phantasie und Leidenschaft, Empfindsamkeit, gesteigertes Persönlichkeitsbewußtsein, Freundschaftskult, Liebe und Sexualität) war; dazu kamen ein neues, unmittelbares Naturgefühl und ein teils stark politisch motivierter Freiheitsbegriff, gerichtet sowohl gegen die Herrschaft des abstrakten Verstandes als auch gegen soziale Unterdrückung.

Bestimmende Wirkungen gingen von Johann Georg Hamann (1730–88) in Königsberg, dem »Magus des Nordens«, aus, der den strengen Rationalismus der Aufklärung bekämpfte (»Sokratische Denkwürdigkeiten«, 1759) und die historische und anthropologische Rolle von Phantasie und Gemüt beschrieb. Er propagierte eine Dichtung, die sich vom rhetorischen Regelzwang befreien sollte (»Aesthetica in nuce«); so wurde er rasch zum maßgebenden Förderer des auch religiös bestimmten Geniekults. Sein Landsmann und Schüler Johann Gottfried Herder beeinflußte seinerseits Goethe. – Wichtig war daneben auch England: Edward Young (1683–1765) verteidigte in seinem Essay »Conjectures on Original Composition« (1759) die genial-originale Dichtung gegenüber der Kunstgelehrsamkeit. Bewundertes und nachgeahmtes Beispiel blieb neben den Darstellungen antiker Mythologie (Prometheus) Shakespeare, mit dem sich Herder (»Shakespeare«), Goethe (»Zum Shakespeares-Tag«) und Lenz (»Anmerkungen übers Theater, nebst angehängtem übersetzten Stück Shakespeares«) auseinandersetzten. Shakespeare war für Lenz der bedeutendste Dichter, das dichterische Genie schlechthin. Die Lehre Gottscheds (1700–66) von den drei Einheiten hielt er für überholt: »Was heißen die drei Einheiten? hundert Einheiten will ich euch angeben, die alle immer noch die eine bleiben. Einheit der Nation, Einheit der Sprache, Einheit der Religion, Einheit der Sitten – ja was wirds denn nun? Immer dasselbe, immer und ewig dasselbe. Der Dichter und das Publikum müssen die eine Einheit fühlen, aber nicht klassifizieren. Gott ist nur eins in allen seinen Werken, und der Dichter muß es auch sein, wie groß oder klein sein Wirkungskreis auch immer sein mag. Aber fort mit dem Schulmeister, der mit seinem Stäbchen einem Gott auf die Finger schlägt.« (»Anmerkungen übers Theater«, 1774)

Die Bedeutung dieser kurzen Epoche des Sturm und Drang liegt weniger in den literarischen Werken, die sie hervorgebracht hat, sondern weit mehr in den Anregungen und Ideen. Sie wirkte auf die Klassik und darüber hinaus auf die Romantik und die Bewegung des Jungen Deutschland.

Entstehung

Im Frühjahr 1835 beschäftigte sich Büchner mit der Biographie von J. M. R. Lenz und seinem Versuch, den ausbrechenden Wahnsinn zu überwinden. Bereits am 12. Mai 1835 weiß Gutzkow von einer geplanten Novelle über Lenz (s. Brief Nr. 11). Er erkundigt sich am 28. 9. 1835 nach dem Stand dieses Vorhabens (s. Nr. 14) und nochmals am 6. 2. 1836 (s. Nr. 17). Im Oktober 1835 berichtet Büchner auch seiner Familie von dem Plan (s. Nr. 47). Danach hatte er zunächst einen Aufsatz über Lenz vorgesehen, dann aber eine Erzählung geschrieben.

Büchner besaß die Ausgabe der »Gesammelten Schriften« von Lenz, die Ludwig Tieck 1828 in drei Bänden herausgegeben hatte. Durch den Vater seiner Braut, den Straßburger Pfarrer Johann Jakob Jaeglé (1771–1837), der 1826 für Pfarrer Oberlin die Grabrede gehalten hatte, lernte er Oberlins Tagebücher kennen. Zwischen dem 20. 1. und dem 1. 2. 1778 hatte dieser einen genauen Bericht über den unerwarteten Besuch von Lenz aufgezeichnet. Diese Notizen erschienen zuerst gedruckt in der Zeitschrift »Erwinia« Nr. 1–3 (1839). In der Hist.-krit. Ausgabe Lehmanns werden sie Büchners Erzählung synoptisch gegenübergestellt. Sie sind im folgenden als die wichtigste Quelle mit einer (gekennzeichneten) Auslassung fortlaufend abgedruckt.

Wichtig waren durch ihre »authentischen Erkundigungen ... an Ort und Stelle« die Mitteilungen der mit Büchner befreundeten Familie Stöber: Daniel Ehrenfried Stöber (1779–1835), elsässischer Dichter und Schriftsteller, veröffentlichte u. a. 1821 eine Biographie Oberlins (»Vie de Frédéric Oberlin«, Straßburg); sein ältester Sohn, der Schriftsteller und Theologe August Stöber (1808–84), schrieb u. a.: »Der Dichter Lenz«, in: »Morgenblatt für gebildete Stände«, Stuttgart 1831 (19. 10.–15. 12.); »Der Dichter Lenz und Friederike von Sesenheim« (Basel 1842); »Johann Gottfried Röderer von Straßburg und seine Freunde: Biographische Mitteilungen nebst Briefen an ihn von Goethe, Kayser, Schlosser etc. Mit einem Nachtrag von Briefen an Röderer und

Lenz« (Kolmar ²1874). – Vgl. auch Büchners Darstellung eigener Erfahrungen in Briefen an die Braut (Nr. 17, 18, 20, 21).

Erstdruck und Überlieferung

Lenz. Eine Reliquie von Georg Büchner (herausgegeben mit Vorwort und Nachwort von Karl Gutzkow). In: »Telegraph für Deutschland«. Januar 1839, Nr. 5, 7–11, 13, 14. – Der Druck stützt sich auf eine »saubere Abschrift« von Büchners Braut Minna Jaeglé.

Lenz. In: »Nachgelassene Schriften von Georg Büchner«, hg. von Ludwig Büchner, Frankfurt/Main (J. D. Sauerländer) 1850. – Büchners Bruder verwendete als Textgrundlage entweder die Abschrift von Minna Jaeglé oder eine inzwischen verschollene Handschrift Büchners.

»Oberlins Aufzeichnungen« in Auszügen als Hauptquelle

[S. 69, Z. 1]* Den 20. Januar 1778 kam er hieher.

[S. 70, Z. 27] Ich kannte ihn nicht. Im ersten Blick sah ich ihn, den Haaren und hängenden Locken nach für einen Schreinergesellen an; seine freimütige Manier aber zeigte bald, daß mich die Haare betrogen hatten. – »Seien Sie willkommen, ob Sie mir schon unbekannt.« – »Ich bin ein Freund K ...'s** und bringe ein Kompliment von ihm.« – »Der Name, wenn's beliebt?« – »*Lenz.*« – »Ha, ha, ist er nicht gedruckt?« (Ich erinnerte mich einige Dramen gelesen zu haben, die einem Herrn dieses Namens zugeschrieben wurden.) Er antwortete: »Ja; aber belieben Sie mich nicht darnach zu beurteilen.«

[S. 70, Z. 42] Wir waren vergnügt untereinander; er zeichnete uns verschiedene Kleidungen der Russen und Liefländer vor; wir sprachen von ihrer Lebensart u. s. w.

[S. 71, Z. 5] Wir logierten ihn in das Besuchszimmer im Schulhause. Die darauf folgende Nacht hörte ich eine Weile im Schlaf laut reden, ohne daß ich mich ermuntern konnte. Endlich fuhr ich plötzlich zusammen, horchte, sprang auf, horchte wieder. Da hörte ich mit Schulmeisterstimme laut sagen: Allez donc au lit – qu'est-ce que c'est que ça – hé dans l'eau par un temps si froid! – Allez, allez au lit.

Eine Menge Gedanken durchdrangen sich in meinem Kopf. Vielleicht, dachte ich, ist er ein Nachtwandler und hatte das Unglück in die Brunnbütte zu stürzen; man muß ihm also Feuer, Tee machen, um ihn zu erwärmen und zu trocknen. Ich warf meine Kleider um mich und hinunter an das Schulhaus. Schulmeister und seine Frau, noch vor Schrecken blaß, sagten mir: Herr Lenz hätte die ganze Nacht nicht geschlafen, wäre hin und her gegangen, auf's Feld hinter dem Hause, wieder herein, endlich hinunter an den Brunnentrog, streckte die Hände ins Wasser, stieg auf den Trog, stürzte sich hinein und plattscherte drin wie eine Ente; sie, Schulmeister und seine Frau, hatten gefürchtet, er wolle sich ertränken, riefen ihm zu – er wieder aus dem Wasser, sagte, er wäre gewohnt sich im kalten Wasser zu baden, und ging wieder auf sein Zimmer. – Gottlob, sagte ich, daß es weiter nichts ist; Herr K ... liebt das kalte Bad auch, und Herr L ... ist ein Freund von Herrn K ...

* Die Seitenangaben beziehen sich auf den Text der vorliegenden Ausgabe.

** *Kaufmann* aus Winterthur.

Das war für uns Alle der erste Schreck; ich eilte zurück um meine Frau auch zu beruhigen.

Von dem an verrichtete er, auf meine Bitten, sein Baden mit mehrerer Stille.

Den 21sten ritt er mit mir nach Belmont, wo wir die allgemeine Großmutter, die 176 Abstämmlinge erlebt, begruben. Daheim kommunizierte er mir mit einer edeln Freimütigkeit, was ihm an meinem Vortrag u.s.w. mißfallen; wir waren vergnügt beieinander, es war mir wohl bei ihm; er zeigte sich in allem als ein liebenswürdiger Jüngling.

[S. 73, Z. 24] Herr K... hatte mir sagen lassen: er würde, seiner Braut das Steintal zu zeigen, zu uns kommen und einen Theologen mitbringen, der gerne hier predigen möchte.

Ich bin nun bald eilf Jahre hier; anfangs waren meine Predigten vortrefflich, nach dem Geschmacke der Steintaler. Seitdem ich aber dieser guten Leute Fehler kenne und ihre äußerste Unwissenheit in Allem, und besonders in der Sprache selbst, in der man ihnen predigt, und ich mich daher so tief mir immer möglich herunterlassen und dem mir nun bekannten Bedürfnis meiner Zuhörer gemäß zu predigen mich bemühe, seitdem hat man beständig daran auszusetzen. Bald heißt es: ich wäre zu scharf; bald: so könne es Jeder; bald: meine Mägde hätten mir meine Predigt gemacht u.s.w. Überdies macht mir das Predigen oft mehr Mühe als alle andern Teile meines Amtes zusammengenommen. Ich bin daher herzlich froh, wann bisweilen jemand anders für mich predigen will.

Herr L..., nachdem er die Schulen der Conductrices und Anderes in Augenschein genommen, und er mir seine Gedanken freimütig über Alles mitgeteilt, äußerte mir seinen Wunsch für mich zu predigen. Ich fragte ihn, ob er der Theolog wäre, von dem mir Herr K... hätte sagen lassen? »Ja«, sagte er, und ich ließ mir's, um obiger Ursachen willen, gefallen; es geschah den darauf folgenden Sonntag, den 25sten. Ich ging vor den Altar, sprach die Absolution, und Herr L... hielt auf der Kanzel eine schöne Predigt, nur mit etwas zu vieler Erschrokkenheit.

[S. 75, Z. 28] Herr K... war mit seiner Braut auch in der Kirche. Sobald er konnte, bat er mich, mit ihm besonders zu gehen, und fragte mich mit bedeutender Miene, wie sich Herr L... seitdem betragen und was wir mit einander gesprochen hätten. Ich sagte ihm, was ich noch davon wußte; Herr K... sagte: es wäre gut. Bald darauf war er auch mit Herrn L... allein. Es kam mir dies alles etwas bedenklich vor, wollte da nicht fragen, wo ich sah, daß man geheimnisvoll wäre, nahm mir aber vor, meinen Unterricht weiter zu suchen.

[S. 78, Z. 15] Herr K... lud mich freundschaftlich ein, mit ihm zu seiner Hochzeit in die Schweiz zu gehen. So gern ich längst die Schweiz gesehen, einen Lavater, einen Pfenninger und andere Männer gekannt und gesprochen hätte, so sehr meinem Leibe und Gemüte (ich hatte einige harte Monate gehabt), eine Aufmunterung und Stärkung durch eine Reise wünschbar war, so unübersteigliche Hindernisse fand ich auf allzuvielen Seiten. Herr K... räumte einen großen Teil durch Mitteilung seines Reiseplanes aus dem Wege: ich überlegte den Rest und fand Möglichkeit.

Am Montag, den 26sten, nachdem ich meine letzten damaligen Patienten begraben hatte, ging ich den nächsten Weg über Rhein. Herr L... sollte die Kanzel und mein Herr Amtsbruder die eigentlichen Actus pastorales, die den damaligen Umständen nach sparsam oder gar nicht vorkommen sollten, versehen.

Ich kam nicht weiter als bis nach Köndringen und Emmendingen, wo ich Herrn Sander, und am zweiten Ort, Herrn Schlosser zum ersten Mal sah und besprach; sodann über Breisach nach Kolmar, wo ich Herrn Pfeffel und Lerse kennen lernte; und zurück ins Steintal.

Ich hatte nun hinlänglichen Unterricht in Ansehung Herrn L ... bekommen, und übrigens so viel Satisfaktion von meiner Reise, daß, so rar bei einem Steintaler Pfarrer das Geld ist, ich sie nicht um hundert Taler gebe.

Über meine unvermutete Rückkunft war Herr L... betroffen und etwas bestürzt, meine Frau aber entzückt, und bald darauf, nach einiger Unterredung, auch Herr L...

Ich hörte, daß in meiner Abwesenheit Vieles, auf Herrn L...'s Umstände Passendes und für ihn Nützliches, gesprochen worden, ohngeachtet meine Frau die Umstände selbst, die ich erst auf meiner Reise erfuhr, nicht wußte.

[S. 81, Z. 38] Ich erfuhr ferner, daß Herr L..., nach vorhergegangenen eintägigen Fasten, Bestreichung des Gesichtes mit Asche, Begehrung eines alten Sackes, den 3. Hornung ein zu Fouday so eben verstorbenes Kind, das Friedericke hieß, aufwecken wollte, welches ihm aber fehlgeschlagen.

Er hatte eine Wunde am Fuß hieher gebracht, die ihn hinken machte und ihn nötigte hierzubleiben. Meine Frau verband sie ihm täglich, und man konnte baldige Heilung hoffen. Durch das unruhige Hin- und Herlaufen aber, da er das Kind erwecken wollte, verschlimmerte sich die Wunde so sehr, daß man die Entzündung mit erweichenden Aufschlägen wahren mußte. Auf unsre und Herrn K...'s häufige Vorstellungen hatte er sein Baden eingestellt, um die Heilung der Wunde zu befördern. In der Nacht aber, zwischen dem 4. und 5. Hornung, sprang er wieder in den Brunnentrog, mit heftiger Bewegung, um, wie er nachher gestand, die Wunde auf's Neue zu verschlimmern.

Seit Herrn K...'s Besuch logierte Herr L... nicht mehr im Schulhaus, sondern bei uns in dem Zimmer über der Kindsstube. Den Tag hindurch war er auf meiner Stube, wo er sich mit Zeichnen und Malen der Schweizergegenden, mit Durchblättern und Lesen der Bibel, mit Predigtschreiben, und Unterredung mit meiner Frau beschäftigte.

[S. 83, Z. 1] Den 5. Hornung kam ich von meiner Reise zurück; er war, wie ich oben gesagt, anfangs darüber bestürzt, und bedauerte sehr, daß ich nicht in der Schweiz gewesen. Ich erzählte ihm, daß Herr Hofrat Pfeffel die Landgeistlichen so glücklich schätzt, und ihren Stand beneidenswert hält, weil er so unmittelbar zur Beglückung des Nächsten aufweckt. Es machte Eindruck auf ihn. Ich bediente mich dieses Augenblicks, ihn zu ermahnen, sich dem Wunsche seines Vaters zu unterwerfen, sich mit ihm auszusöhnen u. s. w.

Da ich bei manchen Gelegenheiten wahrgenommen, daß sein Herz von fürchterlicher Unruhe gemartert wurde, sagte ich ihm, er würde sodann wieder zur Ruhe kommen, und schwerlich eher, denn Gott wüßte seinem Worte: »Ehre Vater und Mutter«, Nachdruck zu geben u. s. w.

Alles, was ich sagte, waren nur meistens Antworten auf abgebrochene, oft schwer zu verstehende Worte, die er in großer Beklemmung seines Herzens ausstieß. Ich merkte, daß er bei Erinnerung getaner, mir unbekannter, Sünde schauderte, an der Möglichkeit der Vergebung verzweifelte; ich antwortete ihm darauf; er hob seinen niederhängenden Kopf auf, blickte gen Himmel, rang die Hände, und sagte: »Ach! ach! göttlicher Trost – ach – göttlich, o – ich bete – ich bete an!« Er sagte mir sodann ohne Verwirrung, daß er nun Gottes Regierung erkenne und preise, die mich so bald, ihn zu trösten, wieder heimgeführt.

Ich ging im Zimmer hin und her, packte aus, legte in Ordnung, stellte mich zu ihm hin. Er sagte mit freundlicher Miene: »Bester Herr Pfarrer, können Sie mir doch nicht sagen, was das Frauenzimmer macht, dessen Schicksal mir so zentnerschwer auf dem Herzen liegt?« Ich sagte ihm, ich wisse von der ganzen Sache nichts, ich wolle ihm in allem, was ihn wahrhaft beruhigen könne, aus allen Kräften dienen, er müßte mir aber Ort und Personen nennen. Er antwortete nicht, stand in der erbärmlichsten Stellung, redete gebrochene Worte: »Ach! ist sie tot? Lebt sie noch? – Der Engel, sie liebte mich – ich liebte sie, sie war's würdig – o, der Engel! – Verfluchte Eifersucht! ich habe sie aufgeopfert – sie liebte noch einen Andern – aber sie liebte mich – ja herzlich – aufgeopfert – die Ehe hatte ich ihr versprochen, hernach verlassen – o, verfluchte Eifersucht – – O, gute Mutter! auch die liebte mich – ich bin euer Mörder!«

Ich antwortete wie ich konnte, sagte ihm unter Anderm, vielleicht lebten diese Personen alle noch, und vielleicht vergnügt; es mag sein wie es wolle, so könnte und würde Gott, wenn er sich zu ihm bekehrt haben würde, diesen Personen auf sein Gebet und Tränen, so viel Gutes erweisen, daß der Nutzen, den sie sodann von ihm hätten, den Schaden, so er ihnen zugefügt, leicht und vielleicht weit überwiegen würde. – Er wurde jedoch nach und nach ruhiger und ging an sein Malen.

Herr C... hatte mir zu Emmendingen einige in Papier gepackte Gerten nebst einem Brief für ihn mitgegeben. Eines Males kam er zu mir; auf der linken Schulter hatte er ein Stück Pelz, so ich, wenn ich mich der Kälte lange aussetzen muß, auf den Leib zu legen gewohnt bin. In der Hand hielt er die noch eingepackten Gerten; er gab sie mir, mit Begehren, ich solle ihn damit herumschlagen. Ich nahm die Gerten aus seiner Hand, drückte ihm einige Küsse auf den Mund und sagte: dies wären die Streiche, die ich ihm zu geben hätte, er möchte ruhig sein, seine Sachen mit Gott allein ausmachen; alle möglichen Schläge würden keine einzige seiner Sünden tilgen, dafür hätte Jesus gesorgt, zu dem möchte er sich wenden. Er ging.

Beim Nachtessen war er etwas tiefsinnig. Doch sprachen wir von allerlei. Wir gingen endlich vergnügt voneinander und zu Bette. – Um Mitternacht erwachte ich plötzlich; er rannte durch den Hof, rief mit harter, etwas hohler Stimme einige Silben, die ich nicht verstand; seitdem ich aber weiß, daß seine Geliebte *Friedericke** hieß, kommt es mir vor, als ob es dieser Name gewesen wäre, – mit äußerster Schnelle, Verwirrung und Verzweiflung ausgesprochen. Er stürzte sich, wie gewöhnlich, in den Brunnentrog, patschte drin, wieder heraus und hinauf in sein Zimmer, wieder hinunter in den Trog, und so einige Mal – endlich wurde er still. Meine Mägde, die in dem Kindsstübchen unter ihm schliefen, sagten, sie hätten oft, insonderheit aber in selbiger Nacht, ein Brummen gehört, das sie mit nichts als mit dem Ton einer Habergeise zu vergleichen wüßten. Vielleicht war es sein Winseln mit hohler, fürchterlicher, verzweifelnder Stimme.

[S. 84, Z. 36] Freitag den 6ten, den Tag nach meiner Zurückkunft, hatte ich beschlossen, nach Rothau zu Herrn Pfarrer Schweighäuser zu reiten. Meine Frau ging mit. Sie war schon fort, und ich im Begriff auch abzureisen. Aber welch ein Augenblick! Man klopft an meiner Türe, und Herr L... tritt herein mit vorwärts gebogenem Leibe, niederwärts hängendem Haupt, das Gesicht über und über und das Kleid hier und da mit Asche verschmiert, mit der rechten Hand an dem linken Arm haltend. Er bat mich, ihm den Arm zu ziehen, er hätte ihn verrenkt, er hätte sich vom Fenster heruntergestürzt; weil es aber Niemand gesehen, möcht' ich's auch Niemand sagen.

Ich tat was er wollte, und schrieb eilends an Sebastian Scheidecker, Schullehrer von Bellefosse, er solle herunter kommen, Herrn L... hüten. Ich eilte fort. Sebastian kam und richtete seine Kommission unvergleichlich aus, stellte sich, als ob er mit uns hätte reden wollen, sagte ihm, daß, wenn er wüßte, daß er ihm nicht überlästig oder von etwas abhielte, wünschte er sehr, einige Stunden in seiner Gesellschaft zu sein. Herr L... nahm es mit besonderem Vergnügen an,

* Daß diese Friederike Brion aus Sesenheim war, geht aus den Briefen von Lenz an Salzmann unzweifelhaft hervor.

und schlug einen Spaziergang nach Fouday vor, – gut. Er besuchte das Grab des Kindes, das er hatte erwecken wollen, kniete zu verschiedenen Malen nieder, küßte die Erde des Grabes, schien betend, doch mit großer Verwirrung, riß etwas von der auf dem Grabe stehenden Krone ab, als ein Andenken, ging wieder zurück gen Waldersbach*, kehrte wieder um, und Sebastian immer mit. Endlich mochte Herr L... die Absicht seines Begleiters erraten; er suchte Mittel ihn zu entfernen. Sebastian schien ihm nachzugeben, fand aber heimlich Mittel, seinen Bruder Martin von der Gefahr zu benachrichtigen, und nun hatte Herr L... zween Aufseher statt einen. Er zog sie wacker herum; endlich ging er nach Waldersbach zurück, und da sie nahe am Dorf waren, kehrte er wie ein Blitz um und sprang, ungeachtet seiner Wunde am Fuß, wie ein Hirsch gen Fouday zurück. Sebastian kam zu uns, um das Vorgegangene zu berichten, und sein Bruder setzte dem Kranken nach. Indem er ihn zu Fouday suchte, kamen zwei Krämer und erzählten ihm, man hätte in einem Hause einen Fremden gebunden, der sich für einen Mörder ausgäbe, und der Justiz ausgeliefert sein wollte, der aber gewiß kein Mörder sein könne. Martin lief in das Haus und fand es so; ein junger Mensch hatte ihn, auf sein ungestümes Anhalten, in der Angst gebunden. Martin band ihn los und brachte ihn glücklich nach Waldersbach. Er sah verwirrt aus; da er aber sah, daß ich ihn wie immer freundschaftlich und liebreich empfing und behandelte, bekam er wieder Mut, sein Gesicht veränderte sich vorteilhaftig, er dankte seinen beiden Begleitern freundlich und zärtlich, und wir brachten den Abend vergnügt zu.

Ich bat ihn inständig nicht mehr zu baden, die Nacht ruhig im Bette zu bleiben, und wann er nicht schlafen könnte, sich mit Gott zu unterhalten u. s. w. Er versprach's, und wirklich tat er's die folgende Nacht; unsere Mägde hörten ihn fast die ganze Nacht hindurch beten.

Den folgenden Morgen, Samstag den 7ten, kam er mit vergnügter Miene auf mein Zimmer. Ich hoffte, wir würden bald am Ende unserer gegenseitigen Qual sein; aber leider der Erfolg zeigte was anders.

Nachdem wir Verschiedenes gesprochen hatten, sagte er mir mit ausnehmender Freundlichkeit: »Liebster Herr Pfarrer, das Frauenzimmer, von dem ich Ihnen sagte, ist gestorben, ja gestorben – o, der Engel!« – Woher wissen Sie das? – »Hieroglyphen – Hieroglyphen!« – und dann gen Himmel geschaut und wieder: »Ja – gestorben – Hieroglyphen!« – Er schrieb einige Briefe, gab mir sie sodann zu, mit Bitte, ich möchte noch selbst einige Zeilen darunter setzen.

Ich hatte mit einer Predigt zu tun und steckte die Briefe indessen in meine Tasche. In dem einen an eine adelige Dame in W. schien er sich mit Abadonna zu vergleichen; er redete von Abschied. – Der Brief war mir unverständlich, auch hatte ich nur einen Augenblick Zeit ihn zu übersehen, eh ich ihn von mir gab. In dem andern an die Mutter seiner Geliebten, sagt er, er könne ihr diesmal nicht mehr sagen, als daß ihre Friedericke nun ein Engel sei und sie würde Satisfaktion bekommen.

[S. 88, Z. 18] Der Tag ging vergnügt und gut hin. Gegen Abend wurde ich nach Bellefosse zu einem Patienten geholt. Da ich zurückkam, kam mir Herr L... entgegen. Es war gelind Wetter und Mondschein. Ich bat ihn, nicht weit zu gehen und seines Fußes zu schonen. Er versprach's.

[S. 88, Z. 31] Ich war nun auf meinem Zimmer und wollte ihm Jemand nachschicken, als ich ihn die Stieg herauf in sein Zimmer gehen hörte. Einen Augenblick nachher platzte etwas im Hof mit so starkem Schall, daß es mir unmöglich von dem Fall eines Menschen herkommen zu können schien. Die Kindsmagd

* Oberlin schrieb und sagte später immer *Waldbach;* dies ist auch der offizielle Name, den das Dörfchen trägt.

kam todblaß und am ganzen Leibe zitternd zu meiner Frau: Herr L... hätte sich zum Fenster hinausgestürzt.

[folgen ca. 4 Seiten Oberlin-Bericht; keine Entsprechung bei Büchner, da größere Textlücke]

[S. 88, Z. 37] Und so reiste dieser bedauerungswürdige Jüngling von uns ab, mit drei Begleitern und zwei Fuhrleuten. Auf der Reise wandte er nirgends keine Gewalt an, da er sich übermannt sah; aber wohl List, besonders zu Ensisheim, wo sie über Nacht blieben. Aber die beiden Schulmeister erwiderten seine listige Höflichkeit mit der ihrigen, und Alles ging vortrefflich wohl aus.

So oft wir reden, wird von uns geurteilt, will geschweigen, wenn wir handeln. Hier schon fällt man verschiedene Urteile von uns; die Einen sagten: wir hätten ihn gar nicht aufnehmen sollen, – die Andern: wir hätten ihn nicht so lange behalten, – und die Dritten: wir hätten ihn noch nicht fortschicken sollen.

So wird es, denke ich, zu Straßburg auch sein. Jeder urteilt nach seinem besonderen Temperament (und anders kann er nicht) und nach der Vorstellung, die er sich von der ganzen Sache macht; die aber unmöglich getreu und richtig sein kann, wenigstens mußten unendlich viele Kettengleiche darin fehlen, ohne die man kein richtig Urteil fällen kann, die aber außer uns nur Gott bekannt sein und werden können; weil es unmöglich wäre sie getreu zu beschreiben, und doch oft in einem Ton, in einem Blick, der nicht beschrieben werden kann, etwas steckt, das mehr bedeutet, als vorhergegangene erzählbare Handlungen.

Alles, was ich auf die nun, auch die zu erwartenden, einander zuwiderlaufenden, sich selbst bestreitenden Urteile antworten werde, ist: Alles, was wir hierin getan, haben wir vor Gott getan, und so, wie wir jedesmal allen Umständen nach glaubten, daß es das Beste wäre.

Ich empfehle den bedauernswürdigen Patienten der Fürbitte meiner Gemeinen und empfehle ihn in der nämlichen Absicht Jedem, der dies liest.

Anmerkungen

70 *Waldbach:* Waldersbach im Steintal. – *die blonden Locken:* Ab hier verwendet B. die Aufzeichnungen Oberlins, der vorher nur den Satz notiert hatte: »Den 20. Januar 1778 kam er hieher.« – *Kaufmann:* Christoph (1753–95), studierte Medizin in Bern, befaßte sich dann ausschließlich mit den Basedowschen pädagogischen Reformbestrebungen und zog als Weltverbesserer durch die Lande. Johann Kaspar Lavater (s. zu S. 78) rühmte ihn in seiner Physiognomik (»Physiognomische Fragmente zur Beförderung der Menschenkenntnis und Menschenliebe«, Leipzig 1775–78) und räumte ihm einen Platz gleich nach Christus ein. Kaufmann bezeichnete sich als Panurg, »alles könnend, was er will, alles wollend, was er kann«; er gab vor, mit einem früheren Menschenalter in Verbindung gestanden zu haben und keines Schlafes zu bedürfen. Er lebte von Milch und pflanzlicher Nahrung, erzählte von Heldentaten, die er in Persien geleistet habe und suchte nach guten, kindlichen Menschen, zu deren Aufspüren er eine besondere Gabe zu besitzen behauptete. In Maler Müllers (= Friedrich Müller, 1749–1825) »Faust« (1778) wird er als »Gottes Spürhund« persifliert. Er erhielt schließlich eine Arztstelle bei den Herrnhutern. – Für Klingers Drama »Wirrwar« schlug er den Titel »Sturm und Drang« vor, der später der ganzen Epoche den

Namen gab (s. »Literaturhistorischer Hintergrund« S. 359). – *Mutter:* Marie Salome Oberlin, geb. Witter.

71 *Brunnstein:* in Oberlins Tagebuch: Brunnentrog.

73 *heimlich:* heimelig.

74 *Laß in mir ...:* aus einem pietistischen Erbauungsbuch.

75 *Somnambulismus:* Mondsüchtigkeit, Schlafwandeln. – *elementarischen:* wörtl. ursprünglichen, natürlichen, den Elementen verbundenen. – *affiziert:* erregt, berührt. – *Farbentäfelchen:* Täfelchen mit den wichtigsten Farben, die schon früh auf bestimmte Lebensverhältnisse, Begriffe, Gemütsstimmungen und Personen gedeutet wurden; hier werden sie zum Beispiel auf die zwölf Apostel bezogen. – *Stilling:* Johann Heinrich Jung, genannt Jung-Stilling (1740–1817); war zunächst Kohlenbrenner und Schneider und wurde nach Selbststudium Hauslehrer. Medizinstudium in Straßburg, dort Bekanntschaft mit Goethe. Arzt in Elberfeld, später Professor für Ökonomie und Staatswissenschaften. Veröffentlichte u. a. eine »Gemeinnützige Erklärung der Offenbarung Johannis«. Zur Offenbarung (Apokalypse) s. zu S. 27. – *idealistische Periode:* Anspielung B.s auf die Klassik.

76 *nachzuschaffen:* Zur Bedeutung Shakespeares für den »Sturm und Drang« s. »Literarhistorischer Hintergrund« S. 359; B. schloß sich dieser Meinung an. – *Leben habe:* Zum Problem der Teleologie vgl. zu S. 235 und Meier, Woyzeck; Proß, Naturgeschichtliches Gesetz; Proß, Kategorie ›Natur‹. – *Holzpuppen:* Marionettenfiguren im Gegensatz zu lebendigen Schauspielern. – *»Hofmeister« und den »Soldaten«:* s. o. S. 358f. über Lenz. – *altdeutschen Schule:* Gemeint sind die deutschen Maler des 14.–16. Jh.s, die von der Romantik wiederentdeckt worden waren. – *Medusenhaupt:* Die Meduse war eine der Gorgonen, deren Anblick den Betrachter versteinerte. – *radotieren:* faseln, albern reden.

77 *Apoll von Belvedere:* Darstellung des sieghaften Apoll in den Vatikanischen Museen. – *Raphaelische Madonna:* Raffaello Santi (1483–1520), ital. Maler, berühmt durch seine Madonnenbilder – *Christus und die Jünger:* Dargestellt ist der Bericht in Luk. 24, 13. B. bezieht sich vermutlich auf ein Gemälde von Carel van Savoy, das im Darmstädter Landesmuseum hängt. – *ein anderes:* Gemälde von Nicolaes Maes (1632–93) im Museum in Gotha. – *Briefe:* Kaufmann hatte den Pastor Christian David Lenz 1877 auf einer Rußlandreise kennengelernt.

78 *zwei Worten:* Gemeint sind »Hier weg?«. – *Lavater:* Johann Kaspar (1741–1801), Schweizer Theologe und Schriftsteller. Nach ausgedehnten Studien und Reisen ab 1764 in Zürich (1775 Pastor an der Waisenhauskirche, 1786 an der Peterskirche). Er suchte den Ideen der Aufklärung und des Rationalismus entgegenzuwirken und gehörte zu den wichtigen Mitgliedern der deutschen Sturm-und-Drang-Periode (s. auch zu S. 70). – *in eine Gestalt:* Vermutlich ist Friederike Brion (1752–1813) in Sesenheim gemeint.

79 *gerungen wie Jakob:* s. Genesis 32. – *gab er:* begab er; altertümelnde Form.
80 *Auf dieser Welt:* aus einem Volkslied.
81 *Frauenzimmer:* Friederike Brion. – *Hornung:* Februar. – *Fouday:* Ort, der zu Oberlins Pfarrsprengel gehörte. – *Friederike:* in Beziehung zu Friederike Brion gebraucht. – *fastete:* nach dem Vorbild Christi und der Apostel.
82 *Stehe auf und wandle:* s. Markus 2, 9. – *Titanenlied:* Titanen sind in der griech. Sage die sechs Söhne und sechs Töchter des Uranos und der Gäa. Hier Anspielung auf Goethes Sturm-und-Drang-Gedicht »Prometheus«. – *Sünde wider den heiligen Geist:* nach Matth. 12, 31 f. Gemeint ist die Ablehnung der Gnade Gottes, die Verzweiflung.
83 *Pfeffel:* Gottlieb Konrad (1736–1809), elsässischer Dichter, Erzähler und Philanthrop; 1758 erblindet; gründete 1773 in Kolmar ein akademisches Erziehungsinstitut für protestantische adelige Jünglinge, das bis zur Franz. Revolution bestand. Er wurde Mitglied des Oberkonsistoriums und 1806 Mitglied des Direktoriums der Kirche Augsburgischer Konfession. – *Ehre Vater und Mutter:* vgl. Leviticus 19, 3. – *der ewige Jude:* s. zu S. 55. – *brünstig:* innig. – *Engel:* Anspielung auf Friederike Brion. – *einen andern:* Goethe.
84 *tiefsinnig:* schwermütig. – *Habergeise:* Bekassine (Schnepfe), deren Männchen zur Paarung durch sehr schnelle Schwingungen der Schwanzfedern einen dem Meckern der Ziege ähnlichen Ton hervorbringt (daher auch Himmelsziege genannt). – *Langeweile:* s. »Dantons Tod« II, 1; »Leonce und Lena« I, 1.
85 *attachiert:* angeschlossen.
86 *Frauenzimmer:* bezieht sich auf Friederike Brion und auf Mädchen in Fouday. – *Hieroglyphen:* altägypt. Bilderschrift; hier: geheimnisvolle Rätsel.
87 *Zufälle:* Krankheitsanfälle. – *Profanation:* Entweihung, Entheiligung, Lästerung.

LEONCE UND LENA

Entstehung

Am 3. 2. 1836 schrieb der Cotta-Verlag einen Preis »für das beste ein- oder zweiaktige Lustspiel in Prosa oder Versen« aus. Büchner beschloß, sich daran zu beteiligen, nicht zuletzt auch, weil er dadurch aus seinen finanziellen Schwierigkeiten zu kommen hoffte. Beginn der Arbeit im Juni 1836 (s. Brief an Eugen Boeckel vom 1. 6. 1836, Nr. 56, und Brief an den Bruder vom 2. 9. 1836, Nr. 58, sowie an die Familie vom September 1836, Nr. 59). – Cotta verlängerte den Einsendetermin vom

1. Juli um »fast zwei Monate«, doch als Büchner sein Lustspiel Anfang September einschickte, hatte er die Einsendefrist bereits überschritten. Der Verlag ließ die Sendung ungeöffnet zurückgehen. Büchner arbeitete in den letzten Monaten vor seinem Tod wiederholt an dem Text.

Büchners Lustspiel ist auf den ersten Blick ein Feuerwerk an Witz, Satire und Ironie. Das Spiel mit der Sprache reicht von bloßen Wortverdrehungen und Abwandlungen bis zur Verwendung einer Vielzahl von rhetorischen Mitteln wie Wiederholungen, Variationen, Parallelismus, Anapher, Chiasmus, Oxymoron (vgl. Schröder, Leonce, S. 136).

Die deutsche Kleinstaaterei, ihre kleinkarierten Herren und stupiden Diener werden ebenso parodiert und verspottet wie Ideen der Aufklärung und der Romantik oder die Sprache der Beamten und Philosophen (so z. B. die Philosophie Kants). Die Darstellung einer scheinbar verspielten und unbeschwerten Märchenwelt ist jedoch in Wirklichkeit ätzende Kritik an den herrschenden Zuständen, wie Büchner sie sieht, vor allem am Feudalsystem, an König und Adel, die Büchner in Anlehnung an Saint-Simon (1760–1825) den Müßiggängern und Schmarotzern zuordnet. Mit König Peter, zum Beispiel, der weder korrupt noch bösartig, sondern nur eben völlig vertrottelt, unfähig und unnütz ist, ohne irgendeine Aufgabe, wird die Institution des Königtums und des höfischen Absolutismus ad absurdum geführt. Innerhalb eines Zeremoniells, das zur bloßen Förmlichkeit erstarrt ist, erscheinen die Höflinge als geist- und seelenlose Automaten, als »Puppen«, wie sie bezeichnenderweise auch im »Hessischen Landboten« genannt werden (s. S. 219). Unmittelbare Realität kommt innerhalb dieses Märchenbereiches fast nur der Bauernszene mit dem Schulmeister zu (III, 2).

Erstdruck und Überlieferung

Leonce und Lena. In: »Telegraph für Deutschland« 1 (1838), Mai-Nummern. Gutzkow verzichtete dabei auf eine mildernde Redaktion, brachte aber dafür nur eine Auswahl aus dem Manuskript mit verbindenden Inhaltsangaben. Vermutlich stand ihm Büchners Handschrift zur Verfügung.

Leonce und Lena. In: Nachgelassene Schriften, hg. v. Ludwig Büchner, Frankfurt/Main (J. D. Sauerländer) 1850.

Von »Leonce und Lena« haben sich weder Büchners Originalmanuskript noch die Abschrift Minna Jaeglés erhalten. Werner R. Lehmann entdeckte in der Bibliotheca Bodmeriana handschriftliche Bruchstücke, welche die erste Szene des I. Akts und einzelne Textstellen des I. und II. Akts enthalten. Vermutlich sind es Entwürfe, die einer früheren Entwicklungsstufe angehören. Die Abkürzungen bei den Personennamen lassen darauf schließen, daß es sich nicht um eine Reinschrift handelt.

Ludwig Büchner hat die ihm vorliegende Handschrift für den Druck modernisiert, sprachliche Eigenheiten geglättet und ihm anstößig erscheinende Stellen weggelassen.

Quellen

Ähnlich wie in »Dantons Tod« hat Büchner eine Fülle von Anregungen, Zitaten und Anspielungen aus zahlreichen literarischen Werken verwendet. Neben der Bibel und der Tradition der Commedia dell'arte lassen sich Einflüsse folgender Autoren nachweisen: Brentano (»Godwi« und vor allem das Lustspiel »Ponce de Leon«, auf das bereits Büchners Titel verweist); Goethe (»Werther«, »Faust«); Heine (u.a. »Die Harzreise«); Jean Paul; E.T.A. Hoffmann; Kant; Klinger; Lenz; Die Nachtwachen des Bonaventura; Schiller; F. Schlegel (»Lucinde«); Tieck (»Zerbino«, »Der gestiefelte Kater«); Shakespeare (vor allem: »Hamlet«, »Wie es euch gefällt«, »Der Kaufmann von Venedig«, »Was ihr wollt«, »Heinrich IV.«); Laurence Sterne (»Tristram Shandy«); Alfred de Musset (»Fantasio«, »On ne badine pas avec l'amour«); Pascal; Holberg.

Uraufführung

Freilichtaufführung des Intimen Theaters in München am 3. 5. 1895 unter der Regie von Ernst von Wolzogen.

Vgl. Axel Bornkessel, Georg Büchners *Leonce und Lena* auf der deutschsprachigen Bühne. Studien zur Rezeption des Lustspiels durch das Theater, Diss. Köln 1970.

Anmerkungen

91 Alfieri: Vittorio (1749–1803), ital. Dramatiker. – *E la fama:* und der Ruhm. – *Gozzi:* Carlo (1720–1806), ital. Dramatiker. – *E la fame:* und der Hunger.

92 *Wie es Euch gefällt:* Lustspiel von Shakespeare; Zitat aus II, 7. – *pressiert:* in Eile. – *Parenthese:* wörtl.: Einschaltung eines Redeteils; hier gelehrt klingende Anspielung auf die O-Beine des Hofmeisters.

93 *Humor:* Zitat aus Shakespeares »Heinrich V.«, II, 1. – Humor wird hier im ursprünglichen Sinn von Stimmung, Laune benützt. – *Puppe:* hier: künstlicher Mensch, Automat; vgl. S. 115.

94 *Hei, da sitzt ....:* nach der Melodie: O du lieber Augustin. – *verhandeln:* verkaufen. – *Alexander der Große:* (356–323), König von Makedonien. – *Cantharide:* Käfergattung aus der Familie der Blasenkäfer. Sie enthalten das Kantharidin und dienten in der Form von Pflastern, Salben und Tinkturen als blasenziehendes und reizendes Mittel; vielfach auch als Aphrodisiakum benützt. – *Profession:* Beruf.

95 *das ›an sich‹:* iron. Anspielung auf die Philosophie Kants und Hegels. Vgl. dazu Viëtor, Büchner, S. 181: »Wirklich, es ist nicht zu verkennen: dieser faselnde Märchenkomödien-König hat sich mit den Fragen der Hegel'schen Philosophie in einer Weise beschäftigt,

die ebensoviel dilettantisches Vergnügen wie unglückliche Neigung verrät. Und er selbst steht da als eine leibhaftige Satire auf die Lehre dieser Philosophie, daß der Fürst die Spitze des Staates sei.« – *Modifikationen:* Begriffsbestimmung: dieser und die folgenden Begriffe sind wohl Anspielungen auf die philosophische Kategorienlehre. – *Affektionen:* Wohlwollen, Liebhaberei. – *Akzidenzien:* Zufälligkeiten; Art und Weise des Seins der Substanz. – *Kategorien:* Einteilung aller Gegenstände des Denkens in bestimmte Klassen.

96 *ambrosische:* himmlisch süße. – *O dolce far niente:* O süßes Nichtstun.

97 *Hiatus:* Gähnlaut (beim Zusammentreffen zweier Vokale). – *Epikureismus:* Lehre und Lebensart der Anhänger des Epikur (s. zu S. 10), die sich gerne dem sinnlichen Vergnügen überließen.

98 *Nankinghosen:* Hosen aus chinesischem, glattem, festem Baumwollgewebe. – *Caligula und Nero:* despotische römische Kaiser; Caligula regierte von 37–41 n.Chr., Nero von 54–68 n.Chr.

99 *Adonis:* s. zu S. 21; Adonis war ursprünglich ein Fruchtbarkeitsgott; deshalb hier der Hinweis Valerios, daß er wie der Eber die Potenz des Leonce zerstören könnte. – *andere Umstände:* Schwangerschaft. – *der guten Hoffnung:* Südspitze Afrikas; Anspielung auf die Schwangerschaft. – *Cap Horn:* Südspitze Amerikas; Anspielung auf das männliche Glied.

100 *Passion:* Leidenschaft, Lust. – *Verhaltung:* Stauung.

101 *Kapaun:* verschnittener Hahn. – *fünf Vokale:* in Valerios Namen; das ›V‹ wird anstelle von ›U‹ genommen.

102 *Shandy:* Anspielung auf das 4. Kapitel im I. Buch von Laurence Sternes (1713–68) Roman »Tristram Shandy« (1760ff.), wo der Vater des Helden seine ehelichen Pflichten nach der regelmäßig einmal im Monat aufzuziehenden Uhr richtet. – *a priori:* von vornherein, aus reinen Vernunftgründen (nicht aus der Wahrnehmung) abgeleitet. Ironische Anspielung auf die idealistische Philosophie. – *a posteriori:* aus der Erfahrung abgeleitet. – *fuselt:* riecht nach schlechtem Branntwein. – *Napoleonsromantik:* Bewunderung für Kaiser Napoleon I. (1804–15). – *Demission:* Rücktritt. – *Der große Pan:* arkadischer Hirtengott, der während der großen Mittagshitze schläft.

103 *Virgil:* Publius Vergilius Maro (70–19 v.Chr.), röm. Dichter, Verfasser der »Bucolica«, »Georgica« und der »Aeneis«. – *Tarantella:* italienischer Volkstanz. – *Lazzaroni:* Faulenzer, Bettler in Neapel; auch Spottname für den Italiener nach einer Figur der Commedia dell'arte. – *Rosmarin:* Rosmarinzweige wurden als Schmuck bei Hochzeiten und Begräbnissen verwendet. – *Auf dem Kirchhof:* Schluß des Volkslieds: Soviel Stern am Himmel. – *Don Carlos:* (1545–68), Sohn König Philipps II. von Spanien; durch Schillers Tragödie das Beispiel eines edelmütigen Jünglings, der u.a. wegen

aussichtsloser Liebe zur Gattin des Vaters, seiner ehem. Braut, Selbstmord verübt. – *Mein Gott ...:* vgl. Matth. 26, 46 ff.

104 *Wie ist mir ...:* freies Zitat aus Adelbert von Chamissos (1781–1838) Gedicht »Die Blinde«. – *Resignation:* Verzicht.

105 *Arsenik:* arsenige Säure (As_2O_3), ein starkes Giftmittel. – *Leichdörner:* Hühneraugen. – *bezauberter:* verzauberter.

106 *Odilia:* elsässische Heilige (Ottilie); ihr Vater wollte seine blindgeborene Tochter töten lassen, doch gelang es der Mutter, sie durch eine Amme in ein Kloster zu bringen. Später versöhnte sich Ottilie mit ihrem Vater und erhielt von ihm einen Platz auf der Hohenburg, wo sie ein Kloster erbauen konnte. – Nach einer anderen Legende mußte sie vor ihrem Vater fliehen, weil sie den ihr bestimmten Bräutigam nicht heiraten, sondern ihr Leben Christus weihen wollte. – *Zimbeln:* Hackbrett.

107 *Flocken lese und an der Decke zupfe:* im Sterben liege (nach dem »Prognosticon« im »Corpus Hippocraticum«; s. zu S. 27); Bewegungen eines Sterbenden. – *steht es ab:* wird es schal. – *Ergo bibamus:* Deshalb laßt uns trinken; Refrain zahlreicher Studentenlieder. – *Strohhalm:* Anspielung auf den ital. Freidenker Lucilio Vanini (1584–1619), der auf dem Scheiterhaufen gesagt haben soll: »Wäre ich so unglücklich, am Dasein Gottes zu zweifeln, so würde dieser Strohhalm mich überzeugen.« – *auf dem Stroh liege:* sterbe.

108 *Turm auf Libanon:* Zitat aus »Das Hohelied« 7, 5. – *Sollte nicht dies ...:* Zitat aus Shakespeares »Hamlet« III, 2. – *Geist, da er über den Wassern schwebte:* s. Genesis 2. – *Vizinalwege:* Land-, Nebenstraßen.

109 *Scherbe:* Blumentopf. – *Nachtviolen:* Hesperis, Gattung aus der Familie der Kruziferen; duften besonders abends und nachts sehr stark. – *Totenuhren:* Klopf- oder Bohrkäfer. Um sich zur Begattung anzulocken, erzeugen die Käfer, indem sie Vorderbeine und Fühler anziehen und, hauptsächlich auf die mittleren Füße gestützt, mit Stirn und Vorderrand des Halsschildes gegen das Holz schlagen, ein rhythmisches, mit geringen Unterbrechungen anhaltendes Klopfen, das dem Ticken der Uhr ähnlich ist. – *Steh auf ...:* Wendung aus dem Neuen Testament, z.B. Matth. 2, 13 und 9,5; Luk. 17, 19; Joh. 5, 8.

110 *Serenissime:* Hoheit. – *mit seiner gelben Weste ...:* die Kleidung, die Werther trägt und deshalb dem Prinzen die Lust zum Selbstmord nimmt. Hier Anspielung auf die vielen Selbstmorde im Gefolge der Werthermode.

111 *philobestialisch:* tierlieb. – *Signalement:* Beschreibung einer Person in Pässen und Steckbriefen. – *Spiritus:* hier: Branntwein.

112 *Dreimaster:* Dreispitz, dreieckiger Filzhut. – *transparenten:* durchsichtigen. – *Kokarden:* Abzeichen, die am Hut getragen werden. – *Vatermörder:* steifer Halskragen, dessen Benennung um 1830 aus der mißverständlichen Übersetzung eines in Frankreich parasite (weil er beinahe ins Essen stach) genannten Halskragens

entstanden sein soll, wobei man an parracide dachte. – *Unschuldigen:* Ehrenjungfrauen.

113 *Gradierbäue:* aus Dornzweigen errichtete Wand, über die eine schwache Sole geleitet wird, um sie durch Herabtröpfeln bei Luftzutritt zu konzentrieren. – *Dardanellen:* Meerenge zwischen Ägäis und Marmarameer.

114 *kompromittieren:* bloßstellen. – *wenn es anders:* wenn es überhaupt.

115 *Konfusion:* Verwirrung, Verlegenheit. – *Desperation:* Verzweiflung. – *Walzen und Windschläuche:* Teile der mechanischen Automaten.

116 *Beinkleider:* Hosen. – *Glaube, Liebe, Hoffnung!:* die drei göttlichen Tugenden; hier parodistisch gebraucht. Vgl. auch 1. Kor. 13,13. – *akkordiert:* übereinstimmend, einig. – *in effigie:* s. zu S. 15. – *Fang' an!:* Zitat aus Shakespeares »Hamlet« III, 2.

118 *infusorische:* Politik in so kleinem Bereich (Anspielung auf die Kleinheit des Territoriums) wie dem von Infusionstierchen, die mit dem bloßen Auge nicht sichtbaren Aufgußtierchen. – *Ischia und Capri:* Inseln vor Neapel. – *hinaufdestillieren:* die gleiche Wärme erreichen. – *Kuratel:* Vormundschaft. – *kommode:* bequeme.

120 *Wie es Euch gefällt:* s. zu S. 92.

122 *inquirieren:* gerichtlich untersuchen. – *Subjekt, ein Individuum:* Person, Einzelwesen im verächtlichen Nebensinn. – *Delinquenten:* verhaftete Verbrecher. – *Inquisiten:* peinlich Angeklagter. – *Signalement:* s. zu S. 111. – *Zertifikat:* Beglaubigungsschein.

WOYZECK

Vorbemerkung

Johann Christian Woyzeck, geboren am 3. Januar 1780 in Leipzig als Sohn eines Perückenmachers, wurde in der zeitgenössischen Öffentlichkeit, in Jurisprudenz und Gerichtsmedizin berühmt durch seinen ›Fall‹.

Nach mehreren fehlgeschlagenen Versuchen, eine Handwerkerlehre erfolgreich zu beenden, und nach Jahren vergeblicher Arbeitssuche ließ sich Woyzeck in den unruhigen Zeiten der nachrevolutionären Kriegswirren zunächst von holländischen, dann von schwedischen und mecklenburgischen Truppen anwerben. Er desertierte dann wiederum zu den Schweden – offenbar weil er, nach dem Gutachten des Hofrats Clarus (s. S. 394), zu einem Mädchen in Stralsund, das ein Kind von ihm hatte, zurückkehren wollte. Schließlich kam Woyzeck, als verabschiedeter preußischer Soldat, im Winter 1818 nach Leipzig zurück und traf dort mit der Witwe Woost, der Stieftochter seiner Vermieterin, zusammen. Johanna Christiane Woost wurde Woyzecks Geliebte. Es kam jedoch bald zu heftigen Eifersuchtsszenen, als sie sich weigerte, den Umgang mit anderen Männern, insbesondere mit Leipziger Stadtsoldaten, aufzugeben. Woyzeck wurde, nach verschiedenen kleineren Diebstählen, wegen Mißhandlung der Frau Woost zu Beginn des Jahres 1821 zu acht Tagen Arrest verurteilt. Sein sozialer Status nahm in der Folgezeit immer mehr ab, er fand nicht einmal mehr Hilfsarbeiten, übernachtete im Freien, lebte von der Bettelei. Am 21. Juni 1821 erstach Woyzeck seine Geliebte. »In diesen Wochen vor der Mordtat muß Woyzeck in seiner Verzweiflung und wütenden Eifersucht immer mehr an Rache gedacht haben. Daher der Ankauf der Degenklinge und der Entschluß, an der Degenklinge einen Griff befestigen zu lassen, um so ein Dolchmesser zu erhalten. Die Tat selbst ergab sich aus dieser Konstellation von Arbeitslosigkeit, Hunger, Erniedrigung aller Art, Haß und Eifersucht.« (Mayer, Woyzeck, S. 55)

Woyzeck wurde verhaftet und zum Tod durch das Schwert verurteilt. Mehrere Gutachten, Gegengutachten und Verteidigungsschriften befaßten sich mit dem ›Fall‹. Ihre Beurteilungen basieren auf den verschiedensten Kriterien: der Physiologie (des Blutkreislaufs), der Pathologie und der Psychologie. Fragen nach der Veranlagung, nach den individuellen und gesellschaftlichen Bedingungen, nach der Zurechnungsfähigkeit während der Tat wurden eingehend diskutiert. Der Prozeß erstreckte sich über mehrere Jahre – und auch nach der Hinrichtung Woyzecks am 27. August 1824 kam die Angelegenheit in der Fachwelt nicht zur Ruhe. Der ›Fall‹ und seine unterschiedlichen Beurteilungen erregten das Interesse auch der nicht medizinisch gebildeten Zeitgenossen. »Aus solchem Übergang zwischen der Flucht in das Undeutbare und dessen plumper Deutung aus Körperlichem, zwischen der idealistischen, romantischen, okkultistischen Deutung des Seelischen und seiner Zurückführung auf Stoffwechsel und Blutkreislauf ist auch die Wirkung des Kriminalfalles Woyzeck auf die Zeitgenossen zu begreifen.« (Mayer, Woyzeck, S. 57) Zum Fall Woyzeck vgl. auch Hinderer, S. 187f.; Krause, S. 184–198; Bornscheuer, Erläuterungen, S. 58–65.

Büchner, der die Berichte des Hofrats Clarus und anderer (s. Quellen S. 390ff.) vermutlich aus der väterlichen Bibliothek – sie waren in Henkes Zeitschrift für die Staatsarzneikunde abgedruckt (vgl. auch Meier, Woyzeck) – kannte, hat diesen Stoff samt weiterem Material zur Parabel des zerstörten Individuums gestaltet. Das »eherne Gesetz«, das schon in »Dantons Tod« als »gräßlicher Fatalismus der Geschichte« (s. auch Brief Nr. 18) den Protagonisten scheitern ließ, erscheint auch hier wieder, nur auf einer anderen sozialen Ebene, und das naturphilosophische Problem der Teleologie (s. zu S. 235) wird zur individuellen Tragik verdichtet. Meier, Woyzeck, bezieht die Teleologie-Kritik auf den Begriff der gesellschaftlichen Totalität und auf Büchners Darstellung: »Zugleich bildet die Darstellungsweise des ›Woyzeck‹, in der jede

Szene unmittelbar nur auf sich selbst beruht und die Handlung erst eine sekundäre Funktion der Szene ist, die ästhetische Parallele zu Büchners naturwissenschaftlicher Teleologiekritik; negiert wird ein Ordnungsbegriff, nach dem alles Existierende seinen Zweck in einem Anderen hätte, somit tendenziell seiner selbst entfremdet wäre.« (S. 68) Die gesellschaftliche, historische und metaphysische Determiniertheit und die so bedingte Selbstentfremdung des Menschen sind das allgemeine Thema dieses letzten und wirkungsgeschichtlich erfolgreichsten Büchner-Dramas. »Der Sieg der Gesellschaft über das Individuum ist erst vollständig, wenn sie im Herzen ihres Opfers wohnt [...]. Woyzeck ist schon okkupiert, als er mit dem Messer, das seine Geliebte tötet, sich selbst trifft. Lenz ist am Ende seines Kampfes um ein menschliches Leben eine Ruine; Woyzeck ruiniert sich selbst – und doch kann er mit den Worten Simons sagen: ›Schlug ich dich? Das war nicht meine Hand, war nicht mein Arm, mein Wahnsinn tat es.‹« (Jancke, S. 284f.).

Es ist an dieser Stelle weder möglich, die zahlreichen unterschiedlichen Interpretationen, die das Stück im Laufe seiner Wirkungsgeschichte erfahren hat, zu referieren, noch auch sinnvoll, eine ausführliche Deutung des Dramas zu versuchen. Zur weiteren Information sei auf die in den Anmerkungen herangezogenen und im Literaturverzeichnis (S. 528f.) bibliographisch erfaßten Arbeiten bzw. Editionen verwiesen. Eine textimmanente Strukturen und sozialgeschichtliche Voraussetzungen verknüpfende Interpretation liefert Meier, Woyzeck: Die »Entfremdung geht aus der Grundstruktur der Gesellschaft hervor und läßt sich keiner Person und auch keinem Stand als spezielle Schuld anlasten. Die Gewalt wird nicht von einer Herrscherpersönlichkeit ausgeübt, sondern ist die notwendige Resultante aus den sozialen Widersprüchen. Weil sich kein Verantwortlicher feststellen läßt, ist das soziale System im *Woyzeck* trotz seiner fundamentalen Widersprüche stabil.« (S. 57f.) Der Materialienband von Dietmar Goltschnigg stellt eine nützliche Sammlung zur Wirkungsgeschichte auch dieses Büchner-Dramas dar.

Historischer Hintergrund

Neben dem ›Fall Woyzeck‹ hat Büchner zwei weitere historische Vorfälle als Stoff- und Motivmaterial für seine Dichtung benutzt (vgl. auch »Quellen« S. 390ff.):

1. Am 25. September 1817 erstach der 38 Jahre alte Tabakspinnergeselle *Daniel Schmolling* seine Geliebte Henriette Lehne in der Hasenheide bei Berlin.

Der Prozeß nahm folgenden Verlauf:

– Der Stadtphysikus Dr. Merzdorff stellt in seinem Gutachten fest: Unzurechnungsfähigkeit zum Zeitpunkt der Tat.

– Justiz-Kommissar Bode stellt in seiner Ersten Verteidigungsschrift den Antrag auf polizeiliche Sicherungsverwahrung statt Haftstrafe.

– Das Stadtgericht Berlin und der Kriminal-Senat des Kammergerichts mit Bestätigung durch das Justizministerium verkünden das Todesurteil.
– Schmolling stimmt dem Urteil zu und lehnt einen Revisionsantrag ab (Anfang März 1819).
– Der Geheime Rat Dr. Horn bestätigt in einem eigenen das Merzdorff-Gutachten (Annahme eines »wahnsinnigen Gemütszustandes« während der Tat); veröffentlicht 1820.
– Bode verfaßt gegen Schmollings Willen eine Zweite Verteidigungsschrift und wiederholt seinen Antrag auf Sicherungsverwahrung; veröffentlicht 1825.
– Der Ober-Appellations-Senat des Kammergerichts bestätigt das frühere Todesurteil; Aktenauszüge veröffentlicht 1825.
– Der König wandelt, auf Empfehlung des Justizministeriums, die Todesstrafe in »lebenswierige Einsperrung« (Zuchthaus) um.
– Schmolling ermordet am 19. Februar 1825 in Glaz einen Mithäftling.
– Der Kriminal-Rat J. E. Hitzig untersucht in seiner »Zeitschrift für die Kriminal-Rechts-Pflege in den Preußischen Staaten« die Möglichkeiten, eine Meinungsdifferenz zwischen ärztlichen Gutachten und gerichtlichen Urteilen beizulegen.

(Vgl. auch Hinderer, S. 186f., Krause, S. 172–184, insbesondere Bornscheuer, Erläuterungen, S. 52–56, dem diese und die weiteren Prozeßdarstellungen verpflichtet sind.)

2. Am 15. August 1830 erstach der 37 Jahre alte Leinewebergeselle *Johann Dieß* seine Geliebte Elisabeth Reuter in der Nähe von Darmstadt.

Der Prozeß nahm folgenden Verlauf:
– Untersuchungsverfahren vor dem Großherzoglichen Hofgericht in Darmstadt; Einholung einer Verteidigungsschrift, die auf Unzurechnungsfähigkeit plädiert und ein ärztliches Gutachten beantragt.
– Am 10. Oktober 1831 erstellt das Großherzogliche Medizinal-Kolleg ein Gutachten, das Zurechnungsfähigkeit bescheinigt.
– Am 7. Dezember 1831 wird Dieß zu 18jähriger Zuchthausstrafe verurteilt.
– Am 11. Januar 1833 (richtig 1832?) bestätigt das Großherzogliche Oberappellations- und Kassationsgericht in Darmstadt das Urteil.
– Am 23. Mai 1834 stirbt Dieß im Zuchthaus Marienschloß.
– Am 24. Mai wird der Leichnam in das »anatomische Theater« in Gießen überführt.
– Im Frühjahr 1836 erscheint Bopps Bericht über die Verteidigungsschriften und das medizinische Gutachten in Henkes Zeitschrift. Bopp verweist auf den Fall Woyzeck und das zweite Clarus-Gutachten sowie auf die Schrift von Marc. Er zitiert in der Frage der Zurechnungsfähigkeit die Akte Schmolling. (Vgl. auch Hinderer, S. 188f., Krause, S. 198–203, Bornscheuer, Erläuterungen, S. 65–67).

3. Am 21. Juni 1821 erstach der 41 Jahre alte *Johann Christian Woyzeck* seine 46jährige Geliebte Johanna Christiane Woost in Leipzig.

Der Prozeß nimmt – in seinen wichtigsten Stationen – folgenden Verlauf:

– Am folgenden Tage berichtet ein früherer Zimmerwirt Woyzecks einem Dr. Bergk von dessen Wahnvorstellungen; Dr. Bergk veranlaßt eine »Nachricht über den Gemütszustand des Inquisiten im Allgemeinen« im Nürnberger Korrespondenten.

– Am 16. August wird die erste Verteidigungsschrift vorgelegt.

– Am 23. August beantragt der Verteidiger Hänsel eine gerichtsärztliche Untersuchung.

– Hofrat Dr. Johann Christian August Clarus wird am 24. August vom Gericht beauftragt, ein Gutachten über den »Gemütszustand des Inquisiten« herzustellen.

– Am 26., 28., 29. August, 3. und 4. September Unterredungen zwischen Clarus und Woyzeck.

– Am 16. September Erstes Clarus-Gutachten; Einreichung am 20. September, Clarus bescheinigt Woyzeck volle Zurechnungsfähigkeit und Verantwortlichkeit für die Tat (s. S. 415).

– Am 11. Oktober verkündet das erste Urteil »Strafe durchs Schwert«.

– Am 3. Dezember nochmalige Verteidigung Woyzecks durch Hänsel.

– Am 29. Februar 1822 wird die Todesstrafe durch ein zweites Urteil bestätigt.

– Am 29. April reicht Woyzeck ein Begnadigungsgesuch ein mit der Bitte, »die Todesstrafe in Zuchthausstrafe zu verwandeln«.

– Am 26. August wird die Begnadigung abgelehnt.

– Am 3. September zweites Gnadengesuch.

– Am 19. September wird auch dieses Gnadengesuch abschlägig beschieden.

– Am 27. September beantragt der Verteidiger Hänsel nochmalige Untersuchung des Gemütszustands durch Professor Heinroth; Woyzeck hatte dem Gefängnisgeistlichen mitgeteilt, er habe schon mehrere Jahre vor dem Mord Stimmen gehört und eine Geistererscheinung gehabt.

– Am 10. Oktober wird Clarus mit einem erneuten Gutachten beauftragt.

– Am 28. Oktober beschließt die sächsische Landesregierung, daß auf ein neues Gutachten verzichtet werden könne und »den gesprochenen Urteilen und dem Reskripte vom 26. August nachgegangen werden solle«.

– Die Hinrichtung wird auf den 13. November festgesetzt.

– Am 5. November wird von privater Seite Anzeige erstattet, mit Hinweis auf glaubwürdige Zeugen, denen zufolge »der Delinquent wirklich von Zeit zu Zeit Handlungen vorgenommen habe, welche Verstandesverwirrung zu verraten schienen«.

– Am 10. November wird die Urteilsvollstreckung aufgeschoben und Clarus beauftragt, eine nochmalige Untersuchung vorzunehmen und daraufhin ein zweites Gutachten zu erstellen.

– Am 12., 26., 29., 31. Januar und 21. Februar 1823 weitere Unterredungen zwischen Clarus und Woyzeck.

– Am 7. Januar dritte Verteidigungsschrift.
– Am 28. Februar legt Clarus sein Zweites Gutachten vor, in dem er um ein »Responsum der medizinischen Fakultät« der Universität Leipzig bittet (s. S. 412).
– Am 4. Oktober entscheidet der Leipziger »Schöppenstuhl«, daß »die Zurechnungsfähigkeit des Inquisiten als vollständig erwiesen dargestellt, und die Einholung eines Gutachtens der medizinischen Fakultät unter diesen Umständen unnötig« sei.
– Der Verteidiger bittet um die Befragung einer Medizinalbehörde.
– Am 23. Januar 1824 wird, vor allem auf Clarus' eigene Bitte hin, die medizinische Fakultät mit einem Gutachten beauftragt.
– Die Antwort der medizinischen Fakultät vom 17. April bestätigt das zweite Clarus-Gutachten.
– Am 12. Juli wird die Urteilsvollstreckung angeordnet, am 30. Juli wird das Urteil Woyzeck bekannt gemacht.
– Am 3. August beantragt Hänsel eine nochmalige Verteidigungsmöglichkeit für Woyzeck.
– Am 10. August wird dieser Antrag abgewiesen und die Hinrichtung auf den 27. August festgesetzt.
– Am 27. August 1824 wird Woyzeck auf dem Marktplatz von Leipzig öffentlich mit dem Schwert hingerichtet.

Mit Datum vom 18. August 1824 wird das Zweite Clarus-Gutachten als Buch veröffentlicht, 1825 noch einmal in Henkes »Zeitschrift für Staatsarzneikunde«. Der Bamberger Landgerichtsphysikus Dr. Carl Moritz Marc veröffentlicht 1825 in Bamberg eine Gegenschrift »War der am 27. August 1824 hingerichtete Mörder Johann Christian Woyzeck zurechnungsfähig?«. Professor Dr. J. C. A. Heinroth läßt bald darauf in Leipzig 1825 eine Rechtfertigungsschrift für Clarus erscheinen. Im Frühjahrsband 1825 von Hitzigs »Zeitschrift für die Kriminal-Rechts-Pflege ...«, in dem auch die Bode-Verteidigungsschrift zum Fall Schmolling erschien, bespricht der Herausgeber das Clarus-Gutachten und die Marc-Replik. In einer neuen Schrift (1826) antwortet Marc auf Heinroth. Im selben Jahr veröffentlicht Clarus sein Erstes Gutachten (vom 16. September 1821) in Henkes Zeitschrift. 1827 erscheint im Eröffnungsband einer neuen juristischen Zeitschrift (Hrsg. S. P. Gans) ein Rückblick auf die Stellungnahmen von Clarus, Marc und Heinroth, mit Hinweis übrigens auf den Fall Schmolling (Verfasser ist Anonymus B. H. G.). Noch in den dreißiger Jahren diskutiert man die Fälle Woyzeck und Schmolling. Unter anderen behandeln Heinroth (1832) und Bopp (1836) die Fälle weiter, dieser im Zusammenhang mit dem Fall Dieß. 1838 wird der Rückblick aus dem Jahr 1827 in einem gerichtsmedizinischen Sammelwerk nachgedruckt.

(Vgl. auch Hinderer, S. 187f., Krause, S. 184–198, Bornscheuer, Erläuterungen, S. 58–65.)

Angesichts der Bedeutung, die die juristisch und medizinisch erörterte Frage der Zurechnungsfähigkeit Woyzecks für Büchner besaß, zieht Meier, Woyzeck, eine weitere historische Anregung in Betracht:

»Möglicherweise kommt [...] ein weiterer Kriminalfall als Anregung für die Gestaltung des *Woyzeck* in Betracht, der bislang von der Büchner-Forschung noch nicht berücksichtigt worden ist:

Am 3. Juni 1835 ermordet der 20jährige Bauernsohn Pierre Rivière in Aunay (Normandie) seine Mutter, seine Schwester und seinen Bruder mit einem Beil. Auch an diese Tat schloß sich eine umfangreiche Untersuchung zur Klärung der Zurechnungsfähigkeit [an]. Die dazugehörigen Texte sind 1836 in den *Annales d'hygiène publique et de médicine légale* veröffentlicht worden, so daß sie Büchner durchaus zugänglich waren.« Meier bezieht sich auf die Sammlung von Michel Foucault (Hrsg.): Der Fall Rivière. Materialien zum Verhältnis von Psychiatrie und Strafjustiz. Frankfurt a.M. 1975. Vgl. auch Proß, Kategorie ›Natur‹, der auf diesen wie auf einen weiteren von Foucault in »Wahnsinn und Gesellschaft« berichteten Fall hinweist.

Entstehung

Mit der Niederschrift des ersten Entwurfs wird Büchner vermutlich nicht vor dem Herbst 1836 begonnen haben. Die Arbeitsbelastung war während des unruhigen Straßburger Sommers 1836 durch verschiedene naturwissenschaftliche und philosophische Studien derart groß (vgl. Hinderer, S. 172), daß es unwahrscheinlich ist, Büchner habe mit der Arbeit am »Woyzeck« bereits im Sommer (so Krause, S. 74f.) oder im Frühjahr 1836 (so Benn, S. 221f.) begonnen. Für die Annahme (Beginn Herbst 1836) spricht – angesichts der raschen Produktionsweise Büchners – vor allem die Erwähnung zweier noch nicht fertiggestellter Dramen im Brief an die Familie vom September 1836 (Nr. 59), wozu die Forschung heute neben »Leonce und Lena« das Stück vom Mörder Woyzeck rechnet, sowie eine Äußerung an Minna Jaeglé vom Januar 1837 (Brief Nr. 67), die bezeugt, daß Büchner an eine baldige Fertigstellung des Stückes geglaubt hat. (Auch daher erscheint es übrigens berechtigt, H 4* als Vorläufige Reinschrift zu definieren, vgl. Überlieferung S. 382.)

Ohne im einzelnen auf die Problematik der Entstehungsgeschichte des »Woyzeck« genauer eingehen zu können (vgl. Lehmann, Noten, S. 51–57), sei hier auf einige offenkundige Tendenzen innerhalb der verschiedenen Entstehungsstufen hingewiesen (s. auch »Überlieferung« S. 381ff.):

Büchner schränkt die wechselnde Namengebung der Sprechernamen bei den Hauptfiguren ein und konzentriert sie – typisierend – auf den Fall Woyzeck (H 1: Woyzeck-Louis, Margreth; H 2: Woyzeck-Franz, Louise; H 4: Woyzeck-Franz, Marie). Doch auch H 4 verfährt noch nicht völlig konsequent:

»Im Unterschied zu Bergemann und Winkler neigen wir dazu, das

* Zu den Siglen s. Überlieferung S. 381.

Zusammengehörige im Verhältnis von H 1 und H 2 ungleich stärker zu betonen als das Trennende, das lediglich durch die sich ändernden Namen hinreichend zu begründen wäre. Angesichts der auch sonst häufiger zu beobachtenden Tatsache, daß im Entwurfsstadium die Absicht eines Dichters wechseln kann, sei es nun in der Gestaltungsweise, sei es in bezug auf die Wahl der Gattung, fällt der Wechsel der Namen in ein und derselben Fassung nicht so schwer ins Gewicht, wie bisher angenommen wurde. Selbst in H 4, dem Ansatz zu einer Vorläufigen Reinschrift, verfährt Büchner nicht immer konsequent. Die männliche Hauptfigur wird im Rahmen der dramatis personae wiederholt *Franz* genannt, sonst jedoch in der Regel mit dem Familiennamen *Woyzeck* bezeichnet.« (Lehmann, Noten, S. 52)

Im Zusammenhang mit der veränderten Namengebung werden die Motiv-Übernahmen aus dem historischen Fall Woyzeck deutlicher. Während sich die Mordhandlung des ersten Entwurfs (H 1) mit den Hauptpersonen Louis/Margreth eher an dem Gutachten über den Fall Schmolling orientiert, ist der Einfluß des historischen Falles Woyzeck in der Vorläufigen Reinschrift (H 4) am größten. Krause, S. 164–166, gibt eine Tabelle der Motivübernahmen aus den historischen Mordfällen in die verschiedenen handschriftlichen Entwürfe.

Gleichzeitig verstärken sich während der Ausarbeitung die biblischen Anspielungen (vgl. Krause, S. 204–226) und die Volkslied-Einlagen (vgl. Fink, Volkslied und Verseinlage, S. 443–487). Meier, Woyzeck, verweist auf den Zusammenhang der Fassungen »in der planvollen Verwendung von Volksliedern«, die »gewöhnlich am Anfang der Szenen« stehen und »in verklausulierter Form deren Thematik voraus [nehmen]«.

Lehmann, Noten, S. 52ff., schreibt zur entstehungsgeschichtlichen Abgrenzung der einzelnen Fassungen:

»Wollte man schematisieren – was bei einem so komplexen Text immer problematisch ist –, so ließe sich sagen, daß Büchner in H 1 damit beginnt, den größeren Rahmen der dramatischen Konfliktsituationen zu skizzieren. Hierzu gehören äußere Ereignisse ebenso wie innere Motivationen.«

»Büchner scheint sich in H 1 über [...] Motivkorrespondenzen früher klar geworden zu sein als über die Zeichnung der auftretenden Figuren, die weithin noch gesichts- und namenlos bleiben. Das gilt für die Gestalt des Unteroffiziers ebenso wie für die Gestalt des Barbiers.«

»H 2 mit seinen neun Szenen ist gewissermaßen auf Lücke gearbeitet. Diese Szenengruppe zeigt gleichsam die allmähliche Verfertigung der Gedanken, der Gestalten und der Atmosphärilien beim Schreiben. Es handelt sich, wenn wir es richtig beurteilen, um künstlerisch präzisierende Ergänzungen, Nachträge, Zusätze und variante Erwägungen.«

Am offensichtlichsten aber ist innerhalb der verschiedenen Stufen der Ausarbeitung die Präzisierung und zunehmende Betonung der sozialen Thematik (vgl. Ullman, Sozialkritische Thematik, S. 34ff., und Benn, S. 238ff., 252; dazu S. 382 »Überlieferung«).

»Das Neue, das mit Hilfe der Zusätze in das Dramengefüge hineingebracht wird, ist die Thematik des sozialen Dramas, die in H 1 nur punktuell, beiläufig angedeutet ist. Damit erhält Woyzecks Verlust der Wirklichkeit eine zusätzliche Motivation, die weit über das hinausgeht, was H 1 mit seiner Eifersuchtshandlung erreichen konnte. Dieser sozial- und bewußtseinskritische Zug wird durch die erste Szene des Quartblatts H 3 *(Der Hof des Professors)* noch weiter vorangetrieben und radikalisiert. Woyzecks Paranoia, seine Halluzinationen und Phantasmagorien, seine Selbst- und Weltentfremdung, all das ist nicht *nur,* aber auch das Ergebnis einer planmäßigen, wissenschaftlich kalkulierten Verstümmelung seiner Existenz, die im Gesellschaftlichen ihre Ursache hat [...]. Es kommt Büchner ersichtlich darauf an, die physischen, psychischen und bewußtseinsgeschichtlichen Wirkungen solcher gesellschaftlichen Bedingungen nachzuweisen und mit der Eifersuchts- und Liebestragödie aufs engste zu verbinden.« (Lehmann, Noten, S. 54)

Erstdruck

In: Sämtliche Werke und handschriftlicher Nachlaß. Erste kritische Gesamtausgabe. Eingel. und hg. von Karl Emil Franzos. Frankfurt/Main (J.D. Sauerländer) 1879.

(Vgl. zu den verschiedenen maßgeblichen Editionen die folgenden Hinweise zur Überlieferung sowie das Literaturverzeichnis S. 528f.)

Überlieferung

Handschriften

Von Büchners »Woyzeck« sind drei Handschriften bzw. Überlieferungsträger erhalten (vgl. Lehmann, Noten, S. 38f.; Krause, S. 80f.; Ullman, Textkritische Probleme, S. 258ff.; Kanzog, S. 422ff.):

1. Die sogenannte *Foliofassung* (fünf Bogen im Folioseitenformat mit zusammen dreißig Szenen). Nach Lehmann, ebd., gliedert sich dieser handschriftliche Überlieferungsträger in eine Erste Szenengruppe von 21 Szenen (H 1) und in eine Zweite Szenengruppe von 9 Szenen (H 2). Vgl. die synoptische Tabelle S. 383ff. (Im Prinzip gehen die meisten Editionen auf diese Gliederung zurück. Erheblich unterscheiden sich davon lediglich die Interpretationen von Buch und Bornscheuer. Vgl. die Übersicht über die verschiedenen Gliederungsversuche bei Hinderer, S. 177, sowie seine Szenensynopse der handschriftlichen Entwürfe, S. 184f.).

2. Das sogenannte *Quartblatt* (ein Blatt im Quartformat mit zwei Szenen). Nach Lehmann, Noten, Verstreute Bruchstücke (H 3).

3. Die sogenannte *Quartfassung* (sechs Bogen im Quartseitenformat mit siebzehn Szenen). Nach Lehmann, Noten, Vorläufige Reinschrift (H 4) und notwendige Grundlage für jede Rekonstruktion der Zusammenhänge zwischen den Überlieferungsträgern und Lese- und Bühnenfassungen (gegen Bergemann).

Die Lehmannsche Siglierung und Anordnung gilt mittlerweile als das Grundmodell und somit auch für diese Ausgabe. Von den drei Fassungen enthält die Erste Szenengruppe (H 1, 1–21) einen relativ stringenten Handlungsverlauf (die Geschichte übersteigerter Eifersucht). Die zweite Szenengruppe (H 2, 1–9) ergänzt die erste und liefert »die Ausgestaltung der Grundsituation«. »Entscheidend ist [...], daß eine Veränderung der Dramenkonzeption stattgefunden hat: gegenüber H 1 wird nun in H 2 eine differenziertere Gesellschaftsstruktur ausgeformt. Gehörten in H 1 noch alle Personen zu einer mehr oder weniger diffusen niederen Volksschicht, so tauchen in H 2 auch präzis gezeichnete Vertreter anderer sozialer Schichten auf [...] Von besonderer Bedeutung sind hierbei die Figuren Hauptmann und Doktor, die in zwei (für Büchner recht umfangreichen) Szenen auftreten: sie werden als soziale Typen dargestellt, indem sie Büchner auf ihren Bezug zu Woyzeck reduziert.

In diesem Zusammenhang bleibt Woyzeck nicht das Individuum, das nun einmal an krankhaft übersteigerter Eifersucht leidet: in H 2 wird sein abnormes Verhalten vielmehr als aus seinen Lebensumständen resultierend gezeigt.« (Meier, Woyzeck)

Die Verstreuten Bruchstücke (H 3) konkretisieren die soziale Thematik (Wissenschaftsparodie und Isolation). Auch sprachlich wird dies deutlich: »Auffallend ist auch die Formung von Woyzecks Sprache in dieser Szene (H 3,1): im Gegensatz zu H 2,6 beschränkt sich Woyzeck hier auf ganz wenige, karge Worte. Hieran zeigt sich bereits das bewußte Anpassen der Sprache einer Figur an ihre gesellschaftliche Rolle.« (Meier, Woyzeck, S. 29)

Dies wird in der letzten Fassung (H 4, 1–17) fortgeführt. Sie »verwertet kritisch das Material der Fassungen H 1 und H 2, um neue Szenen bereichert« (Ullman, Textkritische Probleme, S. 258; s. auch S. 380f. zur Entstehung). Die entstehungs- und überlieferungsgeschichtlich interessierte Woyzeck-Forschung, deren zahllose Auseinandersetzungen hier nur angedeutet werden können, ist noch längst nicht abgeschlossen. Einen vorläufigen Abschluß wird der 3. Band der Historisch-kritischen Ausgabe Werner R. Lehmanns bilden. Einigkeit besteht allerdings in der Forschung wenigstens darüber, daß H 4 die »letzte Fassung« oder Vorläufige Reinschrift (Lehmann, Noten, S. 40f.; Kanzog, S. 423) darstellt, die stilistisch und kompositorisch auf die Entwürfe H 1 und H 2 aufbaut. »Die Szenenfolge der Foliofassung (H 1 und H 2) läßt sich weitgehend mit Hilfe der letzten und damit jüngsten Entstehungsstufe, die in der Quartfassung (H 4) vorliegt, verifizieren. Denn Büchner greift für die Quartfassung immer wieder auf die Entwürfe der Foliohandschrift zurück und durchstreicht dort in der Regel alle Szenen, die er für die Quartfassung verwertet hat. Wo die Foliofassung über die Quarthandschrift hinausgeht, läßt sich die Szenenfolge durch paläographische und poetische Indizien sicherstellen.« (Lehmann, Noten, S. 39). Die Hist.-krit. Ausgabe Lehmanns bietet in Band 1, S. 337–406, eine Synopse der handschriftlichen Entwürfe.

Nachstehende Tabelle soll eine Übersicht über die handschriftlichen Fassungen ermöglichen und gleichzeitig deren Beziehungen zueinander verdeutlichen. Ein Sternchen (*) hinter dem Szenentitel signalisiert, daß die betreffende Szene von Büchner gestrichen wurde, »um sich zu vergegenwärtigen, daß er sie für die spätere Quartfassung verwertet hat« (Lehmann, Noten, S. 45). »Wo der handschriftliche Befund Durchstreichung zeigt, die Deutung des Befundes es aber wahrscheinlich macht, daß diese Streichung versehentlich erfolgt ist, wird statt des Sternchens ein kleiner Kreis° hinter den Szenentitel gesetzt.« (ebd.) Die Anordnung der Szenen in der vorliegenden Lese- und Bühnenfassung (S. 160ff.) wird durch Ziffern in runden Klammern gekennzeichnet. – Die sich wandelnde Namensgebung der Hauptfiguren in den einzelnen Szenenfolgen ist durch Kursivierung bzw. kursiven Klammerzusatz kenntlich gemacht.

H 1 (1. Fassung, 1. Szenengruppe)	H 2 (1. Fassung, 2. Szenengruppe)	H 3 (Verstreute Bruchstücke)	H 4 (Vorläufige Reinschrift)
	1. Freies Feld. Die Stadt in der Ferne* *(Woyzeck)*		1. Freies Feld. Die Stadt in der Ferne *(Woyzeck)* (1)
	2. Die Stadt* *(Louise)*		2. *Marie* mit ihrem Kind am Fenster. Margreth (2)
1. Buden. Volk *(Woyzeck)*	3. Öffentlicher Platz. Buden. Lichter		3. Buden. Lichter. Volk (1 1/2 Seiten unbeschrieben) (3)
	4. Handwerksburschen* (vgl. H 4, 11)		
	5. Unteroffizier. Tambourmajor *(Franz)*		
2. Das Innere der Bude (1/4 der Seite unbeschrieben)			
3. *Margreth* allein°			
			4. Marie sitzt, ihr Kind auf dem Schoß, ein Stückchen Spiegel in der Hand (4)
			5. Der Hauptmann. Woyzeck (1/3 der Seite unbeschrieben) (5)
			6. Marie. Tambourmajor (1/3 der Seite unbeschrieben) (6)

H 1 (1. Fassung, 1. Szenengruppe)	H 2 (1. Fassung, 2. Szenengruppe)	H 3 (Verstreute Bruchstücke)	H 4 (Vorläufige Reinschrift)
			7. Marie. Woyzeck (1/5 der Seite unbeschrieben) *(Franz)* (vgl. H 2, 8) (7)
	6. *Woyzeck.* Doktor*		8. *Woyzeck.* Doktor (1/3 der Seite unbeschrieben) (8)
	7. Straße		9. Hauptmann. Doktor (3/4 der Seite unbeschrieben) (9)
4. Der Kasernenhof* *(Louis)*	8. Woyzeck. Louisel* *(Franz)*		10. Die Wachtstube (10)
5. Wirtshaus*			11. Wirtshaus (11)
6. Freies Feld*			12. Freies Feld (12)
7. Ein Zimmer*			13. Nacht (13)
8. Kasernenhof			
9. Der Offizier. Louis°			
10. Ein Wirtshaus*			14. Wirtshaus (14)
11. Das Wirtshaus			
			15. Woyzeck. Der Jude (1/3 der Seite unbeschrieben) (15)
12. Freies Feld			
13. Nacht. Mondschein			
	9. Louisel allein. Gebet (2/3 der Seite unbeschrieben)		16. Marie. Der Narr (16)
			17. Kaserne (17)
		1. Der Hof des Professors (18) *(Woyzeck)*	
14. Margreth mit Mädchen vor der Haustür (19)			
15. Margreth und Louis (20)			
16. Es kommen Leute (21)			
17. Das Wirtshaus (22)			
18. Kinder (25)			
19. Louis allein (23)			
20. Louis an einem Teich (24)			

H 1 (1. Fassung, 1. Szenengruppe)	H 2 (1. Fassung, 2. Szenengruppe)	H 3 (Verstreute Bruchstücke)	H 4 (Vorläufige Reinschrift)
21. Gerichtsdiener. Barbier. Arzt. Richter (26)			
		2. Der Idiot. Das Kind. Woyzeck (27)	

Editionsgeschichte

Ludwig Büchner nahm in die erste Ausgabe (1850) der Werke seines Bruders den »Woyzeck« nicht auf, mit der Begründung, daß die Handschrift mit blasser Tinte geschrieben und kaum zu entziffern sei. Das wenige Lesbare ergebe keinen Zusammenhang. Er verzichte daher auf den Abdruck. *Karl Emil Franzos* machte für seine Edition 1879 die Tinte durch Chemotherapie wieder lesbar. Er druckte den Text jedoch nicht, wie es seine Aussage glauben machen will, originalgetreu ab, sondern ließ nach Gutdünken weg oder dichtete hinzu. Die »Anreihung der Szenen« erfolgte unter ästhetischen, und das heißt hier, unter ganz persönlichen Aspekten, mit dem Ziel, eine les- und spielbare Fassung zu erreichen.

Georg Witkowskis Ausgabe von 1920 stellt die erste wissenschaftliche Auseinandersetzung mit dem Text dar. Spiel- und Lesbarkeit waren für ihn keine Kriterien, sein Ziel war, das Material zu entziffern und eine Szenenfolge für die letzte Entstehungsstufe festzulegen, die er »Ausführung« nennt (dagegen die ersten Stufen »Entwürfe«). Die Entstehungsvarianten werden nicht vollständig kenntlich gemacht, Orthographie und Interpunktion sind willkürlich wiedergegeben.

Fritz Bergemann modernisierte in seiner Ausgabe von 1922 den Text durchgehend. Auch er verzichtete auf eine spielbare Textfassung. Er druckte die Handschrift, die er als letzte Stufe der Entstehung erkannte, im Rahmen der dichterischen Texte ab, alle anderen Überlieferungsträger gab er als »Paralipomena« im textkritischen Apparat.

Nach dieser Ausgabe beginnt das »Fiasko der Woyzeck-Forschung« (Lehmann), der Text wird in seiner authentischen Szenenfolge verändert nach Argumenten normativer Gattungspoetik, entlehnt dem Typus des klassischen Dramas, und nach subjektiven Geschmacksurteilen. In den neueren Ausgaben Bergemanns (ab 1926) setzt der Text – in Abweichung zu seiner Ausgabe von 1922 – mit der Szene »Beim Hauptmann« (H 4, 5) ein. Diese Entscheidung hatte übrigens bereits Franzos getroffen (im Sinne einer ›klassischen‹ Expositionsszene). Darüber hinaus aber wurde auch der Wortlaut der einzelnen Entstehungsstufen ›durcheinandergewürfelt‹; z. B. Vermengung von H 2,1 und 4,1. Zu den verschiedenen Editionen vgl. die Arbeiten von Paulus, Richards, Lehmann, Bornscheuer, Ullman, Kanzog und Knapp.

Die diversen Woyzeck-Editionen teilen sich auch heute noch sozusagen in zwei Lager: Die meisten Ausgaben beruhen »entweder vollständig auf der in vielem überholten Fassung Bergemanns« (Hinderer, S. 181), wie die von Henri Poschmann und Hans Mayer, oder sie stützen sich teilweise darauf, wie die von Meinerts und Müller-Seidel, oder aber sie gehen eigene Wege, wie die von Lehmann, Krause und Bornscheuer.

Die Hist.-krit. Ausgabe Lehmanns bietet den Text in drei Stationen: 1. als Darbietung des Textes (in der chronologischen Folge der Entstehungsstufen), 2. als Befund (als diakritische Synopse, in der die Textmaterialien simultan angeordnet sind) und 3. als Konstruktion, die, an der Vorläufigen Reinschrift ausgerichtet, den Autorintentionen möglichst nahe kommen soll, jedoch an der »Kardinalsünde der Editionstechnik« (Lehmann), an der Kontamination, nicht vorbeikomme; das heißt, es handelt sich hierbei um eine im Sinne der Textkritik nichtauthentische Lese- und Bühnenfassung. Im Rahmen dieser Ausgabe werden die Entstehungsstufen in ihrer chronologischen Folge und dazu die Lese- und Bühnenfassung abgedruckt.

Lese- und Bühnenfassung

Szenensynopse der vier wichtigsten Lese- und Bühnenfassungen (nach Hinderer, S. 182f. – mit freundlicher Genehmigung des Winkler-Verlags)

Bergemann (1958ff.) S. 150–175	Meinerts (1963) S. 176–204	Müller-Seidel (1964) S. 270–315	Lehmann (1968) S. 408–431
1 H. 4,5	1 H 4,1	1 H 4,1	1 H 4,1
2 H 4,1	2 H 4,2	2 H 4,2	2 H 4,2
3 H 4,2 (unter Verwendung von H 2,2)	3 { H 2,3 H 1,1 (zwei Schlußrepliken) H 2,5	3 H 2,3	3 { H 2,3 (die vier ersten Repliken) H 1,1 H 2,5 H 1,2
4 { H 2,3 H 1,1 H 2,5	4 H 1,2	4 H 2,5	4 H 4,4
5 H 1,2	5 { H 1,3 H 4,4	5 H 4,4	5 H 4,5
6 { H 1,3 H 4,4	6 H 4,5	6 H 4,5	6 H 4,6
7 H 4,8	7 H 4,6	7 H 4,6	7 H 4,7
8 H 4,6	8 H 4,8	8 H 4,7	8 H 4,8
9 Kombination aus H 2,7 + H 4,9	9 H 4,7	9 H 4,8	9 { H 4,9 H 2,7 (ein großer Teil)

Bergemann	Meinerts	Müller-Seidel	Lehmann
10 H 4,7 (unter Verwendung eines Teils von H 2,8)	10 H 4,9	10 H 4,9	10 H 4,10
11 H 4,10	11 H 4,11	11 H 2,7 (die letzten drei Repliken)	11 H 4,11
12 H 4,11 (unter Verwendung eines Replikteils aus H 1,5)	12 H 4,11 (unter Verwendung eines Replikteils aus H 1,5)	12 H 4,10	12 H 4,12
13 H 4,12 (unter Verwendung von H 1,6)	13 H 4,12	13 H 4,11 (unter Verwendung eines Replikteils aus H 1,5)	13 H 4,13
14 H 4,13 (unter Verwendung von H 1,7)	14 H 4,13	14 H 4,12	14 H 4,14
15 H 3,1	15 H 3,1	15 H 4,13	15 H 4,15
16 H 1,8	16 H 1,8	16 H 4,14	16 H 4,16
17 H 4,14	17 H 4,14	17 H 4,15	17 H 4,17
18 H 4,15	18 H 4,15	18 H 4,16	18 H 3,1
19 H 4,16	19 H 4,16	19 H 4,17	19 H 1,14
20 H 4,17	20 H 4,17	20 H 1,14	20 H 1,15
21 H 1,14	21 H 1,14	21 { H 1,15 H 1,16	21 H 1,16
22 H 1,15	22 { H 1,15 H 1,16	22 H 1,17	22 H 1,17
23 H 1,17 (1. Liedeinlage aus H 1,10)	23 H 1,17	23 H 1,18	23 H 1,19
24 { H 1,19 H 1,20 H 1,16	24 H 3,2	24 H 1,19	24 H 1,20
	25 H 1,18	25 H 1,20	25 H 1,18
	26 H 1,19	26 H 3,2	26 H 1,21 (die erste Replik)
	27 H 1,20	27 H 1,21 (die erste Replik)	27 H 3,2

Für eine philologisch und auch ästhetisch vertretbare, dem Autorwillen möglichst nahekommende Lese- und Bühnenfassung muß unabdingbar die letzte Niederschrift (H 4) als Vorlage dienen. In deren Anordnung darf nichts verändert werden. Die vorliegende Edition, nach der Ausgabe Lehmanns, geht so vor. Sie orientiert sich nicht am Beispiel der klassischen Dramenform, ebenso nicht an einem vermeintlichen Kausalnexus bei der Herstellung der spielbaren Fassung. Es handelt sich hier um ein Drama der sogenannten offenen Form, dessen

Aufbau zuallererst von der »Koordination der Wort- und Handlungsmotive« (Lehmann, Noten, S. 60; vgl. auch Volker Klotz sowie Meier, Woyzeck) bestimmt wird. Diese Ausrichtung ermöglicht ein begründetes Auffüllen freigelassener Stellen in H 4, wozu die vorhergehenden Entwürfe allerdings herangezogen werden müssen. Als Beispiel sei hier das Verfahren bei der Herstellung der Szene H 4, 3 (Buden. Lichter. Volk) genannt, die Büchner in der letzten Niederschrift des Dramas freigelassen hatte. Die Kontamination erfolgt so:

161, 38–162, 7	=	H 2, 3	=	S. 137,	9–16
162, 8–12	=	H 1, 1	=	126,	2–6
162, 12–24	=	H 2, 3	=	137,	17–29
162, 25–29	=	H 1, 1	=	126,	8–13
162, 30–41	=	H 2, 5	=	138,	33–139, 3
163, 1–25	=	H 1, 2	=	126,	14–127, 2

(Eine überzeugende Deutung der Tatsache, daß Büchner in der Schlußredaktion die kommentierenden Buden-, Lichter-, Volk-Szenen eliminiert hat, gibt Proß, Kategorie ›Natur‹: Büchner wolle die Sprache des Opfers kommentarlos zu Gehör bringen und Entfremdung als authentische Erfahrung zeigen.) Ferner wurde die Szene H 4, 9 (Hauptmann. Doktor) durch H 2, 7 aufgefüllt. »Lehmanns Arrangement folgt, von seiner Herstellung der in H 4 nicht ausgeführten Szene 3 und seiner Kontamination der Szene 9 abgesehen, in punkto Szenenfolge und Wortlaut genau dem Verlauf von Hs. H 4 bis zu deren Ende. Dort schiebt er H 3, 1 ein und folgt dann, ausgenommen seine Umstellung der Szene H 1, 18, dem unkontaminierten Wortlaut von H 1 bis zum Abbruch dieses Textzeugen, wo er dann abermals die isolierte Szene H 3, 2 anschließt. Über die Szenen*folge* bis zu 17 einschließlich läßt sich nicht streiten. Die mit dem Blick auf Kategorien des Dramas der geschlossenen Form angelegten Umstellungen, die Bergemann vorgenommen hatte, erweisen sich hier abermals als überflüssig, von ihrer Legitimität ganz zu schweigen. Die nach Büchners eigener Anordnung hier den Beginn der Lesefassung bildende Szene H 4, 1 ist nicht nur die einzig autorisierte, sondern sie legt auch vom dramentheoretischen Standpunkt aus den Grundton fest: Neben der Einführung des ›Helden‹ wird bereits im Ansatz ein Teil der inneren Motivation sichtbar: der zwangshafte Zustand Woyzecks. Absolut folgerichtig wird dann in der zweiten Szene Marie eingeführt und die Anziehung, die der Tambourmajor auf sie ausübt, angedeutet. Ein notwendiger Kausalnexus, wenn auch nicht in der von Bergemann intendierten Stringenz, entwikkelt sich in den folgenden Szenen bis hin zum Abbrechen von H 4.« (Knapp, Forschungsbericht, S. 71 f.; vgl. auch Lehmann, Noten, S. 55).

Gegen eine Aufnahme der Szene H 3, 1 (Der Hof des Professors) aus den Verstreuten Bruchstücken im Anschluß an H 4, 17 sprachen sich Elema, S. 78, und Paulus, S. 172, aus. Nach Ursula Paulus ist die Figur des Doktors mit der Szene H 4, 9 beendet. Richards, S. 57, greift dieses Argument auf und führt es fort: Die Szene gehöre in die Exposition des

Dramas, hier an dieser Stelle verlangsame sie unnötig den Handlungsablauf und beeinträchtige die »Wirksamkeit des Schlußteils«. Zudem entspreche eine Doppelaufnahme der Doktorfigur nicht der sonstigen Arbeitsökonomie Büchners. Auch diese Argumentation scheint an Kategorien des geschlossenen Dramas entwickelt zu sein, dessen Gesetze nicht für Büchners Drama gelten (vgl. Knapp, Forschungsbericht, S. 72). Lehmann begründet die Plazierung der Szene an dieser Stelle u. a. mit dem überzeugenden Argument, daß sie der schärferen sozialkritischen Akzentuierung des Dramas Rechnung trägt, die sich im Verlauf der Entstehungsgeschichte auch an zahlreichen anderen Indizien ablesen lasse (vgl. »Entstehung« S. 380).

Die Plazierung der Szene H 3, 2 (Der Idiot. Das Kind. Woyzeck) am Schluß der Lesefassung ist auf heftige Kritik gestoßen; vgl. Richards, S. 55 ff. – H 1 bietet keinerlei Hinweis auf einen von Büchner geplanten Fortgang der Handlung, H 4, 17 (Woyzecks Testament) jedoch läßt auf eine Fortsetzung schließen, die Woyzecks Ende in irgendeiner Weise darstellen sollte. Neben anderen Möglichkeiten, diese Szene zu plazieren oder fortzulassen, die hier nicht referiert zu werden brauchen, wählt Lehmann die wahrscheinlichste: H 3, 2 fügt sich in die Linie der Teich-Szene (H 1, 20) und der Gerichtsdiener-Szene (1, 21) und kann daher als Schlußszene beibehalten werden. Der Abzählvers »Der is in's Wasser gefallen« nimmt H 1, 20 wieder auf, darüber hinaus führt sie zu einer gewissen Auflösung der ›Kind-Handlung‹ des Dramas (vgl. Paulus, S. 243) und bringt das Motiv der Isolation, »das im ganzen dramatischen Konzept sich zusehends verdichtet« (Knapp, Forschungsbericht, S. 74), hier zum einzig konsequenten Abschluß. »Vom Standpunkt einer von außen an das Fragment herangetragenen Ordnung, die die darin vorgegebene Substanz nachvollziehend erfassen möchte, stellt die Szene H 3, 2 nicht nur einen notwendigen Bestandteil des Werks dar, sondern auch die gegebene Schlußszene. Nicht nur erlaubt die Schlußposition ein Beibehalten der Szenenfolge von H 1, sondern sie spitzt die innere Konsequenz der Figur Woyzeck auf eine einzigartige Weise zu, die dann einen dramaturgisch ›offenen‹, vom Gesichtspunkt der inneren, persönlichen Tragik Woyzecks aber endgültig ›geschlossenen‹ Schluß zuläßt.« (Knapp, ebd.; vgl. auch Elema, S. 173).

In der hier vorgelegten Bühnenfassung ist ferner die Reihenfolge der Szenen H 1, 17, 18, 19, 20 verändert in H 1, 17, 19, 20, 18. Lehmann, Repliken, S. 83, betont, daß dadurch die Evidenz des Geschehens plastischer werde. Die Szenen 17, 19, 20 spielen abends bzw. um Mitternacht. »Durch die Umstellung glaubt Lehmann, und sicherlich zu Recht, die *Kinder*-Szene dem Temporalnexus der *Gerichtsdiener*-Szene anzunähern, so daß beides etwa ›irgendwann zur Morgenzeit‹ anzusetzen ist.« (Knapp, Forschungsbericht, S. 74). Richards, S. 57, hält diese Umstellung für problematisch, und Knapp, Forschungsbericht, S. 75, gibt zu bedenken, ob nicht, da eine Schwächung der Schlußgruppierung durch diese Umstellung einträte, die Szenenanordnung wieder gemäß dem Textzeugen hergestellt werden sollte. Doch scheint hier die

Anordnung nach der Handlungszeit angemessen, zumal Lehmann, Repliken, S. 83, textkritische Befunde für die Unsicherheit der Szenenfolge H 1, 18–20 bereits durch Büchner selbst beibringt.

Quellen

Folgendes Quellenmaterial (vgl. auch »Historischer Hintergrund« S. 375 ff.) ist zu den drei Fällen erhalten:

1. *Fall Schmolling*

Horn-Gutachten: Gutachten über den Gemütszustand des Tobacksspinnergesellen Daniel Schmolling, welcher den 25. September 1817 seine Geliebte tötete. In: Archiv für medizinische Erfahrung im Gebiete der praktischen Medizin und Staatsarzneikunde. Hg. von Dr. *Horn* in Berlin, Dr. *Nasse* in Bonn und Dr. *Henke* in Erlangen. Jg. 1820 (März/April) Berlin 1820, S. 292–367.

Bode-Verteidigungsschrift, in: Verteidigungsschrift zweiter Instanz für den Tabacksspinnergesellen Daniel Schmolling welcher seine Geliebte ohne eine erkennbare Causa facinoris ermordete. Ein Beitrag zur Lehre von der Zurechnungsfähigkeit. In: Zeitschrift für die Kriminal-Rechts-Pflege in den Preußischen Staaten mit Ausschluß der Rheinprovinzen ... Hg. von Julius Eduard Hitzig. Bd. 1, Heft 2. Berlin 1825, S. 319–349.

Gerichtsakte Schmolling: Auszüge aus: Ausführung der Kriminaldeputation des Stadt-Gerichts; Ausführung des Kriminal-Senats des Kammer-Gerichts; Ausführung des Ober-Appellations-Senats des Kammergerichts, gedruckt in: Zeitschrift für Kriminal-Rechts-Pflege (s. o.), S. 263–319, 349–367 (darin: Schmolling über sich selbst; Gutachten von Merzdorff und E. T. A. Hoffmann).

Hitzig-Untersuchung: Bemerkungen zu dem vorstehenden Fall, gedruckt in: Zeitschrift für Kriminal-Rechts-Pflege (s. o.), S. 261–263, 367–376.

2. *Fall Dieß*

Bopp-Bericht: Zurechenbarkeit oder nicht? Aktenstücke und Verhandlungen. Mitgeteilt von Advokat *Bopp* in Darmstadt. In: Zeitschrift für die Staatsarzneikunde. Hg. von Adolph Henke, 16. Jg., 1836, 2. Vierteljahrheft. Erlangen 1836, S. 378–398 (Nachwort des Herausgebers Henke S. 398 f.).

3. *Fall Woyzeck*

Früheres Gutachten des Herrn Hofrat Dr. *Clarus* über den Gemütszustand des Mörders Joh. Christ. Woyzeck, erstattet am 16. Sept. 1821. Nebst einem Vorworte des Herausgebers. In: Zeitschrift für die Staatsarzneikunde. Hg. von Adolph Henke, 5. Ergänzungsheft. Erlangen 1826, S. 129–149 (*Erstes Clarus-Gutachten*; s. S. 413–415).

Die Zurechnungsfähigkeit des Mörders Johann Christian Woyzeck, nach Grundsätzen der Staatsarzneikunde aktenmäßig erwiesen von Dr. Johann Christian August *Clarus* ... In: Zeitschrift für die Staatsarzneikunde. Hg. von Adolph Henke ..., 4. Ergänzungsheft. Erlangen 1825, S. 1–97 (*Zweites Clarus-Gutachten*; s. S. 392–412).

Dr. C. M. *Marc*, War der am 27ten August 1824 in Leipzig hingerichtete Mörder Johann Christian Woyzeck zurechnungsfähig? Enthaltend eine Beleuchtung der Schrift des Herrn Hofrat Dr. Clarus »Die Zurechnungsfähigkeit des Mörders Johann Christian Woyzeck ...« Bamberg 1825.

D. Johann Christian August *Heinroth*, Über die gegen das Gutachten des Herrn Hofrat D. Clarus von Herrn Dr. C. M. Marc in Bamberg abgefaßte Schrift: War der am 27. August 1824 zu Leipzig hingerichtete Mörder J. C. Woyzeck zurechnungsfähig?, Leipzig 1825.

B. H. (G): Über die Zurechnungsfähigkeit des Mörders Johann Christian Woyzeck. Zusammenstellung und Beleuchtung der hierwegen von drei angesehenen Ärzten erschienenen Schriften. In: Zeitschrift für die Zivil- und Kriminal-Rechtspflege im Königreiche Hannover. Hg. von (S.) P. Gans, 1. Bd., Hannover 1827, S. 126ff.; abgedruckt in: C. H. Richter (Hrsg.), Ausgewählte Abhandlungen und Gutachten aus dem Gebiete der gerichtlichen Medizin, Stuttgart 1838, S. 408–432.

Büchner arbeitete (nicht nur im »Woyzeck«, sondern grundsätzlich) mit einer Fülle von teils direkten, teils kryptischen Zitaten. Diese werden, soweit nötig, in den Anmerkungen nachgewiesen. Hier seien, als indirekte Quellen, die wichtigsten literarischen Bezugsorte genannt:

Die Bibel oder die gantze Heilige Schrift des Alten und Neuen Testaments nach der deutschen Übersetzung D. Martin Luthers.

Gottlieb Conrad Pfeffel, Poetische Versuche. Dritter Teil. 4. Auflage, Tübingen 1803.

Des Knaben Wunderhorn. Alte deutsche Lieder, gesammelt von L. Achim von Arnim und Clemens Brentano, Heidelberg 1806–1808.

Kinder- und Hausmärchen, gesammelt durch die Brüder Grimm, Berlin 1812–1815.

Elsässisches Volksbüchlein. Kinder- und Volksliedchen, Spielreime, Sprüche und Mährchen, herausgegeben von August Stöber, Straßburg 1842 (zweite, stark vermehrte Auflage unter leicht verändertem Titel, Mühlhausen 1859).

Deutscher Liederhort. Auswahl der vorzüglicheren Deutschen Volkslieder, nach Wort und Weise aus der Vorzeit und Gegenwart gesammelt und erläutert von Ludwig Erk ..., neubearbeitet und fortgesetzt von Franz M. Böhme. 3 Bde., Leipzig 1893f.

Als Material zur Analyse von Büchners Figuren kommt in Betracht:

Auguste Comte, Die Lehre von den drei Zuständen. In: A. C., Plan der wissenschaftlichen Arbeiten, die für eine Reform der Gesellschaft notwendig sind. 1822 (Neuausgabe: München 1973). Vgl. auch Meier, Woyzeck, sowie Proß, Kategorie ›Natur‹, und Proß, Naturgeschichtliches Gesetz.

Die Clarus-Gutachten zum Fall Woyzeck (in Auszügen) als Hauptquelle Büchners

(Zu den weltanschaulichen Voraussetzungen des medizinischen Erkenntnisinteresses vgl. Meier, Woyzeck.)

Zweites Clarus-Gutachten*

Die Zurechnungsfähigkeit des Mörders Johann Christian Woyzeck, nach Grundsätzen der Staatsarzneikunde aktenmäßig erwiesen
von Dr. Johann Christian August Clarus

Am 21. Juni des Jahres 1821, Abends um halbzehn Uhr, brachte der Friseur *Johann Christian Woyzeck*, ein und vierzig Jahr alt, der sechs und vierzig jährigen Witwe des verstorbenen Chirurgus *Woost, Johannen, Christianen*, gebornen *Otto'in* in dem Hausgange ihrer Wohnung auf der Sandgasse, mit einer abgebrochnen Degenklinge, an welche er desselben Nachmittags einen Griff hatte befestigen lassen, sieben Wunden bei, an denen sie nach wenigen Minuten ihren Geist aufgab, und unter denen eine penetrierende Brustwunde, welche die erste Zwischenrippenschlagader zerschnitten, beide Säcke des Brustfelles durchdrungen, und den niedersteigenden Teil der Aorta, an einem der Kunsthülfe völlig unzugänglichen Orte, durchbohrt hatte, bei der am folgenden Tage unternommenen gerichtlichen Sektion, so wie in dem darüber ausgefertigten Physikatsgutachten (den 2. Juli 1821), für *unbedingt* und *absolut tödlich* erachtet wurde.

Der Mörder wurde gleich nach vollbrachter Tat ergriffen, bekannte selbige sofort unumwunden, rekognoszierte vor dem Anfange der gerichtlichen Sektion, sowohl das bei ihm gefundene Mordinstrument, als den Leichnam der Ermordeten, und bestätigte die Aussagen der abgehörten Zeugen, so wie seine eigenen, nach allen Umständen bei den summarischen Vernehmungen und im artikulierten Verhöre.

Nachdem bereits die erste Verteidigungsschrift eingereicht worden war (den 16. August 1821), fand sich der Verteidiger, durch eine in auswärtigen öffentlichen Blättern verbreitete Nachricht, daß *Woyzeck* früher mit periodischem Wahnsinn behaftet gewesen, bewogen, auf eine gerichtsärztliche Untersuchung seines Gemütszustandes anzutragen (am 23. August 1821).

In den dieserhalb mit dem Inquisiten gepflogenen fünf Unterredungen (am 26., 28. und 29. August; und am 3. und 14. September), führte derselbe zwar an, daß er sich schon seit seinem dreißigsten Jahre zuweilen in einem Zustande von Gedankenlosigkeit befunden, und daß ihm, bei einer solchen Gelegenheit einmal Jemand gesagt habe: *du bist verrückt und weißt es nicht*, zeigte aber in seinen Reden und Antworten, ohne alle Ausnahme, Aufmerksamkeit, Besonnenheit, Überlegung, schnelles Auffassen, richtiges Urteil und ein sehr treues Gedächtnis, dabei aber weder Tücke und Bosheit, noch leidenschaftliche Reizbarkeit oder Vorherrschen irgend einer Leidenschaft oder Einbildung, desto mehr aber moralische Verwilderung, Abstumpfung gegen natürliche Gefühle, und rohe Gleichgültigkeit, in Rücksicht auf Gegenwart und Zukunft. – Mangel an äußerer und innerer Haltung, kalter Mißmut, Verdruß über sich selbst, Scheu vor dem Blick in sein Inneres, Mangel an Kraft und Willen sich zu erheben, Bewußtsein der Schuld, ohne die Regung, sie durch Darstellung seiner Bewegungsgründe, oder durch irgend einen Vorwand zu vermindern und zu beschönigen, aber auch ohne

* Das zweite Gutachten wurde zuerst veröffentlicht, es ist daher hier vorangestellt.

sonderliche Reue, ohne Unruhe und Gewissensangst, und gefühlloses Erwarten des Ausganges seines Schicksals waren die Züge, welche seinen *damaligen* Gemütszustand bezeichneten. – Unter diesen Umständen fiel das von mir abgefaßte gerichtsärztliche Gutachten (den 16. Sept. 1821) dahin aus, daß:

1) der von dem Inquisiten (rücksichtlich seiner Gedankenlosigkeit u.s.w.) angeführte Umstand, obgleich zur gesetzmäßigen Vollständigkeit der Untersuchung gehörend, dennoch, weil er vor der Hand noch bloß auf der eigenen Aussage des Inquisiten beruhe, bei der *gegenwärtigen* Begutachtung nicht zu berücksichtigen, und *dieserhalb weitere Bestätigung abzuwarten sei;*

2) die über die gegenwärtige körperliche und geistige Verfassung des Inquisiten angestellten Beobachtungen kein Merkmal an die Hand gäben, welches auf das Dasein eines kranken, die freie Selbstbestimmung und die Zurechnungsfähigkeit aufhebenden Seelenzustandes zu schließen berechtige.

[...]

Nachdem zufolge allerhöchsten Reskripts vom 9. November vorigen Jahres von Einem Hochlöblichen Königlich Sächsischen Kriminalgerichte allhier mir Endesunterschriebenen am 8. Januar dieses Jahres die Woyzeck'schen Akten anderweit zur Begutachtung vorgelegt worden sind, habe ich nicht nur der Durchsicht derselben mich sofort mit aller, der Wichtigkeit des Gegenstandes schuldigen Sorgfalt und Aufmerksamkeit unterzogen, sondern auch, in Rücksicht auf mehrere, neuerdings aktenkundig gewordene Umstände, die mir, aus ärztlich-psychologischem Gesichtspunkte betrachtet, noch eine genauere Erörterung zu erfordern schienen, den Inquisiten *Woyzeck,* nach mündlich eingeholter Genehmigung des Gerichtes, nochmals zu fünf verschiedenen Malen, nämlich am 12., 26., 29. und 31. Januar und am 21. Februar 1823, und zwar das letztemal vorzüglich in der Absicht, um die wichtigsten Resultate der frühern Unterredungen einer nochmaligen Prüfung zu unterwerfen, jedesmal anderthalb bis 2 Stunden lang, aufs genaueste exploriert, und dabei nachstehendes ersehen und beobachtet.

I. Bei Durchsicht der Akten

Der Inquisit *Woyzeck* stammt von durchaus rechtschaffenen Eltern, die ihren gesunden Verstand bis an ihr Ende behalten, und nie eine Spur von Tiefsinn oder Verstandeszerrüttung gezeigt haben [...] Nachdem er in seinem achten Jahre seiner Mutter, und im dreizehnten Jahre seines Vaters, der sich zwar um seine Erziehung wenig bekümmert, ihn aber nicht hart behandelt, und für seinen Unterricht in der Freischule auf eine, seinem Stande und seinem Vermögen angemessene Weise gesorgt hatte, durch den Tod beraubt worden, hat er die Perückenmacherprofession erlernt, und hierbei zwar seinen ersten Lehrherrn aus eigenem Antriebe verlassen, sich aber nach dem Zeugnisse von Personen, welche ihn damals gekannt haben, bis zu seinem achtzehnten Jahre, wo er sich auf die Wanderschaft begeben, jederzeit sehr gut, ruhig und verständig betragen, und niemals eine Spur von Verstandesverwirrung oder Tiefsinn an sich blicken lassen. Nach sechsjährigen Reisen, auf denen er in Wurzen, Berlin, Breslau, Teplitz und Wittenberg bald als Friseur, bald als Bedienter, konditioniert hat, von welchem Zeitraume aber über seine Aufführung und Gemütsverfassung keine Nachrichten bei den Akten befindlich sind, ist er nach Leipzig zurückgekehrt und hat hier, in Ermanglung anderer Beschäftigung, eine Zeitlang Kupferstiche illuminiert, hierauf im Magazine gearbeitet, und zuletzt wieder eine Bedientenstelle bei dem Kammerrat *Honig* in Barneck angenommen. Während dieser Zeit hat er sich, nach dem Zeugnisse des damaligen Kutschers *Heuß,* der mit ihm täglich zusammen gewesen ist, sehr gut, gesetzt und fleißig betragen, keine Veranlassung zu

Klagen gegeben, und keine Spur von Tiefsinn oder Verstandesverrückung an sich bemerken lassen. Ebenso bezeugt die Traugottin, damals Schindelin, mit der er bei dem Wattenmacher Richter zusammengewohnt und Umgang gehabt hat, daß er heitern Gemüts, nicht zänkisch und streitsüchtig, sondern vielmehr recht ruhig, bescheiden und verständig gewesen sei. Da aber diese Person späterhin, als sie bei dem M. Buschendorf in Diensten gewesen, seine Bewerbungen, um derentwillen er fast täglich von Barneck hereingekommen ist, und ihr teils in der Allee, teils im Hause aufgelauert hat, nicht mehr annehmen wollen, hat er ihr nicht nur (nach der von ihr beschwornen Aussage) einstmals in der Feuerkugel mit den Worten: Höre, Kanaille, du willst mir untreu werden, mehrere Schläge an den Kopf gegeben, weshalb sie ihn auf dem Rathause denunziert hat, sondern auch bald darauf Abends zwischen zehn und eilf Uhr an die Tür ihrer Wohnung in Englers Hause geklopft, und als sie geöffnet, ihr, da sie bloß mit einem Mantel bekleidet gewesen, an die Brust gegriffen, sie auf den Hof zu ziehen gesucht, und ihr dabei (nach ihrer Aussage) mit einem großen Mauersteine, nach seinem Eingeständnisse aber mit der Faust, in der er einen Schlüssel gehabt und in der Absicht ihr eins zu versetzen, oder ihr ein Andenken zu hinterlassen und mit den Worten: Luder, du mußt sterben, zwei Schläge auf den Kopf gegeben und ihr eine Wunde von der Größe eines Kupferdreiers beigebracht, hierauf aber sich entfernt und am folgenden Tage in Gesellschaft seines Stiefbruders Richter, jedoch ohne diesem zu sagen, daß es der Schindelin wegen geschehe, auch ohne daß dieser die geringste Spur von Verstandesverrückung an ihm wahrgenommen hat, Leipzig verlassen. Nach einer mit Richtern über Berlin bis Posen gemachten zehnwöchentlichen Reise, ist er im Jahr 1806 nach der Schlacht bei Jena zu Grabow im Mecklenburgischen in Holländische, sodann, nachdem er am 7. April 1807 vor Stralsund von den Schweden gefangen und nach Stockholm transportiert worden, in Schwedische, hierauf als nach dem Feldzuge in Finnland und der Entthronung Gustavs IV. sein Regiment nach Stralsund versetzt und allda von den Franzosen entwaffnet worden, in Mecklenburgische, nach dem Feldzuge in Rußland durch Desertion wieder in Schwedische und zuletzt nach der Abtretung von Schwedisch-Pommern, in Preußische Kriegsdienste getreten, aus denen er im Jahr 1818 seinen Abschied erhalten hat. Über seine Aufführung und seinen Gemütszustand während dieses Zeitraums von 12 Jahren sind keine Zeugnisse bei den Akten vorhanden, er selbst aber versicherte bei den Unterredungen, welche ich im Monat August 1821 mit ihm gehabt und in denen ich ihn aufs genaueste nach allen seinen Lebensumständen gefragt habe, daß er es überall sehr gut gehabt, sich zur Zufriedenheit seiner Obern aufgeführt, sich nicht in Duelle und Schlägereien eingelassen, noch weniger aber heimlichen Groll genährt, Vergnügungen und Zerstreuungen nicht sonderlich geliebt, sich am liebsten in seinen Nebenstunden mit Versuchen in allerlei mechanischen Arbeiten, z.B. mit Erlernung der Papp- und Schneiderarbeit beschäftigt, und den Umgang mit dem weiblichen Geschlecht zwar nicht gesucht, aber auch die Gelegenheit dazu nicht verschmäht, sich aber immer mehr zu einer Person gehalten habe, wobei es ihm ziemlich gleichgültig gewesen sei, ob diese mit mehreren zu tun gehabt, oder nicht. Ausführlicher, und diesen frühern Aussagen zum Teil widersprechend, gibt er bei seinen neuen Vernehmungen an, daß er im Jahre 1810 Umgang mit einer ledigen Weibsperson, der *Wienbergin*, gehabt, mit dieser ein Kind gezeugt, während der Zeit, als er bei den Mecklenburgischen Truppen gestanden, auf die Nachricht, daß sich diese Person unterdessen mit andern abgebe, zuerst eine Veränderung in seinem Gemütszustande bemerkt, dieserhalb sich wieder zu den Schweden begeben, und den frühern Umgang mit ihr fortgesetzt habe. Diese Veränderung habe sich dadurch geäußert, daß er ganz still geworden und von seinen Kameraden deshalb oft vexiert worden sei, ohne sich ändern zu können, so daß er, ob er gleich seine Gedanken möglichst auf das zu richten gesucht, was er gerade vorgehabt, es nichts destoweniger verkehrt gemacht habe, weil ihm zuweilen auf halbe Stunden lang, oft auch nur kürzere Zeit, *die Gedanken vergangen seien.* Mit dieser Gedankenlosigkeit habe sich späterhin, in Stettin, ein Groll gegen einzelne Personen verbunden, so daß er, gegen alle Menschen überhaupt erbittert, sich von ihnen zurückgezogen habe und deswegen oft ins Freie gelaufen sei. Überdies habe er beunruhigende Träume von Freimaurern gehabt und sie mit seinen Begegnissen in Beziehung gebracht. Als er eines Nachmittags mit seinen Kameraden in einer Stube gewesen, habe er Fußtritte vor derselben gehört, ohne diesfalls etwas entdecken zu können, und es für einen Geist gehalten, weil ihm einige Tage vorher von einem solchen geträumt habe. Seine Unruhe habe fortgedauert, als er von Stettin nach Schweidnitz und Graudenz in Garnison gekommen sei, und er habe, als ihm ein Traum die Erkennungszeichen der Freimaurer offenbart, geglaubt, daß ihm diese Wissenschaft gefährlich werden könne, und daß er von den Freimaurern verfolgt werde. Auch habe er am letztern Orte einmal des Abends am Schloßberge eine Erscheinung gehabt und Glockengeläute gehört, ein andermal aber habe ihm des Nachts auf dem Kirchhofe jemand, den er nicht gewahren können, mit barscher Stimme einen guten Morgen geboten.

Nach seiner Zurückkunft hieher im Dezember 1818 hat er bis zur Ausführung der Mordtat, nach und nach folgende Wohnungen und Beschäftigungen gehabt und dabei, seinem Anführen nach, folgende Begegnisse erlebt:

1) *bei Steinbrücken,* wohin ihn die *Woostin* gebracht, ihn dort für ihren Liebsten ausgegeben und den Mietzins für ihn bezahlt, und wo er, weil er kein Verdienst und Beschäftigung gehabt, von Unterstützungen gelebt hat. Er selbst sagt im Allgemeinen, daß sein Zustand und seine Idee von Verfolgung durch Freimaurer hier fortgedauert und daß ihm das *Herz manchmal sehr stark geschlagen habe.* Aus dem Zeugnisse der Steinbrückin ist zu ersehen, daß er sich damals gut betragen und zuweilen in Büchern gelesen, jedoch (mit Unwahrheit) behauptet habe, daß er Papparbeit verfertige und seinem Stiefvater *Richter* helfe.

Nach einem Aufenthalt von 6 Wochen ist er

2) zu dem Juden *Samson Schwabe* in Dessau gekommen, den er in einer Krankheit gewartet hat und bei dem er wiederum 6–7 Wochen geblieben ist. Dieser versichert, daß er, wenn er nicht betrunken gewesen, sich gut und sehr vernünftig betragen und nie Ursache gegeben habe, an seinen gesunden Verstandeskräften zu zweifeln, daß er aber den Trunk in hohem Grade geliebt habe, und daß die gegen ihn, als er ihm in einer solchen Periode hoher Trunkenheit alles verkehrt gemacht habe, gebrauchte Äußerung: Kerl, du bist verrückt und weißt es nicht; sich bloß auf seinen trunkenen Zustand, keineswegs auf eigentliche Verstandeszerrüttung beziehe.

3) Vom Februar 1819 bis zu Johannis 1820 bei der Stiefmutter der *Woostin,* der Witwe *Knoblochin* in dem Hause des Gelbgießers *Warnecke,* in welchem dessen Pachter *Jordan* eine Schenkwirtschaft treibt; wo er bald auf den Wollboden des Herrn Knobloch gearbeitet, bald auf Empfehlung der Knoblochin bei dem Buchbinder *Wehner* in Volkmarsdorf Papparbeit gemacht, bald für den Buchhändler *Klein* illuminiert, auch während dieser Zeit dem Buchhalter Herrn *Lang* und dem Hrn. M. *Gebhard,* ingleichen während der Messe den Fremden *Benedix* bedient hat. Nach dem Zeugnisse dieser Person und namentlich *Warneckes, Jordans, Wehners,* Hrn. *Langs* und Hrn. M. *Gebhards* hat er sich auch in dieser Zeit sehr verständig, still und bescheiden betragen, die ihm erteilten Aufträge zu ihrer Zufriedenheit besorgt, auch keine Merkmale von Tiefsinn oder Verstandesverrückung, und überhaupt nichts auffallendes in seinem Benehmen blicken lassen. Mehrere derselben, nämlich Warnecke und Wehner, haben be-

merkt, daß er den Branntwein geliebt und manchmal zu viel getrunken habe, auch hat die Knoblochin darüber gegen Jordan geklagt.

Letztere sagt übrigens, daß *Woyzeck* mit ihrer Tochter Umgang gehabt, aber wegen ihres häufigen Umganges mit Soldaten Eifersucht gefaßt, die *Woostin* mehreremale gemißhandelt und so viel Lärm und Unruhe gemacht habe, daß sie ihm auf Warneckes Verlangen das Logis aufsagen müssen. Den Vorfall, der hierzu Veranlassung gegeben hat, erzählt Warnecke folgendermaßen: Er, Warnecke, habe einstmals zu Woyzecken in der Jordanschen Schenkwirtschaft gesag: Hier, *Woyzeck,* Mordhahn, willst du ein Glas Schnaps trinken? Woyzeck aber ihm hierauf eine pöbelhafte Antwort gegeben, und als er selbst sich hierauf bestürzt gegen Jordan gewendet, mit den Worten: der Kerl pfeift dunkelblau, sich entfernt. Als nun hierauf Warnecke der Knoblochin habe sagen lassen, sie müsse ausziehen, wenn sie Woyzeck nicht fortschaffe, habe ihm dieser, ehe noch solches geschehen, mehrere Briefe und in einem derselben die (gereimten) Worte geschrieben: Der Sachse bietet Frieden dem türkischen Sultan an, er ist doch nicht zufrieden, wenn er nicht prügeln kann. – Als nun Warnecke, bei Lesung dieses Briefes, gesagt: Nun kriegt der Kerl Prügel, wenn er wieder kommt, habe Woyzeck, der den Brief selbst gebracht und, in der Küche stehend, diese Worte gehört habe, erwidert: da lauert er eben drauf, worauf Warnecke ihm einige Hiebe gegeben, und jener nach deren Empfang gesagt habe: das ist rechtschaffen gedacht, nun sind wir quitt, Wurst wider Wurst! Über diesen Auftritt, bei dem nach Warneckes Vermutung Woyzeck etwas betrunken gewesen sein soll, was jedoch Jordan unwahrscheinlich findet, äußert sich Woyzeck, er habe geglaubt, Warnecke wolle ihn für den Narren halten. Da nun dessenungeachtet Woyzeck von der Knoblochin ausziehen müssen, hat er sich abermals

4) *bei der Steinbrückin* 14 Tage lang aufgehalten, und dabei verwogen und, weil er keine Arbeit gehabt, tiefsinnig und betrübt ausgesehen, die Mütze tief ins Gesicht gerückt, als ob er sich schäme, und als er, auf Erinnern den Mietzins nicht bezahlen können, sogleich seine Effekten zusammen gepackt und sich

5) *zu dem Zeitungsträger Haase* begeben, wo er von Johannis bis einige Wochen vor Michaelis 1820 in einer Dachkammer am Tage bei einer Lampe gearbeitet und des Nachts geschlafen, sich mit Papparbeiten beschäftiget und nebenbei den Hrn. Lang und Herrn M. Gebhard zu bedienen gehabt hat, welches jedoch, wenigstens was den letztern betrifft, schwerlich richtig sein kann, da dieser angibt, daß er ihn schon zu Pfingsten dieses Jahres verabschiedet habe. In dieser Kammer, behauptet er, bei Tage und in der Nacht, vielfältig gestört worden zu sein. Er habe es hören sprechen, obgleich niemand in der Nähe geschlafen. Manchmal habe es auf dem Deckbette getappt, und wenn er darnach gegriffen, weil er es für Ratten oder Mäuse gehalten, habe er nichts gefunden. Einmal als er Abends nach 10 Uhr nach seiner Kammer habe gehen wollen, habe er es in seiner Nähe stark knistern und deutlich eine Stimme sprechen hören: *O, komm doch!* Er sei darüber sehr heftig erschrocken und deswegen herunter zum Wirt, dieser aber mit einer Laterne in die Kammer gegangen, ohne etwas zu bemerken. Weil er sich sehr gefürchtet daselbst zu schlafen, habe er auf seinen Betten drei Nächte in des Wirtes Stube zugebracht, und als er nachher wieder bis zu seinem Wegzuge in derselben Kammer geschlafen, es zwar nicht wieder laut, aber wohl leise immer allerhand sprechen hören. Zu derselben Zeit sei es ihm gewesen, als ob sein Herz mit einer Nadel berührt würde und er habe die dabei empfundenen Beunruhigungen dem Teufel zugeschrieben, und von ihm geglaubt, daß er ihm, als er gebetet, die Worte zugerufen habe: Da hast du den lieben Gott. Von diesen Ereignissen durch den Zeitungsträger Haase *am Tage nach der Mordtat* unterrichtet, hat Herr Dr. Bergk Veranlassung genommen, eine Nachricht über den

Gemütszustand des Inquisiten im Allgemeinen, in den Nürnberger Korrespondenten einrücken zu lassen (welche den Verteidiger zuerst veranlaßt zu haben scheint, auf Exploration des Gemütszustandes des Inquisiten anzutragen), späterhin aber, nachdem schon der Tag der Hinrichtung bestimmt gewesen, den Verteidiger in nähere Kenntnis von Haasens Erzählungen zu setzen, namentlich, daß sich Woyzeck in der Stube herumgewälzt, sich für verloren erklärt und Handlungen, welche Verstandesverwirrung verraten, vorgenommen habe. Haase und seine Frau modifizieren diese Erzählung dahin, daß sie, außer den bereits erwähnten Vorfällen, in seinen Reden und Handlungen nichts Ungereimtes bemerkt haben, und auch davon, daß er sich auf den Dielen herum gewälzt und gerufen habe: ich bin verloren, nichts wissen wollen, jedoch angeben, daß er in den heißen Monaten Juni und Juli 1820 mehrmals des Nachts von seiner Kammer herunter in ihre Stube gekommen sei, unter dem Vorgeben, es leide ihn nicht oben, es spuke in seiner Kammer, es zupfe am Deckbette und rufe ihn, weshalb er mehrere Nächte hintereinander in ihrer Stube zugebracht, nachher aber unausgesetzt, bis zu seinem Wegziehen, wieder in der Kammer geschlafen habe, aber in diesem Zeitraume von ohngefähr drei Wochen auch am Tage, unter dem Vorgeben, daß es ihm keine Ruhe lasse, nicht zu Hause geblieben sei. An einem der oben gedachten Abende hat er, nach der Haasin Aussage, mit stieren Augen vor sich hingesehen, aber keine besondere Gemütsunruhe verraten. Ein andermal aber hat sie ihn des Abends um 11 Uhr die Treppe sehen herunter kommen und wieder hinaufsteigen und dieses mehrmals wiederholen, wobei er das erstemal: Da kommt's, da kommt's! gerufen haben und noch einige Stunden auf dem Gange herumgelaufen sein soll. Übrigens stimmen beide Eheleute darin überein, daß Woyzeck gesagt habe, es bedeute seinen Tod, jedoch mit dem Beifügen, daß er gewöhnlich alle Jahre im Sommer dergleichen Zufälle gehabt habe, und daß es ihm schon beim Militär öfters gewesen sei, als ob er bei seinem Namen gerufen werde; beide aber weichen darin von einander ab, daß Haase versichert, Woyzeck habe, wenn er des Nachts und auch einmal, als er am Tage heruntergekommen sei zu ihm und seiner Frau die Worte gesagt: Aufs Deckbette, aufs Deckbette! während die Haasin behauptet, er habe ihr bloß erzählt, daß in seiner Kammer zwei Personen miteinander sprächen, von denen die eine immer diese Worte rufe, ingleichen, daß er einmal des Mittags mit dem Essen, das ihm die Woostin gebracht, herunter in ihre Stube gekommen sei und gesagt habe: Es leide ihn nicht oben, es habe immer gesprochen: Auf dem Teller, auf dem Teller! Als Ursache seines Wegziehens gibt Woyzeck selbst nicht die Spukgeschichte an, sondern daß er in seiner Kammer am Tage bei einer Lampe gearbeitet, und der Wirt dieses nicht gelitten habe, dieser aber, daß seine Frau ängstlich geworden sei, und daß er ihn nicht länger habe leiden wollen, weil die Woostin so oft zu ihm gekommen. Nach seinem Wegziehen von Haasen ist er, seiner eigenen Aussage nach, vierzehn Tage herberglos gewesen und hat nachher

6) bei dem Buchbinder *Wehner* in Volkmarsdorf vor der Michaelismesse 1820 drei bis vier Wochen, und späterhin noch zu zwei verschiedenen Malen, in der Neujahr- und Ostermesse 1821, jedesmal ungefähr eben so lange gearbeitet, auch mit Wehnern und den Seinigen im Ganzen ohngefähr vier Wochen in einer Stube geschlafen. Auch hier hat es ihm, wie er behauptet, keine Ruhe gelassen; Wehner aber bemerkt, daß er manchmal in Gedanken gesessen und dann zusammengefahren sei, weshalb jener ihn ermahnt Gott vor Augen zu haben, dieser aber versprochen habe, in der nächsten Nacht recht fleißig beten zu wollen. Übrigens will Wehner nichts Auffallendes an ihm bemerkt haben, sondern gibt ihm das Zeugnis, daß er fleißig und gelassen, und sein Schlaf gut gewesen sei, daß er sich Mühe gegeben, etwas zu lernen, aber zuweilen (wie schon oben sub 2 bemerkt worden) ein Glas Schnaps zu viel getrunken und dann weniger gearbeitet habe.

Sein Ganzes sei gewesen, daß er sich nicht habe in ein ordentliches Brot finden können.

Aus Mangel an hinreichender Beschäftigung scheint Woyzeck zu Anfang des Winters 1820 den Entschluß gefaßt zu haben, Stadtsoldat zu werden, daher ihn der Feldwebel von gedachter Garnison

7) bei dem Unteroffizier *Pfeiffer* untergebracht hat, wo er bis Weihnachten dieses Jahres geblieben, aber, weil sein Abschied nicht richtig gewesen, bei der Garnison nicht angenommen worden ist. Hier hat er mit dem Tambour *Vitzthum* einige Wochen lang in einem Bette geschlafen und sich mit Illuminieren für Herrn Klein beschäftigt, aber auch Vitzthumen mehrere Kleinigkeiten, und darunter einen Degen mit Scheide, entwendet, solche aber, sobald sie dieser wieder verlangt, zurückerstattet. Beide versichern, daß sein Betragen gut und verständig und nicht zänkisch gewesen sei; auch hat sein Schlafgeselle Vitzthum nie eine Unruhe, oder sonst etwas Auffallendes an ihm wahrgenommen, obgleich Woyzeck behauptet, daß er auch hier Stimmen gehört, und sonderbare Träume gehabt habe, ohne sich etwas merken zu lassen.

Nachdem Woyzeck Vitzthumen obgedachte Sachen entwendet, ist er, seiner Angabe nach, abermals einige Nächte herberglos und einige Tage im Arrest gewesen, sodann aber

8) *Zu der Naumannin* gezogen, wo er in der Neujahrsmesse 1821 drei Wochen lang gewohnt und vorgegeben hat, Friseur, Schneider, Papparbeiter und Illuminierer zu sein, ohne Kamm, Schere, Fingerhut, Papier und Pinsel zu haben, auch zu Hause nichts gearbeitet, sich aber übrigens verständig betragen und alle Morgen aus einem, der Tochter der Naumannin gehörigen Buche gebetet hat. Er selbst sagt bloß, daß es ihn auch hier verfolgt habe.

Um diese Zeit ist er auch noch in Warneckes Hause aus- und eingegangen, hat der dort wohnenden Woostin hinter der Türe aufgelauert, und dabei öfters, meinend, es sei diese, eine andere Weibsperson, unter andern eines Abends die Frau des Lohnbedienten Marschall an der Haustüre angehalten, als er aber seinen Irrtum bemerkt, gesagt: Ach verzeihen Sie, ich habe Sie verkannt, und sie nachher ruhig gehen lassen. An demselben Abend hat er der Woostin auf der Treppe aufgelauert, und auf ihre Weigerung, mit ihm spazieren zu gehen, sie mit der Hand, in der er die Scherben eines zerbrochnen Topfes gehabt, blutrünstig geschlagen, ist aber deshalb von den dazu gekommenen Personen festgenommen und hierauf mit 8tägigem Arrest bestraft worden, bei welcher Gelegenheit an ihm keine Spur einer besondern Unruhe, Zerstreuung oder Gedankenlosigkeit wahrgenommen worden ist. Nach seiner Entlassung hat er sich bis vor Ostern 1821

9) bei dem Bierschenken *Haase* aufgehalten. *Woyzeck* sagt, sein Zustand habe hier fortgedauert, die Haasin aber: sein Betragen sei durchaus untadelhaft und still vor sich hin gewesen, er habe mit den übrigen Bettburschen in Frieden gelebt, und sogar einstmals, ob er gleich nur 16 Pf. gehabt, dennoch einen Armen wollen zu essen geben lassen. Zwar habe er ihr von seinen Träumen erzählt, namentlich, daß ihm von schwarzen Pferden geträumt habe, und daraus den Schluß gezogen, daß es ihm noch sehr unglücklich gehen werde; doch habe dieses auf seine Handlungen keinen Einfluß gehabt, und er sei so vernünftig gewesen, als ein anderer Mensch.

Ebenso versichert der Handarbeiter *Schröder*, welcher mit ihm bei Haasen im Quartier gelegen, und mit ihm in einer Kammer geschlafen hat, er habe sich jederzeit ruhig und ganz verständig betragen, nicht gezankt und gelästert; auch sei er des Nachts nicht unruhig gewesen und habe nie geklagt, daß er unruhig sei, oder daß ihm sonst etwas fehle.

Endlich hat er bis ungefähr zum 20. Mai 1821

10) bei der um diese Zeit verstorbenen *Wittigin* im schwarzen Brette eine Bettstelle gehabt. Er selbst versichert, daß er auch hier Stimmen vernommen habe. Dahin gehört seine Erzählung, daß es ihm, als er einen zerbrochenen Degen gekauft, zugerufen habe:

Stich die Frau Woostin tot!

wobei er gedacht: Das tust du nicht, die Stimme aber erwidert habe:

Du tust es doch.

Um dieselbe Zeit hat er die Woostin in der Allee von Bosens Garten, auf ihre Weigerung, mit ihm zu gehen, mit der Faust ins Gesicht geschlagen, wovon ihr dasselbe aufgeschwollen und mit Blut unterlaufen ist, und kurz nachher, als er sie mit seinem Nebenbuhler auf dem Tanzboden getroffen, sie die Treppe hinunter geworfen, und auf der Straße einen Stein aufgehoben, um damit nach ihr zu werfen, diesen aber wieder fallen lassen. Die *Benadtin,* Enkelin der Wittigin, welche mit ihm zugleich bei der Wittigin gewohnt hat, bezeugt, er habe sich für einen dienstlosen Markthelfer ausgegeben, nur sehr wenig, und in der letzten Zeit, wo er tiefsinnig gewesen, gar nicht gesprochen, sei aber in seinem Betragen höflich, bescheiden und ganz verständig, auch nur ein einziges Mal betrunken gewesen, wo er sehr viel gesprochen und erzählt habe, er habe selbigen Tages seine Geliebte geprügelt.

Von derselben Zeit sagt *Warnecke,* daß er damals Meßfremde in seinem Hause bedient, sich ganz still und vernünftig betragen, auch ihm und andern keine Vermutung, daß er geisteskrank sei, gegeben habe, außerdem aber gutes Mutes gewesen sei.

Von dem Tode der Wittigin an, hat er sich bis zur Ausführung seiner Tat, acht bis vierzehn Tage lang im Freien herumgetrieben und von Unterstützungen guter Menschen gelebt, die er aber schriftlich gebeten zu haben vorgibt, weil er seine Bitten mündlich vorzutragen unvermögend gewesen und dabei zuweilen in Verlegenheit gekommen sei. Übrigens erhellet aus den Akten, daß die Woostin, ungeachtet ihres offnen Umgangs mit einem Andern, dennoch auch den Umgang mit Woyzeck keineswegs gänzlich abgebrochen, ihm sogar noch in der Ostermesse d. J. den vertrautesten Umgang gestattet; ein andermal, als er ihr in Begleitung der Böttnerin begegnet, ihn etwas zurückweisend behandelt, dennoch ihm auf den Tag, wo die Mordtat vorgefallen, auf der Funkenburg eine Zusammenkunft versprochen, ihm aber nicht Wort gehalten, sondern mit dem Soldaten Böttcher einen Spaziergang gemacht hat: daß Woyzecks Gedanken indessen immer mit der Woostin und ihrer Untreue beschäftigt gewesen, daß er, nachdem er sie am Morgen desselben Tags unter einem erdichteten Vorwande zu sprechen gesucht, den übrigen Teil des Tages unbeschäftigt herumgelaufen, auch auf der Funkenburg gewesen, aber, weil er geglaubt, sie komme doch nicht, nur ein paarmal hin und her gegangen (über welches er alles in einem seiner ersten Verhöre, am 4. Juli, sich umständlich verbreitet und sogar Personen namhaft macht, die er auf seinen Gängen gelegentlich habe sprechen wollen, späterhin aber, und besonders beim artikulierten Verhöre, sich an alle diese Umstände nicht mehr erinnern will, sondern gegen seine frühern Aussagen, bemerkt, daß er dieselben bloß um deswillen abgelegt habe, weil man wissen wollen, wo er die Woostin getroffen und er sich nicht darauf besinnen können), daß er ferner gegen Abend, *in der Absicht, die Woostin damit zu erstechen,* die Degenklinge in ein Heft stoßen lassen, und als er hierauf der Woostin zufällig begegnet und von ihr erfahren, daß sie nicht auf der Funkenburg gewesen, sie nach Hause begleitet, auf diesem Wege an seinen Vorsatz nicht wieder gedacht, in der Hausflur des Hauses aber, wo die Woostin gewohnt, und als ihm diese etwas gesagt, wodurch er in Zorn geraten, die Tat vollzogen, nach vollbrachter Tat sich im Geschwindschritt entfernt, bei seiner Verhaftung den Dolch wegzuwerfen gesucht, und gleich nachher, als ihm auf seine Frage, ob die Woostin tot sei, niemand geantwortet, gesagt hat: Gott gebe nur, daß sie tot ist, sie hat es um mich verdient!

II. Bei der Untersuchung des Inquisiten

[...]

1) *Was sein Äußeres und seine körperliche Gesundheit betrifft:*

Blick, Miene, Haltung, Gang und Sprache völlig unverändert, die Gesichtsfarbe, wegen Entbehrung der freien Luft und Bewegung, etwas blässer, Atemholen, Hautwärme und Zunge völlig natürlich. Übrigens versicherte der Inquisit, daß sein Schlaf ruhig und ohne beunruhigende Träume, sein Appetit gut, und seine natürlichen Ausleerungen in vollkommner Ordnung seien. Beide zuletzt erwähnten Umstände bestätigte auch auf Befragen der Stockmeister *Richter,* und fügte hinzu, daß Woyzeck während der ganzen Zeit seiner Gefangenschaft, noch nie über das geringste Übelbefinden geklagt habe.

Dagegen bemerkte ich, daß das schon früher während der ersten Minuten der Unterredung an ihm wahrgenommene Zittern des ganzen Körpers, besonders wenn mein Besuch ihm sehr unerwartet kam, etwas länger anhielt, und daß der Puls- und Herzschlag zwar regelmäßig und gleichförmig, aber nicht nur voller und beschleunigter war, sondern daß auch der Puls, so oft ich ihn im Laufe der Unterredung untersuchte, immer etwas unruhig, der Herzschlag aber stärker und fühlbarer blieb und einen größern Umfang einnahm, als im natürlichen Zustande. Wenn er dagegen, wie es einigemal geschah, eine halbe Stunde vorher von meiner Ankunft unterrichtet war, bemerkte ich alles dieses in weit geringerem Grade.

2) Was den dermaligen geistigen Zustand des Inquisiten und zwar

a) *den Verstand* desselben anlangt, so fand ich an ihm weder Unstetigkeit und Zerstreuung, noch Überspannung, Abspannung, Vertiefung oder Verworrenheit der Gedanken und Vorstellungen sondern ungeteilte und anhaltend mehrere Stunden ausdauernde Aufmerksamkeit auf den Gegenstand der Unterredung, so daß er mit demselben, auch während ich von Zeit zu Zeit meine Bemerkungen niederschrieb, ununterbrochen beschäftigt schien, und nachher öfters den Faden da wieder aufnahm, wo ich ihn hatte fallen lassen, in seinen Erzählungen es meistens selbst erinnerte, wenn er sich von der Zeitfolge entfernte, oder bei Nebenumständen verweilte, auch nachher jedesmal von selbst, in einer natürlichen und zusammenhängenden Gedankenfolge, zur Hauptsache zurückkehrte. Den Sinn der an ihn gerichteten Fragen faßte er augenblicklich, so daß ich nie genötigt war, eine Frage zu wiederholen, und beantwortete sie nicht nur schnell und treffend, sondern war auch, so oft ich es verlangte, im Stande, den Sinn derselben mit andern Worten zu wiederholen, was mir besonders bei den Fragen nötig schien, die seinen Gemützustand unmittelbar vor, bei und nach der Tat betrafen. Sein Gedächtnis war ihm völlig treu geblieben, so daß er Begebenheiten, die er mir vor anderthalb Jahren erzählt hatte, mit denselben Nebenumständen wiederholte. Seine Begriffe sind, soweit sie sich auf Gegenstände und Verhältnisse der Sinnenwelt beziehen, richtig und dem Grade seiner geistigen Bildung angemessen, und ob er gleich in Beziehung auf Begriffe von religiösen und übersinnlichen Gegenständen nicht frei von gewissen, in seinem Stande und bei seiner Erziehung nicht ungewöhnlichen Irrtümern und Vorurteilen ist, die ihn zu falschen Ansichten und Meinungen verleiten, wie ich dieses weiter unten ausführlich entwickeln werde, so ist doch bei ihm keine Spur von *krankhafter* Exaltation, Abstumpfung oder Verworrenheit der Begriffe zu bemerken, und ich habe mich durch fortgesetzte Unterredungen über den Gegenstand dieser Irrtümer, überzeugt, daß sein Verstand in Rücksicht auf selbige der Belehrung fähig und für bessere Überzeugung zugänglich ist.

b) In Rücksicht auf das *Gemüt* des Inquisiten fand ich zwar ebenfalls, so wie bei meinen frühern Unterredungen mit ihm, keine Spur einer ungestümen Aufregung, Reizbarkeit, Spannung, Unruhe und Leidenschaftlichkeit, oder von Abstumpfung, Erstarrung, Vertiefung und Niedergeschlagenheit, und mithin nichts, was auf die Gegenwart irgend eines krankhaften Zustandes des Gemüts, auf Wahnsinn, Tollheit oder Melancholie und deren verschiedene Formen, Grade und Komplikationen zu schließen berechtigen könnte. Dagegen aber bemerkte ich sehr bald, daß seit meiner frühern Untersuchung in Rücksicht auf die *Stimmung* seines Gemüts, unter dem Einflusse der einfachen und regelmäßigen Lebensart im Gefängnisse, einer humanen Behandlung, des Zuspruchs des Geistlichen, der Lesung der Bibel und andrer religiösen Schriften, der langen Einsamkeit und Zurückgezogenheit auf sich selbst, und der Aussicht auf den Tod, dessen Pforten er so nahe gestanden hat, eine sehr *wesentliche* und *günstige* Veränderung mit ihm vorgegangen sei. Er ist um vieles zugänglicher, offner, zutraulicher und gesprächiger geworden, und scheint das Bedürfnis zu fühlen, sich mitzuteilen.

Das gleichgültige, kalte, rauhe und verwilderte Wesen, das ich früher an ihm beobachtete, hat sich verloren. Er hat Zeit und Aufforderung gefunden, einen ernsthaften Blick in sein Inneres, auf Vergangenheit und Zukunft zu werfen; die Reue ist in ihm erwacht und mit ihr die Liebe zum Leben. Er scheut sich nicht mehr, zu gestehen, daß er den Tod durch Henkers Hand fürchte, und daß er einen mildern Urteilsspruch wünsche, so wie sein ganzes Benehmen zeigt, daß er einige Hoffnung dazu nährt. Daher scheinen die psychologischen Erscheinungen, über die er bereits vor Gericht ausführlich befragt worden ist, und deren Beziehung auf den Ausgang seines Schicksals er ahndet, jetzt den Hauptgegenstand seines Sinnens und Denkens auszumachen. Ganz unaufgefordert fing er, schon während ich die vorläufigen nötigen Fragen über den gegenwärtigen Zustand seiner körperlichen Gesundheit an ihn richtete, davon zu sprechen an, und suchte angelegentlich immer von Neuem darauf zurückzukommen. Als ich nun, dem mir entworfenen Plane gemäß, wirklich auf diesen Hauptgegenstand der Untersuchung näher einging, war er unerschöpflich in seinen Erzählungen und Erläuterungen, und es drängte ihn sichtbar, sich ausführlich darüber mitzuteilen, um nichts zu übergehen, was ihm zur Sache zu gehören schien.

Auf Befragen, warum er mir von allen diesen Dingen nicht schon bei der ersten Untersuchung erzählt und auf eine Menge dahin führender Fragen geschwiegen habe, erwiderte er: Er sei damals noch desperat gewesen, weil er kein Zutrauen zu den Menschen gehabt und geglaubt habe, daß er von ihnen verfolgt werde. – Es sei ihm gleichgültig gewesen, wie es ginge. – Er wisse nicht, ob er sich vielleicht geschämt habe. – Er habe gedacht: wozu solle das viele Schreiben. – Er habe mir auch für die Mühe noch nicht gedankt, die ich mir damals mit ihm gegeben und wolle es nunmehr tun etc. Ob ich nun gleich in seinen Äußerungen durchaus kein Bestreben wahrnahm, mich durch offenbare und geflissentliche Unwahrheiten zu täuschen, gegen welche ich ihn wiederholt dringend warnete, so bemerkte ich doch sehr deutlich, daß er sich von Zeit zu Zeit durch seine Einbildungskraft fortreißen ließ, die Begebenheiten auszumalen, oder ihnen willkürliche Beziehungen unterzulegen, und daß er sich bei fortgesetztem Nachgrübeln über diese Vorfälle, aufgeregt durch den schwachen Schimmer der auf sie gebauten Hoffnung, und verleitet durch die ihm ohnehin anhängenden Vorurteile über die Bedeutung der Träume, über Geistererscheinungen u.s.w. (S. u.) von *Selbsttäuschung* nicht völlig frei erhalten hatte.

Nach diesen vorläufigen Erörterungen über den gegenwärtigen körperlichen und geistigen Zustand des Inquisiten, die als das Resultat meiner sämtlichen Unterredungen mit ihm zu betrachten sind, und die ich um deswillen zusammen fassen und vorausschicken zu müssen geglaubt habe, weil sie wesentlich dazu beitragen, den Gesichtspunkt festzusetzen, von dem die Beurteilung der ganzen Sache ausgehen muß: wende ich mich zu dem Teile meiner Untersuchung, der sich zunächst auf den besondern Gemütszustand, in dem sich der Inquisit zu verschiedenen Zeiten seines Lebens befunden hat, und auf die Erscheinungen und andern Begegnisse, die er gehabt zu haben vorgibt, beziehet.

Es ist hierbei zu bemerken, daß der Inquisit schon bei seinen frühern Unterredungen mit mir angegeben hat, wie er schon seit seinem 30sten Jahre manchmal sehr ärgerlich und desperat gewesen, und öfters, wenn er über irgend einer Arbeit lange nachgedacht, in einen Zustand geraten sei, in dem er gar nichts mehr gedacht habe. Da die, auf meinen Antrag, hierüber abgehörten Zeugen, auf die sich Woyzeck berufen hatte, diese Angaben nicht bestätigten, so ist von mir ausdrücklich erinnert worden, »daß diese Umstände bei der *gegenwärtigen* Begutachtung dieses Falles *um deswillen* nicht zu berücksichtigen seien, weil sie bloß auf dem Zeugnisse des Inquisiten beruheten, und daß dieserhalb die *weitere Bestätigung* abzuwarten sei«. Zu gleicher Zeit ist bei gedachter Untersuchung bemerkt worden, daß der Inquisit gemeiniglich während der ersten Minuten der Unterredung am ganzen Körper gezittert habe, daß er den Kopf stille zu halten nicht vermögend und sein Puls und Herzschlag in diesem Zustande sehr beschleunigt und verstärkt, ingleichen daß er seiner eignen Angabe nach etwas vollblütig und mit Nasenbluten behaftet gewesen sei. Da nun alle diese Zufälle sehr oft von Unordnungen und Störungen des Blutlaufs herrühren, da sich einige derselben, dem obigen zufolge, jetzt in etwas verstärktem Grade zeigen, und da es bekannt ist, daß Visionen, wie sie der Inquisit gehabt zu haben vorgibt, sehr oft mit dergleichen Störungen des Blutlaufs zusammen hängen, so schien es mir notwendig an jene schon früher beobachteten Tatsachen die gegenwärtige Untersuchung anzuknüpfen. Aus den hierüber an ihn gerichteten Fragen ergab sich Folgendes:

Er sei allerdings in seinen frühern Jahren, besonders unmittelbar vor und nach dem 30sten, etwas vollblütig gewesen und habe dabei zuweilen eine Spannung und Auftretung der Adern und ein Stechen im Kopfe gefühlt. Dieser Zustand sei öfters durch Nasenbluten erleichtert worden. Unter andern habe er einmal in Stockholm eine ganze Stunde lang aus der Nase geblutet, worauf ihm so leicht geworden, daß es ihm, als er auf der Straße gegangen, gewesen sei, als ob er kaum die Erde berühre. Vor ungefähr sechs Jahren habe sich manchmal dazu ein Gefühl von schmerzhafter Zusammenziehung in der Gegend des Herzens, oder als ob das Herz mit einer Nadel berührt werde, und ein krampfhafter Schmerz in den Gliedern nach der Richtung der Blutgefäße gesellt, auf welchen Herzklopfen, Angst, Schlagen in den Adern und Hitze im Kopfe gefolgt sei. Während dieses Zustandes sei es ihm einmal vom Herzen ins Genicke und von da in den Kopf gefahren, wobei es ihm gedeucht, als ob es in der Gegend des Hinterkopfes sitzen bliebe, und wobei er in demselben Augenblicke ein *Prasseln, Schnurren* oder *Brummen* im Genicke verspürt habe. Dergleichen Anfälle habe er seitdem öfters und auch jetzt noch, zuweilen alle Tage, wobei ihn anfänglich, ohne alle äußere Veranlassung, ein allgemeines Zittern anwandle. Durch Bewegung des Körpers und durch Richtung der Gedanken auf einen andern Gegenstand verliere sich dieser Zufall, und es sei ihm nachher ordentlich wohl. Um sich seinen Zustand nicht merken zu lassen, habe er meistens wenig gesprochen, auch zuweilen das, was andere mit ihm gesprochen hätten, nicht recht gehört, weil es ihm immer vor dem rechten Ohre gesaust und gebraust habe. Zuweilen sei ihm auch dunkel vor den Augen geworden und ihm gewesen, als ob er seinen Kopf nicht fühle. Zuweilen habe ihm dabei das Herz, unter einem Gefühl von krampfhafter Zusammenziehung, wie still gestanden, sich nachher gleichsam aufgeblasen und dabei sei ihm wohler geworden. Bei dergleichen Zufällen sei er manchmal sehr ärgerlich gewesen; auch könne er nicht leugnen, daß er überhaupt und besonders während seiner Dienstzeit oft zu viel Branntwein getrunken habe. Der Anfang dieser Zufälle habe sich gerade zu der Zeit ereignet, wo er zu Stralsund mit der Wienbergin Umgang gehabt, und seine Gedanken immer auf die Vollziehung seiner Verbindung mit ihr gerichtet habe. Da er nun deshalb häufig zerstreut gewesen, so habe ihm dieses allerhand Neckereien von seinen Kameraden zugezogen, weshalb er sich von ihnen entfernt habe, und gleichgültig gegen alles und menschenscheu geworden sei. Bei dieser Verstimmung hätten sich die vorhin gedachten Beängstigungen am Herzen und die Benommenheit des Kopfes vermehrt, so daß er zuweilen, wenn er lange die Gedanken auf etwas gerichtet, zuletzt gar nichts mehr gedacht habe.

Da er nun immer mehr vexiert worden sei, da er auch von den Offiziers mancherlei unverdiente Kränkungen habe erfahren müssen, und sich zugleich seiner beabsichtigten Heirat immer mehr Schwierigkeiten in den Weg gestellt hätten, so habe sich Groll, Bitterkeit und Mißtrauen gegen die Menschen überhaupt eingefunden. Er habe sich immer zwingen müssen, freundlich gegen die Menschen zu sein, und es sei ihm gewesen, als ob ihn alle für den Narren halten wollten. Daher sei er sehr empfindlich geworden, so daß ihn das Geringste habe aufbringen können. Bei geringeren Veranlassungen zum Unwillen habe er am ganzen Körper gezittert, aber dabei noch immer an sich halten können; bei stärkern Anreizungen aber sei ihm der Zorn in den Kopf und vor die Stirne gefahren, und habe ihn dergestalt überwältigt, daß er seiner nicht mehr mächtig gewesen. Namentlich habe er diese Abstufungen des Zornes bei seinen Zänkereien mit der Woostin wahrgenommen, und sich bei Verübung der Mordtat in einem solchen Zustande von Überwältigung befunden, daß er darauf losgestochen habe, ohne zu wissen, was er tue. – Zuweilen sei es ihm dabei gewesen, als ob er eine Force habe, um alles zerreißen zu können, und als ob er die Leute auf der Gasse mit dem Kopfe zusammenstoßen müsse, ob sie ihm gleich nichts zu Leide getan. Übrigens habe er einen Gedanken, den er einmal gefaßt habe, nicht leicht wieder los werden können, besonders unangenehme Vorstellungen, und dabei öfters lange hinter einander immer auf einen einzigen Gegenstand hingedacht, bis ihm zuletzt ganz die Gedanken vergangen seien und er gar nicht mehr habe denken können. Dieses sei der Zustand der Gedankenlosigkeit gewesen, den er einigemal erwähnt habe, und der von ihm gewichen sei, wenn er die Gedanken auf einen andern Gegenstand gerichtet habe. Inzwischen habe ihn alles dieses nicht gehindert, alle seine Geschäfte ordentlich zu verrichten, und so habe er z.B. in diesem Zustand beim Regiment den Dienst eines Gefreiten, der ihm eigentlich nicht zugekommen, und wobei öfters zu schreiben gewesen, ohne Anstoß versehen. Sein ganzes Unglück aber sei eigentlich gewesen, daß er die *Wienbergin* habe sitzen lassen, da ihm doch seine Offiziers späterhin zu dem Trauschein hätten behülflich sein wollen. Bloß dadurch, daß er hierzu keine Anstalten gemacht, sei sein vorher guter Charakter verbittert worden, weil es nun einmal vorbei gewesen sei, und er es nicht wieder habe gut machen können. Der Gedanke an sein Kind und an diese von ihm verlassene Person sei ganz allein die Ursache seiner beständigen Unruhe geworden, und daß er nie habe einig mit sich selbst werden können. Späterhin habe er sich auch Vorwürfe wegen seines Umgangs mit der Woostin gemacht, da er doch eigentlich die Wienbergin habe heiraten sollen. Er habe sich daher auch geärgert, wenn die Leute von ihm gesagt hätten, daß er ein guter Mensch sei, weil er gefühlt habe, daß er es nicht sei. –

Über seine Erscheinungen und die übrigen dahin einschlagenden Begebenheiten eröffnete er mir Folgendes:

I. Im Allgemeinen:

Er habe von jeher an die Bedeutung der Träume geglaubt und sie nach seiner Art auszulegen versucht, wobei vieles zugetroffen habe. Vor Gespenstern habe er sich zwar eigentlich nie gefürchtet; allein da es doch Geister gäbe, so glaube er, daß diese durch Gottes Schickung auf die Menschen wirken und in ihnen allerhand Veränderungen hervor bringen könnten. Da ihm nun verschiedene Male in seinem Leben Dinge begegnet seien, die er sich aus dem gewöhnlichen Laufe der Natur nicht habe erklären können, so sei er auf den Gedanken gekommen, daß Gott sich auch ihm auf diese Weise habe offenbaren wollen, und sollte dies auch nicht der Fall gewesen sein, so könne er sich doch nicht überzeugen, daß diese Dinge bloß in seiner Einbildung beruht haben sollten. – Zugleich gestand er auf Befragen, er habe die Gewohnheit gehabt, bald *heimlich*, bald, wenn er allein gewesen, *laut* mit sich selbst zu sprechen und dazu Gestikulationen zu machen, oder wie er sich ausdrückte, allerhand bei sich *auszufechten*.

II. Im Besonderen:

Schon auf seinen Wanderungen habe er von reisenden Handwerksburschen allerhand nachteilige Gerüchte über die *Freimaurer* gehört, unter anderm, daß sie durch heimliche Künste, zu denen sie nichts als eine Nadel brauchten, einen Menschen ums Leben bringen könnten. Er habe dieses damals nicht geglaubt, glaube es auch jetzt nicht mehr, allein er habe sich doch immer mit diesem Gedanken beschäftiget und sich allerhand Vorstellungen gemacht, woran sich wohl die Freimaurer unter einander erkennen möchten. Da habe ihm einmal geträumt: er sehe drei feurige Gesichter am Himmel, von denen das mittlere das größte gewesen. Er habe diese drei Gesichter auf die Dreieinigkeit bezogen und das mittlere auf Christus, weil diese die größte Person in der Gottheit sei. Zugleich habe er gedacht, daß in dieser Zahl auch das Geheimnis der Freimaurer liegen könne, das ihm auf diese Art offenbart werden solle, und habe sich eingebildet, daß das Aufheben dreier Finger das Freimaurerzeichen sei. Als ich ihn aufforderte, mir dieses Zeichen zu machen, verweigerte er solches anfänglich und versicherte, das habe er noch Niemanden gesagt. Als ich ihm aber zuredete, ergriff er mit dem Daumen, dem Zeige- und Mittelfinger seiner rechten Hand meine Fingerspitzen und brachte nachher die genannten drei Finger seiner Hand in aufgehobener Stellung ungefähr so, wie es bei der militärischen Begrüßung gewöhnlich ist, an seine Stirne. Einst habe er in Stralsund einen Baugefangenen zum Verhör führen müssen, und als er während desselben an der Tür Wache gestanden, sei ihm eingefallen, dieses Zeichen zu machen, um zu sehen, ob wohl der Platzkommandant ein Freimaurer sei, jedoch ohne diesem die Hand zu geben. Dieser habe ihn scharf angesehen, ihm nachher ein Glas Wein einschenken lassen und zu ihm gesagt: Wenn man was wisse, müsse man's hübsch sagen! Da er nun weiter nichts gewußt, habe er sich in den Kopf gesetzt, nun werde er schön ankommen. Nach einigen Tagen habe der Platzkommandant nach dem Exerzieren zum Feldwebel gesagt: Wenn der Kerl Blutspeien kriegt, so melden Sie mirs gleich, und es sei ihm gewesen, als ob er ihn dabei angesehen habe. Es könne aber auch ein anderer gemeint gewesen sein. Dennoch habe er sich darüber gewaltig beunruhigt, sei gleich nach dem Exerzieren bei großer Hitze ins Freie gelaufen und habe hier dreimal ein Zittern am Herzen verspürt, als ob eine Flüssigkeit in einem Fläschchen auf und nieder geschüttelt werde, gleich nachher aber einen Schlag im Nacken empfunden und dabei ein Zischen gehört. Dieses habe er nun mit seiner Meinung, daß die Freimaurer durch heimliche Künste schaden könnten, in Verbindung gebracht und geglaubt, der Augenblick ihrer

Rache sei nun gekommen. Er habe aber immer fortgebetet und gedacht: sie sollen dir doch nichts anhaben. Jetzt glaube er von allem diesen nichts mehr, und bedaure es, daß er sich so viele Unruhe darüber gemacht habe.

Was nun seine einzelnen Visionen, besonders diejenigen, von denen in den Akten Erwähnung geschieht, anlangt, so erzählte er mir mit vieler Umständlichkeit folgendes:

1) Über den Vorfall in Stettin

Es habe ihm einst von einem Geiste geträumt, den er in der Kleidung eines Mönchs gesehen. Sechs Tage nachher als er an einem Sonntag Nachmittags mit seinem Kameraden allein zu Hause und die Haustür verschlossen gewesen sei, hätten sie beide Fußtritte vor dem Zimmer gehört. Es sei dann auf den Boden gegangen, und nicht wieder herunter gekommen, und er habe deshalb geglaubt, es sei ein Geist, sich auch bis Abends nicht getraut aus dem Zimmer zu gehen, um nachzusehen, was es wäre! –

2) Über den Vorfall am Schloßberge in Graudenz

Er sei einst im Oktober Abends, ungefähr um sieben Uhr, aus der Festung Graudenz nach der eine halbe Stunde davon entlegenen Stadt gegangen, und habe da am Himmel drei feurige Streifen gesehen, die nachher wieder verschwunden seien. Als er sich umgesehen, habe er an der entgegengesetzten Seite des Himmels einen einzelnen ähnlichen Streifen gesehen, und dabei Glockengeläute gehört, was ihm unterirdisch geschienen hätte. Weil er sich nun damals immer noch mit dem Gedanken an die Freimaurer beschäftiget und geglaubt habe, daß ihm schon einmal durch die drei feurigen Gesichter hierüber eine Offenbarung zu Teil geworden sei, so habe er sich eingebildet, daß dieses wohl ähnliche Beziehung haben könne, und daß wohl die Freimaurer ihr Zeichen verändert, und ein anderes gewählt haben möchten, worauf das Verschwinden der drei Streifen und das Erscheinen des Einzelnen hindeute. Er habe nachher eine alte Frau darüber gefragt, und diese ihm gesagt: von dem Streifen am Himmel habe sie nichts gesehen, das Glockengeläute hätten aber schon viele gehört, es gehe die Sage, daß ehedem an dieser Stelle ein Schloß versunken sei. Er selbst habe diese Sage für ein Volksmärchen gehalten.

3) Über das Ereignis auf dem Kirchhofe

In der Festung Graudenz sei unter der Garnison das Gerede gewesen, daß der verstorbene Kommandant umgehe. Da er sich nun eines Abends nach dem Zapfenstreich, ohne Wissen seiner Vorgesetzten, aus der Festung geschlichen, bis des Nachts um 2 Uhr in einer Schenke zugebracht und daselbst getanzt und schlechten Branntwein getrunken, sich jedoch nicht *betrunken* habe, sei er bei seiner Zurückkunft in große Verlegenheit geraten, wie er unentdeckt wieder hineinkommen solle. Er sei daher mit Gefahr den Hals zu brechen an einer Stelle der Festungswerke herab und an einer andern wieder hinauf geklettert, und habe sich, um die Patrouille vorüber zu lassen, auf dem Glacis auf die Erde gelegt, an welches der Kirchhof gestoßen habe. Hier sei eine große Figur in einem blauen Überrock und mit einem kleinen dreieckigen Hut nicht weit von ihm in der Nähe des Kirchhofs vorüber gegangen und habe ihm mit barscher Stimme zugerufen: *Guten Morgen.* Er selbst habe nunmehr den Augenblick wahrgenommen, wo die Wache abgelöst worden und sei in das nahe befindliche Tor hineingeschlüpft. Der Unteroffizier habe ihn auch bemerkt, aber weil das Tor finster gewesen, sei er dennoch unentdeckt in seine Kaserne gekommen.

4) Zu Erläuterung des Auftritts mit Warnecke

Er sei grob gegen Warnecke gewesen, weil er geglaubt habe, daß ihn dieser für den Narren haben wolle. – Den Ausdruck: *der Kerl pfeift dunkelblau**, habe er mehrmals gehört, könne aber nicht mehr sagen, was er damals eigentlich damit gemeint habe. Die Reime an Warnecke hätten sich darauf bezogen, daß dieser einmal auf der Redoute den türkischen Kaiser vorgestellt habe. Seine Absicht sei gewesen, daß er ihm seine Grobheit nicht nachtragen solle.

5) Über die Vorfälle beim Zeitungsträger Haase

In der von ihm bewohnten Kammer sei ungefähr in der Mitte ihrer Höhe eine Art von Verschlag oder Bucht gewesen, in der während der Messe jemand geschlafen, damals aber Stroh gelegen habe. Von Mäusen und Ratten habe er gerade nichts bemerkt, denn es habe manchmal Fleisch oder Brot an der Erde gestanden, welches von ihnen nicht berührt worden sei. Allein in der Tür sei eine Öffnung gewesen, durch die eine Katze habe hineinkriechen können, auch habe er manchmal des Nachts eine darinnen bemerkt. Zu dieser Zeit sei das Brausen in seinen Ohren sehr heftig gewesen, es habe ihm gedeucht, als ob ihm von oben her Hitze auf den Kopf ginge, und als ob ihm der Kopf zerspringen solle. Dabei habe er Schmerz in den Schläfen, Herzklopfen, allgemeine Hitze im ganzen Körper und Schweiß vor der Stirne gehabt. Auf dem gedachten Verschlage habe er es in der Nacht und nachher auch bei Tage öfters knistern und rumoren hören und sich dabei des Gedankens nicht erwehren können, daß es Geister wären. Um diese Zeit habe ihm einmal von einem Geiste geträumt, der zu ihm gesagt hätte: *ich werde dir einen andern schicken!* worauf er selbst im Traume geantwortet habe: *ich fürchte mich nicht!* –

Sechs Tage nachher, also gerade so lange, als nach einem ähnlichen Traume in Stettin, sei er Abends nach zehn Uhr in seine Kammer gekommen und habe die Türe schon zugemacht gehabt. Da habe auf dem Verschlage eine ganz feine Stimme, wie die eines jungen Frauenzimmers, die Worte gesagt: *o komm doch!* Es hätten sich ihm die Haare in die Höhe gesträubt und er sei sogleich herunter zu Haasens gelaufen, wo er drei Nächte zugebracht habe. – Ein andermal, als er am Tage in dieser Kammer gesessen, und eben eine Arbeit beendiget, habe er in der Nebenkammer eine Stimme gehört, welche gesagt: *was macht er nun?* Als er nachgesehen, sei niemand in der Kammer gewesen. – Darauf habe es ihm einmal die Worte: *aufs Deckbette, aufs Deckbette,* und ein anderes Mal: *auf dem Teller, auf dem Teller,* zugeflüstert, wovon er auch der Haasin erzählt habe. Weil er aber von Haasens darüber ausgelacht worden, habe er ihnen nachher nicht mehr alles gesagt. – Einmal sei ihm gewesen, als ob eine Stimme mit ihm spräche und eine dritte dazwischen sage: *die erzählen sich einander etwas.* Meistens habe es ihm geschienen, als ob sich zwei miteinander stritten, gleichsam eine warnende Stimme, und eine andere, die ihn wolle auf Abwege führen. Er habe sich wohl zuweilen die Vorstellung gemacht, dies sei die Stimme des Gewissens, aber das könne doch nicht laut sprechen. Mehrmals bediente er sich bei diesen Erzählungen des Ausdrucks: *Es habe um ihn geschrien.* Als ich ihn aber deshalb genauer befragte, nahm er diesen Ausdruck zurück und sagte: er habe diese Stimme immer nur *leise* vernommen, aber doch so, daß er sie wirklich habe hören können. Übrigens versicherte er zu wiederholten Malen, er habe diese Stimme immer nur mit dem *rechten* Ohre gehört. Gewöhnlich sei es ihm gewesen, als ob Je-

* Hierbei ist zu bemerken, daß der Ausdruck: *der Kerl pfeift dunkelblau,* unter dem niedrigen Pöbel in hiesiger Stadt ein sehr gewöhnlicher Provinzialismus ist, und ungefähr soviel bedeutet, als: *er macht sich gewaltig breit.*

mand auf seiner rechten Seite neben ihm gehe und ihm zuflüstere. Zuweilen habe es ihm aber auch geschienen, als ob die Stimme in einer Entfernung von sechs Schritten, jedoch immer mehr auf der rechten Seite, sich vernehmen lasse. Bloß wenn mehrere Stimmen untereinander gesprochen hätten, habe er nicht genau unterscheiden können, ob er sie bloß mit dem rechten Ohre, oder mit beiden zugleich höre. Nach dem Vorfalle, der ihn veranlaßt habe, einige Nächte in Haasens Stube zuzubringen, sei ihm eine Zeitlang recht wohl gewesen. Doch erinnere er sich, daß ihn einmal, als ihn die Woostin bestellt, und er gesehen habe, daß sie ihn für den Narren halten wollen, worüber er sich geärgert, das Herz den ganzen Tag dermaßen geschlagen habe, daß er nichts mehr habe arbeiten können. Schon früher, als er mit den Mecklenburgern vor Lübeck gestanden, sei er einmal in einem Anfall von Unmut ganz nahe daran gewesen, sich zu erschießen, und habe schon sein Gewehr geladen, und einen Bindfaden an dem Halm befestigt gehabt, um mit dem Fuße loszudrücken, als im selbigen Augenblicke, wegen eines Ausfalls, den die Franzosen gemacht, Generalmarsch geschlagen und er hierdurch verhindert worden sei. In dem Sommer, wo er bei Haasens gewohnt, habe ihn der Gedanke an Selbstmord auch immer verfolgt, und er habe, als er einmal Baden gegangen sei, die Stimme gehört: *Spring ins Wasser, spring ins Wasser!*

Die hier beschriebenen Beängstigungen und Beunruhigungen durch Stimmen hätten übrigens zur Zeit seines Aufenthalts bei Haasen ihren höchsten Grad erreicht, und sich nachher allmählich beruhigt und vermindert.

Seine Eifersucht gegen die Woostin schreibe sich von der Zeit her, wo er bei dem Stadtsoldaten *Pfeiffer* gewohnt habe. Als in Gohlis die Kirmse gewesen, habe er Abends im Bette gelegen und an die Woostin gedacht, daß diese wohl dort mit einem anderen zu Tanze sein könne. Da sei es ihm ganz eigen gewesen, als ob er die Tanzmusik, Violinen und Bässe durcheinander, höre, und dazu im Takte die Worte: *Immer drauf, immer drauf!* Kurz vorher habe ihm von Musikanten geträumt, und das habe ihm immer was übles bedeutet. Am andern Tage habe er gehört, daß die Woostin wirklich mit einem andern in Gohlis gewesen sei und sich lustig gemacht habe!

6) In Ansehung der Ereignisse von der Neujahrs- bis zur Ostermesse des Jahres 1821, ingleichen der Vergehungen, die er sich während dieser Zeit zu verschiedenen Malen gegen die Woostin erlaubt hat, blieb er ganz bei seinen in den Verhören erstatteten Aussagen stehen, und versicherte, daß er zu denselben bloß durch Eifersucht, wozu ihm diese Person häufig Gelegenheit gegeben, keineswegs aber durch die Stimmen, die sich um ihn vernehmen lassen, veranlaßt und gereizt worden sei. Überhaupt habe sie ihn schon lange vorher für den Narren gehabt, ihm manchmal schnöde begegnet, ihm einmal, als er beleidigt von ihr gegangen, zum Fenster heraus nachgerufen: *Du kannst abkommen,* und ihn überhaupt wegen seiner Armut verachtet, dennoch aber sich manchmal wieder mit ihm abgegeben. Während er bei der Wittigin gewohnt habe, sei es ihm einmal, als die Woostin vor dem grimmaischen Tore von ihm Abschied genommen, und ihm noch aus der Entfernung dreimal: *Leb' wohl!* zugerufen habe, gewesen, als ob eine Stimme zu ihm sage: *Sie will nichts von dir wissen.* – Die Stimme: *Stich die Frau Woostin tot!* habe er auf der Treppe nach seinem Logis gehört, als er eben die Degenklinge gekauft gehabt, und sie mit dem Gedanken besehen habe, daß sich daraus müßten hübsche Messer machen lassen. Übrigens habe er, wie er *wiederholt,* und in *mehreren Unterredungen* versicherte, diese Stimme nur dieses einzige Mal und nachher *nie* wieder gehört, auch seien in den acht Tagen vor der Mordtat, wo er herberglos herumgelaufen, und weil er kein Geld gehabt, weniger Schnaps getrunken habe, die Beängstigungen geringer und die Stimmen seltner gewesen. Am Tage der Mordtat selbst aber habe er *gar keine*

Beängstigungen gehabt und *gar keine* Stimmen gehört, auch an die Stimme, die ihn aufgefordert, die Woostin zu erstechen, gar nicht gedacht, wohl aber habe der Gedanke, die Woostin zu erstechen, ihn von jenem Augenblick an unablässig verfolgt, sei jedoch immer nur ein Übergang und gleich wieder vorbei gewesen, auch habe er, um ihn los zu werden, den Degen in den Teich vor dem grimmaischen Tore werfen wollen. Was die Ereignisse des Tages betrifft, an dem die Mordtat geschehen ist, so versichert er zwar fortwährend, daß ihm davon nur ein dunkles Andenken geblieben sei. Dennoch erinnerte er sich nicht nur vollkommen deutlich an die Hauptumstände: nämlich daß er schon am Morgen dieses Tages die Woostin unter einem falschen Vorwand aufgesucht, den ganzen Tag herumgelaufen, die Degenklinge, in der Absicht zu morden, abgeholt, und den Griff daran befestigt, die Woostin, der er vor dem Peterstore zufällig begegnet sei, nach Hause begleitet und ihr in der Hausflur mehrere Stiche beigebracht habe; sondern er fügte auch noch *ungefragt* mehrere, bei den Akten noch nicht erwähnte Umstände hinzu, nämlich daß er am Mittage dieses Tages bei Herrn *Lacarriere* gewesen sei, ihm das nachher gefundene Bittschreiben überreicht, von ihm acht Groschen Almosen unter Zurückgabe des Briefes erhalten, und dafür sich zu essen habe geben lassen; ferner, daß er, als ihm die Woostin begegnet, sich zwar anfänglich gefreut habe, daß aber diese Freude bald vorbei gewesen sei, als er gemerkt, daß sie seine Begleitung nicht gerne sehe, aus Furcht, sein Nebenbuhler möchte sie mit ihm gehen sehen; weshalb er auch mehr ihr zum Tort noch mitgegangen sei; endlich: daß ihm die Woostin, als sie miteinander ins Haus getreten, die Worte gesagt habe: *Ich weiß gar nicht, was du willst! so geh doch nur nach Hause! Wenn nun mein Wirt raus kommt.* Diese Worte hätten ihn geärgert, und da habe ihn der Gedanke an das Messer und an seinen Vorsatz plötzlich wieder mit aller Macht ergriffen, und ihn mit einem Male dergestalt überwältigt, daß er darauf zugestoßen habe, ohne zu wissen, was er tue. Als er nach der Tat über den Roßplatz gegangen, sei ihm der Gedanke in den Kopf gekommen, sich zu erstechen, und er habe es bloß deshalb unterlassen, weil zu viel Leute dagewesen seien, würde sich aber, wenn er nicht arretiert worden wäre, sicherlich noch in derselben Nacht und mit dem nämlichen Instrumente das Leben genommen haben.

Von neuerdings während seiner Gefangenschaft gehörten Stimmen will er nichts wissen. Wohl aber beschäftigt er sich viel mit Ahnungen und Träumen. So behauptete er bei einer seiner Unterredungen mit mir, es habe ihm den Augenblick zuvor geahnet, daß ich nun kommen würde. Auf seine Träume, die er sehr gerne erzählt, und auf seine Weise deutet, baut er auch seine Hoffnungen. So erzählte er mir einst mit großer Freude, daß ihm geträumt habe, er läge in einer Grube, um welche mehrere Menschen beschäftigt wären, ihn heraus zu ziehen. Selbst wenn dergleichen Traumgestalten gar keine Beziehung auf ihn selbst haben, sucht er dennoch in ihnen sein Schicksal zu lesen und hält z. B. Träume von Feuer oder klarem Wasser für günstige Vorbedeutungen.

Nach der sorgfältigsten und gewissenhaftesten Erwägung der im Vorhergehenden dargestellten Umstände verfehlte ich nicht, in Gemäßheit des allerhöchsten Reskripts vom 9. November vorigen Jahres, und mit Berücksichtigung der gemachten Anträge des Verteidigers, Nachstehendes gutachtlich zu eröffnen, wobei ich, wegen der Vielseitigkeit des Gegenstandes und zur Erleichterung der Übersicht, es für zweckmäßig halte, das Ganze in zwei Abschnitte einzuteilen, von denen der erste die medizinisch-psychologische Entwicklung der Tatsachen, der zweite aber die aus ihnen für die Zurechnungsfähigkeit des Inquisiten zu ziehenden Folgerungen enthalten wird.

I. Medizinisch-psychologische Entwickelung der teils aus den Akten geschöpften, teils selbst beobachteten Tatsachen

[...]

2) Der im vorhergehenden geschilderte Zustand des Gefäßsystems ist sehr oft, besonders während seiner periodischen Exazerbationen, mit Benommenheit des Kopfes, mit Aufdringen beunruhigender Gedanken, mit unwillkürlichem Festhalten derselben, mit Unfähigkeit etwas anders zu denken und überhaupt mit einer finstern, hypochondrischen Stimmung und mit einer erhöhten Reizbarkeit des Gemütes verbunden, bei der die damit behafteten Personen durch geringfügige Ursachen leichter, als gewöhnlich zum Unwillen gereizt werden, und sich stärker aufgefordert fühlen, demselben durch Wort und Tat Luft zu machen. Daß auch *Woyzecks* Benommenheit und seine finstere menschenscheue und reizbare Gemütsstimmung von der körperlichen Anlage abhängig gewesen sei, kann nicht bezweifelt werden, besonders, wenn man erwägt, daß seinen Erzählungen zu Folge beide gleichen Schritt gehalten haben. Er selbst sagt nämlich: es sei ihm bei den obgedachten Zufällen der Kopf oft sehr eingenommen gewesen; er habe einen Gedanken, den er einmal gefaßt, und besonders unangenehme Vorstellungen, nicht leicht wieder los werden können, es seien ihm, wenn er lange über etwas nachgedacht, zuletzt ganz die Gedanken vergangen; er sei dabei manchmal sehr ärgerlich gewesen und nach und nach menschenscheu, mißtrauisch und bitter geworden; bei Zunahme dieser Verstimmung habe sich auch seine Beängstigung am Herzen und seine Benommenheit des Kopfes vermehrt; er sei dabei sehr leicht von Zorn, dessen Abstufungen u. Wirkungen er ganz so beschreibt, wie sie die Beobachtung an jedem zum Zorn gereizten Menschen kennen lehrt, überwältigt worden u. es sei ihm dabei gewesen, als ob er eine Kraft habe, alles zu zerreißen, oder als ob er die Leute sollte mit den Köpfen aneinander stoßen. So wie übrigens die tägliche Erfahrung lehrt, daß Personen, welche sich in dieser Anlage befinden, im Stande sind, allen ihren bürgerlichen und moralischen Pflichten zu genügen, so sagt auch *Woyzeck*, daß ihn alles dieses nicht gehindert habe, seine Geschäfte ordentlich zu besorgen, und mehrere Äußerungen von ihm, z.B. daß er *absichtlich* wenig gesprochen habe, um seinen Zustand nicht merken zu lassen, und daß durch Richtung der Gedanken auf einen andern Gegenstand die Benommenheit des Kopfes sich verliere, geben zu erkennen, daß bei ihm die Freiheit des Willens in diesem Zustande keineswegs aufgehoben gewesen sei.

3) Der Inquisit hegt allerhand irrige, phantastische und abergläubische Einbildungen von verborgenen und übersinnlichen Dingen, denen bei ihm teils Mangel an Kenntnis und Erziehung, teils Leichtgläubigkeit zum Grunde liegt, und die durch Neugier, durch einen natürlichen Hang, über dergleichen Dinge nachzugrübeln, und durch die, in seiner hypochondrischen Stimmung begründete Scheu, sich mitzuteilen, genährt und unterhalten worden ist. Dahin gehört zuerst die ihm aufgeheftete Lüge von den geheimen Künsten der Freimaurer, die ihn sehr angelegentlich beschäftigt und zu allerhand phantastischen Kombinationen und Versuchen verleitet hat. Daß er einen solchen mißglückten Versuch, den er sich gegen einen seiner Obern erlaubt hatte, in seinen Verhältnissen und bei seiner, auch bei andern Gelegenheiten vielfach bewiesenen Furchtsamkeit, als ein großes Ungebührnis betrachtete, daß er deshalb, wie er sich gegen mich ausdrückte, übel anzukommen fürchtete, daß er einige Tage nachher die sehr leicht denkbare Besorgnis desselben Offiziers, daß einer der Soldaten, nach dem Exerzieren bei großer Hitze Blutspeien bekommen könne, auf sich bezog, und die bei ihm selbst, durch dieselbe starke Bewegung und durch den nachherigen Gang ins Freie rege gewordenen Wallungen und Empfindungen am Herzen für Strafe

seines Vorwitzes und für Wirkungen geheimer Künste hielt, daß er endlich, bei der ihm und andern ähnlich konstituierten Personen eigenen Tenazität unangenehmer Vorstellungen der Gedanken nicht los werden konnte, daß eine geheime Gesellschaft, der er nichts Gutes zutraute und die er beleidigt zu haben glaubte, ihn verfolge: – dieses alles hängt mit den Einbildungen und der Furchtsamkeit dieses Menschen, mit seinen damaligen Verhältnissen und seiner körperlichen Anlage so natürlich zusammen, daß es sich daraus vollständig und ungezwungen erklären läßt. – – Eben dahin gehört ferner seine Vorstellung von der Wichtigkeit der *Träume*, von denen er glaubt, daß sie teils buchstäblich in Erfüllung gehen, teils eine allegorische Bedeutung haben, vermöge deren durch sie bald verborgene Dinge, z. B. die von ihm als sehr wichtig betrachteten Zeichen der Freimaurer, angezeigt, bald die Zukunft enthüllt werde. – – Aus derselben Quelle entspringt endlich auch sein Glaube an die Möglichkeit materieller Wirkungen der Geisterwelt und selbst an Verkörperung der Geister oder Geistererscheinungen. Die von ihm dafür gehaltenen Ereignisse sind offenbar von doppelter Art, nämlich teils solche, wo er aus Furcht und phantastischer Einbildung irgend eine äußere, natürliche Erscheinung, ohne sie näher zu untersuchen, für eine Wirkung übersinnlicher Wesen gehalten hat, teils solche, bei denen durch seinen unruhigen Blutumlauf eine Sinnestäuschung veranlaßt, diese aber durch die bei ihm vorwaltenden abergläubischen Vorstellungen zu einer übernatürlichen Erscheinung gestempelt worden ist.

Zu der ersten Art gehören die Fußtritte, die er selbst und sein Kamerad in einem verschlossenen Hause, in welchem er sich mit diesem allein zu befinden glaubte, gehört zu haben vorgibt, und die er, ohne die Veranlassung des Geräusches zu untersuchen, bloß aus dem Grunde einem umgehenden Geiste zuschrieb, weil ihm sechs Tage vorher von dergleichen geträumet hatte! – Von gleicher Beschaffenheit ist die Erscheinung, die er, als er nach einer durchschwärmten Nacht von Tanz und geistigen Getränken erhitzt und von der Furcht, entdeckt zu werden, geängstigt, in der Nähe des Festungskirchhofes gesehen haben will, und bei der es um so wahrscheinlicher ist, daß in seiner Phantasie die Erinnerung an die unter der Garnison verbreiteten Spukgeschichte die Gestalt des verstorbenen Kommandanten irgend einer dort befindlichen und die Wache grüßenden Person geliehen habe, da er selbst sagt, daß er kurz zuvor, um die Patrouille vorüber zu lassen, sich auf das Glacis niedergelegt habe, und mithin mehrere Personen in der Nähe gewesen sind. – Daß er bei solchen abergläubischen Vorstellungen *entferntes* Glockengeläute für *unterirdisches* und einen Schimmer des Mondes oder der Abenddämmerung, oder ein Meteor, oder ein Signal für Zeichen am Himmel gehalten und ihnen eine Beziehung auf das Freimaurerwesen, mit dem sich seine Einbildungskraft so angelegentlich beschäftigte, gegeben haben könne, bedarf keiner Erinnerung. – Übrigens ist der Umstand, daß er sich darüber bei einer alten Frau hat belehren wollen, für die Art und Weise, wie er überhaupt seine Visionen berichtigt haben mag, sehr bezeichnend. –

Zu der zweiten Art gehören die von dem Inquisiten angeblich öfters gehörten Töne und artikulierten Stimmen, und es kommt bei Beurteilung derselben vor allen Dingen der Umstand in Betrachtung, daß derselbe schon früher zu verschiedenen Malen, bei seinen Anfällen von Beängstigungen und Herzklopfen, ein Schlagen der Adern und Hitze im Kopfe, eine Empfindung, als ob es ihm aus dem Herzen in den Kopf fahre, und *zu gleicher Zeit* ein Zischen, Prasseln, Schnurren und Brummen im Genicke, oder vor den Ohren bemerkt hat.

Daß diese und ähnliche Täuschungen des Gehörsinnes als Folgen von Kongestionen des Blutes nach dem Kopfe häufig vorkommen, lehrt die tägliche Erfahrung, und daß sie auch bei Woyzeck diese Ursachen gehabt haben, läßt sich bei seiner Anlage und unter den vorhergehenden und gleichzeitigen Umständen nicht bezweifeln. Wie sehr bei dergleichen Zufällen zugleich seine Einbildungskraft beschäftigt, und wie sehr er geneigt gewesen ist, die natürlichen Veranlassungen zu übersehen und sich irgend etwas Ungewöhnliches und Übernatürliches dabei zu denken, beweist der bereits weiter oben erwähnte Vorfall, wo er das nach dem Exerzieren und Laufen bei starker Hitze entstandene Herzklopfen vor den Ohren für Wirkung geheimer Künste hielt. – Ein höherer Grad dieser Täuschungen des Gehörsinnes besteht darin, daß die mit dergleichen Zufällen behafteten Personen die Ursache des im Ohre vernommenen Geräusches für eine *äußere* halten und dabei bald nähere, bald entferntere Töne, z. B. Pochen, Glokkengeläute, Musik etc. zu hören glauben. Es läßt sich daher mit aller, bei Entwicklung pathologischer Tatsachen möglicher Gewißheit und nach Grundsätzen der rationellen Heilkunde annehmen, daß das Knistern und Rumoren, das Woyzeck in der Nacht und hernach auch bei Tage auf dem Verschlage in seiner Kammer gehört haben will (wenn es nicht irgend eine von ihm ununtersucht gelassene äußere Ursache gehabt hat), nichts anderes, als eine solche Täuschung des Gehörsinnes gewesen ist, die mit dem *gleichzeitigen* Brausen vor den Ohren und mit dem Gefühl, als ob ihm von oben Hitze auf den Kopf gehe, zusammen gehangen hat, und durch seine schon früher gehegte Geisterfurcht zu der Vorstellung von einer *objektiven* Veranlassung gesteigert worden ist. – Allein auch hiebei ist er nicht stehen geblieben, sondern es hat diese Sinnentäuschung bei ihm einen noch höhern Grad erreicht, indem er nicht bloß Lärm und Getöse, sondern sogar artikulierte Worte und Wortverbindungen zu hören geglaubt hat. Bei Erklärung dieser Erscheinung muß der Umstand in Erwägung gezogen werden, daß Woyzeck gewohnt gewesen ist, *mit sich selbst zu sprechen,* der es sehr denkbar macht, wie er, bei dem erhitzten Zustande seines Blutes und seiner Einbildungskraft, seine ebengedachten, oder laut ausgesprochenen Worte mit dem Lärm in seinem Kopfe verwechseln und selbigen bei seinem immer lebendigen Glauben an übernatürliche Einwirkungen für eine an ihn gerichtete fremde Stimme halten konnte. Diese Erklärung erhält dadurch noch größere Wahrscheinlichkeit, daß der Sinn dieser angeblich von einer *fremden* Stimme gehörten Worte sich fast immer auf das bezieht, was seine jedesmalige Gemütsstimmung, oder eine natürliche Ideenassoziation, ihm bei einem Selbstgespräche in den Mund legen konnte. So ist es höchst natürlich, daß er, als er mit einer Arbeit fertig gewesen, daran *gedacht* hat, was *er nun machen solle,* und zugleich bei den bereits vorausgegangenen Täuschungen seines Gehörs höchst wahrscheinlich, daß er, bei diesen gedachten, oder laut ausgesprochenen Worten, das *Subjektive* mit etwas *Objektivem* verwechselt habe. – Die Worte: *aufs Deckbette, aufs Deckbette,* scheinen auf die vorhergegangene Einbildung, daß er aufs Deckbette getappt habe, und die Worte: *auf dem Teller, auf dem Teller,* auf den Teller, den er gerade vor sich gehabt, eine Beziehung zu haben. – Wenn bei dem Vorfall in des Zeitungsträgers Haasen Behausung, wo er, als er des Abends nach 10 Uhr in seine Kammer gekommen, auf dem ihm bereits verdächtigen Verschlage die Worte gehört haben will: *o komm doch,* eine solche natürliche Ideenverbindung weniger ungezwungen nachgewiesen werden kann, so liegt die Ursache darin, daß er selbst sich seiner vorher gehabten Ideen nicht mehr erinnert, und es ist dafür desto augenscheinlicher, daß ihm dabei seine Geisterfurcht einen Streich gespielt hat, da er selbst gar nicht in Abrede stellt, daß er es für die Stimme eines Geistes gehalten, weil ihm sechs Tage vorher (also gerade so lange als er, nach einem ähnlichen Traum in Stettin, einen Geist gehört haben will), von einem Geiste geträumt habe. – Dagegen ist es desto mehr anzunehmen, daß, bei seinem schon einmal bis zur Ausführung gekommenen Vorsatz zum Selbstmord, die auf dem Wege nach dem Bade angeblich gehörte Stimme: *Spring ins Wasser,* sein eigner Gedanke gewesen ist. – Von gleicher Beschaffenheit ist der Vorfall, wo er, als er im Bette an der Kirmse und an seine dort anwesende Geliebte voller Eifersucht dachte, Violinen und Bässe durcheinander zu hören glaubte, und, nach dem Rhythmus der gewöhnlichen Tanzmusik, ihr die Worte unterlegte: *immer drauf, immer drauf.* Am deutlichsten erscheint diese Verwechslung des Objektiven mit dem Subjektiven in den, bei Untersuchung des Degens, der nachher zum Mordinstrumente gedient hat, angeblich gehörten Worten: *Stich die Frau Woostin tot,* die nach allem vorhergegangenen nichts anderes gewesen sein können, als der lebhaft erwachende Vorsatz zu der nachher vollführten Tat, dem er, bei seiner Gewohnheit, mit sich selbst zu sprechen, Worte gegeben, und den die Stimme des Gewissens mit den Worten: *du tust es nicht,* beantwortet, der damit kämpfende Vorsatz aber mit den Worten: *du tust es doch,* bestätiget hat. Sehr klar wird diese Ansicht durch den von ihm angeführten Umstand, daß es ihm öfters gewesen sei, als ob zwei Stimmen, eine warnende und eine andere, die ihn zum Bösen verleiten wollen, miteinander sprächen, von denen er selbst die erstere für die Stimme des Gewissens gehalten hat. Endlich ist auch der Umstand, daß es ihm immer nur vor dem *rechten* Ohre gesaust und gebraust hat, und daß er mit *demselben Ohre* auch die fremden Stimmen gehört haben will, ein, meines Erachtens, ganz unumstößlicher Beweis für den unmittelbaren Zusammenhang seiner Blutwallungen mit dem Lärm vor seinen Ohren und dieses Lärms mit den eingebildeten Stimmen, und zugleich einer der stärksten Beweise für die von mir aufgestellte Ansicht. – Daß übrigens die Einbildung, fremde Stimmen zu hören, bei Personen, die an Wallungen des Blutes, oder an Unterleibskrankheiten leiden, eine nicht ungewöhnliche Erscheinung und keineswegs notwendig und in allen Fällen mit einer Hemmung, oder mit einem Verlust des freien Verstandesgebrauches verbunden sei, werde ich weiter unten durch mehrere Fälle aus meiner eignen Beobachtung beweisen.

[...]

Aus den im Vorhergehenden dargestellten Tatsachen und erörterten Gründen schließe ich: daß *Woyzecks* angebliche Erscheinungen und übrigen ungewöhnlichen Begegnisse als *Sinnestäuschungen,* welche durch Unordnungen des Blutumlaufes erregt und durch seinen Aberglauben und Vorurteile zu Vorstellungen von einer objektiven und übersinnlichen Veranlassung gesteigert worden sind, betrachtet werden müssen, und daß ein Grund, um anzunehmen, daß derselbe zu irgend einer Zeit in seinem Leben und namentlich unmittelbar *vor, bei* und *nach* der von ihm verübten Mordtat sich im Zustande einer Seelenstörung befunden, oder dabei nach einem notwendigen, blinden und instinktartigen Antriebe und überhaupt anders, als nach gewöhnlichen leidenschaftlichen Anreizungen gehandelt habe, *nicht* vorhanden sei.

Indem ich diesen Bericht und dieses Gutachten als der Wahrheit und den Grundsätzen meiner Wissenschaft gemäß, durch meines Namens Unterschrift und Siegel bestätige, füge ich wegen der ungewöhnlichen Schwierigkeit, Vielseitigkeit und Wichtigkeit des von mir beurteilten Gegenstandes den Antrag hinzu, daß über die von mir aufgestellte Ansicht, selbst wenn gegen dieselbe erhebliche Zweifel nicht beigebracht werden sollten, annoch ein *Responsum* der medizinischen Fakultät eingeholt werden möge.

Leipzig, den 28. Februar 1823

Erstes Clarus-Gutachten

Früheres Gutachten des Herrn Hofrat Dr. Clarus über den Gemütszustand des Mörders Joh. Christ. Woyzeck, erstattet am 16. Sept. 1821

[...]

Über religiöse Gegenstände äußert er sich kurz und ziemlich kalt, versichert aber dennoch, daß er an Gott und Zukunft glaube, sein Morgen- und Abend-Gebet nie unterlassen und in seinem letzten hülflosen Zustande manchmal Gott auf den Knien angerufen habe, auch noch am Himmelfahrtstage, zwei Tage vor der Tat, in der Kirche gewesen sei. *»Aber«* setzte er mit rauher Stimme hinzu, *»was hat mirs denn geholfen?«* – Mit gleicher Roheit antwortete er auf die Frage, welche Vorstellung er sich wohl von dem Ausgange seines Prozesses mache? *»Es kann mir den Kopf kosten! Aber da mache ich mir nichts draus; – Sterben muß ich einmal!«* –

[...]

II. Beobachtungen, welche sich unmittelbar aus der Untersuchung des körperlichen und geistigen Zustandes des Inquisiten, und unabhängig von dessen eigenen Äußerungen, ergeben haben.

Der Inquisit hat das Ansehen eines Mannes von 40 Jahren und ist von mittler Statur, kräftigem, gedrungnem und völlig regelmäßigen Körperbau, mittelmäßig genährt und von ziemlich starkem Bart und Haarwuchs. Der Kopf steht in richtigem Verhältnis zu dem übrigen Körper und ist von keiner ungewöhnlichen Form auch ohne Narben und andere Spuren erlittener Gewalttätigkeiten. Während der ersten Minuten, nachdem er vorgeführt worden war, zitterte er gemeiniglich am ganzen Körper, so daß er selbst den Kopf nicht still zu halten vermögend war, und sein Puls- und Herzschlag war in diesem Zustande sehr beschleunigt und verstärkt, sobald er sich aber etwas beruhigt hatte, ließ das Zittern nach, und ich fand Puls- und Herzschlag natürlich, ingleichen das Atemholen frei und gleichförmig. Man bemerkt keinen üblen Geruch aus dem Munde, die Zunge ist ohne Beleg, obgleich von Tobak, den er zu kauen pflegt, etwas braun gefärbt, der Leib nicht aufgetrieben oder gespannt, und die Eingeweide desselben, so viel sich durch äußere Untersuchung erkennen läßt, von natürlicher Lage und Größe und ohne Spuren von Verhärtungen und andern organischen Fehlern. Die Haut ist von natürlicher und gleichförmiger Wärme, ohne Spur von Krätze, Flechten und andern Ausschlägen, auch bemerkt man bei Untersuchung derselben keine Krampfadern, Drüsenanschwellungen, Narben, oder venerische Merkmale, ausgenommen, daß der Kopf des rechten Nebenhoden sich etwas dicker und härter anfühlt, als gewöhnlich. Sein Auge ist nicht sonderlich belebt, aber von natürlichem Glanz und sein Blick fest, ernst, ruhig, und besonnen, keinesweges wild, frech, verstört, unstet oder zerstreut, aber auch eben so wenig traurig, niedergeschlagen, verlegen, gedankenlos oder erloschen. Das Gesicht ist blaß aber nicht eingefallen, die Lippen rot, die Züge ziemlich tief gefurcht, aber weder ungewöhnlich gespannt, noch erschlafft. Seine Miene hat nichts Tückisches, Lauerndes, Abstoßendes oder Zurückschreckendes und kündigt weder Furcht und Kummer, noch Unwillen und verhaltenen Zorn, überhaupt nichts Leidenschaftliches an, auch bleibt sich dieselbe fast immer gleich, und nur einigemale bemerkte ich, bei Erzählungen aus seinen Jugendjahren, wie sich ein schnellvorübergehendes Lächeln über dieselbe verbreitete, welches aber nichts Unangenehmes, Bitteres, Höhnisches oder Grinsendes hatte. Die Haltung und Stellung des Körpers ist zwar etwas nachlässig, aber nicht schlaff, der Gang und die übrigen Bewegungen sind rasch und lebhaft. Seine Sprache ist stark und vernehmlich, auch gehörig artikuliert und betont, nicht affektuiert, nicht polternd oder schleppend, seine Art sich auszudrücken kurz, bestimmt, treffend, ohne Abschweifungen und Wiederholungen. In seinen Reden und Antworten zeigt er ohne alle Ausnahme Aufmerksamkeit, Besonnenheit, Überlegung, schnelles Auffassen, richtiges Urteil und treues Gedächtnis. Der Verstand, dessen Anlagen zwar nicht ausgezeichnet, aber doch mehr als mittelmäßig zu nennen sind, erscheint weniger durch Erziehung und Unterricht ausgebildet, als durch mannigfaltige Schicksale, Aufenthalt in verschiedenen Ländern, Kriegsdienste, Gefahren und Mühseligkeiten geübt, gereift und zu einer praktischen Sicherheit gediehen. Seine Begriffe von den Gegenständen und Begebenheiten, die er gesehen und erfahren hat, sind seinem Stande und seiner Erziehung vollkommen angemessen, zeugen von ruhiger, mit freiem, unbefangenem Sinne angestellter Beobachtung, und sind eben so weit entfernt von exaltierter Verkehrtheit als von stumpfer Verworrenheit. Daher findet sich auch in seinen Erzählungen und Urteilen nicht die geringste Spur, daß irgend eine unrichtige oder überspannte Vorstellung von den Gegenständen der sinnlichen oder übersinnlichen Welt, oder von den Verhältnissen seiner eigenen physischen und moralischen Persönlichkeit sich seines Verstandes ausschließend bemeistert, den freien Gesichtspunkt für andere Verhältnisse verrückt und die richtige Beurteilung derselben getrübt habe, oder, mit andern Worten, zur fixen Idee geworden sei. Eben so wenig läßt sich aus seinem Benehmen bei den Untersuchungen, aus den Empfindungen, die er äußert, und aus seiner Gedankenfolge nachweisen, daß irgend eine Leidenschaft, Gefühl oder Phantasie sein *Gemüt* beherrsche, und ihm die wirkliche Welt unter falschen Formen, Verhältnissen und Beziehungen vorspiegele. Endlich gibt sich auch in den Äußerungen des Inquisiten und in seinem ganzen Wesen auf keinerlei Art ein hoher Grad von Reizbarkeit des Temperaments, von Ungestüm und körperlicher Aufregung, oder von Störrigkeit, Tücke und Bosheit zu erkennen, um daraus mit nur einiger Wahrscheinlichkeit den Schluß ziehen zu können, daß er zu denjenigen gehöre, welche, ohne in ihrem *Bewußtsein,* oder in ihren *Begriffen* gestört zu sein, dennoch in ihren *Handlungen* einem unwillkürlichen, blinden und wütenden *Antriebe* folgen, welcher alle Selbstbestimmung aufhebt. Dagegen finden sich bei ihm desto deutlicher die Kennzeichen von moralischer Verwilderung, von Abstumpfung gegen natürliche Gefühle und von Gleichgültigkeit in Rücksicht der Gegenwart und Zukunft. Die Spuren religiöser Empfindung, die er zuweilen äußert, wenn er dazu angeregt wird, sind viel zu schwach, frostig und vorübergehend, um ihnen einen Einfluß auf Gesinnungen und Handlungen zugestehen zu können, besonders in Ermangelung der äußern Rücksichten und Antriebe, durch welche oft rohe und ungebildete Menschen, auch bei schlaffen, oder fehlenden, moralischen und religiösen Grundsätzen in den Schranken der bürgerlichen Ordnung bewahrt werden.

So fehlt es dem Leben dieses Menschen an innerer und äußerer Haltung, und kalter Mißmut, Verdruß über sich selbst, Scheu vor dem Blick in sein Inneres, Mangel an Kraft und Willen sich zu erheben, Bewußtsein der Schuld, ohne die Regung, sie durch Darstellung seiner Bewegungsgründe, oder durch irgend einen Vorwand zu vermindern und zu beschönigen, aber auch ohne sonderliche Reue, ohne Unruhe und Gewissensangst und gefühlloses Erwarten des Ausganges seines Schicksals, dies sind die Züge, welche den *gegenwärtigen* Gemütszustand desselben bezeichnen.

Hieraus erhellet:

1. daß die sub. I. angeführten Umstände, ob sie gleich zur gesetzmäßigen Vollständigkeit der mir übertragenen Untersuchung gehören, dennoch, in sofern sie auf keinem andern Zeugnisse, als auf den Aussagen des Inquisiten, beruhen, bei der *gegenwärtigen Begutachtung* seines Gemütszustandes nicht berücksichtigt werden können, und daß mithin, was insonderheit dessen Vorgeben, als habe

er sich von Zeit zu Zeit in einem gedankenlosen Zustande befunden, anlangt, die weitere Bestätigung abzuwarten sei;

2. daß die sub II. dargestellten Beobachtungen über die gegenwärtige körperliche und geistige Verfassung des Inquisiten kein Merkmal an die Hand geben, welches auf das Dasein eines kranken, die freie Selbstbestimmung und die Zurechnungsfähigkeit aufhebenden Seelenzustandes zu schließen berechtige.

Vorstehenden Bericht und Gutachten bestätige ich, als der Wahrheit und den Grundsätzen meiner Wissenschaft gemäß, durch meines Namens Unterschrift und Siegel.

Leipzig, den 16. September 1821

Uraufführung und weitere Aufführungen (Auswahl)

8. November 1913, Uraufführung Residenztheater München (Eugen Kilian).
14. Dezember 1925, Uraufführung der Oper »Wozzeck« von Alban Berg, Staatsoper Berlin.

1. Dezember 1913, Lessing-Theater Berlin (Victor Barnowsky).
26. März 1914, Schauspielhaus Frankfurt a.M.
5. Mai 1914, Kammerspiele Wien.
20. November 1918, Nationaltheater München.
16. September 1919, Neues Theater Frankfurt a.M.
24. September 1919, Landestheater Darmstadt.
13. Dezember 1920, Lessing-Theater Berlin (Victor Barnowsky).
6. April 1921, Deutsches Theater Berlin (Max Reinhardt).
23. September 1922, Nationaltheater Mannheim (Eugen Felber).
12. Mai 1923, Schauspielhaus Köln (Dr. Liebscher).
15. Dezember 1927, Schillertheater Berlin (Jürgen Fehling).
14. November 1947, Kammerspiele des Deutschen Theaters Berlin
1952, Kammerspiele München (Hans Schweikart).
1953, Theater am Kurfürstendamm Berlin (Oscar Fritz Schuh).
18. September 1955, Deutsches Theater Göttingen (Heinz Hilpert).
1959, Deutsches Schauspielhaus Hamburg (Ulrich Erfurth).
18. August 1963, Kammerspiele Leipzig.
16. Januar 1964, Hessisches Landestheater Darmstadt.

(Vgl. Ingeborg Strudthoff, Die Rezeption Georg Büchners durch das deutsche Theater, Berlin-Dahlem 1957. – Wolfram Viehweg, Georg Büchners ›Dantons Tod‹ auf dem deutschen Theater, München 1964, S. 386f. – Günther Penzoldt, Georg Büchner, Friedrichs Dramatiker des Welttheaters, Velber bei Hannover 1968, S. 86–93. – Werner Schlick, Das Georg Büchner-Schrifttum bis 1965, Hildesheim 1968, S. 161–194. – Dietmar Goltschnigg [Hg.], Materialien zur Rezeptionsgeschichte Georg Büchners, Kronberg 1974.)

Unter dem Titel »Wozzeck« wurde der Stoff von Alban Berg vertont (Uraufführung am 14. 12. 1925 in der Berliner Staatsoper, Ltg. Erich Kleiber). Die Oper trug entscheidend zur Verbreitung des Büchner-Textes bei.

Anmerkungen

Im folgenden wird auf die textkritische Wiedergabe von Lesarten und unterschiedlichen Textrekonstruktionen verzichtet. Dazu sei verwiesen auf Walter Hinderer, Büchner-Kommentar. Lediglich in den Fällen, wo Büchner einzelne Sätze/Szenen nicht ausgeführt hat, werden zum Teil auch variante Ergänzungsversuche durch die verschiedenen Editionen abgedruckt. Die Anmerkungen beschränken sich im wesentlichen auf Wort- und Sacherläuterungen, die zum unmittelbaren Textverständnis nötig bzw. nützlich sind, und auf Querverweise zwischen den einzelnen Fassungen (insbesondere von H 1, H 2, H 3 auf H 4). Sie geben nur gelegentlich Hinweise auf dramaturgische Elemente des Stückes, auf Interpretationsansätze sowie auf Parallelstellen in anderen Werken Büchners.

Erste Fassung (Foliofassung), H 1, Szenengruppe 1

126 *Buden. Volk:* Vgl. das zweite Clarus-Gutachten, in dem ebenfalls von einer Kirmes die Rede ist (S. 412). Die Jahrmarktszene gilt als beliebtes Motiv der Sturm-und-Drang-Zeit (vgl. Landau, S. 79f.), so z.B. in Goethes »Jahrmarktsfest zu Plundersweilern«. Welt als Jahrmarkt, als Theater gilt als alter Topos, der insbesondere seit dem Barock häufig verwendet wurde. Auf die Anregung Büchners durch die hessische Wirklichkeit verweist Landau, S. 79, gestützt auf einen Abschnitt in Carl Vogts »Aus meinem Leben«, Stuttgart 1896. Zur Bedeutung dieser Szene als Exposition (›metaphorische Vorwegnahme‹) des offenen Dramas vgl. Meier, Woyzeck. – *Kreatur, wie sie Gott gemacht ... jetzt die Kunst:* Der Gegensatz von Natur und Kunst ist ebenfalls in der ›Genieperiode‹ wichtig geworden: für die Einschätzung sozialer Rollen. Satirischer Hinweis auf die Äußerlichkeit sozialer Unterschiede, die durch bestimmte Statussymbole (Rock, Hosen, Säbel) signalisiert werden. Vgl. auch Büchners Vorbild Jakob Michael Reinhold Lenz »Über Götz von Berlichingen«. Martens, Menschenbild, S. 377f., erklärt die Szene: »Der brutalen Vertiertheit des Menschen entspricht in ironischer Verkehrung die gauklerische Vermenschlichung des Tiers durch Marktschreier und Dressurkünstler.« – *Kompliment ... Baron ... Kuß:* Vgl. Büchners Brief an die Familie, Nr. 15. Verhaltensweisen des »höfischen Komplimentierstils« (Hinderer, S. 222). – *astronomische Pferd:* vermutlich Anspielung auf das in Szene 2 verlangte Uhrzeit-Sagen; oder allgemein: mit besonderen Fähigkeiten begabtes Pferd. – *kleine Kanaillevögele:* Kanarienvögel; möglicherweise auch bezogen auf frz. Canaille (= Schurke). Zum Ausländerdeutsch dieser Szene vgl. Jacobs, S. 141. – *favori:* lat./ital. Günstling. – *rapräsentation:* Repräsentation, Vorstellung. – *commencement von commencement:* Anfang von Anfang; frz. Wiederholung des vorausgehenden Satzes: »Man mackt Anfang von Anfang.« – *Margreth:* hier noch Margreth, in H 4 Marie. – *Was der Mensch*

Quasten hat und die Frau hat Hosen: Bergemann leitet aus dieser Replik die Regiebemerkung ab: »Marktschreier vor einer Bude mit seiner Frau in Hosen und einem kostümierten Affen.« (S. 155) Unabhängig von dem konkreten Bezug dieser Äußerung Margreths wird hier das Thema der Szene, die Äußerlichkeit sozialer Rollen, zusammengefaßt (vgl. Hinderer, S. 223). – *viehische Vernünftigkeit:* Ironie auf den Vernunftbesitzstand des Bürgertums, der bürgerlichen Gesellschaft (vgl. Brief an die Familie, Nr. 15). – *menschliche Sozietät:* Gesellschaft, ironisiert durch die »viehische Vernünftigkeit«, verstärkt im folgenden durch den Angriff auf den Akademikerstand. – *gelehrte Sozietät:* gelehrte Gesellschaft, Akademie. Büchner gehörte selbst seit 1836 der ›Société d'histoire naturelle de Strasbourg‹ an. (Vgl. S. 477ff. zu »Über Schädelnerven«.) – *schlage lerne:* Ironie auf die schlagende Verbindung, korrespondierend der Anspielung: »Ist unter der gelehrte Société da ein Esel?« – *Viehsionomik:* Anspielung auf Physiognomik = menschliche Ausdruckslehre, nach J. K. Lavater, Physiognomische Fragmente ..., 1775–78 (s. zu S. 78), und auf die ›Lehre vom Vieh‹. – *viehdummes Individuum ... Person:* Verkehrung der natürlichen und gesellschaftlichen Rollen: Tier als Person; dagegen wird der Mensch »Woyzeck« im Verlauf der Ausarbeitung des Dramas mehr und mehr zum Individuum, hier verstanden als besonderes Exemplar des Gattungswesens, degradiert. Vgl. Anton, 66f. – *bête:* frz. Tier. – *unideale Natur:* Hinweis auf den für Büchner zentralen Gegensatz von Kunst und Natur, gerichtet gegen Idealismus und Dogmatismus der Schulphilosophie. Vgl. das Kunstgespräch in »Lenz« (S. 75ff.), wo Büchner den Idealismus als »die schmählichste Verachtung der menschlichen Natur« charakterisiert. Vgl. auch »Über Schädelnerven« (S. 235ff.). – *Mensch sei natürlich:* Anspielung auf den Rousseauschen Naturbegriff und seine kulturkritische Forderung der ›Rückkehr zur Natur‹. – *Du bist geschaffe Staub, Sand, Dreck:* Vgl. Hiob 10,9: »Bedenke doch, daß du mich aus der Erde gemacht hast, und läßt mich wieder zum Staub zurückkehren.« B. letzte Worte sollen gewesen sein: »Wir sind Tod, Staub, Asche, wie dürften wir klagen?« – *expliziern:* ausdrücken. – *Eine Uhr:* Die Uhr als Statussymbol spielt auch im Gespräch Woyzeck/Hauptmann in H 4, 5 eine Rolle. – *guckt siebe Paar lederne Hosen durch:* Vgl. zu H 4, 2, S. 146.

127 *Frau Wirtin hat 'ne brave Magd:* Vgl. zu H 4, 10, S. 152. – *Louis:* hier noch Louis, in H 4 Woyzeck. – *wegen des Menschs:* hier im Sinne von Hure, Dirne. – *Ja wälzt euch übernander ... immer zu:* Vgl. zu H 4, 11, S. 154 – *Ich riech Blut:* nicht nur Hinweis auf den Mord, sondern auch auf die Märchenmotive, die der Märchenkontrafaktur der Großmutter zugrunde liegen (Lehmann, Repliken, S. 73). Vgl. auch H 1, 17 und zu S. 133: »Ich riech, ich rieche Menschenfleisch.« (Grimms Märchen von den Sieben Raben) – *rotes Meer:* Metaphernreihe von »rote, rote Backen« über »ich riech

Blut« und »rot vor den Augen« und »Meer von Blut« bis zum Stichwort. Vgl. Lehmann, Noten, S. 61.

128 *Was spricht da ... aus dem Boden hervor:* Vgl. das zweite Clarus-Gutachten über die Gesichte Woyzecks, S. 407f. – *Stich ... die Woyzecke tot:* Vgl. ebd. S. 407 u.ö.; vgl. H 4, 12 und zu S. 154. – *groß breit Messer:* Vgl. wiederum das zweite Clarus-Gutachten, S. 399. Auch im Fall Schmolling gilt ein Messer als Tatwaffe.

129 *Barbier:* Nach Martens, Der Barbier, S. 361ff., wird in der Forschung der Barbier nicht mehr mit Woyzeck identifiziert, sondern als eigene Figur betrachtet. – *Ach Tochter, liebe Tochter:* ein hessisches Lied, vermutlich Fuhrmannsverse, die eine Strophe des Volksliedes »Es waren zwei Königskinder« variieren. Vgl. Bornscheuer, Erläuterungen, S. 39. – *Branntewei das ist mein Leben:* Vgl. H 4, 14. – *ein ordentlicher Mensch ... Hundsfott:* Persiflage auf die militärischen Tugenden. Vgl. Lenz, Der Hofmeister IV, 6. Vgl. auch H 2, 7 und H 4, 5, sowie zu S. 148. – *Spinosa pericylyda:* Die Deutungen dieses Ausdrucks divergieren in der Forschung von ›Anspielung auf Spinoza‹ bis zu ›Verballhornung eines medizinischen Terminus‹. Letzteres ist wahrscheinlich: spina nodosa pericyclica: der sich herumwindende Rückenmarksknoten. – *lebendiges Skelett ... Die ganze Menschheit studiert an mir:* Vgl. H 2, 7, und H 4, 9. – *Wir müssen Freunde sein:* Kobel, S. 312, sieht hier Anspielung auf Lessings »Nathan«, II, 5: »Wir müssen, müssen Freunde sein!« – *Natur ... Amputation:* wiederum Polarisierung von natürlichem Verhalten und Wissenschaft, die das Leben amputiert. – *Der Mensch ist egoistisch ... sticht, hurt:* Vgl. Danton II, 5 (S. 37). Hier wird das Problem der Freiheit oder Determiniertheit menschlichen Handelns angesprochen, das Zentralproblem des B.schen Denkens. Vgl. auch den Brief an die Braut, Nr. 18.

130 *unsere Nasen wärn zwei Bouteillen:* Vgl. H 4, 11 und zu S. 153. – *Freund! ein Freund!:* nach Hinderer, S. 231, Ironisierung des sentimentalen Freundschaftskultes. – *Seht die Sonn ... potchambre ausgeschütt:* nach Hinderer, ebd. ähnliche Desillusionierung der Naturschwärmerei. Vgl. Leonce und Lena II, 2 (S. 107). – *potchambre:* frz. Nachttopf – *Wieviel Uhr ist's?:* hier wieder das Uhrmotiv, in einem existentiellen Sinne verwendet, korrespondierend dem Türmotiv und dem Sargmotiv (Hobelspäne): alles Hinweise auf das Sterben. – *Was liegt denn da üben?:* Ähnlich im Horn-Gutachten zum Fall Schmolling. – *Du sollst nicht töten:* Vgl. 2. Mose 20, 13; Matth. 5, 21; Luk. 18, 20; Jak. 2, 11. Ähnlich auch im Horn-Gutachten zum Fall Schmolling.

131 *Drückt dich der Alp?:* Vgl. das zweite Clarus-Gutachten (z.B. S. 406 u.ö.). – *Immer zu:* Vgl. zu H 4, 12, S. 154. – *Du mußt Schnaps trinke:* Vgl. H 4, 13. – *Wie scheint die Sonn:* Die Quelle dieses Liedes ist unbekannt. Bergemann (S. 678) vermutet ein Kinderlied. – *rote Sock:* hier wieder das rot/Blut-Motiv. – *Warum? ... Aber warum darum?:* Vgl. den Kinderspruch aus »Des Knaben

Wunderhorn«: »Wenn das Kind allzu wißbegierig ist ...« – *Ringle, ringel Rosenkranz:* Vgl. Bornscheuer Erläuterungen, S. 26, und seinen Hinweis auf die bei H. M. Enzensberger, »Allerleirauh«, Frankfurt/Main 1968, enthaltenen Abzählverse mit der entsprechenden Eingangszeile. – *König Herodes:* nach Lehmann, Noten, S. 61, zum Motivkomplex rot, Blut, rotes Meer gehörig. Vgl. H 1, 5 und zu S. 127. – *Es war einmal ein arm Kind:* Märchenkontrafaktur, nach Hinderer, S. 234, »Integrationspunkt« des Dramas: bezogen auf die Grimmschen Märchen »Die Sterntaler« und »Die sieben Raben«. Vgl. auch Lehmann, Repliken, S. 80f. Das Märchen »Die Sterntaler« beginnt: »Es war einmal ein kleines Mädchen, dem war Vater und Mutter gestorben, und es war so arm, daß es kein Kämmerchen mehr hatte darin zu wohnen und kein Bettchen mehr darin zu schlafen und endlich gar nichts mehr als die Kleider auf dem Leib und ein Stückchen Brot in der Hand, das ihm ein mitleidiges Herz geschenkt hatte.« In »Die sieben Raben« macht sich das Mädchen auf, seine Brüder zu erlösen: »Nun ging es immer zu, weit, weit, bis an der Welt Ende. Da kam es zur Sonne, aber die war zu heiß und fürchterlich, und fraß kleine Kinder. Eilig lief es weg und lief hin zu dem Mond, aber der war gar zu kalt und auch grausig und bös, und als er das Kind merkte, sprach er ›ich rieche, rieche Menschenfleisch‹. Da machte es sich geschwind fort und kam zu den Sternen, die waren ihm freundlich und gut, und jeder saß auf seinem besonderen Stühlchen. Der Morgenstern aber stand auf, gab ihm ein Hinkelbeinchen und sprach ›wenn du das Beinchen nicht hast, kannst du den Glasberg nicht aufschließen, und in dem Glasberg da sind deine Brüder‹.« In dem Grimmschen Märchen »Das singende springende Löweneckerchen« (Hinweis von Klotz, S. 207) zieht eine Königstochter in die Welt, um ihren Geliebten zu erlösen. Sie steigt zur Sonne hinauf, befragt den Mond, den Nachtwind und die drei anderen Winde: den Ost-, West- und Südwind, bis sie von letzterem erfährt, daß die weiße Taube (ihr verwandelter Geliebter) zum Roten Meer geflogen und dort ein Löwe geworden sei. Aber die Erlösung verzögert sich, und es heißt: »Da stand die arme Weitgewanderte und war wieder verlassen und setzte sich nieder und weinte.« Nach Hinderer, S. 234f., ist von dieser Märchenquelle her auch das Wortmotiv »rotes Meer« in H 1, 5 ergänzend zu erklären. »Szene 5 bereitet Szene 14 vor: das Märchen oder Antimärchen (vgl. dazu Benno von Wiese, S. 332; Benn, S. 232f.; Bergemann nennt es ein ›parodistisches Märchen‹; Höllerer, S. 142, ein ›modernes Predigtmärlein‹; Klotz, S. 207, ein ›Unmärchen‹; Lehmann eine ›Kontrafaktur‹) setzt eindeutig einen ›tiefsinnigen Vorgangskommentar‹ (Lehmann, Repliken, S. 80) zu Woyzecks Situation und Handeln ins Bild, wobei spezifische Wortmotive (wie die Metaphern vom ›roten Meer‹, ›König Herodes‹, ›Blut‹) die verschiedenen Teile miteinander verbinden.« – In der Kontrafaktur B.s gibt es keine Erlösung. »Zentrale Wortmotive wie ›Alles tot‹ erhalten vom

Märchen her wieder Hinweischarakter auf H 4, 1 H 2, 1 und H 4, 16: ›Still, alles still, als wär die Welt tot‹; ›Still, ganz still, wie der Tod‹, ›Alles tot‹.« Viëtor, Büchner, S. 208: »Kein Ausweg, kein Licht am Ende, keine Erlösung, nur hoffnungslose Einsamkeit.« Parabolisch verdichtet sich hier das Kernthema der Dichtung Büchners: menschliches Leiden und Einsamkeit. Zahlreiche Wortmotive stellen die Beziehung zu Woyzecks Situation her. Die Umkehrung der Märchenintention liegt in der Unmöglichkeit der Erlösung, in der Stagnation, Enttäuschung und Desillusionierung. Jancke, S. 274, spricht von »universeller Entwertung«; vgl. auch Meier, Woyzeck, S. 62, und Proß, Kategorie ›Natur‹. – *Neundöter:* Dorndreher oder Rotrücken-Würger; ein Vogel, der seine Beute, die er nicht sofort verzehrt, zum Vorrat auf Dornen spießt. – *umgestürzter Hafen:* Topf, Nachtgeschirr; s. auch H 1, 10, zu S. 130.

132 *Margreth und Louis:* diese Szene ähnlich im Horn-Gutachten zum Fall Schmolling. – *Was der Mond rot auf geht ... Wie ein blutig Eisen:* Vgl. Offenbarung 6, 12 und Apostelgeschichte 2, 20 – *Was hast du vor?:* Vgl. das zweite Clarus-Gutachten, S. 408. – *Nimm das und das!:* Bei den Mordfällen Woyzeck und Dieß sind jeweils mehrere Messerstiche bezeugt. – *Es kommen Leute:* Vgl. dazu das Horn-Gutachten; ebenso im Fall Dieß den Bericht des Advokaten Bopp und im Fall Woyzeck das zweite Clarus-Gutachten, S. 408. – *Es ist das Wasser, es ruft:* Vgl. das zweite Clarus-Gutachten, S. 407.

133 *Tanzt alle, immer zu:* Vgl. H 1, 5. – *Ins Schwabeland:* aus dem Volkslied »Auf dieser Welt«. – *O pfui mein Schatz:* Variante der vierten Strophe des Volksliedes »Auf dieser Welt«. – *Rot, Blut:* Vgl. H 1, 5. – *da hat der Ries gesagt:* Vgl. H 1, 14 und vorhergehende Szene.

134 *Das Messer:* Vgl. das Horn-Gutachten im Fall Schmolling. – *rote Schnur:* das Mal der Verurteilten. – *Leute:* Vgl. das Horn-Gutachten im Fall Schmolling. – *So da hinunter:* Im zweiten Clarus-Gutachten wird von Woyzecks Absicht berichtet, den Degen in den Teich zu werfen, S. 408 – *Der Mond ist wie ein blutig Eisen:* Vgl. H 1, 15 und zu S. 132. – *Ein guter Mord ... ein schöner Mord:* Ästhetisierung des Mordes als Zeichen der Indifferenz der Gesellschaft (vgl. Hinderer, S. 242).

Erste Fassung (Foliofassung), H 2, Szenengruppe 2

135 *schneiden Stöcke:* für die Herstellung von geflochtenen Körben. – *Da ist die schöne Jägerei:* Variante eines hessischen Volksliedes; vgl. Erk/Böhme, Bd. 3, Nr. 1461. Text dort: »Drüben im Odenwald, da wächst ein schönes Holz, / Da ist die Jägerei, / Da ist das Schießen frei, / Da möcht ich Jäger sein, / Das wäre meine Freud! // Zwischen Bergen durch da saßen zwei Füchs, / Kam auch ein Has daher, / Fragt ob ich ein Jäger wär? / ›Ja, Jäger bin ich g'wiß, / Aber schießen kann ich nix.‹« – *leuchtenden Streif:* Vgl. das zweite Clarus-Gutachten, S. 405. – *da rollt abends der Kopf ...*

3 Tage und 3 Nächte: Vgl. das zweite Clarus-Gutachten, S. 404. – *zwerch:* quer, verkehrt, ›verrückt‹. – *Freimaurer:* Vgl. das zweite Clarus-Gutachen, S. 404. Mitglieder der weltbürgerlichen und supranationalen Bewegung mit dem Ziel, auf der Grundlage einer natürlichen Ethik das Ideal ›edlen Menschentums‹ zu verwirklichen. Der Name leitet sich von den geheimgehaltenen symbolischen Riten ab, die auf Bräuche der mittelalterlichen Bauhütten zurückgehen. 1717 wurde in London die erste Groß-Loge gegründet; die erste Loge in Deutschland entstand 1737 in Hamburg. – *es geht neben uns:* Vgl. das zweite Clarus-Gutachten, S. 406f. Das Erschreckende, Abgründige ist in H 4, 1 erheblich verstärkt. – *Hörst du das fürchterliche Getös ... Sieh nicht hinter dich:* Vgl. Offenbarung 1, 10; 1, 12; 8, 5; 16, 18f.; 17, 3; 2. Petrus 3, 10; 2. Petrus 2, 6f.; 1. Mose 19, 24ff. Vgl. zu H 4, 1; zu S. 168. Nach Hinderer, S. 194, Anspielung auf Sodom und Gomorrha. – *Tambourmajor:* Führer einer Militärmusik im Unteroffiziersrang. Vgl. H 4, 6. Vgl. auch das zweite Clarus-Gutachten, S. 398.

136 *Soldaten, das sind ...:* Vgl. zu S. 146. – *honnette Person:* anständige, ehrliche Person; im 18./19. Jh. gebräuchlicher Ausdruck, nach der Tugendideologie der deutschen Aufklärung. – *Sie guckt sieben Paar lederne Hosen durch:* Vgl. H 1, 1 und zu H 4, 2; zu S. 146. – *Hansel spann deine sechs Schimmel an:* Vgl. zu H 4, 2; zu S. 146. – *Mädel was fangst du jetzt an:* Schlußstrophe des Volksliedes »Sitzt e schöns Vogerl«. – *Verles:* Appel, Zapfenstreich. – *Es war ein fürchterliches Getös am Himmel und Alles in Glut:* Vgl. zu H 2, 1; zu S. 135. Vgl. auch das zweite Clarus-Gutachten, S. 405. – *Meß:* hier Kirchweih, Kirmes, Jahrmarkt.

137 *Ach wir armen Leut:* H 2 als allmähliche Verstärkung der sozialen Thematik. Vgl. H 4, 4. – *Und macht die Wiege knickknack:* Variante des bei Karl Wehrhan, »Frankfurter Kinderleben in Sitte und Brauch. Kinderlied und Kinderspiel«, Wiesbaden 1929, Nr. 265, S. 20, abgedruckten Kinderliedes: »Wenn die Kinder schlafengehn / muß ich bei der Wiege stehn / Macht die Wiege knickknack / schläft mein kleiner Dicksack.« – *Auf der Welt ist kein Bestand:* nach Bergemann, S. 630, ein »alter Leierkastensang«; nach Lehmann, Repliken, S. 72, thematische Korrespondenz des »Vanitas- und memento-mori-Motivs« mit den »blasphemischen Rodomontaden des predigenden Handwerksburschen«. Vgl. zu H 4, 11; zu S. 154. – *Ein Mensch muß auch der Narr von Verstand sein ... Narrisch Welt! Schön Welt!:* Vgl. Krause, S. 229, der auf 1. Korinther 3, 18 verweist: »Niemand betrüge sich selbst. Welcher sich unter euch dünkt weise zu sein, der werde ein Narr in dieser Welt, daß er möge weise sein.« Das Narrenmotiv gehört zu B.s Zentralmotiven. – *astronomische Pferd und kleine Kanaillevogel:* Zu diesen u.a. Stellen vgl. zu H 1, 1; zu S. 126. – *Potentate:* Machthaber, regierende Fürsten. – *Alles Erziehung:* Vgl. die Hinweise auf den Gegensatz von Natur und Kunst/Gesellschaft zu H 1, 1 und 2; zu

S. 126; dazu Jancke, S. 281. – *Fortschritte der Zivilisation:* satirische Anspielung auf den aufklärerischen Fortschrittsglauben. – *Der Aff ist schon ein Soldat ... unterst Stuf von menschliche Geschlecht:* Hinderer, S. 245, verweist auf E. T. A. Hoffmanns »Fantasiestücke in Callots Manier«, Erzählung »Nachricht von einem gebildeten jungen Mann«. Das Motiv auch in Henzes Oper »Der junge Lord«. Gleichzeitig Satire auf den Soldatenstand. Vgl. auch zu H 1, 1; zu S. 126. – *Grotesk:* Vgl. Wolfgang Kayser, »Das Groteske in Malerei und Dichtung«, Hamburg o. J., S. 74, über »Woyzeck«: stilistische Darstellung der »schlechthinnigen Verfremdung der Welt«. Vgl. auch Brief Nr. 17. Das Groteske ist Grundstilfigur bei B. Vgl. auch Ullman, Sozialkritische Thematik, S. 55 ff. – *dogmatischer Atheist:* strenggläubiger Atheist.

138 *wann ihm's Kreuz ...:* Krause, S. 47, liest wie Bornscheuer: »wann er im Kreuz über sei Nas guckt«. – *Wo is mei Schatten hingekomm?:* vermutlich Anspielung auf Adelbert von Chamissos »Schlemihls wundersame Geschichte«. – *Fraßen ab das grüne, grüne Gras:* Vgl. zu H 4, 1; zu S. 145. – *Warum hat Gott die Mensche geschaffe?:* Theodizee-Gedanke (Rechtfertigung Gottes). Vgl. zu H 4, 11; zu S. 154. – *über das Kreuz pissen, damit ein Jud stirbt:* Vgl. zu S. 154. – *Brandwein das ist mein Leben:* Vgl. H 4, 11 und 14. – *Kürassierregimenter:* gab es in den größeren deutschen und europäischen Armeen von etwa 1700 an bis zum 1. Weltkrieg. Küraß = Lederkoller, später Brustharnisch der schweren Reiter, aus Eisen oder Stahl; ab Anfang des 20. Jhs. nur noch zu Paradezwekken getragen.

139 *Die Welt wird schlecht:* Ausdruck des nachidealistischen Epigonenbewußtseins, das B. hier in die Form pseudo-moralischer Entrüstung kleidet: Entrüstung gegenüber der Nichtbeherrschung anal-urethraler Funktionen. – *wenn man nit anders kann?:* Ausdruck des zwanghaften Verhaltens, gleichzeitig Ausdruck des Rückzugs auf das Kreatürliche gegenüber einer ›entmenschten‹ Wissenschaftsauffassung. – *Aberglaube:* Bezeichnung der gegenläufigen Haltung zu der in der Figur des Doktors ironisierten Rationalismus-Doktrin. – *musculus constrictor vesicae:* Blasenschließmuskel, s. auch zu S. 150. – *der Mensch ist frei ... verklärt sich die Individualität zur Freiheit:* s. zu S. 150. – *Es ist Betrug:* Vgl. dazu Jancke, S. 278 ff.: Widerspruch von Natur und Freiheit in der Beziehung zum Doktor. – *cruciferae:* Kruziferen, Kreuzblütler. – *secret:* Toilette. – *Revolution in der Wissenschaft:* Vgl. Benn, S. 241 ff. zum Thema »Enthumanisierung durch Wissenschaft« und Wissenschaftsproblematik bei Büchner. Vgl. auch S. 480 ff. zu »Über Schädelnerven«. – *salzsaures Ammonium:* Ammonium = frei nicht auftretende Atomgruppe NH_4, die in Verbindungen (Ammoniumsalzen) die Stelle eines einwertigen Metalls vertritt. Vgl. zu S. 150. – *Valnessia und Myan:* möglicherweise Vanessa = wissenschaftlicher Gattungsname einiger Schmetterlingsarten, z. B.

Admiral, Distelfalter; Myan möglicherweise Mya = Klaffmuschel. – *Süßwasserpolyp ... Hydra? Vestillen? Cristatellen?:* Hydra ist eine Gattung der Süßwasserpolypen. Vestillen vermutlich Vixillen = Schneckenart; Cristatellen gehören zur Klasse der Weichtiere. – *Infusionstier:* mikroskopisch kleines Tier, Geißel- oder Wimpertierchen. Nach Winkler, S. 231, scheint Wilbrand, das reale Vorbild für den Doktor im Woyzeck (s. zu S. 143), eine besondere Vorliebe für Polypen gehabt zu haben. – *ärgern ist ungesund, ist unwissenschaftlich:* Parodie auf die traditionelle Rolle des abgeklärten, objektiv verfahrenden Wissenschaftlers. Vgl. zu S. 150. – *Proteus:* Vgl. zu S. 151. – *wenn die Natur aus ist:* apokalyptische Vision, verbunden mit der folgenden Bemerkung.

140 *wenn etwas ist und doch nicht ist:* das philosophische Grundproblem von Sein und Nicht-Sein. – *Esse:* offene Feuerstelle mit Rauchabzug. – *Ringe von den Schwämmen ... krumme Kreise:* Die am Boden wachsenden Schwämme werden Woyzeck zu Hieroglyphen. – *fixe Idee:* Vgl. auch H 4, 8. Der Begriff taucht bei B. häufig in pathologischer Bedeutung auf und war in seiner Zeit weit verbreitet. Vgl. auch E. T. A. Hoffmanns Gutachten im Fall Schmolling, in dem vom »partiellen Wahnsinn, der eine fixe Idee erzeugt«, die Rede ist. – *alienatio mentis:* Geisteskrankheit. Vgl. zu H 4, 8; zu S. 151; wörtlich: Entfremdung des Geistes. – *meine Theorie:* Kobel, S. 245, vermutet hier einen Angriff B.s in der Nachfolge Pascals auf »fausse perpétuité de nom«, auf den Ruhm als Pseudo-Ewigkeit. – *Sargnagel ... Exerzierzagel:* Vgl. zu H 4, 9; zu S. 152.

141 *via coronar congestionis:* durch Überfülle der Kranzgefäße; hier im Sinne von Zusammenbruch durch Blutandrang zum Kopf oder Herzen. – *was hetzt er sich so an uns vorbei:* Vgl. das erste Clarus-Gutachten, S. 413. – *Regiment Kastrierte:* Da Kastrierte keinen oder nur schwachen Bartwuchs haben, spielt der Hauptmann darauf an, daß Woyzecks Eile nicht beruflich bedingt ist. Zur Figur des Hauptmanns vgl. auch Meier, Woyzeck. – *Plinius:* Nach Jacobs, S. 141, nicht C. Plinius Secundus, sondern Plutarch (ca. 45–125 n. Chr.), der überliefert, daß Alexander der Große seinen Soldaten vor der Schlacht befohlen habe, sich die im Nahkampf hinderlichen Bärte abnehmen zu lassen. – *ein Haar aus eim Bart in seiner Schüssel:* Anspielung auf die Untreue Maries. – *sapeur:* Pionier. – *Kerl er ist ja kreideweiß:* Vgl. das zweite Clarus-Gutachten, S. 400.

142 *Den Puls Woyzeck:* Vgl. das zweite Clarus-Gutachten, S. 400. – *nur wege des Gedankenstrichels zwischen Ja ...:* Vgl. Matth. 5, 37; Jakobus 5, 12 und 2; 2. Korinther 1, 17 (Krause S. 230); eine dem Sprecher nicht adäquate Äußerung über den Grundkonflikt menschlicher Existenz. Vgl. auch Hinderer S. 273. S. Danton I, 1 (S. 10). – *courage ... Hundsfott:* Vgl. zu H 1, 10; zu S. 129. – *Leichdörn:* Hühnerauge.

143 *Ich hätt lieber ein Messer in de Leib:* Vgl. das zweite Clarus-Gutachten, S. 407. – *Jeder Mensch ist ein Abgrund:* Martens, Men-

schenbild, S. 385, Anm. 24, verweist auf Augustinus; Kobel, S. 60, Anm. 42, nennt Pascals Pensées, Hinderer, S. 254, verweist auf Bonaventuras Nachtwachen, 4. Nachtwache, zum Thema der Widersprüchlichkeit des Menschen. – *Und ist kein Betrug ...:* Zitat 1. Petrus 2, 22: »... welcher keine Sünde getan hat, ist auch kein Betrug in seinem Munde erfunden ...« (Krause, S. 230, verweist noch auf Jesaja 53, 9 und Offenbarung 14, 4f.). Das Zitat bezieht sich auf Christus. Es steht hier im Sinne einer Parteinahme B.s für den leidenden und unterdrückten Menschen. Vgl. auch H 4, 15.

Verstreute Bruchstücke (Quartblatt), H 3

143 *Der Hof des Professors:* Professor und Doktor sind dieselbe Person. Vermutlich Persiflage auf den Gießener Universitätsprofessor Wilbrand, der gleichzeitig praktizierender Arzt war und dessen Vorlesungen B. hörte. B.s Kommilitone Carl Vogt, »Aus meinem Leben«, Stuttgart 1896, führt aus: »Wie der Doktor Wozzek [!] vor den Studenten mit den Ohren wackeln läßt, so bildete auch hier bei dem klapperdürren, hageren Wilbrand, der sich zudem in eine tiefsinnig abstruse Naturphilosphie verrannt hatte, die Demonstration der Ohrmuskeln den Glanzpunkt seiner anatomischen Vorlesung.« Sein eigener Sohn mußte dabei mit den Ohren wedeln. Andere Eigenschaften scheinen »von dem nur zum Ruhm der Wissenschaft rastlos tätigen, genial rücksichtslosen Justus Liebig entlehnt zu sein, der damals als junger Professor in Gießen höchst anregend, aber auch sehr originell wirkte« (Landau, S. 80). Ebenso wahrscheinlich ist der Verweis auf den Universitätsprofessor und Leipziger Stadtphysikus Dr. Johann Christian August Clarus. Gernot Rath, Georg Büchners ›Woyzeck‹ als medizinisches Zeitdokument, in: Grenzgebiete der Medizin, 1949, S. 469f: »Büchner verwendet [...] die neuesten Erfahrungen der Medizin, wenn auch in ironisierter Form.« Zur Einordnung in die Lesefassung und zur Entstehung vgl. S. 381, 388f. – *ich bin auf dem Dach, wie David, als er die Bathseba sah:* Vgl. 2. Samuel 11, 2. Bathseba war die Frau Urias, eines Befehlshabers Davids. – *culs de Paris:* Gesäßpolster, im 18. und 19. Jahrhundert unter dem Frauenrock getragen. – *Verhältnis des Subjekts zum Objekt ... organische Selbstaffirmation des Göttlichen ... sich zum centrum gravitationis und dem eigenen Instinkt verhalten?:* Quelle nach Winkler, S. 119ff., der Gießener Anatom Wilbrand. Nach Hinderer, S. 256, »nimmt diese Replik ebenso die idealistisch getönte wissenschaftliche Physiologie Wilbrands (vgl. Lehmann, Repliken, S. 79) aufs Korn wie die Physiologie des Cartesius ›aus mathematischen und physikalischen Prinzipien‹ [...] In der Replik des Doktors setzt sich Büchner gleichermaßen mit dem teleologischen wie dem idealistischen Standpunkt satirisch auseinander. Hinter der satirischen Absicht wird das Anliegen des Dichters sichtbar, nämlich darzustellen, daß sowohl die zeitgenössische Medizin als auch die Rechtswissenschaft unfähig ist, einen Fall wie

Woyzeck menschlich adäquat und sachgetreu zu beurteilen.« Vgl. auch zu »Über Schädelnerven«. – *Selbstaffirmation:* Selbstbestätigung. – *centrum gravitationis:* Zentrum der Schwerkraft, Erdmittelpunkt.

144 *Herr Doktor ich hab's Zittern:* Nach Bornscheuer, Erläuterungen, S. 34f., sind in der Demonstration des Doktor-Professors sowohl die Beobachtungen des ersten und zweiten Clarus-Gutachtens, S. 413, 402, als auch die Ernährungsexperimente Liebigs an Gießener Soldaten enthalten. Vgl. auch H 4, 8 und Meier, Woyzeck, zur Figur des Doktor. – *Spezies Hasenlaus:* Hasenlaus = Pelztierfresser, lat. Ricinus. – *enfoncé:* frz. eingegraben (im Pelz). – *Courage:* Vgl. auch H 2, 7 und H 1, 10; zu S. 129. – *Erbsen ... ungleicher Puls ... Augen ... es wird mir dunkel:* Vgl. oben zu Liebigs Ernährungsexperimenten. Symptome dieses Experiments: ungleicher Puls, Seh- und Herzstörungen, Zittern, Schwindel, Haarausfall. – *Allons:* frz. Auf geht's! – *Übergänge zum Esel:* Vgl. H 1, 2 und H 2, 3. – *Der Idiot:* Zur Stellung dieser Szene vgl. S. 389. – *Der is in's Wasser gefallen:* Abzählvers, bei Stöber, Elsässisches Volksbüchlein, S. 43, und bei Wehrhan, Frankfurter Kinderleben, S. 14f (s. zu S. 137), in verschiedenen Fassungen überliefert. Im Frankfurter Raum war diese Fassung bekannt: Der ist ins Wasser gefallen, / der hat ihn herausgezogen, / der hat ihn heimgetragen, / der hat ihn ins Bett gelegt und schön zugedeckt, / und der kleine Schlingel hat ihn wieder aufgeweckt. – *Christianche:* einer der beiden Vornamen des historischen Woyzeck. Vgl. auch das zweite Clarus-Gutachten, S. 403. Vgl. auch das Bopp-Gutachten zum Fall Dieß. In beiden historischen Fällen spielte die »Liebe zu seinem Kinde« eine Rolle. – *Reuter:* Reiter.

Vorläufige Reinschrift (Quartfassung), H 4

145 *schneiden Stöcke:* Vgl. zu S. 135. – *den Streif da über das Gras hin ...:* Vgl. das zweite Clarus-Gutachten, S. 405. – *Hobelspäne:* Metapher für Sarg, Sterben. Vgl. H 1, 11. – *Freimaurer:* Vgl. zu H 2, 1; zu S. 135. – *Saßen dort zwei Hasen:* Teil eines Volksliedes. Seit 1820 war folgende Strophe bekannt: »Zwischen Berg und tiefem, tiefem Tal / Saßen einst zwei Hasen, / Fraßen ab das grüne, grüne Gras, / Fraßen ab das grüne, grüne Gras, / Bis auf den Rasen.« – *Es geht hinter mir:* Vgl. das zweite Clarus-Gutachten, S. 406. Nach Benn, S. 246f., wird an dieser Stelle die Vision des Abgründigen gestisch wirksamer gestaltet als in H 2, 1. – *Red was:* Vgl. das zweite Clarus-Gutachten, S. 404, sowie das Horn-Gutachten zum Fall Schmolling. – *Ein Feuer fährt um den Himmel ...:* Vgl. Offenbarung 1, 10; 1, 12; 8, 5–7; 8, 8; 8, 10; 16, 18 (nach Krause, S. 230f.). Das Bild verweist auf die Vorstellung vom Weltuntergang, von Sodom und Gomorrha. Vgl. 1. Mose 19, 24–26. Vgl. auch das zweite Clarus-Gutachten, S. 405. Vgl. auch zu H 2, 1; zu S. 136. – *Sieh nicht hinter dich:* Vgl. 1. Mose 19, 26. – *Sie trommeln drin:*

Zapfenstreich. – *Marie:* Die Namensänderung gegenüber den früheren Fassungen (Margreth, Louise) rückt nach Benn, S. 249, die weibliche Hauptfigur deutlich in die Nähe der biblischen Sünderin Maria Magdalena.

146 *Soldaten das sind schöne Bursch:* nach Bergemann ein Volkslied »Soldaten das sein lust'ge Brüder«. Vgl. auch H 2, 2. – *honnette Person:* Vgl. zu H 2, 2; zu S. 136. – *Sie guckt 7 Paar lederne Hose durch:* Winkler, S. 222, zitiert die mundartliche Redensart »Der koh durch neu Pöer Ladern Hosen gegloatz«. – *Bist doch nur en arm Hurenkind:* Beleg für die verstärkte soziale Thematik in H 4. – *Mädel, was fangst du jetzt an?:* Vgl. zu S. 136. – *Hansel spann deine sechs Schimmel an:* leicht variierte Schlußstrophe des hessischen Fuhrmannsliedes »Hat mir mein Vater vierzig Gulden geb'n«. – *Verles:* Zapfenstreich, Appell. – *und sieh da ging ein Rauch vom Land:* Zitat aus 1. Mose 19, 28. – *vergeistert:* verstört, erschreckt. – *Er schnappt noch über:* Vgl. das zweite Clarus-Gutachten S. 392, 395, 402.

147 *die Steine:* bezieht sich auf die Steine der später erwähnten Ohrringe. Deutlicher Bezug auf die Szene in Goethes »Faust«, in der Gretchen das Schmuckkästchen in ihrem Zimmer entdeckt. – *Mädel mach's Ladel zu:* Vorbild für diese Strophe in August Stöber, »Elsässisches Volksbüchlein. Kinderwelt und Volksleben in Lieder, Sprüchen, Rätseln, Spielen« etc., Straßburg 1842, Nr. 185, S. 70: »Maidel, mach's Fenster zue, / s'kummt e Dragunersbue! / Hebt di am Ehrel / Fiehrt di an's Dehrel / Hebt di am Händel / Fiehrt di in's Schwitzerländel.« – *Unseins hat nur ein Eckchen in der Welt:* Beleg für die verstärkte soziale Thematik in H 4. Ullman, Sozialkritische Thematik, S. 169, verweist auf eine Parallele in Büchners Victor-Hugo-Übersetzung der »Maria Tudor« I 3. Nach Hinderer, S. 197, auch dies wieder mit Bezug zur oben angeführten Szene in Goethes »Faust«. – *Schlafengelchen:* eine ähnliche Figur wie der »Sandmann«. – *Bin ich ein Mensch:* hier im Sinne von ›schlechter Mensch‹. – *Alles Arbeit unter der Sonn:* auch hier wieder verstärkte soziale Thematik.

148 *Geht doch alles zum Teufel:* Vgl. das erste Clarus-Gutachten, S. 413. – *Es wird mir ganz angst um die Welt:* indirekte Frage nach dem Sinn des Daseins, ähnlich im »Danton«, in »Leonce und Lena« gestellt. – *ein guter Mensch:* Vgl. das zweite Clarus-Gutachten, S. 403.

149 *Lasset die Kindlein zu mir kommen:* Bibel-Zitat aus Markus 10, 14 oder Lukas 18, 16 oder Matthäus 19, 4. – *Wir arme Leut:* Intensivierung der Armuts-Thematik. Vgl. »Der Hessische Landbote« und »Maria Tudor« I, 7. – *Unseins ist doch einmal unselig ...:* nach Krolopp, S. 3, Zitatadaption auf Gottlieb Konrad Pfeffels Gedicht: »Wir armen Bauern werden wohl / Im Himmel fronweise donnern müssen.« Nach Bornscheuer, Erläuterungen, S. 10, und Ullman, Sozialkritische Thematik, S. 165, Anm. 73, war dies ein damals weit

verbreitetes politisches Schlagwort. – *Er hat keine Tugend:* Vgl. Danton 1, 6 (S. 24). – *Hut und Uhr:* als Statussymbole der gehobenen Gesellschaftsschichten. Vgl. H 1, 2. – *anglaise:* eine Art Gehrock, vor allem von kleineren Beamten getragen. – *du denkst zuviel:* Vgl. das zweite Clarus-Gutachten, S. 403. – *Diskurs:* Gespräch, Unterhaltung. – *Tambour-Major:* Vgl. zu H 2, 2; zu S. 135. – *Ich bin stolz vor allen Weibern:* Nach Bornscheuer, Erläuterungen, S. 10, blasphemische Zitatadaption aus der Preisung Judith 13, 23.

150 *Marie. Woyzeck:* Das Eifersuchtsmotiv und die Darstellung des veränderten Gefühlszustands Woyzecks lassen sich auf das zweite Clarus-Gutachten zurückführen. Vgl. S. 394, 403. – *hirnwütig:* wahnsinnig, verrückt. – *daß man die Engelche zum Himmel hinausrauche könnt:* ›rauchen‹ hier im Sinne von ›räuchern‹. – *rote Mund:* Vgl. H 4, 4 und zahlreiche andere Belege für dieses Farb-Motiv. – *Todsünde:* Nach der katholischen Lehre hat die Todsünde drei Merkmale: 1. Versündigung in einer wichtigen Angelegenheit, 2. volle Erkenntnis der Sündhaftigkeit, 3. völlige Einwilligung. – *Doktor:* Vgl. zu H 3, 1; zu S. 143. – *musculus constrictor vesicae:* Blasenschließmuskel. – *der Mensch ist frei ...:* Viëtor bezieht diese Stelle auf idealistische Salbadereien Johann Bernhard Wilbrands (Büchner, S. 197, Woyzeck, S. 159f.). Mayer, Woyzeck, S. 67, verweist auf die Philosophie Kants. Zu dieser Szene insgesamt vgl. auch zu H 3, 1, zu S. 143, und zur Probevorlesung »Über Schädelnerven«, S. 480ff.

151 *salzsaures Ammonium, Hyperoxydul:* Nach Eckhard Buddeckes Ausführungen (bei Bornscheuer, Erläuterungen, S. 10–15) ist Hippuroxydul zu lesen oder Hydrooxydul. Die genannten chemischen Verbindungen stellen »eine exakte Bilanz der chemischen Zusammensetzung der aufgenommenen Nahrungsmittel und der ausgeschiedenen Stoffwechselprodukte« dar. (ebd. S. 13) Erbsenexperimente führte Liebig an hessischen Soldaten durch. – *Akkord:* Abmachung, Vertrag. – *Ärger ist ungesund:* Zeichen für die menschliche Indifferenz und ›wissenschaftliche‹ Kaltblütigkeit des Doktors. Vgl. Danton II, 3 (S. 34). – *proteus:* hier Olm, froschartige Eidechse. – *Charakter, so n'e Struktur ... Natur:* hier Gegensatz von persönlicher Eigenschaft und überindividuellen Triebmächten. Vgl. auch Proß, Kategorie ›Natur‹. – *doppelten Natur:* Übernatürliches. Vgl. das zweite Clarus-Gutachten, S. 404ff. Vgl. aber auch Proß, Kategorie ›Natur‹: »Verzerrung und gesellschaftliche Defomierung« der individuellen Natur. – *Wenn die Sonn in Mittag steht ...:* Vgl. Offenbarung 16, 8 und weitere Stellen aus der Offenbarung. Vgl. auch das zweite Clarus-Gutachten an verschiedenen Stellen. – *Die Schwämme ...:* Die Formationen der am Boden wachsenden Pilze werden Woyzeck zu Hieroglyphen. – *aberratio mentalis partialis:* teilweise Geistesgestörtheit mit fixen Ideen bei »allgemein vernünftigem Zustand«. Davon spricht auch E. T. A. Hoffmanns

Gutachten im Fall Daniel Schmolling. – *Geld für die Menage:* Menage hier das wissenschaftlich verordnete Erbsenessen. – *casus:* Fall, Studienobjekt.

152 *schwermütig ...:* Parodie auf die Schwermut, den Weltschmerz, der unter den Zeitgenossen B.s weitverbreitet und beliebtes Literaturmotiv war. Vgl. Brief Nr. 54. – *apoplektische Konstitution:* apoplexia cerebralis = Gehirnschlag. Die Diagnose erinnert an die Beschreibung im ersten und zweiten Clarus-Gutachten, S. 400, 402. – *Zitronen in den Händen:* Zitronen = Zylinder, die man bei Beerdigungen trug. – *Exerzierzagel:* Exerzierzopf. – *Frau Wirtin ...:* Variante der vierten Strophe des Volksliedes: Es steht ein Wirtshaus an der Lahn. Bei Erk/Böhme Bd. 2, Nr. 858, S. 653, folgender Text: »Die Wirtin hat auch eine Magd, / Die sitzt im Garten und pflückt Salat; / Sie kann es kaum erwarten, / Bis daß das Glöcklein zwölfe schlägt, / Da kommen die Soldaten.« / Vgl. H 1, 4, und 17.

153 *Im Rössel und im Sternen:* Wirtshäuser. – *Ich muß hinaus:* Vgl. das zweite Clarus-Gutachten, S. 407, 412. Vgl. H 4, 12. – *Ich hab ein Hemdlein an ...:* nicht identifizierbar. Nach Lehmann, Repliken, S. 72, leiten diese Verse das »Vanitas- und memento-mori-Motiv« ein. – *greinen:* weinen. – *Bouteille:* Weinflasche. – *Ein Jäger aus der Pfalz:* Variante der ersten Strophe des in Hessen-Darmstadt verbreiteten Volksliedes. Bei Erk/Böhme Bd. 3, Nr. 1454, S. 315.

154 *Immer zu ...:* Diese Formel deutet die verstärkte psychische Einstimmung auf eine zwanghafte Tat an. S. auch an anderen Stellen. – Vgl. dazu das zweite Clarus-Gutachten, S. 407. – *Warum bläst Gott nicht die Sonn aus:* Vgl. Offenbarung 8, 12. – *daß Alles in Unzucht ...:* Vgl. »Der Hessische Landbote« (S. 220) und Danton I, 5 (S. 20). – *1. Handwerksbursch predigt:* Predigt-Parodie; mit zahlreichen biblischen Formeln und Anspielungen, die im einzelnen hier nicht angeführt werden können. Dazu vgl. Hinderer, S. 211, Bornscheuer, Erläuterungen, S. 20. Thema dieser Predigt ist die Frage »Warum ist der Mensch?«. Zur Unsinnigkeit dieser Fragestellung vgl. »Über Schädelnerven«, S. 235 ff. und Meier, Woyzeck. – *laßt uns noch über's Kreuz pissen, damit ein Jud stirbt:* nach Hanns Bächtold-Stäubli, »Handwörterbuch des deutschen Aberglaubens« Berlin 1927 ff., antisemitische Zote. – *Zickwolfin:* In H 1, 6 steht »Woyzecke«. Die Erklärung des Wortes als Zusammensetzung aus Zick = Ziege und Wölfin nach Bornscheuer, Erläuterungen, S. 21, ist einleuchtend. Das Wort faßt die in H 4, 11 aufgetauchte Wahnvorstellung Woyzecks zusammen, nach der Marie als animalisches Geschöpf erscheint. Vgl. das zweite Clarus-Gutachten, S. 399, 407. – *Soll ich? Muß ich?:* Vgl. das zweite Clarus-Gutachten, S. 399, 406, 407 f. – *Andres und Woyzeck in einem Bett:* Vgl. das zweite Clarus-Gutachten, S. 397. – *spricht's aus der Wand:* Vgl. das zweite Clarus-Gutachten, S. 406.

155 *der laß sich von mir:* der bleibe mir vom Hals. – *da Kerl, sauf ...*

Der Kerl soll dunkelblau pfeifen: Dazu vgl. das zweite Clarus-Gutachten, S. 406. Sowohl von Schmolling wie von Dieß wird berichtet, daß sie vor dem Mord Branntwein getrunken hatten. – *Ha. Branndewein das ist mein Leben:* Vgl. H 4, 11 und H 1, 10 – *Der Jude:* Vgl. das zweite Clarus-Gutachten, S. 395. – *ökonomischen Tod:* wohlfeiler Tod.

156 *Und ist kein Betrug ...:* Zitat aus 1. Petrus 2, 22; vgl. zu H 2, 9; zu S. 143. – *Aber die Pharisäer brachten ein Weib zu ihm ...:* Zitate aus Johannes 8, 3–11. – *Der hat die golden Kron, der Herr König:* vermutlich Anspielung auf das später von Ludwig Bechstein mitgeteilte Märchen »Goldener«. – *Morgen hol' ich der Frau Königin ihr Kind:* Zitat aus dem Märchen »Rumpelstilzchen« der Grimmschen Sammlung. – *Blutwurst sagt: komm Leberwurst:* vermutlich Zitat aus dem elsässischen Märchen »Gevatter Mysel und Gevatter Läwwerwirstel« in August Stöbers Sammlung »Elsäßisches Volksbüchlein«. Evtl. auch aus dem zweiten Clarus-Gutachten angeregt; S. 396. – *Und trat hinein zu seinen Füßen ...:* Zitat aus Lukas 7, 34f., bezogen auf Maria Magdalena. Zur Namengebung der weiblichen Hauptfigur s. zu S. 145. – *Kamisolche:* Kamisölchen, Hemd, kurzes Wams. – *Montur:* Uniform. – *Leiden sei all mein Gewinst:* Vgl. »Lenz«, S. 74. – *Füsilier:* Infanterist. – *geb. d. i ...:* Der historische Woyzeck beging den Mord im Alter von 41 Jahren. Es ist allerdings im zweiten Clarus-Gutachten davon die Rede, daß Woyzeck den Beginn seines »Zustandes der Gedankenlosigkeit« (S. 392) auf das 30. Lebensjahr ansetzt und daß er »unmittelbar vor und nach dem 30sten etwas vollblütig gewesen und habe dabei zuweilen [...] ein Stechen im Kopfe gefühlt« (S. 402). Dieser Bezug zur Krise Woyzecks wird B. beeinflußt haben, die Altersangabe einzusetzen.

157 *Hobelspän:* Anschluß an H 4, 1. Vgl. auch H 1, 14. Indiz für die kompositorische Kreisstruktur.

POETISCHE MISZELLANEEN

Vorbemerkung

Die frühen Arbeiten Büchners aus seiner Schulzeit sind von der Forschung bisher mehr oder minder stark vernachlässigt worden. Erst im Rahmen der Erforschung der Geschichte des Deutschunterrichts, sowie seiner Beziehungen zum Latein- und Rhetorikunterricht, sind die Aufsätze und Reden aus Büchners Schulzeit in den Blickpunkt des Interesses geraten. Dazu vgl. unten S. 432f.

Sämtliche Ausgaben, so auch die vorliegende, haben aus dem, was sich aus Büchners Schul- und Entwicklungsjahren an poetischen und rhetorischen Versuchen überliefert hat, ausgewählt – mit dem wohl immer noch gültigen Argument, daß vieles davon, insbesondere die Glossen und poetischen Notizen in Büchners Schulheften (einige teilt Bergemann im Anhang seiner Ausgabe von 1922, in der die hier abgedruckten Miszellaneen erstveröffentlicht wurden, mit), lediglich für die Geschichte des Deutschunterrichts von Bedeutung sei, zur Erkenntnis der Entwicklung Büchners jedoch kaum etwas beitragen könne.

Die poetischen Versuche des vierzehn- bis fünfzehnjährigen Büchner sind reine Gelegenheitsarbeiten, dediziert dem Vater oder der Mutter, auf deren Einfluß gerade die lyrischen Arbeiten zurückzuführen sind. »Man merkt ihnen die Mühsal des Verfertigens und das literarische Vorbild gleichermaßen an. *Die Nacht* und *Vergänglichkeit*, den Eltern 1828 vorgelegt, sind ganz offenkundig dem damaligen Mode-Lyriker Friedrich von Matthisson nachempfunden, einem der Lieblingsautoren der Mutter.« (Johann, S. 22)

»Den prägenden Einfluß der ersten Lebensjahre bildet Büchners Mutter. Sie ist es, die ihn im Lesen, Schreiben, Rechnen unterrichtet, die ihn vertraut macht mit den Märchen und der Sprache seiner Heimat. [...] Durch sie [die Mutter] erfährt er die erste Begegnung mit der Literatur der Zeit. Im Jahre 1822, als Neunjähriger, besucht er dann das Darmstädter Institut des Dr. Carl Weitershausen: eine Vorbereitung auf die Einschulung in das humanistische Ludwigs-Georgs-Gymnasium am 26. März 1825. Dort gilt seine Neigung weniger den ›humanistischen‹ Disziplinen als vor allem den Naturwissenschaften, die im curriculum des Gymnasiums natürlich eine Nebenrolle spielen. [...] Die Gedichte scheinen typische Erzeugnisse heranwachsender Lyrik, von wenig Originalität und offenbar dem Mode-Dichter Friedrich von Matthisson, einem der Lieblingsautoren der Mutter, nachempfunden. Die Marginalien und verstreuten Zeugnisse aus den erhaltenen Schulheften [...] haben, und sicherlich zu Recht, kaum die Beachtung der Forschung gefunden.« (Knapp, Büchner, S. 10)

Friedrich von Matthisson (1761–1831), klassizistischer Lyriker mit formglatten, rhetorisch ausgefeilten Gedichten, wurde von seinen Zeitgenossen, selbst von Schiller und Wieland, hoch geschätzt. Seine Lyrik, von der Schule Klopstocks, Voß' und Claudius' geprägt, galt vielen als Vorbild.

Fragment einer Erzählung dem Vater zugedacht

Das fragmentarisch erhaltene kleine Schriftstück entstand nach Bergemann, S. 765 f., nicht vor 1825 und ist ein Beispiel für die am Lateinischen orientierte spätaufklärerische Rhetorik.

181 *Augen von der Brandung verschlungen:* Hier klingt bereits das Meer-/Hafenmotiv Büchners an, das in den späteren Werken, besonders in »Dantons Tod« und »Woyzeck«, eine zentrale Rolle spielt. – *Yölle:* Jolle, Landungsboot. – *Kanton:* Hauptstadt der chines. Provinz Kuangtung, wichtigster Handels- und Industrieplatz Südchinas. – *Faktoren der Handelscompagnie:* Leiter der Handels-

niederlassung. – *Nimm o bester der Väter ...:* Dedikation in Hexametern abgefaßt.

Gebadet in des Meeres blauer Flut

Entstanden wohl kurz vor dem 19. August 1828. Das reimlose Gedicht, in fünfhebigen Jamben mit durchgehend stumpfem Versschluß, ist nur in einer Abschrift erhalten, die Luise Büchner, Georgs Schwester, wohl für Karl Emil Franzos machte. Sie leitete die Abschrift mit folgenden Worten ein: »Ein Jugendgedicht von Georg, das er zu einem Geburtstag der Mutter verfaßt. Es trägt leider kein Datum, aber schwerlich war er damals über sechzehn Jahre.« Vgl. Bergemann, S. 766.

182 *Meeres blauer Flut:* Auch hier klingt das Meer-Motiv an. – *purpurroter Osten:* Auch das Wort-Bildfeld ›rot‹ erhält bei Büchner eine zentrale Bedeutung. Vgl. »Woyzeck« an zahlreichen Stellen. – *Horen:* Griech. Göttinnen der Jahreszeiten; bei Hesiod die drei Göttinnen der Gesetzmäßigkeit (Eunomia), Gerechtigkeit (Dike) und des Friedens (Eirene).

Die Nacht

Erhalten in handschriftlicher Fassung; geschrieben, wie die darübergesetzte Widmung ausweist, zu Weihnachten 1828. Auf der letzten freien Seite des Doppelbogens (S. 8) das S. 185 abgedruckte Gedicht als Variante mit Bleistift verzeichnet. Es wurde von Büchner in späterer Zeit hinzugesetzt.

Das Gedicht besteht aus 9 vierzeiligen Strophen; die Verse bestehen teils aus je fünf Trochäen, teils aus fünfhebigen Jamben, teils mit dem Reimschema a b a b, teils x b x b oder reimlos. Das Nacht- und Mond-Motiv ist seit dem Barock eines der beliebtesten literarischen Motive. Von Büchner wird es an zahlreichen Stellen seines Werkes parodistisch eingesetzt.

183 *des Tages goldener Wagen:* Allegorie der Sonne; der Gott Helios umlief mit seinem Sonnenwagen die Erde. – *auf Leben und auf Grab:* Übernahme barocker antithetischer Metaphorik. – *Myriaden:* griech. ›Zehntausendschaft‹, oft für Unzahl, Riesenmenge.

184 *Unendlicher ... Erhabener ... Allgütiger ... Erbarmender ...:* nach der traditionellen christlichen Lehre die vier wesentlichen Attribute Gottes.

Leise hinter düstrem Nachtgewölke

Die Handschrift dieses Gedichts ist erhalten. Es weist keine Dedikation auf. Es entstand wohl kurz nach dem Gedicht »Die Nacht«. Luise Büchner erwähnt es im Anschluß an ihre Notiz zu dem der Mutter gewidmeten Gedicht S. 183: »Ein anderes Gedicht im Matthissonschen Stil, an eine verfallene Burgruine, wobei Georg, soviel ich weiß, das

Heidelberger Schloß im Sinne hatte, konnte ich seinerzeit, da es mir sehr gut gefiel, auswendig, erinnere mich aber jetzt nur noch einzelner Verse.« Vgl. Bergemann, S. 766.

Das Gedicht besteht aus 10 Strophen zu je vier Zeilen in fünfhebigen Trochäen, durchgehend nach dem Schema x b x b gereimt mit wechselnd klingendem und stumpfem Versschluß.

184 *Philomele:* aus der griech. Mythologie übernommener Name für Nachtigall bzw. Schwalbe. Philomele, die Tochter des athen. Königs Pandion, wurde von ihrem Schwager Tereus mißhandelt und der Zunge beraubt, damit das Verbrechen geheim bliebe. Um ihrer weiteren Verfolgung zu entgehen, wurde sie später von den Göttern in eine Schwalbe, ihre Schwester Prokne in eine Nachtigall verwandelt (in der röm. Überlieferung meist umgekehrt). – *Nachtviole:* auch Frauenkilte, Kilte oder Mutterblume genannt, Kreuzblütler mit purpurvioletten, veilchenduftenden Blüten. Vgl. auch zu S. 109. – *Selenens:* die Mondgöttin der griech. Mythologie, Schwester des Helios.

185 *Söller:* lat. Lehnwort: Sonnenplatz, Altan, offener Umgang, offener Saal.

Nacht

Zu diesem Vierzeiler in fünfhebigen Trochäen s. oben S. 431.

SCHRIFTEN AUS DER GYMNASIALZEIT

Vorbemerkung

Am 26. März 1825 kam Büchner auf das humanistische Ludwigs-Georgs-Gymnasium in Darmstadt. Aus dieser Zeit hat sich neben Glossen und Marginalien in Schülerheften eine Anzahl von Aufsätzen und Reden erhalten, die durch Aufgabenstellungen im Deutsch- und Lateinunterricht angeregt worden sind. Die Mehrzahl dieser Arbeiten besteht allerdings aus sogenannten Diktieraufsätzen, die kaum eine eigenständige Leistung des Schülers erkennen lassen. Sie sind deshalb in die vorliegende Ausgabe nicht aufgenommen. Es handelt sich um Arbeiten zur Botanik, Geometrie, Ethik, Geographie, zur römischen Geschichte, Übungen zur lateinischen Syntax und um kunstgeschichtliche Versuche im weitesten Sinn. Im Kommentarband der Hist.-krit. Ausgabe werden diese Arbeiten enthalten sein.

Von den fünf bzw. vier veröffentlichten selbständigen Aufsätzen und Reden Büchners hatte K. E. Franzos in seiner Ausgabe von 1879 lediglich die Cato-Rede erstmals abgedruckt (S. 398–408); Bergemann veröffentlichte in seiner Ausgabe von 1922 die vier hier aufgenommenen Arbeiten sowie den Aufsatz »Über die Freundschaft« (S. 430f.). Lehmann hat auf den Abdruck dieses Aufsatzes innerhalb des Textteils seiner Ausgabe verzichtet, da auch diese Schrift einen Diktieraufsatz ohne eigenständigen Anteil Büchners darstelle. Auch in die vorliegende Edition ist der Aufsatz aus denselben Gründen nicht aufgenommen.

»Seit Hans Mayer haben die Jugendschriften die Forschung in zusehends stärkerem Maße beschäftigt. Gerade Büchners Cato-Rede, die thematisch an seine Rezension ›Über den Selbstmord‹ anschließt, indem sie eine Rechtfertigung des Suizids Catos versucht, mußte im politischen Klima der Zeit einige Brisanz enthalten. Selbstmord als glaubwürdige Alternative gegenüber der Unterwerfung unter die Tyrannei. Wenn man Louise Büchner glauben möchte, so gingen jedoch Büchners Zurückweisung eines christlich-organisierten Moralbegriffs und die Aktualität seiner Rede am Publikum und dem Gymnasialdirektor *Carl Dilthey* (1797–1857) vorbei. Erhalten ist auch Büchners Abgangszeugnis vom 30. März 1831, dessen Schlußbewertung lautet: ›[...] und von seinem klaren und durchdringenden Verstande hegen wir eine viel zu vorteilhafte Ansicht, als daß wir glauben könnten, er würde jemals durch Erschlaffung, Versäumnis oder voreilig absprechende Urteile seinem eigenen Lebensglück im Wege stehen. Vielmehr berechtigt uns sein bisheriges Benehmen zu der Hoffnung, daß er nicht bloß durch seinen Kopf, sondern auch durch Herz und Gesinnung das Gute zu fördern, sich angelegentlichst bestreben werde.‹

Büchners Rede auf der Abschlußfeier am 30. März 1831 (das Schulprogramm kündigte an: ›Karl Georg Büchner wird im Namen des Menenius Agrippa das auf dem heiligen Berge gelagerte Volk zur Rückkehr nach Rom in lateinischer Sprache ermahnen‹ [zum genauen Titel der Rede vgl. Schaub, Schulrhetorik, S. 92, Anm. 251]) ist bislang verschollen. Die Spekulation wäre zulässig, daß Büchner sich bei einer eng abgesteckten Pflichtübung im Rahmen der traditionellen Abschlußfeier kaum zu provokativen Äußerungen hätte hinreißen lassen. Nichts dergleichen ist jedenfalls bekannt aus den Zeugnissen der Zeitgenossen. Als Beispiel einer solchen Pflichtleistung mag auch der erhaltene konventionelle Schulaufsatz ›Über die Freundschaft‹ gelten.« (Knapp, Büchner, S. 11)

Über die Bedeutung von Schulzeit und Rhetorik vgl. besonders Schaub, Schulrhetorik.

Helden-Tod der vierhundert Pforzheimer

Der Feldherr Maximilians von Bayern und Führer der katholischen Liga, Johann Tserclaes, Graf von Tilly, siegte zu Beginn der Kämpfe auf deutschen Territorien während des Dreißigjährigen Krieges am 6. 5. 1622 bei Wimpfen (Reichsstadt in der Nähe Heilbronns) über den Markgrafen Georg Friedrich von Baden-Durlach. Im Verlauf dieser

Schlacht sollen sich 400 Pforzheimer Bürger (Pforzheim war 1535–65 Sitz der Markgrafen von Baden-Durlach gewesen) für den Markgrafen geopfert haben. Die Berichte über diese Schlacht und die legendäre Haltung der Pforzheimer Bürger wurden bis weit ins 19. Jh. hinein in vielen Fassungen tradiert. Büchner gestaltet diesen Bericht zum Exempel freiheitlicher Gesinnung und prärevolutionärer Handlungen. Die Idee des Opfertodes ist in den Schulschriften zentral.

Die Rede, deren Handschrift sich erhalten hat, entstand vermutlich Herbst/Winter 1829 oder zu Anfang 1830. Vgl. Knapp, Büchner, S. 10, und Bergemann, S. 767. Lehmann, Prolegomena, hat auf die Bedeutung von Fichtes »Reden an die deutsche Nation« als allgemeine ›Gesinnungsquelle‹ für die Frühschriften Büchners hingewiesen. Die »historisch-legendarische Hauptquelle« zu dieser Rede hat Schaub, Schulrhetorik, ermittelt. Die Quelle sei »mit größter Wahrscheinlichkeit in der ›Dem Vaterlandstod der vierhundert Bürger von Pforzheim‹ gewidmeten Denkrede des Historikers Ernst Ludwig Posselt (1763–1804) zu suchen«. (Schaub, Schulrhetorik, S. 32)

Die Posseltsche Rede, gehalten am 29. 1. 1788 in Karlsruhe, erlangte besonders in den Jahren von 1788 bis 1830 große Popularität und Verbreitung. 1788 wurde sie zweimal gedruckt, einmal als Sonderpublikation in Karlsruhe, einmal in dem von Posselt herausgegebenen »Wissenschaftlichen Magazin für Aufklärung«, Dritten Bandes fünftes Heft, Leipzig 1788, S. 462–482. 1795 wurde sie in Posselts »Kleinen Schriften« (Nürnberg, S. 183–214) gedruckt, und noch zu Büchners Schulzeit erschienen wenigstens zwei Drucke (Freiburg 1824, hg. von C. V. Sommerlatt; Freiburg 1830, in: »Gemälde aus der Wirklichkeit alter und neuer Zeiten ...«, S. 124–146).

»Für die Wahrscheinlichkeit, daß Büchner Posselts Rede kannte, spricht darüber hinaus die Tatsache, daß Posselt in mehreren der am Darmstädter Gymnasium benutzten Rhetoriken als Muster weltlicher und politischer Beredsamkeit angeführt und zitiert wird, und das nicht ohne Grund, muß doch Posselt als einer der ganz großen Redner des 18. Jahrhunderts angesehen und gewürdigt werden.« (Schaub, ebd.)

Schaub führt beweiskräftig eine Reihe von Parallelstellen zwischen Posselts und Büchners Rede an, die belegen, daß Büchner die Posseltsche Denk-Rede gekannt hat.

187 *Motto von Bürger:* 1. Strophe des Gedichts »Die Tode« von Gottfried August Bürger (1747–1794), Sturm-und-Drang-Lyriker und Begründer der deutschen Kunstballade. – *Erhaben ... Menschen im Kampfe mit der Natur:* Vgl. auch S. 201. – *Im Kampfe mit seinem Schicksale:* Vgl. auch S. 201. – *Speichen des Zeitrades:* aus der Antike überlieferte und weit verbreitete Vorstellung von Zeit/Schicksal als Rad; lat. rota fortunae. – *Wer nur einen Zweck ...:* Vgl. Johann Gottlieb Fichte, »Reden an die deutsche Nation«. Neue wohlfeilere Auflage, Leipzig 1824, S. 210 (8. Rede): »Wer gar kein Ziel sich gesetzt hat, sondern alles, und das höchste, was man hienieden verlieren kann, das Leben, daran setzt, gibt den Widerstand

nie auf, und siegt, so der Gegner ein begrenzteres Ziel hat, ohne Zweifel.« (Hinweis von G. Schaub) – *Sparta ... Rom:* Anspielung auf den griech. Stadtstaat Sparta (auf der Peloponnes), der durch den Peloponnesischen Krieg nach dem Fall Athens (404 v. Chr.) die Hegemonie über Griechenland gewann. B. sieht das imperialistische Sparta idealisierend als Mythos der inneren Festigkeit eines vorbildlich verfaßten Staates – wie ihn schon antike Historiographen beschrieben –, der tapfere und unerschrockene, ›Geschichte machende‹ Männer hervorbringe (s. zu S. 188). Die Anspielung auf Rom bezieht sich auf die Zeit der Republik und auf die Zeitenwende von der römischen Republik zum monarchistischen Caesaren-Staat. Nach dem Sieg Caesars bei Thapsus über die Pompejaner 46 v. Chr. ist die Republik faktisch zu Ende. Marcus Porcius Cato (s. zu S. 201 ff.) begeht daraufhin in Utika Selbstmord.

188 *Leonidas:* König von Sparta, fand 480 v. Chr. bei der Verteidigung der Thermopylen (s. u.) den Tod. – *Cocles:* Horatius Cocles rettete der Sage nach Rom durch Verteidigung des pons sublicius gegen das Etruskerheer des Königs Porsenna (508 v. Chr.). – *Scävola:* Caius Mucius versuchte 508 v. Chr. den Etrusker Porsenna (s. o.) zu ermorden. Nach der Gefangennahme soll er zum Zeichen seiner Furchtlosigkeit seine rechte Hand verbrannt haben; daher sein Beiname Scävola = Linkshand. – *Brutus:* lat. der Plumpe; Decimus Junius (um 84–43 v. Chr.), Vertrauter Caesars, nahm an der Verschwörung gegen ihn teil. – *Karls des Großen:* Karl I., röm. Kaiser, König der Franken (742–814), führte das Fränkische Reich zur Vorherrschaft im Abendland; kulturelle Erneuerung während seiner Regierungszeit (Karolingische Renaissance). – *Hohenstaufen:* das nach dem Randberg der Schwäb. Alb nordöstl. von Göppingen (darauf die 1525 im Bauernkrieg zerstörte Stammburg) benannte Geschlecht der Hohenstaufen oder Staufer, die 1138 mit Konrad III. den Königsthron erlangten, den sie bis 1254 mit Friedrich I. (Barbarossa), Heinrich VI., Philipp, Friedrich II. und Konrad IV. hielten; zu ihrer Zeit Blüte der höfisch-ritterlichen Kultur. – *Freiheits-Kämpfe der Schweizer:* 1291–1516 gründete sich in zahlreichen Kämpfen besonders gegen die habsburgische Dynastie die ›Eidgenossenschaft‹ Schweiz; am bekanntesten die Sage von Tell und dem Rütli-Schwur. – *Freiheits-Kampf der Franken:* Anspielung auf die Französische Revolution von 1789; vgl. zu »Dantons Tod« Historischer Hintergrund, S. 329 ff. – *L'Atour d'Auvergne:* frz. Adelsgeschlecht, seit Beginn des 13. Jhs. bekannt. Théophile Malo Corret de L. (1743–1800) führte in den Revolutionskriegen ein Grenadierkorps, er lehnte die Beförderung zum General ab und erhielt von Napoleon den Titel des »Ersten Grenadiers von Frankreich«. – *Thermopylen:* im Altertum der Engpaß zwischen Kallidromosgebirge und Malischem Meerbusen, durch den die einzige Straße zwischen Mittel- und Nordgriechenland ging, daher von militärischer Bedeutung. 480 v. Chr. verteidigte Leonidas (s. o.) die

T. gegen die Perser. Das den Kämpfern gewidmete Distichon des Simonides wurde von Schiller (auch von Geibel) nachgedichtet: »Wanderer, kommst du nach Sparta, verkündige dorten, du habest / Uns hier liegen gesehn, wie das Gesetz es befahl.« – *Dumouriez:* Charles François D. (1739–1823), frz. General. In der Revolution wechselte er von den Jakobinern zu den Girondisten (s. zu »Dantons Tod« Historischer Hintergrund), wurde 1792 Führer der Nordarmee, siegte bei Valmy und Jemappes und eroberte Belgien. Bei Neerwinden wurde er geschlagen und mit Anklage bedroht. Er ging dann zu den Engländern über, in deren Diensten er seit 1804 stand. – *Vainqueur:* frz. Sieger.

189 *Trümmern Karthagos:* die Hauptstadt des karthagischen Reichs, in der Nähe der heutigen Stadt Tunis, wurde im 3. Punischen Krieg 146 v. Chr. von den Römern zerstört. – *die Teutschen kämpften den schönsten Kampf:* bezogen auf die Reformation und den Dreißigjährigen Krieg (s. u.). – *dreißigjährigen Krieges:* zwischen 1618 und 1648 andauernder Kriegszustand (in dessen Folge Deutschland seine bis dahin größten Verwüstungen erlitt), entstanden einerseits aus den religiösen Gegensätzen der Reformation und Gegenreformation, andererseits aus handfesten machtpolitischen Interessen (Widerstand gegen den habsburgischen Absolutismus). Äußerer Anlaß war der sog. Prager Fenstersturz (23. 5. 1618). – *Schlacht am weißen Berge bei Prag:* Der Führer der katholischen Liga Tilly (s. Vorbemerkung, S. 433 f., und unten Anm.) schlug hier am 8. 11. 1620 Christian von Anhalt, den Führer der böhmischen Stände, die sich gegen das Haus Habsburg auflehnten. – *Markgraf Friedrich von Baden:* s. Vorbemerkung, S. 433 f.

190 *Grafen von Mansfeld:* Mansfeld, Stadt im Bezirk Halle; das 1229 erloschene Geschlecht, das von den Herren von Querfurt beerbt wurde, die den Namen Mansfeld weiterführten, gehörte in der Folge zu den Vorkämpfern der lutherischen Bewegung. – *Liguistischen:* Liga, span. Bund, Bündnis; die katholische Liga wurde 1609 gegründet und spielte in der ersten Hälfte des Dreißigjährigen Krieges die entscheidende Rolle (gegen die protestantische Union) unter ihrem Führer Graf Tilly. – *Tilly:* Johann Tserclaes, Graf von T. (1559–1632), der neben Wallenstein bekannteste katholische Feldherr im Dreißigjährigen Krieg, gewann entscheidende Schlachten in Böhmen und in der Pfalz, wurde 1630 Generalissimus der kaiserl. Truppen, 1632 von Gustav Adolf bei Breitenfeld geschlagen und 1632 bei Rain am Lech tödlich verwundet. – *Ober-Pfalz:* historischer Bezirk zwischen Mittelrhein und Neckar; seit 1556 lutherisch. Die pfälzischen Kurfürsten übernahmen 1608 die Führung der protestantischen Union. Friedrich V. (›Winterkönig‹) nahm 1619 die böhmische Königskrone an, die er 1620 durch die Niederlage in der Schlacht am Weißen Berge verlor (s. o.). – *Wimpfen:* s. Vorbemerkung, S. 433.

191 *auf die Motiven und Umstände ...:* B.s Ablehnung der bloßen

Ereignisgeschichte zugunsten einer Motiv-Geschichte dokumentiert sich bereits hier.

193 *bluteten für die Nachwelt ...:* nicht im Sinne des leeren Ruhms (s. zu S. 140, »Meine Theorie«), sondern im Hinblick auf den moralischen Nutzen, den eine Handlung zur Verbesserung der Lebensverhältnisse der Nachwelt bewirkt. – *Erlöser-Tod:* Der Erlösungsgedanke im christlich-religiösen, aber auch im philosophisch-moralischen Sinn der Befreiung von irdischem Leid findet sich in B.s Werk sehr häufig.

194 *Am toten Buchstaben ...:* Verhältnis von totem Buchstaben, in der Bedeutung abgelebten, verstaubten, unnützen Wissens, und von lebendigem Geist ist Topos der aufklärerischen Kritik (zentrales Motiv bei Lessing). – *geistigen Selbstständigkeit:* Diese Formulierung kann als abgrenzende Definition des auch von B. (sowie von vielen liberal-progressiven Zeitgenossen) vertretenen Nationalstaat-Gedankens gegenüber konservativer Staatstheorie gelten.

Über den Traum eines Arkadiers

Fragment, gleichzeitig mit dem Aufsatz über die vierhundert Pforzheimer entstanden. Nach Schaub, Schulrhetorik, S. 31, ist dieser Aufsatz »aus einer schriftlichen Ausarbeitung für den Lateinunterricht der Selekta hervorgegangen, in der Dilthey (der Latein unterrichtende Schuldirektor) im WS 1829/30 unter vielen anderen Themen auch das Aufsatzthema ›über den Traum eines Arkadiers‹ (Cicero, De divinatione I, 27) bearbeiten ließ. Damit steht nicht nur die fächermäßige Zuordnung sowie der terminus post quem fest, sondern auch die genaue Quelle und Vorlage dieses fragmentarischen Aufsatzes [...]«. Bergemann, S. 789, sieht in diesem Essay einen frühen Beleg für Büchners Interesse an psychologischen Problemen.

»Daß es Büchner nicht so sehr um den von Cicero berichteten Wahrtraum ging, sondern um das Allgemeine an ihm, um den überall und zu allen Zeiten verbreiteten ›Wunder-Glauben‹ an Träume, um jenes ›geistige Band‹, ›das uns gemeinsam mit allen Erdbewohnern umschlingt‹, um jenes ›Gefühl, das uns alle an die Mutterbrust der Natur drückt‹ [S. 195 dieser Ausgabe], zeigt die Tatsache, daß Büchner seinen Aufsatz mitten auf einer Seite abbricht, ohne die spannende Geschichte von den beiden Arkadiern zu Ende erzählt zu haben« (Schaub, Schulrhetorik, S. 31).

195 *Arkadiers:* Arkadien, Landschaft auf der Peloponnes, rauhes Hochland; in der Schäferdichtung das in guter ländlicher Sitte, ›sorgenfrei und dichterisch‹ und in stillem Frieden lebende Land. – *Wunder-Glauben:* Hier nimmt B. Bezug auf die spinozistisch-romantische Theorie der Allbeseelung, die besonders in der Spätromantik in zahllosen Spuk- und Doppelgängergeschichten ihren popularisierten Ausdruck fand.

196 *Urpinzip ... die Natur:* naturphilosophisch-spekulative Vorstel-

lung des deutschen Idealismus, daß alle Naturgesetze auf ein metaphysisches Urprinzip zurückgeführt werden können. – *Megara:* Stadt in Mittelgriechenland.

Das von Büchner nicht übersetzte Ende der Erzählung lautet: »Durch diesen Traum aber war er so erschreckt, daß er sich frühzeitig morgens mit einem Knecht zum Tor begab und fragte, was in dem Wagen sei; dann wurde der Tote ausgegraben und der Wirt, nachdem die Sache aufgedeckt war, seiner Bestrafung zugeführt.«

Über den Selbstmord. Eine Rezension

Die Quellenlage dieser Kritik, erhalten in einem besonderen Heft, auf dessen Deckel von späterer Hand »Kritik. 1831« hinzugefügt wurde, ist nach wie vor ungeklärt. Vgl. Schaub, Schulrhetorik, S. 33 f. Der Aufsatz, den Büchner hier rezensiert, ist bis heute quellenmäßig nicht nachweisbar. Knight, S. 12, Anm. 2, vermutet einen der Lehrer Büchners als Verfasser, doch konnte diese Vermutung anhand der Darmstädter Schulprogramme nicht verifiziert werden. Wenn die später hinzugefügte Datierung des Aufsatzes richtig ist, so folgt sie der den Selbstmord des Cato von Utika rechtfertigenden Cato-Rede Büchners. Vgl. Bergemann, S. 768.

197 *Cato:* s. zu S. 201 ff. – *Lukretia:* Tochter des Sp. Lucretius Tricipitinus und Gattin des L. Tarquinius Collatinus; von Sextus, dem ältesten Sohn des letzten röm. Königs, Tarquinius Superbus (534–510 v. Chr.), geschändet; nachdem sie den Vorfall enthüllt hatte, gab sie sich den Tod, der Anlaß zum Sturz des röm. Königtums wurde. – *Dieses* subjektive *ist aber das* einzig *richtige:* Vgl. auch zu S. 191. B.s Interesse gilt den subjektiv-psychologischen Beweggründen einer historischen Handlung, den Motiven und individuellen Ursachen.

198 *Roland:* Jean-Marie (1734–93), führender Girondist, 1792/93 Innenminister, flüchtete nach dem Sturz der Girondisten (s. Vorbemerkung zu »Dantons Tod«, S. 332) und beging nach der Hinrichtung seiner Gattin Selbstmord. Jeanne Marie, geb. Phlipon (1754–93), war durch das Studium des Altertums begeisterte Republikanerin geworden und übte seit 1791 großen Einfluß auf die Girondistenführer aus. Nach dem Sturz der Partei wurde sie guillotiniert. – *Osiandern:* Friedrich Benjamin O. (1759–1822), Professor der Medizin, Direktor des Entbindungshospitals zu Göttingen, veröffentlichte 1813 in Hannover eine Schrift: »Über den Selbstmord, seine Ursachen, Arten, medizinisch-gerichtliche Untersuchung und die Mittel gegen den selben«. – *tintenklecksendes Säkulum:* »Mir ekelt vor diesem tintenklecksenden Säkulum!« Worte Karl Moors in Schillers (1795–1805) »Die Räuber« (1781) I, 2. – *Römerpatriotismus! ...:* nahezu wörtliches Zitat aus Goethes Rezension eines Buches von J. V. Sonnenfels »Über die Liebe des Vaterlandes«. Die ursprünglich in den »Frankfurter Gelehrten An-

zeigen« (22. Mai 1772) erschienene Rezension ist in B.s Schulzeit wieder abgedruckt worden in: Goethe's Werke. Vollständige Ausgabe letzter Hand. 33. Bd., Stuttgart u. Tübingen 1830, S. 106–110. Die von B. zitierte Stelle S. 107 (Hinweis von Schaub).

199 *daß das Leben* selbst Zweck *sei:* Vgl. zu »Über Schädelnerven«; zu S. 235ff. und Meier, Woyzeck. – *Du gleichst dem Geist ...:* Zitat aus Goethes (1749–1832) »Faust. Der Tragödie Erster Teil« (1808), Vers 512f.; schon in »Faust. Ein Fragment« (1790). – *Selbstmord aus* Patriotismus *oder aus* physischen *und* psychischen *Leiden:* B. differenziert hier und im folgenden in einer sehr modern anmutenden sozialpsychologischen Weise. – *Melancholie:* eines der vier Grundtemperamente; pathologischer Zustand sich wiederholender Schwermut, grundloser Traurigkeit, des Weltschmerzes. Der Begriff der Melancholie war zu B. Zeit als Ausdruck epigonaler ›Weltstimmung‹ weitverbreitet und kennzeichnet auch viele der schreibenden Zeitgenossen. Im eigenen Werk sind fast alle Hauptfiguren von der Melancholie betroffen: Danton, Leonce, Lenz, Woyzeck. S. auch S. 480.

Rede zur Verteidigung des Cato von Utika

Diese Rede wurde am 29. September 1830 auf einem der sogenannten Redeaktus gehalten, also in öffentlichem Vortrag aus Anlaß einer Schulfeier – ein fester Bestandteil der höheren Schulen bis ins 19. Jahrhundert hinein. Die dort vorgetragenen Reden gingen meist auf eine schriftliche Ausarbeitung in Form eines Schulaufsatzes zurück.

Das Herbstprogramm des Darmstädter Gymnasiums 1830 kündigt als ersten Redner an: »Carl Georg Büchner wird in einer teutschen Rede den Cato von Utika zu rechtfertigen suchen.« Die Tatsache, daß Büchner zweimal bei öffentlichen Redeactus seiner Schule aufgetreten ist (das zweitemal auf der Abschlußfeier am 30. März 1831 mit der lateinischen Rede im Namen des Menenius Agrippa, s. o. S. 433), beweist, daß schon die Schulleitung, insbesondere Carl Dilthey, Büchners oratische Fähigkeiten hoch einschätzte.

Schaub, Schulrhetorik, S. 36f., nennt die verschiedenen Möglichkeiten der Anregung zu dieser Rede: das Aufsatzthema Diltheys aus dem Wintersemester 1829/30, eine Bearbeitung der Rede des sterbenden Cato, oder aus dem Sommersemester 1830 eine Ausarbeitung über Leben und Charakter des Cato, nach Plutarch. Bereits im Sommersemester 1828 beschäftigte sich Büchner mit der Gestalt des Cato von Utika, da zu dieser Zeit der Lateinlehrer der Klasse von allen Schülern einen Aufsatz über Cato anfertigen ließ.

Als Hauptquelle für die Rede kommt Plutarch infrage, der in seinen »Vitae parallelae« auch Phokion und Cato Minor oder Cato Uticensis (nach seinem Sterbeort Utika) zusammenstellte. Auf eine weitere Quelle, Lukans Epos »Pharsalia«, macht Schaub, Schulrhetorik, S. 36f., aufmerksam.

Büchner steht mit seiner Rede in einer langen Tradition der Pro-Cato-Literatur und gleichzeitig in einer langen rhetorischen Tradition. Schaub, Schulrhetorik, S. 37ff., hat nachgewiesen, daß und wie Büchner die gültigen rhetorischen Forderungen in seine Rede umgesetzt hat: Cato gilt ihm als Beispielfigur, sein Leben als ›exemplum‹ für stoische Tugend, Patriotismus und Freiheitsliebe. Einen ähnlichen exemplum-Charakter hat schon die Binnen-Erzählung vom Heldentod der vierhundert Pforzheimer, worauf schon der im Wortlaut nahezu identische Beginn beider Reden hinweist. Büchner will hier den Begriff ›virtus‹ exemplarisch vorführen. Er umschreibt ihn mit den Begriffen der Tugend, Beharrlichkeit, Größe und Erhabenheit.

Die Rede ist der Tradition der sog. Verteidigungs- oder Rechtfertigungsreden zuzuordnen, einer Gruppe des genus iudiciale oder der Gerichtsrede. Die klassische Gliederung, das ideale Grundmuster, dieser Redeform nimmt Büchner, selbstverständlich mit Abwandlungen, auf: 1. Einleitung (prooemium oder exordium) 1a. Ankündigung (propositio) und/oder 2. Erzählung (narratio) 3. Beweisführung (argumentatio oder probatio) 4. Widerlegung gegnerischer Behauptungen (refutatio) 5. Schluß (peroratio oder epilogus).

Die Einleitung in Büchners Rede reicht von S. 201, Anf. bis Zl. 30. Der Abschnitt 201,31–202,11 könnte als transitio, Überleitung oder bereits als proposito gedeutet werden. Jedenfalls gehört das Folgende, S. 202, 12–18, unbedingt zur propositio. S. 202, 19 beginnt die probatio. S. 202, 40 wird die narratio zwischengeschaltet. Es geht S. 204, 3 mit der probatio oder refutatio weiter, und zwar in Form der argumentatio. Den Höhepunkt der Rede, gleichzeitig Mittelpunkt der Redeform nach der klassischen Oratorik, stellen die Sätze S. 204, 23ff. dar, die besonderen Nachdruck durch zahlreiche rhetorische Stilfiguren erhalten. S. 206, 29 folgt dann, vor dem Epilog, eine weitere transitio, die Widerlegung eines Einwandes, der in der Form der sermocinatio, des Direktzitats, vorgetragen wird. S. 207, 24 beginnt der Epilog.

»Der Schluß der Büchnerschen Cato-Rede, der mit dem letzten, dem 20. Abschnitt anhebt, ist ein Muster- und Glanzstück einer peroratio. So wie diese nach den Vorschriften der Rhetoriker im allgemeinen keine neuen Gedanken bringt, sondern organisch aus den Darlegungen der ganzen Rede herauswächst, die vorgetragenen Hauptgedanken kurz und deutlich zusammenfaßt und wiederholt (recapitulatio) und dabei durch Lebhaftigkeit, Pathos und Prägnanz der Darstellung versucht, das Publikum für das angestrebte Redeziel zu gewinnen, so hat auch Büchner in bewußter und strikter Befolgung der in der antiken Rhetoriktradition aufgestellten Regeln seinen Epilog konzipiert und formuliert.« (Schaub, Schulrhetorik, S. 44)

Büchner wählte, aus einer bestimmten Anzahl von Möglichkeiten, gerade die Figur des Cato als Vorwurf für seine Rede. Darin zeigt sich eine bestimmte Vorliebe und Tendenz. Cato galt ihm, neben Brutus, als *der* Freiheitsheld der römischen Antike, »vorzüglich als Vehikel zur Propagierung freiheitlich-republikanischer Ideen«.

»Hiernach kann es nicht mehr zweifelhaft sein, daß Büchner in seiner Cato-Rede von der sich geradezu anbietenden Möglichkeit, aus Anlaß eines antik-historischen Themas auch über aktuelle politische Tendenzen und Themen zu sprechen, Gebrauch machte, ja den Stoff unter diesem Aspekt wahrscheinlich auswählte. Büchner sprach nicht nur über ein historisches Thema, er sprach auch über seine Gegenwart, d.h. über die Unfreiheit seines Zeitalters, dem er die Freiheits- und Vaterlandsliebe eines Cato als Vorbild entgegenhielt.« (Schaub, Schulrhetorik, S. 47)

Die Reaktion seiner Zuhörer überliefert die Schwester Luise Büchner in ihrer 1878 veröffentlichten Novelle »Ein Dichter«, S. 43f.: »Der Direktor, welcher natürlich die Rede vorher geprüft, sprach sich abermals höchst lobend darüber aus; er dachte nicht daran, daß sie etwas Aufregendes oder Staatsgefährliches enthalten könne. Las er nicht die Ciceronianischen Reden in seinem Studierzimmer, warum sollte sein klassisch gebildeter Schüler nicht in einem Helden des Altertums in gleicher Weise mit demselben Schwung dieselbe Freiheit preisen, wie es dort auch geschah? [...] Ebenso gleichgültig blieb das Publikum bezüglich des tieferen Inhalts dieser Rede. Weder diesen Vätern, noch den Lehrern war es mehr als eine Stilübung, eine schöne rhetorische Probe. Von der Glut, die den Geist, das Herz beseelen mußte, welches seinen innersten Gedanken so verkörperte, hatte niemand eine Ahnung.«

Welche politische Bedeutung die rhetorische Ausbildung Büchners bekommen hat, zeigt der wenig später entstandene »Hessische Landbote«.

Zum Beginn dieser Rede s. auch zu »Über den Selbstmord«, zu S. 197.

201 *Cato:* Marcus Porcius C. Uticensis (95–46 v.Chr.), röm. Staatsmann und Gegner Cäsars; stammte aus einflußreichem plebejischen Geschlecht, Urenkel des berühmten Censors (s. zu S. 203); in Cato verbanden sich die sprichwörtlichen altröm. Tugenden Rechtlichkeit, Genügsamkeit und Mut mit den sittlichen Forderungen der stoischen Philosophie (s. zu S. 202); öffentliche Ämter: 64 Quästur, 62 Volkstribunat, 58–55 Einziehung Cyperns als Provinz, 54 Prätur; geriet bald in Gegnerschaft zu Cäsar, arbeitete gegen Anarchie und Diktatur, stimmte 63 mit Cicero für die Hinrichtung der Anhänger Catilinas (s. zu S. 203), stellte sich im Kampf gegen Cäsar Pompejus zur Verfügung. Nach dessen Niederlage bei Pharsalus 48 hat Cato in Nordafrika den Widerstand gegen Cäsar organisiert; nach Cäsars Sieg bei Thapsus 46 gab sich Cato in Utika (Nordafrika) den Tod. – *exzentrischen Laufe:* Lauf ohne gemeinsamen Mittelpunkt, außerhalb der gewöhnlichen Bahn.

202 *Stoiker:* Stoa, Philosophenschule, um 308 v. Chr. gegründet (Stoa, griech. Säulenhalle). Durch Cicero griff der Einfluß der Stoa auf die röm. Welt über. Im Mittelpunkt der Lehre steht die Ethik: Es gibt nur eine wahre Glückseligkeit, nämlich das Leben im Einklang mit

der Allnatur, der Gehorsam gegen das göttliche Gesetz. Form dieser Glückseligkeit ist die Tugend, der Weg zu ihr Überwindung der Lust und Tötung der Affekte. Diesem Ziel gegenüber sind die gewöhnlichen Güter des Lebens gleichgültig (Adiaphora); gleichgültig ist auch das Leben des Individuums selbst, daher ist der freiwillige Tod sinnvoll. Grundtugenden sind Gerechtigkeit, Tapferkeit, Selbstbeherrschung.

203 *Voll unerschütterlicher Tugend. ...:* B. zitiert hier Sallust, »Coniuratio Catilinae« (»Die Verschwörung des Catilina«), Kap. 54, 6: »esse quam videri bonus malebat: ita, quo minus petebat gloriam, eo magis illum adsequebatur.« (Hinweis von G. Schaub) – *Cäsar:* Caius Iulius C. (100–44 v. Chr.), Feldherr und Staatsmann Roms, aus dem patrizischen Geschlecht der Julier. Seine eigentliche politische Laufbahn begann 68 mit der Quästur, 65 wurde er Ädil, 63 Pontifex maximus; trat gegen die von Cicero für Catilina geforderte Todesstrafe ein; 62 wurde er Prätor, 59 Konsul, 1. Triumvirat (mit Crassus und Pompejus), 56 Statthalter in Dalmatien, Oberitalien und Südfrankreich (Gallien); 49 Krieg mit Pompejus, 48 Sieg bei Pharsalus, 46 Sieg bei Thapsus; umfangreiche Neuordnung des röm. Reiches; 44 Diktatur auf Lebenszeit, Verschwörung gegen ihn und Ermordung. – *Katilina:* Lucius Sergius C. (um 108–62 v. Chr.), aus verarmtem Adelsgeschlecht. Sein politisches Ziel, eine extreme Demokratisierung Roms mittels Umsturz durchzuführen, scheiterte. Der Aufstand in Etrurien 63 wurde niedergeschlagen, Catilina (Ciceros berühmte Reden) aus der Stadt verbannt, seine Mitwisser wurden wider die Verfassung zum Tode verurteilt. – *Cäsar groß durch sein Glück:* Cäsar galt von jeher als Günstling des Glücks. In diesem Sinne äußert sich Cicero Att. (epistulae ad Atticum) 7, 4, 3 sowie Cicero Marc. (pro M. Marcello) 6f. (Hinweis von G. Schaub). – *Anderthalbe hundert Jahre zuvor:* vermutlich Anspielung auf die Zeit des älteren Cato, dessen im röm. Senat wiederholt geäußerte Forderung den Anstoß zur endgültigen Zerstörung Karthagos (149 v. Chr.) gab. – *Thapsus:* Stadt in Nordafrika, s. zu S. 203 (»Cäsar«). – *Nach Cäsars Siege ...:* B. zitiert hier, wie im folgenden noch öfter, Heinrich Ludens »Allgemeine Geschichte der Völker und Staaten. Erster Teil, Geschichte der Völker und Staaten des Altertums«, Jena 1814, S. 487: »Nach diesem Siege [Cäsars bei Thapsus] verlor Cato die Hoffnung seines Lebens.« (Hinweis von G. Schaub). Vgl. zu S. 206. – *da hielt er es für das Einzigwürdige ...:* Vgl. Luden, S. 487: »also hielt er [Cato] für das Einzigwürdige, durch besonnenen Tod seine freie Seele zu retten.«

204 *in einer so heillosen Zeit:* Die Zeit des jüngeren Cato gehört zu den schwierigsten Epochen der röm. Geschichte. Der politische Alltag war von Verfassungsbrüchen, Bestechungen und skrupellosen Machtkämpfen geprägt. Vgl. Luden, S. 487: »Solch ein Ende konnte allein einer so großen Tugend in einer so heillosen Zeit

geziemen, aber es muß auch die menschliche Seele beruhigen.« – *Vellejus Paterculus:* röm. Geschichtsschreiber, verfaßte 29 n. Chr. eine röm. Geschichte in zwei nicht vollständig erhaltenen Büchern von den Anfängen bis zur Regierung des Kaisers Tiberius. – *homo virtuti ...:* Zitat aus »Historiae Romanae« II, 35: ein Mensch, [dem Begriff] der Tugend am ähnlichsten und insgesamt durch seine Sinnesart den Göttern mehr verwandt als den Menschen. – *Und war auch Rom ...:* Vgl. Luden, S. 491: »Wenn Rom der Freiheit nicht wert war, so war doch die Freiheit selbst wert, daß Cato für sie lebte und starb.«

205 *Hyder:* Hydra, in der griech. Mythologie eine neunköpfige Riesenschlange im Sumpf von Lerna (südl. von Argos); da ihr für jeden abgeschlagenen Kopf zwei neue wuchsen, konnte Herakles sie erst bewältigen, als sein Gefährte Iolaos die Halsstümpfe ausbrannte. – *Tat eines Brutus:* S. zu S. 188. – *Ciceros Beispiel:* Marcus Tullius C. (106–43 v. Chr.), einer der bedeutendsten röm. Redner, Politiker, Schriftsteller. Büchner spielt hier vermutlich auf Ciceros Versuche, zwischen Cäsar und Pompejus zu vermitteln, an sowie auf die Koalition zwischen Marcus Antonius und Octavian (Augustus), der Cicero zum Opfer fiel. Er wurde 43 bei Formiae auf der Flucht ermordet. Vgl. Luden, S. 488: »Und wie wenig durch Nachgeben und Fügsamkeit erreicht wurde, das könnte ja wohl Ciceros Beispiel lehren!«

206 *Porcia ...:* (gest. 43 v. Chr.) Tochter des jüngeren Cato, dessen geistiges und politisches Vermächtnis sie sich zu eigen machte. 45 heiratete sie D. Junius Brutus (s. auch zu S. 14). – *Philippi:* antike Stadt in Thrakien, nach der Eroberung durch Philipp II. von Makedonien (um 382–336 v. Chr.) nach ihm neu benannt. 42 v. Chr. besiegten hier Antonius und Octavian die Republikaner unter Brutus und Cassius. – *Ludens Worten:* Heinrich Luden (1780–1847), Historiker; seine Geschichtsphilosophie ist beeinflußt von Fichte und Schelling sowie vom Volkstumsgedanken Herders; er vertrat einen entschiedenen Liberalismus, der stark auf die entstehende Burschenschaft einwirkte. (Hauptwerk: »Die Geschichte des deutschen Volkes«, bis 1237, 12 Bde, 1825–37; vgl. Luden [s. zu S. 203 »Nach Cäsars Siege«], S. 487f.: »Wer fragen mag, ob Cato durch seine Tugend nicht Rom mehr geschadet habe als genutzt, der hat weder Roms Art erkannt, noch Catos Seele, oder den Sinn des menschlichen Lebens.«)

207 *Herder:* Johann Gottfried H. (1744–1803), eine der großen Integrationsgestalten des 18. Jh.s; er übte starken Einfluß auf den jungen Goethe sowie auf den entstehenden Sturm und Drang aus, verfaßte ein weitreichendes, ungeheures Werk zu Themen aus allen Bereichen des geistigen Lebens (theoretische und dichterische Schriften). Seine Kritik an der übersteigerten Aufklärung, am übertriebenen Rationalismus war getragen von einem umfassenden Humanitätsideal. – Das von B. zitierte ›verächtliche‹ Herder-Wort fin-

det sich in Herders Legende ›Der Schiffbruch‹, deren letzte Strophe lautet: »Welch ein Geist war größer? Jenes Kato, / Der im Zorne sich die Wunden aufriß, / Oder dieses Priesters, der, den Pflichten / Seines Amtes treu, im Meer ersinket?« (Vgl. Schaub, Schulrhetorik, S. 95, Anm. 277)

DER HESSISCHE LANDBOTE

Entstehung, Druck, Verbreitung und Wirkung

Der »Hessische Landbote« (HL) – nach Wilhelm Schulz »ein Meisterstück in seiner Art und unbedingt das Bedeutendste, was seit den s. g. Befreiungskriegen die revolutionäre und populäre Presse Deutschlands aufzuweisen hat« (Schulz, S. 217) – ist die erste – publizierte – literarische Schrift Büchners. Wie der Dichter, so überrascht auch der politische Publizist Büchner gleich bei seinem ersten und einzigen Auftreten in der subbürgerlichen Öffentlichkeit mit einem großen schriftstellerisch-agitatorischen Wurf. Doch so unvorbereitet und unvorhersehbar, wie das auf den ersten Blick erscheinen mag, betritt Büchner keineswegs die literarische und publizistische Szene, hat doch der künftige Agitator und Schriftsteller bereits in seiner Schulzeit wichtige literarische Lehrjahre und stilistische Vorübungen in Form eines intensiven Rhetorikunterrichts absolviert, ohne die der spätere rhetorische Publizist und Dichter kaum denkbar ist. Vgl. S. 440f.

Was die Laufbahn des politischen Publizisten und Agitators angeht, so hat Büchner bereits in seiner ersten Straßburger Studienzeit – Ende 1832 – eine »politische Abhandlung« zu schreiben geplant, jedoch angeblich »keine Zeit mehr« (Brief Nr. 5) für die Realisierung dieses Vorhabens gefunden. Ob er dann irgendwann zu Anfang des Jahres 1834, als er durch Vermittlung August Beckers (1812–71) den Butzbacher Rektor Friedrich Ludwig Weidig (1791–1837) kennengelernt haben soll, neue und konkretere publizistisch-politische Pläne im Kopf hat, muß dahingestellt bleiben. Sicher scheint jedoch, daß er den Kontakt zu Weidig, der zentralen Gestalt der oberhessischen Oppositionsbewegung, gesucht und dabei »eindeutig politische Absichten« (Enzensberger, S. 55) verfolgt hat. Sein wichtigstes politisches Projekt dürfte schon in der Zeit der ersten Kontaktaufnahme die Gründung revolutionärer Geheimgesellschaften nach dem Vorbild der ihm wahrscheinlich von Straßburg her bekannten »Société des Droits de l'Homme et du Citoyen« gewesen sein. Jedenfalls hat Büchner dann im März 1834, wahrscheinlich »unmittelbar nach dem 9.–12.« (Mayer III, S. 374), in Gießen eine erste Sektion seiner »Gesellschaft der Menschenrechte« gegründet, deren Zweck u. a. in der Herstellung und Verbreitung von revolutionären Flugschriften bestand und aus deren »Mitte« der HL »hervorgegangen« ist (Noellner, S. 114).

Schon in der Gründungsphase der Gießener »Gesellschaft der Menschenrechte«, vermutlich bei einer der ersten Zusammenkünfte der Sektionäre, hat sich Büchner – nach den von Thomas Michael Mayer ausfindig gemachten Akten und Verhörprotokollen zum Prozeß gegen die oberhessische Oppositionsbewegung um Weidig, Büchner und Eichelberg (im folgenden zitiert als: Prozeß) – zur Abfassung »einer Flugschrift verbindlich gemacht« und Becker sowie die übrigen »Freunde zu Ähnlichem aufgefordert« (Prozeß, nach Mayer III, S. 374). Nachdem er sich – wohl um die Mitte des März – in Butzbach bei Weidig die für die statistischen Zahlenangaben und das Argumentationsgerüst des HL als Quelle und Vorlage benutzte »Allgemeine Statistik des Großherzogtums Hessen« von G. W. J. Wagner (vgl. S. 450 zu d. Quellen des HL) besorgt hat, macht sich Büchner in Gießen »etwa zwischen dem 13. und 25.« März (Mayer III, S. 374) an die Abfassung der geplanten – von Weidig später »Der Hessische Landbote« betitelten – Flugschrift, deren erste, allein von Büchner konzipierte und formulierte, im Manuskript nicht erhaltene, kaum rekonstruierbare Fassung der Autor mit größter Wahrscheinlichkeit vor seiner Abreise nach Straßburg, d.h. vor Ende März 1834, fertiggestellt hat. Während der österlichen Semesterferien (Ende März bis Ende April), die Büchner zuerst in Straßburg und vermutlich ab Mitte April in Darmstadt verbringt, wird das Manuskript der Flugschrift in Gießen aufbewahrt (vgl. Mayer III, S. 424, Anm. 6) und von August Becker, da Büchners Handschrift »durchaus unleserlich« ist, »in's Reine geschrieben« (Noellner, S. 423). Nach Büchners Rückkehr nach Gießen (die Vorlesungen des Sommersemesters 1834 beginnen am 28. April) wird das vom Verfasser vielleicht noch einmal durchgesehene Manuskript des HL in der Beckerschen Abschrift Ende April oder (wahrscheinlicher) Anfang Mai von Gustav Clemm (1814–66) und A. Becker nach Butzbach zu Weidig gebracht, »um es durch seine Vermittelung drucken zu lassen« (Prozeß, nach Mayer II, S. 163). »Daß Weidig dies ohne vorherige Bearbeitung verweigern würde, scheint man in Gießen trotz einiger warnender Indizien nicht erwartet zu haben, sonst würde Büchner vielleicht doch selbst mit nach Butzbach gekommen sein.« (Mayer II, S. 163) Nach der Lektüre des Büchnerschen Entwurfs erklärt Weidig den Überbringern gegenüber, »daß die konstitutionellen Revolutionärs sich von uns trennen würden, wenn sie die heftigen Invektiven gegen die Reichen läsen, und daß daher diese, sowie auch die Ausfälle gegen die landständische Opposition ausgelassen und durch Anderes ersetzt werden müßten« (Prozeß, nach Mayer II, S. 163). Solche eher taktisch gemeinte Kritik darf nicht darüber hinwegtäuschen, daß Weidig die agitatorische Zugkraft des Büchnerschen Textes offenbar sofort erkannt hat, kann er doch »der Flugschrift einen gewissen Grad von Beifall nicht versagen«, ja meint er doch sogar, »sie müsse *vortreffliche Dienste* tun, wenn sie verändert werde«. (Noellner, S. 423) Um dies in Angriff nehmen zu können, behält Weidig das Manuskript zurück, wobei allerdings offenbleiben muß, ob er schon vor Beginn seiner ihn um Mitte Mai vor allem ins Rhein-Main-Gebiet führenden Organisations- und Werbereise für die Volksagitation nach der Art des »Hessischen Landboten« (vgl. Mayer II, S. 159–182), d.h. in der ersten Maihälfte, zu einer abschließenden Bearbeitung und teilweisen Neufassung des überbrachten Manuskripts gekommen ist oder ob er sich erst nach der spätestens in der letzten Juniwoche erfolgten Rückkehr von dieser Reise an die schriftliche Überarbeitung gemacht hat. Ziemlich sicher ist nur, »daß die prinzipielle Linie einer Bearbeitung für Weidig schon nach der ersten Lektüre [des Landboten-Manuskripts Anfang Mai] feststand.« (Mayer II, S. 167)

Ein nicht unwichtiges Datum in der Entstehungsgeschichte des HL ist die Versammlung auf der zwischen Marburg und Gießen gelegenen Badenburg am 3. Juli, eine auf Anregung und Einladung Weidigs zustande gekommene Zusammenkunft der hessen-darmstädtischen und kurhessischen Demokraten und Liberalen zur Gründung eines geheimen »Preßvereins« für die Agitation durch Flugschriften. Mit der Begründung, daß der in Büchners Fassung propagierte »Kampf der Armen gegen die Reichen« die »Wirkung stören« würde, »weil selbst in jedem Dörfchen der Unterschied zwischen arm und reich bestehe« und man daher anstelle der »Reichen« die »Vornehmen« sagen müsse (Prozeß, nach Mayer II, S. 241), versteht es Weidig bei den Diskussionen auf der Badenburger Versammlung, »gegen Büchner ein verbindliches Plazet für seine im wesentlichen wohl schon erfolgte oder wenigstens genau konzipierte Bearbeitung« (Mayer III, S. 380) des Büchnerschen Entwurfs zu erhalten. Damit war für Büchner die letzte und wohl überhaupt einzige Chance dahin, den HL vielleicht doch noch in der von ihm gewünschten Form gedruckt zu sehen. Zwei Tage nach der Badenburger Versammlung, am Abend des 5. Juli 1834, holen dann Jakob Friedrich Schütz (1810–77) und Büchner das druckfertige, möglicherweise noch einer letzten Revision unterzogene Manuskript des HL bei Weidig in Butzbach ab, von wo sie – versehen mit einem Empfehlungsschreiben Weidigs an den Buchdrucker Carl Preller (geb. 1802) – »noch in derselben Nacht ihre Weiterreise« antreten (Prozeß, nach Mayer III, S. 383), um den in Botanisierbüchsen versteckten »Landboten« in Offenbach zum Druck zu befördern. Am 31. Juli wird die in der Offizin des Druckers und Buchhändlers Carl Preller gedruckte erste Ausgabe des HL, deren Auflagenhöhe Mayer auf »vielleicht 700–1000 Exemplare« schätzt (Mayer II, S. 106; vgl. auch Mayer III, S. 388), von Karl Minnigerode (1814–94), Jakob Friedrich Schütz und Karl Zeuner (geb. 1812) aus der Offenbacher Druckerei abgeholt und von dort nach Darmstadt, Friedberg, Butzbach und Gießen gebracht. Der nach Gießen zurückkehrende Minnigerode wird aufgrund einer erneuten Denunziation des zum Butzbacher Weidig-Kreis gehörenden Konrad Kuhl (1794–1855) am Abend des 1. August am Gießener Selzertor »mit nicht weniger als 139« (Noellner, S. 221) in Rock und Stiefeln verborgenen »Landboten«-Exemplaren verhaftet.

Um seine Freunde, Mitverschworenen und Mithelfer bei der »Landboten«-Aktion von der Verhaftung Minnigerodes in Kenntnis zu setzen und zu warnen, eilt Büchner noch in derselben Nacht (vom 1. auf den 2. August) zunächst nach Butzbach und von dort weiter nach Offenbach und kehrt über Frankfurt, Vilbel und Butzbach am 5. August nach Gießen zurück, wo er – die Flucht nach vorn antretend – sogleich bei dem Universitätsrichter Konrad Georgi (1799–1857) vorspricht, um sich wegen der Verletzung von Rechten bei der in seiner Abwesenheit erfolgten Hausdurchsuchung zu beschweren. Durch sein forsches und kaltblütiges Auftreten sowie durch stichhaltige Alibis für seine Reise gelingt es Büchner, den Gießener Universitätsrichter Georgi, der Büchner aufgrund einer Verfügung des Darmstädter Ministeriums des Innern und der Justiz als den mutmaßlichen, von Kuhl verratenen Verfasser des HL verhaften soll, so zu verunsichern und zu düpieren, daß dieser »die *befohlene Verhaftung nicht zu vollziehen*« wagt (Diehl, S. 16). Büchner bleibt den August über noch in Gießen, geht dann aber auf Drängen der Eltern und wegen der in Gießen unsicherer werdenden Situation im September nach Darmstadt, wo er die Reorganisation der von ihm in der zweiten Aprilhälfte gegründeten Sektion der »Gesellschaft der Menschenrechte« betreibt, seit Anfang Oktober Quellen und Darstellungen zur Französischen Revolution studiert und wohl auch exzerpiert, im Januar und Februar 1835 die als Druckvorlage benutzte Reinschrift von »Dantons Tod« niederschreibt, bis er schließlich Anfang März ins Ausland nach Straßburg flieht.

Trotz der Verhaftung Minnigerodes und der damit verbundenen Konfiszierung vieler »Landboten«-Drucke kommt es im August und September 1834 zur »Verbreitung der überwiegend nicht beschlagnahmten Exemplare des ›Landboten‹« (Mayer III, S. 384) vor allem in den Dörfern um Butzbach und Gießen. Ob die Bauern tatsächlich »die meisten gefundenen Flugschriften« (Noellner, S. 425) – wie Becker später in apologetischer Absicht aussagt – freiwillig an die Behörden abgeliefert haben, muß stark in Zweifel gezogen werden, wissen doch die neu entdeckten Akten »mit Ausnahme eines einzigen Falles aus Butzbach« (Mayer III, S. 385) nichts von solchen Ablieferungen zu berichten.

So wie die Verbreitung des HL, die übrigens nach einem Plan Weidigs »entweder an Einem Tage, oder doch möglichst gleichzeitig« (Prozeß, nach Mayer II, S. 178) von verschiedenen Verteilerpunkten aus erfolgen sollte, um der Polizei ein Schnippchen zu schlagen und ihr die Recherchen zu erschweren, keinesfalls als gescheitert betrachtet werden darf, so darf auch die Wirkung der Flugschrift auf die angesprochenen Bauern, Handwerker und Landarbeiter nicht zu gering veranschlagt werden. Im Gegenteil: Nach August Becker, der später als freier Mann den HL die einzige »für die unterste Volksklasse« geschriebene, »deutsche politische« Flugschrift nennt, »die zum Verständnis und Herz des Volks gelangt« sei (A. B., »Die Volksphilosophie unserer Tage«, Neumünster b. Zürich 1843, S. 29), hat Weidig eine Reihe von »Bauern gesprochen«, »auf welche der Landbote einen ungewöhnlichen Eindruck gemacht habe« (Schäffer, S. 54). Und eine »Gruppe offenbar nicht lesekundiger Landarbeiter«, denen die Flugschrift vorgelesen wird, ist immerhin so beeindruckt von dem Gehörten, »daß sie auch um den Preis eines Meineides ›nichts davon auszusagen‹ bereit« ist (Mayer III, S. 385).

Die erfreuliche Resonanz der Juli-Auflage sowie vor allem die ministerielle Auflösung des hessen-darmstädtischen Landtags am 24. Oktober 1834 und die dadurch gegebene Möglichkeit der publizistischen Einwirkung auf die bevorstehenden Neuwahlen scheinen Weidig im Herbst 1834 dazu veranlaßt zu haben, eine neue Auflage des HL anzuregen und zum Druck vorzubereiten. Druckvorlage für den Neudruck ist ein korrigiertes, inhaltlich jedoch von Weidig »nur an wenigen Stellen nachweislich oder vermutlich« (Mayer III, S. 388) verändertes Exemplar des Erstdrucks vom Juli, das der Student Franz Karl Weller im November zum Druck nach Marburg bringt. Drucker ist der durch den Marburger praktischen Arzt und ehemaligen Privatdozenten Leopold Eichelberg (1804–79) für illegale Druckaufträge gewonnene Faktor der Elwertschen Buchdruckerei in Marburg, Ludwig August Rühle, der später im Verhör angibt: die handschriftlichen »Zusätze« zum Juli-Druck des HL seien »von verschiedener Handschrift« gewesen; die Zusätze hätten auf kleinen separaten »Blättchen« gestanden, die »nach bestimmten Zeichen in den Haupttext« eingerückt werden mußten; und zumindest eins dieser »Blättchen« habe er »mit Wahrscheinlichkeit für die Handschrift des Eichelberg« gehalten (Prozeß, nach Mayer II, S. 248, u. Mayer III, S. 388). Nachdem Rühle im November »in mehreren«, ihm »sehr sauer gewordenen« Nächten (Franz, S. 10) an die 400 Exemplare der Zweitfassung des HL für 10 Taler Honorar ausgedruckt hat, transportieren der Marburger Medizinstudent Gustav von Stockhausen und August Becker je einen Teil der fertigen Exemplare nach Gießen zu den verbliebenen Mitgliedern der dortigen »Gesellschaft der Menschenrechte« sowie nach Obergleen zu dem seit Anfang September dorthin strafversetzten Weidig. Verbreitet werden die Exemplare der November-Auflage von Dezember 1834 bis März 1835 »vor allem von Gießen, Butzbach, Obergleen und Alsfeld aus an zahlreichen Orten beider Oberhessen« (Mayer III, S. 388). Die Distribution der November-Fassung des HL und anderer revolutionärer Flugschriften erfolgt so lange, bis Anfang April 1835 – ausgelöst durch den Verrat Gustav Clemms – eine Verhaftungswelle im kurhessischen Marburg und anschließend auch im Großherzogtum Hessen einsetzt, die Eichelberg, Becker, Weidig und viele andere hessische Oppositionelle ins Zuchthaus bringt.

Überlieferung

Der Text des HL ist in zwei Fassungen überliefert, von denen die erste im Juli, die zweite im November 1834 erschien, und zwar – wie bei illegalen Flugschriften üblich – ohne Orts-, Verlags-, Drucker- und Verfasserangaben:

Erstdruck (D^1): Der Hessische Landbote. Erste Botschaft. Darmstadt, im Juli 1834 [Offenbach: Karl Preller 1834].

Zweitdruck (D^2): Der hessische Landbote. Erste Botschaft. Darmstadt, im Nov. 1834 [Marburg: Noa Gottfried Elwert 1834].

Wie bei Flugschriften nicht anders zu erwarten, haben sich nur wenige Exemplare der beiden Drucke des HL erhalten. Bis Anfang der siebziger Jahre war von den beiden Fassungen nur jeweils ein Exemplar bekannt. Das aus dem Besitz der Familie Büchner stammende Exemplar des Erstdrucks kam 1924 zusammen mit dem handschriftlichen Nachlaß Büchners ins Goethe- und Schiller-Archiv nach Weimar, wo das an einigen Stellen durch Wortverlust defekte, von Mäusen angefressene Exemplar noch heute aufbewahrt wird. Vom Zweitdruck ist erst kurz vor dem Zweiten Weltkrieg ein Exemplar in Darmstädter Privatbesitz aufgetaucht; es verbrannte 1944, wurde jedoch vorher vollständig photographiert.

In der ersten Hälfte der siebziger Jahre ist es dann Thomas Michael Mayer und Hans-Joachim Ruckhäberle gelungen, in Polizei- und Gerichtsakten aus der Vormärzzeit einige bis dahin unbekannte, gut erhaltene Exemplare der beiden Ausgaben des HL zu entdecken. Sie finden sich im Hessischen Staatsarchiv Marburg, im Bayerischen Geheimen Staatsarchiv München (GSTA Mü MA 1922 Lit. H 6) und im Württembergischen Staatsarchiv Ludwigsburg (WSTA L E 319/Bü 45, 72 ad 53). Durch den 1973 erschienenen, von Eckhart G. Franz mit einem Nachwort versehenen Faksimile-Neudruck der beiden Fassungen ist der überlieferte Text des HL nun in seiner ursprünglichen Form jedermann leicht zugänglich.

Handschriftliche Textzeugen aus der Entstehungszeit der Flugschrift haben sich vom HL aus naheliegenden Gründen nicht erhalten. Die als Druckvorlagen benutzten Handschriften bzw. der mit handschriftlichen Zusätzen versehene Juli-Druck sind bestimmt sogleich nach Abschluß der Drucklegung vernichtet worden, um die Behörden bei eventuellen Verhaftungen oder Hausdurchsuchungen (letztere sind sowohl bei Preller wie auch bei Elwert durchgeführt worden) nicht unnötigerweise in den Besitz belastenden Beweismaterials kommen zu lassen.

Quellen

Aufgrund seiner Revolutionsstrategie von den zwei »Hebeln«, die man zur Mobilisierung und Revolutionierung des Volkes ansetzen müsse, nämlich: »materielles Elend und *religiösen Fanatismus*« (Brief Nr. 54), mußte Büchner fast zwangsläufig auf die beiden hierfür wohl am besten geeigneten Argumentations- und Agitations-Quellen der Steuerstatistik und der Bibel stoßen. Wollte Büchner, wie es seiner August Becker gegenüber erklärten Absicht entsprach, den hessischen Bauern »zeigen und vorrechnen, daß sie einem Staate angehören, dessen Lasten sie größtenteils tragen müssen, während andere den Vorteil davon beziehen« (Noellner, S. 421), so konnte er seine Argumente und Belege aus keiner anderen Quelle als aus der Steuerstatistik des Großherzogtums Hessen schöpfen. Daß Büchner zu diesem Zweck bei Weidig tatsächlich »eine Statistik vom Großherzogtum« (Noellner, S. 422) entliehen hat, ist durch eine Aussage Beckers bezeugt. Diese während der Arbeit am HL benutzte Statistik war der 4. Band der »Statistisch-topographisch-historischen Beschreibung des Großherzogtums Hessen« von Georg Wilhelm Justin Wagner (Darmstadt: Leske 1831), der die »Statistik des Ganzen« oder – wie es auf dem separaten Nebentitelblatt heißt – die »Allgemeine Statistik des Großherzogtums Hessen« enthält. Wie aus dem »Subskribenten-Verzeichnis« im 1. Band der statistischen »Beschreibung« von Wagner hervorgeht (vgl. Bd. 1, Darmstadt 1829, S. XV), war Weidig Subskribent und damit Besitzer dieser Statistik. In dem »Finanzwesen« überschriebenen Kapitel des 4. Bandes der Wagnerschen Statistik (S. 295–319), das die Staats-Einnahmen und die Staats-Ausgaben des Großherzogtums Hessen für die Finanzperiode 1830 bis 1832 detailliert aufführt, findet sich das gesamte von Büchner benutzte und ausgewertete finanzstatistische Zahlenmaterial.

Die andere Quelle, aus der die Verfasser des HL wichtiges Argumentationsmaterial für ihre Agitation bezogen, war die Bibel. Die durch nichts als ihn selbst beglaubigte Aussage August Beckers, daß »die«, d.h. sämtliche *»biblischen Stellen«* (Noellner, S. 423) des HL von Weidig seien, ist für fast alle Büchner-Forscher Beweis genug gewesen, die Bibelstellen der Flugschrift der alleinigen Verfasserschaft Weidigs zuzuschreiben. Dabei wird zumeist übersehen, daß zu Büchners Topik effektiver Flugschriftenliteratur für das Volk unbedingt die Benutzung der Bibel als Argumentationsquelle gehört. Adam Koch, ein Mitglied der von Büchner gegründeten Darmstädter »Gesellschaft der Menschenrechte«, hat ausgesagt, Büchner habe im Erscheinungsjahr des HL die Meinung vertreten, man müsse »den revolutionären Hebel« der Flugschriften am »materiellen Elend des Volks« ansetzen und dabei seine »Überzeugungsgründe aus der Religion des Volks hernehmen«, d.h. man müsse »in den einfachen Bildern und Wendungen« der Bibel »die heiligen Rechte der Menschen erklären« (zit. nach Schaub, S. 184). Daher wird man Büchner nicht länger von der Mitautorschaft an den zahlreichen Bibelstellen des HL ausschließen dürfen. In diesem Sinne hat übrigens schon ein Zeitgenosse und guter Bekannter Büchners, Wilhelm Schulz, in seiner Rezension der »Nachgelassenen Schriften von G. Büchner« aus dem Jahre 1851 erklärt, Weidig habe *»Büchner's* ›Landboten‹ einige biblische Stellen beigefügt« (Schulz, S. 227).

Wer von den beiden Verfassern des HL welche Bibelzitate an welchen Textstellen eingesetzt hat, wird sich mit letzter Sicherheit nur in Ausnahmefällen genau eruieren lassen. Nach den plausiblen Untersuchungen Thomas M. Mayers zu den mutmaßlichen Anteilen Büchners und Weidigs am Text der Juli-Fassung zu urteilen, wird man jedoch davon ausgehen können, daß in der ersten Texthälfte des Juli-Drucks die Bibelstellen zum größten Teil von Büchner, in der zweiten Texthälfte dagegen fast ausschließlich von Weidig stammen dürften, wobei es freilich durchaus möglich, ja wahrscheinlich ist, daß Weidig der ersten – vermutlich weitgehend Büchners Originaltext reproduzierenden – Texthälfte von sich aus die eine oder andere Bibelstelle hinzugefügt hat, wie er umgekehrt in die zweite Texthälfte auch einmal ein Bibelzitat aus dem wahrscheinlich sonst nur stellenweise berücksichtigten Schlußteil von Büchners März-Fassung übernommen haben mag.

Der Nachweis von Bibelstellen in den Zeilenanmerkungen muß sich aus Platzgründen auf die Ermittlung eindeutiger Bibelzitate und Bibelanspielungen beschränken. Daß sich die Protestanten Weidig und Büchner, die beide evangelisch-lutherischer Konfession waren, bei der Abfassung ihrer Flugschrift an den ihnen und ihren Adressaten geläufigen Text der Lutherbibel hielten, bedarf keiner weiteren Erklärung oder Begründung; dies um so weniger, als sie sich mit dem HL vornehmlich an die Bevölkerung der Provinz Oberhessen wandten, die um 1830 zu 92,5% aus Evangelischen (Lutheraner, Reformierte und Vereinigte zusammengenommen, davon fast 80% Lutheraner) und nur zu 4,7% aus Katholiken (und zu 2,7% aus Juden) bestand (vgl. hierzu Wagner, S. 69–74). Ob die Verfasser bei ihrer Arbeit am HL die Bibel aus dem Kopf zitierten oder ob sie eine bestimmte Ausgabe der Lutherbibel – möglicherweise sogar zwei verschiedene Bibelausgaben – vorliegen hatten, wird sich kaum entscheiden lassen.

Zu den Anteilen Büchners und Weidigs am Text der Juli-Fassung

Die aus der Entstehungsgeschichte des HL seit Friedrich Noellners »Aktenmäßiger Darlegung« von 1844 bekannte Tatsache, daß die Flugschrift, genauer: ihre Juli-Auflage, zwei Verfasser hat, ist für Herausgeber des »Landboten« seit Eduard David (1896) und Fritz Bergemann (1922ff.) immer wieder Anlaß und Anreiz gewesen, die mutmaßlichen Anteile Büchners und Weidigs am Text der Juli-Fassung zu sondieren und zu eruieren und sie durch Anwendung zweier verschiedener Drucktypen (meist der Antiqua für Büchner und der Kursive für Weidig) voneinander zu unterscheiden. Als Argumentationsbasis für die Zuschreibung von Textstellen und Textpassagen an Büchner und Weidig dienten bis vor kurzem ausschließlich die Verhöraussagen August Beckers, der 1837 erklärte, außer dem Titel und dem Vorbericht stammten *»die biblischen Stellen, so wie überhaupt der Schluß«* (Noellner, S. 422–424) von Weidig.

Die scheinbar unmißverständlichen Aussagen Beckers zur Textverteilung des HL haben jedoch keineswegs zu einer derartig einheitlichen Zuschreibung geführt, daß die verschiedenen Herausgeber (abgesehen vom Titel und Vorbericht) jeweils die gleichen Textstellen des »Landboten« dem einen oder dem anderen Verfasser zuerkannt hätten.

So unbefriedigend, unsystematisch, zum Teil in sich widersprüchlich, oft nur das eigene »Stilgefühl« bemühend die Versuche Davids und Bergemanns zur Frage der Textverteilung des HL sind, so insgesamt überzeugend, aufschlußreich, philologisch und interpretatorisch gut abgesichert und belegt ist die kürzlich von Thomas Michael Mayer vorgelegte Untersuchung zu dieser Frage (vgl. Mayer II, S. 183–287), deren Hauptergebnisse hier referiert werden sollen. Nach Mayers Hauptthese verrät der Drucktext der Juli-Fassung ungefähr in der Mitte, d.h. »nach dem genuin Büchnerschen Bild« von den »Lampen«, »aus denen man mit dem Fett der Bauern illuminiert« (S. 220), »einen derart tiefen Bruch«, daß das Vorstehende, d.h. ungefähr die erste Hälfte des Textes, auf ein »überarbeitetes Manuskript Büchners schließen« lasse, während das Nachstehende, d.h. die gesamte zweite Texthälfte, »auf ein integrales Manuskript Weidigs« hindeute (Mayer II, S. 267). Mit anderen Worten: Die handschriftliche Druckvorlage des Juli-Drucks setzte sich nach Mayer aus zwei unterschiedlichen Autographen zusammen: die erste Hälfte der Druckvorlage bis zu dem besagten »Bruch« war Beckers Abschrift des Büchnerschen Manuskripts, die Weidig – abgesehen von punktuellen Änderungen in Form von Wortersetzungen (vgl. Mayer II, S. 269) – wahrscheinlich nur an vier oder fünf kleineren Stellen durch am Rand notierte und notierbare Zusätze handschriftlich bearbeitet hat, ohne sonst weiter in die Struktur des Büchnerschen Textes einzugreifen, während »die gesamte zweite Hälfte des ›Landboten‹-Textes« etwa ab der Stelle: »Das alles duldet ihr, weil euch Schurken sagen: ›diese Regierung sei von Gott‹« (S. 220) »in Weidigs Handschrift und Formulierung zum Setzer und Drucker Preller gelangte« (Mayer II, S. 256f.). Zur Stützung seiner Annahme »zweier mutmaßlicher Handschriften etwa gleicher Länge« (Mayer II, S. 267) führt Mayer zwei neuaufgefundene Verhöraussagen über das Aussehen der präsumtiven Druckvorlage an, aus denen hervorgeht, »daß die Schriftzüge des Manuskripts nicht von einer und derselben Hand, sondern von mehreren Händen herrührten« (Prozeß, nach Mayer II, S. 183), daß die Druckvorlage höchstwahrscheinlich die Beckersche Abschrift des Büchnerschen Manuskripts »in veränderter Gestalt« (Prozeß, nach Mayer II, S. 184), d.h. in der Umarbeitung und teilweisen Neufassung durch Weidig, gewesen ist. Gegenüber diesen Indizien ist der Hinweis auf Beckers Bemerkung, von Weidig stamme *»überhaupt der Schluß«* der Flugschrift, nicht sonderlich überzeugend, denn diese Formulierung läßt sich wohl kaum, wie Mayer überinterpretiert, »auf fast exakt die ganze letzte Hälfte des ›Hessischen Landboten‹ beziehen« (Mayer II, S. 229).

Aufgrund der aus der Entstehungsgeschichte der Flugschrift gewonnenen Einsicht, daß der im Juli gedruckte Text »nicht im eigentlichen Sinn einen ›Kompromiß‹« oder eine Gemeinschaftsarbeit zwischen Büchner und Weidig darstelle, sondern daß er »nach dem Votum der Badenburger Versammlung ganz überwiegend dem Belieben und der maßgeblichen Bearbeitung Weidigs« entspreche, weshalb dieser »ihn letztlich« auch ›verantworte‹, kommt Mayer zu der wichtigen methodischen Konsequenz, daß bei künftigen Zuschreibungsversuchen »eher der Büchner-Text im Weidig-Text erkannt und nachgewiesen werden«

müsse »als umgekehrt« (Mayer II, S. 243). Dies gilt insbesondere für den zweiten, Weidigschen Teil des Textes, in den der Butzbacher Rektor »wörtlich oder wie modifiziert auch immer« sicher »einzelne Gedanken, Bilder, Inhalte« und wohl auch ganze Sätze »aus Büchners Fassung« (Mayer II, S. 266) übernommen hat. Beim ersten, Büchnerschen Textteil empfiehlt sich dagegen – aufgrund der Annahme, daß hierfür als Druckvorlage »das ursprüngliche Manuskript« (Noellner, S. 424) Büchners in Beckers Abschrift diente – das umgekehrte Verfahren, nämlich nach Weidig-Spuren und -Zusätzen im vermutlich relativ homogenen, nur leicht modifizierten Büchner-Text zu suchen.

Bei seinem subtilen und gründlichen Rekonstruktionsversuch ist sich Mayer durchaus des »philologischen Dilemmas« bewußt, »daß gerade der entscheidende handschriftliche Überlieferungsträger«, die Druckvorlage der Juli-Fassung, nicht erhalten ist und daß sich daher hinsichtlich der Frage der Textverteilung des HL auch »nie letzte Sicherheit erreichen lassen« wird (Mayer II, S. 186). Abgesehen von dieser philologischen Schwierigkeit soll abschließend noch ein hermeneutisches Problem angesprochen werden, das die zweifelsfreie Zuweisung von Textstellen an die beiden Autoren der Flugschrift so überaus schwierig macht.

Dieses auch von Mayer kaum berücksichtigte Problem besteht in der eminenten Adressatengebundenheit und -bezogenheit des HL. Ein Text, der wie der »Landbote« mit der Wirkungsabsicht und dem Wirkungsziel geschrieben und verbreitet wurde, eine bestimmte Bevölkerungsschicht eines bestimmten Landes, die hessischen Bauern, für die Revolution »zu gewinnen« (Noellner, S. 421), sie rebellionsbereiter und revolutionsgeneigter zu machen, ein solch wirkungs- und adressatenbezogener Text ist in seiner Struktur, seinem Aufbau, seiner Argumentation, seiner Aussage, seiner Stilgebung, ja bis in die Mikrostrukturen der Bilder, der Wortwahl und der Syntax hinein wesentlich durch die Rücksichtnahme auf und die Anpassung an die angesprochene Adressatengruppe der Bauern geprägt und prädisponiert. (Ein Blick in die Briefe Büchners genügt, um sich zu überzeugen, wie gut und genau sich Büchner auf den jeweiligen Empfänger seiner Briefe einzustellen und wie virtuos er dabei verschiedene Register zu ziehen versteht.) Den Text des HL so zu lesen und zu interpretieren, als sei er der unmittelbare, bekenntnishafte, unretuschierte, authentische Ausfluß der politischen, sozialen und ökonomischen Anschauungen seiner beiden Autoren, deren Anteile am Text man durch Vergleich mit anderen Weidig- und Büchner-Texten säuberlich unterscheiden könne, ist vom Standpunkt des Rhetorikers aus gesehen ein problematisches, ja naives Unterfangen. Von der ›romantischen‹ Vorstellung einer angeblichen Unmittelbarkeit poetischer und anderer verbaler Äußerungen scheint auch Mayer nicht ganz frei zu sein, wenn er neben den vernichteten, internen Papieren Büchners für die Darmstädter »Gesellschaft der Menschenrechte« auch und gerade den »Entwurf des ›Hessischen Landboten‹« zu den »einzigen authentischen [...] Zeugnissen für Büchners ökonomische, soziale und strategisch-taktische Positionen« zählt (Mayer II, S. 28).

Was die zu revolutionierenden und zu mobilisierenden Adressaten angeht, so waren sich die beiden Verfasser der Flugschrift in dieser Frage offenbar vollkommen einig (vgl. Noellner, S. 304). Mögen Büchner und Weidig, die beide »a priori von der Notwendigkeit einer gewaltsamen Volksrevolution« ausgingen (Mayer II, S. 244), hinsichtlich der Bedeutung einer solchen Revolution unterschiedlicher Ansicht gewesen sein (vgl. hierzu Mayer II, S. 244), so spielten solche Differenzen bei der Abfassung der Flugschrift sicher keine oder doch keine bedeutende Rolle. Die beiden wichtigsten rhetorischen Faktoren und Aspekte bei der ›Textkonstitution‹ des HL waren zweifellos die anzusprechenden Adressaten und das intendierte Wirkungsziel bzw. die verfolgte Wirkungsabsicht. Um ihrer gemeinsamen Sache, d.h. der Abfassung einer wirkungsvollen, auf die hessischen Bauern berechneten Flugschrift willen, werden beide Autoren des HL – Büchner bereits in seiner Fassung vom März und Weidig bei seiner späteren Über- und Umarbeitung des Textes – in Anbetracht ihres besonderen ›Publikums‹ gewisse Abstriche von ihren sonst vertretenen Anschauungen, Positionen und Konzeptionen gemacht und Register der Sprach- und Stilgebung gezogen haben, die nicht unbedingt ihrem jeweiligen Personalstil entsprechen; wie ja überhaupt bei der Unterscheidung Büchnerscher und Weidigscher Textanteile im HL als besonders erschwerend hinzukommt, daß das Medium bzw. Genre »Flugschrift« von alters her zu einer gewissen Anonymität des Stils tendiert. Daß nicht nur die Aussage, die ›Botschaft‹, sondern gerade auch der Stil eines Textes, besonders eines Gebrauchstextes, gattungs-, gegenstands-, wirkungs- und adressatengebunden ist, ist eine rhetorische Binsenwahrheit, die den Textanalytiker des »Landboten« davor bewahren kann, aufgrund personalstilistischer Argumente und Indizien bestimmte Textstellen in angeblich ›typisch‹ Büchnerschem oder Weidigschem ›Stil‹ voreilig dem einen oder dem anderen der beiden Flugschriftsteller zuzuweisen. Damit soll keinesfalls geleugnet werden, daß Büchner und Weidig nicht auch Stileigentümlichkeiten und für sie charakteristische inhaltlich-politische Konzeptionen und Vorstellungen in den Text des HL eingebracht hätten. Auch sollen keineswegs die Berechtigung und Notwendigkeit von Rekonstruktionsversuchen bezweifelt werden, die zur Lösung der ebenso schwierigen wie interessanten Frage der Textverteilung im HL beitragen. Vielmehr geht es hier einzig und allein darum, das hermeneutische Bewußtsein hinsichtlich der Problematik einer Methode der philologischen Textzuschreibung zu schärfen, die vorwiegend mit Stil- und Inhaltsindizien operiert, ohne dabei – wie im Falle des HL – die Adressatengebundenheit und Wirkungsbezogenheit des Textes in all seinen Bereichen gebührend zu berücksichtigen.

Unterschiede zwischen der Juli- und der November-Fassung

Bei der Erörterung und Beurteilung der Unterschiede zwischen den beiden Auflagen des HL ist von folgenden, als hinreichend gesichert anzusehenden, im wesentlichen die veränderten Entstehungsbedingungen und -umstände des Zweitdrucks vom November 1834 betreffenden, Fakten und Informationen auszugehen: Die veränderte, an mehreren Stellen geringfügig gekürzte, um drei größere Passagen – insgesamt um eine Druckseite – erweiterte Neuauflage des HL ist höchstwahrscheinlich auf Initiative Weidigs zustande gekommen, der nach der Auflösung des hessen-darmstädtischen Landtags am 24. Oktober 1834 (dem vermutlichen terminus post quem) erneut ein überregionales Treffen und Geldsammlungen für weitere Flugschriftenaktionen anregte, darunter auch für eine spätestens zu diesem Zeitpunkt konkreter geplante Neuausgabe des »Landboten« (vgl. Mayer III, S. 388). Der Druck der modifizierten Neufassung wurde von dem Marburger Radikalliberalen Leopold Eichelberg in die Wege geleitet, der das von Weidig korrigierte und aktualisierte, als Druckvorlage dienende, Exemplar des Juli-Drucks mit größter Wahrscheinlichkeit einer abschließenden Überarbeitung unterzogen hat, auf die Weidig offenbar keinen Einfluß mehr nehmen konnte. (Wer einen Drucker gewonnen hatte bzw. über eine Druckerpresse verfügte, der hatte im oft kollektiven Herstellungsprozeß einer revolutionären Flugschrift zumeist das letzte und entscheidende Wort, was für Büchner sicher einer der Gründe dafür war, daß er sich im Herbst 1834 in Darmstadt so intensiv um die »Anschaffung einer [eigenen] Handpresse« [zit. nach Schaub, S. 184] bemühte.) Daß Eichelberg an der Veränderung und teilweisen Neufassung des Juli-Textes nicht unmaßgeblich beteiligt war, geht aus der bereits zitierten Verhöraussage des Marburger Setzers und Druckers Rühle hervor (S. 448).

Nach dieser neuaufgefundenen Aussage kann man nicht länger – wie bisher fast ausschließlich in der Büchner-Forschung – Weidig allein für die Textabweichungen der November- von der Juli-Fassung verantwortlich machen und ihm eine abermalige mildernde Tendenzverschiebung der Büchnerschen ›Original‹-Fassung unterstellen. Der von Mayer (III, S. 388 u. II, S. 248) vorgetragenen Argumentation ist vorbehaltlos zuzustimmen, wenn er auch in seiner Neigung, Eichelberg (und dessen Gruppe) einen größeren Anteil an den Abänderungen der November-Auflage zuzuschreiben als Weidig, etwas zu weit zu gehen scheint. Jedenfalls bedarf die thesenartige Behauptung, daß Weidig den als Druckvorlage benutzten Erstdruck vom Juli »nur an wenigen Stellen nachweislich oder vermutlich« (Mayer III, S. 388; vgl. auch Mayer II, S. 248) bearbeitet habe, noch einer genaueren Überprüfung. Dies schon deshalb, weil von den drei großen, bei der Druckvorlage auf gesonderten »Blättchen« niedergeschriebenen, »Zusätzen« zwei mit hoher Wahrscheinlichkeit von Weidig stammen. Bei diesen beiden Zusätzen (vgl. S. 217 und S. 227) handelt es sich um Texterweiterungen von 16 bzw. 10 bis 11 Zeilen Umfang, die mit dem aktuellen politischen Geschehen im Großherzogtum Hessen seit Erscheinen des Erstdrucks im Juli zusammenhängen: mit der Verurteilung von Wilhelm Schulz zu strenger Festungshaft (vgl. S. 219), mit der vorzeitigen Pensionierung des Hofgerichtspräsidenten Ludwig Minnigerode (vgl. S. 217), mit der Auflösung des Landtags (vgl. S. 217 u. S. 227) sowie mit den dadurch notwendig gewordenen Neuwahlen, für welche die 2. Ausgabe des HL dadurch im Sinne der liberalen Oppositionspartei zu agitieren versucht, daß führende konservative Repräsentanten des Staates wie der leitende Staatsminister du Thil (vgl. S. 217 u. S. 227), der Staatsrat Knapp (vgl. S. 217) und der neue Hofgerichtspräsident Weller (vgl. S. 217) durch persönliche Invektiven attackiert, liberale Mitglieder des Landtags wie Gagern (vgl. S. 217) oder Sympathisanten der liberalen Opposition wie Minnigerode oder bürgerliche Demokraten wie Schulz dagegen als Opfer staatlicher und gerichtlicher Willkür hingestellt werden.

Die Art der hier angewendeten Argumentation, die ›argumentatio ad hominem‹, ist exakt die von Weidig auch in seinen Flugschriften des »Leuchters und Beleuchters« bevorzugte Argumentationstechnik der persönlichen Invektiven, der »Einmischung von Persönlichkeiten«, die Becker, Büchner und Clemm »für unzulässig und zweckwidrig« hielten, während Weidigs »Absicht« – nach einer Aussage Clemms – »immer dahin« ging, »in den Flugschriften einzelne Staatsbeamte, auf die er es besonders gepackt hatte, anzugreifen und zu verleumden« (Prozeß, nach Mayer II, S. 161).

Neben Texterweiterungen gehen wahrscheinlich auch einige Textkürzungen, d.h. Streichungen im Juli-Druck, auf das Konto Weidigs. Hatte dieser – nach dem Zeugnis August Beckers – bereits im Erstdruck manches, »was gegen die s.g. *liberale* Partei gesagt war, weggelassen« (Noellner, S. 423) – einiges davon war, sei es aus Nachlässigkeit bei der Durchsicht, sei es vielleicht doch aus Rücksichtnahme gegenüber Büchner, gleichwohl stehengeblieben –, so könnte Weidig diese Änderungstendenz – sei es, um etwas Versäumtes nachzuholen, sei es aus taktischen Erwägungen der Marburger Gruppe um Eichelberg gegenüber – in der Zweitfassung punktuell verstärkt haben, indem er etwa den folgenden, liberale Wertvorstellungen und Errungenschaften geringschätzenden Satz der Juli-Fassung kurzerhand strich: »Was ist von Ständen zu erwarten, die kaum die elenden Fetzen einer armseligen Verfassung zu verteidigen vermögen!« (S. 226)

Was die vermutlich von Eichelberg veranlaßten und selbst vorgenommenen Textabänderungen angeht, so hat er später im Verhör angegeben, Weidig habe auf sein Drängen den »Vorbericht« für den Neudruck gestrichen, nachdem er, Eichelberg, »bei einem vorausgegangenen Zusammentreffen mit Weidig« – Ende September in Marburg (dies wäre der früheste terminus post quem der November-Fassung) – »das auf dem ersten Blatt abgedruckte N.B. an die Leser sehr gemißbilligt hatte« (Prozeß, nach Mayer II, S. 186). Auf Eichelberg dürfte darüber hinaus die Ersetzung des Begriffs »Vornehme« durch die Begriffe des

»Fürsten«, des »Beamten des Fürsten« (S. 211) und des »Zwingherrn« (S. 211) zurückgehen. Für diese von Thomas M. Mayer begründete Vermutung spricht nicht nur die Tatsache, daß Eichelberg für die 6. Folge des »Bauern-Konversations-Lexikons« Ende 1834/Anfang 1835 den Artikel »Fürst« schrieb, sondern vor allem auch das Faktum, daß es ja gerade Weidig war, der in der Juli-Fassung anstelle der Büchnerschen »Reichen« die »Vornehmen« gesetzt hat (vgl. Noellner, S. 423), eine recht gravierende Umformulierung (vgl. hierzu jetzt Mayer II, S. 239–245), die Weidigs Ziele und Intentionen »exakt« bezeichnet (Mayer II, S. 248), so daß für ihn keinerlei Notwendigkeit bestand, den von ihm eingebrachten Begriff der »Vornehmen« plötzlich fallen zu lassen und durch einen neuen zu ersetzen.

Erst durch die von Eichelberg (oder einem der anderen Marburger Liberalen) vorgenommene Substitution des »Vornehmen« durch den »Fürsten« bzw. den »Beamten des Fürsten« werden die Besitzenden, die Reichen und Vornehmen, d. h. das obere Bürgertum, die aristocratie bourgeoise, von der Kritik und Polemik ausgenommen. Der in der Juli-Fassung an mehreren Stellen noch deutlich durchschimmernde, von Büchner apostrophierte ökonomische Gegensatz zwischen Arm und Reich wird in der November-Fassung durch die liberale Parole »Volk gegen Fürst« ersetzt, wobei hier zum »Volk« durchaus auch das obere Bürgertum zählt. Besonders deutlich manifestiert sich die erneute, jedoch kaum von Weidig verursachte Abschwächung der klassenkämpferischen, antibourgeoisen und antiliberalen Tendenz des Erstdrucks in der wohl eher Eichelberg als Weidig zuzutrauenden Streichung der folgenden Sätze: »sie [die höheren Beamten] haben die Häute der Bauern an, der Raub der Armen ist in ihrem Hause« (S. 212). »Das Gesetz ist das Eigentum einer unbedeutenden Klasse von Vornehmen und Gelehrten, die sich durch ihr eignes Machwerk die Herrschaft zuspricht.« (S. 214)

Ganz im Sinne liberaler Hoffnungen und Wünsche ist schließlich der – vermutlich von Eichelberg und/oder Franz Karl Weller oder auch Sylvester Jordan stammende, in der Druckvorlage auf einem gesonderten »Blättchen« wahrscheinlich in der »Handschrift des Eichelberg« notierte – letzte große Einschub gegen Ende des Zweitdrucks (vgl. S. 231–233), in dem für die Überwindung der Kleinstaaterei und die Schaffung eines national geeinten Deutschland plädiert wird. Die Schilderung dieses gelobten Landes ist die einzige Passage des HL, die konkretere Angaben über die Beschaffenheit eines postrevolutionären Zustands in Deutschland enthält.

An den Abänderungen und Abweichungen der Zweitfassung lassen sich zwar schwerlich die ideologischen und politischen Differenzen zwischen Büchner und Weidig ablesen, wohl aber die kaum geringeren Unterschiede zwischen der »bourgeoisradikalen Marburger Gruppe« (Mayer II, S. 52) und Weidig verdeutlichen, der von Büchner »auf der Linken etwa ebensoweit« entfernt war »wie von Eichelberg auf der Rechten« (Mayer II, S. 243). Diese drei Namen können stellvertretend für drei ideologische Positionen innerhalb der (ober-)hessischen Oppositionsbewegung der Jahre 1830 bis 1835 stehen, deren politisches Spektrum »von Bourgeoisradikalen bis zu plebejischen Revolutionären reichte« (Mayer II, S. 180). Nach Mayer sind diese drei Positionen etwa wie folgt zu lokalisieren, zu etikettieren und zu differenzieren: Rechts eine Gruppe von »Radikalliberalen« bzw. »Bourgeoisradikalen«, d.h. vornehmlich die Marburger Gruppe um Eichelberg, die einen »bourgeoisrepublikanischen Revolutionarismus« vertrat und so weit ging, »die Bauernbewegung mit Flugschriften nach Art des ›Landboten‹ im wohlverstandenen Interesse gerade der ›Mittelklasse‹ ›am Schnürchen‹ zu halten, d.h. für den Umsturz zu benützen« (Mayer III, S. 381); in der Mitte der revolutionäre Demokrat Weidig mit seinen »kleinbürgerlich philanthropischen Vorstellungen von einer quasijakobinischen, brüderlichen Harmonie der verschiedenen bürgerlichen und subbürgerlichen ›Stände‹ im Ankampf gegen den ›Aristokratismus‹« (Mayer III, S. 381); Weidigs politischer Standort ist nach Mayer »in etwa, eine ›jakobinische‹ Position« (Mayer II, S. 244), auf die Gerhard Jancke Büchner festzulegen versucht; »und erst links von dieser Position« (Mayer III, S. 381) die nach Eichelbergs Formulierung »extravaganten Ansichten Clemms und Büchners«, nach denen »die Mittelklasse [...] für nichts mehr empfänglich« (Prozeß, nach Mayer III, S. 381) und »weder in der Revolution noch anschließend anders denn als Feind der ›niederen Volksklassen‹, d.h. der großen besitzlosen Masse ländlicher und städtischer Plebejer zu betrachten sei« (Mayer III, S. 381). Aufgrund einiger von ihm selbst und Ruckhäberle neuentdeckter Dokumente, die im Zusammenhang mit den Eigentumsvorstellungen der von Büchner gegründeten »Gesellschaft der Menschenrechte« vom »Prinzip der Gütergemeinschaft«, vom »Vermögen« als »Gemeingut«, von gefährlichen, »zum Umsturz und Verderben« führenden »Ansichten über das Eigentum« sprechen (vgl. Mayer II, S. 25f., 47), glaubt Mayer – da mit ›Gütergemeinschaft‹ bzw. ›Gemeingut‹ »nichts anderes als die frühkommunistische, neobabouvistische *communauté des biens*« (Mayer I, S. 6) bzw. der »babouvistische und neobabouvistische *bien commun*« (Mayer II, S. 26) gemeint sein kann –, Büchner erstmals dezidiert als einen neobabouvistischen, »revolutionären Frühkommunisten« oder als einen »revolutionär-utopistischen Kommunisten« bezeichnen und reklamieren zu können, »und zwar in dem Sinne, in dem dieser Begriff [des Kommunisten] nicht nur von der neueren Forschung zum französischen Neobabouvismus, sondern schon von Marx und Engels gebraucht wurde« (Mayer II, S. 23).

Mit dieser politischen Standortbestimmung, die den politisch kaum ›ausgegorenen‹ 21jährigen Studenten Büchner über Jancke hinaus noch ein Stück weiter nach links rückt, ja ihn der wohl avanciertesten Fraktion des französischen Frühkommunismus zuordnet, steht – wie Mayer nach der Devise »Nur die Lumpe sind bescheiden« selbst erklärt – »ein ganz neues Porträt Georg Büchners« (Mayer I, S. 5), ein neues Büchner-Bild, zur Debatte, das als Kontroversthema die Forschung noch einige Zeit beschäftigen dürfte. Bei aller verständlichen und berechtigten Entdeckerfreude Thomas M. Mayers darf jedoch nicht übersehen werden, daß dessen Büchner-Bild so neu nun wiederum auch nicht ist, hat doch etwa Hans Mayer Büchner bereits 1946 einen »Babeuf-Schüler« genannt, in dem die »Tradition von Babeufs ›Verschwörung der Gleichen‹« lebendig gewesen sei (H. Mayer, Büchner, S. 157f.), und hat doch auch Ruckhäberle (allerdings wohl nicht ganz unabhängig von Th. M. Mayer) einen »gewissen Einfluß babouvistischen Denkens auf Georg Büchners revolutionäre Überlegungen« festgestellt (Ruckhäberle, S. 230; vgl. auch Ruckhäberle, S. 104).

Die Unterscheidung dreier Positionen bzw. Fraktionen innerhalb der oberhessischen Oppositionsbewegung kann als Hilfskonstruktion für eine bessere Beurteilung und genauere Differenzierung der verschiedenen Fassungen des HL herangezogen werden. In etwa dem Maße, wie die nicht erhaltene, ›neobabouvistische‹ März-Fassung Büchners hinsichtlich ihres sozialrevolutionären Potentials von Weidig zur Juli-Fassung hin ›neojakobinisch‹ abgeschwächt worden sein könnte, dürfte dann später die Juli-Fassung von den Marburger Liberalen um Eichelberg zu einer stärker liberal als sozialrevolutionär ausgerichteten Flugschrift abgemildert worden sein. Am Ergebnis dieser erneuten ›Tendenzverschiebung‹, d.h. an der November-Fassung des HL, kann man ablesen, wie stark die klassenkämpferische, antiliberale, antibourgeoise Tendenz des Büchnerschen Originals vom März stufenweise abgeschwächt, wie sehr durch die wahrscheinlich hauptsächlich auf Eichelberg zurückgehenden Abänderungen im Zweitdruck vom November der ursprünglich »sozialrevolutionäre Ton in den des liberalen Freiheitskampfes verwandelt« worden ist (Viëtor, S. 103). Wie weit die beiden Druckfassungen des HL im einzelnen von den ursprünglichen Tendenzen und Intentionen der Büchnerschen März-Fassung wegführen mögen: der Juli- wie der November-Druck dokumentieren nach Mayer jeder auf seine Weise, daß sich Weidig wie Eichelberg »unter dem Eindruck von Büchners Entwurf jeweils bis an die äußersten Grenzen ihres Horizonts bewegt haben« (Mayer II, S. 275).

*Der »Hessische Landbote« im Spiegel der Prozeßakten**

Die Beurteilung des HL durch die Untersuchungsbehörden ist in mehrfacher Hinsicht aufschlußreich. So läßt sich an der juristischen Einschätzung der Flugschrift ablesen, wie der HL im Verhältnis zu

* Es konnte hier nur bereits veröffentlichtes Prozeßaktenmaterial herangezogen werden, wie es in den aktenmäßigen Darstellungen von Noellner, Schäffer und Mathis vorliegt bzw. von Thomas Michael Mayer in seiner in der Reihe ›Text + Kritik‹ als Sonderband erschienenen Dissertation auszugsweise angeführt wird. Unveröffentlichte Verhörprotokolle und Prozeßakten zur radikaldemokratischen Bewegung in Oberhessen werden im 3. Band der Hist.-krit. Büchner-Ausgabe von Werner R. Lehmann sowie in den weiteren Büchner-Arbeiten von Thomas M. Mayer zugänglich gemacht.

anderen zeitgenössischen Flugschriften hinsichtlich seiner Strafbarkeit, Gefährlichkeit und Radikalität eingestuft wurde. Weiterhin läßt sich aus den Charakteristiken der Behörden auf die Wirksamkeit bzw. die Wirkungsmöglichkeit des HL bei den angesprochenen Adressaten schließen, wie ja überhaupt die behördlichen Äußerungen über die Flugschrift zu den wichtigsten Zeugnissen zur unmittelbaren Wirkungsgeschichte des HL gehören. Darüber hinaus verraten gerade die absprechendsten und negativsten Urteile über den HL, worin die Behörden die besondere Gefährlichkeit, d. h. die eigentliche agitatorische Zugkraft der Flugschrift, sahen.

Aufschlußreich ist vor allem die strafgesetzliche »Klassifikation«, welche die Flugschriften der oberhessischen Oppositionsbewegung um Weidig durch den Referenten beim Gießener Hofgericht hinsichtlich des Grads ihrer Strafbarkeit erfahren haben. Während die anderen Flugschriften des Weidig-Kreises als *»Schmähschriften«* mit »beleidigenden Drohungen« bzw. mit *»aufwieglerischer* Tendenz« sowie als *»volksaufwieglerische«* Schriften mit *»Majestätsbeleidigung«* (Noellner, S. 108f.) charakterisiert werden, wird der HL als eine »hochverräterische«, *»unzweifelhaft revolutionäre Flugschrift«* (Noellner, S. 109, 114) bezeichnet, wobei noch auf den »ganz besonders rücksichtslosen und gemeinen Ton dieser Schrift, welche alle andern an ehrverletzenden Äußerungen überbietet und als der *Ausfluß der verwerflichsten Gesinnung,* als das *Produkt* des *frechsten, zügellosesten Republikanismus* erscheint« (Noellner, S. 114), aufmerksam gemacht wird. Auch andere Juristen und Politiker wie Martin Schäffer, Ludwig Emil Mathis, Konrad Georgi und du Thil, der leitende Staatsminister von Hessen-Darmstadt, haben dem HL ein Höchstmaß an Gefährlichkeit und Radikalität attestiert und ihn superlativisch als »die bei weitem gefährlichste und strafbarste« (Schäffer, S. 48), als eine die anderen Flugschriften der Zeit »an Bösartigkeit weit hinter sich lassende Flugschrift« (Mathis, S. 63), als »ohne Frage [...] revolutionärste aller Schriften« (Georgi; zit. nach Franz, S. 13), als eine »höchst revolutionäre Zeitschrift« (du Thil; zit. nach Ruckhäberle, S. 245, Anm. 16) qualifiziert. Was den hochverräterischen, revolutionären Charakter der Flugschrift angeht, so ist der Tatbestand des Hochverrats nach Auffassung der Behörden deshalb gegeben, weil der HL »geradezu zum Umsturz des Bestehenden aufforderte« (Schäffer, S. 48), während die anderen Flugschriften des Weidig-Kreises »nur gegen einzelne Regierungshandlungen, nicht auf Umsturz oder Veränderung der Verfassung gerichtet« gewesen seien (Noellner, S. 113). Registrierenswert, wie genau der Staatsapparat erkannt hatte, daß der HL (so eine Akte vom 31. 1. 1835) »zu offenbarem Aufruhr und Umkehrung der bürgerlichen Ordnung« aufrief (Prozeß, nach Mayer II, S. 24).

Die Betroffenheit, Heftigkeit, ja kaum verhüllte Empörung, mit der die Untersuchungsbehörden auf den Inhalt und Ton des HL reagierten, läßt den Schluß zu, daß die Wirkung bzw. die Wirkungsmöglichkeit der Flugschrift auf die angesprochenen Adressaten von den staatlichen

Stellen nicht gering eingeschätzt wurde. Als besonders infam und verwerflich am HL wurde die Textstrategie der revolutionären Verwendung der Bibel empfunden. So moniert der hessische Hofgerichtsrat Friedrich Noellner, daß im HL »sogar die *Religion* des *Friedens* mit der Brandfackel des revolutionären *Umsturzes* vermengt und in deutlichen Zügen ausgeprägt« werde (Noellner, S. 108), und der Referent der Bundes-Zentralbehörde, der preußische Kammergerichtsrat Mathis, konstatiert mit vorwurfsvollem Unterton, daß im HL »unter Mißbrauch biblischer Sprache« der »Unterschied zwischen Begüterten und Nichtbegüterten als Unrecht dargestellt, zum Kampfe gegen die ersteren aufgerufen, und Aufruhr in einer Weise gepredigt« werde, »als ob er ein heiliges Werk sei« (Mathis, S. 63). Die staatstragenden Justizbehörden scheinen nicht ganz zu Unrecht befürchtet zu haben, ihrer Monopolstellung hinsichtlich der ideologischen Bibelverwendung verlustig zu gehen, d.h. die Bibel und die Religion als ein wichtiges Instrument der ideologischen Rechtfertigung und Fortschreibung der bestehenden Verhältnisse zu verlieren, mußte doch der »Anspruch der Reaktion auf die Religion als Bann gegen die Revolution« (Ruckhäberle, S. 216) in Frage gestellt werden, wenn es der Gegenseite gelang, die Bibel für ihre revolutionären, kaum weniger ideologischen Zwecke einzusetzen und wirksam werden zu lassen.

Bei aller Sorge um den Bestand des politischen und sozialen Status quo, bei aller tatsächlichen und eingebildeten Revolutionsfurcht, die freilich von den Regierenden und Herrschenden auch bewußt geschürt und vorgeschoben und damit gezielt »als Mittel restaurativer Politik eingesetzt« wurde (Ruckhäberle, S. 168), waren die Untersuchungsbehörden jedoch keineswegs so naiv und realitätsblind, anzunehmen, daß eine staatsgefährdende, »eine ›erfolgreiche‹ Flugschrift auf der Stelle Insurrektionen und die Revolution« hätte »auslösen können« (Mayer III, S. 385). Konrad Georgi, der Gießener Universitätsrichter und spätere Hofgerichtsrat, jedenfalls hielt eine »positive Äußerung« über »Anklang« und »Wirkungen« von Flugschriften einschließlich der beiden »Landboten«-Drucke für »beinahe unmöglich«, da »deren Eindrücke unmerklich fortwährend« seien und »nur nach und nach« wirkten (Prozeß, nach Mayer III, S. 385). Diese Einschätzung der Wirkungsmöglichkeiten von Flugschriften entspricht ziemlich genau der Wirkungsabsicht vieler Flugschriftsteller der Vormärzzeit, die ihre Flugschriften in der Regel nicht als Vehikel zur unmittelbaren Vorbereitung der revolutionären Tat betrachtet, sondern vielmehr »bewußt langfristig als Agitationsmedien zur Bildung revolutionären Bewußtseins angelegt« haben (Ruckhäberle, S. 168). Gerade Büchner scheint sich – dies spricht wieder einmal mehr für seinen realpolitischen Sinn – keinerlei Illusionen über die ›Machbarkeit‹ von Revolutionen durch Flugschriften gemacht zu haben, überliefert doch Wilhelm Schulz glaubhaft als Büchners ›Überzeugung‹ folgendes wörtliches Diktum in doppelten Anführungszeichen: »Zwar lassen sich Revolutionen nicht *machen*, am wenigsten durch Flugschriften, selbst wenn diese die Notzustände noch so treffend *schildern*. Ist aber die Volksbewegung einmal da, so muß sie mit denselben Triebfedern der materiellen Interessen, die sie erzeugt haben, auch im Gange erhalten werden.« (Schulz, S. 233)

Anmerkungen

210 *Der Hessische Landbote:* Der von Weidig stammende Titel bezeichnet die Adressaten der Flugschrift: die hessischen Bauern, die hessische Landbevölkerung. Die geographisch-politische Titelspezifizierung »*Hessischer* Landbote« deutet darauf hin, daß auch in den anderen süddeutschen Verfassungsstaaten »Landboten« in der Art des hessischen für die *»niederen Volksklassen«* erscheinen sollten, wobei der »Stoff zu diesen Flugschriften« aus den »individuellen Verhältnissen der einzelnen Völker entnommen« (Noellner, S. 101) werden sollte. Eine implizite Lese- bzw. Rezeptionsanweisung enthält der Titel insofern, als sich Weidig mit ihm »zweifellos auf jene Ende des 16. Jahrhunderts aufgekommene Figur des *hinkenden Boten*« bezog, »der den offiziellen Siegesnachrichten auch Auskünfte über die Kosten folgen ließ, der es *mit der Wahrheit genauer als sein übereifriger Vorläufer* – die amtliche Ordinari-Post – nahm und deshalb von Strategen des Dreißigjährigen Krieges weniger gern gesehen wurde« (Mayer II, S. 184). Diese »aufklärerisch-kritische Tradition« (Mayer II, S. 185) des »Hinkenden Boten« ist von den süd- und südwestdeutschen Liberalen und Demokraten der 1830er Jahre wieder aufgegriffen worden. Außer dem HL bezeugen dies Zeitungs- und Zeitschriftentitel wie »Der Bote aus Westen«, der »Westbote« oder »Der deutsche Volksbote« von Karl Buchner und Wilhelm Schulz. – *Erste Botschaft:* Diese – Assoziationen an die »frohe Botschaft« des Neuen Testaments hervorrufende – Botschaft sollte offenbar nicht die letzte bleiben. Vielleicht war sogar an ein Periodikum gedacht, etwa eine unregelmäßig erscheinende Zeitschrift. Jedenfalls hat der Marburger Radikalliberale Leopold Eichelberg ein an die »erste Botschaft« direkt anknüpfendes Manuskript mit dem Titel »Der Hessische Landbote. *Zweite* Botschaft« verfaßt (nicht mit der November-Fassung des HL zu verwechseln!), das er Ende August oder Anfang September an die Gießener Sektion der »Gesellschaft der Menschenrechte« zur Begutachtung übermittelte. Da in dieser zweiten Botschaft die »Zeichen« vom Schluß der Juli-Fassung des HL mit dem für 1834/35 erwarteten Halleyschen Kometen identifiziert werden und da auch der als »Feuerkopf und Revolutionär« apostrophierte »Herr Jesus Christus öfters« vorkommt, erregt das »Machwerk« nur »allgemeines Lachen« bei den Gießener Sektionären, die der Realisierung des Eichelbergschen Flugschriftenprojekts ihre Unterstützung versagen (vgl. Mayer III, S. 386). – *Darmstadt, im Juli 1834:* Wohl um ihr mehr Autorität zu geben, trägt die Flugschrift diese fingierte Ortsangabe. Von Darmstadt, der Residenz des Großherzogtums Hes-

sen, kamen die Anweisungen, Verordnungen und Gesetze der Regierung. – *Vorbericht:* Der von Weidig stammende Vorbericht zeugt nach Enzensberger (S. 51) »von dem gewissenhaften Realismus« des Butzbacher Rektors, »der sich darüber klar war, welchen Gefahren er sein Publikum aussetzte«. Nach T. M. Mayer ist er dagegen »eher als ein Mißgriff aus fast patriarchalischer Überperfektion«, »als ein Schlag ins Wasser, wenn nicht als Eigentor« zu beurteilen, da die im Vorbericht gegebenen konspirativen Verhaltensmaßregeln eine mögliche Verteidigung vorwegnahmen und für Verbreiter wie Leser der Flugschrift »in strafrechtlicher Hinsicht ein verstärkendes Eingeständnis des *hochverräterischen* Charakters der Schrift bedeuteten« (Mayer II, S. 185 f.). Dies waren wohl auch die Hauptgründe, warum Weidig, nachdem Eichelberg ihm gegenüber »das auf dem ersten Blatt abgedruckte N. B. an die Leser sehr gemißbilligt hatte« (Prozeß, nach Mayer II, S. 186), den Vorbericht für die November-Auflage ersatzlos gestrichen hat. – *Friede den Hütten! Krieg den Palästen!:* Der in der Französischen Revolution häufig gebrauchte Slogan »Guerre aux châteaux! Paix aux chaumières«, den der französische Schriftsteller Nicolas Chamfort (1741–94) den Soldaten der Revolutionsheere als Wahlspruch vorgeschlagen haben soll. Der Kampfruf »tendiert zur babouvistischen Formel vom ›Krieg der Reichen gegen die Armen‹« (Ruckhäberle, S. 225). – *als hätte Gott ... zum Gewürm gezählt:* Vgl. 1. Mose 1, 20–28. – *Vornehmen:* Nach August Becker hat Weidig in der Juli-Fassung überall, wo Büchner die »Reichen« geschrieben hatte, die »Vornehmen« eingesetzt (Noellner, S. 423). Zur Kontroverse um die Begriffe »Vornehme« und »Reiche« zwischen Büchner und Weidig vgl. Mayer II, S. 239–245, der nachweist, daß man nicht – wie sonst einhellig in der neueren »Landboten«-Forschung – von einer »Synonymität«, sondern »nur von einer spezifischen Überlagerung« der beiden Begriffe sprechen kann. Büchner habe sich mit dem Begriff der »Reichen« gegen »feudalen *und* bürgerlichen Reichtum« (Mayer II, S. 245) gewandt, während mit dem von Weidig benutzten Begriff der »Vornehmen«, der »mehr oder weniger eng dem Bereich der Aristokratie zugeordnet« war (Mayer II, S. 243), der Angriff nur gegen den feudal-aristokratischen Reichtum formuliert sei. Wilhelm Schulz (S. 227) wunderte sich, daß man sich nicht auf die Formel »Reiche *und* Vornehme« geeinigt hatte. – *zierliche Kleider:* Das Adjektiv bewahrt hier noch die ältere Bedeutung von: prächtig, glänzend, schön. – *nimmt:* Bedeutet hier noch im älteren, unabgeblaßten Sinn: gewaltsam nehmen, rauben, beanspruchen. – *Fremde verzehren seine Äcker vor seinen Augen:* Jes. 1, 7. – *718,373 Einwohner:* Korrekte Angabe der Bevölkerungszahl (Stand von 1828) nach der von Büchner benutzten Statistik Wagners (vgl. Wagner, S. 69). – Das »Finanzwesen« überschriebene Kapitel aus Wagners »Allgemeiner Statistik des Großherzogtums Hessen« (Darmstadt 1831; zit. als: Wagner), aus dem Büchner das Zahlenmaterial für seine Flugschrift bezog, ist fast vollständig in meiner kommentierten Ausgabe des HL (vgl. Schaub, S. 164–175) abgedruckt und mit Büchners Angaben verglichen worden. Büchners Zahlenangaben weichen mehrfach von seiner Quelle ab; in den meisten Fällen lassen sich jedoch Nachlässigkeit oder Rechenfehler nachweisen. Es sei hier auf die Einzelnachweise bei Schaub (S. 68–73) verwiesen.

212 *Geldstrafen:* Der bei Büchner als gesonderter Haupttitel an fünfter Stelle aufgeführte Einnahme-Posten »Geldstrafen« ist bei Wagner nicht als Hauptposten, sondern lediglich als Unterposten unter dem letzten Hauptposten »Aus verschiedenen Quellen« placiert. Büchner nimmt hier aus agitatorisch-persuasorischen Gründen eine Ausgliederung, gesonderte Aufführung und damit Herausstellung einer umstrittenen, gerade bei den unteren Bevölkerungsschichten verhaßten, Einnahmequelle des Staates vor. – *Wohnt eine Anzahl Menschen ... hervorgehen sollen:* Mayer II, S. 269f. schreibt diese Passage Weidig zu und kommentiert »die seltsame Floskel« von den »Gesetzen«, »die aus dem Wohl *Aller* hervorgehen sollen«. R. Saviane (S. 93, Anm.) sieht in der Textstelle die Idee der »Volonté générale« ausgedrückt. – *Ihre Anzahl ist Legion:* Vgl. Mark. 5, 9. – *Das Volk ist ihre Herde, sie sind seine Hirten, Melker und Schinder:* Vgl. vor allem Hes. 34, 1ff., wo Gott durch den Propheten wider die untreuen Hirten des Volkes Israel weissagt. Vgl. auch Jer. 23, 1ff. – *sie haben die Häute der Bauern an:* In Jean Pauls Roman »Hesperus« (1795) heißt es in einer zentralen, von Büchner auch an anderen Stellen des HL zitierten (vgl. Anm. zu »Der Fürst ist der Kopf des Blutigels«, S. 218, und zu S. 230: »Ihr seid nichts, ihr habt nichts!«) Passage (40. Hundposttag): »und die Herren vom Hofe haben eure [des Volkes] Häute an.« Vgl. auch Micha 3, 2f. – *der Raub der Armen ist in ihrem Hause:* Jes. 3, 14. – *Für das Ministerium des Innern ... 1,110,607 Gulden:* Büchner beginnt hier mit der Aufzählung und agitatorischen Kommentierung einer Reihe von ausgewählten Ausgabeposten des Staatsbudgets.

214 *Das Gesetz ist das Eigentum ... Herrschaft zuspricht:* Mayer II, S. 62f. verweist auf die »vom Saint-Simonismus in die neobabouvistische Theorie eingegangene Erkenntnis«, nach der die »Gesetze immer denen nützlich« sind, »die sie machen«, sowie auf die Neobabouvisten Blanqui und Voyer d'Argenson, die 1832/33 von den »Gesetzen der Privilegierten« bzw. von den »Reichen, welche Gesetze machen« gesprochen haben. — *Stempelpapier:* Wertmarken für Stempelsteuern. Hoher, verhaßter Einnahmeposten (»460,500« Gulden) innerhalb der indirekten Steuern (vgl. Schaub, S. 167). – *Sporteln:* Gebühren für Gerichtsschreiber, Eichämter, Einregistrierung und Hypotheken (vgl. Schaub, S. 166f.). Die Sporteln gehörten ebenfalls zum Einnahmeposten der indirekten Steuern. – *Fettwänste:* Vgl. Hiob 15, 27 und Psalm 73, 7, wo es von dem bzw. von den Gottlosen heißt, er bzw. ihre Person »brüstet sich wie ein fetter

Wanst«. – *Die Ketten eurer Vogelsberger Mitbürger, die man nach Rokkenburg schleppte:* In der Nähe des oberhessischen Dorfs Rokkenberg (bei Friedberg) befand sich die Landes-Strafanstalt Marienschloß, die »für alle diejenigen bestimmt« war, »welche von den Gerichten [...] wegen schwererer Kriminal-Verbrechen zu einer Zuchthausstrafe verurteilt« worden waren (Wagner, S. 292). An dem oberhessischen Bauernaufstand im Herbst 1830 waren viele Bewohner der Vogelsberg-Region beteiligt. – *Und will endlich ... selber geschunden:* Nach Fritz Bergemann und T. M. Mayer eine von Weidig stammende Textpassage. – *ihr Bauch:* Vgl. Röm. 16, 18 und Phil. 3, 19. – *Mammon:* Biblischer Begriff zur Bezeichnung ungerechten Reichtums; vgl. Matth. 6, 24 und Luk. 16, 9, 11.

216 *sie legen die Hände an ...:* Der Ausdruck »die Hände an jemanden legen« ist biblisch; vgl. etwa Psalm 55, 21 und Luk. 21, 12. – *Lenden und Schultern:* Die Zusammenstellung dieser beiden Körperteile ist biblisch; vgl. Richt. 15, 8 und Hes. 24, 4. – *jeden Herbst einmal blind schießen:* Im September jeden Jahres fanden die Herbstmanöver bzw. Hauptübungen des hessen-darmstädtischen Militärs statt (vgl. Wagner, S. 328ff.). – *Södel:* Während der oberhessischen Bauernunruhen war es am 30. September 1830 in dem Dorf Södel aufgrund eines Mißverständnisses – Regierungssoldaten hielten unbeteiligte Dorfbewohner für versprengte Insurgenten und schossen in die Menge – zu einem bewaffneten Zwischenfall gekommen, bei dem es nicht nur Verwundete, sondern auch einige Tote gab.

217 *Staatsminister du Thil:* Karl Wilhelm Heinrich Freiherr du Bos du Thil (1777–1859), seit 1821 hessen-darmstädtischer Außen- und Finanzminister, war von 1829–48 leitender Staatsminister. – *Staatsrat Knapp:* Johann Friedrich Knapp (1776–1848), seit 1825 Geheimer Staatsrat im Ministerium des Innern und der Justiz, engster Mitarbeiter du Thils. – *der junge Gagern ...:* Heinrich Freiherr von Gagern (1799–1880), bedeutender Politiker des frühen deutschen Liberalismus, wurde 1833 zwangsweise in den Ruhestand versetzt, war von 1832–36 Mitglied des Landtags. – In der zur Auflösung des Landtags führenden Kammersitzung am 24. Oktober 1834 hat Gagern von einer »Partei« gesprochen, »welche gegenwärtig die Geschäfte in unserm Staate führt«, »welche das konstitutionelle Prinzip nicht versteht und in ihren einzelnen Mitgliedern auch vergessen zu haben scheint, was Recht ist«, wobei er hinzufügte, diese »Partei« sei vor allem durch den Staatsrat Knapp repräsentiert. Das Verlangen Knapps, Gagern zur Ordnung zu rufen, wurde von der Mehrheit der Zweiten Kammer abgelehnt. Darauf erklärte Knapp, nicht er, sondern die Regierung sei beleidigt worden. Damit hatte du Thil den willkommenen Vorwand für die längst beabsichtigte Auflösung der ihm wegen ihrer liberalen Zusammensetzung äußerst mißliebigen Kammer. – *verwilligen:* einwilligen, zustimmen. – *Präsidenten Minningerode:* Ludwig Minnigerode

(1771–1839), der Vater von Büchners Schulfreund und Mitverschworenem Karl Friedrich Ernst Minnigerode (1814–94), war seit 1815 Präsident des Hofgerichts der Provinz Starkenburg in Darmstadt, als welcher er wegen der am 1. August 1834 erfolgten Verhaftung seines Sohnes Karl am 12. August vorzeitig in den Ruhestand versetzt wurde. – *Millionendieb Weller:* Eberhard Jodocus Heinrich Weller (gest. 1856), Oberappellationsgerichtsrat in Darmstadt, konservatives Mitglied des Landtags 1826–30, wurde im August 1834 Minnigerodes Nachfolger im Präsidium des Darmstädter Hofgerichts. Weller hatte 1830 für die Übernahme der privaten Millionenschuld des Großherzogs Ludwig II. aus dessen Erbprinzenzeit auf die Staatskasse gestimmt.

218 *ja:* Neben dem Verb stehende Versicherungspartikel, die u.a. in Bedingungssätzen vorkommt, um anzudeuten, daß der Eintritt der Bedingung nicht wahrscheinlich ist. – *nur eine Drahtpuppe ... oder alle zusammen:* Vorgebildet ist diese Stelle nach Wolfgang Wittkowski (S. 101) – »freilich weit maßvoller« – in Werthers Brief vom 8. Januar 1772: »Wie mancher König wird durch seinen Minister, wie mancher Minister durch seinen Sekretär regiert!« – *Günstling:* Geliebter. – *In Deutschland stehet ... teuer bezahlen:* Eduard David, Bergemann und Mayer schreiben diese Passage Weidig zu. – *Ludwig von Gottes Gnaden:* Gemeint ist hier der Großherzog Ludwig II. (1777–1848), der von 1830–48 regierte. Sein offizieller Titel lautete: »Ludwig II., von Gottes Gnaden Großherzog von Hessen und bei Rhein.« – *euer Gerät versteigern, euer Vieh wegtreiben, euch in den Kerker werfen:* Vgl. Jer. 49, 29 sowie Jer. 37, 15–18. – *Menschenkinde:* Häufig in der Bibel vorkommendes Kompositum. – *es kroch so nackt und weich in die Welt ... und wird so hart und steif hinausgetragen:* Vgl. Die Weisheit Salomonis 7, 1–6 sowie Hiob 1, 21 und Pred. 5, 14. – *Wehe über euch Götzendiener:* Der Ausruf »Wehe euch« kommt häufig in der Bibel vor, der Begriff »Götzendiener« dagegen nur einmal (vgl. Eph. 5, 5). – *Wehe über euch Götzendiener ... und eure Kinder:* Bergemann und Mayer vermuten hier ein Stück Weidig-Text. Weidig hat wiederholt vom »Götzendienst« und in der Predigt »vom gemeinen Nutzen« (gehalten um 1819 in Butzbach) eingehend vom »ägyptischen Volk« mit seinem »Götzendienst«, seiner mangelnden Vaterlandsliebe und seiner starren Trennung in verschiedene Stände gesprochen, und zwar im Sinne eines abschreckenden historischen Beispiels mit durchaus politischen Absichten. – *Ihr setzt ihm eine Krone auf, aber es ist eine Dornenkrone ...:* Anspielung auf die Verspottung Christi durch die Kriegsknechte; vgl. Matth. 27, 27–30; Mark. 15, 16–19; Joh. 19, 2–5. – *Rute, womit ihr gezüchtigt werdet:* Vgl. Sprüche 22, 15: »Rute der Zucht«. – *Der Fürst ist der Kopf des Blutigels ... und bückt euch auf euren steinichten Äckern:* Diese Passage ist in mehreren Einzelheiten durch eine imaginierte Rede aus Jean Pauls Roman »Hesperus« beeinflußt, die der bürger-

liche Regierungsrat Flamin vor seiner Hinrichtung halten will, um das Volk zur Rebellion zu mobilisieren. In Flamins »Freiheit-Dithyrambus« heißt es (40. Hundposttag): »Sind denn die tausend aufgerissenen Augen um mich alle starblind, die Arme alle gelähmt, daß keiner den langen Blutigel sehen und wegschleudern will, der über euch alle hinkriecht und dem der Schwanz abgeschnitten ist, damit wieder der Hofstaat und die Kollegien hinten daran saugen? Seht, ich war sonst mit dabei und sah, wie man euch schindet – und die Herren vom Hofe haben eure Häute an. Seht einmal in die Stadt: gehören die Paläste euch, oder die Hundshütten? Die langen Gärten, in denen sie zur Lust herumgehen, oder die steinigen Äkker, in denen ihr euch totbücken müsset?«

219 *die Sache des Dr. Schulz:* Friedrich Wilhelm Schulz (1797–1860), aus Darmstadt stammender liberaler Publizist und Politiker, 1820 als Verfasser des »Frag- und Antwortbüchleins« (1819) aus dem Militärdienst entlassen, wurde im Herbst 1833 wegen Anteilnahme an »staatsgefährlichen Bestrebungen« verhaftet, jedoch nicht vor ein Zivil-, sondern vor ein Kriegsgericht gestellt, das ihn im Sommer 1834 zu fünf Jahren Festungshaft verurteilte; Ende Dezember 1834 Flucht aus der Haft nach Frankreich. – *Prinzen Emil:* Emil (Maximilian Leopold August Carl), Prinz von Hessen (1790–1856), Sohn des Großherzogs Ludwig I. (1753–1830), jüngster Bruder Ludwigs II., seit 1832 Präsident der Ersten hessischen Kammer, Parteigänger Metternichs, hatte großen Einfluß auf seinen Bruder Ludwig II.

220 *Schröpfköpfe:* »kleine cylindrische Gefäße von Glas oder Messing, welche man über ein Licht hält, um die Luft heraus zu treiben, und sie geschwinde über den mit dem Schröpfschnepper aufgeritzten Teil der Haut decket, da sie denn das Blut aus demselben an sich ziehen« (Joh. Christ. Adelung, Grammatisch-kritisches Wörterbuch der Hochdeutschen Mundart, 3. Teil, Leipzig/Wien 1798, Sp. 1661). – *das Malzeichen des Tieres:* Vgl. Offb. 16, 2 und Offb. 19, 20f. Mit diesem Zeichen ist nach Offb. 13, 16f. u. 14, 9–11 das Erkennungszeichen, das Stigma des Antichrist gemeint. – *kostbaren:* kostspieligen. – *Die Töchter des Volks:* Zur Personalmetapher »Tochter meines Volks« vgl. Jer. 6, 26; 8, 22; 14, 17; Klagl. 4, 6. 10. Zur Vorstellung, daß die Töchter eines Volkes zu Huren werden bzw. nicht werden sollen, vgl. 5. Mose 23, 17f.; Hos. 4, 13f. – *wenn ein Erbprinz mit einer Erbprinzessin für einen andern Erbprinzen Rat schaffen will:* Der in der Bibel (vgl. Richter 20, 7) vorkommende Ausdruck »Rat schaffen« bedeutet: Abhilfe schaffen, Hilfe leisten, beistehen. Gemeint ist mit dieser provozierenden Feststellung, daß die einzige Aufgabe eines Erbprinzen darin besteht, mit einer Erbprinzessin einen weiteren Erbprinzen in die Welt zu setzen, Sorge dafür zu tragen, daß das unnütze »Geschlecht« der Erbprinzen nicht ausstirbt. Äußerer Anlaß zu dieser Erbprinzen-Invektive war die am 26. Dezember 1833 in München erfolgte, Ende

1833/Anfang 1834 überall im Großherzogtum und vor allem in der Residenz Darmstadt mit großem Pomp gefeierte Vermählung des hessen-darmstädtischen Erbgroßherzogs Ludwig von Hessen mit der Prinzessin Mathilde von Bayern. Vgl. hierzu: Chronik der Feierlichkeiten, welche auf Veranlassung der hohen Vermählung Seiner Hoheit des Erbgroßherzogs Ludwig von Hessen mit Ihrer Königl. Hoheit der Prinzessin Mathilde von Bayern in Bayern und Hessen Statt fanden, Darmstadt 1834. – *durch die geöffneten Glastüren das Tischtuch sehen ...:* Vgl. »Leonce und Lena« III, 2. – *die Lampen riechen, aus denen man mit dem Fett der Bauern illuminiert:* Vgl. »Dantons Tod« I, 2: »wir wollen ihnen das Fett auslassen und unsere Suppen mit schmelzen.« – *Das alles duldet ihr, weil euch Schurken sagen ... Das Teil von Judas:* Bergemann und T. M. Mayer schreiben diese Passage Weidig zu. Mit guten Gründen: Die Erwähnung des »deutschen Kaisers« und der »freien Voreltern«, die »kaum noch lutherische Konzeption« (Mayer II, S. 257) von »Teufels-Obrigkeit« (S. 228) und vom »Reich der Finsternis« wie überhaupt die ganze theologische Begründung entsprechen sehr genau Weidigs Vorstellungen. – *diese Regierung sei von Gott:* Vgl. hierzu Röm. 13, 1: »Jedermann sei untertan der Obrigkeit, die Gewalt über ihn hat. Denn es ist keine Obrigkeit, ohne von Gott; wo aber Obrigkeit ist, die ist von Gott verordnet.« Mit dieser vielzitierten und umstrittenen Paulus-Stelle setzt sich Weidig noch an drei weiteren Textstellen des HL auseinander (vgl. S. 222, 228). Zur Bedeutung dieser Auseinandersetzung als Bedingung für einen Persuasionserfolg der Flugschrift vgl. Schaub, S. 57–59. Vgl. vor allem auch Noellner, S. 326f. (Verhöraussage Carl Braubachs). – *Vater der Lügen:* Vgl. Joh. 8, 44, wonach der Teufel »ein Lügner und ein Vater derselben« ist. – *den deutschen Kaiser, der vormals vom Volke frei gewählt wurde:* Geschichtsklitterung. – *Wahl:* Bedeutet hier ›freie Bestimmung‹. – *Gewalt:* Macht. Diese Bedeutung hat »Gewalt« auch sonst im HL. Entsprechend sind »die Gewaltigen« (S. 218) die Mächtigen. – *Wesen und Tun:* Vgl. Hes. 20, 43f.; 36, 17, 19, 31 sowie Jer. 18, 11. – *Sie zertreten das Land:* Vgl. Hab. 3, 12. – *zerschlagen die Person des Elenden:* Vgl. Jes. 3, 15. – *einen Gesalbten des Herrn:* 1. Sam. 24, 7, 11; 26, 9, 11, 16, 23; 2. Sam. 1, 16; 19, 21. – *freien Voreltern:* Lieblingsbegriff und -vorstellung Weidigs, der in seinem triadischen Denken von einem ursprünglich harmonischen Gesellschaftszustand, einem romantisch verklärten Mittelalter angeblich freier deutscher »Voreltern« ausgeht, worauf eine bis in seine Zeit anhaltende Zwischenphase der »Erniedrigung und Dienstbarkeit« folgt, bis schließlich die Zeit der »Befreiung« in einer »bürgerlichen Ordnung« anbricht; vgl. hierzu Weidigs Predigt, gehalten zu Ostern 1823 in Butzbach, sowie Mayer II, S. 198, 204, 255, 257. – *Über ein Kleines und Deutschland ... wird ... wieder auferstehn:* Vgl. Joh. 16, 16, wo Jesus in Anspielung auf seine Wiederkunft und Auferstehung sagt: »Über ein Kleines, so werdet ihr mich nicht sehen; und aber über ein Kleines, so werdet ihr mich sehen: denn Ich gehe zum Vater.« – *Freistaat:* In etwa gleichbedeutend mit Republik. Noch an zwei weiteren Stellen ist im HL vom »Freistaat« die Rede (vgl. S. 222 und S. 228). »Und in allen drei Fällen stammen die Formulierungen wie ihr besonderer Inhalt zweifelsfrei von Weidig, denn der *Freistaat* ist parallel zu den *Franken* die in der Tradition Follens und der Revolutionäre von 1815/19 deutschtümelnde Variante der Republik und doch nicht ganz ihr Synonym.« (Mayer II, S. 272) – *Gebet dem Kaiser, was des Kaisers ist:* Matth. 22, 21 und Mark. 12, 17.

222 *Das Teil von Judas:* Den Fürsten gebührt nach der Argumentation des HL dasselbe »Teil«, d.h. derselbe »Lohn«, wie dem Verräter Judas. Gemeint sind jedoch nicht etwa die dreißig Silberlinge, sondern ist vielmehr der Strick, mit dem sich Judas erhängte. – *Im Jahr 1789 ... Und so ward Deutschland betrogen wie Frankreich* (S. 224): Nach Peter Schirmbeck und T. M. Mayer stammt der historische Exkurs zu den Französischen Revolutionen von 1789 und 1830 und den Auswirkungen für Deutschland von Weidig. Als Begründung hierfür dienen: Der Nachweis mehrerer Lieblingsthemen und -vorstellungen Weidigs in dieser Passage (vgl. Mayer II, S. 256–265) sowie der Hinweis, daß auf die – dem Exkurs unmittelbar vorangehende – statistische Angabe »Für die Landstände 16,000 Gulden« nicht – wie in den anderen sechs Fällen der Aufzählung von Ausgabeposten – ein Text folgt, der mit zupackenden Anschlußsätzen direkt auf diesen Ausgabeposten (»Landstände«) Bezug nimmt. Die Kommentierung dieses Postens beginnt im HL eigentlich erst nach Abschluß des historischen Exkurses mit dem Fragesatz: »Denn was sind diese Verfassungen in Deutschland?« (S. 224) – *ein König sei ein Mensch wie ein anderer auch ..., er müsse sich vor dem Volk verantworten:* Nach der Verfassung von 1791 blieb der französische König »unverletzlich« und »heilig« (S. 218); allein die Minister waren »verantwortlich« (vgl. Saviane, S. 75; Mayer II, S. 258). – *der erste Diener im Staat:* Der Ausspruch geht auf Friedrich den Großen (1712–86) zurück, der ihn in verschiedenen Wendungen, aber stets in französischer Form gebraucht hat. – *Dann erklärten sie die Rechte des Menschen:* Die »Déclaration des Droits de l'Homme et du Citoyen« in 17 Artikeln erfolgte am 26. August 1789 durch die Konstituante. Sie ist wörtlich in die Verfassung vom 3. September 1791 aufgenommen worden. – *Titel:* Dasjenige, worauf man einen rechtlichen Anspruch stützt. – *die Vertreter des Volks ...:* Nach dem Gesetz vom 22. Dezember 1790 teilte die Konstituante die Bürger nach dem Vermögen »in ›aktive‹, besitzende *mit* und ›passive‹, besitzlose [Bürger] *ohne* Wahlrecht« ein (Mayer II, S. 258). Das Wahlrecht der Verfassung von 1791 war also nicht, wie der »Landbote« unterstellt, ein allgemeines, sondern ein Zensus-Wahlrecht. – *der König hat nur für die Ausübung der ... erlassenen Gesetze zu sorgen:* »Tatsächlich aber hatte er das

Veto« (Mayer II, S. 258), das Einspruchsrecht. Die »drei gravierenden Beschönigungen ausgerechnet zugunsten der konstitutionellen Monarchie«, die Mayer in der Eingangspassage des historischen Exkurses feststellt, sprechen in der Tat mehr für Weidig, der »zum Zweck immer Fünf gerade« sein ließ, als für Büchner, der derartige »Stilisierungen auch und gerade der ›Geschichte, wie sie sich wirklich begeben‹ [Brief Nr. 42]«, nach Möglichkeit »vermied« (Mayer II, S. 258) und der alles andere als ein Anhänger der konstitutionellen Monarchie war. – *Der König schwur dieser Verfassung treu zu sein ...:* Ludwig XVI. (1754–93), König von Frankreich (1774–92), sanktionierte und beschwor die Verfassung am 13. und 14. September 1791, fand sich jedoch nicht mit der ihm durch die Verfassung vorgeschriebenen Rolle eines konstitutionellen Monarchen ab, ersuchte am 3. 12. 1791 Preußen insgeheim um Intervention, wurde nach dem Sturm auf die Tuilerien (10. 8. 1792) und dem Sturz der Monarchie am 21. 9. 1792 für abgesetzt erklärt, am 15. 1. 1793 zum Tode verurteilt und am 21. 1. 1793 hingerichtet. – *er wurde aber meineidig ...:* Meineid und Verrat der Obrigkeit sind Lieblingsthemen Weidigs. Die meineidige Obrigkeit diente ihm als »eine ganz spezifische Konterbegründung« (Mayer II, S. 261) zur Rechtfertigung des Meineids vor Gericht bei politischen Prozessen. – *sie könnten alle über der ersten Königsleiche den Hals brechen:* Den Satz könnte Weidig »mehr oder weniger wörtlich aus Büchners Manuskript« (Mayer II, S. 259) in seinen Text übernommen haben. Für die Zuschreibung an Büchner spricht die Sentenz von Lacroix aus »Dantons Tod« (IV, 7): »Die Tyrannen werden über unsern Gräbern den Hals brechen.« – *möchten:* könnten. – *reisigem Zeug:* Reiterei, Kavallerie. Der nicht mehr gebräuchliche Ausdruck kommt in den Bibelausgaben der Büchner-Zeit recht häufig vor. – *erhob sich in seiner Kraft:* Vgl. Ps. 21, 14. – *Die junge Freiheit wuchs im Blut der Tyrannen ...:* Gemeint ist hier die Zeit der jakobinischen Schreckensherrschaft (1793/94). Eine solche Simplifizierung und Heroisierung der Geschichte ist dem in »Dantons Tod« heftige Kritik an den Jakobinern übenden Büchner nach Mayer II, S. 258 »kaum zuzutrauen.« – *jauchzten die Völker:* Vgl. Ps. 67, 5; 89, 16 sowie 1. Sam. 10, 24. – *Napoleon:* Napoleon I. (1769–1821), Kaiser der Franzosen (1804–14/15).

224 *Bourbonen wieder zu Königen:* Die französische Dynastie der Bourbonen regierte von 1589–1792 und von 1814–30. Nach der Abdankung Napoleons 1814 wurden die Bourbonen mit Ludwig XVIII. (1755–1824), einem Bruder Ludwigs XVI., wiedereingesetzt. – *die Menschen frei und gleich geschaffen:* Vgl. Artikel 1 der französischen Menschenrechtserklärung vom 3. September 1791. Vgl. auch S. 228 des HL, wo die sprachliche Übereinstimmung mit Art. 1 noch deutlicher ist. – *König Karl den Zehnten:* Karl X. (1757–1836), König von Frankreich (1824–30), löste durch die sog. Juliordonnanzen vom 26. 7. 1830, welche die Pressefreiheit

und das Wahlrecht einschränkten, die Julirevolution aus (27.–29. Juli). Am 2. August 1830 mußte er abdanken. – *Louis Philipp:* Louis Philippe (1773–1850), König (»Bürgerkönig«) von Frankreich (1830–48); mit ihm beginnen die Epoche des »Bürgerkönigtums« und die Politik des »Juste-milieu«. – *Zuchtrute:* Biblisches Bild (vgl. Sprüche Salomos 22, 15 u. Jes. 9, 3f.). Für Weidig, der seit 1814 wiederholt auf die politische Gottesstrafe für ein Volk hinweist, das sich selbst durch »Schande« und »Sünden« in die »Knechtschaft gestürzt« hat (Noellner, Anlage 8, S. 43), ist die Zuchtrute nach Mayer II, S. 263 »wirklich das Instrument göttlicher Strafe«. – *Da ratschlagten die Fürsten ...:* Den Eindruck, »daß die nach 1830 erlassenen oder vereinbarten landständischen Verfassungen die Funktion eines ›betrügerischen‹ Ablenkungsmanövers hatten, teilten spätestens nach 1832 alle deutschen Oppositionellen links der konstitutionellen Szenerie.« (Mayer II, S. 264) – *Grimm:* Das Wort kommt in der Bibel überaus häufig vor: mehr als 50 Belege. – *zitternd vor Furcht:* Zur Formel »Furcht und Zittern« vgl. Hiob 4, 14; Psalm 55, 6; 1. Kor. 2, 3; 2. Kor. 7, 15; Eph. 6, 5. – *warfen sie einige Brocken hin und sprachen von ihrer Gnade:* Vgl. Büchners Brief vom 5. April 1833 (Nr. 7) an die Familie: »Und selbst das Bewilligte wurde uns hingeworfen, wie eine erbettelte Gnade.« Aufgrund dieser brieflichen Parallele sowie der beiden Gedankenstriche, die auch an anderen Stellen des HL »einen Übergang zweier verschiedener Textelemente signalisieren«, vermutet Mayer II, S. 264f., daß Weidig die beiden Sätze (»Und zitternd vor Furcht ... und legte sich zur Ruhe. –«) »aus Büchners Manuskript direkt in seinen Exkurs ›transplantiert‹ hat«. – *Was sind unsere Landtage:* Daß Büchner von den Landständen bzw. Landtagen nicht viel hielt, beweist u.a. sein Straßburger Brief vom 5. April 1833 (Nr. 7). – *eine feste Burg:* Vgl. Luthers Lied »Ein feste Burg ist unser Gott« nach dem 46. Psalm. Es wurde »in ähnlicher politischer Wendung« (Mayer II, S. 266), wie das Bild im HL verwendet wird, auf politischen Banketten der hessischen Liberalen gesungen. – *wornach keiner gewählt werden kann, der nicht hoch begütert ist:* Vgl. vor allem Artikel 55, aber auch Art. 56 und 57 der hessen-darmstädtischen Staatsverfassung (Wagner, S. 106). – *Grolmann, der euch um die zwei Millionen bestehlen wollte:* Friedrich von Grolmann (1784–1859), konservatives Mitglied des Landtags, hatte 1830 für den Antrag der Regierung gestimmt, die Privatschulden Ludwigs II. in Höhe von 2 Millionen Gulden auf die Staatskasse zu übernehmen. – *Verfassung des Großherzogtums:* Das Großherzogtum Hessen hat als letzter süddeutscher Staat am 17. Dezember 1820 eine Verfassung erhalten. Seitdem hatte es den Status einer erblichen konstitutionellen Monarchie. Der häufig abgedruckte Text der Verfassung findet sich auch in der von Büchner benutzten Statistik Wagners (S. 98–115). Er gibt im folgenden wieder: Art. 4, Abs. 2, Art. 5, Art. 74, Art. 63, Art. 76, Art. 67 und 72.

226 *ein elend jämmerlich Ding:* Jesus Sirach 40, 1. – *Was ist von Ständen ... zu verteidigen vermögen:* Dieser »sehr geradlinige Satz« (Mayer II, S. 267) könnte von Weidig aus Büchners Manuskript übernommen worden sein. – *Die Raubgeier in Wien und Berlin:* Österreich und Preußen, die beiden nichtkonstitutionellen Großmächte, galten unter Oppositionellen der Metternichschen Restaurationszeit als Hort der Reaktion und Unterdrückung. – *Und diese Zeit ... ist nicht ferne:* Vgl. Hes. 12, 23 sowie Offb. 1, 3; 22, 10: »die Zeit ist nahe.« – *geliebte Mitbürger:* Zwar nicht diese (vgl. Mayer II, S. 251), aber ganz ähnliche pastorale Anredeformeln hat Weidig in seinen Predigten benutzt, so: »geliebte Freunde« und »meine andächtigen Zuhörer«. – *Der Herr hat das schöne deutsche Land, das viele Jahrhunderte das herrlichste Reich der Erde war:* Nach Weidig kann Deutschland werden, was es ursprünglich war: »ein freies und glückliches Land« (»frei und glücklich war Germanien«), das der »Herr« gesegnet hat durch »fruchtbare, wohnliche Tale, geschirmt von erzreichen Gebirgen, und getränkt mit anmutigen Bächen und Strömen«; so Weidig 1814 in der von ihm verfaßten »Stiftungsurkunde« der deutschen Gesellschaft zu Butzbach (Noellner, Anlage 8, S. 43). – *das Herz des deutschen Volkes ... abgefallen war:* Vgl. Jes. 6, 10; Jer. 5, 23; Matth. 13, 15; Apg. 28, 27. – *Furcht des Herrn:* Ehrfurcht, Ehrerbietung gegenüber Gott. Zahlreiche Belege in der Bibel. – *Der Herr, der den Stecken des fremden Treibers Napoleon zerbrochen hat:* Vgl. Jes. 9, 3 [4]. – *die Götzenbilder ... zerbrechen:* Vgl. 2. Mose 23, 24; 34, 13; Hes. 6, 6; Micha 1, 7. – *Hände des Volks:* Vgl. Hes. 7, 27; 1. Sam. 13, 22. – *Wohl glänzen diese Götzenbilder von Gold und Edelsteinen ... und ihre Füße sind von Lehm:* Vgl. Dan. 2, 31–34. – *aber in ihrem Innern stirbt der Wurm nicht:* Vgl. Jes. 66, 24; Mark. 9, 44ff. – *Gott wird euch Kraft geben:* Vgl. Ps. 29, 11; 68, 34, 36. – *ihre Füße zu zerschmeißen:* Vgl. Dan. 2, 34. Zum Ausdruck »zerschmeißen« vgl. Ps. 68, 22; 110, 6; Hab. 3, 13.

227 *der 3ten Million zum Bau eines neuen Schlosses:* Die Zweite Kammer hat im Juni 1833 die von der Regierung für den Ausbau des neuen Schlosses verlangte Summe verweigert. – *Ehebrecher, wie du Thil:* Der hessische Hofgerichtsadvokat Reinhard Carl Theodor Eigenbrodt (1799–1866) spricht von einer »erotischen Schwäche« du Thils, die sich »schwer an ihm gerächt« habe; vgl. R. C. Th. Eigenbrodt, Meine Erinnerungen aus den Jahren 1848, 1849 und 1850. Hrsg. v. Ludwig Bergsträßer, Darmstadt 1914, S. 4. – *eher entläßt er den Landtag:* Vgl. Anm. zu S. 217 (Gagern). – *spricht öffentlich von seiner ›Langmut gegen die Landstände‹:* In der von Großherzog Ludwig II. und du Thil unterzeichneten »Verkündigung, die Auflösung der Stände-Versammlung betreffend«, die am 30. Oktober 1834 im »Großherzoglich Hessischen Regierungsblatt« (Nr. 78) veröffentlicht wurde, heißt es (S. 504): »Trotz allem dem wollten Wir die Hoffnung nicht aufgeben, es werde Unsere

Langmut durch ein befriedigendes Ende des Landtags segensreiche Früchte tragen«. – *der weder seine Schulden bezahlen, noch seinen Sohn ausstatten kann ...:* Für die Vermählung des Erbgroßherzogs Ludwig (1806–77) mit der bayerischen Prinzessin Mathilde wie auch für dessen Ausstattung sind in dem 1833 aufgelösten Landtag Geldmittel beantragt und auch bewilligt worden.

228 *bekehret von dem Irrtum eures Wandels:* Vgl. Jak. 5, 19f.; 2. Petr. 2, 18. – *die Wahrheit erkennet:* Vgl. Joh. 8, 32; 1. Tim. 4, 3; 2. Tim. 2, 25; 2. Joh. 1. Diese Bibelstelle hat Weidig auch in seiner Predigt »vom gemeinen Nutzen« (1819) zitiert. – *daß nur Ein Gott ist und keine Götter neben ihm:* Vgl. 2. Mose 20, 3. – *Allerhöchste:* Biblischer Titel bzw. Beiname Gottes; vgl. Ps. 47, 3; 57, 3; Mark. 5, 7; Luk. 8, 28. – *daß Gott alle Menschen frei und gleich in ihren Rechten schuf:* Vgl. hierzu Heinrich Leos Erinnerungen (Meine Jugendzeit, Gotha 1880, S. 170), wonach Weidig spätestens »im Sommer 1818, wahrscheinlich aber auch schon im Sommer 1814, die ganz exorbitante Doktrin« hatte: »*Alle Menschen seien von Gott gleich berechtigt;* da nun aber unser ganzes Leben [...] von der aus dem Egoismus und der Sünde gebornen Ungleichheit beherrscht werde, so sei unser ganzes Leben auch nur *ein* großer Sündenpfuhl [...] ; jede einzelne Sünde sei berechtigt, wenn sie aus diesem Sündenpfuhl hinauszuführen verspreche, und deshalb jedes Mittel gleichgiltig, wenn es nur den Zweck habe, mit dieser Sünde der Ungleichheit, diesem Grundpfeiler aller übrigen Sünden, aufzuräumen; keine Obrigkeit sei rechtmäßig, die diesen Sündenpfuhl der Ungleichheit schütze, und jeder Führer sei als Obrigkeit berechtigt, der den Weg aus diesem Sündenpfuhl hinaus zeige.« – *daß keine Obrigkeit von Gott zum Segen ... Teufelsgewalt gebrochen werden kann:* Zu dem für Weidigs politische Theologie überaus wichtigen Thema der von Gott »zum Segen« oder auch zur Strafe verordneten Obrigkeit vgl. Noellner, S. 326f. sowie Mayer II, S. 252–256. – *der Gott, der ein Volk durch Eine Sprache zu Einem Leibe vereinigte:* Vgl. 1. Kor. 12, 13. – *in dreißig Stücke:* Der deutsche Staatenbund, auf dessen Mitgliederzahl hier angespielt wird, bestand nicht aus 30, sondern aus 38 souveränen Staaten (34 Fürstentümern und 4 freien Städten). Vgl. auch S. 230. In der 2. Ausgabe des HL (vgl. S. 231) spricht Weidig von 34 Tyrannen bzw. »Götzen«, also den 34 deutschen Fürsten. – *was Gott vereinigt hat, soll der Mensch nicht trennen:* Vgl. Matth. 19, 6. Nach August Becker soll Weidig »selbst die Rechtlichkeit der Einheit Deutschlands« aus der Bibel »zu beweisen« versucht haben, wobei er auf dieses Bibelzitat hingewiesen habe (vgl. Noellner, S. 315). – *der aus der Einöde ein Paradies schaffen kann:* Vgl. 1. Mose 1, 2; 1. Mose 2, 8ff. Zur Verwandlung der Einöde, der Wüste in ein Paradies, einen »Lustgarten« vgl. auch Jes. 35, 1ff. und Hes. 36, 33–35. – *des Jammers und des Elends:* Jammer ist hier wie im Mhd. noch gleichbedeutend mit: Not, Elend. Zur Zusammenstellung dieser beiden synonymen Begriffe

vgl. Ps. 10, 14; 25, 18. – *Er hat eine Zeitlang ›den Satans-Engeln‹ Gewalt gegeben ...:* Vgl. 2. Kor. 12, 7. Zum Ausdruck jemandem »Gewalt geben« vgl. Dan. 3, 30; 7, 14, 27; Matth. 28, 11; Luk. 9, 1. – *ihr Maß ist voll:* Seit Schillers »Jungfrau von Orleans« (Johanna im 3. Auftritt des Prologs) ein geflügeltes Wort. – *Ludwig von Baiern ...:* Ludwig I. (1786–1868), König von Bayern (1825–48), ließ gemäß dem Strafgesetzbuch für das Königreich Bayern von 1813 bei Majestätsbeleidigungen zweiten Grades (Art. 311) die Beleidiger »öffentliche Abbitte vor dem Bildnisse des Souverains« tun, eine erst 1861 abgeschaffte Strafe, die u. a. der Arzt und Politiker Johann Gottfried Eisenmann (1795–1867) sowie der Würzburger Bürgermeister und liberale Politiker Wilhelm Joseph Behr (1775–1851) über sich ergehen lassen mußten. – In den häufigen Kunstreisen Ludwigs I. nach Italien, die ihn zumeist mit seiner Freundin, der italienischen Marchesa Mariannina Florenzi, zusammenführten, sah die Volksstimmung ein »ausschweifendes Leben in fremden Landen«. In Schmähschriften wurde Ludwig I. wegen seiner ›Weibergeschichten‹ gelegentlich als »italienischer Hurenbock« bezeichnet. – *das Schwein:* Galt bei den Israeliten als »unrein«; daher das Verbot, Schweinefleisch zu essen (vgl. 3. Mose 11, 7f.; 5. Mose 14, 8). Wegen seiner angeblichen Unreinlichkeit ist das Schwein ein Bild der groben Sinnlichkeit. – *den Wolf:* Bereits in der Bibel werden die Fürsten gelegentlich mit Wölfen verglichen; vgl. Hes. 22, 27 sowie Matth. 7, 15. In »Dantons Tod« (I, 2) werden die Aristokraten als »Wölfe« bezeichnet. – *Baals-Hofstaat:* Zum Baals-Kult gehörte nach der Bibel vor allem das Niederknien bzw. das Kniebeugen vor der Gottheit; vgl. hierzu 1. Kön. 19, 18 und Röm. 11, 4. – *fünf Millionen:* Das dem bayerischen Königshaus 1834 durch den Landtag bewilligte Jahreseinkommen betrug drei Millionen Gulden. – *Ha! du wärst Obrigkeit von Gott ... Tyrann:* Letzte Strophe von Gottfried August Bürgers Gedicht »Der Bauer. An seinen durchlauchtigen Tyrannen« (1773). Das »du schindest, kerkerst ein« in Vers 3 stammt nicht von Bürger, sondern ist wohl von Weidig hinzugefügt worden, auf dessen Konto überhaupt der Einsatz der Bürger-Strophe gehen dürfte. Der Zusatz verrät Weidigs Wortschatz, und auch Thema und Inhalt des Gedichts stehen Weidig näher als Büchner (vgl. Mayer II, S. 254). Das 1776 im Voßschen Musenalmanach erschienene Gedicht Bürgers war während der Zeit des literarischen Jakobinismus in Deutschland (1789–1806) sehr populär und ist damals oft nachgedruckt worden.

230 *Gott, der Deutschland um seiner Sünden willen geschlagen hat ... wird es wieder heilen:* Wohl Kombination mehrerer Bibelstellen; vgl. bes. 3. Mose 26, 24; 5. Mose 32, 39; Hos. 6, 1. – *Zwingburgen:* Gehört zum Vokabular Weidigs (vgl. Noellner, S. 431), der das Wort im letzten Abschnitt des HL noch einmal verwendet. – *Ezechiel:* Die aus der Vulgata geläufige Namensform für Hesekiel. – *Der Herr führte mich ...:* Hes. 37, 1f. – *ich will euch Adern ge-*

ben ...: Hes. 37, 6. – *Siehe, es rauschte ...:* Hes. 37, 7. – *Da kam Odem in sie ...:* Hes. 37, 10. – *eure Gebeine sind verdorrt:* Hes. 37, 11. – *6 Millionen bezahlt ihr im Großherzogtum ... was sie euch aufbürden:* David und Bergemann halten diese Passage für ein Stück Büchner-Text. Mayer II, S. 254f. neigt dazu, sie eher Weidig zuzuschreiben. Für Büchners Autorschaft sprechen: das statistische Argument, ein weiteres Zitat aus der schon vorher wahrscheinlich von Büchner im HL benutzten Valediktionsrede Flamins und – nicht zuletzt – das in der ersten Texthälfte wiederholt verwendete Bild der Lasten ›tragenden‹ und sich ›bückenden‹ Bauern (vgl. S. 214, 216, 220), das hier wieder aufgegriffen wird und an das sich der Anfangssatz des folgenden Abschnitts »Hebt die Augen auf und zählt das Häuflein eurer Presser« (S. 232) nahtlos anschließen würde, da er die gedrückten und gebückten Adressaten auffordert, den Blick vom Boden zu nehmen und sich aufrechten Gangs ihrer Kraft bewußt zu werden. Vielleicht gehörten diese beiden Passagen in Büchners Manuskript zusammen. In diesem Falle hätte sie Weidig durch den Einschub eines teilweise redundanten Textabschnitts (»So weit ein Tyrann blicket ... ein großes Heer sein«) zum Schaden für die Textkohärenz und bildliche Stringenz auseinandergezogen. – *Ihr seid nichts, ihr habt nichts:* Vgl. den in der Anm. zu S. 218 (»Der Fürst ist der Kopf des Blutigels ...«) nicht zitierten Schluß der imaginierten Valediktionsrede Flamins aus Jean Pauls »Hesperus«: »Ihr arbeitet wohl, aber ihr habt nichts, ihr seid nichts, ihr werdet nichts –.« – *In dem Leichenfelde ...:* Vgl. Hes. 37, 7 u. 10.

231 *die babylonische Hure:* Offb. 17, 3ff.

232 *Hebt die Augen auf:* Dieser Imperativ kommt häufig in der Luther-Bibel vor. – *aber ich sage euch:* Vgl. Matth. 5, 22ff.; Matth. 8, 11; Mark. 9, 13; Luk. 6, 27. – *Wer das Schwert erhebt ...:* Vgl. Matth. 26, 52. – *Das deutsche Volk ist Ein Leib ihr seid ein Glied dieses Leibes:* Vgl. 1. Kor. 12, 12ff. Das paulinische Gleichnis von dem Einen Leib und den vielen Gliedern war der zentrale Bibeltext in Weidigs Predigt »vom gemeinen Nutzen« (um 1819). – *Es ist einerlei, wo die Scheinleiche zu zucken anfängt:* Dieser im Klartext etwa wie folgt lautende Satz: »Es ist egal, wo in Deutschland, in welchem deutschen Staat die Erhebung (Revolution) beginnt«, nimmt sich nach Stil und Vokabular im umgebenden Text »wie ein Transplantat« aus und ist ohne weiteres dem Mediziner Büchner zuzutrauen. Nach Mayer II, S. 236f. könnte der listige, »dialektische Satz« am ehesten so in die sonst fast durchweg Weidig zuzuschreibende Schlußpassage des HL gekommen sein, daß Büchner am Abend des 5. Juli 1834, als er das überarbeitete Manuskript bei Weidig abholte, um es nach Offenbach zum Druck zu befördern, »mit Weidigs Billigung die ›zuckende‹ *Scheinleiche* noch eingeflickt und vielleicht auch einige Zeilen weiter unten aus einem *auferstehen* ein prägnanteres *aufstehen* gebessert hat«. Zu weiteren Erklärungs-

versuchen vgl. Mayer II, S. 236f. – *Wann der Herr euch seine Zeichen gibt:* Von numinosen Zeichen ist in der Bibel häufig die Rede; vgl. bes. Jes. 7, 14. Zu diesem ganzen Satz vgl. jetzt Mayer II, S. 232ff. – *durch die Männer:* Vgl. hierzu die von Weidig im November 1814 verfaßte »Einleitung zur Stiftungsurkunde der deutschen Gesellschaft zu Butzbach«, in der es heißt: »Darum als nun [nach dem Sieg über Napoleon in der Völkerschlacht bei Leipzig] der Tag der Erlösung kam, haben viele Deutsche Biedermänner das Volk ermahnt, seiner urangestammten Kraft zu gedenken und sich ihrer neu zu gebrauchen, und ob Gott will, das Land wird auferstehen zu seiner alten Herrlichkeit.« (Noellner, Anlage 8, S. 43f.) Solche »deutsche Biedermänner« wie 1814 etwa Ernst Moritz Arndt, Körner, Jahn, Nettelbeck, Blücher, Gneisenau, die er keinesfalls »etwa im buchstäblichen Sinne des Wortes für ›Werkzeuge‹ Gottes gehalten« habe, hat Weidig nach Mayer II, S. 233f. mit den »Männern« im HL gemeint, wobei sich der »Bedeutungsgehalt« der »Männer«, »mit denen im gleichen übertragenen Sinn Weidig selbst und die übrigen oberhessischen ›Volksmänner‹ gemeint waren«, »allenfalls in die Richtung verschoben« habe, »daß aus den *Biedermännern* von 1814 inzwischen in den konspirativen Vorbereitungen des Frankfurter Wachensturms einschließlich Weidigs konsequent revolutionäre Demokraten geworden waren«. – *Dienstbarkeit:* Knechtschaft, Sklaverei. Der auch in der Bibel vorkommende Begriff (vgl. Neh. 9, 17; Jes. 40, 2) ist ein Lieblingsbegriff Weidigs, der in seiner Lamennais-Bearbeitung aus dem Jahre 1834 die Begriffe servitude und esclavage »fast durchgehend mit *Dienstbarkeit* übersetzte« (Mayer II, S. 232; vgl. auch Mayer II, S. 283, Anm. 387, 388). – *Dornäckern der Knechtschaft:* Dieses Bild ist wohl durch den Fluch angeregt worden, den Gott nach dem Sündenfall des Menschen gegenüber Adam ausspricht; vgl. 1. Mose 3, 17f. Vgl. auch Jes. 32, 13. – *bis ins tausendste Glied:* Vgl. 2. Mose 34, 7. – *Wasser des Lebens:* Offb. 22, 17; vgl. auch Offb. 22, 1. – *wachet und rüstet euch im Geiste und betet:* Vgl. Matth. 26, 41 u. Mark. 14, 38 (»Wachet und betet«). Zur Aufforderung »rüstet euch« vgl. Jes. 8, 9. – *Herr, zerbrich den Stecken unserer Treiber:* Vgl. Jes. 9, 3 [4]. – *laß dein Reich zu uns kommen:* Vgl. Matth. 6, 10. – *das Reich der Gerechtigkeit:* Vgl. Röm. 14, 17.

233 *wie über die kleinen Diebe … Eigentum ihrer Brüder:* Als möglichen Verfasser dieser Passage hat August Becker in einem Verhör den Marburger Liberalen Sylvester Jordan angegeben (vgl. Mayer II, S. 248).

ÜBER SCHÄDELNERVEN

Naturwissenschaftliche und philosophische Schriften Büchners

Büchner beschäftigte sich in seinen letzten zwei Lebensjahren verstärkt und gleichzeitig mit naturwissenschaftlichen und explizit philosophischen Fragen. Angedeutet hat sich diese Verbindung jedoch schon sehr früh; bereits die Gymnasialschriften (s. S. 187ff.) weisen naturhistorische, psychologische und physiologische Themen auf. Das Interesse an den Naturwissenschaften, speziell an der Medizin, ist sicher auch durch die Familientradition mitbedingt: Vater und Großvater waren Ärzte, die es immerhin bis zum Amtschirurgen, der Vater später sogar bis zum Obermedizinalrat, gebracht hatten.

Bei Büchner aber verband sich das Interesse an naturwissenschaftlichen Fragestellungen, wie es in erster Linie natürlich in seinem Medizinstudium und in den einschlägigen speziellen Publikationen zum Ausdruck kommt, aufgrund der allgemeinpolitischen Situation und aufgrund seines individuellen Engagements rasch mit einer gesellschaftskritischen Haltung. Diese Kombination durchzieht das gesamte Werk Büchners und läßt sich bis in methodisch-stilistische Eigenheiten hinein feststellen: »Die unbeirrbare Sicherheit, mit der er [Büchner] die negativen Effekte der allgemeinen gesellschaftlichen Bewertung einer auf Grund von Klassenprivilegien erworbenen Bildung kennzeichnete, und die verallgemeinernden Betrachtungen, die sich bei ihm damit verbanden, erinnern in ihrer Sachlichkeit nicht zufällig an den Tenor ärztlicher Diagnostik und Prognostik. Er verdankte die Blickschärfe und Nüchternheit, mit der er hier das Dickicht von Vorurteilen, Irrtümern und Entstellungen durchdrang, unter anderem auch der Übung, die er sich bei der Anwendung der unerläßlichen präzisen Optik an Modellen seines Wissenschaftszweiges erworben hatte.« (Mette, Medizin, S. 749f.) Gutzkow schreibt im Brief an Büchner vom Juni 1836 (Nr. 19) von dessen Autopsie-Bedürfnis, das »aus allem spricht, was Sie schreiben«, und mahnt ihn, das Studium der Medizin nicht vollends gegen das der Philosophie einzutauschen. So ist z. B. der Zitat-Charakter vieler Passagen bei Büchner sicher Ausdruck auch solchen naturwissenschaftlichen Bemühens um Autopsie. Ebenso sind die Darstellung von Personen (der Arzt im Woyzeck, die Beschreibung Lenz') und die Wahl der Vorlagen bzw. Materialien für seine Dichtungen (ärztliche Gutachten für den »Woyzeck«, s. bes. S. 390ff.) gewiß vom medizinisch-gesellschaftskritischen Interesse, von pathographischen Intentionen mitangeregt, die sich z. T. sogar ausdrücklich mit ästhetischen Fragestellungen verbinden (vgl. »Lenz«: Kunsttheorie, Gesellschaftskritik und medizinische Diagnose, dazu Brief Nr. 47; vgl. auch »Über Schädelnerven«, S. 235).

Während des letzten Straßburger Winters 1835/36 verfaßte Büchner seine Dissertation über das Nervensystem der Barben (eine Karpfenart)

»*Mémoire sur le système nerveux du barbeau* (Cyprinus Barbus L.)«. Büchner trug die Studie in den April- und Mai-Sitzungen der »Société d'histoire naturelle de Strasbourg« vor. Im selben Jahr wurde sie in den »Mémoires« der Gesellschaft veröffentlicht und Büchner als Mitglied in die »Société« aufgenommen (vgl. Brief vom 1. Juni 1836, Nr. 56). Dann reichte Büchner sie in Zürich ein. Begutachter der Dissertation war u. a. Lorenz Oken (1779–1851; vgl. zu S. 237), eine der überragenden Gestalten der zeitgenössischen Medizin, dessen Theorien – in der Nähe der Anatomie-Lehren Goethes – auch Büchners Ansichten nahestanden.

Büchners Dissertation ist französisch geschrieben; nur ein Bruchteil wurde bisher (bereits von Ludwig Büchner) ins Deutsche übersetzt. Ihre Hauptthese, die auch in der Probevorlesung vorgetragen wird, lautet: Kopf und Hirn sind das Erzeugnis einer Metamorphose der Wirbel und des Rückenmarks. Im Detail fanden die Ergebnisse der Untersuchung keine Bestätigung, so insbesondere die Annahme von den sechs Gehirnnervenpaaren und den sechs Gehirnwirbeln. Noch 1836 wurde die Arbeit von dem Mediziner Johannes Müller heftig kritisiert (verständlicherweise, denn er ist der ungenannte Adressat der von Büchner vorgetragenen methodologischen Kritik an der bisherigen Medizin. Johannes Peter Müller, 1801–58, Physiologe und Anatom, stand an der Wende von naturphilosophischer Anschauung innerhalb der Medizin zu moderner naturwissenschaftlicher Heilkunde. Büchner identifizierte ihn jedoch mit der teleologischen Schule). Dagegen wurde die Arbeit von dem Anatomen Hermann Stannius 1849 in dessen Lehrbuch »Peripherisches Nervensystem der Fische« außerordentlich gelobt. Bereits in seiner Dissertation bekennt sich Büchner zur genetischen, organologischen Methode, die sich von der teleologischen Schule scharf abgrenzt. (Vgl. S. 480f. zu »Über Schädelnerven«.)

Im Frühjahr 1836 (Brief Nr. 54) berichtet Büchner von seiner Absicht, demnächst in Zürich »einen Kurs über die Entwicklung der deutschen Philosophie seit *Cartesius* zu lesen«, und von der Aussicht, dort promoviert zu werden.

Auch hier hat Büchner, wie bei den weiteren philosophischen Arbeiten, Wilhelm Gottlieb Tennemanns »Geschichte der Philosophie« (1798, 1799, 1801) stark herangezogen, insbesondere Band X, S. 228–263. Für den Anfang seiner Vorlesungsniederschrift benutzte Büchner das Werk von Johannes Kuhn, »Jacobi und die Philosophie seiner Zeit«, Mainz 1834. Büchners Arbeit stellt einen Auszug und eine knappe Beschreibung der Prinzipien der Philosophie Descartes' dar, seiner Metaphysik und Erkenntnislehre. Besonderes Gewicht liegt auf der Darstellung der cartesischen Lehre von der Funktion der Nerven. Handelt es sich im ganzen um Exzerpte, um das Bereitstellen von Materialien für ein Descartes-Kolleg, so sind doch »die Art der Verarbeitung und die persönliche Note des Vortrags [...] Büchners Eigentum« (Bergemann, S. 743). Auch Mayer, Georg Büchner, S. 358, betont die relative Selbständigkeit: »Auch hier hat, neben den Descartes-Texten natürlich, das Werk von Tennemann und andere philosophische Literatur der Büchner-Zeit die Grundlage abgegeben; allein die ganze Art der Darstellung ist schon recht aufgelockert und persönlich, geht aber nirgends eigentlich über die ›Selbstverständigung‹ oder lehrhafte Wiedergabe von Descartes' Gedanken hinaus. Prachtvoll knappe Prägungen, wie stets bei Büchner, finden sich natürlich auch hier.« Dafür und für die spürbare Ironie, mit der Büchner Descartes behandelt, sei ein Beispiel gegeben: »Gott ist es, der den Abgrund zwischen Denken und Erkennen, zwischen Subject und Object ausfüllt, er ist die Brücke zwischen dem *cogito ergo sum*, zwischen dem einsamen, irren, nur einem, dem Selbstbewußtsein, gewissen, Denken und der Außenwelt. Der Versuch ist etwas naiv ausgefallen, aber man sieht doch, wie instinctartig scharf schon Cartesius das Grab der Philosophie abmaß; sonderbar ist es freilich, wie er den lieben Gott als Leiter gebrauchte, um herauszukriechen.« (Hist.-krit. Ausgabe, Bd. 2, S. 153)

Die *Spinoza*-Arbeit erwähnt Büchner erst im Brief vom 2. September 1836 (Nr. 58). Die sie auch inhaltlich eingehende Descartes-Beschäftigung voraussetzt, wird sie wahrscheinlich später als die Untersuchung über den französischen Philosophen entstanden sein.

Der erste Teil der Arbeit enthält Definitionen, Axiome und Vorsätze des ersten Teils von Spinozas »Ethik« (1677), übersetzt und mit kritischen Glossen Büchners versehen. Der zweite Teil widmet sich der Erkenntnislehre und Metaphysik Spinozas. Die Philosophiegeschichte von Tennemann liegt auch hier zugrunde (Bd. X, S. 398–419).

»Weitaus bedeutsamer dagegen – allein bedeutsam unter den philosophischen Fragmenten – sind jene Hefte, in denen Büchner, auf dem Wege von Cartesius über Malebranche und andere ›Zwischenglieder‹ der Philosophiegeschichte, zur Welt Spinozas findet. Sofort scheint die Temperatur gleichsam verändert. War die Bereitwilligkeit, für den Augenblick Descartes gleichsam nachzudenken, bei Büchner recht groß, so regt sich, bei Spinozas geometrischen Schlüssen, sofort reger Protest. Büchner hat zwar nicht sein ›Klima‹, aber unter fremdem Himmel seine Grundfragen wiedergefunden.« (Mayer, Georg Büchner, S. 358f.)

Spinoza ist für Büchner ein wirklicher Gegner, dessen Welt- und insbesondere Gottesbild ihn beeindruckt: »So liegt also schon über den ersten Rissen des Spinozismus eine unendliche Ruhe. Alle Glückseeligkeit ist allein im Anschauen des Ewigen, Unveränderlichen; nicht von dem Endlichen soll zum Unendlichen, nicht von den Dingen soll zu Gott fortgeschritten, sondern aus Gott heraus alles erkannt werden.« (Hist.-krit. Ausgabe, Bd. 2, S. 268f.) Büchner wendet sich jedoch später gegen diese Harmonisierungstendenzen: »Die Ruhe, welche die pantheistische Sehweise gewährt, gründet sich nicht zuletzt in einer unhaltbaren Harmonisierung.« (Weiß, Pantheismus, S. 250) Zum wissenschaftlichen Stellenwert der Spinoza-Arbeit in Büchners Entwicklung vgl. Proß, Kategorie ›Natur‹.

Die Exzerpte zur *»Geschichte der griechischen Philosophie«* stellen die am wenigsten originäre Leistung Büchners dar. Das Ganze ist ein kurzer Abriß der ersten drei Bände von Tennemanns Philosophiegeschichte.

Alle erwähnten philosophiegeschichtlichen und naturwissenschaftlichen Arbeiten sind in der Hist.-krit. Ausgabe Werner R. Lehmanns, Bd. 2, S. 65ff., abgedruckt.

Die Probevorlesung

Die Verbindung von Naturwissenschaft und Philosophie im Werk Büchners läßt sich gerade an der engen Beziehung seiner medizinischen Arbeiten zu dem Spinoza-Entwurf zeigen: »Als Naturforscher steht Büchner im Übergang von der Naturphilosophie der Goethezeit zur Naturwissenschaft des 19. Jahrhunderts [...] Sie tritt besonders augenfällig im philosophischen Teil seiner Dissertation über das Nervensystem der Barben und in der Einleitung zu seiner Probevorlesung ›Über Schädelnerven‹ hervor. Büchner lehnt, mit Goethe, die teleologische [d.h. die ausschließlich zweckorientierte] Betrachtung des organischen Lebens ab und setzt damit eine Auseinandersetzung fort, die schon Spinoza begonnen hatte.« (Weiß, Pantheismus, S. 251) Und die Verbindung von Naturwissenschaft und Philosophie/Dichtung geht sogar ins Detail: »In der Zürcher Probevorlesung hat Büchner eine so exakte Analyse jener Maschinen- und Apparate-Welt gegeben, die seit dem Mittelalter als die eigentliche Heimat der Melancholiker [s. auch zu S. 199] gilt, daß man die Beschreibung des teleologischen Philosophierens, Chiffre für Chiffre, mit den Manierismus-Formeln vergleichen könnte, die man am Hofe Rudolfs II. zu entwickeln versuchte.« (Jens, Rede, S. 91f.)

Nachdem Büchner seine Dissertation der medizinischen Fakultät der Universität Zürich eingereicht hatte, reiste er am 18. Oktober 1836 in die Schweiz ein. Am 5. November hält er seine Probevorlesung »Über Schädelnerven«. Er behandelt hier die Schädelnerven niederer Vertebraten-Gruppen (Wirbeltier-Gruppen), unter dem gleichen Aspekt wie in seiner Dissertation. Sein Leitsatz: die einfachsten Formen untersuchen, um auf dieser Basis die bestimmtesten Typen studieren zu können; sein Ausgangspunkt: ein heftiger Angriff gegen die teleologische Wissenschaft, die ihren Ursprung in England und Frankreich habe und der er die deutsche philosophische Methode gegenüberstellt. (Von einem chauvinistischen Mißbrauch dieser Nationalitäten-Polarisierung, wie es später geschah, kann bei Büchner die Rede nicht sein; vgl. Proß, Naturgeschichtliches Gesetz, S. 236). Das einzige und höchste Gesetz der teleologischen Methode sei die größtmöglichste [!] Zweckmäßigkeit« eines Organismus. Die philosophische Methode dagegen soll nicht Zwecke, sondern Wirkungen erforschen.

Ihre höchste Aufgabe also sei es, »das Gesetz dieses Seins [d.h. der Selbstgenügsamkeit der Natur] zu suchen [...]. Wo die teleologische Schule mit ihrer Antwort fertig ist, fängt die Frage für die philosophische an.« (S. 236)

»Was hier zum Ausdruck kommt, sind nicht nur die Lehren von Lauth [Physiologe] und Lorenz Oken, es ist nicht nur die Goethesche Naturphilosophie in nuce. Es ist darüber hinaus die mystische Tradition der romantischen Naturphilosophie vom Geiste Schellings. Ein seltsamer Gegensatz zwischen Büchners theoretischen Anschauungen, die eindeutig der naturphilosophischen Richtung angehören, und seinem Wirken als Dozent kurze Zeit später deutet sich hier an. [...] Dieser offensichtliche Widerspruch läßt sich nicht auflösen aus den vorhandenen Zeugnissen.« (Knapp, Georg Büchner, S. 35)

Proß, Naturgeschichtliches Gesetz, S. 229, hat versucht, diesen Widerspruch historisch abzuleiten und zu erklären. Man habe »bisher nicht beachtet, daß es neben der ›Naturgeschichte des Menschen‹ (deren Übertragung aus der Physiologie man in den literarischen Werken Büchners bemerkte) auch eine ›Naturgeschichte der Gesellschaft‹ gibt, daß Natur und Gesellschaft einem gleichartigen Entwicklungsprozeß unterliegen und daß sich aus diesem Baconschen Begriff der ›Naturgeschichte‹, mit mehr Recht als aus der Naturphilosophie, die Einstellung Büchners zu ›Natur‹ und ›Geschichte‹ begründen lasse.« Proß verweist auf die Beziehung Büchners zur Schule Johann Lucas Schönleins, des Züricher Mediziners, der Büchner übrigens während dessen tödlicher Erkrankung betreute, und auf die Soziologie Auguste Comtes – beides ›Quellen‹ im weiteren Sinn bzw. methodisch-inhaltliche Parallelen für Büchners Verfahren in der Probevorlesung. Büchner verwendete zwar notwendigerweise noch Methodiken der von ihm kritisierten Teleologen, ihr Prinzip aber lehnte er entschieden ab, und dies vor allem aus sozialen Gründen. Wenn der Zweckaspekt auf die Gesellschaftsformation übergreift, wird das Individuum durch die normative Kraft des Interpreten, die z.T. in der Naturwissenschaft noch ihre Berechtigung hatte, zerstört. Die Gesellschaftsanalyse bedarf, um aus dieser Aufhebung der Individualität und der resultierenden Anarchie herauszuführen, eines »*absoluten* Rechtsgrundsatzes« (s. Brief Nr. 54). Die Teleologie entwürdigt den Menschen zu einem Zweckgegenstand. (Gleichzeitig mit der Vorlesung entstand das ›soziale‹ Drama »Woyzeck«; vgl. auch »Lenz«, S. 76.)

Methodischer Angelpunkt der Büchnerschen Vorlesung ist die Frage, welche Funktion die naturgeschichtliche Betrachtungsweise selbst bei der mikroskopischen Analyse eines präparierten Objekts habe (vgl. Proß, Naturgeschichtliches Gesetz, S. 235). Büchners eigenes Verfahren schwankt, entsprechend der beschriebenen Mittelstellung, zwischen der von ihm selbst programmatisch an den Anfang gestellten ›philosophischen‹ Sehweise, zwischen systematischem Denken und der pragmatisch-empirischen Untersuchung zahlloser, durch verfeinerte Beobachtungstechniken mittlerweile atomisierter und kaum noch systematisierbarer Realitätsteilchen. Büchner steht damit bereits an der Schwelle zur modernen mechanistischen Theorie und Praxis (s. zu S. 235).

Direkt im Anschluß an die Probevorlesung, unter deren Zuhörern auch der große Lorenz Oken (s. zu S. 237) saß, wurde dem »Hohen Erziehungsrate« die Aufnahme Büchners in die Reihen der Züricher Universitätslehrer empfohlen. Büchner nahm dann seine Vorlesungen sofort auf. Er kündigte ein Kolleg über vergleichende Anatomie der Fische und Amphibien an. Unter den wenigen Hörern, die er hatte, befand sich auch August Lüning, der wegen seiner burschenschaftlichen Gesinnung das Schweizer Asyl aufsuchte und später Kantonalstabsarzt im Dienste der Schweiz wurde. Er teilte vierzig Jahre später Karl Emil Franzos seine Erinnerungen über Büchners Vorlesungen mit: »Der Vortrag Büchners war nicht geradezu glänzend, aber fließend, klar und bündig, rhetorischen Schmuck schien er fast ängstlich, als nicht zur Sache gehörig, zu vermeiden; was aber diesen Vorlesungen vor allem ihren Wert verlieh und was dieselben für die Zuhörer so fesselnd machte, das waren die fortwährenden Beziehungen auf die Bedeutung der einzelnen Teile der Organe und auf die Vergleichung derselben mit denen der höheren Tierklassen, wobei sich Büchner aber von den damaligen Übertreibungen der sogenannten naturphilosophischen Schule (Oken, Carus usw.) weislich fernzuhalten wußte; das waren ferner die ungemein sachlichen, anschaulichen Demonstrationen an frischen Präparaten, die Büchner, bei dem völligen Mangel daran an der noch so jungen Universität, sich größtenteils selbst beschaffen mußte. So präparierte er z.B. das gesamte Kopfnervensystem der Fische und der Batrachier auf das sorgfältigste an frischen Exemplaren, um diese Präparate jedesmal zu den Vorlesungen verwenden zu können. Diese beiden Momente, die beständige Hinweisung auf die Bedeutung der Teile und die anschaulichen Demonstrationen an den frischen Präparaten, hatten denn auch wirklich das lebendigste Interesse bei den Zuhörern zur Folge. Ich habe während meines achtjährigen (juristischen und medizinischen) Studiums manches Kollegium gehört, aber ich wüßte keines, von dem mir eine so lebendige Erinnerung geblieben wäre als von diesem Torso von Büchners Vorlesungen über die vergleichende Anatomie der Fische und Amphibien.«

Die Handschrift der Probevorlesung ist unvollständig erhalten; der dort fehlende Anfang wurde jedoch in der Ausgabe von Ludwig Büchner ergänzt. Nach dieser Ausgabe druckte K. E. Franzos in seiner Edition 1877 und ergänzte den Text durch ein geringfügiges neues Stück aus der Handschrift.

Anmerkungen

235 *physiologischen und anatomischen Wissenschaften:* Physiologie = Lehre von den normalen Lebensvorgängen; Anatomie = Lehre vom Bau der Körperteile, Kunst des Zergliederns. – *nationelles Gepräge:* s.o. Vorbemerkung. – *teleologischen Standpunkt:* Teleologie = Lehre vom Zweck und der Zweckmäßigkeit, von der Ausrichtung auf einen obersten Zweck in der Natur und im Menschenleben; geht auf Aristoteles zurück, der in seiner Lehre von der

Entelechie (alles Seiende sei von dem in ihm vorhandenen Wesen schon immer bestimmt) den von B. kritisierten Zirkelschluß der T. begründete: die T. will beweisen, was sie allererst voraussetzt; Wirkung wird zur Ursache. Vgl. auch Meier, Woyzeck. – *verwickelte Maschine:* mechanistische Organismustheorie (nach Lamettrie »L'homme machine«, 1748); im 19. Jahrhundert stellte sich die mechanistische Theorie (Erklärung durch wirkende Ursachen) sowohl gegen die Naturphilosophie als auch gegen die Teleologie; B. verbindet hier noch mechanistische Theorie und Teleologie (s.o. Vorbemerkung). – *Respirationsapparat:* Atmungsapparat. – *Lavater:* s. zu S. 78 – *ewigen Zirkel:* s.o.

236 *progressus in infinitum:* Fortschritt ins Unendliche, Zirkel. – *philosophische (Methode):* naturphilosophische Methode Schellings und Hegels, nach der die Natur aus einem idealen Grundgesetz abgeleitet wird und Natur sich als System von Wirkungen darstellt, das vor aller Erfahrung gedacht wird. B. verbindet damit aber auch die genetische (entwicklungsgeschichtlich erklärende) Methode Herders sowie die morphologische (Gestalttheorie) Goethes und die naturgeschichtliche Methode Bacons (s.o. Vorbemerkung). – *Zweck ... Wirkung:* Wirkung steht hier für das Kausalitätsdenken im Gegensatz zur Teleologie der Zwecke. – *Manifestation eines Urgesetzes, eines Gesetzes der Schönheit:* von Goethes Begriff des Urphänomens geprägt, der apriorischen (aller Erfahrung vorausgehenden Grundform, aus der sich alle empirischen Erscheinungen ableiten lassen; s. auch zu S. 237, »Oken«; B.s Betonung der ästhetischen Qualität verweist auf den Zusammenhang seiner naturwissenschaftlichen Betrachtung und seiner ästhetischen Anschauungen. – *Form und Stoff:* In der Naturphilosophie ist die Form das innere Wesen, Stoff das Material, das von der inneren Form ›geformt‹ wird. – *notwendige Harmonie:* spinozistisch-leibnizianische Vorstellung der Harmonie von Geist und Materie (Form und Stoff), zielt (nach Leibniz' historischem Vorgang) auch wissenschaftsgeschichtlich auf eine Harmonie von Teleologie, Naturphilosophie, Naturgeschichte und Mechanismustheorie. – *Anschauung des Mystikers ... Dogmatismus der Vernunftphilosophen:* hier: unsystematisches, irrationales Aufnehmen der Welt, ›Erleuchtung‹ ohne Begriffe aufgrund einer Übereinstimmung erzeugenden Allbeseelung – strenge Lehre des rationalistischen Denkers, einer prinzipienabhängigen philosophischen Theorie begrifflichen Denkens. – *Philosophie a priori:* von Kant in die neuzeitliche Philosophie eingeführter Begriff, »vor aller Erfahrung« gegenüber »a posteriori«, nach der Erfahrung.

237 *facta:* Tatsachen. – *Metamorphose der Pflanzen:* Gestaltveränderung, Verwandlung der Pflanzen; Goethes epochemachende Abhandlung, »Versuch, die Metamorphose der Pflanzen zu erklären«, erschien 1790. – *Metempsychose des Fötus:* Seelenwanderung der Frucht im Mutterleib. – *Repräsentationsidee Okens:* s. auch zu

S. 281 und o. Vorbemerkung; Lorenz Oken (1779–1851), Naturforscher und Philosoph. Seine Repräsentationsidee besagt, daß alles, was existiert, eine Konsequenz des sich repräsentierenden Selbstbewußtseins Gottes ist; der menschliche Organismus ist – analog – entfaltet im Tierreich repräsentiert. – *vegetativen Nervensystems:* autonomes Nervensystem, Innenwelt- oder Lebensnervensystem, die Gesamtheit der dem Einfluß des Willens und dem Bewußtsein entzogenen Nerven und Ganglienzellen, die der Regelung der Lebensfunktionen (Atmung, Verdauung, Stoffwechsel etc.) dienen. – *Spinalnerven:* zur Wirbelsäule, zum Rückenmark gehörende Nerven. – *Carus:* Carl Gustav C. (1789–1869), Philosoph, Arzt, Maler; nach seiner von Goethe, Schelling und Hegel beeinflußten Naturphilosophie ist der Kosmos eine vom Göttlichen durchwaltete Totalität. – *Hemisphären:* Halbkugeln (hier: des Gehirns). – *Vierhügel:* Corpora quadrigemina; vier kleine Erhebungen auf der Dorsalfläche (der rückseitigen Fläche) des Mittelhirns. – *kleine Gehirn:* Kleinhirn, cerebellum; der in der Hinterhauptgrube unterhalb der Hinterhauptlappen des Großhirns liegende Teil des Gehirns.

238 *infundibulum:* Trichter. – *rudimentär:* verkümmert, unterentwikkelt. – *opticus:* zu ergänzen: nervus; Sehnerv. Büchner beschreibt in seiner Dissertation die verschiedenen Nerven ausführlich. – *patheticus:* einer der für die Augenbewegung zuständigen Nerven. – *facialis:* Gesichtsnerv. – *oculomotorius abducens:* abwärtsführender augenbewegender Nerv. – *trigeminus:* Drilling, Versorgungshirnnerv. – *glossopharyngeus:* zu Zunge und Schlund gehörender Nerv. – *hypoglossus:* der für die Motorik der Zungenmuskulatur zuständige Nerv. – *accessorius Willis:* eigentlich: der hinzutretende Nerv; versorgt den das Brustbein und das Schlüsselbein mit dem Warzenfortsatz (hinter der Ohrmuschel) verbindenden Muskel; Thomas Willis (1621–75), engl. Mediziner, beschrieb als erster den Akzessorius-Nerv. – *vagus:* eigentlich: der herumschweifende Nerv; Lungen-Magen-Nerv. – *motorischen Wurzeln:* Bewegungswurzeln. – *Arnold:* Friedrich A. (1803–90), Anatom und Physiologe. – *Intervertebrallöcher:* Zwischenwirbellöcher. – *Spinalknoten:* Rückenmarksknoten.

239 *Modifikationen:* Veränderungen, Abwandlungen. – *stufenweisen Betrachtung der Organismen:* Verbindung des Prinzips, von den einfachsten Formen auszugehen, mit der genetischen, entwicklungsgeschichtlichen Betrachtungsweise. – *Cyprinen:* Karpfen. – *oberen Pyramiden:* Pyramidenbahn ist die Gesamtheit derjenigen absteigenden Leitungsbahnen, die in der Großhirnrinde entspringen und ohne Unterbrechung bis zu den motorischen Vorderhornzellen des Rückenmarks ziehen. Die Pyramidenbahn ist eine der wichtigsten Leitungsbahnen, sie leitet die willkürlichen Bewegungsimpulse für die Körpermuskulatur, s. auch zu S. 243.

240 *olfactivus:* oder olfactorius; Riechnerv. – *acusticus:* Hörnerv. – *Ba-*

trachiern: Frösche. – *Ophidiern:* Schlangen (Kopffüßer). – *ramus lingualis:* Zungenast. – *Cheloniern:* Schildkröten. – *Insertion:* Ansatz.

241 *avortiert:* wendet sich ab, verkümmert. – *ansa:* Schleife.

242 *portio major und minor:* größerer und kleinerer Anteil. – *Analogie:* Vergleich. – *ramus opercularis:* zum Deckel gehörender Zweig.

243 *ophthalmicus:* Sehnerv. – *Labyrinth:* Innenohr. – *vorderen Pyramidenstränge:* Pyramidenvorderstrangbahn, die (ungekreuzt bleibenden) Fasern aller absteigenden Leitungsbahnen des Zentralnervensystems, s. auch zu S. 239.

BRIEFE

Vorbemerkung

Büchners Briefwerk ist ein Fragment. Das Erhaltene macht wahrscheinlich nur den geringeren Teil der gesamten Korrespondenz aus. Viele Briefe verbrannten in den 1850er Jahren im Darmstädter Büchner-Haus, andere, die an die Braut, Minna Jaeglé, gerichtet waren, wurden von dieser nach Büchners Tod vernichtet. Was überliefert ist, liegt zum großen Teil nicht mehr im Original und nur bruchstückhaft vor. Die Büchner-Editorik sieht sich angewiesen auf Abschriften und auf die Textfassungen der frühen Editionen, v. a. auf die von Ludwig Büchner 1850 herausgegebenen »Nachgelassenen Schriften«. Diese aber beschränken sich, nach Angaben des Verfassers, auf die Mitteilung dessen, »was zur Kenntnis der politischen Bewegungen jener Zeit und des Anteils, den Büchner daran hatte, wichtig schien« (S. 49f.).

Zwei thematische Komplexe der Büchnerschen Korrespondenz sind demnach durch die Kontrolle des ersten Herausgebers unterrepräsentiert: der private und der literarische. Und auch für den politischen Bereich wird man infolge der selektiven Vorentscheidung mit einer Manipulation der Aussagen zu rechnen haben. Daß die Briefe an Büchner, entsprechend der weit geringeren literaturhistorischen Bedeutung der meisten Korrespondenzpartner, noch weit fragmentarischer überliefert sind, liegt auf der Hand.

Die in dieser Ausgabe enthaltenen Briefe sind, soweit nicht anders angegeben, zuerst veröffentlicht bei Ludwig Büchner (s. o.).

Das erhaltene Briefwerk wird in der neueren Büchner-Forschung in vier Gruppen eingeteilt, die den Phasen der Büchnerschen Biografie entsprechen: Der glückliche erste Straßburger Studienaufenthalt vom Herbst 1831 bis zum Sommer 1833; die von Depression und politischer Aktivität geprägte Zeit in Gießen und Darmstadt bis zum Februar 1835, die mit Büchners Flucht aus politischen Gründen endete; das Straßburger Exil bis zum Oktober 1836 und schließlich die letzten

Lebensmonate als Universitätsdozent in Zürich mit intensiver literarischer und wissenschaftlicher Arbeit. Hinzu kommen als eine fünfte Gruppe die Briefe an Büchner.

Die Briefpartner wechseln nach Lebensumständen und Thematik. Die Familie in Darmstadt, v.a. Vater, Mutter und die beiden jüngeren Brüder Wilhelm und Ludwig, sind Adressaten für Mitteilungen über die Außenwelt: aktuelle politische Ereignisse, berufliche, aber auch private Lebensumstände. Unverkennbar in den Elternbriefen ist die Tendenz zur verharmlosenden und beschönigenden Darstellung innerer Zustände wie eigenen literarischen, beruflichen und politischen Handelns. Sie dient, entsprechend den Kriterien des Elternhauses, zur Beschwichtigung einer beunruhigten Mutter und zur Rechtfertigung vor einem aufgebrachten, strafenden Vater.

Intime Briefpartner sind die Straßburger Freunde, Eugen Boeckel, August und Adolph Stöber, v.a. aber die Braut Minna Jaeglé. Die Briefe an sie aus der Gießen/Darmstädter, aber auch der Züricher Zeit sind erschütternde Dokumente der Innenwelt, der lebensbedrohenden Depression eines jungen Menschen, der, selbst durch äußere Machtverhältnisse einem beglückenden Lebensumkreis entrissen, leidet an seiner Einsamkeit und an den politischen Verhältnissen seines Vaterlandes.

Die Korrespondenz mit Karl Gutzkow schließlich ist repräsentativ für die Briefaussagen zur literarischen Produktion und Situation. Nicht zufällig wies bereits Walter Benjamin hin auf ihre Bedeutung für die um 1835 entfachte Literaturdebatte. Gutzkow galt seinerzeit als einer der führenden Literaturkritiker und Protagonisten des »Jungen Deutschland«, einer oppositionellen literarischen Richtung der Ära Metternich, die gerade in den Jahren von Gutzkows Verbindung zu Büchner massiver staatlicher Verfolgung ausgesetzt war. Daß Büchner ihn als Adressaten und potentiellen Multiplikator für seinen dramatischen Erstling »Dantons Tod« wählte, »kann als programmatisch überlegt gelten« (Mayer III, S. 393). Gutzkow reagierte begeistert, veröffentlichte das Werk, wenn auch in zensierter Form, und begriff sich seither als Entdecker und literarischer Mentor von Büchners Genius. Die Notwendigkeit, sich gegen Gutzkows Postulat der Veränderung politischen Bewußtseins mittels Literatur abzugrenzen, veranlaßte Büchner immer wieder zur Formulierung seiner eigenen sozialkritischen Positionen und macht die Korrespondenz zwischen beiden aussagekräftig für Büchners literaturtheoretische und d.h. in diesem Falle auch gesellschaftskritische Standpunkte.

Die Aussagekraft dieses Briefwerks reicht über die dokumentarische Funktion, Quelle zu sein zur Klärung biografischer und werkgeschichtlicher Zusammenhänge, weit hinaus. Was es v.a. auszeichnet, ist seine enge thematische und formale Korrelation zum literarischen Werk. Sie wird im Bereich politischer Thematik deutlich etwa an der Art, wie Büchner seine literaturpolitische Revolutionstheorie entwikkelt aus der scharfsichtigen Analyse der politischen Realität Frankreichs und Hessens und sie hinführt bis zur revolutionären Aktion um die Veröffentlichung des »Hessischen Landboten«; des weiteren an der Intensität, mit der er sich in seinen Briefen mit den individuellen und politischen Folgen dieser Aktion auseinandersetzt, und schließlich an der Bedeutung, die die Kontinuität der politischen Aussagen der Briefe, kulminierend im sog. »Fatalismus-Brief« (Nr. 18), für die Werkinterpretation gewinnt.

In thematischer und stilistischer Hinsicht besonders evident sind die Konkordanzen des Briefwerks zum »Lenz«. Überein stimmen z. B. Art und Funktion der Naturschilderung, die hier wie dort Spiegel der Innenwelt ist; Artikulationsform und Aussage des »Kunstgesprächs« in der Novelle entsprechen dem ästhetischen Selbstverständnis in den Briefen.

Noch unerforscht allerdings ist die Dimension stilistischer Interdependenzen zwischen Brief und literarischem Werk, wie etwa der für die Büchnersche Dichtung konstituierenden Formprinzipien der Satire, der Zitatmontage, Syntax und spezifischen Bildlichkeit.

Doch heute schon läßt sich behaupten, daß Büchners Briefe zu lesen sind auch als Ursprungsdokumente seiner literarischen Werke; daß sie, wie Adam Kuckhoff formulierte, »gewissermaßen seine ersten Werke« sind (G. Büchners Werke, hg. v. A. Kuckhoff, Berlin 1927, S. 223).

Der folgende Brief-Kommentar wird vorgelegt in dem Bewußtsein, das auch Walter Hinderer in seinem »Büchner-Kommentar zum dichterischen Werk« äußert: dem Eingeständnis der Vorläufigkeit aller Kommentierungsbemühungen, solange der Kommentarband der historisch-kritischen Büchner-Ausgabe noch fehlt. Dies gilt in besonderem Maß für das Briefwerk, das bisher (sieht man von biographischen Einzelhinweisen bei Bergemann ab) unkommentiert blieb. Für diese Ausgabe war Einsicht in Quellen und editorische Vorarbeiten nicht möglich.

Straßburg 1831–1833

245 *An die Familie:* Zur Bedeutung von B.s Familie als Briefpartner siehe Vorbemerkung. – *Ramorino durch Straßburg reisen würde ...:* Der aus Genua stammende polnische General und Freiheitskämpfer R. war nach dem Fall von Warschau 1831 auf österreichisches Gebiet übergetreten. Auf der Flucht nach Frankreich zog er am 4. Dezember 1831 zusammen mit den ebenfalls geflüchteten polnischen Aufstandsgenerälen Langermann und Sznayde in Straßburg ein und wurde begeistert empfangen. Wichtig ist in diesem Zusammenhang der durch B.s knappen Schlußkommentar verstärkte Hinweis auf die komödienhaften Züge dieses politischen Ereignisses, in denen er am Beispiel der Polenbegeisterung den politischen Unernst vieler deutscher Oppositioneller, u. a. der liberalen Richtung, kritisiert (s. Nr. 3, S. 246 und Nr. 5, S. 247). – *Subskription:* Verpflichtung zur Teilnahme am Triumphzug für Ramorino durch Unterschrift. – *Marseillaise:* frz. Nationalhymne, ur-

sprünglich von C. J. Rouget de Lisle 1792 in Straßburg als »Kriegslied der Rheinarmee« geschrieben und unter Verwendung zeitgenössischen Melodiengutes vertont. – *Carmagnole:* Jakobinisches Lied aus der französischen Revolutionszeit. – *Vive la liberté! ... juste milieu!:* Es lebe die Freiheit! Es lebe Ramorino! Nieder mit den Ministern! Nieder mit dem Juste-Milieu! – juste milieu frz. »richtige Mitte«; besonders seit der Julirevolution 1830 ein politisches Schlagwort, durch das Minister und Presse des Königs Louis Philippe wiederholt erklärten, das Staatswohl Frankreichs könne nur gewahrt werden, wenn die Regierung dem Parteitreiben gegenüber »le juste milieu« einhalte. – *Es sieht verzweifelt kriegerisch aus:* Die durch die frz. Julirevolution 1830 bewirkten Veränderungen der Machtverhältnisse in Europa führten in der unmittelbaren Folgezeit zu Unruhen in vielen Krisenherden Europas, damals v. a. in Holland (s. zu S. 247). Für die deutschen Mächte wurde durch das neue Spannungsfeld zwischen Ost und West das Problem der Mittellage deutlich.

246 *republikanischen Zierbengel ... nicht ihn:* sarkastische Kritik an der politischen Ereignislosigkeit und der Handlungsferne der Liberalen (s. zu S. 245 und 247). – *Périer die Cholera hatte ...:* Casimir P. (1777–1832), frz. Ministerpräsident, starb schließlich doch an der Cholera. An seine Stelle trat Marschall Soult. – *An August Stöber:* Daniel August Ehrenfried St. (1808–84) und sein Bruder Adolph St. (1811–92), beide Studenten der Theologie in Straßburg, gehörten zu B.s engstem Freundeskreis um die Studentenverbindung »Eugenia« (s.u. »Eugeniden«). Adolph lebte ab 1840 als Pfarrer in Mülhausen, August ab 1834 als Hauslehrer, ab 1838 als Lehrer für deutsche Sprache und Literatur in Oberbronn, später als Bibliothekar und Museumsdirektor ebenfalls in Mülhausen. Das Interesse beider galt der Erhaltung und Pflege der deutschen Kulturtradition im Elsaß durch Sammlung von Volksdichtung, historische Studien und eigene, teils in elsässischer Mundart verfaßte Werke, wie z. B. die erste gemeinsame Veröffentlichung »Alsabilder. Vaterländische Sagen und Geschichten«, Straßburg 1836 (s. zu S. 277). Literarisches Vorbild und geistige Verwandtschaft sahen sie bei den Autoren der »Schwäbischen Schule« um Uhland und Schwab. Erstveröffentlichung in: Strohl. – *das andre Papier ...:* Einladung zur Mitherausgabe eines Musenalmanachs für 1833, die B. von Darmstädter Freunden erhalten hat. – *Accoucheurs:* frz. Geburtshelfer. – *Künzel:* Heinrich K., Gießen, Theologe, Mitherausgeber des »Musenalmanachs« 1833 (s. zu S. 277). – *Metz:* Friederich M., Mitherausgeber des »Musenalmanachs« 1833, s.o. – *Zimmermänner:* Georg Z. (1814–81), Student der Rechte, später der Theologie in Gießen, und Friedrich Z., sein Zwillingsbruder, waren Schulfreunde B.s in Darmstadt und Mitglieder des seit dem Frühjahr 1828 bestehenden Primanerzirkels (vgl. Mayer III, S. 362); später Drs. phil., Gymnasiallehrer; auch sie waren beteiligt an der Heraus-

gabe des »Musenalmanachs«, s.o. – *epistolas ex ponto:* lat. Briefe aus der Verbannung; Anspielung auf Ovids Verbannung ans Schwarze Meer. – *im Drescher:* Haus Daniel Ehrenfried Stöbers, des Vaters von B.s Freunden Adolph und August St. (s.o.) in Straßburg, Am Alten Weinmarkt 9; so genannt nach einem alten Hauszeichen. – *Eugeniden:* Angehörige der Straßburger Studentenverbindung »Eugenia« (seit 1828), u.a. B.s Freunde Adolph und August St. (s.o.) und Eugen Boeckel (s.u.), durch den B. am 17. November 1831 in die Verbindung eingeführt wurde. B. nahm von 1831–33 als Gast an acht Sitzungen teil. – *Boekel:* s. zu S. 283. – *Baum:* Johann Wilhelm B. (1809–78), Student der Theologie, Freund B.s in Straßburg, später bekannt als Kirchenhistoriker.

247 *An Adolph Stöber:* Erstveröffentlichung durch W. R. Lehmann und Th. M. Mayer in: Euphorion 70, 1976, S. 175–186. – *der Platz in Belagerungsstand gesetzt ...:* Nach dem Sieg der frz. Julirevolution war es am 25. August 1830 in Brüssel unter frz. Einfluß zum Aufstand gegen die Vereinigung Belgiens mit Holland im Königreich der Vereinigten Niederlande gekommen. Die kriegerischen Auseinandersetzungen flammten 1831 und 1832 immer wieder auf und wurden erst 1839 mit der Anerkennung der belgischen Unabhängigkeit durch Holland endgültig beigelegt. – *nur eine Komödie ...:* Zu B.s Kritik am Theatralischen vieler politischen Positionen, u.a. auch der Liberalen, s. zu S. 245, 246 und u.

248 *... den 5. April 1833:* Neuesten Forschungsergebnissen zufolge ist B.s Brief frühestens auf den 6. April zu datieren (Mayer III, S. 368). – *Euren Brief ... aus Frankfurt:* Der Sturm auf die Frankfurter Hauptwache vom 3. April 1833, der von den Burschenschaften ausging und an dessen Planung Ludwig Weidig (s. S. 444ff.) und mehrere künftige Mitglieder der Gießener »Gesellschaft der Menschenrechte« beteiligt waren, sollte in der Nachfolge des Hambacher Fests vom Mai 1832 einen Schlag gegen den deutschen Bundestag einleiten. Er wurde innerhalb einer Stunde vom Militär niedergeschlagen. – *Wenn in unserer Zeit ... Gewalt:* B. tritt hier (ähnlich wie Börne in seinen »Briefen aus Paris« 1832f.) für die gewaltsame Wiederherstellung der Menschenrechte ein. Den Einsatz von Gewalt rechtfertigt er, entsprechend aufklärerischer Tradition, mit der Verletzung des Naturrechts und mit der »gesunden Vernunft«. Er distanziert sich damit nicht, wie häufig behauptet, von der revolutionären Aktion des Wachensturms oder dessen Strategie, sondern von der »deutsche[n] Indifferenz«, die eine solche Aktion in diesem historischen Moment verunmöglichte (Mayer III, S. 368), und von dem nach Ansicht B.s vergeblichen Versuch, die politische Situation Deutschlands durch »Bewußtseinsveränderung« mittels Literatur zu reformieren (s. auch Nr. 54, S. 282). – *Landstände:* Volksvertretung in zwei Kammern.

249 *keiner von meinen Freunden ...:* Von B.s Darmstädter Freunden und Mitschülern waren u.a. Wiener, H. Trapp, Stamm, Dittmar,

Rosenstiel an den Gießener Vorbereitungen zum Wachensturm beteiligt. – *ich werde nicht nach Freiburg gehen:* Die Universitätsstadt Freiburg war im September 1832 wegen Aufständen gegen den Widerruf der Pressefreiheit in Baden vorübergehend geschlossen worden und galt als Zentrum politischer Unruhen. – *in Neustadt ... niedergemacht habe:* Im rheinpfälzischen Neustadt a.d. Haardt, in dessen Nähe das Hambacher Schloß liegt, wurden liberale Bürger anläßlich einer Feier zum Jahrestag des Hambacher Fests vom Mai 1832 von Militär angegriffen und verwundet. Auf dem Hambacher Fest, einer politischen Volksversammlung von einigen Zehntausend Teilnehmern, waren v.a. von den württembergischen Liberalen Ideen für eine revolutionäre nationaldeutsche Demokratie proklamiert worden. – *langhaarigen, bärtigen, jungen Mann ... St. Simonist:* B. berichtet hier von einer Zusammenkunft mit dem saint-simonistischen Prediger A. Rousseau auf dem Straßburger Münster. Der Saint-Simonismus, dessen Auswüchse er in der Gestalt A. Rousseaus karikiert, war in der Nachfolge Henri de Saint-Simons (1760–1825) von S. A. Bazard (1791–1832) und B. P. Enfantin (1796–1864) entwickelt worden und hatte nach der Julirevolution seine größte Wirksamkeit. Zentrale Idee des Saint-Simonismus ist die Kritik des Privateigentums an den Produktionsmitteln und die Forderung, diese an die Gesamtheit des Volks zu überführen. Über dem Postulat der politischen und sexuellen Gleichberechtigung der Frau, auf die B. im Folgenden anspielt, kam es Ende 1831 zur Abspaltung einer Gruppe um Enfantin, die daraufhin in Form einer Kommune zusammenlebte. Ihr gehörte A. Rousseau an, der (nach Mayer III, S. 368) die »allerletzte, skurrile Niedergangsphase des Saint-Simonismus« repräsentiert. Zu ihrer Tracht gehörte das von B. erwähnte »rote Barett«. Von dieser Spaltergruppe ging starke Wirkung aus auf die liberalen deutschen Literaten in Paris (Börne, Heine), was zu B.s distanzierender Karikierung geführt haben dürfte. Die saint-simonistische Grundidee der Sozialisierung des Privateigentums entsprach durchaus B.s stark sozial gefärbtem politischen Engagement. – *femme:* frz. Frau; s.o. – *père:* frz. Vater; s.o. – *mère:* frz. Mutter; s.o. – *wie Saul ...:* Saul, Sohn des Benjaminiten Kis, kam auf der Suche nach den entlaufenen Eselinnen seines Vaters zum Propheten Samuel, der in ihm durch göttliche Erleuchtung den vom israelitischen Volk geforderten künftigen König erkannte.

250 *ennuyiert:* frz. gelangweilt. – *Kapazität:* frz. Fähigkeit. – *marche vers les femmes:* frz. macht sich auf den Weg zu den Frauen. – *nur das notwendige Bedürfnis ... herbeiführen kann:* B. geht mit dieser Erkenntnis, die er wahrscheinlich erst durch den verunglückten Frankfurter Putsch (s. zu S. 248) gewonnen hat, über die die deutsche oppositionelle Bewegung damals noch dominierenden liberalen Vorstellungen hinaus. Politische Aktionen sind seiner Meinung nach nur dann erfolgversprechend, wenn sie sich auf die Mobilisie-

rung der Massen konzentrieren, die ihrerseits revolutionsbereit sein müssen. Dieser Revolutionstheorie entsprechen B.s politische Aktivitäten in Gießen: die Vermehrung der revolutionären Aktionsgruppen nach dem Vorbild der Straßburger »Gesellschaft für Menschenrechte« und die Agitation der Landbevölkerung, versucht mit der Flugschrift »Der Hessische Landbote« im Juli 1834. – *Gießener Winkelpolitik ...:* Ob dieser Versicherung die B.s revolutionärer Theorie entsprechende Einsicht zugrunde liegt, daß die deutschen Verhältnisse noch nicht revolutionsreif seien, oder eine Distanzierung von den Gießener Liberalen, oder ob sie ein Lippenbekenntnis zur Beruhigung des Vaters ist, kann retrospektiv nicht entschieden werden. – *Reise in die Vogesen:* Ende Juni/Anfang Juli unternahm B., wohl mit den Freunden aus der Studentenverbindung »Eugenia« (s. zu S. 246), eine mehrtägige Wanderung in die Vogesen. – *Bald im Tal ... Straßburg zurück:* Die Art dieser Naturbeschreibung, signifikant durch die Dynamik der Präfixe und die zentrale Bedeutung des Wortfelds »still«, hat ihre Entsprechung in den Naturbeschreibungen des »Lenz« (s. S. 73). – *sogenannten weißen und schwarzen See:* die Karseen Schwarzer See und Weißer See. – *Bölgen:* Großer Blechen, 1423 m hoch.

251 *Farren:* männliches Zuchtrind. – *seit einigen Tagen etwas unruhig zu:* s. zu S. 245 und 247. – *Saglio:* monarchistisch gesinnter Deputierter Straßburgs in Paris. – *Präfekt:* der oberste Verwaltungsbeamte eines Départements in Frankreich. – *Maire:* frz. Bürgermeister.

Gießen und Darmstadt 1833–1835

251 *der kleine Stamm:* Karl Theodor Friedrich St. aus Darmstadt, Student der Medizin in Gießen und ehemaliger Mitschüler B.s; am 31. 10. 1833 wegen seiner Beteiligung am Sturm auf die Frankfurter Hauptwache (s. zu S. 248) verhaftet, wegen Mangels an Beweisen aber freigelassen, nach der Beschlagnahmung des »Hessischen Landboten« 1834 erneut verdächtigt; er entging der Verhaftung durch Flucht nach Frankreich und der Schweiz. – *Groß:* August G. (1810–93), Student der Rechte in Gießen, wegen Beteiligung am Sturm auf die Frankfurter Hauptwache 1833 (s. zu S. 248) verhaftet, nach 19 Monaten wegen fehlender Beweise freigesprochen; er lebte später als Gutspächter. – *Bankett zu Ehren der zurückgekehrten Deputierten:* Am 18. 11. 1833 fand in Gießen ein Festmahl zu Ehren der oppositionellen Abgeordneten der Landstände statt, die am 2. November aufgelöst worden waren. – *Balser:* Georg Friedrich Wilhelm B. (1780–1846), Medizinalrat und Universitätsprofessor in Gießen.

252 *Vogt:* Philipp Friedrich Wilhelm V. (1787–1861), Professor der Medizin an der Universität Gießen; verlor 1835 seinen Lehrstuhl und folgte einem Ruf nach Bern. – *Polenlied:* Die polnische Hymne

»Noch ist Polen nicht verloren«, geschrieben 1797 von J. Wybicki, von dem liberalen württembergischen Lyriker Rudolf Lohbauer auf deutsche Verhältnisse passend umgeschrieben als Ausdruck der Hoffnung, durch die Solidarität mit der polnischen Freiheitsbewegung auch das deutsche Volk zum politischen Aufstand führen zu können. B. allerdings hält die Polenbegeisterung der deutschen Liberalen entsprechend seinem damaligen politischen Konzept der Revolutionierung der Massen (s. zu S. 248ff.) für ein Zeichen politischen Unernsts und intellektueller Selbstdarstellung und distanziert sich mit diesem Kommentar. – *Marseillaise:* s. zu S. 245. – *den in Friedberg Verhafteten:* Politische Gefangene wurden in Hessen seit Oktober 1833 in der Friedberger Klosterkaserne, ab 1835 im dortigen neuen Provinzialgefängnis untergebracht. 7 oder 8 der dort wegen ihrer Teilnahme am Sturm auf die Frankfurter Hauptwache arretierten Studenten und Handwerker wurden am 6./8. März 1834 nach ihrer Freilassung mangels Beweisen (s. Nr. 19, S. 257) in Butzbach und Gießen festlich empfangen. – *An August Stöber:* Erstveröffentlichung in: Strohl. – *Künzel:* s. zu S. 246. – *H. Dr. H. K.:* Heinrich Küntzel.

253 *Accouchierstühle:* Geburtsstühle. – *die Kunstsprache ...:* B. soll sich, nach Aussagen von Zeitgenossen, früh gegen die »Taschenspielerkünste Hegelscher Dialektik und Begriffsformulationen« gewendet und den Gebrauch leerer Sprachformeln v.a. in der komplizierten Begriffssprache der systematischen Philosophie kritisiert haben. – *Boeckel:* s. zu S. 283. – *Die politischen Verhältnisse ... Affenkomödie spielen:* Dieses persönlich gehaltene politische Bekenntnis schiebt B. nach Abschluß des Briefes in die Zwischenräume zwischen Briefanfang, Anrede und Datum ein (Mayer III, S. 370). Die darin enthaltene radikale Sozialkritik wendet sich nicht nur gegen die Oberschicht, sondern, wie gerade das Briefwerk eindringlich zeigt, ebenso gegen »jenen tatenlosen Liberalismus, der sich mit seinem Gewissen und seinem Volke durch leere Phrasen abzufinden sucht« (Bergemann nach Schulz, S. 586). – *Viktor:* vermutlich Viktor Jaeglé. – *Scherb:* Straßburger Freund B.s aus dem Umkreis der Burschenschaft »Eugenia« (s. zu S. 246). – *Adolph:* A. Stöber (s. zu S. 246). – *Ich verachte Niemanden ...:* Der Vorwurf der Arroganz, der um diese Zeit von seiten der Eltern und Kommilitonen offenbar häufig gegen B. erhoben wurde, zielt auf eine Seite von B.s Wesen, die Th. M. Mayer als Teil seiner Impulsivität beschreibt: »Büchner war voll *skeptische[r] Verachtung alles Nichtigen und Niederträchtigen,* mit *zuckenden Lippen* [...] *mit der Welt im Widerspruch und Streit* (Luck), *unwillig* gegen das *Gemeine* (Fr. Zimmermann), *aufgebracht, heftig,* ja *unerschöpflich* in der *Satyre* (A. Becker) eben über den *Aristokratismus* und die liberalen wie restaurativen *Ammenmärchen*: dies alles konnte auch für *Hochmut ausgelegt* werden (C. Vogt)« (Mayer I, S. 11). Daß B. selbst dieser Vorwurf bewußt war, belegt dieser Brief. Begriff und

Stilmittel des Spotts sind hier aber durchaus ambivalent gebraucht: zum einen als Ausdruck einer melancholischen Grundstimmung, die fester Bestandteil von B.s Weltbild ist und unter der alles menschliche Tun einen gleichgültigen und unernsten Charakter annimmt; zum anderen zur scharfen Kritik an den sozialen Verhältnissen (vgl. Jancke, S. 48f.).

254 *Aristokratismus:* Vorliebe für Sitten und Gebräuche einer bevorrechteten, durch Besitz und Geltung hervorragenden Minderheit und deren elitäres Verhalten. – *An die Braut:* Zur Bedeutung von B.s Braut Luise Wilhelmine (Minna) Jaeglé (1810–80) als Briefpartnerin s.o. »Vorbemerkung«. – *Ich bin allein ... Tränen kämen:* Krise des Winters 1833/34. – *Diligence:* frz. Eilpostwagen.

255 *Ein einziger, forthallender Ton ... über mir:* Die für diese Passage signifikante Koppelung von Naturbeschreibung und Innenwelt ist typisch auch für die Darstellungsweise im »Lenz«, s. S. 82. – *Das Gefühl des Gestorbenseins ...:* Die hier und im folgenden Brief an die Braut (Nr. 18) geschilderten Empfindungen der Leblosigkeit, des Seelenlos-Mechanischen haben ihre Parallele in der Darstellung der Gefühlswelt des »Lenz«, s. S. 69ff. – *das hippokratische Gesicht:* facies hippocratica, der von Hippokrates zuerst beschriebene Gesichtsausdruck Toter und Sterbender. – *das ewige Orgellied ... drehen sah:* Auf thematische und stilistische Entsprechungen in Heines »Harzreise« (»Reisebilder« T. I, 1824) und »Aus den Memoiren des Herrn von Schnabelewopski« (»Salon« T. I, 1834) hat zuerst Heinz Fischer hingewiesen (Fischer, S. 11f.). – *Opfer im glühenden Bauch des Peryllusstiers:* Der Sage nach soll Perilaos (Perillos), ein griechischer Bildhauer, für den Tyrannen Phalaris von Agrigent einen ehernen Stier gegossen haben, in dessen Bauch dieser seine Feinde zu Tode rösten ließ. Die Schreie der Sterbenden sollen durch gewundene Öffnungen so nach außen gedrungen sein, daß sie wie das Brüllen eines Stieres klangen. Dieser eherne Stier soll nach Pindar Bildnis des Flußgottes Akragas (= Agrigent) gewesen sein. Der Perillosstier wurde im 19. Jh. (z.B. bei Hebbel, Kierkegaard) zum Symbol für die Situation des sein Leiden in Sprache umformenden Dichters (s. Fischer, S. 97). B. verwendet das Bild auch in »Dantons Tod«. – *ich hätte Herrn Callot-Hoffmann sitzen können ...:* Anspielung auf E. T. A. Hoffmanns »Fantasiestücke in Callots Manier«, 4 Bde., 1814–16, die eine Folge von Kupferstichen Jacques Callots zum Vorbild haben. Eine geistige Verwandtschaft B.s zu Hoffmann kann man sehen in beider Interesse an Grenzsituationen menschlicher Existenz wie Wahnsinn, Melancholie, Somnambulismus oder den in B.s Briefen beschriebenen Zuständen der Depression und des »mechanischen Lebens«. – *gehe ich heimlich:* s. zu S. 257.

256 *unsterblich wie der Lama:* Dalai Lama und Taschi Lama stehen an der Spitze der obersten Priesterschaft des Lamaismus, einer tibetanischen Form des Buddhismus. Das Unsterbliche in ihnen geht

nach ihrem Tode in ein neugeborenes Kind über. – *Je baise .. des nouvelles:* frz. Ich küsse deine kleinen Hände und genieße die süßen Erinnerungen an Straßburg. »Beweise mir, daß Du mich immer noch liebst, indem Du mir bald Nachricht gibst.« – *Ich studierte die Geschichte der Revolution:* B. beschäftigte sich damals mit der Geschichte der Frz. Revolution, die er dann in »Dantons Tod« verarbeitete. Zu den Quellen s. S. 335 f. – *gräßlichen Fatalismus der Geschichte ... beherrschen unmöglich:* Der sog. »Fatalismus-Brief« nimmt in der Forschung einen zentralen Platz ein in der Deutung von B.s Geschichts- und politischem Verständnis. Ob ihm tatsächlich der innovatorische Erkenntniswert zukommt, den die Forschung ihm lange beimaß, sei dahingestellt. In neuerer Zeit wurde demgegenüber v.a. hingewiesen auf die Kontinuität der Fatalismus-Vorstellung B.s seit den Jugendschriften (Jancke). Neu im Bewußtseinsstadium des »Fatalismus-Briefs« sei, daß die bisherige Transzendierung der Geschichte aufgegeben wird. Dies sei bedingt durch den Konflikt zwischen historischer Notwendigkeit und moralischer Verantwortung, durch die negativ veränderte persönliche Situation B.s in Gießen und die Desillusionierung, die B.s Anthropologie durch das Studium der Revolutionsgeschichte erfahren habe. Dieser Interpretation der B.schen Fatalismusvorstellung als anthropologischem Pessimismus gegenüber betont Mayer die historische Gesetzmäßigkeit. B.s »fatalité«-Begriff beruhe auf der Erkenntnis, daß »die Bourgeoisie 1830 wie 1794 die Früchte der Volksrevolution ernten würde, [was] auch der Linken als eine Art ›fatalité‹ erscheinen [mußte]« (Mayer III, S. 372). – *B.:* wohl B.s Straßburger Freund Eugen Boeckel, s. zu S. 283.

257 *Verwandte bei Landau ... zu besuchen:* Die angebliche Reise nach Landau diente B. als Vorwand für die Fahrt nach Straßburg zu seiner Braut. – *Charivari:* buntes Durcheinander. – *Untersuchung wegen der Verbindungen:* Die oberhessische Opposition konnte in der Universitätsstadt Gießen auf Traditionen aufbauen, die mit der geheimen Vereinigung der »Schwarzen« und des Hoffmannschen »Deutschen Bundes« und burschenschaftlichem Erbe zusammenhingen. Die seit 1819 verbotenen Burschenschaften bestanden fort in Form des (nach Mayer III, S. 371) politisch heruntergekommenen Korps »Palatia«, der Burschenschaft »Germania« und geheimen politischen Verbindungen von Studenten, Handwerkern und Bürgerlichen. – *Relegation:* Verweisung von der Universität. – *Die in Friedberg Verhafteten ...:* s. zu S. 252.

258 *Bedlam:* Der Name des Londoner Irrenhauses Bedlam als Inbegriff des »Tollhauses« wird vor B. von Heine verwendet im 3. und 4. Teil der »Reisebilder« (1830/31), die B. bekannt gewesen sein dürften. – *Larifari:* Beiname des Kasperl in der Altwiener Volkskomödie und bei Pocci. – *einen alten Wiegengesang ...:* Verse aus J. M. R. Lenz' Gedicht »Die Liebe auf dem Lande« in der von Schiller im »Musenalmanach auf das Jahr 1798« veröffentlichten

Fassung. Die nicht zitierten Anfangszeilen des Lieds waren in der Folgezeit einer der meistgenützten Geheimschrift-Codes des Büchner/Weidig-Kreises (Mayer III, S. 375).

259 *März 1834:* Der Brief stammt vermutlich aus der Zeit vom 22.–26. 3., der Karwoche des Jahres 1834. Unmittelbar danach reiste B. nach Straßburg. – *Nous ferons:* frz. Wir werden uns ein bißchen romantisch geben, um uns auf der Höhe des Jahrhunderts zu halten; und – bräuchte ich dann Hufeisen, um Eindruck auf ein Frauenherz zu machen? Heutzutage hat man ein reichlich robustes Nervensystem. – *Ich war [in Gießen] ... mich krank:* Krise des Winters 1833/34; vgl. Mayer III, S. 372f. Wie in den Briefen Nr. 17 und 21 angekündigt, war B. in den Semesterferien ohne Wissen der Eltern mit dem von seinem Onkel Georg Reuß (s. S. 297) geliehenen Geld von Gießen direkt zu Minna Jaeglé nach Straßburg gereist. – *Bursch heraus!:* Anfang des Burschenschaftsliedes »Burschen heraus«; durch die Parodierung burschenschaftlichen Treibens und die scheinbar »brave« Parteinahme für die Bürger übt B. gegenüber seinen Eltern auf unverfängliche Weise Kritik an der politischen Orientierung der Gießener Studentenschaft am Liberalismus. – *Der Universitätsrichter ...:* Der Gießener Universitätsrichter und Hofgerichtsrat Konrad Georgi (1799–1857), der auch als Untersuchungsrichter für politische Delikte eingesetzt wurde und die Untersuchung gegen die Aktion um den »Hessischen Landboten« führen sollte, war Alkoholiker und befand sich nach gerichtsärztlichem Zeugnis damals im Zustand des Delirium tremens.

260 *Verurteilung von Schulz:* Wilhelm Sch. (1797–1860), aus Darmstadt stammender liberaler Publizist und Politiker, war 1820 wegen der Autorschaft des »Frag- und Antwortbüchleins« (1819) aus dem Militärdienst entlassen worden. 1834 wurde er als Verfasser von Flugschriften erneut angeklagt und unrechtmäßigerweise von einem Kriegsgericht zu fünf Jahren Haft in Babenhausen verurteilt, aus der er Ende Dezember 1834 nach Straßburg entkam. Nach der Ausweisung aus Frankreich ging er im September 1836 nach Zürich. B. wohnte dort vom Oktober 1836 bis zu seinem Tod in Sch.s Haus. – *bei einem Schreiner ...:* Der hier karikierend berichteten »hübschen Geschichte« liegt eine reale Begebenheit zugrunde. Ende Juni war (auf eine absichtlich irreführende Anzeige aus dem Weidig-Kreis hin) in Butzbach bei Schreiner Kraus eine vergebliche Hausdurchsuchung nach einer geheimen Druckerpresse durchgeführt worden. Anlaß zur Anzeige war die von der Regierung ausgesetzte Belohnung für die Überführung der Urheber der oppositionellen Zeitschrift »Leuchter und Beleuchter« (Weidig) gewesen (Mayer III, S. 380). – *An die Familie:* B. war noch in der Nacht von Minnigerodes Verhaftung (1. August, s. u.) nach Butzbach und Offenbach aufgebrochen, um die an Druck und Verbreitung des »Hessischen Landboten« Beteiligten zu warnen. Er informierte in

Butzbach, wo er bei Weidig übernachtete, diesen, August Becker (s. zu S. 267) und Zeuner, am nächsten Tag in Offenbach Preller und Hausmann, übernachtete bei Familienfreunden, dem Pfarrersehepaar Becker in Frankfurt, und traf am 3. August vormittags Eugen Boeckel (s. zu S. 283), mit dem er brieflich verabredet war. Noch von Frankfurt aus schrieb er an die Eltern. Am 4. August ging B. von Vilbel aus zurück nach Butzbach, wo er von den Gießener Hausdurchsuchungen erfuhr. Am 5. August kehrte er nach Gießen zurück (nach Mayer III, S. 383f.). – *Minnigerode:* Karl von M. (1814–94), Sohn des hessischen Hofgerichtspräsidenten, Schul- und Studienfreund B.s in Darmstadt und Gießen, Mitglied der oberhessischen Oppositionsbewegung und der Gießener »Gesellschaft der Menschenrechte«, wurde am 1. August 1834 gegen 18.45 Uhr am Gießener Selzertor mit einer Teilauflage des »Hessischen Landboten« verhaftet, im Mai 1837 wegen Haftunfähigkeit entlassen und nach Nordamerika abgeschoben, wo er 1894 als letzter Überlebender der oberhessischen revolutionären Aktion von 1834 starb. – *Friedberg:* s. zu S. 252. – *Ich begreife den Grund seiner Verhaftung nicht ...:* Diese Behauptung hat die Funktion, B.s Beteiligung an der Konspiration vor Eltern und Obrigkeit geheimzuhalten. – *Universitätsrichter:* s. zu S. 259. – *Schrank versiegelt:* Der Universitätsrichter Georgi hatte am 3. August ein Schreiben des Darmstädter Innenministeriums erhalten, in dem B. als mutmaßlicher Verfasser des »Hessischen Landboten« bezeichnet und seine Verhaftung angeordnet wurde. Am 4. August erfolgte morgens 5 Uhr die Durchsuchung von B.s Stube; Briefe wurden beschlagnahmt, ein Schrank versiegelt, der Vermieter Bott verhört. Ein Steckbrief zur Fahndung nach B. ging nach Frankfurt. Als B. wegen dieser Übergriffe am 5. August bei Georgi vorstellig wurde, war dieser von dessen dreistem Auftreten derart verunsichert, daß er ihn nicht verhaften ließ. Da Georgi nicht über den konkreten Verrat der Verschwörung durch Johann Konrad Kuhl informiert war, blieb B. in Freiheit, obwohl er der Darmstädter Regierung als Verfasser des »Hessischen Landboten« bereits bekannt war (s. S. 444ff.)

261 *W[ilhelmine]:* Minna Jaeglé (s.o. Vorbemerkung). – *Muston:* Jean-Baptiste Alexis M. (1810–88), Freund B.s aus der ersten Straßburger Zeit. M. soll 1834 an Ramorinos Zug gegen Savoyen teilgenommen haben (s. zu S. 286), lebte dann als Pfarrer in Rodoreti/Piemont und nach seiner Flucht ins politische Exil 1835 in Nîmes und Bourdeux (Drôme). – *B[oeckel]:* s. zu S. 283. – *Brief von B.:* wahrscheinlich Eugen Boeckel (s. zu S. 283), da B. das Treffen mit ihm als Alibi für seine plötzliche Reise nach Offenbach und Frankfurt benutzt hatte (s. zu S. 260). – *mit einigen Rechtskundigen sprechen:* Hofgerichtsrat Wilhelm Briel, Mitglied der oberhessischen Opposition und Teilnehmer an der Badenburger Versammlung vom 3. Juli 1834, konzipierte eine Eingabe an den Rektor der Gießener Universität, die B. dann aber nicht überreichte. – *Universitätsrichter:* s. zu

S. 259. – *an das Disziplinargericht gewendet...:* B. beschwerte sich über die Unrechtmäßigkeit der Hausdurchsuchung nicht nur beim Universitätsrichter, sondern auch beim Disziplinargericht der Gießener Universität (s. auch zu S. 260 und 262).

262 *Verdacht ... verhaftet sein:* s. zu S. 261. – *Demagogen:* während des deutschen Vormärz entstandenes politisches Schlagwort für einen im Sinn des Metternichschen Systems aufrührerischen, gewissenlosen Volksverführer. – *Minnigerode:* s. zu S. 260. – *das Gerücht mit Offenbach:* In Offenbach hatten B.s politische Freunde Minnigerode, Schütz und Zeuner am 31. Juli 1834 die ausgedruckten Exemplare des »Hessischen Landboten« zur Verteilung abgeholt. B. dementiert hier wahrscheinlich den Verdacht, daß die Flugschrift in Offenbach gedruckt wurde und daß er selbst an der Aktion beteiligt gewesen sei. – *Haussuchung:* s. zu S. 260. – *Universitätsrichter:* s. zu S. 259. – *Georgi:* s. zu S. 259 (»Der Universitätsrichter«).

263 *Resolution:* lat. Beschluß. – *Appellation:* lat. Berufung. – *An Sauerländer:* Johann David S. (1789–1866), ab 1816 Verleger in Frankfurt/Main, war einer der wenigen liberal gesinnten, couragierten Buchhändler, die es während der Zeit der Metternichschen Restauration wagten, die zensurgefährdeten Schriften der literarischen Opposition in Deutschland zu veröffentlichen; u.a. Verleger Gutzkows (s. zu S. 264) und der Tageszeitung »Phönix« (s. zu S. 267). Erstveröffentlichung durch Hans Hubert Houben in: Frankfurter Zeitung vom 7. Juni 1918. – *ein Manuskript:* »Dantons Tod«, entstanden ab Ende Januar 1835 innerhalb von fünf Wochen. Am 21. Februar übersandte B. das Manuskript an Sauerländer und an Karl Gutzkow (s. zu S. 264), u.a., um zu Geld für die bevorstehende Flucht vor den hessischen Untersuchungsbehörden zu kommen. Zur Entstehungsgeschichte des »Danton« s. S. 334f. – *Stoff der neueren Geschichte:* »Dantons Tod« behandelt Aspekte des Revolutionsgeschehens in Frankreich 1793/94, mit dem B. sich v.a. in seiner Gießen/Darmstädter Zeit beschäftigte. – *Heyerische Buchhandlung:* eine der bedeutendsten Buchhandlungen und Druckereien, in denen oppositionelle Schriften hergestellt und vertrieben wurden.

264 *Carl Gutzkow:* s.u. – *Frau Regierungsrat Reuß:* Luise Philippine R., geb. Hermanni (1764–1846); B.s Großmutter mütterlicherseits, die nach dem Tod ihres Mannes, des Hof- und Regierungsrats Johann Georg Reuß (1757–1815), in der Familie ihrer Tochter Caroline Luise, B.s Mutter, lebte. – *An Gutzkow:* Karl G. (1811–78), prominenter Literat und erfolgreicher Kritiker, Exponent der »jungen«, oppositionellen Literatur in Deutschland, hatte sich Anfang 1835, zum Zeitpunkt von B.s erstem Brief an ihn, aus der Abhängigkeit seines literarischen Mentors Menzel (s. zu S. 282) gelöst und das Literaturblatt zu Sauerländers Tageszeitung »Phönix« (s. zu S. 267) übernommen, die daraufhin innerhalb kurzer Zeit program-

matische Bedeutung für die oppositionelle literarische Bewegung erlangte. Die Wahl Gutzkows als Empfänger und potentiellem Multiplikator von B.s literarischem Erstling kann als »die objektiv denkbar günstigste« unter den literarischen Verhältnissen in Deutschland gelten (Mayer III, S. 393). G. erhielt das Manuskript um den 22./23. Februar und veranstaltete eine Lesung ausgewählter Szenen vor Literaten, unter denen sich u.a. auch die Metternich-Spitzel Joel Jacobi, Beurmann und Wihl befanden. Zu Walter Benjamins Kommentar zu B.s Brief an G. s. Vorbemerkung u. Benjamin, S. 293–296. B.s Briefe an G. wurden erstmals veröffentlicht von: Karl Gutzkow: Georg Büchner, Nachruf. In: Telegraph für Deutschland, Hamburg 1837, Nr. 42–44. – *ein Manuskript:* s.o. – *Was ich daraus ... Schulknaben dastehen:* Zu der hier entwickelten Kunsttheorie des Widerspiegelungsanspruchs s. auch das Kunstgespräch in »Lenz«, S. 76ff. und zu S. 268.

265 *la bourse ou la vie!:* frz. Geld oder Leben.

Straßburg 1835–1836

265 *lange ich wohlbehalten hier an ...:* B. war, nachdem er im Januar und Februar 1835 in der Sache der oberhessischen Verschwörung wahrscheinlich mehrmals als Zeuge gerichtlich vorgeladen und vernommen worden war, aus Furcht vor der drohenden Verhaftung spätestens am 5. März aus Darmstadt geflüchtet und hatte am 9. März die französische Grenze passiert. – *Kerker zu Friedberg:* s. zu S. 252. – *medizinisch-philosophischen Wissenschaften:* Die am Anfang des zweiten Straßburger Aufenthalts noch offene Alternative zwischen den damals enger als heute benachbarten wissenschaftlichen Disziplinen der spekulativen Philosophie und der Naturwissenschaft entschied B. kurz darauf, beginnend mit den morphologischen Studien über das Nervensystem der Barben, zugunsten letzterer. Er betrachtete naturwissenschaftliche Detailuntersuchungen allerdings stets im größeren naturphilosophischen Zusammenhang. – *Steckbrief:* Der Steckbrief, von dem B. hier vorausschauend spricht, wird erst am 18. Juni (wiederholt am 23. u. 27. Juni) im »Frankfurter Journal« erscheinen (Mayer III, S. 397).

266 *St. Simonisten ... femme libre:* frz. befreite Frau; s. zu S. 249. – *Jakobiner-Mütze aufsetzen:* die der phrygischen Mütze nachgebildete rote Zipfelmütze mit überhängendem ausgestopftem Beutel der frz. Revolutionäre von 1789. – *Boa Constriktor:* Abgott- oder Königsschlange aus der Familie der Riesenschlangen. – *Mein Danton ist vorläufig ein seidenes Schnürchen:* »Dantons Tod«, s. Nr. 29, S. 263. Das seidene Schnürchen stellt in Asien die Aufforderung zum Selbstmord u. damit indirekt eine Hinrichtung dar. – *Samson:* Scharfrichter, v.a. zur Zeit der Frz. Revolution (nach Mayer III, S. 395). – *Minnigerode:* s. zu S. 260. – *in flagranti crimine:* lat. auf frischer Tat. – *Hinrichtung des Lieutenant Kosseritz:*

Der württembergische Leutnant Koseritz, der im Aufstand von 1833 eine führende Rolle gespielt hatte, wurde in letzter Minute begnadigt und außer Landes verwiesen. – *Buchhändler Frankh:* Gottlob Franckh (1801–45) war eine der zentralen Gestalten der oberhessischen Oppositionsbewegung, wichtig u.a. durch seine Kontakte zu frz. Republikanern. Später gründete F. verschiedene buchhändlerische Firmen, u.a. den »Verlag der Classiker« (ab 1837) und die »Franckhsche Verlagsbuchhandlung« (ab 1842), beide Stuttgart. – *erzählte ... verschont haben:* Mit der Verhaftung von August Becker (s. zu S. 267), Eichelberg, Sartorius (s. zu S. 268), Weidig (s. zu S. 267) u.a. im April 1835 gelang den Behörden durch Klemms Denunziation der entscheidende Schlag gegen die oberhessische Opposition. Weidig, auf den sich die Gegnerschaft des Untersuchungsrichters konzentrierte, beging am 23. Februar 1837, kurz nach B.s Tod, physisch und psychisch zerrüttet, Selbstmord. Der Prozeß gegen die 30 Angeklagten endete im Dezember 1838 mit hohen Zuchthausstrafen. In der Amnestie vom 7. Januar 1839 kamen die Verurteilten zwar frei, wurden aber durch die Zerstörung ihrer Existenzgrundlage zur Auswanderung getrieben und damit auch politisch kaltgestellt.

267 *A. Becker:* August B. (1814–71), genannt der »rote August«, Student der Theologie und Mitglied der »Gesellschaft der Menschenrechte« in Gießen; mit ihm verkehrte B. während seiner Gießener Zeit am intensivsten (s. auch S. 444ff.). – *Klemm:* s. zu S. 270. – *Rektor Weidig:* Friedrich Ludwig W. (1791–1837), Rektor in Butzbach, politisch aktiv seit den Befreiungskriegen; zentrale Gestalt der südwestdeutschen Oppositionsbewegung und der nationalen Initiative vom Sommer 1834. Ideologisch vertrat W. (entgegen hartnäckig tradierter Forschungsmeinung) keine liberal-bürgerliche, sondern über 26 Jahre politischer Praxis hin eine konsequent demokratisch-revolutionäre Position. Die Differenzen zu B.s politischen Vorstellungen aktualisierten sich beim Badenburger Treffen (3. Juli 1834), an der Diskussion um das Konzept des »Hessischen Landboten« und dessen Veränderung. Sie betrafen zum einen die theoretische Fundierung des Sozialgefüges der künftigen Republik, zum andern die Strategie der vorrevolutionären Volksagitation. Hier vermochte W. seine mittlere Position durchzusetzen; »kleinbürgerlich philanthropische Vorstellungen von einer quasijakobinischen brüderlichen Harmonie der verschiedenen bürgerlichen und subbürgerlichen ›Stände‹ im Ankampf gegen den ›Aristokratismus‹ ebenso wie in einem neuen Sozialgefüge der friedlichen und solidarischen Besitz- und Bildungsnivellierung« (Mayer III, S. 380f.; vgl. auch S. 444ff.). – *das Literaturblatt:* Carl Gutzkow hatte B. am 7. April 1835 angeboten, seine künftigen literarischen Arbeiten zu veröffentlichen, und ihn auf sein Literaturblatt zum »Phönix« aufmerksam gemacht. Die Tageszeitung »Phönix. Frühlingszeitung für Deutschland« erschien 1835–38 bei J. D. Sauerländer (s. zu S. 263)

in Frankfurt und wurde von Eduard Duller herausgegeben. Das Literaturblatt unterstand Gutzkow bis zu Nr. 202 vom 27. August 1835; danach ebenfalls Duller. G. schied wegen Differenzen mit Duller aus (s. zu S. 304). Damit verlor die Zeitung ihre programmatische Bedeutung für die Literatur des Jungen Deutschland. – *Schule ... zu dozieren:* s. zu S. 260. – *Verhältnisse der politischen Flüchtlinge ...:* für die Eltern beruhigender Hinweis auf die großzügige Handhabung der Bestimmung, die politischen Flüchtlingen verbot, sich im 20-Meilen-Raum zur Staatsgrenze aufzuhalten, durch den republikanisch gesinnten Straßburger Kommissar Pfister. De facto aber war der Status der politischen Flüchtlinge äußerst unsicher, wie v.a. auch die Aussagen im Brief Nr. 36 beweisen. – *Böckel:* s. zu S. 283. – *Baum:* s. zu S. 246. – *seine Abhandlung ... Gutzkow gewendet:* B. hatte Gutzkow gebeten, einen Verleger für Baums (s.o.) Abhandlung »Der Methodismus« zu vermitteln, was aber nicht gelang (s. Gutzkows Briefe Nr. 10, 11, 12). Die Schrift erschien 1838. – *Methodisten:* eine 1729 von den Brüdern John und Charles Wesley in Oxford als geistlicher Verein gegründete, ab 1739 organisierte Kirchengemeinschaft; sie wollten keine neue Lehre einführen, sondern das Christentum, ähnlich den Pietisten, verinnerlichen und praktisch fruchtbar machen. – *sein Literaturblatt:* s. oben. – *Mehreres aus meinem Drama im Phönix erschienen:* Gutzkow hatte den gekürzten und gesäuberten Text von »Dantons Tod« in dem von ihm herausgegebenen Literaturblatt des »Phönix« (s. oben) vom 26. März bis 7. April 1835 veröffentlicht und vermutlich selbst mit zwei erläuternden Zwischentexten versehen (s. auch S. 335). – *Das Ganze muß bald erscheinen:* »Dantons Tod« erschien Mitte Juli 1835.

268 *Ich betrachte mein Drama ...:* zu der hier entwickelten Kunsttheorie des Widerspiegelungsanspruchs vgl. »Lenz«, S. 76ff. – *Emeuten:* frz. Aufstände. – *Sartorius:* Theodor S., Student der Medizin; wurde am 12. April 1835 verhaftet und 1836 wegen der Beteiligung an den revolutionären Aktionen in Oberhessen zu einer Gefängnisstrafe von anderthalb Jahren verurteilt. – *Becker:* s. zu S. 267. – *Verhaftung des Herrn Weidig und des Pfarrers Flick:* zu Weidig s. zu S. 267; Heinrich Christian F. (geb. 1790), Pfarrer in Pettersweil, führendes Mitglied der oberhessischen Opposition, wurde 1838 im hessen-darmstädtischen Untersuchungsverfahren gegen die Aktion um den »Hessischen Landboten« zu acht Jahren Zuchthaus verurteilt. – *deutsche Flüchtlinge hier ... zu denken:* Hier und in den folgenden Briefen aus Straßburg und Zürich an die Familie versucht B. immer wieder, alle Gerüchte über politische Aktivitäten unter den deutschen Flüchtlingen in Frankreich zu zerstreuen und seine Familie von seiner politischen Enthaltsamkeit zu überzeugen. – *des Präfekten:* Präfekt in Straßburg war 1835 Chopin d'Arnvauille.

269 *Dr. Schulz ... zu verlassen:* s. zu S. 260f. – *Heumann:* Adolf H.

(1811–52), Darmstädter Arzt, seit 1833 politischer Flüchtling in Straßburg. – *Rosenstiel:* Ludwig R. (1806–63), Student der Rechte in Gießen; Freund Klemms (s. zu S. 270); distanzierte sich im Oktober 1834 von der weiteren politischen Arbeit des Weidig-Kreises und explizit vom »Hessischen Landboten« (vgl. Mayer III, S. 387f.); lebte später in Darmstadt. – *Wiener:* Hermann W. (1813–97), Darmstädter Mitschüler B.s, Student der Theologie und Philologie in Gießen; Mitglied der dortigen »Gesellschaft der Menschenrechte«; wegen Beteiligung an den revolutionären Aktionen in Oberhessen 1833 verhaftet; nach seiner Freilassung 1834 entging er einer erneuten Verhaftung im Mai 1835 durch die Flucht nach Frankreich und in die Schweiz; im August 1836 Ausweisung, Aufenthalt in England und 1842 Rückkehr in die Schweiz; Professur für Altphilologie in Lausanne; 1848 Abgeordneter im Frankfurter Parlament. – *Stamm:* s. zu S. 251. – *An Wilhelm B.:* B.s damals 19jähriger Bruder Wilhelm Ludwig (1816–92) hatte am 10. 11. 1834 die Gehilfenprüfung als Apotheker abgelegt, arbeitete später als Pharmazeut bei Liebig und war dann Inhaber der ersten Ultramarinfabrik; ab 1850 demokratischer Abgeordneter im hessisch-darmstädtischen Landtag, 1877–84 im Deutschen Reichstag. Innerhalb der Familie war Wilhelm B.s Vertrauter in politischen Dingen, was sowohl aus beider Zusammenarbeit bei der Vorbereitung von B.s Flucht nach Straßburg als auch aus der Korrespondenz hervorgeht. – *An unbekannten Empfänger:* wohl ebenfalls B.s Bruder Wilhelm (s. o.). – *Moses ... Hals schickte:* Nach biblischer Überlieferung ließ Gott durch die Vermittlung Moses' zehn (nicht sieben) Plagen über Unterägypten kommen, nachdem der Pharao (Amenophis II. oder dessen Vorgänger Thutmosis III.) sich geweigert hatte, das geknechtete Volk Israel ziehen zu lassen. – *Mästen Sie die Bauern ... Hahn verenden:* Bild für B.s Überzeugung, daß die politischen Machthaber es in der Hand haben, durch Verminderung der materiellen Not der großen Massen, die er für das »einzige revolutionäre Element in der Welt« hält, den politischen Status quo zu konservieren.

270 *Apoplexie:* lat. Schlaganfall. – *Walloth:* Johann Friedrich W. (1870–77), Darmstädter Mitschüler B.s, Student der Rechte in Gießen; als Mitglied der verbotenen Burschenschaft verfolgt; flüchtete 1835 ins Elsaß, 1849, nach Beteiligung am badischen Aufstand, in die Schweiz; später Bankbeamter in Genf. – *Geilfuß:* Georg G., Ingenieur im Ministerium der öffentlichen Arbeiten in Darmstadt; flüchtig wegen seiner Mitgliedschaft in der verbotenen Burschenschaft Palatia; später Schulleiter. – *Koch:* wahrscheinlich Jakob K., 18jähriger Bäcker und ehemaliger Medizinstudent in Gießen; Gründungsmitglied der »Gesellschaft der Menschenrechte« und auch nach dem Scheitern der Aktion vom Sommer 1834 aktives Mitglied des Weidig-Kreises. – *Stamm:* s. zu S. 251. – *Becker:* Ludwig Christian (Louis) B., cand. theol., Mitglied der im Mai 1833

aufgelösten Gießener Burschenschaft »Germania«, später Mitglied der »Gesellschaft der Menschenrechte«. – *Minnigerode:* s. zu S. 260. – *Kl[emm] ist ein Verräter ...:* Gustav K., Student der Theologie und Pharmazie in Gießen, war Mitglied der »Gesellschaft der Menschenrechte« und Teilnehmer am Badenburger Treffen (3. Juli 1834), auf dem die revolutionäre Strategie der oberhessischen Oppositionellen festgelegt wurde. Nach seiner Verhaftung Anfang April 1834 legte Klemm bald aus persönlichen Gründen ein umfassendes Geständnis ab, durch das er v. a. Becker, B. und Weidig (s. zu S. 266) schwer belastete und den Behörden die Möglichkeit zum entscheidenden Schlag gegen die oberhessische Opposition gab. B.s Prophezeiung, daß K. der öffentlichen Verachtung anheimfallen werde, erfüllte sich, als dieser durch die Amnestie im Januar 1839 freikam und nirgends mehr Fuß fassen konnte. – *v. Biegeleben:* Ludwig Maximilian Freiherr v. B. (1812–71), trat 1832 in den darmstädtischen Justizdienst ein und wurde 1840 großherzoglich hessischer Geschäftsträger in Wien. – *Weidenbusch:* wohl Karl Nikolaus W. (1811–93), Jurist in Darmstadt. – *Floret:* wohl Theodor Engelbert Joseph Bernhard F. (1811–46), Sohn des hessischen Oberappellationsgerichtsrats Joseph F., später Hofgerichtsrat. – *Flick:* s. zu S. 268. – *Weidig:* s. zu S. 266. – *Thudichum:* Georg Th. (1794–1873), Pfarrer und Sophokles-Übersetzer, kämpfte in den Freiheitskriegen und trat für die konstitutionelle Verfassung ein. Im Verfahren um den »Hessischen Landboten« wurde er nicht belangt. – *Lauth:* Ernst Alexander L. (1803–37), Professor der Physiologie in Straßburg. – *Duvernoy:* George-Louis D. (1777–1855), Anatom, Zoologe, ab 1827 Inhaber des Lehrstuhls für Naturgeschichte in Straßburg. – *Doktor Boeckels:* wohl B.s Studienfreund Eugen Boeckel (s. zu S. 283). – *dem Präfekten:* s. zu S. 269. – *meiner Übersetzung:* B. übersetzte auf Vermittlung Gutzkows hin im Sommer 1835 Victor Hugos Dramen »Lucretia Borgia« und »Maria Tudor« für die 1835–42 bei Sauerländer (s. zu S. 263) erscheinenden »Sämtlichen Werke« Hugos, 6. Band (siehe auch Nr. 11, S. 302). – *meinem Drama:* s. zu S. 263. – *Gutzkow:* s. zu S. 264.

271 *durch eine Vorrede ... Regierung zugezogen:* Aus Protest gegen die geplante Nichtveröffentlichung von Schleiermachers Briefen über Schlegels »Lucinde« in einer anläßlich Schleiermachers Tod edierten Gesamtausgabe gab Gutzkow diese Anfang 1835, versehen mit einem Vorwort, selbst heraus: »Schleiermachers Vertraute Briefe über die Lucinde. Mit einer Vorrede von Carl Gutzkow«. Hamburg 1835. Die Ausgabe wurde im April 1835 in Preußen und auch in Bayern verboten und beschlagnahmt und gab mit Anlaß zum im Dezember 1835 folgenden Verbot des Jungen Deutschland (s. zu S. 278 und Nr. 11, S. 303). – *Reskript von Gießen:* s. zu S. 265. – *Kl[emm]:* s. zu S. 270. – *Minnigerode:* s. zu S. 260. – *mein Drama:* B. weiß seit Gutzkows Brief vom 23. Juli (Nr. 12), daß sein »Danton« erschienen ist und hat bereits Autorenexemplare

erhalten (s. auch zu S. 263). Der Brief enthält neben dem ästhetischen Bekenntnis auch »ein sehr deutlich ›elternberuhigendes‹ Programm« (Mayer III, S. 398).– *Erlaubnis, einige Änderungen machen zu dürfen ...:* Gutzkow (s. zu S. 264) erbat im Brief vom 3. März 1835 (Nr. 7) die Erlaubnis zu Änderungen am »Danton«-Text, v. a. aus moralischen Gründen, um »Danton die Veneria herauszutreiben«. Gutzkows Vorschlag, diese Änderungen mit dem Autor gemeinsam vorzunehmen, blieb durch B.s Flucht unrealisiert. So griffen Sauerländers Lektor Duller und Gutzkow selbst in die originale Textgestalt ein und beschnitten die »wuchernde Demokratie der Dichtung mit der Schere der Vorzensur« (nach Bergemann, S. 592) an über 100 Stellen so, daß nur »die Ruine einer Verwüstung« übrigblieb. Der »abgeschmackte« Untertitel »Dramatische Bilder aus Frankreichs Schreckensherrschaft« stammt von Duller (s. auch S. 335).

272 *Gutzkows glänzende Kritiken:* Gutzkow hatte im »Phönix« (s. zu S. 267) Auszüge aus »Dantons Tod« mit erläuternden Zwischentexten (s. zu S. 267) und am 11. Juli (Nr. 27) eine begeisterte Kritik veröffentlicht. – *Wenn man mir ...:* Zu B.s Kunsttheorie des Widerspiegelungsanspruchs und ihrer Darstellung im »Lenz« s. S. 76ff. und zu S. 268.

273 *ich halte viel auf Goethe ...:* Die Parteinahme für Goethe/Shakespeare gegen Schiller ist Teil von B.s Bekenntnis zum Realismus und wurde, als Stilalternative, geteilt von den Theoretikern des Realismus, Otto Ludwig und Fr. Th. Vischer, und ebenso von Marx und Engels. – *Nievergelder:* Ludwig N., Student der Forstwirtschaft, Mitglied von B.s Gießener Sektion der »Gesellschaft der Menschenrechte«. N. floh noch vor B. nach Straßburg und ging dann nach Amerika. – *Sohn des Professor Vogt:* wohl Carl V. (1817–95), Student der Medizin und Kommilitone B.s in Gießen; flüchtete über Straßburg nach Bern und war 1848 parlamentarischer Vertreter der Linken in der Frankfurter Paulskirche; wird heute als »unpolitischer Karrierist« aus dem Umkreis der Gießener Burschenschaft »Palatia« eingeschätzt (Mayer III, S. 371). – *Schwester des unglücklichen Neuhof:* die Brüder Georg und Wilhelm N. waren seit April 1834 auf der Flucht vor politischer Verfolgung; ihre Schwester, Gastwirtstochter in Bonames, soll die oberhessische Opposition durch die Vermittlung von Nachrichten und Hilfe für politische Flüchtlinge unterstützt haben.

274 *Minnigerode:* s. zu S. 260. – *Friedberg:* s. zu S. 252. – *Höllenmaschine in Paris ...:* Bei dem von Giuseppe Fieschi am 28. 7. 1835 auf Louis Philippe verübten Attentat wurden 18 Personen aus dem Umkreis des Königs getötet. – *der Täter:* s. o. – *Republikanern und Karlisten:* Frankreichs extreme Parteien der äußersten Linken (Republikaner) und die Anhänger des Don Carlos von Spanien (1788–1855), der seit 1834 die weibliche Thronfolge der Königin-Regentin Christine im Bürgerkrieg bestritt. Als die spanische Re-

gierung Louis Philippe im Mai 1835 um Hilfe ersuchte, lehnte dieser jede Intervention ab. – *Revue in Kalisch:* Bei der polnischen Stadt Kalisch schlossen Rußland und Preußen am 28. Februar 1813 ein Bündnis, das für die Freiheitskriege gegen Napoleon entscheidend wurde. Im Sommer 1835 veranstalteten preußische und zaristische Truppen hier in Anwesenheit ihrer Monarchen ein demonstratives »Lustlager zur Feier des Siegs über Polen« (Bergemann, S. 817). – *Rastadter Gesandtenmord!!:* Im Anschluß an den ergebnislosen Friedenskongreß zu Rastatt (1797–99), der die Entschädigung der durch den Verlust linksrheinischer Besitzungen benachteiligten Fürsten zur Aufgabe hatte, wurden hier am 28. April 1799 zwei frz. Gesandte durch ungarische Husaren ermordet. Der Anlaß zu diesem Mord ist unklar; B. hält offenbar Napoleon I. für den Urheber.

275 *Legitimisten:* frz. Partei, die den ältesten Zweig der Bourbonen (Karl X.) als zur Regierung berechtigt anerkennt. – *Von Umtrieben weiß ich nichts:* Daß diese Aussage zur Beruhigung der Eltern dient, also nicht den Tatsachen entspricht, geht aus B.s Briefen an den Bruder Wilhelm (Nr. 37 und 38) hervor und aus den Kontakten, die er in Straßburg zu den geflohenen politischen Freunden aus dem Umkreis der »Gesellschaft der Menschenrechte« hatte (Mayer III, S. 399f.). – *Prinzen Emil:* Emil, Prinz von Hessen (1790–1876), war ein reaktionär gesinnter Bruder des Großherzogs Ludwig II. – *Präfekten:* s. zu S. 269. – *Zusendung aus der Schweiz:* B.s Schulfreund, Gießener Kommilitone und Mitglied der »Gesellschaft der Menschenrechte«, Hermann Trapp, versuchte, mit einem anonymen Brief an Gutzkow B.s literarische Leistung im »Danton« herabzusetzen, womit er sich B.s Freundschaft verscherzte. Beide söhnten sich 1836 in der Schweiz, wohin Trapp schon 1834 aus politischen Gründen geflohen war, wieder aus.

276 *ein großes Literaturblatt, deutsche Revue:* Nach der Trennung von Eduard Dullers »Phönix« im August 1835 (s. zu S. 267) plante Gutzkow (s. zu S. 264) zusammen mit Ludolf Wienbarg (1802–72) die Gründung einer neuen literarischen Zeitschrift »Deutsche Revue«, nach dem Vorbild der frz. »Revue des deux mondes«. Sie sollte zum Forum der oppositionellen Literatur in Deutschland werden. Gutzkow forderte auch B. zur Mitarbeit auf. Als Verleger war Zacharias Löwenthal, Mannheim (s. zu S. 306), gewonnen worden. Das Projekt zerschlug sich wegen des Verbotes des Jungen Deutschland, von dem Herausgeber, Verlag und die maßgeblichen künftigen Autoren gleichermaßen betroffen waren (s. zu S. 282), schon vor dem Erscheinen der ersten Ausgabe. – *Kl[emm]:* s. zu S. 270. – *Minnigerode:* s. zu S. 260. – *Gladbach:* Georg G. (1811–83), Mitschüler B.s in Darmstadt, ab 1832 Student der Rechte in Gießen, Burschenschaftler und Angehöriger der oberhessischen Opposition; 1833 verhaftet, doch erst im November 1838 zu achteinhalbjähriger Zuchthausstrafe verurteilt; emigrierte nach

der Amnestie vom Januar 1839 in die Schweiz. – *Ich habe mir hier ... zu lassen:* Die erste namentliche Erwähnung des Plans einer Arbeit B.s über den Sturm-und-Drang-Autor J. M R. Lenz. Die hier artikulierte Absicht, einen *Aufsatz* zu schreiben, wurde in der Folgezeit aufgegeben zugunsten einer *Erzählung,* die Gutzkow im »Telegraph für Deutschland« vom Januar 1839 (Nr. 5, 7–11, 13, 14) posthum veröffentlichte. Von B.s Plan einer *Novelle* »Lenz« spricht allerdings Gutzkow bereits in seinem Brief vom 12. Mai 1835 (Nr. 11). Die wechselnde Beschreibung des »Lenz«-Projekts als »Aufsatz«, »Erinnerungen«, »Erzählung« und »Novelle« zeigt, welche Veränderungen es in B.s Vorstellung erfahren hat. Zu den von B. benutzten »Notizen« über Lenz s. S. 361 ff.

277 *zu dotieren:* Die Universität Zürich promovierte B. im September 1836 zum Dr. phil. aufgrund seiner Abhandlung »Über das Nervensystem der Barben« (s. zu S. 281). Anfang November 1836 hielt B. dort seine Probevorlesung »Über Schädelnerven« (s. S. 235 ff.); im Wintersemester 1836/37 lehrte er als Privatdozent. – *mein Name in der Allgemeinen Zeitung paradiert:* In einer von Gutzkow und Wienbarg (s. zu S. 276) in der Außerordentlichen Beilage Nr. 430 der Allgemeinen Zeitung (s. zu S. 324) vom 26. Oktober 1835 veröffentlichten Erklärung, die sich gegen Menzels Angriffe auf das Projekt der Literaturzeitschrift »Deutsche Revue« (s. zu S. 304) verwehrt. – *Über die Art ... Artikel erschienen:* Bericht in »Le Temps. Journal des Progrès« vom 24. Oktober 1835: »Decouverture d'une conspiration dans la Hesse ducale« (Aufdeckung einer Konspiration im Großherzogtum Hessen). – *Minnigerode:* s. zu S. 260. – *ein Bändchen Gedichte von meinen Freunden Stöber:* Adolph und August Stöber: »Alsabilder. Vaterländische Sagen und Geschichten«, Straßburg 1836 (s. zu S. 246). – *Manier à la Schwab und Uhland ...:* Gustav Schwab (1792–1850) und Ludwig Uhland (1787–1862) gehörten zur sog. »Schwäbischen Schule«, einem literarischen Ausläufer der Romantik. Schwab hatten die Brüder Stöber ihre »Alsabilder« gewidmet. B.s Distanzierung von dieser literarischen Richtung beinhaltet zugleich die von den Brüdern Stöber, die sich in der obrigkeitlichen Kampagne gegen das »Junge Deutschland« auf die Seite des Denunzianten Menzel geschlagen hatten (s. zu S. 282). Etwa gleichzeitig wandte sich auch Heine polemisch gegen die »Schwäbische Schule« in der Auseinandersetzung mit den literarischen und politischen Kräften, die sich seinem Schreiben in Deutschland entgegenstellten. – *Musenalmanach:* »Musenalmanach. Eine Neujahrsgabe für 1833«. Hg. v. Heinrich Küntzel und Fr. Metz. Darmstadt: Heyer'sche Hofbuchhandlung (1833).

278 *Studium der Philosophie:* B. arbeitete um diese Zeit offenbar an Studien zu den geplanten Züricher Vorlesungen über Cartesius, Spinoza und eventuell auch »Geschichte der griechischen Philosophie«. – *An Ludwig Büchner:* B.s Bruder Friedrich Karl Chri-

stian Ludwig (1824–99), später Arzt in Darmstadt und als Verfasser von »Kraft und Stoff« (1855) einer der populärsten Vertreter des Materialismus; Herausgeber der »Nachgelassenen Schriften von Georg Büchner« 1850. Erstveröffentlichung durch Frieder Lorenz in: Maske und Kothurn, 1964. – *Hammelmaus:* Kosename B.s für den damals noch nicht 12jährigen Bruder. – *Lottchen Cellarius:* Klavierlehrerin von B.s jüngerem Bruder Ludwig. – *Verbot der deutschen Revue...:* s. zu S. 276. – *Einige Artikel:* wohl »Lenz« und die im Oktober 1835 erwähnten »Abhandlung[en] über einen philosophischen oder naturhistorischen Gegenstand« (s. zu S. 277). – *Phönix:* s. zu S. 267. – *König von Bayern läßt unsittliche Bücher verbieten:* Ludwig I. (1786–1868); in Bayern waren 1835 Gutzkows Schriften »Schleiermachers Vertraute Briefe über die Lucinde« (s. zu S. 271), »Wally, die Zweiflerin« und »Verteidigung gegen Menzel« (s. u.) sämtlich verboten worden. – *Der Großherzog von Baden, ... Gutzkow arretieren:* Leopold, Großherzog von Baden (1790–1852); in Mannheim, dem Verlagsort von Gutzkows verbotenen Schriften »Wally, die Zweiflerin« und »Verteidigung gegen Menzel« (s. zu S. 282 und 303), war am 15. November 1835 der Prozeß gegen den Autor und den Verleger Zacharias Löwenthal (s. zu S. 306) eröffnet worden. Gutzkow hatte sich gestellt und war zu Beginn des Prozesses am 30. November verhaftet worden. Am 6. Januar 1836 wurde er wegen »verächtlicher Darstellung des Glaubens der christlichen Religionsgemeinschaften« in »Wally« zu einer Gefängnisstrafe von einem Monat verurteilt, die er bis zum 10. Februar verbüßte.

279 *gehöre ich für meine Person keineswegs zu dem sogenannten Jungen Deutschland ...:* Unter dem Begriff »Junges Deutschland« wird hier die Gruppe von oppositionellen Literaten (Heine, Gutzkow, Mundt, Wienbarg und Laube) verstanden, deren gesamte literarische Produktion mit Bundesbeschluß vom 10. Dezember 1835 verboten worden war. Als literarische Vereinigung existierte diese Gruppe nie; was sie verband und den Grund von B.s Distanzierung bildete, ist ihre Vorstellung, politische Veränderung durch »Ideenschmuggel« (Gutzkow), d. h. durch Bewußtseinsveränderung mittels Literatur, bewirken zu können (vgl. Heines Wort von der Literatur als »Trägerin der höchsten Zeitinteressen«). B.s ästhetische Anschauungen dagegen entwickelten sich konsequent aus seinen politischen, die von sozialem Engagement bestimmt waren. Es sei, soll B. geäußert haben, »bei weitem nicht so betrübend, daß dieser oder jener Liberale seine Gedanken nicht drucken lassen darf, als daß viele tausend Familien nicht imstande sind, ihre Kartoffeln zu schmälzen« (Bergemann, S. 463). Zu B.s Distanzierung vom Liberalismus siehe auch zu S. 248. – *An Gutzkow:* Erstveröffentlichung durch Erich Ebstein in: Inselschiff Nr. 4, Leipzig 1932.

280 *Küchler:* Heinrich K. (1811–73), Darmstädter Arzt, wegen Beteiligung an den revolutionären Aktionen in Oberhessen 1838 zu acht

Jahren Zuchthaus verurteilt und 1839 begnadigt. – *Groß:* s. zu S. 251. – *Max v. Biegeleben:* s. zu S. 270. – *Gladbach:* s. zu S. 276.

281 *Methfessel:* Albert Gottlieb M. (1784–1869), Liederkomponist. – *eine Abhandlung geschrieben ...:* B. trug seine Abhandlung »Mémoire sur le système nerveux du barbeau« (Über das Nervensystem der Barben) am 13., 20. April und 4. Mai der Gesellschaft »Société d'histoire naturelle« in drei Teilen vor und wurde daraufhin zu deren korrespondierendem Mitglied ernannt (s. S. 284). Seine Arbeit wurde auf Kosten der Gesellschaft veröffentlicht und erregte die Aufmerksamkeit des Anatomen und Physiologen Johannes Müller und des Naturforschers Lorenz Oken (1779–1851), der seit 1833 in Zürich lehrte. Sie brachte ihm Promotion und Lehrauftrag an der Züricher Universität ein und eröffnete ihm Chancen zu einer erfolgreichen wissenschaftlichen Laufbahn. – *Kurs über ... zu lesen:* s. auch Nr. 58. – *Rebstöckel:* Straßburger Gasthof (s. Nr. 52).

282 *Menzels Hohn:* Wolfgang M. (1798–1873), einflußreicher Herausgeber des Literaturblatts zu Cottas »Morgenblatt für gebildete Stände« (1825–49) in Stuttgart, war von 1831 bis 1834 literarischer Mentor Gutzkows. Zum Bruch kam es durch die literarische und politische Verselbständigung Gutzkows und seine Kritik an Menzels politischer Aktionslosigkeit, seiner Goethe-Polemik, Deutschtümelei und pietistischen Enge, Vorbehalten, die Heine bereits 1828 artikuliert hatte. Diese ideologische Kontroverse wurde verschärft durch die literarische Konkurrenz, die zwischen den marktabhängigen freien Schriftstellern herrschte. Dies wird deutlich in der auslösenden Funktion, die Gutzkows literarische Profilierung für Menzels denunziatorisches Vorgehen hatte. Mit einer scharf verurteilenden Rezension zu »Wally« im Literaturblatt des »Morgenblatts« vom 11. und 14. September 1835 wandte er sich endgültig gegen die progressiven literarischen Positionen, kehrte ins Lager der preußischen Reaktion zurück und forderte die Verfolgung des »Jungen Deutschland«, was am 10. Dezember 1835 zu dessen Verbot durch den Bundestag und zur existentiellen Krise der oppositionellen Literatur führte. – *Sie und Ihre Freunde ...:* Absage an die politisch-literarische Theorie des Jungen Deutschland (s. zu S. 279). – *in sozialen Dingen von einem absoluten Rechtsgrundsatz ausgehen:* Dieser *absolute Rechtsgrundsatz* wäre verwirklicht in einer Staatsform, in der der Dualismus von Macht und Ohnmacht, Ausbeutung und Armut liquidiert wäre – was die Notwendigkeit einer vorausgegangenen Revolution impliziert. Entsprechende Staatsentwürfe werden in der Naturphilosophie des späten 18. Jhs. diskutiert. Über ihre Verbindung zu B.s Naturbegriff vgl. Wolfgang Proß, Kategorie ›Natur‹. – *Die letzten Vorfälle in Zürich ...:* Verhaftung und Ausweisung deutscher politischer Emigranten und Handwerksgesellen, v. a. aus dem Umkreis der politischen Exilvereinigung »Junges Deutschland« (s. zu S. 313), durch die Züricher Polizei am 25. und 26. Mai, ausgelöst wohl durch den Druck des

deutschen Bundestags. Im Zusammenhang dieser Vorfälle ist auch B.s Entschluß zu sehen, die Übersiedlung nach Zürich zu verschieben.

283 *Herr v. Eib:* Baron von Eyb, alias Zacharias Aldinger, wurde tatsächlich als Agent des Metternichschen Geheimdiensts entlarvt. – *Refugiés:* frz. Flüchtlinge. – *An Eugen Boeckel:* Eugen B. (1811–96), Student der Medizin und Straßburger Studienfreund B.s; durch ihn wurde B. wahrscheinlich in die Studentenverbindung »Eugenia« (s. zu S. 246) eingeführt. Erstveröffentlichung in: Strohl – *meine Abhandlung:* s. zu S. 281.

284 *société d'histoire naturelle:* wissenschaftliche Gesellschaft für Naturgeschichte in Straßburg (s. zu S. 281). – *in 3 verschiedenen Sitzungen ...:* s. zu S. 281. – *großen weißen Papierbogen, die ich vollschmieren soll:* Da diese Formulierung auf literarische Tätigkeit zielt, bezieht sie sich möglicherweise auf die Arbeit an »Leonce und Lena« und würde damit einen Terminus post quem für die Entstehung des Lustspiels setzen. – *nächsten Wintersemester meinen Kurs an:* s. Nr. 48 und Nr. 54.

285 *Baum:* s. zu S. 246. – *Die beiden Stöber:* s. zu S. 246. – *meinen Vetter aus Holland:* B.s Onkel Wilhelm (geb. 1780), ältester Bruder seines Vaters, hatte sich nach dem Militärdienst im niederländischen Gouda niedergelassen. – *Wilhelmine:* Minna Jaeglé (s. Vorbemerkung). – *Friesel:* ungefährlicher Hautausschlag. – *Dem. Peche:* Therese P. (1806–82), 1830–67 als tragische Liebhaberin und Salondame am Burgtheater beliebt und berühmt.

286 *Tagsatzung:* Versammlung der Gesandten der schweizerischen Kantone zur Behandlung gemeinsamer Angelegenheiten; aufgehoben durch die Bundesverfassung vom 12. November 1848. – *Savoyer Zuge:* Der polnische General Ramorino (s. zu S. 245) fiel 1834 mit italienischen, polnischen und deutschen Flüchtlingen in Savoyen ein, um den sardischen Thron zu stürzen und das »Junge Italien« zu unterstützen, was aber mißlang. – *den letzten Vorfällen:* s. Nr. 55. – *mein Diplom:* s. zu S. 281 und Nr. 56. – *Ich bin ganz vergnügt ... ebenfalls auszuziehen:* Diese Aussage ist signifikant für die Artikulation des nihilistischen Weltschmerzes, der eines der Grundgefühle von B.s literarischen Arbeiten bildet. – *Vorlesungen ... zu halten:* s. zu S. 278. – *Dabei bin ich gerade daran ... zu lassen:* B. arbeitete zu dieser Zeit an »Woyzeck« und an seinem Lustspiel »Leonce und Lena«, das er Anfang September 1836 zu einem Preisausschreiben des Cotta-Verlags nach Stuttgart einschickte, aber wegen Terminüberschreitung ungeöffnet zurückerhielt. Erstveröffentlichung durch Gutzkow im »Telegraph für Deutschland« I, 1838 in gekürzter Form (s. auch S. 368f.).

287 *meine zwei Dramen:* »Woyzeck« und »Leonce und Lena«. – *An Bürgermeister Hess:* fragmentarische Veröffentlichung durch Bergemann ^{3}1940; vollständige Erstveröffentlichung in dieser Ausgabe. – *zum Doktor kreiert:* s. zu S. 281 und 283. – *Autorisation*

zum Aufenthalt: In der sich seit Mai 1836 zuspitzenden Auseinandersetzung um die politischen Emigranten hatten sich die Straßburger Behörden geweigert, B. einen Paß auszustellen, der ihm die Ausreise in die Schweiz ermöglicht hätte. Man verlangte eine »Autorisation« von Schweizer Seite, um die B. den Züricher Bürgermeister hier ersucht. Auf dieses Ersuchen hin erhielt B. eine Aufenthaltsgenehmigung vom Bürgermeisteramt in Zürich und einen Paß der Straßburger Behörde und konnte am 18. Oktober 1836 nach Zürich übersiedeln.

288 *Il est certifié ...:* frz. Zusammenfassung: Hiermit wird bestätigt, daß Herr Georg Büchner, Doktor der Philosophie, 23 Jahre alt, geboren in Darmstadt, als Einwohner dieser Stadt seit 18 Monaten ohne Unterbrechung in der rue de la Douane Nr. 18 registriert ist, und daß sein Benehmen in diesem Zeitraum politisch sowie moralisch keinerlei Klage veranlaßt hat. – *An das Präsidium des Erziehungsrats ...:* Erstveröffentlichung in dieser Ausgabe. B.s Zulassung zur Probevorlesung wird am 1. Oktober bewilligt (Mayer III, S. 418).

Zürich 1836–1837

288 *Streite der Schweiz mit Frankreich:* Frankreich hatte in der Frage der politischen Flüchtlinge zu ultimativen Drohungen gegriffen; daraufhin waren die diplomatischen Beziehungen zwischen beiden Ländern am 27. September 1836 abgebrochen worden. – *»die Schweiz wird einen kleinen Knicks machen ...«:* dazu 1851 der Kommentar von W. Schulz: »Er hatte damals Recht.« (nach Mayer III, S. 418)

289 *Die Schweiz ist eine Republik ...:* Vorwürfe politischen »Apostaten- oder Renegatentums«, wie sie B. von seiten Hermann Trapps (s. zu S. 275) schon im September 1835 gemacht worden waren, finden in der positiven Beschreibung des Schweizer Geldaristokratismus nur scheinbar ihre Bestätigung. Sie erweisen sich (gerade im Zusammenhang dieses Briefes; nach Mayer III, S. 420f.) als haltlos. – *Accessisten:* lat. Anwärter auf eine Anstellung. – *Minnigerode ist tot:* M. starb erst 1894; s. zu S. 260. – *Ich sitze ... den Büchern:* B. nahm sein Kolleg »Zootomische Demonstrationen« über vergleichende Anatomie der Fische und Amphibien Anfang November 1836, unmittelbar nach erfolgreich absolvierter Probevorlesung, auf. Nach dem Zeugnis seines einstigen Schülers August Lüning beeindruckten v.a. B.s »ungemein sachliche, anschauliche Demonstrationen an frischen Präparaten«, die er größtenteils selbst vorbereitet hatte; dann seine von der Naturphilosophie bestimmten Fragestellungen, die sich jedoch spekulativer Überlegungen stets enthielten, und schließlich die Zusammenhänge, die er zwischen niederen und höheren Tierklassen herstellte. B.s Vortrag soll sich v.a. durch die nüchterne Sprache und die Selbständigkeit seiner wissen-

schaftlichen Thesen ausgezeichnet haben (nach Bergemann, S. 571f.).

290 *mechanische Beschäftigung des Präparierens:* s. zu S. 289. – *Geschichte von Abälard ...:* Die Geschichte der leidenschaftlichen, aber unglücklichen Liebe zwischen dem scholastischen Philosophen Peter Abaelard (1079–1142) und Héloise, der Nichte des Kanonikers Fulbert, die für beide im Kloster endete, war Vorbild für Rousseaus epochemachenden Liebesroman »La nouvelle Héloise« (1761). – *poetischer Produkte:* vermutlich »Woyzeck« und »Pietro Aretino«. – *die Volkslieder singen ...:* B.s enges Verhältnis zum Volkslied hat seinen Ursprung wohl im Einfluß, der von den romantisch-patriotischen Neigungen der Mutter auf seine Erziehung ausging. Belebt und literaturfähig gemacht wurde dieses Interesse für Volksdichtung durch die elsässische Kulturtradition. Auf ihrem Nährboden entfaltete es sich konsequent auch aus B.s politischem Postulat nach »Bildung eines neuen geistigen Lebens im Volk«; eine Basis, die die Annäherung an Volk und Mittelalter begreifbar macht trotz der gleichzeitigen Distanzierung B.s von den schwäbischen Spätromantikern (siehe zu S. 277). – *rue St. Guillaume Nro. 66 ...:* Adresse der Braut Wilhelmine (Minna) Jaeglé in Straßburg. Dort, im Haus ihres Vaters, des seit 1828 verwitweten Pfarrers Johann Jakob Jaeglé (1771–1837), wohnte B. während seines ersten Straßburger Aufenthalts.

291 *überzwergen:* schräg. – *Adio piccola mia!:* ital. Auf Wiedersehen, meine Kleine! – *Leonce und Lena ... erscheinen lassen:* Bei den erwähnten zwei weiteren Dramen handelt es sich zum einen sicher um »Woyzeck«. Ob mit dem zweiten der schon erschienene »Danton« oder das legendäre »Aretino«-Drama gemeint ist, bleibt unsicher.

Briefe an Büchner

292 *von Wilhelm Büchner:* B.s Bruder (s. zu S. 269) war Briefpartner schon während B.s Straßburger Studienzeit. Zum Vertrauten wurde er während der Vorbereitung der Flucht Anfang 1835 und im Straßburger Exil. – *Doktor Moldenhauer:* (1797–1866) Mineraloge. – *Doktor Schnittspan:* Botaniker. – *eine Lorniet:* frz. lorgnette: Augenglas mit Griff – *Rosenberg:* wohl Benedikt R. (geb. 1800), Hofgerichtsadvokat, Mitglied der oberhessischen Opposition und 1834 Teilnehmer am Badenburger Treffen, auf dem die revolutionäre Aktion um den »Hessischen Landboten« vorbereitet wurde.

293 *Trapp:* Hermann T. (s. zu S. 304). – *abaten:* frz. hier wohl: gesondert, heimlich. – *Minnigerode:* s. zu S. 260. – *Dörr* und *Frisch:* Gießener Kommilitonen B.s. – *Schnittspan:* s. zu S. 292. – *von Eugen Boeckel:* s. zu S. 283. – *ergo finis ... exaudii:* lat. also Schluß mit der Einleitung.

294 *Rubeolas:* lat. Röteln. – *hydrocephalus:* lat. Wasserkopf. – *tartarus stibiatus:* lat. Brechweinstein. – *Pleura:* lat. Brustfell. – *Thorax:* lat.

Brust. – *requiescat in pace:* lat. er ruhe in Frieden. – *hydrothorax u. überh. hydropisie:* lat. Brustwassersucht und Wassersucht. – *digitalis u. nitrum:* lat. Fingerhut und Soda. – *Scherb:* s. zu S. 253. – *Roth:* ehemaliger Kommilitone B.s in Straßburg. – *Ad. Stöber:* Adolph St. (s. zu S. 246). – *Baum:* s. zu S. 246. – *Concurs:* frz. Bewerbung. – *Hirtz* und *Lintzler:* ehemalige Straßburger Kommilitonen B.s. – *surnuméraires:* frz. Überzählige. – *kauterisieren:* frz. ätzen. – *triceps:* lat. Oberarmstreckmuskel. – *Arteriam:* gr. Ader, die das Blut aus dem Herzen in alle Körperteile leitet. – *Duvernoy:* s. zu S. 270. – *dissezieren:* lat. zerlegen. – *re infecta:* lat. unverrichteter Dinge.

295 *Melle jolis pieds et jolies mains:* frz. Fräulein Schönfuß und Schönhand. – *Ad. u. Aug. Stöber:* s. zu S. 246. – *Weißenburg:* Ort an der deutsch-französischen Grenze im Elsaß. – *Diligence:* s. zu S. 254.

296 *Follen:* Karl Theodor Christian F. (1796–1840); unmittelbar nach den Freiheitskriegen führender Kopf der »Gießener Schwarzen«, einer radikalen Gruppierung innerhalb der Gießener Burschenschaft, die sich mit streng deutsch-nationaler Gesinnung gegen die politische Reaktion und für eine republikanische Staatsform einsetzte. Von hier führt eine direkte personelle Tradition zur oberhessischen oppositionellen Bewegung der 1830er Jahre. – *Baum:* s. zu S. 246. – *Vale:* lat. leb wohl. – *il vaut mieux tard que jamais:* frz. besser spät als nie. – *Balbieren:* frz. rasieren. – *Stöber Auguste:* s. zu S. 246. – *Ad. Stöber:* s. o. – *Baum:* s. zu S. 246. – *Schrift üb. die Methodisten:* s. zu S. 267. – *Ernst:* Student der Theologie in Straßburg. – *Reuß:* Eduard R. (1804–91), Theologe und Professor der Orientalistik am evangelischen Predigerseminar in Straßburg; B.s Onkel mütterlicherseits. – *Melle:* Minna Jaeglé , s. Vorbemerkung. – *Eugeniten:* s. zu S. 246. – *Adolphe:* Adolph Stöber, s. zu S. 246. – *These v. Lauth:* s. zu S. 270. – *Goupil:* Straßburger Kommilitone B.s. – *La contraction ... saut etc.:* frz. Die Muskelkontraktion anhand der betroffenen Muskeln, besonders in Ruhestellung, Bewegung und beim Springen usw.

297 *kolliert:* frz. durch Fragen in die Enge getrieben werden. – *Anatomie chaire:* Lehrstuhl für Anatomie. – *Accouchement chaire:* Lehrstuhl für Geburtshilfe. – *Doyen:* frz. Wortführer. – *Concurs:* s. zu S. 294. – *sur la vue:* frz. über das Sehen. – *(séance tenante):* frz. sofort. – *fonctions du foie et d.l. rate:* frz. Funktionen der Leber und der Milz. – *Apostel Petrus:* Verbindungsname von Johann Wilhelm Baum, s. zu S. 246. – *Ad. Stöber:* s. zu S. 246. – *Georg Reuß:* (1795–1849), B.s Onkel, jüngerer Bruder seiner Mutter, Offizier und erbprinzlicher Stallmeister in Darmstadt. – *Heyrische Buchhandlung:* s. zu S. 263. – *17 fl. 30 kr.:* fl = Gulden, kr. = Kreuzer; wichtigste im südlichen und westlichen Teil des Deutschen Bundes gebräuchliche Währungseinheit.

298 *Gutzkow:* s. zu S. 264. – *Ihr Drama:* »Dantons Tod«, s. zu S. 263 u. 271. – *Sauerländer:* s. zu S. 263. – *theatralische Sachen ... lok-*

kende Artikel: grundlegende Umwertung der literarischen Gattungen zugunsten des Romans als der Zeit adäquat erscheinender literarischer Ausdrucksform. Dies schlägt sich auch in den Absatzchancen dramatischer Werke nieder, die um 1830 nur 2,6% der Gesamtproduktion an Büchern gegenüber z. B. 6,8% Romanen ausmachte (s. auch Nr. 6, S. 298). – *bescheidene Honorarforderungen:* Sauerländer bot schließlich 10 Friedrichsdor Honorar an (s. Nr. 7, S. 299). – *Mskr.:* Manuskript. – *Phönix:* s. zu S. 267.

299 *mehres aus dem Drama für den Phönix benutzen:* Die verlangten Vorabdrucke erschienen vom 26. März bis 7. April 1835 (s. auch zu S. 267). – *bereitwillig finden lassen ... zu kassieren:* Zu den Texteingriffen in der Erstausgabe von »Dantons Tod« s. S. 335 und zu S. 272. – *nach Amerika gehen:* Amerika war im deutschen Vormärz oft Endstation der ins Exil getriebenen politisch Verfolgten; darüber hinaus nahm die Zahl derer, die sich wegen der zunehmenden Verarmung zur Auswanderung entschlossen, ständig zu. – *die Veneria heraustreiben ... sentimentale Tisane:* s. zu S. 271. – *Tisane:* schleimiger Arzneitrank aus Eibisch, Malz, Hafergrütze, Graupen, Brotkrume, Hirschhorn und Arzneimitteln. – *Mskrpt:* Manuskript. – *Heyer:* Buchhandlung in Darmstadt (s. zu S. 263). – *Sauerländer:* s. zu S. 263. – *kauscher:* koscher, rein.

300 *Phönix:* s. zu S. 267. – *Tragödie Nero:* erschienen in Stuttgart: Cotta 1835. – *10 fr.:* = Friedrichsdor (s. auch Nr. 7, S. 299). – *Enghien:* Louis Antoine Henri von Bourbon-Condé, Herzog von E. (1772–1804), der 1789 emigriert war und seit 1803 in Baden lebte, wurde am 21. März 1804 auf Befehl Napoleons erschossen. Dieser Justizmord, intendiert als Abschreckungsmaßnahme gegen die Bourbonen, erregte großes Aufsehen. – *Danton:* s. Nr. 7, S. 299, und zu S. 263 u. 271. – *Schmuggelhandel der Freiheit ...:* Zu dem von Gutzkow vertretenen literaturpolitischen Programm s. zu S. 279.

301 *arrondieren:* frz. hier: eingewöhnen. – *Vom Danton ...:* s. zu S. 263 u. 271. – *Prädestination:* lat. Vorausbestimmung. – *Sauerländer:* s. zu S. 263. – *Desperation:* lat. Verzweiflung. – *Die Übersetzung:* wohl die von Gutzkow bei B. in Auftrag gegebene Übersetzung für die bei Sauerländer geplante Hugo-Ausgabe (s. zu S. 270). – *Mich feuerte ... Schriftstellerei an:* Gutzkow war am 25. Januar 1831 erstmals in Briefkontakt zu Menzel getreten und hatte sich durch Unterwerfung und Schmeichelei dessen Protektion versichert. Nun, nach dem Bruch mit Menzel (s. zu S. 282) und ersten literarischen Erfolgen, versuchte er B. gegenüber selbst die Rolle des literarischen Mentors zu spielen, ein Verhalten der Teilidentifikation mit erfolgreichen und anerkannten Zeitgenossen, das für Gutzkow charakteristisch zu sein scheint. – *Armidaschild:* Die sagenhafte Gestalt der schönen, verführerischen Zauberin Armida gehört seit Tassos »Befreitem Jerusalem« zum Bestand der europäischen Ikonographie. Ausgerüstet mit den zauberkräftigen Attribu-

ten Gürtel und Schild, verwirrt und verführt sie die christlichen Helden und entzieht sie dadurch dem Glaubenskampf.

302 *mein Lit. Blatt:* s. zu S. 267. – *Levrault:* Verlag und Sortimentsbuchhandlung in Straßburg. – *Revue Germanique:* Nouvelle Revue Germanique; Recueil littéraire et scientifique ..., Paris 1832–36. – *au fait:* frz. auf dem laufenden. – *Jen. theologischen Antrag:* s. zu S. 267. – *Sauerländer:* s. zu S. 263. – *Parasangen:* altpersisches Wegemaß = 5550 m. – *Vorrede zu Schleiermachers Briefen ...:* s. zu S. 271. – *Autodafé:* frz. Ketzerverbrennung. – *Besorgung einer Übersetzung V. Hugos:* Die Sauerländische Gesamtausgabe der Werke V. Hugos, Frankfurt 1835–42 (s. zu S. 270), enthält keine Übersetzung von Gutzkow. – *Danton wird nun gedruckt:* zur Druckgeschichte des »Danton« s. S. 335.

303 *Novelle Lenz:* s. Nr. 47. – *sagen Sie Ihrem theologischen Freunde ...:* s. zu S. 246, 267. – *Wer war der Freund ...:* vermutlich Eugen Boeckel, s. zu S. 283. – *Roman geschrieben: Wally die Zweiflerin:* Gutzkows »Wally, die Zweiflerin«, Mannheim: Löwenthal 1835, entstanden im Juni 1835 innerhalb von drei Wochen, wurde nach Menzels diffamierenden Kritiken (s. zu S. 282) am 24. September 1835 in Preußen verboten, angeblich wegen Verstößen gegen Religion und Moral, und löste das Verbot des »Jungen Deutschland« aus (s. zu S. 271). – *Sauerländer:* s. zu S. 263. – *Schreckenstitel:* s. zu S. 271. – *meine von der Zensur verstümmelte Anzeige:* Gutzkows Anzeige zu »Dantons Tod« im »Phönix« (s. zu S. 267), 1835, S. 645a–646b. – *theol. Schrift Ihres Freundes:* s. zu S. 267.

304 *mein Literaturblatt ...:* s. zu S. 267. – *L. Wienbarg:* Ludolf Christian W. (1802–72), plante mit Gutzkow die literarische Zeitschrift »Deutsche Revue«, die jedoch vor Erscheinen verboten wurde (s. zu S. 276). – *quidquid fert animus:* lat. was immer der Geist hervorbringt. – *ennuyierte:* s. zu S. 250. – *der Dullerschen Sozietät:* Eduard Duller war Herausgeber der von ihm kreierten Tageszeitung »Phönix« (s. zu S. 267), deren Literaturblatt er Gutzkow auf dessen Wunsch hin überlassen hatte. Ab Anfang August 1835 war es zu Differenzen zwischen den beiden Redakteuren gekommen, die ihren Grund sowohl in unterschiedlichen literaturkritischen Intentionen als auch in der Konkurrenz um die Vormachtstellung bei der Redaktion des Blattes hatten und nach dem 27. August zum Ausscheiden Gutzkows führten. – *Sauerländersche Plumpheit:* Offenbar eine juristische Lücke im Verlagsvertrag, die es Gutzkow ermöglichte, seine Mitarbeit am »Phönix« einzustellen (s. zu S. 267). – *Frankfurter Borjär:* Frankfurter Bürger. – *Ihren Danton:* Zur Rezeptionsgeschichte von B.s literarischem Erstling »Dantons Tod« s. S. 335f. – *Von Grabbe sind ...:* Christian Dietrich G. (1801–36) hatte 1835 die Tragödie »Hannibal« und das dramatische Märchen »Aschenbrödel« veröffentlicht. Gutzkow verglich die beiden Dramatiker auch an anderer Stelle: »... was ist Grabbes wahnwitzige Mischung des Trivialen mit dem Regellosen gegen diesen

jugendlichen Genius!« (Hinderer, S. 11); auch Friedrich Hebbel beschäftigte der Vergleich zwischen beiden Autoren: »Grabbe und Büchner: der eine hat den Riß zur Schöpfung, der andere die Kraft.« (Tagebücher 1839). – *Freunde in der Schweiz ...:* B.s Schulkamerad und Gießener Kommilitone, der spätere Friedberger Apotheker Hermann Trapp, war der Verfasser des erwähnten anonymen Briefes an Gutzkow (s. zu Nr. 45). – *anonyme Zusendungen:* s.o. – *Ihren jüngsten ... Brief:* vermutlich der nur fragmentarisch erhaltene Brief vom September 1835 (Nr. 43).

305 *Kalkül:* frz. Überlegung. – *Dramen von V. Hugo zu übersetzen:* s. zu S. 270. – *8° bogen:* Druckbogen im Oktavformat, der 16 Seiten umfaßt. – *Brockhaussche Repertorium:* Das »Repertorium der gesamten deutschen Literatur«, hg. v. E. G. Gersdorf, Leipzig, Jg. 1835, Bd. 5, S. 602 enthält eine kurze Besprechung des »Danton«, die nur die Charakterzeichnung der undramatischen Titelfigur lobend erwähnt. – *Abend-Zeitung ... Th. Hell:* Erste belletristische Zeitung des Vormärz, hg. 1817–43 von Theodor Hell (alias Karl Gottfried Theodor Winkler, 1775–1856), Schriftsteller, Übersetzer und Herausgeber verschiedener Almanache, Taschenbücher und Periodica, deren bedeutendstes die »Abend-Zeitung« war. Hier erschien am 28. Oktober 1835 in der Beilage »Literarisches Notizenblatt« unter dem Pseudonym *Felix Frei* ein Verriß von »Dantons Tod«, der zweifellos der gleichzeitig anlaufenden Kampagne Menzels gegen das »Junge Deutschland«, insbesondere gegen Gutzkow, B.s literarischen Mentor, zuzuordnen ist (s. auch zu S. 282). – *W. Schulz:* s. zu S. 260. – *Menzels elendem Angriffe ... geschrieben hat:* s. zu S. 282. – *Sela:* hebr., ein Musikzeichen in den Psalmen.

306 *Sauerl.:* Sauerländer, s. zu S. 263. – *Ich sitz' im Gefängnis:* s. zu S. 267. – *Dr. Löwenthal:* Zacharias L. (später Carl Löning) (1810–84), Verleger in Mannheim. Sein Verlag, den er im Juli 1835 ausdrücklich zur Pflege der oppositionellen Literatur gegründet hatte, wurde bereits ein halbes Jahr später nach der Veröffentlichung von Gutzkows »Wally« und anderen verbotenen Schriften im Zusammmenhang mit der Kampagne gegen das »Junge Deutschland« im Januar 1836 ebenfalls verboten und geschlossen. 1843 gründete L. mit Josef Rütten einen neuen Verlag »Literarische Anstalt« (ab 1859 »Literarische Anstalt Rütten & Löning«), in dem als bekanntestes Werk 1845 Heinrich Hoffmanns »Struwwelpeter« erschien. – *Wilhelmine Jägle:* Minna Jaeglé (s. Vorbemerkung). – *unserem George:* Georg Büchner.

307 *Nägele:* Franz Karl N. (1777–1851), ab 1810 Direktor der Heidelberger Gebäranstalt. – *aventuren:* frz. Abenteuer. – *si diis placet:* lat. wenn es den Göttern gefällt. – *podagra's:* lat. Gicht. – *touchieren:* frz. gynäkologische Untersuchung.

308 *Langenbeck:* Konrad Johann Martin L. (1776–1851), ordentlicher Professor der Anatomie und Chirurgie in Göttingen. – *Siebold:* Eduard Kaspar Jakob v. S. (1801–61), ab 1833 Professor für Ge-

burtshilfe in Göttingen. – *Conradi:* Johann Wilhelm Heinrich C. (gest. 1861). – *renseignements:* frz. Auskünfte. – *Baum:* s. zu S. 246. – *Dr. Schützenberger:* Friedrich Sch. (1799–1859), Jurist, ab 1837 Bürgermeister von Straßburg. – *Me. Marie Boeckel:* wohl Mutter von B.s Straßburger Studienfreund Eugen Boeckel (s. zu S. 283). – *poste restante:* frz. postlagernd. – *depensiert:* frz. ausgegeben. – *circiter:* lat. etwa. – *economisiert:* frz. gespart. – *table d'hôte:* frz. Gasttisch.

309 *Alsabildern:* s. zu S. 277. – *Ihre Ratschläge ...:* B. hatte G. in zwei Briefen (Nr. 52 vom Januar 1835, der andere nicht erhalten) dezidiert zur Flucht aus Deutschland geraten. – *von Menzel als strikter Republikaner denunziert:* s. zu S. 282. – *im »Rebstöckel« nachfragen:* s. Nr. 52 und Nr. 54. – *Appellation:* s. zu S. 263. – *outriert:* frz. übertrieben.

310 *Novelle Lenz war einmal beabsichtigt:* s. Nr. 11, S. 303. – *Damoiselle:* Minna Jaeglé (s. »Vorbemerkung«). – *Deinen Vetter:* s. zu S. 285. – *Baum:* s. zu S. 246.

311 *Töplitz:* Teplitz-Schönau, bekannter Badeort in Nordwestböhmen. – *Charles X. et sa chère famille auf d. Hradschin:* Nach seinem Sturz im Juli 1830 ging Karl X. von Frankreich ins Exil und lebte ab Oktober 1832 mit seiner Familie auf dem Hradschin, der Prager Burg. – *Maternité:* frz. Frauenklinik. – *accouchemens:* frz. Entbindungen. – *touchieren:* s. zu S. 307. – *Privatissim.:* Privatissimum lat. Vorlesung für einen bestimmten kleinen Kreis von Teilnehmern. – *Anat. patholgq.:* lat. pathologische Anatomie, Lehre vom Bau des kranken Körpers. – *meta peritonite:* peritonitis lat. Bauchfellentzündung. – *Baum:* s. zu S. 246. – *glacis:* frz. Wälle vor den Hindernisgräben früherer Festungen.

312 *italienische Oper am Kärntner-Tor:* das »K. K. Hoftheater nächst dem Kärntnertore«, seit 1709 bespielt, führte seit 1810 ausschließlich Opern und Ballette auf. 1821–48 war es an einen privaten Theaterunternehmer verpachtet. 1870, nach Eröffnung der neuen Oper am Ring, wurde es endgültig geschlossen. – *Löwe:* Ludwig L. (1794–1871), seit 1826 am Burgtheater als Heldendarsteller; sein Repertoire soll 283 Rollen umfaßt haben. – *D. l. Roche:* Karl La R. (1794 oder 1796–1884), ab 1833 am Burgtheater auf Lebenszeit engagiert; galt als einer der bedeutendsten Schauspieler seiner Zeit. – *Costenoble:* Karl Ludwig C. (1769–1837), seit 1818 als Komiker und Charakterdarsteller am Burgtheater, geschult am Vorbild Ifflands und Schröders. – *Anschütz:* Heinrich A. (1785–1865), ab 1821 Schauspieler am Burgtheater, berühmt wegen seiner ebenfalls am Beispiel Ifflands geschulten Sprachtechnik. – *Me Rettich:* Julie R. (1809–1866), ab 1835 ständiges Mitglied des Burgtheaters; gerühmt wird die Vielseitigkeit ihrer Begabung. – *Melle Peche:* s. zu S. 285. – *Melle Müller:* evtl. Caroline M. (1806–75), Darstellerin komischer Rollen am Burgtheater. – *Devrient:* Karl D. (1797–1872) oder Emil D. (1803–72); beide waren in Dresden engagiert und

gastierten am Burgtheater in Wien. – *Ferdinand in Kabale und Liebe:* eine der Hauptfiguren in Schillers gleichnamigem Drama. – *d. Ring:* vermutlich Konradin Kreutzers Zauberspiel »Der Ring des Glücks«, Wien 1833. – *Ballnacht:* »Die Ballnacht« (auch: »Der Faschingsdienstag«), Posse in zwei Akten von Adolf Müller (1801–86). – *Zampa:* »La fiancée de marbre« (frz. Die Marmorbraut), komische Oper in drei Akten von L. Joseph Ferdinand Hérold, Paris 1831. Die Parodie »Zampa« von Adolf Müller wurde 1835 in Wien uraufgeführt. – *D^elle^ Lutzer:* Jenny L. (1816–77), gefeierte Sängerin, 1832–36 in Prag, 1836–42 in Wien engagiert, 1842 Heirat mit Franz Dingelstedt. – *Dein Cousin:* s. zu S. 285. – *D'Outrepont:* Joseph D'O. (1775–1845), Professor der Medizin in Würzburg. – *accouchieren:* frz. entbinden. – *gouvernement:* frz. Regierung.

313 *Von Gutzkow nach Straßburg:* letzter erhaltener Brief G.s an B.; G., der später von einem Stocken des Briefwechsels mit B. ab diesem Datum spricht, interpretiert dies als Resultat sich trennender Wege in Lebensform und Weltsicht. – *force:* frz. Kraft. –*Die Flüchtigen in der Schweiz ...:* Das »Junge Deutschland«, von dem G. hier spricht, ist eine politische Vereinigung deutscher Emigranten und Handwerksgesellen in der Schweiz, die am 15. 4. 1834 in Bern gegründet wurde. Sie entstand im Zusammenhang mit Mazzinis »Jungem Europa«, »um die Ideen der Freiheit, der Gleichheit und der Humanität in den zukünftigen republikanischen Staaten Europas zu verwirklichen« (Ruckhäberle, S. 106). Die »Flüchtlingshatz« im Mai/Juni 1836 (s. zu S. 282) brachte den organisatorischen Zusammenbruch der Vereinigung. Erst 1838/39 entwickelten sich, nach zwischenzeitlichen Phasen vorwiegender Bildungsarbeit, neue organisatorische Impulse und neue differenzierte ideologische Richtungen. Die politische Vereinigung »Junges Deutschland« ist nicht identisch mit der 1835 vom Deutschen Bundestag verbotenen gleichnamigen Literatengruppe, der G. zugehörte (s. zu S. 282). – *Ferkeldramen:* B. hatte G. in einem nicht erhaltenen Brief, vermutlich Anfang Juni, von literarischen Plänen berichtet, die sich wohl auf »Leonce und Lena« für das Cottasche Preisausschreiben und das verschollene »Aretino«-Drama beziehen dürften (s. auch Nr. 56). – *Danton zog nicht:* Zur Rezeptionsgeschichte von »Dantons Tod« s. S. 335 f. – *heroice Dicta:* lat. geflügelte Worte. – *Kapitel des Thiers:* Louis Adolphe T.: Histoire de la Révolution Française ..., 10 Bände, Paris 1823/24; eine der wichtigsten Quellen zu »Dantons Tod«; s. auch B.s briefliche Aussagen über sein Studium der Revolutionsgeschichte, S. 256.

314 *Über Göthe ...:* Über Göthe im Wendepunkt zweier Jahrhunderte. Berlin: Plahn'sche Buchhandlung 1836. – *Mit dem ... Pädagogen:* wohl der in B.s Brief vom 1. Juni [1836] an Boeckel (s. zu S. 283) erwähnte Straßburger Theologiestudent Baum (s. zu S. 246). – *peccavi:* lat. ich habe gesündigt. – *von Deiner These mir*

schreibst: s. Nr. 56, S. 283. – *Deinem Beitritt zur société d'hist. nat.:* s. zu S. 281 und Nr. 56, S. 283. – *Duvernoy:* s. zu S. 270. – *Lauth:* s. zu S. 270. – *Was Du mir v. Stöber schreibst:* s. Nr. 56, S. 285. – *Apostel Petrus:* s. zu S. 297. – *Dein cousin:* s. zu S. 285.

315 *ophthalmolog. Operat. ... phaleectomie:* Verfahren zur Operation der Augen. – *Anatom. patholog.:* s. zu S. 311. – *med. forens.:* lat. forensische Medizin = Gerichtsmedizin. – *Privatiss.:* s. zu S. 311. – *sanktioniert:* lat. anerkannt. – *sed absint politica:* lat. doch weg von der Politik.

316 *définitivement:* frz. endgültig. – *souteniert:* frz. sich behaupten. – *Baum:* s. zu S. 246. – *si diis placet:* s. zu S. 307. – *der Pädagog:* s. zu S. 314. – *josephinum:* An der medizinisch-chirurgischen Akademie Josefinum an der Währingerstraße (IX. Bezirk) mit berühmtem anatomischem Museum, erbaut 1786, wurden damals ca. 550 Studierende von 12 Professoren unterrichtet. – *D^{elle} Wilhelmine:* Minna Jaeglé, s. Vorbemerkung.

317 *sous enveloppe:* frz. im geschlossenen Briefumschlag (s. auch Nr. 56, S. 283). – *Melle Jägle:* Minna Jaeglé, s. Vorbemerkung. – *unserm vielgeliebten dickbauchigen Pädagog:* s. zu S. 314. – *Baum:* s. ebd. u. zu S. 246.

318 *Nikolaus d. russische Fürst:* Nikolaus I. Pawlowitsch (1796–1855), seit 1825 Zar, schlug 1830/31 den polnischen Aufstand nieder; zusammen mit Metternich Hauptvertreter der Reaktion. – *Was Polen betrifft ...:* Anspielung auf den polnischen Aufstand von 1830/31, der die nationale Unabhängigkeit zum Ziel hatte und den fortgeschrittenen Kräften in ganz Europa als Fanal für die Entstehung einer internationalen Solidarität galt. – *Deines cousin's:* s. zu S. 285. – *Eug. Boeckel:* s. zu S. 283. – *librairie Treuttel et Würz:* alteingesessene Buchhandelsfirma in Straßburg; eines der Zentren für die Vermittlung deutschsprachiger Literatur ins westliche Ausland. – *diese Stadt verdient ... neuen Athens:* Anspielung auf das städtebauliche und kulturpolitische Programm und die Ambition Ludwigs I. von Bayern, München zu einem neuen geistigen Mittelpunkt der modernen Welt zu machen – einen Anspruch, der von den Progressiven, z.B. von Heine im 3. Teil seiner »Reisebilder« (1828), stark kritisiert wurde.

319 *D'Outrepont:* s. zu S. 312. – *Von der Mutter:* B.s Mutter, Caroline Luise B. – *Beckers aus Frankfurt:* Mit B.s Familie befreundete Pfarrersfamilie, bei der sich B. auf seiner Reise nach Offenbach zur Warnung der Mitverschwörer nach dem Verrat der Aktion um den »Hessischen Landboten« am 2. August 1834 aufgehalten hatte (s. zu S. 260).

320 *Wilhelm:* W. Büchner, s. zu S. 269. – *Schenk:* Leopold Sch. (1815–65), Pharmazeut, wanderte später nach Texas aus. – *schro:* dünn. – *Mathilde:* M. Büchner (1815–88), B.s älteste Schwester. – *Alexanders Geburtstag:* A. Büchner (1827–1904), B.s jüngster Bruder; beteiligte sich aktiv an der 1848er Revolution; literarisch ambi-

tioniert; später französischer Staatsbürger und Professor für Literaturgeschichte in Caën. – *Onkel Georg:* s. zu S. 297. – *200 fl.:* s. zu S. 297. – *Louis:* L. Büchner, s. zu S. 278. – *Baron von Bechtold:* wohl weitläufiger Verwandter B.s über die Nichte seines Großvaters, Karoline Luise Reuß, verh. von Bechtold. – *Regierungsr. von Bechtold:* Friedrich Georg v. B. (1800–72), hessischer Ministerialrat und späterer Innenminister; zur Beziehung zu B. s. o.

321 *Mina:* Minna Jaeglé, s. Vorbemerkung. – *Tante Reuß:* Frau des Straßburger Orientalisten und Theologen Eduard Reuß (s. zu S. 296). – *Himmlies:* Angesehene Straßburger Familie Himmly, mit der B. über seinen Onkel Eduard Reuß (s. o.) verwandt war. – *Fräulein Jäkele:* Minna Jaeglé, s. Vorbemerkung. – *Großmutter:* Luise Philippine Reuß, s. zu S. 264.

322 *›v. Froriep's Notizen‹:* L. F. v. Frorieps »Notizen aus dem Gebiete der Natur- und Heilkunde«. – *franco:* ital. frei, mit bereits bezahlter Postgebühr. – *93 fl. 36 kr.:* s. zu S. 297. – *Nadelgeschichte:* B.s Vater hatte 1833 in der »Zeitschrift für Staatsarzneikunde«, hg. von Adolph Henke, Erlangen 1833, eine Abhandlung »Versuchter Selbstmord durch Verschlucken von Stecknadeln« veröffentlicht. – *Deine Abhandlung ...:* s. zu S. 281. – *Kreierung:* lat. Ernennung. – *merks tibi:* lat. merks Dir.

323 *Oheim's jüngstes Kind:* Nachkommen des Großherzoglich Hessischen Amts- und Stadtchirurgen Johann Jakob Karl Büchner (1753–1835), des Bruders von B.s Vater in Reinheim im Odenwald. – *Tante Helene:* entweder Helene v. Bechtold, geb. Klees, seit 1817 verheiratet mit Carl v. Bechtold, einem Großneffen von B.s Großvater Reuß, oder Magdalene Reuß, geb. Meyer (geb. 1796), verheiratet mit Georg Reuß (1795–1849), B.s Onkel. – *Großmutter:* Luise Philippine Reuß, s. zu S. 264. – *Mathilde u. Louise:* B.s Schwestern M. (1815–88) und L. (1821–77); letztere bekannt als Schriftstellerin der Frauenbewegung. – *Oper »Die Stumme«:* »Die Stumme von Portici«, große Oper in fünf Akten von Daniel François Auber (1782–1871), Paris 1828. Die Brüsseler Erstaufführung von 1830 gab das Signal zu den Aufständen Belgiens gegen Holland (s. zu S. 247). – *Louis:* wohl Ludwig B., s. zu S. 278. – *Alexander:* s. zu S. 320. – *il vaut mieux tard que jamais:* beliebter Ausspruch Boeckels, s. zu S. 296. – *Melle Jägle:* Minna Jaeglé, s. Vorbemerkung. – *Auskultation:* lat. Abhorchen des Körpers. – *Krht.:* Krankheiten. – *Ricord:* Philippe R. (geb. 1800), Arzt in Paris. – *médécine opératoire:* frz. Chirurgie.

324 *hyperbolischen:* lat. übertreibend. – *la capitale du monde:* frz. die Hauptstadt der Welt. – *Anatomie simple et comparée:* frz. einfache und vergleichende Anatomie. – *Laplache:* Luigi L. (1794–1858), Bassist, ab 1830 an der Pariser Oper auf dem Höhepunkt seines Ruhms. – *Tamburini:* Antonio T. (1800–76), italienischer Bariton aus Mailand, 1835 auf Gastspielreise in Paris. – *I Puritani:* »I Puritani e i Cavalieri« (Die Puritaner), italienische Oper in zwei Akten

von Vincenzo Bellini (1801–35), Paris 1835. – *Il matrimonio secreto:* »Il matrimonio segreto« (Die heimliche Ehe), einst hochgefeierte italienische Opera buffa in zwei Akten von Domenico Cimarosa (1749–1801), Wien 1792. – *Othello:* wohl die dreiaktige Opernfassung des Shakespeareschen Dramas von Gioacchino Rossini (1792–1868), Neapel 1816. – *theatre français:* in der rue de Richelieu, erbaut 1787–89, Heimat der Comédie française; damals wurden dort allabendlich zwei Stücke gegeben. – *D^{elle} Mars:* Anne Françoise Hippolyte Boutet, gen. Mars (1779–1847), Schauspielerin der Comédie française, die bis ins hohe Alter berühmt war für ihre Darstellung der Naiven und der Liebhaberinnen. – *D^{elle} Ferrand ... autout repoussé:* die Geschichte der Sängerin ist nicht nachweisbar. – *flaner:* frz. bummeln, flanieren. – *sols:* frz. sol = altertümlicher Ausdruck für die Münze sou. – *hirondelles:* frz. kleine Boote. – *Orléanaises:* frz. Pferdekutschen. – *Lese-Cabinet's sind hier unzählige:* Im 18. Jh. fanden sich, ausgehend von England und Frankreich, v.a. bürgerliche Bücherliebhaber zu Lesegesellschaften zusammen und schafften auf gemeinsame Kosten Bücher an. Diese wurden dann, wenn sie die Runde durchlaufen hatten, oft in einer Gemeinschaftsbibliothek gesammelt, den sog. Cabinets de lecture. Diese entwickelten sich in Frankreich ab ca. 1750 zu hoher Blüte, wurden während der Revolutionszeit zu Parteiklubs und näherten sich im frühen 19. Jahrhundert oft der Institution des literarischen Salons an. Im Deutschland der Vormärzzeit fungierten Lesegesellschaften oft als getarnte Treffpunkte der politischen Opposition. – *Allgemeine Zeitung:* Augsburger Allgemeine Zeitung, seit 1798 im Cotta-Verlag. Eine der meistgelesenen überregionalen politischen Tageszeitungen des Vormärz mit hervorragenden Mitarbeitern, u.a. Heine, Gutzkow, Menzel und den Autoren der »Schwäbischen Schule«. – *estaminets:* frz. Rauchzimmer.

325 *Der dickbauchige pädagog:* s. zu S. 314. – *professor du collège:* frz. Gymnasialprofessor. – *Delectat:* lat. Das ist erfreulich. – *Stöber:* s. zu S. 246. – *fiancée:* frz. Verlobte. – *Dieu merci:* frz. Gott sei dank.

ZEITTAFEL

(Vgl. die jeweiligen Kommentarabschnitte zur Entstehung der Werke, dazu die ausführliche Chronik bei Mayer III, S. 357–425)

1813 17. Oktober: Karl Georg Büchner wird in Goddelau (Großherzogtum Hessen-Darmstadt) geboren. *Vater:* Ernst Karl Büchner (1786–1861), Mediziner, Amtschirurg in Goddelau, seit 1816 Medizinalrat in Darmstadt. *Mutter:* Caroline Büchner, geb. Reuß (1791–1858). *Geschwister:* 1. Mathilde (1815–88). 2. Wilhelm (1817–92), Pharmazeut, Inhaber einer chemischen Fabrik, Abgeordneter im hessischen Land- und im deutschen Reichstag, politische Schriften. 3. Louise (1821–77), Schriftstellerin und Frauenrechtlerin. 4. Ludwig (1824–99), Arzt; sein Buch »Kraft und Stoff« machte ihn als Vertreter des Materialismus populär. 5. Alexander (1827–1904), 1848 deutscher Revolutionär, ging nach Frankreich und wurde in Caën Literaturprofessor.

1816 Übersiedlung der Familie nach Darmstadt, wohin der Vater als Bezirksarzt (später Medizinalrat) versetzt wird.

1819/20 Büchner erhält Elementarunterricht von seiner Mutter.

1822 Ostern: Eintritt in die Privatschule von Dr. Carl Weitershausen in Darmstadt.

1823 25. März: erstes öffentliches Auftreten; zum Klassenabschluß Vortrag eines Dialogs in lateinischer Sprache zusammen mit einem anderen Schüler: »Vorsicht bei dem Genusse des Obstes!«

1825 26. März: Eintritt in das Ludwigs-Georgs-Gymnasium (II. Klasse 2. Ordnung = Tertia) zu Darmstadt. Direktor wird ein Jahr später der Altphilologe Carl Dilthey (1797–1857), Subkonrektor ist Deutschlehrer Karl Baur (1788–1877).

Juli/August: »Fragment einer Erzählung, dem Vater zugedacht«. Büchner schreibt im Deutsch-, Latein- und Geschichtsunterricht Diktataufsätze: »Lebensbeschreibung Ulrichs von Hutten«, »Lebensbeschreibung des Epaminondas«, »Über die Freundschaft«, »Geschichte des Messenischen Krieges«.

1826 Ostern: Versetzung in Sekunda.

1827 Herbst: Versetzung nach Prima.

1828 Frühjahr: Gründung eines Schulzirkels, vielleicht schon Grundlage für die spätere »Gesellschaft der Menschenrechte«.

August (vor dem 19.): Gedicht zum Geburtstag der Mutter »Gebadet in des Meeres blauer Flut«.

Weihnachten: das Gedicht »Die Nacht« für die Eltern. Kurz darauf vermutlich das Gedicht »Leise hinter düstrem Nachtgewölke«.

1829 Herbst/Wintersemester 29/30: Helden-Tod-Rede. Versetzung nach Selekta.

1830 Sommer: Rezension »Über den Selbstmord«.

29. September: »Rede zur Verteidigung des Cato von Utika«, gehalten auf einem Gymnasial-Redeaktus in Darmstadt.

1831 30. März: Rede in lateinischer Sprache (»G. Büchner mahnt im Namen des Menenius Agrippa das auf dem heiligen Berg gelagerte Volk zur Rückkehr nach Rom«), gehalten zur Schlußfeier des Gymnasiums.

Sommer: Im medizinischen Labor des Vaters Vorbereitungen auf das Studium.

5. September: Büchners Vater ersucht um Erlaubnis um Dispens zum Studium in Straßburg.

9. November: Immatrikulation an der medizinischen Fakultät in Straßburg, wo Verwandte Büchners leben. Büchner wohnt in der Rue St. Guillaume Nr. 66, bei Pfarrer Johann Jakob Jaeglé, mit dessen Tochter Luise Wilhelmine (1810–80) sich Büchner später verlobt. Dozenten Büchners sind u. a. der Anatom und Zoologe Georges Louis Duvernoy und Ernst Alexander Lauth, Physiologe.

Enge Freunde dieser Zeit sind: Eugen Boeckel, Johann Wilhelm Baum, Alexis Muston, August und Adolph Stöber, durch die Büchner in die Studentenverbindung »Eugenia« eingeführt wird (17. November).

4. Dezember: Einzug des polnischen Generals und Freiheitskämpfers Ramorino in Straßburg. Büchner nimmt an einem Empfang für die polnischen Freiheitskämpfer teil. Brief an die Eltern.

1832 24. Mai: Vortrag Büchners in der »Eugenia« über die politischen Verhältnisse in Deutschland. (Drei Tage später findet das »Hambacher Fest« statt.)

August/September/Oktober: Semesterferien in Darmstadt.

1833 3. April: Frankfurter Wachensturm, den Büchner in einem Brief an die Eltern vom 5. (wahrscheinlich 6.) April kommentiert (Brief Nr. 9).

Juni: Büchner schreibt an die Eltern (Brief Nr. 10), daß er sich nicht in »revolutionäre Kinderstreiche« einlassen werde, vertritt aber die Meinung, daß eine gewaltsame Auseinandersetzung nötig sei, um die sozialen und politischen Probleme zu lösen.

Juli: Wanderung mit den Brüdern Stöber durch die Vogesen. Verlobung mit Wilhelmine (Minna) Jaeglé. Nach dem Sommersemester kehrt Büchner nach Darmstadt zurück, um sein Studium gemäß den hessischen Gesetzen in Hessen abzuschließen.

31. Oktober: Immatrikulation als Medizinstudent an der Universität Gießen, wo er nach Landesgesetzen das Studium abschließen muß. Büchner wohnt im Seltersweg Nr. 46 bei Rentamtmann Bott. Sein Lehrer ist dort der Anatom Wernekinck; in Gießen unterrichten zu der Zeit u. a. Justus von Liebig und der Anatom Wilbrand.

November: Anfall von Hirnhautentzündung, die unterdrückt wird. Büchner kehrt nach Darmstadt zurück und unterbricht das Studium.

1834 Anfang Januar: Fortsetzung des Studiums in Gießen. Sein Freund

August Becker macht ihn mit dem Rektor und Pfarrer in Butzbach Friedrich Ludwig Weidig (1791–1837) bekannt, der Verbindung unterhält zu den verschiedenen Oppositionsbewegungen in Süddeutschland.

März: Gründung der »Gesellschaft der Menschenrechte« in Gießen. Mitglieder neben Büchner und Becker u.a.: Karl Minnigerode, Jakob Friedrich Schütz und August Klemm. Vermutlich unmittelbar nach dem 9.–12. März schreibt Büchner den ›Fatalismus‹-Brief an Minna Jaeglé. Etwa zwischen dem 13. und 25. März schreibt Büchner den Entwurf des »Hessischen Landboten«. Ende März trifft Büchner in Straßburg ein.

April: Büchner eröffnet eine Sektion der »Gesellschaft der Menschenrechte« in Darmstadt.

28. April: Beginn der Vorlesungen des Sommersemesters in Gießen.

Mai: erste Fassung der Flugschrift, die den Titel »Der Hessische Landbote« und einen »Vorbericht« von Weidig erhält.

3. Juli: Versammlung der liberalen Opposition auf der Ruine Badenburg.

31. Juli: Minnigerode, Schütz und Karl Zeuner holen in Offenbach die gedruckten Exemplare des Landboten ab, um sie zu verteilen.

1. August: Verhaftung Minnigerodes mit 158 Exemplaren des Landboten, Denunziation durch den Spitzel Johann Konrad Kuhl. Büchner warnt Zeuner, Weidig und Schütz in Offenbach und Frankfurt. Nach der Rückkehr nach Gießen findet er seinen Schrank versiegelt und seine Papiere durchsucht (4./5. August). Von August bis September werden mehrere Mitglieder der »Gesellschaft« verhaftet.

Semesterferien in Darmstadt.

September: Besuch der Braut bei den Eltern Büchners.

Oktober: Büchner arbeitet in einem Laboratorium des Vaters, beschäftigt sich u.a. mit Spinoza, Rousseau, Tennemanns Philosophiegeschichte und verschiedenen Darstellungen der Französischen Revolution. Der Versuch, Minnigerode aus dem Gefängnis zu befreien, scheitert.

November: veränderte Neuauflage des »Hessischen Landboten«.

1835 Januar: Verhöre vor den Untersuchungsrichtern in Offenbach und Friedberg.

Ende Januar: Beginn der Niederschrift von »Dantons Tod« (Ende Februar fertiggestellt).

21. Februar: Büchner schickt das Danton-Manuskript an seinen Verleger Sauerländer. Eine Woche später erhält er eine Vorladung vom Darmstädter Untersuchungsrichter.

Anfang März: Flucht aus Darmstadt.

9. März: Flucht über die französische Grenze nach Straßburg.

13. Juni: Steckbrief gegen Büchner erlassen.

Juli: »Dantons Tod« erscheint in verstümmelter Form als Buch. Abschluß der Victor-Hugo-Übersetzungen »Lucretia Borgia« und »Maria Tudor«.
Oktober: Beschäftigung mit dem historischen Lenz und Oberlins Aufzeichnungen. Niederschrift der Novelle.
Winter: naturwissenschaftliche und philosophische Studien. Büchner schreibt seine Untersuchung über das Nervensystem der Barben. Er wohnt in Straßburg in der Rue de la Douane Nr. 18. Umgang mit alten Freunden und dem politischen Autor Wilhelm Friedrich Schulz und dessen Frau Caroline.

1836 13., 20. April, 4. Mai: Büchner trägt seine Abhandlung »Sur le système nerveux du barbeau« der Gesellschaft »Société d'histoire naturelle« in drei Teilen vor. Er wird als korrespondierendes Mitglied in die Gesellschaft aufgenommen. Die Arbeit erscheint in den »Mémoires« der Gesellschaft.
Juni: Arbeit an »Leonce und Lena« für ein Preisausschreiben des Cotta-Verlags.
Sommer: Besuch der Mutter und seiner Schwester Mathilde in Straßburg. Büchner bereitet eine Vorlesung »Über die Entwicklung der deutschen Philosophie seit Cartesius« in Zürich vor.
3. September: Aufgrund der Untersuchung über das Nervensystem der Barben wird Büchner von der Universität zum Dr. phil. promoviert.
18. Oktober: Übersiedlung nach Zürich, Büchner wohnt in der Spiegelgasse Nr. 12.
5. November: Büchner hält an der Universität Zürich seine Probevorlesung »Über Schädelnerven«, er wird als Privatdozent bestätigt und offiziell in die Fakultät aufgenommen. Seine Kollegen sind u.a.: Lorenz Oken, Friedrich Arnold, Johann Lucas Schönlein. Büchner erhält die venia legendi (die Erlaubnis zu lehren) und kündigt für das Wintersemester eine Vorlesung über vergleichende Anatomie der Fische und Amphibien an.
Herbst/Winter: Büchner arbeitet am »Woyzeck« (Beginn September; bei seinem Tod offenbar kurz vor dem Abschluß).

1837 2. Februar: Büchner erkrankt plötzlich.
14. Februar: Schönlein diagnostiziert Typhusinfektion. Der Zustand verschlechtert sich zusehends.
17. Februar: Minna Jaeglé trifft aus Straßburg ein.
19. Februar: Büchners Tod.
21. Februar: Begräbnis auf dem Züricher Friedhof am Zeltberg.

LITERATURVERZEICHNIS

Diese Bibliographie verzeichnet nur die wichtigste und weiterführende Literatur von und über Büchner – und zwar jeweils nur einmal (in einer bestimmten Sachgruppe) aufgeführt, auch wenn Titel in mehreren Kommentarabschnitten zitiert werden. Verzichtet wurde auf die Angabe der betreffenden Kapitel aus den bekannten Literaturgeschichten. Verwiesen sei auf die einschlägigen Bibliographien und Forschungsberichte sowie auf die in den Literaturverzeichnissen der genannten Sekundärliteratur enthaltenen Titel. Angaben zu Quellen und Wirkungsgeschichte finden sich auch innerhalb der einzelnen Kommentarteile. Die unter den Rubriken ›Gesamtdarstellungen‹ und ›Thematisches‹ erwähnten Titel enthalten z.T. auch einzelne Werk-Interpretationen, die nicht gesondert aufgeführt werden. Aus größeren Arbeiten oder Sammlungen werden lediglich verkürzt zitierte Teiluntersuchungen nochmals aufgenommen. Sie sind – wie alle in den Anmerkungen kurzzitierten Titel – kursiv gesetzt.

Gesamt- und Sammelausgaben

G. B.: Nachgelassene Schriften. Hg. von Ludwig Büchner, Frankfurt/Main 1850 (ohne »Woyzeck«)

G. B.: Sämtliche Werke und handschriftlicher Nachlaß. Erste kritische Gesamtausgabe. Eingel. und hg. von Karl Emil Franzos, Frankfurt/Main 1879

G. B.: Gesammelte Schriften. In 2 Bänden. Hg. von Paul Landau, Berlin 1909

Bergemann G. B.: Sämtliche Werke und Briefe. Auf Grund des handschriftlichen Nachlasses Georg Büchners hg. von Fritz Bergemann, Leipzig 1922 (ab der 2. Auflage 1926 lediglich ›Werke und Briefe. Gesamtausgabe‹, Frankfurt/Main [11]1971, Auszug daraus, mit einem Nachwort von Fritz Bergemann, auch München [12]1977 = dtv 5170)

G. B.: Werke. Hg. von A. Kuckhoff, Berlin 1927.

Meinerts G. B.: Sämtliche Werke. Nebst Briefen und anderen Dokumenten. Einl. von Werner Bökenkamp. Hg. und erläutert von Hans Jürgen Meinerts, Gütersloh 1963

G. B.: Werke. Ausgew. und eingel. von Henri Poschmann, Berlin-Weimar [4]1977 (= Bibliothek deutscher Klassiker)

Hist.-krit. Ausgabe G. B.: Sämtliche Werke und Briefe. Historisch-kritische Ausgabe mit Kommentar. Hg. von Werner R. Lehmann (= Hamburger Ausgabe). Band 1: Dichtungen und Übersetzungen. Mit Dokumentationen zur Stoffgeschichte, München [3]1978. Band 2: Vermischte Schriften und Briefe, München 1972

Bibliographien

Schlick, Werner: Das Georg-Büchner-Schrifttum bis 1965. Eine internationale Bibliographie, Hildesheim 1968

Petersen, Klaus-Dietrich: Georg Büchner-Bibliographie, in: Philobiblon 17 (1973), S. 89–115

Knapp, Gerhard P.: Kommentierte Bibliographie zu Georg Büchner, in: Georg Büchner I/II, S. 426ff.

Forschungsberichte, Sammelwerke und Kommentare

Georg Büchner I/II. Sonderband der Reihe text + kritik, hrsg. von Heinz Ludwig Arnold, München 1979

Hinderer, Walter: Büchner-Kommentar zum dichterischen Werk, München 1977

Knapp, Forschungsbericht Knapp, Gerhard P.: Georg Büchner. Eine kritische Einführung in die Forschung, Frankfurt/Main 1975 (= Fischer Athenäum Taschenbücher. Literaturwissenschaft 2069)

Martens, Wolfgang (Hg.): Georg Büchner, Darmstadt ²1969 (= Wege der Forschung 53)

Mayer, Thomas Michael: Zu einigen neueren Tendenzen der Büchner-Forschung, in: Georg Büchner I/II, S. 327ff.

Thieberger, Richard: Situation de la Buechner-Forschung, in: Etudes Germaniques 23 (1968), S. 405–413, S. 255–260

Ullman, Bo: Der unpolitische Büchner. Zum Büchner-Bild der Forschung, unter besonderer Berücksichtigung der »Woyzeck«-Interpretation, in: Stockholm Studies in Modern Philology N.S. 4 (1972), S. 86–130

Textkritik

Lehmann, Prolegomena Lehmann, Werner R.: Prolegomena zu einer historisch-kritischen Büchner-Ausgabe, in: Gratulatio. Festschrift für Christian Wegner zum 70. Geburtstag am 9. September 1963, Hamburg 1963, S. 190–225

Lehmann, Noten Lehmann, Werner R.: Textkritische Noten. Prolegomena zur Hamburger Büchner-Ausgabe, Hamburg 1967 (ab 1973 München)

Ullman, Textkritische Probleme Ullman, Bo: Georg Büchner. Textkritische Probleme, in: Moderna Språk 64 (1970), S. 257–265

Gesamtdarstellungen

Jancke, Georg Büchner Jancke, Gerhard: Georg Büchner. Genese und Aktualität seines Werkes. Einführung in das Gesamtwerk, Kronberg/Ts. 1975 (= Scriptor Tschenbücher S 56 Literaturwissenschaft)

Johann, Georg Büchner Johann, Ernst: Georg Büchner in Selbstzeugnissen und Lebensdokumenten, Reinbek b. Hamburg ¹³1977

Knapp, Georg Büchner Knapp, Gerhard P.: Georg Büchner, Stuttgart 1977 (= Sammlung Metzler 159)

Mayer, Georg Büchner Mayer, Hans: Georg Büchner und seine Zeit, Frankfurt/Main ³1977 (= suhrkamp taschenbücher 58)

Penzoldt, Günther: Georg Büchner, Velber b. Hannover 1965 (Friedrichs Dramatiker des Welttheaters 9); München ²1977

Allgemeines zu Leben und Werk. Thematisches

Anton, Herbert: Büchners Dramen. Topographie der Freiheit, Paderborn 1975

Baumann, Gerhart: Georg Büchner. Die dramatische Ausdruckswelt, Göttingen ²1976

Benn, Maurice B.: Anti-Pygmalion. An apologia for Georg Büchner's aesthetics, in: Modern Language Review 64 (1969), S. 597–604

Benn, Maurice B.: The Drama of Revolt. A Critical Study of Georg Büchner, Cambridge-New York-Melbourne 1976 (= Anglica Germanica. Series 2)

Bräuning-Oktavio, Hermann: Georg Büchner. Gedanken über Leben, Werk und Tod, Bonn 1976 (= Abhandlungen zur Kunst-, Musik- und Literaturwissenschaft 207)

Büchner, Anton: Die Familie Büchner. Georg Büchners Vorfahren, Eltern und Geschwister, Darmstadt 1963 (= Hessische Beiträge zur deutschen Literatur)

Fink, Volkslied und Verseinlage Fink, Gonthier-Louis: Volkslied und Verseinlage in den Dramen Büchners, in: Deutsche Vierteljahrsschrift für Literaturwissenschaft und Geistesgeschichte 35 (1961), S. 558–593 (auch in: Martens, Georg Büchner, S. 433–487)

Fischer, Heinz: Georg Büchner. Untersuchungen und Marginalien, Bonn 1972 (= Studien zur Germanistik, Anglistik und Komparatistik 14)

Grimm, Reinhold: Cœur und carreau. Über die Liebe bei Georg Büchner, in: Georg Büchner I/II, S. 299ff.

Hamburger, Michael: Georg Büchner, in: M. H.: Vernunft und Rebellion. Aufsätze zur Gesellschaftskritik in der deutschen Literatur, München 1969, S. 58–85 (= Literatur als Kunst)

Hildesheimer, Wolfgang: Über Georg Büchner. Eine Rede – Wolfgang Hildesheimer: Interpretationen. James Joyce – Georg Büchner. Zwei Frankfurter Vorlesungen, Frankfurt/Main 1969, S. 31–51 (= edition suhrkamp 297)

Hinck, Walter: Georg Büchner, in: Deutsche Dichter des 19. Jahrhunderts. Ihr Leben und ihr Werk. Hg. von Benno von Wiese, Berlin 1969, S. 200–222

Höllerer, Walter: Georg Büchner, in: W. H.: Zwischen Klassik und Moderne. Lachen und Weinen in der Dichtung einer Übergangszeit, Stuttgart 1958, S. 100–142

Jacobs G. B.: »Dantons Tod« and »Woyzeck«. Ed. with introduction and notes by Margaret J., Manchester ²1963

Jens, Rede Jens, Walter: Schwermut und Revolte. Georg Büchner, in: W. J.: Von deutscher Rede, München 1969, S. 80–103

Kayser, Wolfgang: Das Groteske in Malerei und Dichtung, Reinbek b. Hamburg 1960, S. 70–78 (= rowohlts deutsche enzyklopädie 107)

Klotz, Volker: Geschlossene und offene Form im Drama, München ⁵1970 (= Literatur als Kunst)

Knight, Arthur Harold John: Georg Büchner, Oxford 1951 (= Modern Language Studies), Reprint 1974

Kobel, Erwin: Georg Büchner. Das dichterische Werk, Berlin-New York 1974

Krapp, Helmut: Der Dialog bei Georg Büchner, München 1958 (= Literatur als Kunst)

Lehmann, Revolutionsideologie Lehmann, Werner R.: »Geht einmal euren Phrasen nach ...« Revolutionsideologie und Ideologiekritik bei Georg Büchner, Darmstadt 1969

Lukács, Georg: Der faschistisch verfälschte und der wirkliche Georg Büchner, in: G. L.: Deutsche Realisten des 19. Jahrhunderts, Berlin 1952, S. 66–88 (auch in: Martens, Georg Büchner, S. 197–224)

Thorn-Prikker, Jan: Revolutionär ohne Revolution. Interpretationen der Werke Georg Büchners, Stuttgart 1978 (= Literaturwissenschaft-Gesellschaftswissenschaft 33)

Viëtor, Büchner Viëtor, Karl: Georg Büchner. Politik, Dichtung, Wissenschaft, Bern 1949

Wiese, Religion Wiese, Benno von: Die Religion Büchners und Hebbels, in:

Hebbel-Jahrbuch 15 (1959), S. 7–29 (auch in: B. v. W.: Zwischen Utopie und Wirklichkeit …, Düsseldorf 1963, S. 122–141)
Wittkowski, Wolfgang: Georg Büchner. Persönlichkeit, Weltbild, Werk, Heidelberg 1978 (= Reihe Siegen. Beitr. zur Literatur- und Sprachwiss. 10)
Zobel von Zabeltitz, Max von: Georg Büchner, sein Leben und sein Schaffen, Berlin 1915 (= Bonner Forschungen Neue Folge 8)

Literatur zu den einzelnen Werken (mit wichtigen neueren Einzelausgaben)

Dantons Tod

Beck, Adolf: Unbekannte französische Quellen für »Dantons Tod« von Georg Büchner, in: Jahrbuch des Freien deutschen Hochstifts 23 (1963), S. 489–538 (auch in: A. B.: Forschung und Deutung …, Bonn 1966, S. 346–393)
Helbig, Louis Ferdinand: Das Geschichtsdrama Georg Büchners. Zitatprobleme und historische Wahrheit in »Dantons Tod«, Bern und Frankfurt a.M. 1973 (= Kanadische Studien zur deutschen Sprache und Literatur 9)
Höllerer, Walter: Büchners »Dantons Tod«, in: Das deutsche Drama vom Barock bis zur Gegenwart. Hg. von Benno von Wiese, Düsseldorf [2]1964, S. 65–88
Jansen G. B.: Dantons Tod. Erläuterungen und Dokumente. Hg. von Josef Jansen, Stuttgart 1969 (= Reclams Universalbibliothek 8104)
Koopmann, Helmut: »Dantons Tod« und die antike Welt. Zur Geschichtsphilosophie Georg Büchners, in: Zeitschrift für deutsche Philologie 84 (1965), Sonderheft: Moderne deutsche Dichtung, S. 22–41
Lehmann, Werner R.: Robespierre – »ein impotenter Mahomet«? Geistes- und wirkungsgeschichtliche Beglaubigung einer neuen textkritischen Lesung, in: Euphorion 57 (1963), S. 210–217
Martens, Wolfgang: Ideologie und Verzweiflung. Religiöse Motive in Büchners Revolutionsdrama, in: Euphorion 54 (1960), S. 83–108
Mayer, Thomas Michael: Zur Revision der Quellen für ›Dantons Tod‹ von Georg Büchner, in: Studi germanici 7 (1969), S. 287–336
–, Zur Revision der Quellen für ›Dantons Tod‹, in: Studi germanici 9 (1971), S. 223–233.
Mayer III (s. zum Hessischen Landboten)
Paul, Ulrike: Vom Geschichtsdrama zur politischen Diskussion. Über die Desintegration von Individuum und Geschichte bei Georg Büchner und Peter Weiss, München 1974
Szondi, Peter: Büchner. »Dantons Tod«, in: Interpretationen. Hg. von Jost Schillemeit. Band 2: Deutsche Dramen von Gryphius bis Brecht, Frankfurt/Main 1965 (= Fischer Bücherei 699)
Thieberger, Richard: Georges Büchner. La mort de Danton. Publiée avec le texte des sources et des corrections manuscrites de l'auteur, Paris 1953
Viëtor, Quellen Viëtor, Karl: Die Quellen von Büchners Drama ›Dantons Tod‹, in: Euphorion 34 (1933), S. 357–379
Viëtor, Karl: Die Tragödie des heldischen Pessimismus. Über Büchners Drama »Dantons Tod«, in: Deutsche Vierteljahrsschrift für Literaturwissenschaft und Geistesgeschichte 12 (1934), S. 173–209 (auch in: Martens, Georg Büchner, S. 98–137)

Lenz

Anz, Heinrich: »Leiden sei all mein Gewinst«. Zur Aufnahme und Kritik christlicher Leidenstheologie bei Georg Büchner, in: Text und Kontext 4, Heft 3 (1976), S. 57–72

Dedert, Hartmut/Gersch, Hubert/Oswald, Stephan/Spiess, Reinhart F.: J.F. Oberlin: Herr L. ... Edition des bisher unveröffentlichten Manuskripts. Ein Beitrag zur Lenz- und Büchner-Forschung, in: Revue des langues vivantes XLII (1976), S. 357–385

Goltschnigg, Dietmar: Büchners »Lenz«, Hofmannsthals »Andreas« und Trakls »Traum und Umnachtung«. Eine literaturpsychologische Wirkungsanalyse, in: Sprachkunst 5 (1974), S. 231–240

Hasubek, Peter: »Ruhe« und »Bewegung«. Versuch einer Stilanalyse von Georg Büchners »Lenz«, in: Germanisch-Romanische Monatsschrift 19 (1969), S. 33–59

Herrmann, Hans Peter: »Den 20. Jänner ging Lenz durchs Gebirg«. Zur Textgestaltung von Georg Büchners nachgelassener Erzählung, in: Zeitschrift für deutsche Philologie 85 (1966), S. 225–267

Hinderer, Walter: Pathos oder Passion! Die Leiddarstellung in Büchners »Lenz«, in: Festschrift für Herman Meyer, Tübingen 1976, S. 474–494

Pütz, Heinz Peter: Büchners Lenz und seine Quelle. Bericht und Erzählung, in: Zeitschrift für deutsche Philologie 84 (1965), Sonderheft, S. 1–22

Ullman, Bo: Zur Form von Georg Büchners »Lenz«, in: Impulse. Dank an Gustav Korlén zu seinem 60. Geburtstag. Hg. von Helmut Müssener und Hans Rossipal, Stockholm 1975, S. 161–182

Wiese, Benno von: Georg Büchner. »Lenz«, in B. v. W.: Die deutsche Novelle von Goethe bis Kafka. Interpretationen 2, Düsseldorf [3]1965, S. 104–126

Leonce und Lena

Anton, Herbert: Die »mimische Manier« in Büchners »Leonce und Lena«, in: Das deutsche Lustspiel. Hg. von Hans Steffen. Teil 1, Göttingen 1968, S. 225–242 (= Kleine Vandenhoeck-Reihe 271)

Beckers, Gustav: Georg Büchners »Leonce und Lena«. Ein Lustspiel der Langeweile, Heidelberg 1961 (= Probleme der Dichtung. Studien zur deutschen Literaturgeschichte 5)

Hinze, Klaus-Peter: Zusammenhänge zwischen diskrepanter Information und dramatischem Effekt. Grundlegung des Problems und Nachweis an Georg Büchners »Leonce und Lena«, in: Germanisch-Romanische Monatsschrift 20 (1970), S. 205–213

Martens, Wolfgang: Leonce und Lena, in: Walter Hinck (Hg.): Die deutsche Komödie, Düsseldorf 1977, S. 145–159

Mayer, Hans: Prinz Leonce und Doktor Faust, in: H. M.: Zur deutschen Klassik und Romantik, Pfullingen 1963, S. 306–314

Mosler, Peter: Georg Büchners »Leonce und Lena«. Langeweile als gesellschaftliche Bewußtseinsform, Bonn 1974 (= Abhandlungen zur Kunst-, Literatur- und Musikwissenschaft 145)

Plard, Henri: A propos de »Leonce und Lena«. Musset et Büchner, in: Étude Germanique 9 (1954), S. 26–36 (dt. in: Martens, Georg Büchner, S. 289–304)

Renker, Armin: Georg Büchner und das Lustspiel der Romantik. Eine Studie über Leonce und Lena, Berlin 1924 (= Germanische Studien, Heft 34)

Schröder, Leonce Schröder, Jürgen: Georg Büchners »Leonce und Lena«. Eine verkehrte Komödie, München 1966 (= Zur Erkenntnis der Dichtung 2)

Wawrzyn, Lienhard: Büchners »Leonce und Lena« als subversive Kunst, in: Gert Mattenklott/Klaus Scherpe (Hg.), Demokratisch-revolutionäre Literatur in Deutschland: Vormärz, Kronberg/Ts. 1974, S. 85–115

Woyzeck

Bornscheuer, Erläuterungen G. B.: Woyzeck. Erläuterungen und Dokumente. Hg. von Lothar Bornscheuer, Stuttgart 1977 (= Reclams Universalbibliothek 8117)

Buch, Wilfried: Woyzeck. Fassungen und Wandlungen, Dortmund 1970

van Dam, Hermann: Zu Georg Büchners »Woyzeck«, in: Akzente 1 (1954), S. 82–99 (auch in: Martens, Georg Büchner, S. 305–322)

Elema, Hans: Der verstümmelte »Woyzeck«, in: Neophilologus 49 (1965), Heft 2, S. 131–156 (auch in: H. E.: Imaginäres Zentrum. Studien zur deutschen Literatur, Assen 1968, S. 146–174)

Höllerer, Walter: »Georg Büchner in seinem ›Woyzeck‹«, in: Das neue Forum 2 (1954/55), S. 23–27

Kanzog, Klaus: Wozzek, Woyzeck und kein Ende. Zur Standortbestimmung der Editionsphilologie, in: Deutsche Vierteljahrsschrift für Literaturwissenschaft und Geistesgeschichte 47 (1973), S. 420–442

Krause G. B.: Woyzeck. Texte und Dokumente kritisch. Hg. von Egon Krause, Frankfurt/Main 1969

Krolopp, Kurt: »Im Himmel donnern helfen«, in: Wissenschaftliche Zeitschrift der Martin-Luther-Universität Halle-Wittenberg. Gesellschafts- und sprachwissenschaftliche Reihe 12 (1963), S. 1049–1050

Lehmann, Repliken Lehmann, Werner R.: Repliken. Beiträge zu einem Streitgespräch über den »Woyzeck«, in: Euphorion 65 (1971), S. 58–83

Landau, Paul: Wozzek, in: Martens, Georg Büchner, S. 72–81

Martens, Menschenbild Martens, Wolfgang: Zum Menschenbild Georg Büchners. »Woyzeck« und die Marionszene in »Dantons Tod«, in: Wirkendes Wort 8 (1957/58), S. 13–20 (auch in: Martens, Georg Büchner, S. 373–385)

Martens, Wolfgang: Zur Karikatur in der Dichtung Büchners (Woyzecks Hauptmann), in: Germanisch-Romanische Monatsschrift 39 (1958), S. 64–71

Martens, Der Barbier Martens, Wolfgang: Der Barbier in Büchners »Woyzeck«. Zugleich ein Beitrag zur Motivgeschichte der Barbierfigur, in: Zeitschrift für deutsche Philologie 79 (1960), S. 361–383

Mayer, Woyzeck Mayer, Hans: Georg Büchners »Woyzeck«. Vollständiger Text und Paralipomena, Frankfurt/Main 1962 (= Dichtung und Wirklichkeit 11)

Meier, Woyzeck Meier, Albert: Georg Büchner: »Woyzeck«. Text und Geschichte. Modellanalysen zur deutschen Literatur, München 1980

Müller-Seidel, G. B.: Woyzeck, in: Klassische Deutsche Dichtung. Band 15. Bürgerliches Trauerspiel und soziales Drama. Mit einem Nachwort von Walter Müller-Seidel. Freiburg-Basel-Wien 1964, S. 263–315

Paulus, Ursula: Georg Büchners »Woyzeck«. Eine kritische Betrachtung zu der Edition Fritz Bergemanns, in: Jahrbuch der deutschen Schiller-Gesellschaft 8 (1964), S. 226–246

Reuchlin, Georg: Die juristischen und medizinischen Gutachten zu Mordfällen und Georg Büchners »Woyzeck«, Magisterarbeit 1979/80 Ludwig-Maximilians-Universität München

Richards, David G.: Zur Textgestaltung von Büchners »Woyzeck«, in: Euphorion 65 (1971), S. 49–57

Richards, David G.: Georg Büchners »Woyzeck«. Interpretation und Textgestaltung, Bonn 1976 (= Abhandlungen zur Kunst-, Musik- und Literaturwissenschaft 188)

Segebrecht, Wulf: E.T.A. Hoffmanns Auffassung vom Richteramt und vom Dichterberuf. Mit unbekannten Zeugnissen aus Hoffmanns juristischer Tätigkeit, in: Jahrbuch der deutschen Schillergesellschaft 11 (1967), S. 62–138 (zu den Woyzeck-Dokumenten)

Ullman, Sozialkritische Thematik Ullman, Bo: Die sozialkritische Thematik im Werk Georg Büchners und ihre Entfaltung im »Woyzeck«, Stockholm 1970 (= Germanistische Dissertationen 1). Druckfassung: Dasselbe. Mit einigen Bemerkungen zu der Oper Alban Bergs, Stockholm 1972 (= Stockholmer Germanistische Forschungen 10)

Viëtor, Woyzeck Viëtor, Karl: Woyzeck, in: Das innere Reich 3 (1936/37), S. 182–205 (auch in: Martens, Georg Büchner, S. 151–177)

Winkler, Hans: Georg Büchners »Woyzeck«, Greifswald 1925

Witkowski G. B.: Woyzeck. Nach den Handschriften des Dichters hg. von Georg W., Leipzig 1920

Schriften aus der Gymnasialzeit

Schaub, Schulrhetorik Schaub, Gerhard: Georg Büchner und die Schulrhetorik. Untersuchungen und Quellen zu seinen Schülerarbeiten, Bern-Frankfurt/Main 1975 (= Regensburger Beiträge zur deutschen Sprach- und Literaturwissenschaft, Reihe B, 3)

Schaub, Gerhard: Georg Büchner und das Darmstädter Gymnasium. In: Trierer Beiträge aus Forschung und Lehre an der Universität Trier 2 (1976), S. 7–14

Der Hessische Landbote

Berthold, Siegwart: Der ›Hessische Landbote‹ von Georg Büchner und Ludwig Weidig. In: Doitsu bungaku kenkyu (Universität Kyoto), Nr. 18, März 1971, S. 1–23

David, Eduard: Der hessische Landbote. Von Georg Büchner. Sowie des Verfassers Leben und politisches Wirken, München 1896 (= Sammlung gesellschaftswissenschaftlicher Aufsätze, 10. Heft)

Diehl, Wilhelm: Minnigerode's Verhaftung und Georg Büchners Flucht. In: Hessische Chronik 9, 1920, S. 5–18

Enzensberger Georg Büchner/Ludwig Weidig: Der Hessische Landbote. Texte, Briefe, Prozeßakten. Kommentiert von Hans Magnus Enzensberger, Frankfurt a.M. 1974 (= insel taschenbuch 51)

Franz Georg Büchner – Friedrich Ludwig Weidig: Der Hessische Landbote 1834. Neudruck beider Ausgaben mit einem Nachwort von Eckhart G. Franz, Marburg 1973

Immelt, Kurt: Der »Hessische Landbote« und seine Bedeutung für die revolutionäre Bewegung des Vormärz im Großherzogtum Hessen-Darmstadt. In: Mitteilungen des Oberhessischen Geschichtsvereins N.F. 52, 1967, S. 13–77

Klotz, Volker: Agitationsvorgang und Wirkprozedur in Büchners »Hessischem Landboten«. In: Literaturwissenschaft und Geschichtsphilosophie. Festschrift für Wilhelm Emrich. Hrsg. von Helmut Arntzen u.a., Berlin/New York 1975, S. 388–405 [auch in: V. K., Dramaturgie des Publikums. Wie Bühne und Publikum aufeinander eingehen, insbesondere bei Raimund, Büchner, Wedekind, Horváth, Gatti und im politischen Agitationstheater, München 1976 (= Literatur als Kunst), S. 93–111]

Mathis [Mathis, Ludwig Emil]: Darlegung der Haupt-Resultate aus den wegen der revolutionären Complotte der neueren Zeit in Deutschland geführten Untersuchungen. Auf den Zeitabschnitt mit Ende Juli 1838, Frankfurt a.M. [1839]

Mayer I Mayer, Thomas Michael: Umschlagporträt. Statt eines Vorworts. In: Georg Büchner I/II, S. 5–15

Mayer II Mayer, Thomas Michael: Büchner und Weidig – Frühkommunismus und revolutionäre Demokratie. Zur Textverteilung des ›Hessischen Landboten‹, in: Georg Büchner I/II, S. 16–298

Mayer III Mayer, Thomas Michael: Georg Büchner. Eine kurze Chronik zu Leben und Werk, in: Georg Büchner I/II, S. 357–425

Noellner, Friedrich: Actenmäßige Darlegung des wegen Hochverraths eingeleiteten gerichtlichen Verfahrens gegen Pfarrer D. Friedrich Ludwig Weidig [...], Darmstadt 1844

Ruckhäberle, Hans-Joachim: Flugschriftenliteratur im historischen Umkreis Georg Büchners, Kronberg/Ts. 1975 (= Skripten Literaturwissenschaft 16)

Saviane, Renato: Libertà e necessità. ›Der Hessische Landbote‹ di Georg Büchner, in: AION. Annali. Sezione Germanica. Studi Tedeschi 19, 1976, Heft 2, S. 7–119

Schäffer [Schäffer, Martin]: Aktenmäßige Darstellung der im Großherzogthume Hessen in den Jahren 1832 bis 1835 stattgehabten hochverrätherischen und sonstigen damit in Verbindung stehenden verbrecherischen Unternehmungen, Darmstadt 1839

Schaub, Gerhard: Georg Büchner/Friedrich Ludwig Weidig. Der Hessische Landbote. Texte, Materialien, Kommentar, München 1976 (= Reihe Hanser 202 [Literatur-Kommentare 1])

Schaub, Gerhard: Statistik und Agitation. Eine neue Quelle zu Büchners ›Hessischem Landboten‹. In: Geist und Zeichen. Festschrift für Arthur Henkel zu seinem sechzigsten Geburtstag [...]. Hrsg. von Herbert Anton u. a., Heidelberg 1977, S. 351–375

Schirmbeck, Peter: Der ›Hessische Landbote‹. Ein Beitrag zur Beurteilung seines politischen Hintergrundes. Magisterarbeit an der Johann Wolfgang Goethe Universität Frankfurt a. M. 1971 (masch.)

Schulz, Wilhelm: Rezension der ›Nachgelassenen Schriften von G. Büchner. Frankfurt a. M. J. D. Sauerländer 1850‹. In: Deutsche Monatsschrift für Politik, Wissenschaft, Kunst und Leben 2, 1851, S. 210–233

Viëtor, Karl: Georg Büchner als Politiker, Bern ²1950

Wagner, Georg Wilhelm Justin: Allgemeine Statistik des Großherzogthums Hessen, Darmstadt 1831 [G. W. J. Wagner, Statistisch-topographisch-historische Beschreibung des Großherzogthums Hessen. Vierter Band: Statistik des Ganzen, Darmstadt 1831]

Über Schädelnerven (und philosophische Schriften)

Bierbach, Jochen Walter: Der Anatom Georg Büchner und die Naturphilosophen, Düsseldorf 1961

Brunn, Walter L. von: Georg Büchner, in: Deutsche medizinische Wochenschrift Stuttgart 89 (28/1964), Sp. 1356–1360

Döhner, Otto: Georg Büchners Naturauffassung, Marburg 1967

Ebner, Fritz: Georg Büchner, in: Medizinischer Monatsspiegel 12 (6/1963), S. 123–129

Golz, Jochen: Die naturphilosophischen Anschauungen Georg Büchners, in: Wissenschaftliche Zeitschrift der Friedrich-Schiller-Universität Jena. Gesellschafts- und sprachwissenschaftliche Reihe 13 (1/1964), S. 65–72

Helmig, Hermann: Der Morphologe Georg Büchner. 1813–1837, Basel 1950

Mette, Medizin Mette, Alexander: Medizin und Morphologie in Büchners Schaffen, in: Sinn und Form 15 (1963), S. 747–755

Müller-Seidel, Walter: Natur und Naturwissenschaft im Werk Georg Büchners, in: Festschrift für Klaus Ziegler. Hg. von Eckehard Catholy und Winfried Hellmann, Tübingen 1968, S. 205–232

Proß, Kategorie ›Natur‹ Proß, Wolfgang: Die Kategorie der ›Natur‹ im Werk Georg Büchners, in: Jahrbuch der Eichendorff-Gesellschaft (Aurora) 39, 1979

Proß, Naturgeschichtliches Gesetz Proß, Wolfgang: Naturgeschichtliches Gesetz und gesellschaftliche Anomie. Georg Büchner, Johann Lucas Schönlein und August Comte, in: Literatur in der sozialen Bewegung. Aufsätze und Forschungsberichte zum 19. Jahrhundert. In Verbindung mit Günther Häntzschel und Georg Jäger hg. von Albert Martino, Tübingen 1977, S. 228–259

Strohl, Jean: Lorenz Oken und Georg Büchner. Zwei Gestalten aus der Übergangszeit von Naturphilosophie zu Naturwissenschaft, Zürich (= Schriften der Corona 14) und München 1936

Weinberg, M. H.: Georg Büchner. Arzt – Revolutionär – Dichter, in: Münchener Medizinische Wochenschrift 105 (1963), Sp. 2353–2355

Weiß, Pantheismus Weiß, Walter: Georg Büchner, in W. W.: Enttäuschter Pantheismus. Zur Weltgestaltung der Dichtung in der Restaurationszeit, Dornbirn 1962, S. 247–301 (= Gesetz und Wandel. Innsbrucker literaturhistorische Arbeiten 3)

Briefe

Andler, Charles: Briefe Gutzkows an Georg Büchner und dessen Braut, in: Euphorion, 3. Erg.Heft (1897), S. 181–193

Benjamin, Walter: Kommentar zu Briefen aus dem bürgerlichen Jahrhundert. Georg Büchner an Karl Gutzkow, Ende Februar 1835, in: W. B.: Illuminationen. Ausgewählte Schriften. Hg. von Siegfried Unseld, Frankfurt/Main 1961, S. 293–296

Bürgel, Peter: Die Briefe des frühen Gutzkow 1830–1848. Pathographie einer Epoche, Berlin-Frankfurt/Main 1975

Ebstein, Erich: Georg Büchner, in: Inselschiff 4, Leipzig 1923 (Erstveröffentlichung des Briefes Nr. 52 an Gutzkow)

Gutzkow, Karl: Götter, Helden, Don Quixote. Abstimmungen zur Beurtheilung der literarischen Epoche, Hamburg 1838

Houben, Hans Hubert: Georg Büchner, in: Frankfurter Zeitung vom 7. Juni 1918 (Erstveröffentlichung des Briefes Nr. 29 an Sauerländer)

Houben, Hans Heinrich: Bibliographisches Repertorium. 4. Band. Zeitschriften des Jungen Deutschland. 2. Teil, Berlin 1909

Lehmann, Werner R. und Thomas Michael Mayer: Ein unbekannter Brief Georg Büchners. Mit biographischen Miszellen aus dem Nachlaß der Gebrüder Stoltz, in: Euphorion 70 (1976), S. 175–186

Lorenz, Frieder: Gedanken bei einem unbekannten Brief Georg Büchners, in: Maske und Kothurn 10 (1964), S. 532–537

Wissing-Nielsen, V.: Zur Datierung eines Büchner-Briefes (»Fatalismus-Brief«), in: Orbis Litterarum 12 (1957), S. 104–106

Materialien zur Rezeption und Wirkung

(Zur Theaterrezeption vgl. die einzelnen Kommentarabschnitte)

Mayer, Thomas Michael: Der Prozeß gegen die oberhessische Demokratie 1833–1838, in 36 Bänden als Fotokopien zusammengestellt. Marburg 1973. *Diese in Fotokopien vorliegende Dokumentation stand und steht seit 1974 Werner R. Lehmann zur Verfügung, der sich, was seine Quellenzitate im*

Nachwort der Ausgabe des Hanser Verlags, München 1980, betrifft, auch auf eigene Archivalienkenntnisse stützen konnte.

Dichter über Büchner. Hg. von Werner Schlick, Frankfurt/Main 1973 (= Insel-Bücherei 968)

Büchner-Preis-Reden. 1951–1971. Mit einem Vorwort von Ernst Johann, Stuttgart 1972 (= Reclam UB 9332–9334)

Der Georg-Büchner-Preis: Die Reden der Preisträger 1950–1962. Eingel. und hg. von Carl Zuckmayer, Heidelberg-Darmstadt 1963 (= Deutsche Akademie für Sprache und Dichtung. Darmstadt. Veröffentlichungen)

Der Georg-Büchner-Preis 1951–1978. Eine Ausstellung des Deutschen Literaturarchivs Marbach und der Deutschen Akademie für Sprache und Dichtung Darmstadt, Marbach a. N. 1978

Canetti, Elias: Georg Büchner (Rede zur Verleihung des Georg-Büchner-Preises), in: E. C.: Das Gewissen der Worte. Essays, München [2]1976

Emrich, Wilhelm: Georg Büchner und die moderne Literatur, in: W. E.: Polemik, Frankfurt/Main-Bonn 1968, S. 131–172

Goltschnigg, Dietmar (Hg.): Materialien zur Rezeptions- und Wirkungsgeschichte Georg Büchners, Kronberg/Ts. 1974 (= Skripten Literaturwissenschaft 12)

Goltschnigg, Dietmar: Rezeptions- und Wirkungsgeschichte Georg Büchners, Kronberg/Ts. 1975 (= Monographien Literaturwissenschaft 22)

Fischer, Ludwig (Hg.): Zeitgenosse Büchner, Stuttgart 1979 (= Literaturwissenschaft – Gesellschaftswissenschaft 39)

Gutzkow, Karl: Georg Büchner. Nachruf, in: Telegraph für Deutschland 1837, Nr. 42–44

Gundolf, Friedrich: Georg Büchner, in: Zeitschrift für Deutschkunde 43 (1929), S. 1–12

Rosenberg, Ralph P.: Georg Büchner's Early Reception in America, in: Journal of English and German Philology 44 (1945), S. 270–273

Schanze, Helmut: Büchners Spätrezeption. Zum Problem des »modernen« Dramas in der zweiten Hälfte des 19. Jahrhunderts, in: Gestaltungsgeschichte und Gesellschaftsgeschichte, Literatur-, Kunst- und musikwissenschaftliche Studien. In Zusammenarbeit mit Käte Hamburger hg. von Helmut Kreutzer, Stuttgart 1969, S. 338–351

Salvatore, Gaston: Büchners Tod. Stück, Frankfurt/Main 1972 (= edition suhrkamp 621)

Schneider, Peter: Lenz. Eine Erzählung, Berlin 1973 (= Rotbuch 104)

ZU DIESER AUSGABE

Die vorliegende Ausgabe enthält das gesamte dichterische Werk und sämtliche Schriften, dazu alle bisher bekannten Briefe von und an Georg Büchner. Verzichtet wurde auf die Wiedergabe von reinen Exzerpten, Büchners Dissertation (s. S. 477ff.) und der beiden Victor Hugo-Übersetzungen. Sie sind in der Historisch-kritischen Ausgabe Werner R. Lehmanns enthalten.

Die verschiedenen Entstehungsstufen einzelner Werke sind im Textteil mitabgedruckt: so die »Verstreuten Bruchstücke« zu »Leonce und Lena« und – neben der Lese- und Bühnenfassung – die vier handschriftlich überlieferten Szenengruppen des »Woyzeck«. »Der Hessische Landbote« ist in den voneinander abweichenden Fassungen durch Paralleldruck wiedergegeben.

Die Texte folgen der Historisch-kritischen Ausgabe und damit den Handschriften, soweit diese erhalten sind, sonst den Erstdrucken. Durch neuen Vergleich mit den Originalen konnten einige Textstellen korrigiert werden. Die inzwischen neuentdeckten Briefe Nr. 4a (S. 247) und 60a (S. 288) wurden mitaufgenommen, Brief Nr. 60 (S. 287f.) wurde gründlich revidiert und um Anfang und Schluß ergänzt.

Der Anhang enthält einen auf den jüngsten Forschungsstand bezogenen Kommentar mit Angaben zur Entstehungs-, Überlieferungs- und Wirkungsgeschichte sowie Sacherläuterungen. Die Schriften aus der Gymnasialzeit und die Briefe sind hier erstmals zusammenhängend kommentiert. Besonderes Gewicht liegt auf den Quellendokumenten: eine Zusammenstellung ausgewählter Passagen aus »Dantons Tod« mit den von Büchner teils wörtlich übernommenen Zitaten aus historischen Beschreibungen der Französischen Revolution, Auszüge aus Oberlins Autobiographie als Hauptquelle zum »Lenz« und Abschnitte aus den Clarus-Gutachten zum Fall »Woyzeck« (die beiden letztgenannten Texte sind vollständig abgedruckt in Band 1 der Hist.-krit. Ausgabe). Daneben finden sich zahlreiche Zeugnisse zu Quellen und Wirkungsgeschichte in den Anmerkungen.

Die vorliegende Ausgabe – die erste umfangreich kommentierte Gesamtausgabe – kann und will dennoch nicht endgültig sein. Gerade die Büchner-Forschung wird in besonderem Maße von weiteren Quellenpublikationen und Neuinterpretationen bestimmt werden.

Karl Pörnbacher kommentierte »Dantons Tod« (einen Teil der Quellensynopse stellte W. R. Lehmann zur Verfügung), »Lenz« und »Leonce und Lena«, *Gerhard Schaub* übernahm die Textrevision nach den Originalen und den Kommentar zum »Hessischen Landboten«, *Hans-Joachim Simm* den Kommentar zu »Woyzeck«, den Poetischen Miszellaneen, den Schülerarbeiten, zur Probevorlesung, die Zeittafel, das Literaturverzeichnis und die Textredaktion, *Edda Ziegler* besorgte den Kommentar zu den Briefen.

Die Texte der Ausgabe (einschließlich der Dokumente) wurden in der Orthographie behutsam dem heutigen Gebrauch angeglichen. Beibehalten blieben der Lautstand, alle Sprach- und Stileigentümlichkeiten, Groß- und Klein-, Getrennt- und Zusammenschreibung, die Schreibweise von Eigennamen und fremdsprachigen Zitaten sowie die Interpunktion. [ ] bedeutet: vom Herausgeber hinzugefügt; ⟨ ⟩: unsichere, erschlossene Lesung. Die in den Kommentaren verkürzt zitierten Titel sind im Literaturverzeichnis kursiv gesetzt. Einfache Seitenverweise innerhalb des Anhangs beziehen sich auf die vorliegende Edition.

Neben zahlreichen weiteren Hilfsmitteln wurden die Forschungen Werner R. Lehmanns, Walter Hinderers Büchner-Kommentar zu den dichterischen Werken sowie Thomas Michael Mayers Publikationen dankbar berücksichtigt.

Werner R. Lehmann

GEORG BÜCHNER

> Mit Recht hat man gesagt, daß alle großen Werke der Literatur eine Gattung gründen oder sie auflösen, mit einem Worte, Sonderfälle sind.
>
> *Walter Benjamin*

I. WIDERSPRÜCHE

Georg Büchner gilt in der Literaturkritik als ein spät entdeckter Wegbereiter der Moderne. Er zählt »zu den größten Manifestationen« des 19. Jahrhunderts und zu den Begründern neuer Traditionszusammenhänge, die sich nicht nur auf die dramatische Form beschränken. Der Roman des 19. Jahrhunderts hatte seine Stunde in Frankreich, England und Rußland. Ähnlich ist es auf dem Gebiet der Lyrik. Trotz Heinrich Heine und der großen Verbreitung seiner Gedichte fehlen – soweit es sich um die Ausarbeitung neuer, moderner Form- und Bewußtseinsstrukturen handelt – Beiträge, die sich vergleichen ließen mit dem, was Baudelaire, Rimbaud und Verlaine sprachlich und thematisch in die Wege geleitet haben. Der Beitrag Deutschlands zur Weltliteratur des 19. Jahrhunderts liegt auf dem Gebiet der Geschichtstragödie, des sozialen Dramas und der Tragikomödie und ist ohne Georg Büchner nicht zu denken. Seine Werke sind »Sonderfälle«.

In Büchner vollzieht sich, wie kaum sonst, die Verbindung von Poesie, kritischer Intelligenz und naturwissenschaftlich-analytischer Leidenschaft. Nicht nur das Gattungsmäßige seiner Dramatik und Erzähltechnik wird zu einem Sonderfall im Deutschland des 19. Jahrhunderts – auch die Handhabung der Sprache. Seine Metaphorik ist grell und destruktiv; sie arbeitet auf Entblößung und Umordnung hin; sie vermittelt einen Reiz, dessen Sinn erst im 20. Jahrhundert voll wahrgenommen und gewürdigt werden konnte. Büchners literarischer Habitus ist dem Baudelaires nicht unähnlich. Er ist Asket und Dandy. Aufschwung und Absturz sind ihm gleichermaßen vertraut; auch das Ausweichen in fiebrige Aktivitäten, die Aufenthalte in den künstlichen Paradiesen der Räusche. Er ist besessen von einem verwegenen Realismus, und er teilt mit unserem Jahrhundert die Ideologieanfälligkeit. Er verzehrt sich wortreich nach der Revolte, und es verlangt ihn nach der großen Ruhe. Ihn lockt das Komplizierte, und ihn treibt grenzenlose Sehnsucht nach dem Einfachen: Das schlichte Volkslied gehört ebenso zu seinen Bedürfnissen wie die »Stunden im Casino«, »schöne Säle, Lichter und Menschen«; und immer wieder räumt er dem Tode Herrschaft ein über seine Gedanken. Er läßt sich widerstandslos faszinieren durch das Böse und Zerstörende und ist ständig auf der Suche nach Sympathie und Liebe. Er hat Witz, aber keinen Humor. Alles, was er tut, geht hervor aus der Melancholie, jener Melencolia, die über den Briefen an die Braut »schwebt« und das von Theodor Storm in seiner Schönheit früh entdeckte, veröffentlichte und auch selbständig weitergeführte Lied der Rosetta aus »Leonce und Lena« beherrscht: »O meine müden Füße, ihr müßt tanzen«. Melancholiker und »Narr«, kein Unterschied, eine Sache der Perspektive: »Ich sehe ihn schon auf einer breiten Allee ..., an einem eiskalten Wintertag den Hut unter dem Arm, wie er sich in die langen Schatten unter die kahlen Bäume stellt und mit dem Schnupftuch fächelt. – Er ist ein Narr!« So stellt es sich dar aus dem Gesichtswinkel des Valerio.

Aus Phantasie, Intellektualität, müheloser Erinnerungsfähigkeit ergibt sich eine virtuose sprachliche Kombinatorik von genialem Glanz. Sie verlangt dem Leser außerordentlich viel ab an Bereitwilligkeit und bildungsgeschichtlichen Kenntnissen. Man begegnet hochmütiger, ungeduldiger, süffisanter Exklusivität und einem immer wieder beteuerten Mitgefühl für die Armen: »Der Gedanke, daß für die meisten Menschen auch die armseligsten Genüsse und Freuden unerreichbare Kostbarkeiten sind, machte mich sehr bitter.« Immer wieder von neuem der Rekurs auf das »Volk« und »die große Klasse«, obwohl auch er weiß und eindringlich dargestellt hat, »daß man die Menge nur als ›Volk‹ anzureden braucht, wenn man sie zum Rückständig-Bösen verleiten will.« (Thomas Mann) Er ist Utopist und Menschenverächter, trotz des emphatischen Bekenntnisses: »Ich verachte Niemanden«.

Büchners Persönlichkeits- und Charakterbild setzt sich aus extremen Widersprüchen zusammen:

Die Portraitskizze von Alexis Muston zeigt einen sehr jungen und einen sehr alten Mann; Büchner ist ein Genie der Freundschaft und ein exzentrischer Sonderling; zäh und anfällig; weitblickend und kurzsichtig; voll schwärmerischer Naturliebe und rücksichtsloser Intellektualität und rabiater Prinzipienstrenge. Obszön und blasphemisch auf der einen, unbegreiflich prüde auf der anderen

Seite: »Möchte man nicht drunter springen, sich die Hosen vom Leibe reißen und sich über den Hintern begatten wie die Hunde auf der Gasse?« – »Dantons Tod« ist bereits eine handfeste Einübung in das verlorengegangene »Ferkeldrama«; wenn jedoch Eugen Boeckel, der Arzt, sich brieflich auf dem Wege über Minna Jaeglé an Büchner wendet, der jungen Dame gegenüber äußerst korrekt und artig sich verhält, »Verzeihen Sie George zu Gefallen, die Freiheit die ich mir nehme an Sie zu schreiben«, so erhält er von Büchner einen Tadel: »Wilhelmine ... hat mir Deine beiden Briefe, unerbrochen gegeben, dennoch hätte ich es passender gefunden Du hättest schicklichkeitshalber eine Couverte um deinen Brief gemacht; konnte ein Frauenzimmer ihn nicht lesen, so war es unpassend ihn auch an ein Frauenzimmer zu adressieren; mit einer Couverte ist es etwas anderes. Ich hoffe Du verdenkst mir diese kleine Zurechtweisung nicht.« Die Ursache ergibt sich aus dem Postskriptum: »Ich erneuere meine Bemerkung daß in d. Brief zuweilen medizinische Gegenstände verhandelt werden – Sie werden tun was Ihnen beliebt.«

Angesichts neuester Deutungen, die Georg Büchner freigebig mit Etiketten versehen, ihn zum »Erotiker«, zum »Sensualisten«, zum »Anarchisten«, »plebejischen Realisten« und »libertären Frühkommunisten« stilisieren, nimmt sich diese Briefstelle reichlich fremdartig aus. Der Umgang mit Büchner bestätigt wieder einmal, daß nichts schwieriger und verfänglicher ist als der Rückschluß vom Werk auf den Autor, vom Autor auf das Werk, »vom Ideal auf Den, der es *nötig* hat, von jeder Denk- und Wertungsweise auf das dahinter kommandierende *Bedürfnis.* –«

Der Brief an Boeckel ist nicht ohne Delikatesse; denn er läßt sich ideologisch nicht fortzaubern, nicht durch zensurpolitische Vorsichtsmaßnahmen und präventive Begütigungen erklären, mit denen Büchner knapp ein Jahr zuvor den Eltern gegenüber die »Liederlichkeit«, die »Roheit«, die drastischen, zum Teil schon wörtlich aus dem Aretino kommenden Ferkeleien seines »Danton« zu rechtfertigen sucht: »Die Geschichte ist vom lieben Herrgott nicht zu einer Lektüre für junge Frauenzimmer geschaffen worden.« Eine überraschende Mitteilung. Ebenso die damit zusammenhängende Theologie. Geschichte, Kunst, Wissenschaft – nach Geschlechtern getrennt. Deshalb den Eltern gegenüber die Beteuerung, daß das alles im »Danton« nicht für »Frauenzimmer« geschaffen, daß das »Drama ebensowenig dazu geeignet ist«. Deshalb die säuerlichen Zurechtweisungen gegenüber Boeckel und die Forderung, daß Briefe medizinischen Inhalts »schicklichkeitshalber eine Couverte« zu erhalten haben, um sie vor den Augen der Frauenzimmer zu verbergen.

Aus Gründen der Opportunität ist Büchner jederzeit bereit, sich jungdeutschem Schick anzupassen; für den Silberling einer literarischen Pointe gibt er auch einmal ein Stück Wahrheit her. Daß er sich aber zum Sachwalter der »Schicklichkeit« und des »Passenden«, des gesellschaftlich Passenden, aufwirft, kommt überraschend. Wer sich auf Immoralität hin stilisiert, darf mit gutem Grund daraufhin untersucht werden, wie es denn mit seiner Immoralität bestellt ist.

Die Zote geht Büchner leicht, wenn auch nicht über die Lippen, so doch aus der Feder. Man darf ihm aufs Wort glauben, was er den Eltern schreibt: »Außerdem hat mir der Korrektor einige Gemeinheiten in den Mund gelegt, die ich in meinem Leben nicht *gesagt* haben würde.« Aber er hat sie geschrieben, und die Korrektoren, Duller und Gutzkow, haben nichts weiter getan, als das Stück gewissermaßen zensurfähig zu machen, indem sie die »Quecksilberblumen« seiner Phantasie »halb u halb zu kassieren« versuchten, was nicht immer mit literarischem Geschick geschah. Georg Büchner beherrscht die Verstellungskunst der Entrüstung virtuos. Kein Wort ist wahr, daß ihm »Gemeinheiten in den Mund gelegt« worden wären. Die Zote gelingt Büchner ebenso leicht wie die kaltblütige Lüge, der falsche Schwur, das ramponierte Heiligkeitsvokabular, mit dem er sich in den Briefen vom 5. und 8. August 1834 tarnt.

Büchner ist extrem menschenscheu, und er hat immer wieder nach Gelegenheiten gesucht, andere Menschen zur Gefolgschaft zu überreden. Er wirkt »bescheiden« und zugleich rechthaberisch, geltungs- und streitsüchtig. Er wird gerügt als ein notorischer »Schussel«, als leichtfertig und vergeßlich, und doch verhält er sich taktisch äußerst vorsichtig und ist immer auf der Hut; man wird ihm glauben können: »unter meinen Papieren befindet sich keine Zeile, die mich kompromittieren könnte«. Ihn beherrscht ein hektisches, nervöses Sprech- und Mitteilungsbedürfnis, das ihm rote Flecken ins Gesicht treibt; und unablässig klagt er über Aphasien: »Dies Stummsein ist meine Verdammnis« – »ich fürchte mich vor meiner Stimme und – vor meinem Spiegel.« Er ist unentwegt beschäftigt und fleißig und immer wieder von der Tiefe seines Wesens her paralysiert. Wie die Romantiker kokettiert er mit einer Metaphysik und Metaphorik der Faulheit, um die Lähmung seines Arbeitswillens, seiner Arbeitswut zu kaschieren. Er brüstet sich mit der Bereitschaft zur Gewalttat; er besudelt die Sprache mit Blut, er betet zur Laterne, wünscht sich ein Mißjahr herbei, »worin nur der

Hanf« zu Stricken »gerät«: »Das sollte lustig gehen.« Er schwelgt wie ein Caligula oder ein unreifer Schüler in Strangulations- und Exekutionshalluzinationen; wenn er nüchtern wird, erfüllen sie ihn mit Ekel und Entsetzen, und er distanziert sich in Briefen und in mündlichen Äußerungen von der Mechanik der Guillotine; am Ende kommt er »dem Mittelalter immer näher« (man mag sich darunter vorstellen, was man will – aber auch das gewiß ein romantischer Affekt mit eskapistischen Bedürfnissen). Sein auffällig kleiner, immer ein wenig feuchter und zumeist lippenloser Mund ist nicht der Mund eines habituellen Erotikers, eines Danton und eines Aretino; seine Lippen hat er einer strengen Pfarrerstochter geschenkt, und was sonst noch über diese Lippen kommt, ist Literatur: »Danton, deine Lippen haben Augen.« Das ist nicht seine Wirklichkeit, das ist seine Sehnsucht, sein »kommandierendes Bedürfnis« nach einer Vitalität, an der sich schadlos hält, wen notorische Überarbeitung und nervöse Überreizung zur Wirklichkeit kaum kommen lassen. Als Sublimation, als Ersatz bleibt die Natur in der Erscheinungsform der Landschaft, die er liebt »wie eine Mutter« oder wie eine »Geliebte«, der er »den ganzen Tag am Herzen« liegt: »am Busen der Natur«.

»Die Natur liebte er mit Schwärmerei«, und aus der »Schwärmerei« literarischer Überlieferungen gewinnt er große, pathetische Bildkonstruktionen wie im »Lenz«, wo Natur- und Muttererlebnis wiederum identisch sind: »er meinte manchmal seine Mutter müsse hinter einem Baume hervortreten, groß, und ihm sagen, sie hätte ihm dies Alles beschert«.

Büchner läßt sich nicht aus ideologischen General- und Einheitsformeln begreifen, sondern nur aus seinen Widersprüchen, die stilistisch in der beherrschenden Figur des Oxymoron ihren Niederschlag finden.

Exaltation und Nüchternheit, Liebes- und Zerstörungsbedürfnis – alles fast übergangslos. Büchner hat Freunde gehabt und Feinde, er fand sich verulkt und bewundert. Gleichgültig gelassen hat er keinen. In den Marburger Prozeßakten findet sich unter dem 24. Juni 1835 die Äußerung von Leopold Eichelberg, einem Privatdozenten der Medizin:

»Büchner schien mir die mit aller Vehemenz übersprudelnde jugendliche Kraft welche sich hier im Zerstören gefiel, während sie sonst eben so leicht die ganze Welt liebend zu umarmen sucht.«*

* Thomas Michael Mayer hat in zahlreichen Archiven Verhöre, Akten, Briefe und Flugschriften ausfindig gemacht und 1973 in seiner Dokumentation »Der Prozeß gegen die oberhessische Demokratie 1833–1838« in 36 Bänden als Foto-

Die Zeit- und Persönlichkeitsmetapher, die im Hintergrund von Büchners Werk steht, ist der Schiffbruch. Seine Dichtung ist ein Stück poésie du naufrage. Es ist reiner Zufall, daß die ersten, unbeholfenen literarischen Fingerübungen des Kindes (im Dienste der Kalligraphie) mit einem Schiffsuntergang beginnen: »Augen von der Brandung verschlungen.« Der Text ist als Fragment überliefert, daher beginnt er ohne Erzähleingang. Das aufgewühlte Meer erhebt sich noch einmal zu »einer ungeheuren Welle« und »zertrümmert« das Schiff; »und unter einem gräßlichen Schrei ... versanken fast 400 Menschen in den furchtbaren Abgrund.« – Kein Zufall, keine kindliche Lesereminiszenz ist es jedoch, wenn die großen historischen und persönlichen Katastrophen ihn regelmäßig in den Umkreis dieser Metaphorik führen: »wie lange sollen wir Schiffbrüchige auf einem Wrack in unauslöschbarem Durst einander das Blut aus den Adern saugen?« Nach dem Scheitern seiner eigenen politischen Versuche, kurz vor der Flucht, stellt sich das Bild wieder ein: der »Leib« als »Notanker«, den man »von dem Wrack dieser Welt in das Wasser« werfen könnte, aber noch nicht will.

Es bedurfte erst eines universalen Krisenbewußtseins, der Erfahrung oder Ahnung sozialer, ethischer, militärischer Katastrophen, um zu einer neuen Einschätzung Büchners zu gelangen. Vorahnungen und scharfsinnige Prognosen der Krise gab es von Tocqueville bis Nietzsche; die kassandrisch-prophetische Begabung des 19. Jahrhunderts ist unvorstellbar und läuft wie ein dunkler Schlagschatten neben dem frohgemuten Fortschrittsglauben her: »Ich erwarte noch überaus schreckliche Krisen«, schreibt Jacob Burckhardt; und was er plant, ist eine »Sturmlehre«, die »Lehre von den Krisen und Revolutionen«. Seit der Jahrhundertwende, spätestens nach dem Weltkrieg, ist oft vergessen worden, daß Georg Büchner nicht Zeitgenosse des 20. Jahrhunderts ist, sondern dem ersten Drittel des 19. Jahrhunderts angehört. Diese Tatsache begünstigt nicht nur den Umgang mit seinem Werk, sondern erschwert ihn ebensosehr, indem die Äußerungen Büchners aus den historischen Zusammenhängen gelöst und ideologischer Willkür ausgesetzt werden, was in der Mehrzahl zu völlig unrichtigen Analogieschlüssen und Einfällen Anlaß gibt. Noch 1890 stieß das Werk Büchners weitgehend auf Unverständnis und heftige Ablehnung. Das wird belegt durch einen Vorfall, der so grotesk ist, daß er besser nicht

kopien zusammengestellt (vgl. Literaturverzeichnis). Die Siglen speziell dieser Marburger archivalischen Quellen (Staatsarchiv Marburg, Bestand 270e Marburg, Acc 1871/35; Nrn 3; 16–20; 31) wurden erstmals publiziert von Eckart G. Franz (1973) und Hermann Bräuning-Oktavio (1976).

erfunden werden könnte. Auf eine Anfrage vom 24. März 1912 erhielt Dr. Anton Büchner von dem ehemaligen Chefredakteur der »Magdeburger Volksstimme«, Dr. H. Lux, unter dem 30. März 1912 folgende Mitteilung:

»Im Jahre 1890 übernahm ich die Chef-Redaktion ... In dem Bestreben deren Lesern im Feuilleton ernstere literarische Kost vorzusetzen anstelle der zwar überaus gesinnungstreuen, aber dabei innerlich verlogenen und sentimentalen ›sozialdemokratischen‹ Romane, kam ich u. A. auch auf Dantons Tod von Georg Büchner. Ich ließ das geniale Werk szenenweise abdrucken und hatte hierbei bei einem Teile meiner Leser entschiedenen Erfolg, bei dem weitaus größten Teile dagegen einen ebenso entschiedenen Mißerfolg. In einer Volksversammlung ... wurde ich wegen des Abdruckes dieses Dramas überaus heftig angegriffen, und mir wurde u. a. vorgeworfen, daß ich in die Familien der Genossen eine unsittliche Lektüre hineintrüge; man müßte deshalb die ›Volksstimme‹ ängstlich vor den Frauen und Kindern wegschließen, die durch solches ›Schmutzwerk‹ nur verdorben würden. Auf meine Einwände, daß es sich hier um ein Kunstwerk handele, um die markige Äußerung eines Kraft-Genies etc. etc. las einer meiner Gegner die Szene vor, in der von dem Treiben der Hunde auf der Straße die Rede ist. –

Die überwachenden Polizeibeamten protokollierten eifrig, und das Resultat der öffentlichen Volksversammlung war die Anklage gegen den verantwortlichen Feuilleton-Redakteur Friedrich Köster wegen Vergehens gegen § 184 des R.St.G.B. und seine Verurteilung zu 4 Monaten Gefängnis. (Wegen Abdruck von Heines Weberlied war derselbe Redakteur schon vorher zu 6 Monaten Gefängnis verurteilt worden, und zwar wegen Gotteslästerung und Majestätsbeleidigung!) Die Revisionen gegen die beiden Verurteilungen wurden vom Reichsgericht verworfen. Durch das Verhalten der Volksversammlung wäre ja der Beweis geliefert worden, daß die eigenen Leser der Volksstimme sittlichen Anstoß an dem Abdrucke von Dantons Tod genommen hätten, und hierbei sei es irrelevant, ob Dantons Tod ein Kunstwerk sei oder nicht. In der Gesamtausgabe der Werke Georg Büchners, die ja doch nur von Gebildeten gekauft würde, würde niemand an den kraftgenialischen Stellen Anstoß nehmen. Das zum größten Teile ungebildete Leser-Publikum der Volksstimme dagegen könne nicht zu einer Wertung des Dramas als Kunstwerk gelangen. Und daß auch die Zensur des Gerichts zu vernünftigen Urteilen imstande ist, ergibt sich aus dem Schluß der Begründung: Da das Drama in einzelne Fortsetzungen zerlegt sei, und jede Nr. der Volksstimme als selbständiges Presseerzeugnis zu betrachten sei, so müßte die inkriminierte Szene auch für sich, losgelöst vom Ganzen gewertet werden ... Ich muß gestehen, daß ich heute diesem Standpunkte der Gerichte nicht mehr durchaus ablehnend gegenüberstehe. Es war auch schon eine ästhetische Barbarei Dantons Tod in einzelne Feuilletons zu zerhacken.«

Volksstimme – Volkes Stimme: Zustimmung wird verweigert; Prüderie tritt an die Stelle von Kunstverständnis; es ist nicht auszuschließen, daß eine ähnliche Reaktion den Mißerfolg, das Fiasko des »Hessischen Landboten« verursacht hat. – Büchner hat es auch nie leicht gehabt mit seinen Bewunderern, deren Interesse im Ideologischen liegt. Die Scheu der DDR-Theater vor Büchners Revolutionsdrama ist notorisch, sie hat unsäglich törichte Bearbeitungsvorschläge zutage gefördert, und die ideologisch motivierte Büchner-Philologie geht so weit, dem Verfasser des »Danton« Vorhaltungen zu machen und ihm im Umgang mit den geschichtlichen Quellen »Objektivismus« vorzuwerfen.

Den Tendenzen und Stimmungen des Naturalismus und Expressionismus kam Büchner sehr entgegen. Gerhart Hauptmann trieb einen Kult mit ihm. Für Georg Heym war er ein Gegenstand oft unsinniger Exaltationen: Grabbe, Büchner, dann »Kürassierleutnant, – heute – und morgen wäre ich am liebsten Terrorist ... nicht etwa fein säuberlich getrennt, sondern wie ein wirrer Knäuel durcheinander«. Anders als diese Barrikadenschwärmereien: die ernsten Auseinandersetzungen Rilkes mit dem »Rekruten Wozzek«, hinter dem »alle Größe des Daseins steht«; »ein Schauspiel ohnegleichen, wie dieser mißbrauchte Mensch in seiner Stalljacke im Weltraum steht, malgré lui, im unendlichen Bezug der Sterne. Das ist Theater, so könnte Theater sein.« Literarische Sympathie auch von seiten Hofmannsthals. Eine der genialsten Auseinandersetzungen mit Büchner stammt von Robert Musil, der wie kaum ein anderer dem Sinn des »Danton«-Dramas nahekommt: »Das ist der Überdruß eines Menschen an der Routine der Politik, aber zugleich der Überdruß eines Menschen an der Routine des Menschseins.« Frank Wedekind schaut ihm Kunstgriffe ab, auch Brecht, der selten Götter neben Brecht duldet und sich daher später nur noch nachlässig über Büchner äußert. Eines der bemerkenswertesten Kapitel: Büchner und Max Frisch. Aber die Wirkungsgeschichte Büchners greift über die Grenzen des deutschsprachigen Raums hinaus. Arthur Adamov, der französische Dramatiker, erklärt: »Il n'y a rien entre Shakespeare et le Don Juan de Molière jusqu'à Brecht que Büchner.« Das sagt ein Vertreter der europäischen Avantgarde. Büchner erweist sich unversehens auch als Vorläufer des Absurden Theaters. »Leonce und Lena« läßt einen solchen Vergleich zur Not zu; es ist die Tragikomödie des menschlichen Sinnverlustes, die absurde Komödie der Langeweile, die Fabel von einem ulkigen Zufall, der akkurat erfüllt, was der Plan wollte. Insofern ist jede große Komödie ein auf den Kopf gestellter, mit den Beinen vor absurdem Vergnügen strampelnder Ödipus, der immer genau das erreicht, was er vermeiden möchte.

II.
EINWIRKUNGEN DER WELT

So wie wir geboren werden, fängt
die Welt an, auf uns zu wirken,
und das geht so fort bis ans Ende.
Goethe

Die Zeit zwischen 1813 und 1837, in der Büchner in Goddelau als Sohn eines Arztes zur Welt kam, in Darmstadt aufwuchs und die Schule besuchte, sich eine dezidierte Ansicht von der Geschichte bildete, zu aktiver und überaus radikaler politischer Tätigkeit sich hinreißen ließ, seine Werke verfaßte, sich in dem Raum zwischen Darmstadt, Straßburg, Gießen und Zürich bewegte und unter medizinisch noch ungeklärten Umständen früh starb – diese 24 Jahre sind unserem zeitgenössischen Verständnis schwerer zugänglich als manche weiter zurückliegende Epoche. Die Zeit der noch vorhandenen Romantik, des Biedermeier, des Jungen Deutschland, vor allem die politischen Vorgänge, deren ideen-, bildungs- und sozialgeschichtlichen Hintergründe sind eine Quelle anhaltender Mißverständnisse, die zumeist aus mangelnder Kenntnis herrühren. Dem Umgang mit dieser Geschichtsphase schadet nichts mehr als vorschnelle und falsche Aktualisierungen, die historische Ereignisse, literarische Texte lediglich zum Anlaß nehmen für begrifflich unzureichend überwachte Assoziationen einer verärgerten Zeitkritik, in der Vergangenheit herhalten muß als bestätigender Zitatenschatz für die Gegenwart.

Büchners Geburt am 17. Oktober 1813 fällt zusammen mit der militärischen Niederwerfung Napoleons. Im Jahr darauf: die Rückkehr der Bourbonen nach Frankreich, der unsinnige Versuch, an einen historischen Stand anzuknüpfen, der bankrott gemacht und zur Revolution geführt hatte. Es folgt der Wiener Kongreß mit qualvoll langen Verhandlungen und Entscheidungen gegen den Geist der Zeit, gegen berechtigte Hoffnungen. Napoleons imperiales Husarenstück mit dem Intermezzo der Hundert Tage jagt den Fürsten, den Politikern und ihren diensteifrigen Sekretären Schrekken ein und mindert für kurze Zeit ihr üppiges Selbstbewußsein. Es kommt zur Gründung eines Deutschen Bundes: einer Konstruktion nach den Erfordernissen der Vielvölkerstaaten Österreich und Rußland. Balance wird angestrebt zwischen einer nicht überschaubaren Anzahl von Faktoren. Deutschland wird geplant als Staatenbund, nicht als Bundesstaat. Das Ergebnis ist ein Mosaik von Duodezstaaten, die kalkulierte Borniertheit, unwirtschaftlich und pedantisch, bedacht auf das Reglement der Amtsstube und das Zeremoniell des Souveräns. Büchner wird diese monströse Konstruktion später in einem gar nicht lustigen Lustspiel »Leonce und Lena« glossieren und bloßstellen mit der Erfindung der Reiche »Pipi« und »Popo«:

»Werden die Grenzen beobachtet?« »Ja, Majestät.« »Was hast du gesehn?« »Ein Hund, der seinen Herrn sucht, ist durch das Reich gelaufen.« »Es geht jemand auf der Nordgrenze spazieren.« Die äußere Enge als politische Einrichtung: »Wir sind schon durch ein Dutzend Fürstentümer, durch ein halbes Dutzend Großherzogtümer und ein paar Königreiche gelaufen und das in der großen Übereilung in einem halben Tag.«

Die subjektive Antwort auf die zum System erhobene Enge war vielfältig. Sie reichte von untertäniger Devotion und selbstzufriedenem Phlegma über das Gefühl der Beengung und der Angst bis zu den unterschiedlichsten Formen des Aufbegehrens, der Opposition und Revolte. Enge, Angst, Schwermut gehören im Werk Büchners zu den Schlüsselwörtern: »Ich war in Gießen im Äußern ruhig, doch war ich in tiefe Schwermut verfallen; dabei engten mich die politischen Verhältnisse ein ... Kummer und Widerwillen machen mich krank.« Und ein andermal: »Hier ist alles so eng und klein.«

Besonders schnell wuchs der Widerstand an den Universitäten unter der akademischen Jugend und einem großen Teil ihrer Lehrer. Joseph Görres, der, wie später Büchner, in Straßburg Zuflucht suchen mußte, notiert in seiner Schrift »Teutschland und die Revolution«: Eine »Stimmung« war eingetreten, »wie sie wohl großen Katastrophen in der Geschichte voranzugehen pflegt«.

1817 fand mit Billigung des Großherzogs von Weimar das von den Burschenschaften ausgerichtete Wartburgfest statt, zum Gedenken an Luther und die Reformation, wobei Luther als republikanischer und revolutionärer Heros gefeiert wurde. Die Bewegung der Burschenschaft wurde von der liberalen Presse unterstützt und als mutiger Akt der Initiative begrüßt, von den Regierungen jedoch als Unbotmäßigkeit gewertet. Und das war durchaus zutreffend, denn das erklärte Ziel der Burschenschaft war es, subversiv die Duodezgrenzen aufzuheben: »Je mehr Teutschland durch die Trennung in einzelne souveräne Staaten aus einander gehalten wird, desto inniger sollte teutsche Volkstümlichkeit das äußerlich Getrennte zu einem Ganzen vereinigen.« So formuliert es einer der Gründer der Burschenschaft. Ihre Ziele: Freiheit, Einheit, Vaterland. Als diese Ideale beim Namen genannt wurden, befanden sich dieselben Wörter in Rußland noch in Verbannung. Aus Angst vor Reminiszenzen an die Französische Revolution hatte man damit begonnen, Teile der Sprache zu inhaftieren und Wörter wie »Bürger« und »Vaterland« zu verbieten. Nicht Bürger, sondern Untertan; nicht Vaterland, patrie, sondern Souverän.

Auf der Wartburg ging es darum, die »Idee des deutschen Volkes«, in deren Namen der Freiheitskrieg gegen Napoleon geführt worden war, nicht nur zu denken oder in Dichtungen und philosophischen Schriften nachzulesen, sondern auch politisch vorzubereiten; Voraussetzung dafür und Folge davon sollte »der universale Mensch« sein. Freilich gab es auch viel politischen Karneval im Zusammenhang mit dem Wartburgfest. Vorstellungen vom republikanischen Volkskaiser tauchten auf, wie sie noch für Büchners älteren Mitstreiter Weidig von Belang waren. Über die Vorgänge auf der Wartburg wurde ein Bericht veröffentlicht, der von einem der angesehensten Naturwissenschaftler der Zeit, dem Jenenser Professor Lorenz Oken, stammt. Und hier beginnen sich bereits Spuren, Linien und Korrespondenzen abzuzeichnen, die für Büchners späteres Leben und Denken bedeutungsvoll werden. Zunächst der Verfasser: Lorenz Oken. Er wird kurze Zeit darauf seine Professur in Jena zur Disposition stellen müssen und in Ludwig Börne einen Publizisten finden, der sich seiner Sache annimmt. Er ist Patriot, eigensinnig, sogar ein neurotischer Querulant, aber ein mutiger Mann. Später wird er Professor in *Zürich*, wo sich auffällig viele oppositionelle Wissenschaftler sammelten, was die Aufmerksamkeit der »Zentral-Untersuchungs-Kommission zu Mainz« fand und schließlich Thema brisanter Erörterungen in der Bundesversammlung wurde. In einer von Manteuffel, Trott, Blittersdorff und Pechlin unterzeichneten Vorlage in Folioformat werden die Mitglieder darüber informiert, »daß sich viele der in die damaligen Untersuchungen verwickelten Individuen nach der Schweiz gezogen, und zum Teil ihren bleibenden Wohnsitz daselbst aufgeschlagen haben. Es ist konstatiert, daß die revolutionären Umtriebe, durch welche Deutschland beunruhigt wurde, seit jener Zeit einen Hauptsitz in der Schweiz hatten. Nachdem der damals ausgestreute Samen in der neuesten Zeit noch herbere Früchte getragen hat, zeigt sich wiederum dieselbe Erscheinung. Die aus Deutschland entfliehenden Individuen begeben sich, nach amtlichen Angaben, großenteils nach der Schweiz, oder werden von den Französischen Behörden dahin gewiesen. Der sich hierdurch bildende Kern von Revolutionärs kann um so weniger außer Acht gelassen werden, als der dermalige Zustand der Schweiz den Planen der Anarchisten und Revolutionärs in jeder Beziehung förderlich ist, und als dieses Land zum allgemeinen Sammelplatz derselben zu dienen scheint. Die hierbei in Erwägung kommenden Fragen und Verhältnisse sind indessen von solcher Wichtigkeit, daß die Kommission sich dermalen noch nicht im Stande sieht, in dieser Beziehung ihre Anträge zu stellen. Gleichwohl glaubt sie einen besondern, hiermit in Verbindung stehenden Gegenstand jetzt schon herausheben zu sollen.

In *Zürich* ist nämlich eine neue *Universität* gegründet worden, die, unter dem Schutze der in der Schweiz vorhandenen demokratischen Elemente, und besetzt mit Lehrern, deren Gesinnungen keineswegs verbürgt werden können, die Richtung nehmen muß, welche in der Schweiz die vorherrschende ist. – Auch kann mit Gewißheit angenommen werden, daß die aus Deutschland entweichenden Studenten sich meist dorthin begeben, und ihre der Erhaltung der Ruhe und Ordnung so höchst gefährlichen Grundsätze und Verbindungen weiter verbreiten und ausbilden werden. Wenn nun die Deutschen Regierungen sich durch den seither wiederholt bestätigten Beschluß vom 20. September 1819 über die Universitäten auf das feierlichste verpflichtet haben, über diese in ihren Staaten belegenen Institute auf das sorgfältigste zu wachen, keine staatsgefährlichen Lehren, noch Verbindungen zu dulden, Sittlichkeit, gute Ordnung und äußern Anstand durch alle ihnen zu Gebot stehenden Mittel zu befördern; so muß die Kommission annehmen, daß dieselben nicht geneigt sein werden, ihre Untertanen auf einer im Auslande gegründeten Universität, die unter so bedenklichen Auspizien ins Leben tritt, jeder Verführung Preis zu geben, und dadurch eine Pflanzstätte revolutionärer Gesinnungen und Verbindungen zu begünstigen und zu heben.

Demnach trägt die Kommission darauf an:

›daß sämtliche Regierungen sich dahin vereinigen mögen, keinem ihrer Untertanen, der Anspruch auf den Eintritt in den Staatsdienst macht, den Besuch der Universität Zürich zu gestatten, und die dieserhalb erforderlichen Verfügungen zu erlassen.‹«

Oken war es, der Georg Büchner protegierte, von Straßburg nach Zürich holte und ihn durchreisenden Fachgelehrten voller Stolz als wissenschaftliches Talent mit großer Zukunft vorstellte. Ein nicht unwichtiger Zusammenhang zwischen Politik und Wissenschaft. Oken apostrophiert in seinem Bericht »Der Studentenfriede auf der Wartburg« (1817) auch den »Darmstädter Hof«, und er erwähnt besonders die anwesenden »Studenten aus Gießen«. Von der Burschenschaft der Gießener »Schwarzen« aus erfolgte eine Hinwendung zur radikalen Politik. In Gießen lehrte als Privatdozent der Rechtswissenschaft Karl Follen. Von Gießen aus wurden Kontakte hergestellt zu den italienischen Geheimbünden, von denen man konspirative Techniken lernte. Kontakte gab es auch zu Polen, Frankreich, der Schweiz. Follen, der dargestellt wird als eine »Art Robespierre«, proklamierte die Gewalt, ermutigte zum Rechtsbruch und hieß zur Durchsetzung radikal-liberaler und republikanischer Politik auch den Mord gut, den er politisch, juristisch und ethisch zu begründen suchte.

Fichtes Philosophie der Tathandlung, vom tätigen, praktisch eingreifenden und Welt erschaffenden Erkennen, wirkte in Follen ebenso wie die Ideale des römischen Stoizismus und der modernen Jakobiner. Seine Anhänger nannten sich die »Unbedingten« und gingen mit der Idee des Opfertodes um, die in den Gymnasialschriften Georg Büchners eine geradezu auffällige Rolle spielt.

1819 ermordete der Theologiestudent Karl Ludwig Sand, ein fanatischer Schwarmgeist und Anhänger Follens, den Schriftsteller August von Kotzebue, dessen Schriften in effigie bereits auf der Wartburg verbrannt worden waren. In seinen »Denkwürdigkeiten« schreibt Varnhagen von Ense: »Die Tat Sand's wurde für Deutschland ein Wendepunkt in der Entwicklung seiner inneren Verhältnisse zwischen Regierung und Volk.« Die Demagogenverfolgung setzte ein, im Zusammenhang mit den Karlsbader Beschlüssen von 1819 wurde die Burschenschaft verboten, ebenso die Turnerschaft. Die Universitäten und Gymnasien wurden strenger Überwachung unterstellt, in Mainz eine Bundeskommission zur Untersuchung demagogischer Umtriebe eingesetzt, die Zensurmaßnahmen ganz allgemein verschärft. Die Burschenschaft blieb aber auch nach diesen Verboten im akademischen Untergrund aktiv und machte sich zur Transmission politischer Radikalität mit revolutionären und frühsozialistischen Zielsetzungen. Es ist ein sehr komplizierter Vorgang, der sich jedoch vereinfacht, wenn man die Prozeßunterlagen durchsieht, die Verhöre, die Polizeiberichte, die Protokolle und Dekrete liest, die Organisationsformen der Verschwörungen mit dem System der Decknamen und Briefschlüssel kennt. Aufschlußreich sind auch die Namensverzeichnisse »derjenigen Personen«, die von den Behörden im Zusammenhang mit den »Komplotten« angelegt und der Bundesversammlung als Drucksachen der Bundes-Zentral-Behörde zugeleitet wurden. Es bestand auch ein Informationsaustausch zwischen der Schweiz und der Zentralbehörde. Bei den Gesuchten, die oft schon Züge von Berufsrevolutionären zeigten, handelte es sich zumeist um Studenten, Ärzte, Privatdozenten, auffallend viele Juristen, vereinzelt auch Handwerker (Tapeziers-Geselle, Bauern-Knecht, Müller), einige Soldaten aller Dienstgrade, zu ihnen gehörte Leutnant Wilhelm Schulz, später Jurist, Publizist, enger Freund Büchners und wie dieser Hochschullehrer in Zürich. In der Mehrzahl der Fälle steht unter der Rubrik »Grund der Anschuldigung«: »Teilnahme an dem revolutionären Treiben der Burschenschaft«. Der »Universitätsunfug«, den Metternich geradewegs aus der Reformation herleitete, nahm immer heftigere Formen an und zeigte sich begleitet von »Gefühlen des Hasses« und »der Rache«. Es trieb alles auf eine vorrevolutionäre Stimmung hin.

Als Georg Büchner 1825 in das Darmstädter Ludwig-Georg-Gymnasium eintrat, dürfte er von den politischen Unruhen noch völlig unberührt gewesen sein; aber die Lehrer, die sich seiner Erziehung und Bildung widmeten, waren es nicht. In der Mehrzahl lagen deren Sympathien nicht bei den Fürstenhäusern, sondern bei den »Demagogen«, bei den Patrioten, bei den Angehörigen der Burschenschaft. Sie pflegten Erinnerungen an die Zeit der Freiheitskriege und tradierten sie. Fichte und seine philosophische Interpretation der Geschichte, seine »Reden an die deutsche Nation«, die erst von den französischen Besatzern indiziert worden waren und nun unter das Verdikt der Metternichschen Zensur fielen, gehörten mit zur bevorzugten Lektüre. Jeder Hinweis auf Rom im Geschichtsunterricht, jeder Hinweis auf Luther, auf die Reformation, auf Cato, auf Heldentod, auf Sturm und Drang oder auf republikanische Tugend – unter der Hand veränderten die Dinge ihr Gesicht und gewannen propädeutische Bedeutung für die aktuelle Politik.

Die Institution des gymnasialen »Redeaktus« bot für die Schüler immer wieder Gelegenheit, an die Öffentlichkeit zu treten und in Gegenwart der Elternschaft, des Lehrkörpers und der Mitschüler Proben oratorischer Geschicklichkeit mit aufreizenden, politisch provozierenden Akzenten zu liefern. Büchner scheute sich nicht, bei solchen Gelegenheiten die Französische Revolution zu verherrlichen, von dem »blutigen aber gerechten Vertilgungs-Kampfe« der Franzosen zu sprechen, in dem sie »Greuel« rächten, »die Jahrhunderte hindurch schändliche Despoten an der leidenden Menschheit verübten«; er scheute sich nicht, eine »Carmagnole«, eine Siegesnachricht der Revolutionstruppen, zu zitieren, Republikanismus zu verherrlichen und die Ideale der Burschenschaft: »Vaterland, Ehre und Freiheit«, vom Katheder herab ins Auditorium zu rufen. Erstaunlich ist nicht die Kühnheit des Redners. Erstaunlich ist die Tatsache der Billigung von seiten der Lehrer, der Eltern (zu denen auch Büchners Eltern gehörten), der sonstigen Gäste – gewissermaßen unter den Augen des Großherzogs und seiner Aufsichtsbehörden.

Als Georg Büchner das Gymnasium verließ, stand seine Parteinahme für die revolutionären Umtriebe fest. Wie sich seine Eltern dazu verhalten haben, läßt sich deshalb nicht sagen, weil darüber nichts bekannt ist. Es wäre gut, man hielte sich an das, was überliefert ist. Das ist nicht viel. Das meiste von dem, was wir über das Elternhaus, Büchners Kindheit, den unterschiedlichen Einfluß von Vater und Mutter auf das Kind, die Einstellung der Eltern, ihre Motive, Denk- und Empfindungsweisen wissen, entstammt dem ehrgeizigen Stilisierungswillen von Ludwig Büchner und der überaus lebhaften Phantasie von Karl Emil Franzos, der 1879 Büchners »Sämtliche Werke« herausgegeben und zahlreiche Berichte über Büchner zusammengebracht und sich dadurch unbestreitbar große Verdienste erworben hat. Aber mit der Biographie geht er ebenso sorglos um wie mit dem Text, den er streckenweise nach Gutdünken umgedichtet hat, was aber immer noch besser war als das Vergessen, dem das Werk Büchners anheimzufallen drohte. Auf der Grundlage dieser Ausgabe vollzog sich die vielleicht wichtigste Phase der Büchnerschen Wirkungsgeschichte. Sie ist die Brücke, über die Büchner ins 20. Jahrhundert geholt worden ist.

Wer sich ein verläßliches Bild von Büchners Eltern machen möchte, der mag zunächst die Briefe der Mutter und des Vaters von Darmstadt nach Zürich lesen und sich ansonsten das vor Augen führen, was Vetter Reuß am 21. Oktober 1877 an Franzos schrieb: »Sie verlangen von mir weit mehr als ich leisten kann. Es sind wenigstens 43 Jahre verflossen seit ich G. B. zum letzten Male gesehen habe und meine Erinnerungen aus jener Zeit sind ziemlich verblichen.«

Die Erinnerungen aller, die Franzos von Wien aus angeschrieben hatte, waren verblichen, aber nicht alle haben es so offen zugegeben, insbesondere die Brüder und Schulfreunde nicht. Sie dürften sich eben noch einmal schnell präpariert und einen Blick in das Vorwort geworfen haben, das der jüngere Bruder, Ludwig Büchner, der Materialist, der Verfasser von »Kraft und Stoff«, 1850 seiner Ausgabe vorangestellt hatte. Ansonsten mag mancher gedacht haben wie Vetter Reuß, der sich bewegt darüber beklagt, worüber wir uns glücklich schätzen, weil wir diesem Umstand Briefe verdanken, die zu den bedeutendsten, psychologisch aber auch vertracktesten der deutschen Literatur gehören:

»Übrigens hat man hier allgemein die unverantwortliche Indiskretion bedauert u. mißbilligt mit welcher seine stillen und heiligen Herzensangelegenheiten vor das Publikum gebracht worden sind ohne daß man zu vor die zunächst (und wahrhaftig allein) beteiligte Person um Erlaubnis gefragt hätte. Selbst dem Nachruhm eines Herrn von Göthe hätte es nichts geschadet wenn man die Interiora seiner Korrespondenz ungedruckt gelassen hätte, u. Büchner war kein Göthe, wohl aber ein lieber bescheidner Junge der sich sicher *dieses* prätentiöse Aufputzen seiner Person verbeten hätte. Hätte er länger gelebt so wäre gewiß ein Tüchtiger Mann u: Gelehrter aus ihm geworden, u. daß man ihn im guten Andenken behalte ist nur billig. Aber ein Wiederabdruck der Briefe die er an seine noch lebende, unverheiratet gebliebene Braut geschrieben hat, u. wozu sie nie ihr Imprimatur gegeben hat, ist eine *Industrie* für die ich keinen Namen habe. Weiter habe ich nichts zu sagen.« Weiter gibt es auch nichts zu sagen. Die ganze Verständnislosigkeit, mit der die Büchner-Philologie es bis zum heutigen Tage zu tun hat, kommt in diesem bisher noch unveröffentlichten Brief zum Ausdruck.

Büchners Vater erscheint als ein spröder, fester und penibler Mann; interessiert an der Wissenschaft, besorgt um seinen Ruf; Verstiegenheiten gegenüber ohne Verständnis; ansprechbar für den Gnadenstand des Erfolgs, der seinem ältesten Sohn durch die Berufung an die Universität noch zuteil geworden war; und wenn er in Erinnerung bringt, daß er dem Sohn immer »pünktlich die nötigen Geldmittel« habe »zufließen« lassen, so widerlegt das eine Äußerung von Wilhelm Büchner, die besagt, der Vater hätte »jede pekuniäre Unterstützung positiv abgelehnt«. Es ist zwar üblich, gleichwohl unrichtig, diesen tüchtigen Mann als einen kulturell unansprechbaren Pfahlbürger und subalternen Feldscher darzustellen. Es trifft zu, diese »strenge Natur, die alles sich selbst verdankte«, war im positiven wie im negativen Sinne eine Vaterfigur, der Napoleonischen Maxime »Charakter, Können, Karriere« zugetan; diese

Maxime hatte seinen Weg, sein Fortkommen auch im Landesdienst des Großherzoglichen Medizinal-Kollegs bestimmt. Wie viele seiner Brüder hatte er in holländischen Diensten gestanden und war dann eine Zeitlang der Armee Napoleons zugewiesen worden, was freilich keine Rückschlüsse zuläßt auf seine politische Einstellung. Auch die Tatsache, daß er auf ein populäres, geschickt kompiliertes Geschichtswerk über die Französische Revolution, »Unsere Zeit«, abonniert war, wäre völlig belanglos, wenn nicht sein Sohn Georg auf diesem Weg zu seinen ersten und nicht einmal schlechten Kenntnissen über die Revolution und die Zeit bis 1830 gekommen wäre. Es diente der Familie, so wird berichtet, als gemeinsamer geselliger Lesestoff mit väterlichen Kommentaren.

Das Bild der Mutter stellt sich liebenswürdiger dar und ist klarer faßbar: »Deine Mutter ist übrigens eine der angenehmsten u. unterhaltensten Personen, welche ich jemalen gesehen«, teilt Eugen Boeckel seinem Freund begeistert mit. Aus der Art, wie sie selbst schreibt, spricht ein hohes Maß von Natürlichkeit und geistiger Beweglichkeit, Witz, Warmherzigkeit, pragmatischer Sinn, die Fähigkeit, gegenständlich ungezwungen und temperamentvoll zu plaudern. Sie entstammt einer weitverzweigten Familie des akademischen Bildungsbürgertums südwestdeutscher Prägung. Obschon sie »ohne alle Prätension auf außergewöhnliche Bildung« war, hatte sie in gesellschaftlicher, künstlerischer und menschlicher Hinsicht ganz andere Möglichkeiten, um auf den ältesten Sohn einzuwirken. Ohne Frage, der Sohn schließt sich ihr bereitwilliger auf, teilt sich ihr offener mit und empfindet ihre Ermahnungen nicht als mäkelnde Last, sondern als Zeichen mütterlicher Fürsorge und Liebe: »Deine Mutter läßt Dir sagen Du sollst nicht oft Nachts arbeiten ... ferner sollst Du die Fechtstunde fortsetzen u. dies tue mir, Deiner Mutter, u. Deiner Gesundheit zu gefallen.« So Freund Boeckel, der Arzt; und dann wieder die Mutter selbst: »... gehe nur recht unter die Menschen und suche Dich zu zerstreuen.« Die Mutter, Louise Caroline Büchner, geborene Reuß, besaß viele Verwandte und Freunde in Straßburg, zu ihnen gehörten der Theologieprofessor Reuß und die Familie Himly (»warst du beis Himlies?«).

Als es an die Wahl der Universität ging, mögen die Familienrelationen der Mutter und deren praktische und bildungsgeschichtliche Auswirkung die entscheidende Rolle gespielt haben.

Als Georg Büchner 1831 das Gymnasium mit der Universitätsreife verließ, da lag die Pariser Julirevolution schon acht Monate zurück. Der gallische Hahn hatte zum zweitenmal gekräht, und es änderte sich, wie Karl von Rotteck schreibt, »urplötzlich ... die Gestalt fast aller politischen Dinge in ganz Europa, ja in der ganzen zivilisierten Welt«. Besonders im liberal eingestellten, geistig von sich selbst überzeugten Bürgertum hatte das weitreichende Folgen. Paris wurde erneut zum Mittelpunkt Europas, politisch, kulturell, wissenschaftlich. Alles strebte dorthin; jede Nachricht von dort wurde begierig aufgenommen und eilig weitergegeben. Die Zeitungen wurden Machtfaktoren und Informationsquellen von Rang. Die politischen Auswirkungen im provinziellen Rahmen entsprachen dem. Es kam zu Tumulten, besonders in Hessen. In den »Protokollen der Deutschen Bundesversammlung« heißt es wörtlich: »Die revolutionären Bewegungen, welche die politischen Ereignisse der Jahre 1830 und 1831 hervorriefen, fanden einen lebhaften Anklang im Großherzogtum Hessen, namentlich in der Provinz Oberhessen.« Und es folgen erläuternde Daten, die verständlich machen, wie Internationales, Nationales und Provinzielles sich in die Hand arbeiteten: »Vorzugsweise wurde die Aufregung aber durch die Polendurchzüge hervorgerufen und genährt. Durch Gießen kamen im Winter 1831/32 zwei bis drei solcher Durchzüge; die Studenten zogen ihnen entgegen ... Das gemeinschaftliche Interesse an den Polen führte die Gleichgesinnten zusammen, und lieh den Vorwand zu politischen Vereinen.« Und dann: »An dem Hambacher Feste nahmen Hessen nicht nur Anteil, sondern es wurde in Gießen unter Studenten und Bürgern gesammelt, um gewählte Deputierte zu dem Feste zu senden.« Endlich: »Nach dem Erscheinen der Bundesbeschlüsse vom 28. Juni 1832 nahm die Aufregung eine praktischere revolutionäre Tendenz.« Es ist erkennbar: man gab sich in der Bundesversammlung keinen Illusionen hin und nannte die Dinge beim Namen. Zu regelrechten Revolutionen und Revolten war es unterdessen in Polen, Belgien, in der Schweiz, in Mittelitalien gekommen. Es bestand so etwas wie eine Revolutionserwartung, eine Revolutionsbereitschaft in ganz Europa, besonders unter der akademischen Jugend, unter Bürgern und Handwerkern.

Es fehlte nicht an theatralischen Gesten. Heinrich Heine, intelligent, oft exaltiert, witzig, ständig auf der Jagd nach Pointen, überquert den Rhein und wirft seine Visitenkarte in den Strom. Börne, den jeder glaubt nennen zu müssen, den aber kaum einer kennt, macht sich auf den Weg nach Paris. Studierende aus Göttingen und anderen Universitätsorten hatten voreilig und spektakulär von sich reden gemacht und einmal mehr die Einsicht St. Marc Girardins bestätigt, die Gutzkow überliefert: »Junger Freund, es ist jetzt nichts für die Freiheit der Völker so gefährlich als diese plan- und ziellose Ideologie der deutschen Studenten. Ihr verdanken wir die Kongresse, ihr das von der ganzen europäischen Politik verabredete Widerstandssystem. Die deutschen Studenten wissen nicht, was Politik ist.« Die Göttinger, die Gießener glücklosen Tumultuanten suchten ihr Heil in der Flucht und fanden sich in Straßburg oder in Zürich ein, den Brückenköpfen republikanischer Unruhe. Georg Büchner ging das erste Mal nicht als Emigrant nach Straßburg, sondern wohlversorgt mit Abgangszeugnis, Empfehlungsschreiben und erstaunlich weitreichenden Kenntnissen der deutschen, französischen, englischen und italienischen Sprache und Literatur. »Vorzügliches Interesse« hatte er in der Schule »für die teutschen Lektionen« bezeigt; den »Religionsstunden« hatte er »mit Aufmerksamkeit beigewohnt«; seine »Kenntnisse« in »der Geschichte« werden von Gymnasialdirektor Dilthey als »bedeutend« bezeichnet; sein Berufsziel scheint von Anfang an festgestanden zu haben: Er verläßt die Selecta, »um sich dem akademischen Studium der Medizin zu widmen, zu welchem Endzweck ihm gegenwärtiges Zeugnis ausgestellt wird«. Die Schule, die Georg Büchner verläßt, war so schlecht nicht, wie das die Biographen dem Quintaner und Quartaner immer wieder kritiklos nachgesprochen haben. Daß man auch mit geisteswissenschaftlich solider Vorbildung ein brillanter Naturwissenschaftler werden kann, ist mehrfach bewiesen worden – auch von Georg Büchner und Ludwig Büchner.

Im republikanischen, revolutionären Straßburg, wo er sich am 9. November 1831 in der Medizinischen Fakultät einschreiben läßt, wo er Chemie, Physik, Zoologie, Anatomie, Physiologie, materia medica belegt, italienische Sprachstudien betreibt, ebenso intensiv die Tagesjournale liest, findet er im Handumdrehn einen Freundeskreis, dem er und der ihm herzlich zugetan ist. Er wohnt bei Pfarrer Jaeglé, mit dessen Tochter er sich später verloben wird, und bewegt sich im Kreise von Theologiestudenten der »Eugenia«-Verbindung. Es war eine winzige Verbindung, vorzugsweise Theologen, 1828 gegründet. Victor Jaeglé gehörte ihr an, die Freunde August und Adolph Stoeber. Zu den hospitibus perpetuis ernannte die »Eugenia« unter anderem Eugène Boeckel, den Mediziner, und Georg Büchner, studiosus medicinae aus Darmstadt. Die politische Atmosphäre hatte so gut wie alle ergriffen, nicht nur die junge, auch die ältere Generation, wie der Brief eines Freundes von Büchner belegt. Es handelt sich um Äußerungen von Wilhelm Hoffmann an Adolph Stoeber, wenige Wochen vor Ankunft Büchners in Straßburg: »Lieber Freund, sage mir doch ob das Gerücht gegründet ist daß, Paris im Aufruhr sei, daß der König entflohen, daß die Minister zum Teufel sind; du würdest mich unendlich erfreuen, wenn du mir durch den Boten im Rebstöckel logierend Nachricht schicken würdest. Verzeihe mir wenn ich dich deshalb bemühen muß, u. komme so bald als möglich zu mir und mündlich zu sagen. Sammle nur rechten Schatz von Politik, Du findest hier willkommene Hörer, die sich nach Neuigkeiten sehnen, mein Vater oben an.«

Die Theologiestudenten waren es, die im Revolutionsjahr an der Spitze der Revolten standen, die im Prüfungssaal aufgestellte Büste von Karl X. zerschlugen, im Namen von Demokratie und Republik für Randale sorgten. In diesen Kreis kam Georg Büchner. Seine engsten Freunde waren August und Adolph Stoeber, deren Vater Ehrenfried gewissermaßen der notorische Altrevolutionär der Stadt war und sich an dem Treiben der Jugend erfreute. Ehrenfried, Jurist, ehemals Student in Göttingen, kulturell Deutscher und Romantiker, politisch entschieden Franzose und Republikaner, war ein rühriger Mann; er hat viel geschrieben und gesammelt: Sagen, Legenden, eine Lebensgeschichte der heiligen Odilia, eine umfangreiche Biographie Oberlins; er unterhielt eine weitausgreifende Korrespondenz mit deutschen Schriftstellern und konnte es leider nicht lassen, seine Liebe zur Republik auch in herzlich schlechten sangbaren Gedichten zum Ausdruck zu bringen, wie etwa das Lied »WARNUNG für die Fürsten der neuesten Zeit« nach der Melodie: ›Es reisen drei Schneider zum Tor hinaus‹:

»Wohl gab es der Fürsten schon gar zu viel,
Zu viel!
Die trieben mit Völkern ein arges Spiel,
Ein arges Spiel!
Sie waren voll Tücke, sie waren voll Trug,
Es konnt das Land nicht bezahlen genug,
Ach nimmer, ach nimmer genug! [...]
Sie sprachen und schwuren: Treu schützen wir Euch!
Und schufen, statt Freiheit, despotisches Reich;
Ach, ach! ein despotisches Reich.«

August und Adolph Stoeber besuchten das Theologenseminar und verfügten über literarische Talente. Büchner äußert sich darüber in seinen Briefen 4 und 49 und spielt auch den literarischen Vermittler. August war Miglied der wiedergegründeten Straßburger Nationalgarde.

Als Büchner erst kurze Zeit in Straßburg war, wurde er Augenzeuge jenes spektakulären Poleneinzugs unter General Ramorino, der im ersten Brief Büchners an die Eltern ausführlich beschrieben wird. Ein Vergleich mit der Berichterstattung der Straßburger Zeitungen zeigt, daß sich Büchner eng an die Tatsachen und Vorgänge hält; Marseillaise und Carmagnole werden gesungen; Rufe: »Vive la liberté!« und: »Nieder mit den Ministern, nieder mit dem juste milieu!« Einer der ersten Akte des von Heine immer wieder sarkastisch glossierten Polentheaters. Und erstaunlich: Georg Büchner nimmt die Theatralik der Vorgänge unbestechlich, illusionslos wahr: »Wir versammelten uns« – er ist dabei, er macht mit – »und die Komödie ist fertig« – er schaut gleichzeitig zu und läßt sich nicht verbieten, »Alles, was existiert, bei seinem Namen zu nennen.« Es ist mit Sicherheit unrichtig, wenn die desillusionierenden Schlußzeilen als eine Konzession den Eltern gegenüber bezeichnet werden; denn wenige Tage später entwickelt Büchner in seinen Briefen an die Eltern in unmißverständlich entschlossener und radikaler Sprache seine ersten gegen Rußland, das Juste milieu und die Serenissimus-Schafsköpfe gerichteten Theoreme der Gewalt. Es ist gleichfalls unrichtig, wenn in älteren Darstellungen betont wird, Büchner hätte sich während seines Aufenthaltes in Straßburg von 1831 bis 1833 von allen politischen Bestrebungen ferngehalten. Büchner war mittendrin und hat diese Erfahrungen später seinen Gießener Freunden gegenüber immer wieder ausdrücklich zur Geltung gebracht. Büchner studierte Wissenschaften, aber im Umgang mit den Radikalsten der Radikalen auch politische Insurrektion; er hörte zu, nahm Kontakte auf und war fasziniert von der Möglichkeit, sich frei bewegen zu können, mit allem, was in Europa vorging, in Berührung zu kommen, auch wenn es skurril war, wie jener buntkostümierte Kabarett-Revolutionär, der von ihm mit Witz und Behagen beschrieben wird:

»Wenn Ihr neulich bei hellem Wetter bis auf das Münster hättet sehen können, so hättet Ihr mich bei einem langhaarigen, bärtigen, jungen Mann sitzend gefunden. Besagter hatte ein rotes Barett auf dem Kopf, um den Hals einen Kaschmir-Shawl, um den Kadaver einen kurzen deutschen Rock, auf die Weste war der Namen ›Rousseau‹ gestickt, an den Beinen enge Hosen mit Stegen, in der Hand ein modisches Stöckchen. Ihr seht, die Karikatur ist aus mehreren Jahrhunderten und Weltteilen zusammengesetzt: Asien um den Hals, Deutschland um den Leib, Frankreich an den Beinen, 1400 auf dem Kopf und 1833 in der Hand. Er ist ein Kosmopolit – nein, er ist mehr, er ist St. Simonist! [...] Er bleibt jetzt in Straßburg, steckt die Hände in die Taschen und predigt dem Volke die Arbeit, wird für seine Kapazität gut bezahlt und marche vers les femmes, wie er sich ausdrückt. Er ist übrigens beneidenswert, führt das bequemste Leben unter der Sonne, und ich möchte aus purer Faulheit St. Simonist werden, dann müßte man mir meine Kapazität gehörig honorieren.«

Wozu Büchner selbst oft genug neigt, er macht es immer wieder freimütig zum Gegenstand mokanter Anmerkungen und Skizzen: die Unernsthaftigkeit einer Kritik, die von der Erfahrung absieht, die Anstrengung des Begriffs scheut, sich in die Phrasen flüchtet, in die Äußerlichkeit, ins bizarre Kostüm der »republikanischen Zierbengel«, die »mit roten Hüten herumlaufen« oder sich auf Schulhöfen mit »Bon jour, citoyen« begrüßen. Auch wo es um die Anwendung von Gewalt ging, war er für sorgfältige Analyse und Kalkulation und nicht für blindes Losschlagen, das sich für Spontaneität hält. In dieser Hinsicht ist er das Gegenteil von Börne, der sich schon von Heine, und zwar zu Recht, den Vorwurf eitler Unbedachtsamkeit und eines ebenso wilden wie blinden Aktionismus gefallen lassen mußte. Büchners Wort von den »revolutionären Kinderstreichen« trifft auch für viele Aktivitäten Börnes zu. Büchner war zu der realpolitischen Überzeugung gekommen, »daß nur das notwendige Bedürfnis der großen Masse Umänderungen herbeiführen kann, daß alles Bewegen und Schreien der Einzelnen vergebliches Torenwerk ist«. Beispiele für Kinderstreiche hatte es genug gegeben. Da erwähnt er unter dem 5. April an die Eltern »die Frankfurter Vorfälle«, die dem Ziel galten, die Frankfurter Bundesversammlung mit Waffengewalt zu vereinnahmen und zu suspendieren und von Frankfurt aus eine umfassende Revolution in Gang zu bringen. Aber die Aktion folgte der Dramaturgie eines bunten Räuberstückes mit rührseligen, skurrilen Pointen und traurigem Ausgang. Als die Insurgenten mit geschwärzten Gesichtern die Hauptwache erstürmt hatten, Waffen verteilen wollten, verhielt sich das schaulustige, neugierige Publikum völlig apathisch und verlegte sich darauf, Maulaffen feilzubieten. In der französischen Presse war man davon ausgegangen, daß Börne von Straßburg aus den Frankfurter Putsch dirigiert hätte. Die Meldung kam aus Paris und wurde auch in Straßburg publiziert. Nach dem Scheitern des Putsches erscheint Börnes Freundin Jeanette Wohl mit ihrem Mann in Straßburg. Es spricht nicht für Börnes realpolitischen Sinn, wenn er wenige Tage vor dem Putsch von Paris nach Frankfurt an Jeanette vielsagend schreibt: »Mehrere Rheinbayern ... haben ... mich ganz ernsthaft versichert, die patriotische Partei in

Deutschland, besonders in *Frankfurt*, werde bald etwas unternehmen. ... Ich meine, die Zeit sei im Kochen und ich sehe schon die Bläschen.« Die Briefzensur wird sich über die feuilletonistische Redseligkeit gefreut haben, und hoffentlich hat sich Börne auch die Narrenkappe übergezogen, als er schrieb: »Die Verschwörung war aber verraten, nicht aus Bosheit, sondern durch Schwatzhaftigkeit.« Was von der Diskretion der Madame Wohl zu halten war, hätte er wissen müssen. Büchner spricht im Zusammenhang mit Frankfurt von der »tollen Meinung«, von der »Verblendung Derer«, »welche in den Deutschen ein zum Kampf für sein Recht bereites Volk sehen«. Er betrachtet zum »gegenwärtigen Zeitpunkt jede revolutionäre Bewegung als eine vergebliche Unternehmung«. Schon vorher, 1832, vom 27. bis 30. Mai, hatte in der Nähe von Neustadt, in Rheinbayern, das Hambacher Fest stattgefunden, an dem viele derjenigen teilnahmen, mit denen Büchner in Gießen seine Revolte in Gang brachte. Es besteht keine Frage, alles, was sich politisch abspielte, wurde von Büchner registriert, er saß im Rebstöckel, er war angeschlossen an das revolutionäre Nachrichtensystem und agitierte unter seinen Freunden, hatte Kontakt mit den Straßburger Amis du peuple und war schon viel weiter, als seine Freunde ahnten, die in der Eugenia bei mäßigem Trunk und kräftigem Gesang in kleinstem Kreise seinen grellen Situationsberichten aus Deutschland ein wenig ungläubig zuhörten, ihm widersprachen, sich auf die Schenkel schlugen und wieder brüderlichen Frieden eintreten ließen. Straßburg: das waren auch die Wanderungen durch die Vogesen, die Kahnpartien, sehr viel Herzlichkeit und freundschaftliche Geborgenheit und Zuwachs an akademischem Wissen. In jeder Form der Arbeit verlangte sich Büchner ein Äußerstes ab, trieb Raubbau mit seiner nicht sehr stabilen Gesundheit und eiferte, ohne es zu wissen, dem Vater nach und übertraf ihn an fanatischer Arbeitsenergie.

Die Rückkehr nach Hessen-Darmstadt, besonders nach Gießen, kam einer Katastrophe gleich. Zum Wintersemester 1833/34 läßt sich Büchner immatrikulieren, läßt sich gegen seinen erklärten Willen in die revolutionären Umtriebe in Hessen ein, nimmt Kontakt auf mit Weidig, gründet in Analogie zu Straßburg »Gesellschaften der Menschenrechte« in Gießen und Darmstadt, muß sich gegen Depressionen und organische Krankheiten zur Wehr setzen, wird verzehrt von Sehnsucht nach Straßburg, seiner Braut Minna Jaeglé und seinen Freunden, der Atmosphäre der Stadt und der Landschaft. Er beginnt, »mit aller Gewalt« sich »in die Philosophie« zu werfen, findet »die Kunstsprache abscheulich« und meint mit

Recht, man müsse »für menschliche Dinge auch menschliche Ausdrücke finden«. Und so reitet er denn auf dem »Esel« der Philosophie, leidet unter den politischen Verhältnissen, seiner eigenen Empfindlichkeit, der Indolenz und Häßlichkeit Gießens und seiner unmittelbaren Umgebung, rechtfertigt sich den Eltern gegenüber wegen des Vorwurfs, hochmütig zu sein, kommt zu einem Skeptizismus, der schon die Grenzen des Pessimistischen erreicht, studiert immer wieder von neuem die Geschichte der Französischen Revolution, schreibt bilderreiche Briefe, sucht mit sich ins reine zu kommen, verirrt sich im Labyrinth, in den »wüsten Irrgängen« seines Innern, konspiriert, schafft Bündnisse mit den Liberalen und Patrioten, gewissermaßen große oppositionelle Koalitionen zur Bekämpfung der bestehenden Duodezverhältnisse in Nordhessen. Es kommt zu geheimen Konferenzen auf der Badenburg, er konzipiert den »Landboten«, folgt dem Vorschlag Weidigs und übernimmt die Aufgabe, »für die weniger Intelligenten« zu schreiben und das Kleinbürgertum und die Agrarbevölkerung ideologisch vorzubereiten. Es folgt das Fiasko, der Verrat, die Einsicht in die Wirkungslosigkeit dieser Agitation. Minnigerode, mit dem Decknamen »das Dambohrchen«, der Freund, wird verhaftet. Büchner unternimmt verzweifelte Versuche, die an der Verschwörung Beteiligten zu warnen. Für die Behörden, die den Verfasser dingfest machen wollen, erscheint die Sache so ungeheuerlich, daß sie zunächst eine Beteiligung von Studenten für unmöglich halten. Die Bundes-Zentral-Behörde ist der festen Auffassung: »Der Hessische Landbote ist nicht das Werk eines Studenten, sondern unverkennbar eines erfahrenen, gewandten und geübten demagogischen Schriftstellers, der die Studenten nur zur Verbreitung der Flugschrift benutzt haben wird. Der lange Besuch des Minnigerode und Schütz bei dem Rektor Weidig, damals in Butzbach, verdient bei der Frage, wer der Verfasser sei, wohl vorzügliche Berücksichtigung.« Büchners nächtliche Exkursionen in Richtung Frankfurt und Offenbach, die den Eltern gegenüber als romantische Spaziergänge eines wissenschaftlich Überarbeiteten dargestellt werden, sind bekannt und werden auch richtig eingeschätzt: »Unmittelbar nach der Arretierung Minnigerodes eilte sein Freund, der Gießener Student Georg Büchner aus Darmstadt nach Frankfurt, ohne Zweifel, um die hiesigen Freunde davon in Kenntnis zu setzen.«

Ehe die Selbstvorwürfe kommen, kommen die Vorwürfe: Büchner wird von seinen Freunden als »unvorsichtiger Mensch« dargestellt. »Es ist hier sogar dem Ministerium bekannt, daß Büchner, wie ein Hanswurst verkleidet in geheimen Aufträgen zu Offenbach war.« Und dann, ebenfalls von Ludwig Rosenstiel, in einem Brief vom 23. Oktober 1834: »Beständig lebe ich in der größten Angst um Dich, bedenke doch, daß Du mehr wert bist, als Dich über solche erbärmliche Wische, wie die waren, welche das arme Dambohrchen bei sich hatte, der Gefahr, abermals arretiert zu werden, auszusetzen.« Im März 1835 flüchtet er. Auch dieser Abschnitt endet nicht ohne eine notorische Schriftstellerlegende.

Während Büchner noch unter Bewachung steht und damit rechnet, jeden Augenblick verhaftet zu werden, konspiriert er des Nachts und schreibt das Drama »Dantons Tod«, wie er Gutzkow in einem auf das stilistische Erwartungsniveau des Jungen Deutschland gestimmten Brief mitteilt, »in höchstens fünf Wochen«. Das minuziös durchkomponierte Werk besteht zu einem so großen Teil aus peniblen quellengeschichtlichen Übernahmen, daß die Behauptung von den »fünf Wochen« nichts anderes sein kann als eine Schriftstellercamouflage, die gewissermaßen zum Beruf gehört. Die Niederschrift des Vorbereiteten, des Zurechtgelegten, mag fünf Wochen gedauert haben, die Arbeit am Drama, die ganze Entstehungsgeschichte sicherlich nicht. Es läßt sich überprüfen: Man braucht sich nur hinzusetzen, die Quellenwerke durchzuarbeiten, handschriftlich zu exzerpieren, zu arrangieren. Fünf Wochen sind absolut unmöglich.

Am 9. März 1835 muß Büchner seinen Eltern, besonders dem Vater, die Gründe und das Gelingen seiner Flucht nach Straßburg mitteilen. Ein Steckbrief folgt ihm. Er setzt sein Studium fort und legt den Schwerpunkt auf die »medizinisch-philosophischen Wissenschaften«; sein Interesse an der praktischen Medizin ist gering, sie entspricht auch nicht seiner Begabung, die mehr auf dem Gebiet der Theorie liegt.

Fürs erste verlegt er sich darauf, den Eltern gegenüber die Ungeheuerlichkeit des Danton-Dramas zu erläutern unter dem Stichwort: »Über mein Drama muß ich einige Worte sagen.« Als Briefschreiber erweist Büchner sich als Chamäleon. Er paßt sich den Erwartungen seiner Adressaten an. Er ist schnodderig, zynisch und überzogen witzig, wenn jungdeutsche Pointiertheit von ihm erwartet wird. Er greift ohne Skrupel zum Mittel der Lüge und der gespielten »heiligen« Entrüstung, um die Eltern zu beruhigen und die Zensur auf falsche Pfade zu locken. Er übertreibt seine Indignation, wo es um das Drama geht, und rückt erst gegen Ende des Briefes vom 28. Juli 1835 mit seinen ästhetischen Ansichten etwas deutlicher heraus. Er vermag sich aber auch auf den umständlichen und devoten Kurialstil einzustellen, wenn es darum geht, die Einreise in die Schweiz zu erbitten. Büchner als Briefschreiber: ein ungemein interessantes und vermutlich nicht ausschöpfbares Thema. Man darf ihm alles und nichts glauben und muß ständig zwischen den Zeilen nach dem Sinn und dem Gemeinten suchen in dem Bewußtsein, es doch nie ganz zu finden. Nur manchmal erscheint er offen, in wenigen Briefen an die Braut und in dem Schlußabschnitt des Briefes, den er am 1. Januar 1836 an die Eltern richtet.

Er bereitet seine Dissertation vor, arbeitet an philosophischen Studien über Descartes und Spinoza, macht sich weiterhin Gedanken über Politik, vermeidet es aber, an irgendwelchen Aktionen teilzunehmen. Es ist zu bedauern, daß seine Rezensionen über neueste französische Literatur nicht mehr auffindbar sind. Gutzkow macht ihm ehrenvolle Offerten für die Mitarbeit an der »Deutschen Revue«; Übersetzungsarbeiten folgen, zahlreiche literarische Pläne werden erwogen.

Dann bereitet er alles für seine Übersiedlung nach Zürich vor. Das Stichwort Schweiz erscheint bereits regelmäßig in den Briefen des Jahres 1835, ebenso wie das Stichwort Philosophie. Die Philosophie zieht ihn unwiderstehlich an; sie stößt ihn zugleich ab, gibt Anlaß zu idiomatischen Marginalien und skeptischen Vorbehalten: »Ich werfe mich mit aller Gewalt in die Philosophie, die Kunstsprache ist abscheulich, ich meine für menschliche Dinge müsse man auch menschliche Ausdrücke finden; doch das stört mich nicht; ich lache über meine Narrheit und meine es gäbe im Grund genommen doch nichts als taube Nüsse zu knacken.« Im Oktober 1835 gibt es einen produktiven Schub; Büchner befaßt sich mit Studien für das Lenz-Psychogramm und sieht sich »nach Stoff zu einer Abhandlung über einen philosophischen oder naturhistorischen Gegenstand um«. Voller Selbstbewußtsein sieht er Weg und Ziel unmittelbar vor sich: »Jetzt noch eine Zeit lang anhaltendes Studium, und der Weg ist gebrochen. Es gibt hier Leute, die mir eine glänzende Zukunft prophezeien. Ich habe nichts dawider.« Im November: »Aus der Schweiz habe ich die besten Nachrichten. Es wäre möglich, daß ich noch vor Neujahr von der Züricher Fakultät den Doktorhut erhielte, in welchem Fall ich alsdann nächste Ostern anfangen würde, dort zu dozieren.« Kurze Zeit später an Gutzkow: »Ich werde ganz dumm in dem Studium der Philosophie; ich lerne die Armseligkeit des menschlichen Geistes wieder von einer neuen Seite kennen. Meinetwegen!« Dann im Dezember an Bruder Ludwig: »Nächstes Frühjahr gehe ich in die Schweiz.« Im April und Mai 1836 erfolgt der Vortrag seiner Mémoire sur le Système nerveux du Barbeau« vor der Société d'histoire naturelle; diese Naturforschende Gesellschaft ernennt ihn zum Mitglied und läßt seine Abhandlung im Rahmen ihrer Schriftenreihe veröffentlichen; im Juni überwacht er die Drucklegung, und voller Zuversicht schreibt er an die Familie: »Meiner Reise nach Zürich steht also kein Hindernis im Wege.« Die Zuversicht gründet sich auf die Fürsprache seiner Protektoren und auf das Bewußtsein, politisch nicht in Erscheinung getreten zu sein; die polizeilichen Führungszeugnisse bringen zum Ausdruck, daß »sa conduite, sous le rapport politique que moral, n'a donné lieu à aucune plainte«. Am 2. September teilt er seinem Bruder Wilhelm mit: »Ich habe mich jetzt ganz auf das Studium der Naturwissenschaften und der Philosophie gelegt, und werde in Kurzem nach Zürich gehen ... Man braucht einmal zu vielerlei Dingen unter der Sonne Mut, sogar um Privatdozent der Philosophie zu sein.« Als er das schrieb, befand er sich noch immer in Straßburg; erst am 22. September 1836 wendet er sich an »die oberste Magistratsperson Zürichs«, mit der Bitte um eine schriftliche Aufenthaltsgenehmigung. Vier Tage später, am 26. September, schreibt Büchner an das akademische Leitungsgremium der Universität Zürich und bittet um Zulassung zu einer akademischen Probevorlesung.

Am 18. Oktober übersiedelt Büchner nach Zürich. Weiteren bisher nicht gedruckten Dokumenten läßt sich entnehmen, daß die öffentliche Probevorlesung am 5. November 1836 stattgefunden hat:

»Herr Präsident / Hochgeachtete Herren. / Gemäß der Zuschrift des h. Erziehungsrates vom 1 Okt. d. J. hat die Fakultät am heutigen Tage eine Probevorlesung des Hrn Dr. Büchner veranstaltet. Sie hat dieselbe nach Form und Inhalt ihren Forderungen vollkommen entsprechend gefunden und empfiehlt daher Hrn. Dr Büchner zur Aufnahme unter die *Privatdozenten* der Hochschule. / Der h. Erziehungsrat wird wegen der Dringlichkeit des Falles entschuldigen, daß dieses Gutachten diesmal noch unmittelbar übersendet wird. / Zürich d. 5 Novbr. 1836. / Hochachtungsvoll / Der Dekan / Dr. JG Baiter / Der Aktuar / Th. Mittler«

Der Empfehlung der Philosophischen Fakultät wird noch am selben Tag entsprochen:

»Auf den Bericht der philosophischen Fakultät über die von H. Dr. Büchner gehaltene Probevorlesung wird dem H. Dr. Büchner die Bewilligung erteilt, als Privatdozent an der hiesigen Hochschule aufzutreten. / Hiervon wird dem akademischen Senate für sich und zu Händen der philosophischen Fakultät, sowie dem H. Dr. Büchner Kenntnis gegeben. / Zürich den 5.ten November 1836. / Vor dem Erziehungsrate. / der erste Sekretär / Escher.«

Die Probevorlesung »Über Schädelnerven« zeigt deutlich, wie Büchner Naturwissenschaft und Philosophie miteinander verbindet und wie er die »philosophischen« Ansichten strikt von »teleologischen«, »dogmatischen« und jenen Ansichten unterscheidet, »aus denen der Enthusiasmus des absoluten Wissens« sich herleitet.

Lorenz Oken, der hinter allem steht, dessen wissenschaftsgeschichtliche Ansätze Büchner aufnimmt und selbständig fortführt, veranlaßt Büchner, Zootomie, Vergleichende Anatomie der Fische und Amphibien zu lesen und den Plan einer philosophiegeschichtlichen Vorlesung vorerst noch zurückzustellen. Etwa zwanzig Studenten hörten diese Vorlesung, die gehalten wurde in einer klaren und bündigen Sprache, ohne rhetorischen Schmuck, den er fast ängstlich »als nicht zur Sache gehörig« zu vermeiden trachtete.

Zwischendurch muß er noch am »Woyzeck« gearbeitet haben. Zu seinen engsten Freunden gehörten Wilhelm und Caroline Schulz, die sich ebenfalls, nach Zwischenstation in Straßburg, als Flüchtlinge in der Schweiz niedergelassen hatten. Dr. Schulz hielt auch Vorlesungen in Zürich, als Jurist.

Wenige Wochen nur dauerte die Lehrtätigkeit Büchners. Am 2. Februar 1837 brach die Krankheit aus, der er am 19. Februar erlag. Als Diagnose wird in der Regel angegeben: Typhus. Es ist auch die Vermutung ausgesprochen worden, daß Büchner einem Arsenanschlag zum Opfer gefallen sein könnte; eine Annahme, die in der Art ihrer Begründung nicht sehr wahrscheinlich ist.

Die sorgfältig verzeichneten medizinischen Befunde rücken eine Arsenvergiftung jedoch durchaus in den Bereich des Möglichen. Büchner selbst weist darauf hin, welche Rolle Arsen bei Suiziden spielte: »Ich begreife nicht, daß sie nicht Arsenik genommen, sich auf das Geländer des Kirchturms gestellt und sich eine Kugel durch den Kopf gejagt haben, um es ja nicht zu verfehlen.« (»Leonce und Lena«) Ebensowenig wie die Mordthese ließe sich eine Suizidthese aufrechterhalten. Wenn man das Leben Büchners überblickt, seine gegen die Gesundheit extrem rücksichtslose Arbeitsweise, die dem Körper alles vorenthält, was er zur Regeneration benötigt: Schlaf, Ruhe, Entspannung –, wenn man sich vergegenwärtigt, daß die entscheidenden Werke, die er geschrieben hat, in knapp zwei Jahren entstanden sind, wenn man weiter den Zeitaufwand berücksichtigt, die Nervenanspannungen und körperlichen Strapazen, die sich aus seiner agitatorischen Tätigkeit ergaben, so stellt sich fast zwangsläufig die Frage, wie er das kräftemäßig hat leisten und durchhalten können. Es liegt nahe, daß er zu euphorisierenden und sedierenden Mitteln gegriffen hat. Auf der von Alexis Muston stammenden Portraitskizze ist eine große, frei in der Luft schwebende Mohnkapsel zu sehen, deren Spitze auf die Stirn Büchners zeigt. Und es liegt erst recht nahe, daß er stimulierende Mittel benötigte, zu denen das weiße Arsen gehört, ein Depotgift, wie es die Arsenikesser zu sich nahmen, um große Leistungen erbringen zu können. Was immer auch die medizinischen Ursachen gewesen sein mögen, der von Büchner selbst ironisch erwähnte »subtile Selbstmord durch *Arbeit*« gehört mit Sicherheit dazu.

III.
WERKGESCHICHTLICHE KONTUREN

Die Werke, die den literarischen Rang Georg Büchners begründet haben, sind Ergebnisse einer zwar nicht langen, aber unerhört intensiven und krisenreichen geistigen Entwicklung: die Dramen »Dantons Tod«, »Leonce und Lena« und »Woyzeck«, das Erzählfragment »Lenz«, die philosophischen Abhandlungen über Cartesius und Spinoza, die naturwissenschaftlichen Schriften, die verlorengegangenen Dramenmanuskripte und Tagebücher. Um diese Entwicklung zu verstehen, um ihre thematischen und sprachlichen Errungenschaften würdigen zu können, ist es unumgänglich, sich in die Anfänge dieses faszinierenden Lebens zurückzuversetzen. Hat man Jahre zu betrachten, so mag die Minute nicht ins Gewicht fallen; hat man aber nur eine Minute, so wird die Sekunde wichtig.

Büchner beginnt als idealistischer Freiheitsfanatiker, als vernunftrechtlicher Parteigänger der Französischen Revolution und radikaler Sozialrevolutionär.

Als Schüler verfaßt er Elaborate in Form von Aufsätzen und Reden, die sich mit dem legendären »Helden-Tod der vierhundert Pforzheimer«, mit dem heroischen Freitod des »Cato von Utika« und dem Problem des Selbstmords auseinandersetzen. Der Tod wird hier gesehen und gedeutet als pathetische Chiffre der politischen Freiheit, die in die Sittlichkeit verlegt wird. Cato werden die Wartburgideale zugesprochen: »Vaterland, Ehre und Freiheit«. Sie bilden den Grund des Lebens ebenso wie den Grund des frei gewählten Sterbens. Hinter allem steht die romantische Ideologie Follens vom Opfertod.

Als Straßburger Student geht er in die Schule der ultrarevolutionären Republikaner. Die Erkenntnisse, die er hier gewinnt, nimmt er mit nach Gießen, wo er mit dem liberalen Bürgertum und den radikalen Burschenschaften gegen die hessische Regierung für ein geeintes, sozial gerechtes Deutschland konspiriert. Unterdessen organisiert er selbst eine eigene Verschwörergruppe nach dem Vorbild der französischen Gesellschaft der Menschenrechte.

In der »Aktenmäßigen Darlegung« von Nöllner, Darmstadt 1844, wird auf die enge Verbindung zwischen »der Revolutionspartei« und der wieder ins Leben gerufenen Burschenschaft »als eines revolutionären Klubs« hingewiesen. Die Revolutionspartei bestand nicht nur aus Studenten. Als ihr Urheber gilt Büchner, und in der »Aktenmäßigen Darlegung«, die zum größten Teil auf Verhören fußt, wird auch der Zusammenhang mit Straßburg betont. Reihum fanden Zusammenkünfte statt, in welchen »über den politischen Zustand Deutschlands, über die Mittel zu dessen Veränderung, über den nächsten Zweck einer *Revolution,* sodann im Speziellen über die eigene Tätigkeit und über die Ausdehnung der Gesellschaft gesprochen wurde, welche eine Zeit lang auch den ihr von Büchner beigelegten Namen: ›Gesellschaft der Menschenrechte‹ führte«. Es gab Entwürfe für eine »Konstitution«; in den Zusammenkünften kamen »sehr gefährliche und überspannte Grundsätze zur Sprache«; und es wurde der Vorschlag gemacht, »daß jedem Mitglied die Verbindlichkeit auferlegt werde, denjenigen zu *ermorden,* welcher das von Allen anzugelobende Geheimhalten der Verbindung und des darin Verhandelten nicht beobachte«. Exekutions- und Meineidsstrategien scheinen auch im Kreise von Follen und selbst von Pfarrer Weidig erwogen worden zu sein. So behauptet Gustav Clemm im Verhör, daß Dr. Weidig versucht hätte, ihn und August Becker zum Mord an Geheimrat Dietz anzustiften und den politischen Mord allgemein zu rechtfertigen: »Er suchte in einer langen Unterredung uns die Überzeugung beizubringen, daß es notwendig sei, solche Leute aus dem Wege zu räumen. Er hatte bei jenen Äußerungen keinen anderen Zweck, als uns zum Mord zu überreden.«

Im Zusammenhang mit diesen konspirativen Vorgängen der »Gesellschaft der Menschenrechte« entwarf Büchner den »Hessischen Landboten«, der nicht, wie Literaturwissenschaftler meinen, politische Dichtung sein will oder gar ist. Den »Landboten« muß man sehen im Zusammenhang der Flugschriftenliteratur, die es zu einer bestimmten Sprache und Bildlichkeit gebracht hatte, an die Büchner anknüpfen konnte. Freunde Büchners glaubten anfänglich, und diesen Äußerungen wird man Glauben schenken können, daß die Flugschrift »aus Frankreich gekommen« sei. »Ich gründete diese Meinung«, heißt es in einer Aussage von Sartorius, »auf den so sehr revolutionären Inhalt der Schrift. Ich dachte die darin ausgesprochenen Prinzipien seien wohl aus einer französischen Schrift geschöpft und den hiesigen örtlichen Verhältnissen angepaßt. So lange Büchner in Gießen war (er ging im Herbst 1834 von da weg) hatte ich jene Flugschrift nie gesehen.« Eine nicht geringe Rolle spielten dabei Lamennais' »Worte eines Gläubigen«, an deren Übersetzung sich nicht nur Ludwig Börne, sondern auch Büchners republikanischer Altmentor Ehrenfried Stöber, Weidig und viele andere gemacht hatten, wobei insbesondere für Börne die Antithese arm-reich fester Bestand seiner Agitation ist: »Es ist wahr, der Krieg der Armen gegen die Reichen hat begonnen, und wehe jenen Staatsmännern, die zu dumm oder zu schlecht sind, zu begreifen, daß man nicht gegen die Armen, sondern gegen die Armut zu Felde ziehen müsse.« Im Sinne dieser Antithese arbeitet Büchner, wobei davon ausgegangen werden muß, daß sie unter den radikalen Revolutionären eine unumstößliche Grunddoktrin gewesen und auf heftigen Widerstand bei den gemäßigteren Liberalen gestoßen ist. So äußerte Dr. Eichelberg, daß er im »Landboten« ein Konzept »vollständiger Anarchie«, eine Aufforderung »zu allgemeiner Zügel- und Gesetzlosigkeit« gesehen hätte. Clemm bestätigte die Aussage von Eichelberg, daß solche Blätter wie der »Landbote« nur »auf einen Kampf der Armut gegen den Reichtum hinarbeiteten«. »In dem ersten Konzepte zum Landboten war von dem Kampf der Armen gegen die Reichen die Rede. Dies fanden Viele anstößig, namentlich auch Eichelberg und Dr. Weidig, denn man meinte, dieser Ausdruck werde die Wirkung stören, weil selbst in jedem Dörfchen der Unterschied zwischen Arm und Reich bestehe, man darum statt ›Reichen‹ sagen: die Vornehmen.«

An einer anderen Stelle des Verhörs gibt Dr. Eichelberg zu Protokoll: »Blätter wie der Landbote könnten nur für die Proletarier, die Hefe des Volkes berechnet sein. Bei diesen wären aber selbst solche Blätter überflüssig, da wenn man anders eine künstliche Revolution durch diese bewirken wolle, solche auch ohne dieses jeden Augenblick bei der Hand seien. So wie aber Clemm mit mir darüber einstimmen müsse, daß eine Revolution künstlich erzeugt, nie zu dem gewünschten Ziele führen könne und man sich da, wo man glaube, daß die Natur in dem Entwicklungsgange der Menschheit derartiges zur Zeit vor habe, sich lediglich darauf beschränken müsse, das was die Natur in dieser Beziehung vorhabe, sich zur klaren Kenntnis zu bringen und die ihr abgelauschten Winke dazu zu benutzen ihr unter die Arme zu greifen, – so werde er wohl noch mehr mir darin beistimmen, daß durch Blätter wie der Landbote ein Kampf hervorgerufen werden könne, welchen wir ja gerade verhüten wollten, es ist dieses der Kampf der Armut gegen den Reichtum, der schrecklichste der Kämpfe denen der Mensch anheim fallen kann. So viel ich nämlich wisse, lebten wir alle der Überzeugung, daß wenn die Verhältnisse wie sie jetzt bestehen, ohne Änderung so fortdauerten, nach 10, 20 Jahren der Kampf der Besitzlosen gegen den Besitzer unvermeidlich von selbst eintreten müsse; und eben dieses erkennend, wären wir zusammengetreten, die Mittelklasse die noch Besitztum und Erwerb habe, bei Zeiten darauf aufmerksam zu machen, damit sie auf nötige Änderung hinarbeite und den schrecklichen Kampf nicht werden lasse. Würde man anders verfahren, so mache man eine Revolution zum Zwecke und nicht zum notwendigen obgleich traurigen Mittel.«

Vor dem Hintergrund dieses Diskussionsstandes erscheint Büchners »Hessischer Landbote« als das bei weitem radikalste Stück agitatorischer Prosa vor dem »Kommunistischen Manifest«; selbst Heinrich von Treitschke sieht in dem »Landboten« ein Meisterwerk: ein »Meisterwerk gewissenloser demagogischer Beredsamkeit«.

Mit rhetorischen Stilmitteln, in deren Handhabung sich schon der Gymnasiast geübt hatte, werden klassenkämpferische Parolen publiziert. »Friede den Hütten! Krieg den Palästen!« Das Motto stammt von Chamfort. Büchner will in dieser Kampfschrift nicht urteilen, sondern aburteilen; er will nicht erkennen, sondern wirken; er will nicht objektiv sein, er will nicht abwägen, sachlich differenzieren und analysieren, sondern treffen und töten. Er wendet sich an kein bekanntes Publikum, sondern er will das Publikum kennenlernen. Ja mehr noch: Er will sich mit Hilfe ideologischer Suggestionen ein Publikum erst schaffen. Er will überreden, die Leser und Zuhörer auf seine Seite bringen. Dieser Zweck bestimmt die Mittel. Politische Agitatorik rechnet mit der Unaufmerksamkeit und Bestimmbarkeit der Menschen. Ihre Stilmittel sind gut, wenn sie wirksam sind. Sie sind wirksam, wenn sie an reale Bedürfnisse und Dinge anknüpfen, die alle kennen. Büchner wendet sich an das von Hungerrevolten geschüttelte hessische Agrarproletariat. Von ihm will er verstanden werden, an seine Lebenswelt knüpft er an. Mit krassen Antithesen, mit hämmernden Anaphern und hyberbolisch überhitzten Bildern denunziert er die menschliche Schmach, die darin liegt, nur noch Mittel zum Zweck zu sein. Er verhöhnt eine Gesellschaft, die es nicht nur zuläßt, daß es so ist, die auch noch im Namen der Ordnung, im Namen des Staates, im Namen des Rechts diesen Zustand gutheißt. Es ist beeindruckend, wie Büchner die Gattungsmechanik der Agitation durchschaut, wie er sie bedenkenlos anwendet und sich dabei in seinem rhetorischen Temperament »vom eigenen großen Tiradenton« buchstäblich fortreißen läßt (J. Fest) und dabei mitnimmt, was ihm aus der Geschichte der damaligen Ideologien, der Flug-, Kampf- und Rechtfertigungsschriften geläufig war.

»Geht einmal nach Darmstadt und seht, wie die Herren sich für euer Geld dort lustig machen, und erzählt dann euern hungernden Weibern und Kindern, daß ihr Brot an fremden Bäuchen herrlich angeschlagen sei, erzählt ihnen von den schönen Kleidern, die in ihrem Schweiß gefärbt, und von den zierlichen Bändern, die aus den Schwielen ihrer Hände geschnitten sind, erzählt von den stattlichen Häusern, die aus den Knochen des Volkes gebaut sind; und dann kriecht in eure rauchigen Hütten und bückt euch auf euren steinichten Äckern [...].«

Es kommt dem Demagogen darauf an, die Gedanken und Emotionen in eine Richtung zu lenken. Er will bannen, beschwören, aufwiegeln. Er will verhindern, daß Für und Wider gegeneinander abgewogen werden. Er will nur das Wider, das Gegen, das Kontra. Was Büchner praktiziert, entspricht dem, was der junge Marx als »Kritik im Handgemenge« beschrieben hat.

Der Agitator Büchner balanciert auf der Demarkationslinie zwischen Lüge und Wahrheit. Er macht eine Teilwahrheit bewußt zur ganzen Wahrheit und setzt sie damit zur ideologischen Lüge herab. Unerbittlich zeigt er auf die ungedeckten Stellen des Gegners, der als korrumpierbar bezeichnet wird, nicht weil er Mensch ist, sondern weil er Gegner ist.

Schneidend formuliert Büchner: »Das Gesetz ist das Eigentum einer unbedeutenden Klasse von Reichen und Gelehrten, die sich durch ihr eignes Machwerk die Herrschaft zuspricht. Diese Gerechtigkeit ist nur ein Mittel, euch in Ordnung zu halten, damit man euch bequemer schinde.« Die agitatorische Kritik Büchners weist darauf hin, daß die Rolle des Staates davon abhängt, welche gesellschaftlichen Gruppen ihn objektiv repräsentieren. Wer repräsentiert den Staat? Büchner zeigt demagogisch auf den Duodezfürsten, auf den hessischen Großherzog »Ludwig von Gottes Gnaden«, und er macht sich daran, ihn dieser Gottesgnaden-Rolle zu entkleiden, indem er ihn buchstäblich bis auf den letzten adamitischen Rest auszieht:

»Aber tretet zu dem Menschenkinde und blickt durch seinen

Fürstenmantel. Es ißt, wenn es hungert, und schläft wenn sein Auge dunkel wird. Sehet, es kroch so nackt und weich in die Welt, wie ihr und wird so hart und steif hinausgetragen, wie ihr, und doch hat es seinen Fuß auf eurem Nacken, hat 700000 Menschen an seinem Pflug.«

Die demagogische Argumentation schreitet zielsicher fort und gipfelt in einem fanatisierenden Aufruf zur Empörung und Gewaltanwendung.

Zwei Hebel sieht Büchner zur Herbeiführung der Revolution: »materielles Elend und religiösen Fanatismus« – oder anders gesagt: Hunger und Ideologie. An Karl Gutzkow schreibt er: »Jede Partei, welche diese Hebel anzusetzen versteht, wird siegen.«

Trotz seiner Parteinahme für die Unterdrückten geht es Büchner nicht allein darum, »die Masse des Volks« zu befreien und die materielle Not zu beseitigen. Büchner ist Realdialektiker und ein für sein Alter erstaunlich unbestechlicher Sozialpsychologe. Er ist Skeptiker und glaubt seine Klienten zu kennen. In einem Brief an Gutzkow heißt es:

»[...] das Verhältnis zwischen Armen und Reichen ist das einzige revolutionäre Element in der Welt; der Hunger allein kann die Freiheitsgöttin und nur ein Moses, der uns die sieben ägyptischen Plagen auf den Hals schickte, könnte ein Messias werden. Mästen Sie die Bauern und die Revolution bekommt die Apoplexie. Ein Huhn im Topfe jedes Bauern macht den gallischen Hahn verenden.«

Hunger, Elend, materielle Not oder, um im Bild zu bleiben: »die sieben ägyptischen Plagen« sind die realdialektische Voraussetzung zur Herbeiführung dessen, was Büchner in einem sehr prononcierten Sinne als Revolution bezeichnet; er sieht in ihnen politische Instrumente, und er ist nicht bereit, sie aus der Hand zu geben. Wie dem Verfasser der gegen Proudhon gerichteten Kampfschrift über »Das Elend der Philosophie«, Karl Marx, geht es Büchner nicht darum, das Elend auszumerzen, sondern dessen Ursachen, und hierzu sieht er sich angewiesen auf dessen Wirkungen, die dazu beitragen sollen, den Menschen aus der Schmach seiner materiellen und geistigen Erniedrigung und Selbstentfremdung herauszuführen. »Ich glaube«, schreibt er an Gutzkow, »man muß in sozialen Dingen von einem absoluten Rechtsgrundsatz ausgehen, die Bildung eines neuen geistigen Lebens im Volk suchen und die abgelebte moderne Gesellschaft zum Teufel gehen lassen.« Ziel der Büchnerschen Revolution ist die »Bildung eines neuen geistigen Lebens im Volke«, ist die Herbeiführung eines neuen Sinns für menschliche Würde und Freiheit in einer sozialrechtlich befreiten Gesellschaft. Am Ende der Demagogie des »Hessischen Landboten« steht die fortschrittsgläubige Vision eines Paradieses, in dem der Mensch nach allen Seiten hin uneingeschränkt Mensch zu sein vermag. Damit verläßt Büchner den Bereich der Sozialkritik und begibt sich bewußt auf die Ebene einer geschichtsphilosophischen Utopie, der er abzugewinnen sucht, was er im Anschluß an Voltaire, Diderot und Fichte »religiösen Fanatismus« nennt. Büchner betätigt den zweiten Hebel seines revolutionären Instrumentariums. Es geht darum, den bewußtlos in ihrer Schmach lebenden Bauern Bewußtsein zu geben, sie mit Hilfe eines religiösen Fanatismus zu einer kampfbereiten Klasse zu machen und sie für einen heiligen Krieg zu begeistern. Man muß ihnen nicht nur Courage geben, sondern auch eine Ideologie, und zwar die Ideologie ihres Auserwähltseins. Das dem Duodezfürsten agitatorisch entwundene Gottesgnadentum wird republikanisiert und der auserwählten Klasse als Erbschaft vermacht.

Es wird verkündet:

»Wer das Schwert erhebt gegen das Volk, der wird durch das Schwert des Volkes umkommen. Deutschland ist jetzt ein Leichenfeld, bald wird es ein Paradies sein. Das deutsche Volk ist Ein Leib, ihr seid ein Glied dieses Leibes. Es ist einerlei, wo die Scheinleiche zu zucken anfängt. Wann der Herr euch seine Zeichen gibt durch die Männer, durch welche er die Völker aus der Dienstbarkeit zur Freiheit führt, dann erhebet euch und der ganze Leib wird mit euch aufstehen.«

Das oratorische Pathos dieser wissenschaftlich umstrittenen Stelle setzt sich zusammen aus Bibelmetaphorik und Requisiten idealistischer Geschichtsphilosophie, aber unverkennbar auch aus überlieferten Mustern jakobinischer Eloquenz, in deren Handhabung Pfarrer Weidig nicht gerade versiert war. Es muß in Erinnerung gerufen werden, daß es keinen »Landboten« von Büchner und keinen von Weidig gibt; es gibt nur einen von Büchner und Weidig, und in dem politisch motivierten Konglomerat der Verfasserschaften gibt es stilistisch und ideologisch markant hervortretende Profile, die Zuschreibungen zwar nicht erforderlich machen, aber auch nicht verbieten. Die Hypothese, die biblischen Zitate und Bilder im »Landboten« stammten von Weidig, ist in dieser Vergröberung nicht haltbar und schon von Enzensberger widerlegt worden. Allein der Hinweis auf die zahlreichen Zitate, Vergleiche und Bildelemente aus der Bibel, wie sie in den Dichtungen, den Briefen und Schriften Büchners vorkommen, müßte genügen, um das plausibel zu machen. Mit Sicherheit war Büchner auch nicht auf die Hilfe von Pfarrer Weidig angewiesen, als er sich dazu entschloß, in sein Revolutions-Drama deutsche Kirchenlieder aufzunehmen und deren Text äußerst auffällig, mitten im Paris der Schreckensherrschaft, als durchlaufendes Zitat einzuarbeiten.

Das auf agitatorische Wirkung angelegte martialische Bild vom »Schwert ... gegen das Volk« im »Landboten« gehört zum Grundbestand revolutionärer Oratorik. Es macht einmal mehr den Zusammenhang zwischen Politik und Religion deutlich, besonders deshalb, weil dieser Zusammenhang in den Quellen mit Nachdruck geleugnet wird und in der Leugnung gegenwärtig ist, wie in jener berühmten Äußerung des Generalprokurators Chaumette: »Ich beziehe mich nicht auf das Evangelium, sondern auf den Philosophen Platon, der sagt, wer mit dem Schwerte schlägt, wird durch das Schwert umkommen (périr par le glaive).« Diese Äußerung überliefert Büchners Hauptquelle, Thiers »Geschichte der Französischen Revolution«.

Auf Ezechiel 37, worauf sich die Passage vor allem bezieht, geht die Mehrzahl der Flugschriften zurück; auf Ezechiel hatte sich schon Fichte in seinen Revolutionsschriften bezogen. Eine hervorstechende Rolle spielt das Bild vom Leichenfeld, dem Leib und der Scheinleiche in Fichtes seit 1824 von der Zensur erneut verbotenen »Reden an die deutsche Nation«. Büchner waren die Motive, die Bilder und Grundgedanken der Fichteschen Geschichtsphilosophie und Religionskritik vertraut. Dieser wirkungsgeschichtliche Zusammenhang läßt sich deshalb so bestimmt formulieren, weil Büchners Fichte-Rezeption zunächst in Form von umfangreichen Plagiaten und Kompilationen vor sich geht. Ganze Passagen der frühen Aufsätze und Reden sind wörtlich oder sinngemäß den Schriften Fichtes entnommen. Aus dem Umkreis der Fichteschen Geschichtsphilosophie stammt auch die Büchnersche Paradies-Metapher. Dieses Bild ist eine feststehende Formel in der europäischen Geschichtsphilosophie seit Rousseau. Bei Büchner hat sich allerdings gegenüber Fichte etwas Grundlegendes geändert. Es ist der materiale Gehalt der heilsgeschichtlichen Erwartung, der eschatologischen Vorstellung. An die Stelle des sittlich und kulturell vom Weltgeist auserwählten deutschen Volkes bei Fichte ist bei Büchner die auserwählte soziale Klasse getreten, der die regeneratio des Leibes, die Wiederherstellung des Paradieses aufgetragen wird. Aus der universalen Republik der vernünftigen Kultur wird eine universale Republik sozialer und vernünftiger Gerechtigkeit, die Herrschaft des humanisierten Volkes. Für Büchner ist das der dritte und letzte Schritt auf dem Wege der Menschheitsbefreiung. Als ersten Akt im »Kampf um das Licht der Aufklärung« hatte er in seinen Frühschriften Luther und die Reformation bezeichnet und als zweiten dann die Französische Revolution. Im Anschluß an Fichte, in Übereinstimmung mit Heine, der diesem Deutungsschema zur Popularität verhalf, deutet er beide Ereignisse als Phasen einer progressiven Aufklärung, denn die Französische Revolution hat – wie es in den Frühschriften heißt – »die Menschheit in ihrer Entwicklung um mehr denn ein Jahrhundert in gewaltigem Schwunge vorwärtsgebracht«. Das alles sind Stationen, Stufen auf dem Wege zur Herstellung des Himmels auf Erden, zur Installierung des irdischen Paradieses, das sich der Mensch aus der Befugnis der eigenen Vernunft schafft.

Da ist aber noch ein weiteres Requisit, das unabdingbar zur eschatologischen Revolutionstheologie gehört. Rousseau nennt es in seinem »Contrat Social« den »göttlichen Gesetzgeber«, den er sich schwärmerisch als eine »intelligence supérieure« vorstellt. Dieser göttliche Gesetzgeber darf die Menschen notfalls dazu zwingen, frei zu sein. Fichte nennt es die »wenigen Auserwählten und dazu im Rate der Gottheit Bestimmten«. Büchner bemüht im »Hessischen Landboten« »die Männer durch welche der Herr« – gemeint ist Gott – »den Völkern seine Zeichen gibt«. Einen Schritt weiter in unser Jahrhundert, zu dem Brecht der marxistischen Lehrstücke, und wir haben die kollektive Person der Partei, die nicht irren und nicht vernichtet werden kann; deshalb hat der Mensch blind zu gehorchen, er ist, wie es in der »Maßnahme« Brechts heißt, »ein leeres Blatt, auf das die Revolution ihre Befehle schreibt«. – Für die Gesetzgeber, die Auserwählten und die von Gott unmittelbar erleuchteten mythischen Männer ist die Geschichte, was sie wenig später für Marx werden sollte: »ein aufgelöstes Rätsel«. Denn all diese Instanzen sind Willensträger des Weltgeistes. Sie sind im Besitz omnipotenter Vernunft. Sie sind allwissend und unfehlbar. Aus diesem »Enthusiasmus des absoluten Wissens« – ein Begriff, mit dem Büchner sich später in seiner Züricher Antrittsvorlesung kritisch auseinandersetzt – leitet sie das Recht ab, das Schicksal ihrer Mitmenschen autoritär zu bestimmen. Am Ende dieser Deduktionen steht dann die Rechtfertigung des Terrors und des politischen Mordes. Die rousseauistische Exegese der Geschichte schlägt unversehens um in einen politischen Akt der Exekution. Politik wird zur Dämonologie, zu einer apokalyptischen Heilsgeschichte. Sie verliert das Bewußtsein ihrer Endlichkeit, gibt die Begrenzung durch das Maß der Ehrfurcht preis und wird totalitär. Sie gibt auf, was Schiller, der Ehrenbürger der Französischen Revolution, in seinen gerade heute wieder lesenswerten Briefen »Über die ästhetische Erziehung« »das große Bedenken« nennt: daß nämlich »die physische Gesellschaft in der Zeit keinen Augenblick aufhören darf, indem die moralische in der Idee sich bildet, daß, um der Würde des Menschen willen seine Existenz nicht in Gefahr geraten darf«. Und an einer anderen Stelle erläutert Schiller: »Wie viele gibt es nicht, die selbst vor einem Verbrechen nicht erschrecken, wenn ein löblicher Zweck dadurch zu erreichen steht, die ein Ideal politischer Glückseligkeit durch alle Greuel der Anarchie verfolgen, Gesetze in den Staub treten, um für bessere Platz zu machen, und kein Bedenken tragen, die gegenwärtige Generation dem Elende Preis zu geben, um das Glück der nächstfolgenden dadurch zu befestigen. Die scheinbare Uneigennützigkeit gewisser Tugenden gibt ihnen einen Anstrich von Reinigkeit, der sie dreist genug macht, der Pflicht ins Angesicht zu trotzen, und manchem spielt seine Phantasie den seltsamen Betrug, daß er über die Moralität noch hinaus, und vernünftiger als die Vernunft sein will.« Soweit Schiller, der Bewunderer und Kritiker der Französischen Revolution, dessen Einfluß auf das Geschichtsbild Büchners völlig außer Frage steht. Beide, Schiller und Büchner, besonders aber Büchner, und in noch stärkerem Maße Heinrich Heine, gehen in ihren Auseinandersetzungen mit der Revolution, die zugleich leidenschaftliche Auseinandersetzungen mit Rousseau sind, auf Voltaire zurück, den Ideologie- und Fanatismus-Kritiker des »Philosophischen Wörterbuchs«: »Solche Leute sind überzeugt«, schreibt Voltaire von den ideologischen Fanatikern, »daß der Geist, von dem sie besessen sind, über den Gesetzen steht, daß ihre Verzückung [enthousiasme] das einzige Gesetz ist, dem sie Gehör schenken sollen.« – »Alle Fanatiker sind Schurken mit gutem Gewissen.«

Nur kurze Zeit später, in den ersten Monaten des Jahres 1835, wird Büchner einige dieser mythischen Männer und messianischen Wundertäter in seinem Revolutionsdrama vorführen. Robespierre ist in den Augen des Volkes der »Messias«, der »Unbestechliche«, der »Aristides«: »Hört den Messias, der gesandt ist zu wählen und zu richten; er wird die Bösen mit der Schärfe des Schwertes schlagen. Seine Augen sind die Augen der Wahl, seine Hände sind die Hände des Gerichts!« So wird er in einer Straßenszene des 1. Aktes verzückt apostrophiert. Und der Göttliche wendet sich an das Volk: »Deine Gesetzgeber wachen, sie werden deine Hände führen, ihre Augen sind untrügbar.« Als es im Nationalkonvent zu Tumulten kommt, muß Robespierre erneut eingreifen, seine Entschlossenheit demonstrieren und den Gang der Weltgeschichte im Marginalstil erläutern nach der altbekannten Melodie: »Heute entscheidet sich's ... nichts soll mich aufhalten und sollte auch Dantons Gefahr die meinige werden. ... Wir haben nur noch wenige Köpfe zu treffen und das Vaterland ist gerettet.«

Danach ergreift St. Just das Wort und spinnt in mörderischer Beredsamkeit seine »Perioden, worin jedes Komma ein Säbelhieb und jeder Punkt ein abgeschlagener Kopf ist«. In einer abscheulichen und trivialen Gleichsetzung von Physik und Moral, Naturkatastrophe und Revolution legt er die Gründe dar für die Notwendigkeit der politischen Massentötung. Es ist eine »Schlachtbank«-Philosophie über das Thema »Blut«:

»Es scheint in dieser Versammlung einige empfindliche Ohren zu geben, die das Wort ›Blut‹ nicht wohl vertragen können. Einige allgemeine Betrachtungen mögen sie überzeugen, daß wir nicht grausamer sind als die Natur und als die Zeit. Die Natur folgt ruhig und unwiderstehlich ihren Gesetzen, der Mensch wird vernichtet, wo er mit ihnen in Konflikt kommt [...] Ich frage nun: soll die moralische Natur in ihren Revolutionen mehr Rücksicht nehmen, als die physische? Soll eine Idee nicht eben so gut wie ein Gesetz der Physik vernichten dürfen, was sich ihr widersetzt? Soll überhaupt ein Ereignis, was die ganze Gestaltung der moralischen Natur d.h. der Menschheit umändert, nicht durch Blut gehen dürfen? Der Weltgeist bedient sich in der geistigen Sphäre unserer Arme eben so, wie er in der physischen Vulkane oder Wasserfluten gebraucht. Was liegt daran ob sie an einer Seuche oder an der Revolution sterben? – [...] Moses führte sein Volk durch das rote Meer und in die Wüste bis die alte verdorbne Generation sich aufgerieben hatte, eh' er den neuen Staat gründete. Gesetzgeber! Wir haben weder das rote Meer noch die Wüste aber wir haben den Krieg und die Guillotine.

Die Revolution ist wie die Töchter des Pelias; sie zerstückt die Menschheit um sie zu verjüngen. Die Menschheit wird aus dem Blutkessel wie die Erde aus den Wellen der Sündflut mit urkräftigen Gliedern sich erheben, als wäre sie zum Erstenmale geschaffen.«

In diesen und ähnlichen Passagen, deren Wortlaut von den historischen Stoffquellen nachweislich abweicht, taucht ein Vokabular auf, das trotz seiner Verfremdung ins Radikale auf Rousseau und Fichte, vor allem aber auf den »Hessischen Landboten« und die Frühschriften zurückweist. Alle Attribute des absoluten, göttlichen Wissens, alle Attribute der Unfehlbarkeit werden den Oligarchen des Terrors, »den Banditen der Revolution«, durch welche der Herr die Völker aus der Dienstbarkeit zur Freiheit führt, beigelegt. Sie sind durchdrungen von dem doktrinären Fanatismus ihres Auserwähltseins, sie haben das Rätsel der Geschichte, des Menschen und der Natur durchschaut und setzen, wie Robespierre, ihre Mission in engste Beziehung zur Heilsmission Christi. All diese Motive liegen auf einer Linie mit der agitatorischen Welt- und Geschichtsdeutung, die aus den Frühschriften und dem »Hessischen Landboten« her bekannt ist. In den wenigen Monaten, die zwischen dem »Landboten« und der Abfassung des »Danton« liegen, hat sich Büchner jedoch von dieser Linie zurückgezogen. Er steht seiner agitatorischen, vernunftidealistischen und pseudotheologischen Welt-, Geschichts- und Menschendeutung nicht mehr affirmativ, sondern kritisch und skeptisch gegenüber. Büchner läßt seinen Robespierre (hier in Anlehnung an die historischen Quellen) vom »Despotismus der Freiheit« sprechen. Er stellt unerbittlich die metaphysische Rolle bloß, die Robespierre, St. Just und die anderen Schreckensmänner der Revolution usurpiert haben. Danton und seinen Anhängern, aber auch den Mitläufern Robespierres fällt im Drama die Aufgabe zu, diese Rolle in ihrer verhüllten oder unverhüllten Unmenschlichkeit bloßzustellen. Danton parodiert den Rollencharakter dieser Existenz, er verzerrt sie bewußt und nennt Robespierre einen »Polizeisoldaten des Himmels«. Die Rollen, die auf dem Theater des Lebens und der Geschichte gespielt werden, werden der ideologischen Lüge überführt. »Lüge« ist ein zentrales Motiv des Dramas. »Ihr könntet einen noch in die Lüge verliebt machen«, so setzt das Stück ein. »Ist denn nichts in dir, was dir nicht manchmal ganz leise, heimlich sagte, du lügst, du lügst!« – so Danton zu Robespierre. »Ich weiß nicht, was in mir das Andere belügt«, so Robespierre im Monolog. »Was ist das, was in uns hurt, lügt, stiehlt und mordet?« – so endlich Danton, mit sich und seinen Gewissensqualen allein gelassen.

Was Lüge verbirgt, versucht Dichtung zu enthüllen. – Und am Ende steht Robespierre da als ein »Blutmessias, der opfert und nicht geopfert wird«, als ein »impotenter Mahomet«. Indem Büchner die Mahomet-Metapher kunstvoll herbeizitiert, setzt er sein Revolutionsdrama in eine enge motiv- und themengeschichtliche Beziehung zum 18. Jahrhundert. Er knüpft an Fichte, an Diderot und an das von Goethe übertragene Mahomet-Drama Voltaires an, das der französische Aufklärer als Tragödie des ideologischen Wahns verstanden wissen wollte; denn für ihn ist Mahomet der blutige Betrüger, der Tartüffe mit dem Schwert in der Hand, »der ein verirrtes Volk, berauscht von trübem Feuereifer, mit dem Gift des Wahnes nährt«.

Nicht nur Robespierre wird der skrupellosen Lüge, der blutigen Tartüfferie überführt, auch St. Just. Er wird dargestellt als ein am Staatskörper, an der Gesellschaftsmaschine hantierender Ingenieur, als ein politischer Homo faber, der keinerlei Beziehung zum Tode hat, was nicht ausschließt, daß ihm die Mechanik des Tötens völlig geläufig ist.

Hans von Hentig charakterisiert ihn in seinen »Terror«-Studien als einen »kriminellen Utopisten«. Albert Camus, ein unverfänglicher, politisch erfahrungsreicher und gründlicher Zeuge, dessen Blick nicht schielend an der Wirklichkeit der Geschichte vorbeigeht, Kenner der Quellen und ihrer zeitgenössischen Deutung, angeekelt vom Menschenmord, absolut entschlossen, sich zu weigern, politischer »Metzgerei« (boucherie) »auch nur eine einzige Rechtfertigung zu geben«, Camus sieht in St. Just denjenigen, der unter Hinweis auf die Tugend das Verbrechen gerechtfertigt, eine Logik der Raserei entwickelt und einen dermaßen öden politischen Ernst erfunden hat, »der aus der Geschichte der beiden letzten Jahrhunderte einen so langweiligen, düsteren Roman macht«. St. Just ist der Begründer einer »Republik der Guillotine«; er eröffnet »das Zeitalter der pedantischen Cäsaren«.

Georg Büchner stellt ihn dar als einen Fanatiker und Schurken voller Mordgier, einfallsreich im Erfinden brutaler Rechtsbrüche. Das dramatische Bild des St. Just, wie Büchner es akzentuiert, wird bestimmt durch einen eisigen Aktionismus und Dezisionismus; er ist rücksichtslos, empfindungslos, gewissenlos. Er droht nicht nur seinen Gegnern, sondern auch Robespierre: »Willst du noch länger zaudern? Wir werden ohne dich handeln. Wir sind entschlossen.« Noch ehe Danton verhaftet ist, noch ehe ihm der Prozeß gemacht, über ihn das Urteil gesprochen worden ist, erscheint er in der Sprache des Mörders, der sich das Ansehen eines Staatspriesters geben will, als »die große Leiche«; und die Leiche darf nicht »zerstückt« werden, »all ihre Glieder müssen mit hinunter«, es darf nichts übrig, es darf nichts am Leben bleiben.

Ausgerechnet ihm, dem rabiaten Macchiavellisten und blutigen Schwärmer, weist Büchner die Aufgabe zu, Begriff, Wesen und Erscheinung der Revolution am Beispiel eines mythologischen Vergleichs zu erläutern und zu enthüllen. Es ist kunstvoll angelegt, wie Büchner den Agitator hemmungslos, exorbitant bilderreich und begriffsarm seine Ideologie aufbauen läßt. Er läßt St. Just politische Mythenversorgung betreiben, um politische Energie zu entfesseln und zu aktivieren: »Die Revolution ist wie die Töchter des Pelias; sie zerstückt die Menschheit um sie zu verjüngen.«

St. Just hat mit Massenwirkung gerechnet, als er mit dem Instrument einer bildungsgeschichtlich massengerechten Mythologie die Gewalt, den Terror, zum Herrn über Wahrheit und Vernunft machen wollte. Er konnte davon ausgehen, wenn nicht verstanden, so doch halb verstanden zu werden. Seine Zuhörer, die sich willig von seiner Suada fortreißen lassen, sind ja zumeist Bürger: Ärzte, Notare, Kaufleute, verhunzte Theologen; Aristokraten fehlen nicht. Auf den Galerien sitzen die Leute aus der Vorstadt, die Claqueure der Gewalt, auch die Herren und Damen der Salons, für die Politik eine Sparte der Ästhetik ist, sie beeilen sich, um ihrem eigenen so dramatisch inszenierten Untergang wie einem Schauspiel beizuwohnen und zur anarchistischen Katastrophe nicht zu spät zu kommen. St. Just trägt einen goldenen Ohrring unter seinen gepflegten Locken, die zierlich ein eleganter Hut mit exotischen Federn schmückt, und Robespierre erscheint im Gewand des Ancien Régime: Plastron, Spitzenmanschetten, Perücke; »auffallend durch seine sorgfältige Toilette und sein geschniegeltes Wesen. In der Tat, sein Äußeres war immer schmuck und blank, wie das Beil einer Guillotine« (Heine).

Ob sie verstanden werden, die Vergleiche und Hinweise, ob sie nur halb verstanden oder gar nicht verstanden werden, weil die Drohung mit Blut Angst und die Angst Dummheit auslöst, ist einerlei; in politisch verwilderten Zeiten wird bekanntlich ohnedies nicht zugehört, sondern nur tierisch gebrüllt oder lärmend geklatscht. Es geht nicht um Überzeugung, sondern um Einschüchterung, die akklamiert. Und das geschieht. Was St. Just an Affekten entfacht, suspendiert Vernunft, Überlegung, Mitgefühl. Und dies in einem Maß, daß die offen zutage liegenden Unstimmigkeiten und Unrichtigkeiten seiner Rhetorik von einer Beifallswoge zugeschüttet werden. Die Deputierten stimmen frenetisch ihrer eigenen Auslöschung zu. Die Regieanmerkung notiert: »Lange anhaltender Beifall. Einige Mitglieder erheben sich im Enthusiasmus.«

Indem St. Just auf die »Töchter des Pelias« hinweist, lügt er. Und indem er lügt, läßt ihn Büchner die geschichtliche Wahrheit demonstrieren: denn die gutartigen Revolutionäre verhalten sich wie die Töchter des Pelias; die Revolution und Frankreich erleiden das Schicksal des Pelias. Sie steigen in den Blutkessel. Sie glauben an die magische Verjüngung des geschlachteten Menschheitskörpers. Die die Marseillaise schmetternden Deputierten applaudieren dem Mißbrauch der politischen Vernunft. Sie vertrauen St. Just, wie die

Töchter des Pelias dem Blutzauber der wilden Medea vertrauen:

Medea kommt nach Iolkos, um Jason und seinen Vater an König Pelias zu rächen. Sie erweist ihre Zauberkräfte an Jasons Vater Aeson, den sie verjüngt, regeneriert. Den Töchtern des kranken, altersschwachen Pelias läßt sie melden, sie sei bereit, auch dem König ewige Jugend, der Stadt ewiges Glück zu bringen. Um alle Zweifel zu zerstreuen, schlachtet und belebt sie einen alten Widder. Medea bringt die Töchter dazu, Tötungshemmungen zu überwinden und auf den Vater einzustechen: »Rasch durch lieblose Tat will jede beweisen die Liebe.« Sie zerfleischen Pelias, dann macht sich Medea über ihn her und wirft den Zerfetzten in siedendes Wasser. Doch das von den Töchtern erhoffte, das geglaubte Wunder bleibt aus. Übrig bleibt das asiatische Blutritual, der Betrug im Namen der Erneuerung.

Auf diese mythologische Episode bezieht sich der von Büchner bewußt und kunstvoll gewählte Vergleich, der, und das ist seine literarische Funktion, zur Richtigstellung und damit zur Widerlegung dessen auffordert, was St. Just sagt, tut und in Aussicht stellt:

»Die Revolution ist wie die Töchter des Pelias; sie zerstückt die Menschheit, um sie zu verjüngen. Die Menschheit wird aus dem Blutkessel ... sich erheben, als wäre sie zum Erstenmale geschaffen.«

Überall, wo St. Just im Drama in Erscheinung tritt, wird Politik zum Verbrechen, zur Dämonologie, zur Lüge, wird sie gezeigt als empfindungslose »Physik«, als »Algebra im Fleisch«, die ihre blutigen Rechnungen mit zerfetzten Gliedern schreibt. Sie wird gezeigt als ein Akt menschlichen Wahns, der selbstherrlich und verblendet über anderer Leben gebietet und verfügt.

In der Szene III, 6 (»Der Wohlfahrtsausschuß«) erklärt St. Just unumwunden: »Sie müssen weg, um jeden Preis und sollten wir sie mit den eigenen Händen erwürgen ...«. Die mörderische Vokabel aus den Quellen, die im Zusammenhang mit dem Pelias-Mythologem fällt: »égorger«, »erwürgen«, sie wird im Rahmen des historischen Dramas wiederaufgenommen. Anschuldigungen werden gegen Danton und Camille erhoben. Jedermann weiß, daß sie nicht zutreffen; Barrère, ansonsten ein empfindungsloser, feiger Totschläger, der Mord und Obszönität auf widerwärtige Weise verbindet, er wendet gegen diese Anschuldigungen ein, daß es sich doch um nichts anderes als Zwecklügen handele: »Das sind Märchen«, das heißt, das sind Erfindungen, die jeder Grundlage entbehren. St. Just stimmt dem durchaus zu, aber es hindert ihn nicht, die

Köpfe zu fordern. Wörtlich sagt er: »Wir werden sie mit dem Märchen in Schlaf erzählen.« Barrère bestaunt diesen »revolutionären Instinkt« und fürchtet, daß er sich eines Tages auch gegen ihn richten könnte, und so bilden sich die Konspirationen gegen St. Just und Robespierre, die den Untergang dieser Fraktion schon deutlich erkennen lassen. Barrères Abscheu ist unverkennbar: »Die Ungeheuer!« Abscheu, Terror, Angst, auswegloses anarchistisches Chaos werden so zu den Triebkräften, die Dantons Prophezeiung vom Untergang Robespierres eintreten lassen:

»Die Freiheit ... wird die Clytemnaestra gegen ihn spielen, ich lasse ihm keine sechs Monate Frist, ich ziehe ihn mit mir.« Der »Minotaurus« bekommt noch einmal seine Bürgerkriegsleichen, ehe ein anderer Theseus ihm den Garaus macht.

Nicht weniger kunstvoll und ideologiekritisch kalkuliert ist es, wenn Büchner die fanatisierte Menge massenpsychologisch enthemmt schreien läßt: »Totgeschlagen, wer lesen und schreiben kann! ... totgeschlagen wer kein Loch im Rock hat.« »Totgeschlagen! totgeschlagen!« In dieses Geschrei hinein spricht Robespierre:

»Im Namen des Gesetzes!« Was Einhalt gebietend gemeint ist, subjektiv, von Robespierre, besitzt kompositorisch zugleich die Funktion eines objektiven Kommentars, der das Gesetz der Revolution zur ideologischen Ursache des Mordens macht: Totgeschlagen im Namen des Gesetzes! In Robespierre verklagt tatsächlich die Ursache die Wirkung, und das letzte Wort heißt unwiderruflich »totgeschlagen«: »Was ist das Gesetz?« – »Der Wille des Volkes.« – »Wir sind das Volk und wir wollen, daß kein Gesetz sei; ergo ist dieser Wille das Gesetz, ergo im Namen des Gesetzes gibts kein Gesetz mehr, ergo totgeschlagen!« Die Gewalt wird ein Akt der Politik: »Nur ein Feigling stirbt für die Republik, ein Jakobiner tötet für sie.« – »Die Waffe der Republik ist der Schrecken.« Die Verbindung von Ideologie und Terror ist vollzogen und in den schaurigen Episoden des Büchnerschen Geschichtsdramas fixiert. Büchner komponiert Szenen, die Einblick gewähren in die wahre Verfassung der revolutionären Rechtsprechung. Er unternimmt etwas ganz Erstaunliches: Er verlegt die Entfremdung, die von der Revolution hätte beseitigt werden sollen, in die Revolution selbst und zeigt die terroristische Phase der Revolution mit ihren mörderischen Konsequenzen als eines der schrecklichsten Entfremdungsphänomene. Charakteristisch dafür: die Kurzszene IV, 2, wo von den Revolutionsmännern gesprochen wird, die einen Sinn haben, der sie nie trügt. »Das ist der Sinn des Tigers.« Der Tiger fragt nicht nach Recht und Unrecht, er stillt Triebe und Bedürfnisse und reißt, was ihm dabei in den Weg kommt, so wie Dumas seine Frau reißt:

»– Das Revolutionstribunal wird unsere Ehescheidung aussprechen, die Guillotine wird uns von Tisch und Bett trennen.
– Du bist ein Ungeheuer!
– Schwachkopf! du bewunderst Brutus? ... Muß man denn gerade römischer Konsul sein ... um sein Liebstes dem Vaterlande zu opfern? Ich werde mir die Augen mit dem Ärmel meines roten Fracks abwischen, das ist der ganze Unterschied.«

Es ist nun einmal so: Büchner ist kein literarisches Guillotinemesser; und für Ideologen, die in ihm nichts weiter suchen als Bestätigung, ist er zwar ein begehrter, aber ungeeigneter Gegenstand. All diese Passagen, die so wenig in das gewünschte Bild vom Maratisten und Babouvisten passen, sie gehören in die Reihe der Büchnerschen Fanatismuskritik. Sie ist so angelegt, daß Dichtung unterschiedslos enthüllt, was Lüge und Fanatismus verbergen wollen: die schlaue Schurkerei der Inhumanität, der es wie der rasenden Medea gelingt, Tötungshemmungen zu beseitigen.

Mit einem Schlag scheint Büchner die Unvernunft dieser terroristischen Vernunft, die sich daran macht, das lebendige Leben einem abstrakten Traum zum Opfer zu bringen, durchschaut zu haben. Diese Einsicht schließt nicht aus, daß Büchner mit terroristischen Möglichkeiten gespielt hat und weiter spielt, daß er sie handgreiflich und nicht immer besonnen vorbereitet, daß er Fanatismus schürt, Freunde in Lebensgefahr und ins Elend bringt. Ein Widerspruch mehr in diesem zerrissenen und flackernden Persönlichkeitsbild; eine ambivalente Erfahrung mehr, die geradezu erklärt, wie es zur Wahl und zur Akzentuierung des Dramenstoffes und der Figurengestaltung gekommen ist. Die Tatsache, daß Georg Büchner biographisch noch immer in politische Aktionen verwikkelt ist, deren Problematik ihm schon deutlich gewesen war, ehe er sie begann, beweist wenig für das Werk, seine Poetik, seine Ästhetik. Ebensowenig wie die Teilnahme am Empfang des Generals Ramorino in Straßburg den Kommentar dieses künstlich illuminierten Polentheaters (»– und die Komödie ist fertig.«) auch nur im mindesten in Frage stellen oder einschränken kann. Im Gegenteil, die Teilnahme steigert die Glaubwürdigkeit, die Fähigkeit zu ironischer Distanzierung belegt die Unbestechlichkeit der Wahrnehmung. Die Unvernunft der terroristischen Vernunft, der blutigen Gewalttat, die Büchner im Spiegel seiner Revolutionsstudien erblickt, beantwortet er zunächst mit einer traumatischen Denkweigerung. Im März 1834 schreibt er von Gießen aus an seine Braut nach Straßburg:

»Ich studierte die Geschichte der Revolution. Ich fühlte mich wie zernichtet unter dem gräßlichen Fatalismus der Geschichte. Ich finde in der Menschennatur eine entsetzliche Gleichheit, in den menschlichen Verhältnissen eine unabwendbare Gewalt, Allen und Keinem verliehen. Der Einzelne nur Schaum auf der Welle, die Größe ein bloßer Zufall, die Herrschaft des Genies ein Puppenspiel, ein lächerliches Ringen gegen ein ehernes Gesetz, es zu erkennen das Höchste, es zu beherrschen unmöglich. Es fällt mir nicht mehr ein, vor den Paradegäulen und Eckstehern der Geschichte mich zu bücken. Ich gewöhnte mein Auge ans Blut. Aber ich bin kein Guillotinenmesser. Das ›muß‹ ist eins von den Verdammungsworten, womit der Mensch getauft worden. Der Ausspruch: es muß ja Ärgernis kommen, aber wehe dem, durch den es kommt – ist schauderhaft. Was ist das, was in uns lügt, mordet, stiehlt? Ich mag dem Gedanken nicht weiter nachgehen. Könnte ich aber dies kalte und gemarterte Herz an deine Brust legen!«

Dieser Brief spielt in der Büchner-Forschung eine bevorzugte Rolle. Seine Überlieferung ist umstritten, seine Datierung und neuerdings der zeitgeschichtliche Sinngehalt des »Fatalismus«-Begriffs, der gegen allen Augenschein einseitig mit der Diskussion um die »école fataliste« in Verbindung gebracht wird, ohne damit für die Interpretation des Briefes etwas zu gewinnen. Der Kontext sperrt sich gegen eine Deutung, die ihm mit Gewalt aufgezwungen wird, die von jenen Ohnmachtserfahrungen absieht, die Büchners dramatisches und erzählerisches Werk ebenso drastisch vermittelt wie sein Fatalismus-Brief und alle großen ins Gewicht fallenden Dokumente des Geschichts- und Sozialdramas des 18. und 19. Jahrhunderts einschließlich des bürgerlichen Trauerspiels. Thematisch weist der Brief auf die Frühschriften zurück. Ein dreiviertel Jahr später wird er in seinen wesentlichen Passagen im »Danton« wörtlich wiederaufgenommen. Er indiziert einen einsetzenden Wandel im Denken Büchners. Eine tiefe Enttäuschung, eine kaum zu steigernde Verdüsterung und Ratlosigkeit spricht aus diesen Zeilen, in denen eine Bewußtseinswelt zusammenstürzt. Für diesen Zusammenbruch gibt es in der deutschen Literatur des zu Ende gehenden 18. und des beginnenden 19. Jahrhunderts nur eine vergleichbare Parallele: die sogenannte Kant-Krise Heinrichs von Kleist. Alles, was für Büchner früher einmal Gültigkeit besaß, alle Werte und Daseinsinterpretationen, die sein Weltbild konstituierten, stürzen auf Grund dieses Studiums der Geschichte zusammen. Von dem Zusammenbruch wird ein junger, glaubensbereiter Mensch betroffen, dessen Heroismus in der idealistischen Anthropologie, dessen Gerechtigkeits- und Veränderungswille in der geschichtsphilosophischen Teleologie Rousseaus, Fichtes und Schillers die ihm gemäßen Denkstrukturen glaubte gefunden zu haben. Hätte Büchner vor diesem Zusammenbruch Dramen geschrieben, so wären es, nach der Stillage der Frühschriften zu urteilen, geschichtliche Heldendramen im Stile Schillers geworden. Das Drama, das Büchner schreibt, kennt keinen Helden mehr, der frei über sich und die Welt verfügt; er kennt nur noch den gebrochenen, den von der Geschichte determinierten und überwundenen Menschen. »Wir haben nicht die Revolution, die Revolution hat uns gemacht« – das ist die resignierende und zugleich tragische die Problematik der Fatalismus-Debatte widerspiegelnde Erkenntnis Dantons. In dem Angsttraum des zweiten Aktes wird sie zu einem ebenso grandiosen wie geläufigen emblematischen Bild zusammengefaßt:

»Unter mir keuchte die Erdkugel in ihrem Schwung, ich hatte sie wie ein wildes Roß gepackt, mit riesigen Gliedern wühlt' ich in ihrer Mähne und preßt' ich ihre Rippen, das Haupt abwärts gebückt, die Haare flatternd über dem Abgrund. So ward ich geschleift. Da schrie ich in der Angst ...«

Nicht allein, daß dieser Zusammenbruch erfolgt, ist wichtig – wichtiger noch ist, wie er erfolgt und was von ihm in Mitleidenschaft gezogen wird. Wenn es heißt: ich »studierte« die Geschichte der Revolution, so ist damit etwas anderes gemeint als ein heilsgeschichtlicher, idealistisch-verklärender und rechtfertigender Datierungsversuch, der nichts weiter erreichen will, als um jeden Preis aus der Weltgeschichte einen vernünftigen Progreß herauszulesen. Der teleologische Sinn, der der Geschichte von der fortschrittsgläubigen Philosophie beigelegt worden war, verkehrt sich in einen abgrundtiefen, undurchschaubaren Unsinn und Widersinn, an dem die Vernunft zuschanden wird und der sich nicht mehr rechtfertigen läßt. Geschichte wird für Büchner total, was sie für Goethe gelegentlich war: »ein Gewebe von Unsinn für den höheren Denker«. Sie wird zu einem unentrinnbaren Fatalismus widersprüchlicher Kräfte, zu einem Pandämonium der Lüge, der Dummheit, der Grausamkeit und des Leidens, wie es Callot und Goya immer wieder in Folter-, Marter-, Strangulations- und Erschießungsszenen dargestellt haben, in schwer die Welt bedrückenden Kolossen, in einem irrsinnig seine Kinder verschlingenden Saturn, der als mythologisches Deutungsmuster durch die Quellen geistert und als epigrammatisches Bild auch im »Danton« in Erscheinung tritt: »– die Revolution ist wie Saturn, sie frißt ihre eignen Kinder.« Nichts mehr von dem, was sich vergleichen ließe mit der geschichtsphilosophischen Apolegetik Kants, Schillers, Fichtes, Hegels. Aus dem mit metaphysischer Notwendigkeit unaufhaltsam fortschreitenden Plane der Weltvernunft ist für Büchner nicht nur die Vernunft entwichen, sondern auch die Freiheit, die sich in der Bildlichkeit der Dichtung rapide zersetzt und unablässig mit Hohn bedacht wird. Willensfreiheit als Requisit, als Hosenlatz: »Halt, pfui! der freie Wille steht davorn ganz offen.« Die Willensfreiheit gerät in die Urologie und in die Psychiatrie. Nicht einmal der Wille zum Töten, die gepriesene Jakobinertugend, bleibt ein Akt der Freiheit; er wird einem schaurigen Fatalismus zugeschlagen, den die Quellen belegen, den Heine als Lähmung der Freiheit beschreibt: »Mancher, der gegen den Tod stimmen wollte, tat das Gegenteil, als er die Tribüne bestiegen und von dem dunkeln Wahnsinn der politischen Verzweiflung ergriffen wurde.«

Als Zuflucht oder Ersatz für die Freiheit bleibt das sarkastische l'art pour l'art der »heroischen Fratze«, mit der die Verurteilten das Blutgerüst besteigen und die Exekution zum zirzensischen Auftritt machen; »im Abgehen« können sie »noch hübsch gestikulieren und die Zuschauer klatschen« oder pfeifen hören. »... es ist recht gut, daß das Sterben so öffentlich wird.« Die Faszination der Gewalt treibt die Schaulustigen in hellen Scharen herbei, Männer, Weiber, Kinder, um sich an der öffentlichen Entwürdigung, am Zucken der getöteten Leiber archaisch zu delektieren. Im Suicid scheint Büchner noch immer, wie in seinen Schulschriften, eine Figur der Freiheit zu sehen. Der Freitod der Julie (IV, 1) und der Tod der Lucile (IV, 8; IV, 9) – es sind Apologien der absoluten Liebe; es sind Anklagen gegen die Empfindungslosigkeit einer total politisierten Welt, und es sind Gesten erschütternder Hilflosigkeit.

Übrig bleibt das »muß«: »Das muß ist eins von den Verdammungsworten, womit der Mensch getauft worden.« An die Stelle der Auferstehungsverheißung aus Hesekiel tritt das Bibelwort aus dem Matthäus-Evangelium: »es muß ja Ärgernis kommen, doch wehe dem, durch welchen Ärgernis kommt.« An die Stelle der Welt als »Paradies« ist die Welt als Ahasver getreten. »Die Welt ist der ewige Jude«, heißt es im »Danton«.

Betrachtet man den Brief näher, so läßt sich unschwer feststellen, daß hier auf Elemente angespielt wird, die aus der Begriffs-, Vorstellungs- und Bilderwelt der Frühschriften stammen. Sie werden herbeizitiert, zu einem Katalog zusammengestellt, der Destruktion preisgegeben und um ihre Glaubwürdigkeit gebracht. Es sind Kontrafakturen und Widerrufe. Ebenso wie seine Dichtungen, auf weite Strecken jedenfalls, zur Höhe der Kunst emporgetriebene Kontrafakturen, Widerrufe und parodistische Rekapitulationen einer im Grunde abstrakten, wirklichkeitsabgewandten Geistes- und Dichtungsgeschichte sind. Was sich hier an einem Briefausschnitt zeigen läßt, trifft prinzipiell auch für die Dichtungen zu und ließe sich geradezu als ein markantes Strukturgesetz der Büchnerschen Dichtung bezeichnen.

»Der Einzelne«, der Held der Frühschriften, dessen »Tat unbewegt steht im flutenden Strome der Ewigkeit«, verliert unwiderruflich die Fähigkeit, kühn in die Speichen des Zeitrades zu greifen. »Der Einzelne« wird »nur Schaum auf der Welle«. Die Größe, die Herrschaft des moralischen und politischen Genies – in den Frühschriften Ergebnis der sich selbst ergreifenden Freiheit – wird nichts weiter als »ein bloßer Zufall«, »ein Puppenspiel, ein lächerliches Ringen gegen ein ehernes Gesetz«. Damit entfällt die notwendige Voraussetzung für den heroischen Tatidealismus Fichtes, durch den der politische Enthusiasmus der jüngeren Generation sich philosophisch bestätigt fand. Die idealistische Einheit der »Tathandlung« zerfällt in Erkennen und Tun. Das Erkennen weist keinerlei gesicherte Beziehung mehr auf zum Tun. Zwischen Erkennen und Tun liegt ein Abgrund. Das Tun trägt den Charakter des Müssens. »... ein lächerliches Ringen gegen ein ehernes Gesetz, es zu erkennen das Höchste, es zu beherrschen unmöglich.« Es kapituliert – zumindest zeitweilig – der Wille zur Tat, aber es kapituliert nicht der Wille zur Erkenntnis, der nach wie vor darauf besteht, »alles, was existiert, bei seinem Namen zu nennen«. Aus den panegyrisch bewunderten Heldengrößen, die wie Adler »stürmischen Flugs sich zu den Sternen« erheben, werden »Paradegäule und Ecksteher der Geschichte«, vor denen es dem Briefschreiber »nicht mehr« einfällt, sich zu bücken. Die alten Begriffe, Metaphern und Embleme der idealistischen Bildungswelt werden zerschlagen. Sie werden Material eines parodistischen Vokabulars, mit dem in »Danton«, in »Leonce und Lena« und in »Woyzeck« ironisch gespielt wird.

Büchner greift immer wieder auf Probleme zurück, die schon das Denken seiner Anfänge beherrscht haben. Indem er sie auf jeder Erkenntnis- und Werkstufe rekapituliert, wodurch eine große Konzentration des thematischen und sprachlichen Materials erreicht wird, versucht er, ihnen neue Aspekte abzugewinnen und sie dialektisch bis auf den Grund zu durchschauen. Die kritische Erkenntnisleidenschaft, der in seinem Denken früh schon sich geltend machende antiideologische Affekt, der ungemildert auch in seine Dichtung eingeht, beginnt sich um 1834, zur Zeit jenes Gießener Briefs, gegen die Ursprünge des eigenen Denkens zu wenden. Den tradierten Daseinsinterpretationen und ihren Leitbildern wird der Gehorsam aufgekündigt. Was in dem entwicklungsgeschichtlichen Ursprungsfeld der Anfänge noch geistesgeschichtlich vermittelte Ideologie war, wird angegriffen, bloßgestellt und als Illusion preisgegeben: »Wir haben Alles wohl anders geträumt mit unsern Büchern hinter der Mauer unsers Gartens, zwischen unsern Myrthen und Oleandern.« In dieser ironisch verspielten Passage aus »Leonce und Lena« macht Büchner auf die schmerzliche Diskrepanz zwischen Idee und Wirklichkeit aufmerksam; er entzieht sich der Einwirkung des Idealismus und wendet sich auch als Dichter von ihm ab: »Dieser Idealismus« – heißt es im Novellenfragment »Lenz« – »ist die schmählichste Verachtung der menschlichen Natur.« Er ist es in den Augen Büchners wohl deshalb, weil der ästhetische und politische Vernunfttraum dieses Idealismus zunehmend vom Leben abgewandte, der Wirklichkeit fremd und feindlich gegenüberstehende Züge angenommen hatte. »Was noch die sogenannten Idealdichter anbetrifft«, lesen wir in einem Brief an seine Eltern, »so finde ich, daß sie fast nichts als Marionetten mit himmelblauen Nasen und affektiertem Pathos, aber nicht Menschen von Fleisch und Blut gegeben haben, deren Leid und Freude mich mitempfinden macht, und deren Tun und Handeln mir Abscheu oder Bewunderung einflößt.« Und im Hinblick auf das bewußtseinsgeschichtlich vom Idealismus geprägte Publikum, das immer nur fordert, was ihm lieb und vertraut geworden ist, was immer nur haben will, was seinen Erwartungen entgegenkommt, weil es die kritische Anstrengung des Begriffs scheut, weil es sich scheut, sich in seinem tradierten Weltverständnis in Frage stellen zu lassen, heißt es:

»Setzt die Leute aus dem Theater auf die Gasse: ach, die erbärmliche Wirklichkeit!

Sie vergessen ihren Herrgott über seinen schlechten Kopisten. Von der Schöpfung, die glühend, brausend und leuchtend, um und in ihnen, sich jeden Augenblick neu gebiert, hören und sehen sie nichts. Sie gehen in's Theater, lesen Gedichte und Romane, schneiden den Fratzen darin die Gesichter nach und sagen zu Gottes Geschöpfen: wie gewöhnlich!

Die Griechen wußten, was sie sagten, wenn sie erzählten Pygmalions Statue sei wohl lebendig geworden, habe aber keine Kinder bekommen.«

Der kritische Realist in Büchner gewinnt zunehmend die Oberhand. Er ist bereit, sich von der Wirklichkeit und der Geschichte korrigieren, zurechtweisen und belehren zu lassen. Auf sehr charakteristische Weise wird der beobachtende Blick des Wissenschaftlers vorbildlich auch für den Dichter. In der Kompositionstechnik seiner Dramen schafft Büchner sich ein Instrument imaginationsreicher Darstellung und kritischer Erkenntnis – ein Instrument, das den dramatischen Prozeß von Enthüllung zu Enthüllung, von Negation zu Negation treibt, bis das erscheint, was der Mensch ist: ein in seiner Endlichkeit unendliches und unausrechenbares Geschöpf, ein unbekanntes, ewig verweigertes X, ein Abgrund, ein Wesen, das strebt, irrt, lügt, leidet, hofft, versteht und mißversteht, sich freut und verzweifelt, ein Wesen voller Widersprüche: Schurke und Engel, Dummkopf und Genie – »und zwar das Alles in Einem«.

Büchner zwingt die Menschen, die Masken abzunehmen, mit denen sie ihre Rollen auf dem Theater der Welt bestreiten. Er zwingt sie, sofern sie sich darauf einlassen, in den Spiegel der Dichtung zu sehen, der enthüllt, was das Leben dem Blick so oft verbirgt. Sein erstes Drama, »Dantons Tod«, dessen Titel das Ende schon vorwegnimmt und den Blick vom Ausgang auf den Gang des Geschehens hinlenkt, endet nicht mit der falschen Römerattitüde der »gespreizten Catonen«, die im Drama der Kritik verfällt. Nicht der idealistisch stilisierte Heldentod der Frühschriften steht am Ende, sondern die Todesangst der Kreatur, das Memento mori des Leierkastenmanns und schließlich die traurige Einfachheit des Volkslieds:

Es ist ein Schnitter, der heißt Tod,
Hat Gewalt vom großen Gott.

Von Anfang an ist der Tod der geheime, im Hintergrund stehende Held in Büchners Revolutionsdrama. Von ihm geht alles aus. Zu ihm führt alles hin. Von ihm werden alle ergriffen, die Täter, die Mörder, die Henker, die Opfer. Marats Tod, Chaliers Tod, Gaillards Tod, Héberts Tod, Camilles Tod, Robespierres Tod, St. Justs Tod, der Tod eines unbegabten, wenig glücklichen Königs, der Tod der Septembrisierten – in »Dantons Tod« ist alles vorhanden, wird alles beim Namen genannt, wird alles durch kunstvoll arrangierte Querverweise und ein Datengerüst gegenwärtig gehalten. Georg Büchners Drama ist eine geschichtliche und mythologische Totentanzfigur. In diesen Totentanz wird auch hineingezogen, wer mit Politik nichts zu tun haben will: »schwangere Weiber« (»Desto besser, da brauchen ihre Kinder keinen Sarg.«), Julie, Lucile.

Hätte Büchner mit seiner ersten Dichtung die revolutionären Kräfte zu neuem Leben anstacheln wollen, so hätte er eine andere Phase der Revolution wählen oder aber seinen Stoff anders präsentieren müssen. Er wählt nicht die Mobilmachung gegen die Koalition, sondern den Zeitraum zwischen dem 24. März und dem 5. April 1794, in dem die Revolution anfing, innenpolitisch gegen ihre eigenen Prinzipien zu verstoßen, wo die »Notwehr« aufhörte und der »Mord« begann. Die Freiheitsgöttin hatte sich an der Tollwut einer Abstraktion infiziert. Der Tempel der Vernunft war zu einer »Schlachtbank« geworden. Die pragmatische Vernunft wurde von der doktrinären Ratio mit Dummheit geschlagen. An Stelle der proklamierten Humanität der Brüderlichkeit herrschte die kalte Mechanik der Guillotine. Die Idee verkehrte sich in die Ideologie eines pseudoreligiösen Fanatismus, dem im Drama entgegengehalten wird:

»Geht einmal euren Phrasen nach, bis zu dem Punkt wo sie verkörpert werden. Blickt um euch, das Alles habt ihr gesprochen, es ist eine mimische Übersetzung eurer Worte. Diese Elenden, ihre Henker und die Guillotine sind eure lebendig gewordnen Reden. Ihr bautet eure Systeme, wie Bajazet seine Pyramiden, aus Menschenköpfen.«

»Geht einmal euren Phrasen nach ...« – Büchner setzt in seiner dramatischen Dichtung beständig die Phrase in Szene, um sie in der Szene zu Fall zu bringen. Er setzt Denken, Sprechen und Handeln scharf und kommentarlos gegeneinander und überläßt es der kritischen Wachheit des Lesers, das eine am andern zu messen. Er besteht darauf, daß es Wahrheit nur geben könne, wo sie durch menschliches Sprechen verantwortet wird. Er macht das Sprechen – nicht nur das politische – zu einem moralischen Problem des Denkens, indem er das Sprechen in Beziehung setzt zu dem, was sich als Konsequenz real aus ihm ergeben muß. Büchner, es ist wahr, gehört in die Reihe der »zersetzenden« Dichter und Denker; aber was er zersetzt, ist nicht die Wahrheit, nicht das Leben, sondern die die Wahrheit verdeckenden und die das Leben bedrohenden und tödlich entfärbenden Ideologien. Wie die großen europäischen Moralisten, deren Denktradition er zumindest streckenweise fortsetzt, bekämpft er in der Dummheit zugleich das Böse; denn das Böse war noch immer auf die Mithilfe der Dummheit angewiesen, um in der Welt zur Herrschaft zu gelangen. Wie sich seinen Dramen entnehmen läßt, man denke an den Doktor, den Hauptmann oder an den tautologisch »philosophierenden« König Peter, sucht Büchner die Dummheit nicht jenseits der Bildung auf, sondern innerhalb der Bildung. Er findet sie im Dogmatismus, im Formalismus und im Hochmut der Halbbildung, in der Borniertheit des unreflektierten und phantasielosen Bescheidwissens. Nicht Woyzeck wird von Büchner als Karikatur dargestellt, sondern der Doktor, dieser robespierresche Wissenschaftler, der sein Opfer physiologisch und geistig verstümmelt, der es bis zum Wahnsinn mit Erbsen und idealistischen Phrasen traktiert, der im Menschen nichts weiter sieht als einen Fall, einen Kasus, eine Bestie, ein Mittel zum Zweck. Büchner macht in seinen grotesken Laborszenen darauf aufmerksam, daß der Mensch in einer inhumanen und mitleidlos gewordenen Welt einen »Zweck« auch dann noch haben kann, wenn er seinen Sinn schon längst verloren hat. Büchner besteht darauf, daß der Sinn des Menschen an keinen Zweck hingegeben werden darf, denn: »Alles, was ist, ist um seiner selbst willen da.« Er schafft sich damit die Voraussetzungen für ein Denken, das dem Einzelnen, dem Individuellen und Konkreten die Würde zurückgibt, auf die es Anspruch hat. Die schwermütige Liebe seines Verstehens gehört denjenigen, die wie Woyzeck und Lucile dem Zugriff des Abstrakten in der Welt hilflos ausgeliefert sind. Am Ende steht, bisher unerkannt, kunstvoll versteckt die große Heraklit-Paraphrase aus »Leonce und Lena«:

»Weißt du auch, Valerio, daß selbst der Geringste unter den Menschen so groß ist, daß das Leben noch viel zu kurz ist, um ihn lieben zu können?«